Grenzüberschreitende Kindesentführung

Schriften zum internationalen Privat- und Verfahrensrecht

Herausgegeben von Rainer Hausmann, Astrid Stadler und Michael Stürner

Band 19

PL ACADEMIC RESEARCH

Julia Eppler

Grenzüberschreitende Kindesentführung

Zum Zusammenspiel des Haager Kindesentführungsübereinkommens mit der Verordnung (EG) Nr. 2201/2003 und dem Haager Kinderschutzübereinkommen

PL ACADEMIC RESEARCH

Bibliografische Information der Deutschen Nationalbibliothek
Die Deutsche Nationalbibliothek verzeichnet diese Publikation in der Deutschen Nationalbibliografie; detaillierte bibliografische Daten sind im Internet über http://dnb.d-nb.de abrufbar.

Zugl.: Konstanz, Univ., Diss., 2014

Tag der mündlichen Prüfung: 12. Juni 2014
1. Referent: Professor Dr. Rainer Hausmann
2. Referent: Professor Dr. Michael Stürner

D 352
ISSN 1862-099X
ISBN 978-3-631-65831-4 (Print)
E-ISBN 978-3-653-05029-5 (E-Book)
DOI 10.3726/978-3-653-05029-5

PL Academic Research ist ein Imprint der Peter Lang GmbH.

Peter Lang – Frankfurt am Main · Bern · Bruxelles · New York · Oxford · Warszawa · Wien

Diese Publikation wurde begutachtet.

www.peterlang.com

Vorwort

Meinem Doktorvater, Herrn Professor Dr. Rainer Hausmann, möchte ich sehr herzlichen Dank sagen für die Anregung des Themas sowie für seine Inspiration, im Familienrecht über die Grenzen zu schauen und für seine wertvolle Betreuung während der Erstellung der vorliegenden Arbeit. Mein besonderer Dank gilt auch Herrn Professor Dr. Michael Stürner für die zügige Erstellung des Zweitgutachtens.

Bedanken möchte ich mich auch bei meiner Familie und bei meinen Freunden für bestärkenden Zuspruch und geduldige Unterstützung.

Die vorliegende Arbeit berücksichtigt Rechtsprechung und Literatur bis November 2013.

München, im Oktober 2014 Julia Eppler

Inhaltsverzeichnis

Abkürzungsverzeichnis

a. a. O.	am angegebenen Ort
a. A.	andere Ansicht
a. E.	am Ende
a. F.	alter Fassung
abgedr.	abgedruckt
ABl. EG	Amtsblatt der Europäischen Gemeinschaften
ABl. EU	Amtsblatt der Europäischen Union
Abs.	Absatz
AEUV	Vertrag über die Arbeitsweise der Europäischen Union vom 25.3.1957, BGBl. II S. 766, i. d. F des Vertrages von Lissabon vom 13.12.2007, BGBl. 2008 II S. 1038
AG	Amtsgericht
Alt.	Alternative
Anh.	Anhang
Anm.	Anmerkung
AnwBl	Anwaltsblatt
AnwK-BGB	Anwaltkommentar BGB
ArbGG	Arbeitsgerichtsgesetz in der Fassung der Bekanntmachung vom 2.7.1979, BGBl. I S. 853, 1036
Art./Artt.	Artikel
Aufl.	Auflage
AUG	Gesetz zur Geltendmachung von Unterhaltsansprüchen im Verkehr mit ausländischen Staaten (Auslandsunterhaltsgesetz – AUG) vom 23.5.2011, BGBl. I S. 898
AVAG	Gesetz zur Ausführung zwischenstaatlicher Verträge und zur Durchführung von Verordnungen der Europäischen Gemeinschaft auf dem Gebiet der Anerkennung und Vollstreckung in Zivil- und Handelssachen (Anerkennungs- und Vollstreckungsausführungsgesetz – AVAG) vom 19.2.2001, BGBl. I S. 288
Bd.	Band

Bearb.	Bearbeiter
BeckRS	Beck-Rechtsprechung – beck-online
Beschl.	Beschluss
bespr.	besprochen
BGB	Bürgerliches Gesetzbuch
BGBl.	Bundesgesetzblatt
BGH	Bundesgerichtshof
BGHE	Entscheidung des Bundesgerichtshofes
BR	Bundesrat
BRAK	Bundesrechtsanwaltskammer
Brüssel I	Brüsseler EWG-Übereinkommen über die gerichtliche Zuständigkeit und die Vollstreckung gerichtlicher Entscheidungen in Zivil- und Handelssachen vom 27.9.1968, BGBl. 1972 II S. 774
Brüssel II	Übereinkommen über die Zuständigkeit und die Anerkennung und Vollstreckung von Entscheidungen in Ehesachen vom 28.05.1998 (EheGVÜ), ABl. EG Nr. C 221 vom 16.7.1998, S. 1
Brüssel IIa	Verordnung (EG) Nr. 2201/2003 des Rates vom 27.11.2003 über die Zuständigkeit und die Anerkennung und Vollstreckung von Entscheidungen in Ehesachen und in Verfahren betreffend die elterliche Verantwortung und zur Aufhebung der Verordnung (EG) Nr. 1347/2000, ABl. EG 2003 Nr. L 338 vom 23.12.2003, S. 1
BT	Bundestag
BVerfG	Bundesverfassungsgericht
bzw.	beziehungsweise
ca.	circa
d. h.	das heißt
DAVorm	Der Amtsvormund
ders.	derselbe
DEuFamR	Deutsches und Europäisches Familienrecht
dies.	dieselbe, dieselben
Drucks.	Drucksache
EAGV	Vertrag über die Europäische Atomgemeinschaft
e. c.	argumentum e contrario

EG	Europäische Gemeinschaft
EGBGB	Einführungsgesetz zum Bürgerlichen Gesetzbuche
EGKS	Europäische Gemeinschaft für Kohle und Stahl
EGMR	Europäischer Gerichtshof für Menschenrechte
EGV	Vertrag zur Gründung der Europäischen Gemeinschaft
EheGVÜ	Übereinkommen aufgrund von Artikel K. 3 des Vertrags über die Europäische Union über die Zuständigkeit und die Anerkennung und Vollstreckung von Entscheidungen in Ehesachen, ABl. EG Nr. C 221 vom 16.7.1998, S. 1.
EheVO 2000	Verordnung (EG) Nr. 1347/2000 des Rates vom 29.5.2000 über die Zuständigkeit und die Anerkennung und Vollstreckung von Entscheidungen in Ehesachen und in Verfahren betreffend die elterliche Verantwortung für die gemeinsamen Kinder der Ehegatten, ABl. EG Nr. L 160 vom 30.6.2000, S. 19
Einl.	Einleitung
EMRK	Konvention zum Schutz der Menschenrechte und Grundfreiheiten
endg.	endgültig
ERA	Europäische Rechtsakademie
ErwSÜ	Haager Übereinkommen über den internationalen Schutz Erwachsener (ErwSÜ) vom 13.1.2000, BGBl. 2007 II S. 323
EU	Europäische Union
EÜAK	Europäisches Übereinkommen über die Ausübung von Kinderrechten vom 25.1.1996, BGBl. 2001 II S. 1074, 1075
EuBVO	Verordnung (EG) Nr. 1206/2001 des Rates vom 28.5.2001 über die Zusammenarbeit zwischen den Gerichten der Mitgliedstaaten auf dem Gebiet der Beweisaufnahme in Zivil- oder Handelssachen, ABl. EG Nr. L 174 vom 27.6.2001, S. 1

EuEheVO	Verordnung (EG) Nr. 2201/2003 des Rates vom 27.11.2003 über die Zuständigkeit und die Anerkennung und Vollstreckung von Entscheidungen in Ehesachen und in Verfahren betreffend die elterliche Verantwortung und zur Aufhebung der Verordnung (EG) Nr. 1347/2000, ABl. EG Nr. L 338 vom 23.12.2003, S. 1
EuGVO/EuGVVO	Verordnung (EG) Nr. 44/2001 des Rates über die gerichtliche Zuständigkeit und die Anerkennung und Vollstreckung von Entscheidungen in Zivil- und Handelssachen vom 22.12.2000, ABl. EG 2001 Nr. L 12, S. 1
EuGVÜ	Brüsseler EWG-Übereinkommen über die gerichtliche Zuständigkeit und die Vollstreckung gerichtlicher Entscheidungen in Zivil- und Handelssachen vom 27.9.1968, BGBl. 1972 II S. 774
EuIPR	Europäisches Kollisionsrecht
EuLF (D)	The European Legal Forum (deutsch)
EuLF (E)	The European Legal Forum (englisch)
EuR	Europarecht
EuSorgeRÜ	Luxemburger Europäisches Übereinkommen über die Anerkennung und Vollstreckung von Entscheidungen über das Sorgerecht für Kinder und die Wiederherstellung des Sorgeverhältnisses vom 20.05.1980, BGBl. 1990 II S. 220
EuUntVO	Verordnung (EG) Nr. 4/2009 des Rates vom 18.12.2008 über die Zuständigkeit, das anwendbare Recht, die Anerkennung und Vollstreckung von Entscheidungen und die Zusammenarbeit in Unterhaltssachen, ABl. EU Nr. L 7 von 10.1.2009, S. 1
EUV	Vertrag über die Europäische Union vom 7.2.1992, BGBl. II S. 1251, i. d. F des Vertrages von Lissabon vom 13.12.2007, BGBl. 2008 II S. 1038
EuVTVO	VO (EG) Nr. 805/2004 des Europäischen Parlaments und des Rates vom 21.4.2004 zur Einführung eines europäischen Vollstreckungstitels für unbestrittene Forderungen, ABl. EU Nr. L 143 vom 30.4.2004, S. 15
EuZPR	Europäisches Zivilprozessrecht

EuZustVO	VO (EG) Nr. 1393/2007 des Europäischen Parlaments und des Rates vom 13.11.2007 über die Zustellung gerichtlicher und außergerichtlicher Schriftstücke in Zivil- oder Handelssachen in den Mitgliedstaaten („Zustellung von Schriftstücken“) und zur Aufhebung der VO (EG) Nr. 1348/2000 des Rates, ABl. EU Nr. L 324 vom 10.12.2007, S. 79
EuZW	Europäische Zeitschrift für Wirtschaftsrecht
EVT	Europäischer Vollstreckungstitel
EWGV	Vertrag über die Europäische Wirtschaftsgemeinschaft
EWSA	Europäischer Wirtschafts- und Sozialausschuss
f.	folgende
FA-FamR	Handbuch des Fachanwalts Familienrecht
FamFG	Gesetz über das Verfahren in Familiensachen und in den Angelegenheiten der freiwilligen Gerichtsbarkeit (FamFG) vom 17.12.2008, BGBl. I S. 2587
FamFR	Familienrecht und Familienverfahrensrecht
FamGMaßnErlG	Gesetz zur Erleichterung familiengerichtlicher Maßnahmen bei Gefährdung des Kindeswohls vom 4.7.2008, BGBl. I S. 1188
FamRÄndG	Familienrechtsänderungsgesetz vom 11.8.1961, BGBl. I S. 1221
FamRB	Familien-Rechts-Berater
FamRBint	Familien-Rechts-Berater international
FamRZ	Zeitschrift für das gesamte Familienrecht
FamVerf	Verfahrenshandbuch Familienrecht
FF	Forum Familienrecht
ff.	fortfolgende
FGG	Gesetz über die Angelegenheiten der freiwilligen Gerichtsbarkeit vom 20.5.1898, RGBl. I S. 771
FGG-RG	Gesetz zur Reform des Verfahrens in Familiensachen und in den Angelegenheiten der freiwilligen Gerichtsbarkeit (FGG-Reformgesetz – FGG-RG) vom 17.12.2008, BGBl. I S. 2586
Fn	Fußnote

FPR	Familie, Partnerschaft, Recht
FS	Festschrift
FuR	Familie und Recht – Zeitschrift für die anwaltliche und gerichtliche Praxis
gem.	gemäß
GewSchG	Gesetz zur Verbesserung des zivilrechtlichen Schutzes bei Gewalttaten und Nachstellungen sowie zur Erleichterung der Überlassung der Ehewohnung bei Trennung (Gewaltschutzgesetz) vom 11.12.2001, BGBl. I S. 3513
GG	Grundgesetz für die Bundesrepublik Deutschland
ggf.	gegebenenfalls
GHN	Grabitz, Eberhard/Hilf, Meinhard/Nettesheim, Martin, Das Recht der Europäischen Union
GRCh	Charta der Grundrechte der Europäischen Union vom 7.12.2000 in der am 12.12.2007 in Straßburg angepassten Fassung, ABl. EU Nr. C 303 vom 14.12.2007, S. 1
GVBl.	Gesetz- und Verordnungsblatt
h. M.	herrschende Meinung
Halbs.	Halbsatz
HCCH	Haager Konferenz für Internationales Privatrecht
HK-GS	Handkommentar Gesamtes Strafrecht
HKÜ	Haager Übereinkommen über die zivilrechtlichen Aspekte internationaler Kindesentführung vom 25.10.1980, BGBl. 1990 II S. 207
Hk-ZPO	Handkommentar-ZPO
Hrsg.	Herausgeber
i. d. R.	in der Regel
i. E.	im Ergebnis
i. S.	im Sinne

i. S. d.	im Sinne der/des
i. Ü.	im Übrigen
i. V. m.	in Verbindung mit
INCADAT	The International Child Abduction Database
insb.	insbesondere
Int. Comp. L. Qu.	International and Comparative Law Quarterly
IntEuSchR	Internationales und Europäisches Ehescheidungsrecht
IntFamRVG	Gesetz zur Aus- und Durchführung bestimmter Rechtsinstrumente auf dem Gebiet des internationalen Familienrechts (Internationales Familienrechtsverfahrensgesetz – IntFamRVG) vom 26.1.2005, BGBl. I S. 162
IPR	Internationales Privatrecht
IPRax	Praxis des Internationalen Privat- und Verfahrensrechts
IzKK	Informationszentrum Kindesmisshandlung/Kindesvernachlässigung
IZVR	Internationales Zivilverfahrensrecht
JBl	Juristische Blätter
JR	Juristische Rundschau
jurisPR	juris PraxisReport extra. Beilage zum Anwaltsblatt. Eine Auswahl von Entscheidungsanmerkungen zum Prozessrecht aus den juris PraxisReporten
JZ	Juristenzeitung
KindRG	Gesetz zur Reform des Kindschaftsrechts (Kindschaftsrechtsreformgesetz – KindRG) vom 16.12.1997, BGBl. I S. 2942
KRK	Übereinkommen der Vereinten Nationen über die Rechte des Kindes vom 20.11.1989, BGBl. 1992 II S. 990

KSÜ	Haager Übereinkommen über die Zuständigkeit, das anzuwendende Recht, die Anerkennung, Vollstreckung und Zusammenarbeit auf dem Gebiet der elterlichen Verantwortung und der Maßnahmen zum Schutz von Kindern vom 19.10.1996, BGBl. II 2009 S. 603
LG	Landgericht
lit.	Buchstabe
LS	Leitsatz
m. w. N.	mit weiteren Nachweisen
m. W. v.	mit Wirkung vom
MAH-Familienrecht	Münchener AnwaltsHandbuch Familienrecht
MAV	Münchener AnwaltVerein e. V.
mind.	mindestens
Mithrsg.	Mitherausgeber
MSA	Haager Übereinkommen über die Zuständigkeit der Behörden und das anzuwendende Recht auf dem Gebiet des Schutzes von Minderjährigen vom 5.10.1961, BGBl. 1971 II S. 219
MüKoBGB	Münchener Kommentar zum Bürgerlichen Gesetzbuch
MüKoFamFG	Münchener Kommentar zum FamFG
MüKoZPO	Münchener Kommentar zur Zivilprozessordnung
Neubearb.	Neubearbeiter/Neubearbeitung
NJW	Neue Juristische Wochenschrift
NK-BGB	NomosKommentar BGB
No	Nummer
Nr.	Nummer
OLG	Oberlandesgericht
OLGReport	Schnelldienst zur Zivilrechtsprechung des Bundesgerichtshofs und der Oberlandesgerichte

OWiG	Gesetz über Ordnungswidrigkeiten (OWiG) in der Fassung der Bekanntmachung vom 19.2.1987, BGBl. I S. 602
PalArch	Palandt-Archiv
RabelsZ	Rabels Zeitschrift für ausländisches und internationales Privatrecht
Red.	Redaktor
RGBl.	Reichsgesetzblatt
Rn	Randnummer
Rom I	VO (EG) Nr. 593/2008 des Europäischen Parlaments und des Rates vom 17.6.2008 über das auf vertragliche Schuldverhältnisse anzuwendende Recht (Rom I), ABl. EU 2008 Nr. L 177 vom 4.7.2008, S. 6
Rom II	VO (EG) Nr. 864/2007 des Europäischen Parlaments und des Rates vom 11.7.2007 über das auf außervertragliche Schuldverhältnisse anzuwendende Recht („Rom II"), ABl. EU 2007 Nr. L 199 vom 31.7.2007, S. 40
Rom III	VO (EU) Nr. 1259/2010 des Rates vom 20.12.2010 zur Durchführung einer Verstärkten Zusammenarbeit im Bereich des auf die Ehescheidung und Trennung ohne Auflösung des Ehebandes anzuwendenden Rechts, ABl. EU 2010 Nr. L 343 vom 29.12.2010, S. 10
Rs.	Rechtssache
S.	Seite
s. a.	siehe auch
s. u.	siehe unten
SEV	Sammlung der Europaratsverträge
sog.	sogenannte/n/r
SorgeRG	Gesetz zur Neuregelung des Rechts der elterlichen Sorge vom 18.7.1979, BGBl. I S. 1061

SorgeRÜbkAG	Gesetz zur Ausführung des Haager Übereinkommens vom 25.10.1980 über die zivilrechtlichen Aspekte internationaler Kindesentführung und des Europäischen Übereinkommens vom 20.5.1980 über die Anerkennung und Vollstreckung von Entscheidungen über das Sorgerecht für Kinder und die Wiederherstellung des Sorgeverhältnisses (Sorgerechtsübereinkommens-Ausführungsgesetz – SorgeRÜbkAG) vom 5.4.1990, BGBl. I S. 701
str.	strittig
StrRG	Gesetz zur Reform des Strafrechts
u.	und
u. U.	unter Umständen
UCCJA	Uniform Child Custody Jurisdiction Act
UN	Vereinte Nationen
Unterabs.	Unterabsatz
v.	vom
VAMV	Verband alleinerziehender Mütter und Väter e. V.
vgl.	vergleiche
VO	Verordnung
VO Brüssel I	Verordnung (EG) Nr. 44/2001 des Rates über die gerichtliche Zuständigkeit und die Anerkennung und Vollstreckung von Entscheidungen in Zivil- und Handelssachen vom 22.12.2000, ABl. EG 2001 Nr. L 12, S. 1
VO Brüssel II	Verordnung (EG) Nr. 1347/2000 des Rates vom 29.5.2000 über die Zuständigkeit und die Anerkennung und Vollstreckung von Entscheidungen in Ehesachen und in Verfahren betreffend die elterliche Verantwortung für die gemeinsamen Kinder der Ehegatten, ABl. EG 2000 Nr. L 160, S. 19

VO Brüssel IIa	Verordnung (EG) Nr. 2201/2003 des Rates vom 27.11.2003 über die Zuständigkeit und die Anerkennung und Vollstreckung von Entscheidungen in Ehesachen und in Verfahren betreffend die elterliche Verantwortung und zur Aufhebung der Verordnung (EG) Nr. 1347/2000, ABl. EG 2003 Nr. L 338, S. 1
VO-E	Vorschlag für eine Verordnung des Rates über die Zuständigkeit und die Anerkennung und Vollstreckung von Entscheidungen in Ehesachen und in Verfahren betreffend die elterliche Verantwortung zur Aufhebung der Verordnung (EG) Nr. 1347/2000 und zur Änderung der Verordnung (EG) Nr. 44/2001 in Bezug auf Unterhaltssachen vom 17.5.2002, KOM (2002) 222 endgültig/2 2002/0110 (CNS), Abl. EG 2002 Nr. C 203 E, S. 155
Voraufl.	Vorauflage
Vorbem	Vorbemerkung
VormAbk	(Haager) Abkommen zur Regelung der Vormundschaft über Minderjährige vom 12.6.1902, RGBl. 1904 S. 240
Ziff.	Ziffer
ZPO	Zivilprozessordnung

Einführung in das grenzüberschreitende Kindesentführungsrecht

> *„Im Übrigen ist zu berücksichtigen, dass das Bild des Klägers, der sich die Gerichtsstände heraussucht wie ein Kind die Rosinen aus dem Teig, für die Vielzahl der Fälle viel zu einfach ist und deshalb die Wirklichkeit verzerrt."*
>
> (*Christian von Bar* 1987; entnommen aus *Geimer* IZPR Rn 1098, m. w. N.)

Etwa 1.000 Kinder werden jedes Jahr in Deutschland dauerhaft vermisst; viele dieser Fälle beruhen auf einer Entführung durch einen Elternteil, der das Kind im Rahmen von Trennung bzw. Scheidung gegen den Willen des anderen Elternteils ins Ausland verbringt oder dort zurückhält.[1] Dabei wird die Wegnahme des Kindes gegen den Willen des Sorgeberechtigten als aktive Kindesentführung bezeichnet und unter passiver Kindesentführung die Nichtrückgabe an den Sorgeberechtigten z. B. nach Ausübung des Umgangsrechts verstanden.[2] Nach *Carl* können der Entführung eines Kindes durch einen seiner Elternteile unterschiedlichste Konflikte zugrunde liegen, z. B. persönliche Differenzen, Beziehungen zu anderen Partnern, körperliche oder seelische Misshandlungen, finanzielle Notlagen, Streit über Erziehungsfragen.[3] Unterschiedliche kulturelle Vorstellungen bei gemischt-nationalen Beziehungen können zu erheblichen Gräben führen, sobald die Partner gemeinsame Kinder haben und Erziehungsfragen unüberbrückbare Differenzen aufweisen. Nicht zuletzt erhofft sich der entführende

---

1 *Deligöz*, Zusammenfassung der Ergebnisse des Forums 3 „Koordination der innenpolitischen Akteure und staatlichen Stellen in Fällen der Kindesentziehung", 4.12.2009 im Auswärtigen Amt, http://www.auswaertiges-amt.de/DE/Aussenpolitik/InternatRecht/Aktuell/091022-SymposiumKindesentziehung_node.html und http://www.auswaertiges-amt.de/cae/servlet/contentblob/383442/publicationFile/4328/Conclusions3.pdf; Deutscher Bundestag, PuK 1 – Referat Presse – Rundfunk – Fernsehen (Hrsg.), Die Kinderkommission des Deutschen Bundestages zum internationalen Tag des vermissten Kindes am 25. Mai 2009. Pressemitteilung v. 22.5.2009, http://www.pressrelations.de/new/standard/result_main.cfm?r=368875&sid=&aktion=jour_pm&print=1&pdf=1 (jeweils letzter Zugriff: 13.7.2013).

2 Vgl. *Oberloskamp* MSA Art. 1 Rn 129.

3 *Carl* FPR 2001, 211.

Elternteil im Zufluchtsstaat[4], oftmals das eigene Heimatland, in der Regel eine günstigere Rechtsposition als im Herkunftsstaat[5] des Kindes.[6]

Begrifflich wird die unrechtmäßige Verbringung des gemeinsamen Kindes ins Ausland teils als Kindesentziehung bzw. Kindesmitnahme bezeichnet und damit von dem Begriff der Kindesentführung abgegrenzt, da die Entführung eines Kindes durch einen Elternteil sowohl zivil- als auch strafrechtlich[7] eine gänzlich andere Situation darstellt als die oftmals mit Missbrauchs- und Tötungsdelikten verbundene kriminelle Kindesentführung bzw. Geiselnahme durch fremde/organisierte Dritte. Dennoch wird der Begriff der Kindesentführung auch im Bereich des internationalen und europarechtlichen Familienrechts verwendet, wenngleich dort beschränkt auf Titel (des Haager Kindesentführungsüberein-

---

4 Der Staat, in den das Kind entführt wird, wird in vorliegender Arbeit fortlaufend als Zufluchts(vertrags-/mitglied-)staat, als Zielstaat oder als ersuchter Staat bezeichnet.

5 Unter den Begriffen des Herkunfts(vertrags-/mitglied-)staats bzw. des Ursprungs(vertrags-/mitglied-)staats sowie des ersuchenden Staates wird in vorliegender Arbeit fortlaufend derjenige Staat verstanden, aus dem das Kind entführt wurde. Der Begriff des Entführungsstaats, der sowohl für den Staat, aus dem entführt wurde, als auch für den Staat, in den entführt wurde, beidseits gebräuchlich ist, wird in vorliegender Arbeit als derjenige Staat begriffen, aus dem das Kind entführt wurde, vgl. z. B. die Verwendung dieses Begriffs bei *Finger* FamRBint 2010, 95, 96; anders z. B. bei Zöller-*Geimer* Anh II A EuEheVO Art. 10 Rn 1; *Boelck*, S. 41 mit Fn 11, die darunter den Zufluchtsstaat verstehen.

6 *Bach/Gildenast* Rn 1; *Bach* FamRZ 1997, 1051; s. a. *Völker* FamRZ 2010, 157; *Haß*, S. 12.

7 Nach der geltenden Fassung des § 235 I StGB ist jedermann, etwa auch ein Elternteil, strafbar, der eine Person unter 18 Jahren unter Anwendung von List, Drohung oder Gewalt den Eltern, einem Elternteil, Vormund oder Pfleger entzieht oder vorenthält. Strafrechtsschutz für ein Kind (= Person unter 14 Jahren, s. *Fischer* StGB Vor §§ 19–21 und § 235 Rn 10) besteht darüber hinaus, wenn die Tat durch einen nicht angehörigen Dritten auch ohne Anwendung besonderer Tatmittel begangen wird. Mit dem Sechsten Gesetz zur Reform des Strafrechts (6. StrRG) v. 26.1.1998 (BGBl. I S. 164; in Kraft ab 1.4.1998) wurden auf diese Weise die Lücken der Strafbarkeit heimlich begangener Wegnahme von Säuglingen und Kleinkindern geschlossen, vgl. *Caspary* FPR 2001, 215; *Fischer* StGB § 235 Rn 1. Die gleichzeitige Beschränkung des möglichen Täterkreises auf Nicht-Angehörige soll dabei – so *Caspary* – verhindern, dass familiäre Konflikte auch mit strafrechtlichen Mitteln ausgetragen würden, wobei sich Angehörige respektive Elternteile auch nach Maßgabe des § 235 II StGB ohne Anwendung besonderer Tatmittel bei grenzüberschreitendem Bezug strafbar machen können, s. *Caspary* FPR 2001, 215.

kommens vom 25.10.1980[8]) oder Artikelüberschrift (vgl. Art. 10 der Verordnung (EG) 2201/2003 vom 27.11.2003[9]).[10] Im Rahmen der vorliegenden Bearbeitung der einschlägigen Abkommen und Verordnungen wird daher bei der Verwendung des Begriffs der Kindesentführung durch einen Elternteil kein Unterschied zu den Begriffen der Kindesentziehung oder Kindesmitnahme gemacht. Diese Begriffe werden vorliegend synonym verwendet.

Auf Grund wachsender Globalisierung und internationaler Mobilität zwischen den Staaten ist eine Zunahme grenzüberschreitender Kindesentführungen im Rahmen von familiären Auseinandersetzungen zu befürchten.[11] Mit dem Anstieg ausbildungs- und berufsbedingter Grenzüberschreitungen, insbesondere innerhalb der EU, respektive der Erleichterung von Waren-, Personen-, Dienstleistungs- und Kapitalverkehr, erhöht sich auch die Zahl gemischt-nationaler familiärer Gefüge. So ist in Deutschland mittlerweile etwa jede zehnte

---

8 Haager Übereinkommen über die zivilrechtlichen Aspekte internationaler Kindesentführung vom 25.10.1980, BGBl. 1990 II S. 207; im Folgenden: Haager Kindesentführungsübereinkommen bzw. HKÜ; abgedr. bei *Jayme/Hausmann* Nr. 222.

9 Verordnung (EG) Nr. 2201/2003 des Rates v. 27.11.2003 über die Zuständigkeit und die Anerkennung und Vollstreckung von Entscheidungen in Ehesachen und in Verfahren betreffend die elterliche Verantwortung und zur Aufhebung der Verordnung (EG) Nr. 1347/2000, ABl. EG Nr. L 338 v. 23.12.2003, S. 1; im Folgenden: EuEheVO, abgedr. bei *Jayme/Hausmann* Nr. 162. Die EuEheVO gilt gem. ihrem Art. 72 seit 1.3.2005 in allen Mitgliedstaaten außer Dänemark; seit 1.1.2007 gilt sie auch in Bulgarien und Rumänien, s. Leitfaden der Kommission, S. 6; *Jayme/Hausmann* Nr. 162 Anm. 1. Mit Beitritt am 1.7.2013 gilt sie auch für Kroatien, s. den Leitfaden des OLG Dresden, S. 18 ff., http://www.justiz.sachsen.de/olg/download/Leitfaden_Scheidung.pdf (letzter Zugriff: 7.10.2013).

10 Vgl. dazu *Schmidt-Bremme,* Symposium am 4.12.09, Impulsreferat RL 507. Internationale Kindesentziehungen, http://www.auswaertiges-amt.de/DE/Aussenpolitik/InternatRecht/Aktuell/091022-SymposiumKindesentziehung_node.html sowie http://www.auswaertiges-amt.de/cae/servlet/contentblob/383422/publicationFile/4319/Symposium.pdf (jeweils letzter Zugriff: 31.5.2013); Staudinger-*Pirrung* (2009) Vorbem D 1 zu Art 19 EGBGB; *Haß,* S. 3 f. und 51, m. w. N.; s. insb. *Pape,* S. 6, die unter Verweis auf diesbezügliche Ausführungen bei *Pérez-Vera,* Erläuternder Bericht, Nr. 53, zur Abgrenzung vom Strafrecht erläutert, dass der Entführungsbegriff im Titel des HKÜ angesichts seiner gewöhnlichen Verwendung in den Massenmedien und seiner Resonanz in der öffentlichen Meinung erfolgt und durch die ausdrückliche Beschränkung auf zivilrechtliche Aspekte abgeschwächt sei.

11 *Fleige,* S. 55 unter Verweis auf *Jones* Int. Comp. L. Qu. 30 (1981), S. 467.

Ehe international.[12] Zu beachten ist in diesem Zusammenhang, dass gerade gemischt-nationale Ehen kinderreicher sind als Ehen zwischen deutschen Staatsangehörigen.[13] Mit dieser Entwicklung geht dementsprechend auch eine stärkere Herausarbeitung des internationalen Scheidungs- und Familienrechts, auch mit anwachsender Beeinflussung des herkömmlichen innerstaatlichen Rechts, einher. So sind etwa 15% der Scheidungen in Deutschland gemischt-national.[14] Dabei ist zu bedenken, dass jährlich bei knapp der Hälfte der Scheidungen in Deutschland minderjährige Kinder betroffen sind.[15] Eine Trennung bzw. Scheidung der Eltern unterschiedlicher Nationalität bedeutet für die betroffenen Kinder nicht nur eine Auflösung ihres bisherigen Lebensgefüges, sondern ist auch oftmals mit einem Umzug in ein anderes Land verbunden. Fragen zur elterlichen Sorge können in solchen Fällen von besonderer Brisanz sein, insbesondere wenn ein Elternteil das Kind eigenmächtig mit sich nimmt. Zwar gilt die tatsächliche Anzahl von Sorgerechts- und Umgangsrechtsfällen mit grenzüberschreitendem Bezug, die in einer Kindesentführung münden, als relativ betrachtet gering, aber für die betroffenen Beteiligten ist die Situation so belastend, dass die hieran gestellten rechtlichen und tatsächlichen Anforderungen herausragend sind.[16]

Die stetig zunehmende Berührung des Familienrechts mit internationalen Rechtsfragen hat in den letzten Jahrzehnten dazu geführt, dass auf diesem Gebiet Maßnahmen der Rechtsvereinheitlichung als immer drängender angesehen wurden, um die Entscheidungsfindung zu erleichtern, und um getroffene Entscheidungen im Wege erleichterter Anerkennung und Vollstreckung effektiv

---

12 *Wagner* FamRZ 2003, 803, m. w. N.; *ders.* FPR 2004, 286; *Dilger* Rn 1, m. w. N.; *Fleige*, S. 54 mit Fn 5, m. w. N. Staudinger-*Spellenberg* (2005) Vorbem zu Art 1 EheGVO Rn 3 geht innerstaatlich jährlich von ca. 80.000–90.000 Ehen mit Ausländerbeteiligung aus; bei einem Drittel hiervon werde mit einer Scheidung gerechnet.

13 *Fleige*, S. 54 mit Fn 6, m. w. N.

14 Grünbuch, S. 3, m. w. N. Baden-Württemberg verzeichnete 2002 in ca. 23,8% der Scheidungsfälle mindestens einen ausländischen Ehepartner, vgl. die Zahlenangaben bei *Jäger/Leschhorn/Stutzer*, S. 78.

15 Vgl. Pressemitteilungen Nr. 241 v. 11.7.2012 „Zahl der Ehescheidungen im Jahr 2011 geringfügig angestiegen", Nr. 335 v. 13.9.2011 „Elf von 1000 Ehen im Jahr 2010 geschieden", Nr. 28 v. 21.1.2011 „Zahl der Ehescheidungen im Jahr 2009 rückläufig", Nr. 251 v. 8.7.2009 „Zahl der Ehescheidungen stieg 2008 wieder an", Quelle: http://www.destatis.de (jeweils letzter Zugriff: 31.5.2013); *Krack-Roberg* in Wirtschaft und Statistik 2009, 1191, 1198.

16 *Fleige*, S. 55 mit Fn 11, m. w. N.; s. a. *Frerichs*, Stellungnahme des EWSA zum VO-E, ABl. EU Nr. C 61 v. 14.3.2003, S. 76.

umsetzen zu können.[17] Im Fall grenzüberschreitender Kindesentführung stellen sich Fragen der internationalen Zuständigkeit, welche für den weiteren Verlauf der Angelegenheit entscheidend sein kann, wie auch des anzuwendenden Rechts und des Rückgabevollzugs im Zielstaat. Erst in den letzten zwei Jahrzehnten des 20. Jahrhunderts wurde dieser Bereich selbstständiger Gegenstand multilateraler internationaler Regelungen. Vorher war auf allgemeine Regelungen zum Kindesschutz zurückzugreifen. Die familienrechtliche Rechtssetzung war dabei anfänglich den einzelnen Staaten und im Bereich des Völkerrechts der Haager Konferenz für Internationales Privatrecht sowie dem Europarat vorbehalten:[18] Zunächst war hier das Haager Übereinkommen über die Zuständigkeit der Behörden und das anzuwendende Recht auf dem Gebiet des Schutzes von Minderjährigen vom 5.10.1961[19] von besonderer Bedeutung, welches in erster Linie an das Aufenthaltsprinzip[20] anknüpfte. Der dadurch aber oftmals verursachten faktischen, sog. ertrotzten Kontinuität[21] suchte schließlich das Haager Kindesentführungsübereinkommen vom 25.10.1980 zu begegnen. Nachdem dem HKÜ mittlerweile 90[22] Staaten, u. a. sämtliche Vertragsstaaten des MSA sowie sämtliche EU-Mitgliedstaaten, beigetreten sind, gilt es schon angesichts der Zahl seiner Mitglieder als äußerst erfolgreich.[23]

Mit Schaffung des Luxemburger Europäischen Übereinkommens über die Anerkennung und Vollstreckung von Entscheidungen über das Sorgerecht für

---

17 S. *Fleige*, S. 56, m. w. N., eingehend zu den Gefahren von Rechtsunterschieden.

18 *Schulz* FamRZ 2003, 336, 337.

19 BGBl. 1971 II S. 219; im Folgenden: Minderjährigenschutzabkommen bzw. MSA; abgedr. bei *Jayme/Hausmann* Nr. 52. S. dazu auch die Beitrittstabelle im Anhang 2.

20 S. dazu 1. Teil. A. II („Minderjährigenschutzabkommen von 1961"). Zum Aufenthaltsprinzip s. etwa *Baetge*, Der gewöhnliche Aufenthalt im IPR, S. 20.

21 Zum Begriff s. BVerfG FamRZ 2009, 189, 190; Kemper/Schreiber-*Völker/Clausius* § 154 Rn 2 f. darauf hinweisend, dass es in dem vom BVerfG entschiedenen Fall um Eigenmacht des nicht hauptbetreuenden Elternteils ging. Zur Kritik an aufenthaltsverfestigenden Folgen des MSA s. 1. Teil. A. II („Minderjährigenschutzabkommen von 1961").

22 Vgl. Tabelle im Anhang 2. Mit Geltung des HKÜ für Kasachstan zum 1.9.2013 hat das HKÜ nunmehr 90 Vertragsstaaten, vgl. HCCH, Neuigkeiten und Ereignisse v. 21.6.2013, http://www.hcch.net/index_de.php?act=events.details&year=2013&varevent=312 (letzter Zugriff: 14.7.2013).

23 Staudinger-*Pirrung* (2009) Vorbem D 7 zu Art 19 EGBGB; *Pirrung* in FS Kropholler, S. 399, 405 f.; *Lowe/Perry* Int. Comp. L. Qu. 48 (1999), S. 127, 147. Zur eingeschränkten Beitrittsmöglichkeit vgl. Art. 38 IV 1 HKÜ.

Kinder und die Wiederherstellung des Sorgeverhältnisses vom 20.5.1980[24] trug der Europarat dazu bei, Sorge- und Umgangsrechtsverhältnissen grenzüberschreitender Art zur Realisierung bzw. Wiederherstellung zu verhelfen. Schließlich wurde auch die lange Zeit angestrebte Reformierung des MSA in Angriff genommen, die in dessen Ersetzung durch das Haager Übereinkommen über die Zuständigkeit, das anzuwendende Recht, die Anerkennung, Vollstreckung und Zusammenarbeit auf dem Gebiet der elterlichen Verantwortung und der Maßnahmen zum Schutz von Kindern vom 19.10.1996[25] mündete, welches Mängel der bisherigen grenzüberschreitenden Regelungen beseitigen sollte und als allgemeines Abkommen zum internationalen Kinderschutz erstmals auch mit spezifischen Regelungen zur grenzüberschreitenden Kindesentführung versehen wurde.[26] Aufgrund von kompetenzrechtlichen Problemen konnte es innerhalb der EU jahrelang nicht in Kraft treten; erst seit letztendlicher Ermächtigung durch den Rat am 5.6.2008[27] konnte es nach und nach auch in den Mitgliedstaaten der EU – am 1.1.2011 in Deutschland – zur Geltung gelangen.[28]

Auch innerhalb der EU wurden schließlich familienverfahrensrechtliche Regelungen zur Durchsetzung eines erleichterten Personenverkehrs als einem europäischen Gemeinschaftsziel für erforderlich gehalten. Nachdem hierfür auf der Basis des EGV aber zunächst nicht die erforderliche Kompetenzgrundlage innerhalb der EU bestanden hatte, wurde der Harmonisierungsprozess im Familienrecht mit Inkrafttreten des Amsterdamer Vertrags[29] entscheidend vorangetrieben, der durch Einfügung des Art. 65 EGV die Gemeinschaftsorgane zur justiziellen Zusammenarbeit in Zivilsachen, d. h. zu Rechtsakten auf den Gebieten des Zivilverfahrens- und Kollisionsrechts, ermächtigte.[30] Zunächst hatte die EG diese

---

24 BGBl. 1990 II S. 220; im Folgenden: Europäisches Sorgerechtsübereinkommen bzw. EuSorgeRÜ; abgedr. bei *Jayme/Hausmann* Nr. 183. S. dazu auch die Beitrittstabelle im Anhang 2.

25 BGBl. 2009 II S. 603; im Folgenden: Kinderschutzübereinkommen bzw. KSÜ; abgedr. bei *Jayme/Hausmann* Nr. 53.

26 S. hierzu Staudinger-*Pirrung* (2009) Vorbem G 5 zu Art 19 EGBGB, m. w. N.; *Roth/Döring* JBl 1999, 758 f.; *Siehr* RabelsZ 62 (1998) 464, 467; s. ausführlich 1. Teil. B. I („Kinderschutzübereinkommen von 1996“).

27 Entscheidung des Rates v. 5.6.2008, ABl. EU Nr. L 151 v. 11.6.2008, S. 36.

28 Palandt-*Thorn* (IPR) Anh zu EGBGB 24 Rn 13; *Finger* FamRBint 2010, 95. S. hierzu unten 1. Teil. B. I. 2 („Überwindung der Beitrittskompetenzproblematik“).

29 V. 2.10.1997 BGBl. 1998 II S. 387; in Kraft getreten am 1.5.1999.

30 *Wiedmann/Gebauer* in Gebauer/Wiedmann[2] Kap. 1 Zivilrecht und europäische Integration Rn 10; *Schulz* FamRZ 2003, 336, 337; s. a. *Pirrung* in FS Jayme I, S. 701, 704. S. ausführlich 1. Teil. B. II 1 b („Brüssel II“).

Kompetenz mit der ab 1.3.2001 geltenden Verordnung (EG) Nr. 1347/2000[31] des Rates über die Zuständigkeit und die Anerkennung und Vollstreckung von Entscheidungen in Ehesachen und in Verfahren betreffend die elterliche Verantwortung für die gemeinsamen Kinder der Ehegatten v. 29.5.2000 ausgeübt. Anschließend schaffte die EuEheVO vom 27.11.2003 durch Ausweitung des Anwendungsbereichs auf isolierte Sorgerechtsangelegenheiten weitere Rechtsvereinheitlichung in der EU und führte zusätzlich spezifische, das HKÜ modifizierende und ergänzende[32] Gemeinschaftsregelungen für den Bereich grenzüberschreitender Kindesentführung ein, die auch Fragen im Verhältnis zum KSÜ aufwerfen. Zwar verschafft die EuEheVO gegenüber der vorgängigen EheVO 2000 innerhalb der EU weitere Rechtsvereinheitlichung und Klarstellung, birgt aber gleichzeitig die Gefahr, Unterschiede gegenüber Drittstaaten weiter zu vergrößern.[33]

Nicht zuletzt ist fortschreitende Rechtsvereinheitlichung zwar dienlich, um Entscheidungen auf der Basis nationaler Prestigegründe[34] zu vermeiden und damit Akzeptanz von Entscheidungen durch ausländische Behörden mit der Folge besserer Durchsetzbarkeit zu erreichen. Andererseits kann das stete Bestreben dem grenzüberschreitenden Integrationsprozess durch Harmonisierungsinstrumente (insbesondere wechselseitiges Vertrauen, gegenseitige Anerkennung und Herkunftslandsprinzip)[35] zu dienen aber auch zu Lasten des Einzelnen gehen, wenn die Gefahr besteht, dass das Ziel zwischenstaatlicher Vereinheitlichung und Effektivierung von Gemeinschaftszielen dem persönlichen Wohl einzelner Kinder übergeordnet wird und Entscheidungsprozesse generalisiert bzw. automatisiert werden.[36]

---

31 ABl. EG Nr. L 160 v. 30.6.2000, S. 19; im Folgenden: EheVO 2000; abgedr. bei *Jayme/Hausmann*[12] Nr. 161. Für die zehn am 1.5.2004 der EU beigetretenen Mitgliedstaaten wurde als Zeitpunkt für das Inkrafttreten der 1.5.2004 festgelegt, vgl. Leitfaden der Kommission, S. 7.

32 Zur Modifizierung und Ergänzung des HKÜ durch die EuEheVO s. *Solomon* FamRZ 2004, 1409, 1417.

33 Staudinger-*Spellenberg* (2005) Vorbem zu Art 1 EheGVO Rn 10 f.; s. a. Grünbuch, S. 5. S. zur Entstehung der Verordnungen ausführlich 1. Teil. B. II („Verordnung (EG) Nr. 2201/2003").

34 S. zu diesem Begriff *Oberloskamp* MSA Art. 4 Rn 1; Staudinger-*Kropholler* (2003) Vorbem zu Art 19 EGBGB Rn 380; *Kropholler* MSA, S. 63 f.

35 S. dazu *Hess* JZ 2005, 540, 544; s.a. *Hess*, Europäisches Zivilprozessrecht § 3 Rn 31 mit Fn 152. Zur unterschiedlichen Stellung der EMRK im Recht der Vertragsstaaten s. *Hohnerlein* EuLF (D) 2000/01, 252, 255.

36 Vgl. *Schweppe* FPR 2001, 203 ff. noch zum HKÜ. Zu einem „generalisierenden Verständnis des Kindeswohles" s. a. *Haß*, S. 83, m. w. N.

Die Entführungsregelungen der EuEheVO und des KSÜ sowie ihr Zusammenspiel mit den bestehenden Regeln des internationalen Rechts, insbesondere mit dem HKÜ, die Erforschung ihrer Stärken und Schwächen, die Frage, ob der Minderjährigenschutz einen Rückschritt erfahren könnte, und schlussendlich korrelierende Aspekte im innerstaatlichen Familienrechtsverfahren stellen den Gegenstand dieser Arbeit dar. Thema der Arbeit wird daher sein, die durch die EuEheVO und das KSÜ verursachten Neuerungen auf dem Gebiet der grenzüberschreitenden Kindesentführung durch einen Elternteil und ihr Verhältnis zu den bisherigen Abkommen, insbesondere zum HKÜ, auch mit Bezug zu Drittstaaten zu untersuchen und dabei auch die Umsetzung der Verordnung in innerstaatliches Recht und ihren Einfluss auf das nationale Familienrechtsverfahren unabhängig von Entführungen zu beleuchten.

Die Dringlichkeit der Untersuchung wird durch neueste beunruhigende Statistiken zur Anzahl von Kindesentführungen der letzten Jahre unterstrichen, die den Erfolg der fortschreitenden Automatisierung des Kindschaftsrechts in Frage stellen: So haben Auswertungen von *Lowe/Stephens* aus dem Jahr 2012 ergeben, dass die Zahl internationaler Rückgabeanträge nach dem HKÜ zwischen 2003 und 2008 dramatisch (um 45%)[37] gestiegen sei.[38] Insbesondere innerhalb der EU sei eine Zunahme von „abduction applications" zu verzeichnen: Nahezu die Hälfte (49%) aller Rückgabeersuchen nach dem HKÜ würden an Mitgliedstaaten der EU gerichtet. Ein gutes Drittel aller Fälle spiele sich dabei im EU-Binnenverhältnis ab. Nicht nur die absolute Zahl der an EU-Mitgliedstaaten gerichteten Anträge habe von 656 in 2003 auf 1.023 in 2008 drastisch zugenommen; auch der Prozentsatz von Anträgen aus anderen EU-Mitgliedstaaten habe sich gegenüber dem Anteil aus Drittstaaten merklich erhöht: Während 2003 noch 410 (= 63%) der Anträge an einen EU-Mitgliedstaat aus einem anderen Mitgliedstaat gestellt worden seien, hätten 2008 immerhin 745 (= 73%) Anträge das EU-Binnenverhältnis betroffen.[39] Als besonderes Phänomen in Europa werde dabei der gleichzeitige

37 *Lowe/Stephens* Int. Comp. L. Qu. 46 (2012), S. 41, 45.

38 *Lowe/Stephens* Int. Comp. L. Qu. 46 (2012), S. 41, 81: „a dramatic increase in applications".

39 *Lowe/Stephens* Int. Comp. L. Qu. 46 (2012), S. 41, 49 f. S. vergleichsweise die 2005/06 angestiegenen Zahlen bei *Trimmings*, S. 104 und 241. Inwieweit der absolute Anstieg innerhalb der EU etwa auch auf die territoriale Osterweiterung der EU im Jahr 2004 zurückzuführen sein könnte, weil Fälle, die bislang als international galten, nunmehr der EU zuzuordnen sind, wäre eine interessante Frage für weitere Untersuchungen.

Anstieg der Anwendung des Art. 13 I lit. b HKÜ und der Beachtung des Kindeswiderstandes (Art 13 II HKÜ) wahrgenommen.[40]

Deutschland weise eine Zunahme von 44% auf, bei der Türkei seien es 80%; 57% der Gesamtzahl in 2008 kämen dabei aus Deutschland. Umgekehrt kämen aus der Türkei gegenüber deutschen Behörden nur 3 Anträge (= 3% der seitens Deutschlands empfangenen Rückgabeanträge).[41] Der Verweis auf zunehmende Mobilität und Einflüsse der „immigrant workers“ vermöge solche Zahlen allein nicht mehr zu begründen. Werfe man einen Blick auf einige Nicht-EU-Staaten (auch mit hohem Ausländeranteil), etwa auf die Schweiz mit einem Rückgang von 33% an Rückgabeanträgen, auf die USA mit einem leichten Rückgang von 1% und Kanada mit minus 13% gegenüber einem merklichen Anstieg innerhalb der EU, dann dränge sich die Frage auf, ob das verschärfte Rückführungssystem der EU den Erfolg verschaffe, den es erreichen wolle.[42] So stellen *Lowe/Stephens* schließlich die Möglichkeit in den Raum, dass die Gerichte umso mehr auf die bislang restriktiv[43] anzuwendenden Ausnahmetatbestände zugriffen: “Another possible explanation ist that the Regulation has had the opposite of the intended effect, resulting in a more liberal application of the exception”.[44]

2010 stellte *Tödter*[45] fest, dass es viele Fragen und Unklarheiten im Bereich der Kindesentführung gebe, die erst durch das Ineinandergreifen von EuEheVO und HKÜ entstünden. So habe der EuGH zwar die Auslegungskompetenz für Artt. 10 und 11 EuEheVO, wohingegen dies für das HKÜ strittig sei. Es werde hier zu schwierigen Abgrenzungsfragen kommen, weil Rechtsgrundlage der Rückführung weiterhin das (internationale) HKÜ sei.

Die vorliegende Arbeit befasst sich gerade mit den spezifischen Einzelproblemen, die sich aus dem Ineinandergreifen der Rechtshilferegelungen des HKÜ auf der einen Seite und den modernen entführungsspezifischen Regelungen zur elterlichen Verantwortung durch die EuEheVO und das KSÜ auf der anderen Seite ergeben, und versucht diese Fragen einer Lösung zuzuführen; unter formalisierten Gesichtspunkten einerseits, aber mit dem Anliegen andererseits,

40 *Lowe/Stephens* Int. Comp. L. Qu. 46 (2012), S. 41, 60 f.: „European phenomenon“.
41 *Lowe/Stephens* Int. Comp. L. Qu. 46 (2012), S. 41, 48 f. mit Fn 33.
42 *Lowe/Stephens* Int. Comp. L. Qu. 46 (2012), S. 41, 48 f.
43 S. dazu unten 1. Teil. A. IV („Haager Kindesentführungsübereinkommen von 1980“).
44 *Lowe/Stephens* Int. Comp. L. Qu. 46 (2012), S. 41, 62.
45 *Tödter*, S. 182.

dem Wohl des Kindes nicht nur „abstrakt“, sondern auch „konkret“[46] Geltung zu verschaffen, womit auch der Frage nachzugehen sein wird, ob fortschreitende Automatismen im Kindschaftsrecht zur Effektivierung der Gemeinschaft das individuelle Kindeswohl zu sehr in den Hintergrund drängen.

Vorab wird hierfür ein Überblick sowohl über die rechtliche Ausgangslage als auch über die modernen Regelungen des KSÜ und der EuEheVO verschafft. Sodann werden die Lösungsmöglichkeiten internationaler Entführungsfälle unter besonderer Berücksichtigung der durch die EuEheVO und durch das KSÜ veränderten Rechtsverhältnisse untersucht. Dabei werden mit maßgeblicher Betonung auf den entführungsspezifischen Regelungen zunächst Fragen der sachlichen, persönlichen und räumlichen Anwendung der einschlägigen Regelungswerke vertieft sowie die von ihnen zur Verfügung gestellten Zuständigkeitssysteme erörtert. Dann erfolgt eine kritische Auseinandersetzung mit den sowohl formell-rechtlichen als auch materiell-rechtlichen Einwirkungen der modernen Regelungen zum Entführungsrecht auf das traditionelle System der Kindesrückführung nach dem HKÜ. Anschließend werden korrelierende Entwicklungen im innerstaatlichen Recht beleuchtet. Abschließend erfolgt ein zusammenfassendes Resümee.

46 Die Unterscheidung zwischen „abstraktem“ und „konkretem“ Kindeswohl findet sich bei OLG Rostock IPRax 2002, 218 (LS) und 220 und wird in vorliegender Arbeit wiederholt aufgegriffen.

1. Teil. Grundlagen des grenzüberschreitenden Kindesentführungsrechts

A. Rechtshistorische Regelungen und ihre Defizite

I. Vormundschaftsabkommen von 1902

In ihrer „ersten Blütephase“[47] vor dem Ersten Weltkrieg erarbeitete die Haager Konferenz diverse Familienrechtsabkommen einschließlich des Abkommens[48] zur Regelung der Vormundschaft über Minderjährige vom 12.6.1902. Hauptanknüpfungspunkt des damaligen, vom Nationalgefühl geprägten Europa, in dem Ehen mit Auslandsbezug noch selten und ggf. in höheren sozialen Schichten vorkamen, war das Staatsangehörigkeitsprinzip und auch das VormAbk galt nur für Kinder mit Staatsangehörigkeit eines Vertragsstaats. Die mangelnde Sachnähe zum betroffenen Kind und zu dessen Umfeld erschwerte den zuständigen Heimatbehörden jedoch in der praktischen Anwendung die für die Entscheidung des Falles erforderlichen Ermittlungen, eine Problematik, die sich im Laufe des 20. Jahrhunderts mit der zunehmenden internationalen Verflechtung, z. B. durch Flüchtlingsströme und Arbeitnehmerfreizügigkeit, insbesondere nach dem Zweiten Weltkrieg verstärkte. Auch der damit einhergehenden Wandlung im Bereich der Sachrechte, Verfall des Nationalstaats und Integration der Common-Law-Staaten, war das VormAbk nicht gewachsen, und es gewann das sachnähere Aufenthaltsprinzip gegenüber der Staatsangehörigkeitsanknüpfung an Bedeutung.[49] Daneben war das VormAbk auch nicht in der Lage, mit der innerstaatlichen Weiterentwicklung des Jugendschutzes Stand zu halten, denn sein sachlicher Anwendungsbereich beschränkte sich auf das Rechtsinstitut der Vormundschaft im engeren Sinn; Fürsorgefälle wie etwa Pflegschaften, Beistandschaften, Sorgerechtsregelungen, insbesondere bei Trennung und Scheidung der Eltern, waren nicht erfasst. Die moderne Fürsorgeerziehung aber

---

47 *Coester-Waltjen* RabelsZ 57 (1993) 263, 266. Zu den in dieser Phase erarbeiteten weiteren internationalen Abkommen s. HCCH, Haager Übereinkommen von 1902–1905, http://www.hcch.net/index_de.php?act=text.display&tid=12 (letzter Zugriff: 20.9.2013).

48 RGBl. 1904 S. 240; im Folgenden: Vormundschaftsabkommen bzw. VormAbk. Zum Geltungsbereich sowie zur Unterbrechung durch die Weltkriege s. Soergel-*Kegel* Art 24 Rn 62 und BGBl. II Fundstellennachweis B, abgeschlossen am 31.12.2012, S. 276.

49 S. *v. Bar* RabelsZ 57 (1993) 63, 92; *Kropholler* MSA, S. 12 f.; *Coester-Waltjen* RabelsZ 57 (1993) 263, 266; s. a. *Boelck*, S. 6 f.; *Baetge*, Der gewöhnliche Aufenthalt im IPR, S. 20.

rückte während des 20. Jahrhunderts vermehrt das persönliche Wohl des Kindes gegenüber bloßen Regelungen zur gesetzlichen Vertretung des Minderjährigen und zur Überwachung seines Vermögens in den Vordergrund.[50] Mit Schaffung des MSA im Jahr 1961 schließlich verlor das VormAbk deutlich an Bedeutung, dessen Vertragsstaaten das VormAbk untereinander für unanwendbar erklärten (vgl. Art. 18 I MSA), so dass es zunächst Weitergeltung nur noch im Verhältnis zu Belgien als Nichtvertragsstaat des MSA beanspruchte.[51] Mit Inkrafttreten der EuEheVO hat das VormAbk auch im Verhältnis zu Belgien inzwischen zwar nicht seine internationale Geltung, jedoch wesentlich an Bedeutung verloren.[52] Ab einer bevorstehenden Geltung des KSÜ, das zwischen seinen Vertragsstaaten sowohl das VormAbk als auch das MSA ersetzt (Art. 51 KSÜ), gegenüber Belgien wird die letzte Geltung des VormAbk für Deutschland endgültig wegfallen.[53] Zwar ist auch (das nicht dem MSA beigetretene) Rumänien dem VormAbk beigetreten; dieses hat als EU-Mitglied und Vertragsstaat des KSÜ aber ebenfalls die modernen Regelungswerke anzuwenden.[54]

II. Minderjährigenschutzabkommen von 1961

Als in der zweiten Haager Phase nach dem Zweiten Weltkrieg entstandenes Übereinkommen beruhte das MSA nicht mehr vorrangig auf dem Staatsangehörigkeitsprinzip, sondern wies die internationale Zuständigkeit unter Gleichlauf des anwendbaren Rechts als Kompromiss zwischen dem im angloamerikanischen Recht längst bestehenden Domizilprinzip[55] und der Staatsangehörigkeitsanknüpfung auf dem europäischen Kontinent nunmehr zuvörderst

---

50 *Kropholler* MSA, S. 12 f.; Staudinger-*Kropholler* (2003) Vorbem zu Art 19 EGBGB Rn 41 f.; *Boelck*, S. 1, m. w. N.; s. a. Erman[13]-*Hohloch* Anh Art 24 EGBGB Rn 6 f., m. w. N.; *Maywald* IzKK-Nachrichten 2009 I-4.

51 Vgl. Staudinger-*Kropholler* (2003) Vorbem zu Art 19 EGBGB Rn 606 f.; Erman[12]-*Hohloch* Anh Art 24 EGBGB Rn 1; Oberloskamp[2]-*Baer* Vormundschaft § 9 Rn 11; *Siehr* RabelsZ 62 (1998) 464, 471; *Pirrung* RabelsZ 57 (1993) 124, 129; *Looschelders* IPR Anhang zu Art. 24 Rn 7; Palandt-*Thorn* (IPR) Anh zu EGBGB 24 Rn 28, der hinsichtlich der früheren Kommentierungen zum VormAbk auf Palandt[61]-*Heldrich* (IPR) Anh zu EGBGB 24, dort zu finden unter Rn 55 ff., verweist.

52 Vgl. AnwK-BGB/*Benicke* Anh. III zu Art. 24 EGBGB Artt. 11–13 HVA Rn 1.

53 Vgl. *Rauscher* IPR[3] Rn 96; s. a. *Siehr* DEuFamR 2000, 125, 127.

54 Staudinger-*Jan von Hein* (2008) Vorbem zu Art 24 EGBGB Rn 3 und 373; zur Geltung für Rumänien s. a. BGBl. II Fundstellennachweis B, abgeschlossen am 31.12.2012, S. 276; Soergel-*Kegel* Art 24 Rn 62 mit Fn 9 und 10.

55 Das Domizil bezeichnet die Verbundenheit einer Person mit einem Rechtsgebiet und ist nicht mit dem Wohnsitzbegriff gleichzusetzen, vgl. *Ehrle*, S. 13, m. w. N.

dem Staat des gewöhnlichen Aufenthalts zu, da die Aufenthaltsbehörden regelmäßig am effektivsten und schnellsten in der Lage sind, geeignete Maßnahmen zum Schutz von Minderjährigen zu treffen.[56] Von den 18 auf der Haager Konferenz 1960 vertretenen Staaten ratifizierten neben der Bundesrepublik Deutschland nur Frankreich, Italien, Luxemburg, die Niederlande, Österreich, Portugal, die Schweiz und Spanien das MSA.[57] Auch von der im MSA enthaltenen Beitrittsmöglichkeit machten in den folgenden Jahrzehnten nicht viele Staaten Gebrauch, so dass das MSA trotz seiner über die nächsten Jahrzehnte dauernden Anwendung eine verhältnismäßig geringe territoriale Abdeckung erreichte, wobei insbesondere Staaten, die an das Staatsangehörigkeitsprinzip oder an das Wohnsitzprinzip anknüpfen, dem Abkommen nicht beigetreten sind.[58] Durch seinen weiten sachlichen Anwendungsbereich allerdings, der alle Maßnahmen zum Schutz des Kindes und seines Vermögens einschließlich von Sorgerechtsregelungen umfasst, erwarb das MSA angesichts von hunderten darauf basierender Entscheidungen allein in Deutschland dennoch große praktische Bedeutung;[59] die sich im Laufe der Zeit abzeichnenden „Schwächen“[60] des Abkommens, insbesondere aufgrund seines differenzierten Vorbehaltssystems

---

56 *Kropholler* MSA, S. 57 f.; *Coester-Waltjen* RabelsZ 57 (1993) 263, 268 f., 276, 300; MüKoBGB[3]-*Siehr* Art. 19 EGBGB Anh. I MSA Rn 20 (ab der 4. Aufl. aufgrund der durch die EuEheVO eingeschränkte Anwendbarkeit nur noch reduzierte Kommentierungen des MSA, vgl. MüKoBGB[4]-*Siehr* Art. 21 EGBGB Anh. I EheVO II Vorbem); s. a. *Oberloskamp* MSA Art. 4 Rn 1. Zur Ersetzung des Staatsangehörigkeits- durch das Aufenthaltsprinzip in Kontinentaleuropa in Zeiten wachsender Mobilität der Bevölkerung s. *Hausmann,* Doppelte Staatsbürgerschaft, S. 163, 187 f.

57 *Boelck,* S. 2 mit Hinweis in dortiger Fn 13 auf die weiteren auf der 9. Session 1960 vertretenen Staaten: Belgien, Dänemark, Finnland, Griechenland, Großbritannien, Japan, das ehemalige Jugoslawien, Norwegen und Schweden. S. dazu auch *Kropholler* MSA, S. 11 Fn 2.

58 Vgl. *Boelck,* S. 2; *Haß,* S. 46; s. a. *Pirrung* in FS Rolland, S. 277, 280; *Coester-Waltjen* RabelsZ 57 (1993) 263, 275. Für Staaten, die nicht auf der Tagung vertreten waren, enthält Art. 21 MSA eine eingeschränkte Beitrittsmöglichkeit, demnach der Beitritt nur im Verhältnis zu annehmenden Vertragsstaaten wirkt (sog. halboffener Charakter). Dies beruhte auf dem Interesse der Vertragsstaaten, Gegenseitigkeit im Familienrecht anderen Staaten nur dann zu gewähren, wenn „deren Rechtszustand bekannt ist und das Vertrauen rechtfertigt“, so *Kropholler* MSA, S. 11 mit Fn 3; Staudinger-*Kropholler* (2003) Vorbem zu Art 19 EGBGB Rn 624 ff.

59 S. *Siehr* DEuFamR 2000, 125; *Boelck,* S. 2; *Coester-Waltjen* RabelsZ 57 (1993) 263, 274 f.

60 *Siehr* RabelsZ 62 (1998) 464, 467, m. w. N.; s. a. *Boelck,* S. 2 f.

und der Gefahr konkurrierender Zuständigkeiten, dürften nach *Siehr* gerade wegen der Häufigkeit seiner Anwendung zutage getreten sein.[61]

Das MSA bedeutete auch ein System zur Lösung internationaler Entführungsfälle, wenngleich es Fälle internationaler Kindesentführung nicht spezifisch regelte. Zwar enthielt der Vorentwurf des MSA in Art. 6 zunächst eine Bestimmung, durch die ein Devolutiveffekt bei unrechtmäßigem Aufenthaltswechsel ausgeschlossen werden sollte, die aber mangels Einigung keinen Eingang in die endgültige Fassung fand.[62] Die mangelnde Zuständigkeitsfortdauer im Ursprungsstaat und die Möglichkeit der Aufenthaltsverfestigung am Zufluchtsort führte auf der Basis des Art. 1 MSA daher aber oftmals zur Zuständigkeit der Behörden des Zufluchtsstaats. In der Praxis hatte diese Regelung nicht selten zur Folge, dass dem Entführer die ertrotzte Zuständigkeit seiner Wahl zur Entscheidung über Sorgerecht, Rückgabe und Herausgabe des Kindes zuteilwurde. Die am Zufluchtsort geschaffene Aufenthaltsverfestigung konnte ihm daneben auch materiellrechtlich bei den für das Kindeswohl maßgeblichen Kontinuitätserwägungen Vorteile verschaffen. Waren dagegen die Behörden des bisherigen Aufenthaltsstaats auf der Basis des Art. 1 MSA weiterhin zuständig, so bedurfte es einer Vollstreckung im Zufluchtsstaat, die jedoch wegen des Regelungsdefizits im Anerkennungs- und Vollstreckungssystem des MSA (s. Art. 7 MSA) schwer durchzusetzen war. Die einer besseren Durchsetzung dienenden Unterrichtungspflichten der Behörden untereinander wiederum konnten sanktionslos

---

61 *Siehr* DEuFamR 2000, 125. Die Aufenthaltszuständigkeit des MSA wird laut *Siehr* auf der einen Seite durch Vorbehalte zugunsten gesetzlicher Gewaltverhältnisse und des Staatsangehörigkeitsprinzips (Art. 3 bzw. Artt. 4 I, 5 III MSA) eingeschränkt und auf der anderen Seite ungeachtet dieser Vorbehalte durch Art. 8 I MSA bei ernsthafter Gefährdung erweitert. So habe dieses „Geflecht von Regel, Ausnahmen und Korrekturen“ als Versuch, Aufenthalts- und Staatsangehörigkeitsprinzip auszugleichen, zur Folge gehabt, dass Art. 3 MSA einschränkend ausgelegt worden sei, Evokationsrecht und Beständigkeit von Schutzmaßnahmen des Heimatstaats „störend“ wirkten und die Gefährdungszuständigkeit eine zu weite Anwendung erfahren habe, so von *Siehr* FamRZ 1996, 1047, 1049 anschaulich zusammengefasst; s. a. *ders.* RabelsZ 62 (1998) 464, 467. Zur zurückhaltenden sekundären Anwendung des heimatbehördlichen Evokationsrechts in Deutschland gegenüber einer nahezu gleichrangigen Anwendung des Art. 4 MSA durch französische Gerichte mit der Folge paralleler Zuständigkeiten beachte z. B. *Schulz* FamRZ 2003, 336, 338 f. mit Fn 15 sowie BGH FamRZ 1997, 1070, 1071.

62 BGH FamRZ 1981, 135, 137, m. w. N.; *Kropholler* MSA, S. 64 f.; Staudinger[13]-*Kropholler* (1994) Vorbem zu Art 19 EGBGB Rn 398 ff.; *Boelck*, S. 39 f.

übergangen werden und darüber hinaus war die zuständige Stelle des anderen Vertragsstaats nicht einfach zu ermitteln.[63]

Die Regelungs- und Vollzugsdefizite des MSA waren daher geeignet, dem entführenden Elternteil die Vorteile seiner Tat zu sichern, anstatt ihnen entgegenzuwirken. Die Integration des Kindes im Zufluchtsstaat konnte Rückführungsmaßnahmen und deren Vollzug erschweren bzw. verunmöglichen, insbesondere als damit ein neuer Aufenthaltswechsel samt eventuellem neuerlichem Wechsel von Sprache und kultureller Umgebung verbunden sein konnte. Die niedrigen Rückgabechancen über das MSA bargen auch die umgekehrte Gefahr einer eigenmächtigen Rückentführung durch den zurückverbliebenen Elternteil.[64] Nicht zuletzt wurde die Zuspitzung von Fällen ertrotzter Kontinuität als „legal kidnapping" bzw. „judicial kidnapping" kritisiert,[65] wobei dieser Begriff im Hinblick auf seinen strafrechtlichen Beiklang zu Missverständnissen führen kann.[66]

III. Europäisches Sorgerechtsübereinkommen von 1980

Seitens des Europarats wurde schon frühzeitig versucht, im Bereich grenzüberschreitender Entführung auf die Schwächen des MSA zu reagieren. Die Ansätze des Europarats sollten allerdings nicht dieselben Erfolge verzeichnen wie die des anschließenden Kindesentführungsübereinkommens der Haager Kommission: Zunächst schuf der Europarat das Übereinkommen über die Rückführung Minderjähriger mit fürsorgerischen Zielen vom 28.5.1970,[67] das die Rückführung von Minderjährigen, die sich gegen den Willen der aufenthaltsbestimmungsberechtigten Person in einem Vertragsstaat befinden, aber auch die Realisierung

63 *Pirrung* RabelsZ 57 (1993) 124, 135; *Boelck*, S. 39 ff., m. w. N.; *Coester-Waltjen* RabelsZ 57 (1993) 263, 275, m. w. N.; *Haß*, S. 44 f.

64 NK-BGB/*Benicke* Anh. III zu Art. 24 EGBGB Art. 1 HKÜ Rn 1; *Ehrle*, S. 2; Staudinger-*Spellenberg* (2005) Art 11 EheGVO Rn 1, m. w. N.; *Haß*, S. 43 f.

65 Vgl. Nachweise bei *Geppert* in Gedächtnisschrift für Hilde Kaufmann, S. 759, 770, m. w. N.; s. etwa *Siehr* IPRax 2002, 199, 200 in Bezug auf eine weite Anwendung von Art. 13 HKÜ; denselben Begriff wendete MüKoBGB[3]-*Siehr* Art. 19 EGBGB Anh. I MSA Rn 28 in umgekehrter Weise an, wenn sich das Kind mittlerweile, gar jahrelang im Zufluchtsstaat eingewöhnt habe und dennoch aus der ihm nun vertrauten Umgebung herausgerissen und wieder zurückgebracht werde. S. zu dem Begriff auch *Boelck*, S. 40; Musielak[5]-*Borth* ZPO § 606 Rn 22 („legale Entführungsfälle").

66 Staudinger-*Pirrung* (2009) Vorbem D 1 zu Art 19 EGBGB.

67 Eine deutsche Übersetzung findet sich unter Europarat – Vertragsbüro auf http://conventions.coe.int/Treaty/ger/Treaties/Html/071.htm (letzter Zugriff: 31.5.2013).

von Schutz- und Erziehungsmaßnahmen bzw. die Einleitung diesbezüglicher Verfahren ermöglichen soll. Erstmals sollte hierfür auch eine Zentralbehörde eingesetzt werden. Deutschland hat das Übereinkommen zwar unterzeichnet, jedoch nicht ratifiziert. Derzeit ist es erst durch zwei Mitgliedstaaten des Europarats, durch die Türkei am 2.12.1976 und durch Italien am 27.2.1995 ratifiziert worden. In Ermangelung von mindestens drei nötigen Ratifizierungen konnte es daher noch nicht in Kraft treten. Das Übereinkommen wird insoweit als Misserfolg angesehen.[68]

Auf Veranlassung des Europarats erarbeitete ein Sachverständigenkomitee 1973–1979 das EuSorgeRÜ. Geplant war zunächst die Schaffung von Vorschriften zur grenzüberschreitenden Anerkennung und Vollstreckung von Sorgerechtsmaßnahmen, welche die diesbezüglichen Regelungslücken des Art. 7 MSA schließen sollten. Später wurden auf schweizerische Initiative hin Bestimmungen über die Wiederherstellung des Sorgeverhältnisses bei internationalen Kindesentführungen miteinbezogen.[69] Das EuSorgeRÜ trat am 1.9.1983 in Kraft und wurde nach Ratifikation am 5.10.1990 für die Bundesrepublik Deutschland am 1.2.1991 wirksam. Als allgemeines Anerkennungs- und Vollstreckungsübereinkommen richtete es sich auf dem Gebiet der Sorgerechtsentscheidungen nicht unmittelbar nur gegen Kindesentführungen; es bot erstmals eine multilaterale völkerrechtliche Grundlage für die gegenseitige Durchsetzung von Sorgerechts- respektive Herausgabeentscheidungen, die sich unter Einschaltung von Zentralen Behörden auch durch eine bessere Zusammenarbeit zwischen den Vertragsstaaten auszeichnen sollte.[70] Dennoch konnte sich das EuSorgeRÜ bei der Bearbeitung von Kindesentführungsfällen nicht in großem Maße durchsetzen: Die Anwendbarkeit setzt grundsätzlich eine Sorge- bzw. Umgangsrechtsentscheidung voraus, die es umzusetzen bzw. wiederherzustellen gilt, wohingegen gesetzliche Sorgeverhältnisse

---

68 *Pirrung* RabelsZ 57 (1993) 124, 130. Vgl. zum Stand der Ratifizierungen: Europarat – Vertragsbüro auf http://conventions.coe.int/Treaty/Commun/ChercheSig.asp?NT=071&CM=8&DF=31/05/2013&CL=ENG (letzter Zugriff: 31.5.2013).

69 Staudinger-*Pirrung* (2009) Vorbem D 6 zu Art 19 EGBGB; *ders.* (1994) Vorbem zu Art 19 EGBGB Rn 616; s. a. *Schulz* FamRZ 2003, 336, 339; *Haß*, S. 134, m. w. N.

70 *Vomberg/Nehls*, S. 2; *Pirrung* RabelsZ 57 (1993) 124, 133; *Haß*, S. 134 f.; s. a. *Bach/Gildenast* Rn 200 ff. Nach Art. 7 EuSorgeRÜ sind Sorgerechtsentscheidungen aus einem anderen Vertragsstaat in jedem anderen Vertragsstaat anzuerkennen, es sei denn es liegt ein Versagungsgrund i. S. v. Artt. 9 oder 10 EuSorgeRÜ vor, s. Krenzler/Borth-*Niethammer-Jürgens* M Rn 179 f. auch darauf hinweisend, dass diese Anerkennung keines besonderen Anerkennungsverfahrens bedürfe, jedoch ein Feststellungsverfahren möglich sei.

aus dem Anwendungsbereich des Übereinkommens ausgenommen sind. Verhältnismäßig oft aber werden Kinder gerade vor einer richterlichen Entscheidung über das Sorgerecht, mithin gerade zur Beeinflussung der Entscheidung, entführt. Die größte Anzahl von Kindesentführungen ist vom Anwendungsbereich des EuSorgeRÜ daher nicht erfasst.[71] Die Anerkennungsregeln gelten außerdem als „verhältnismäßig umständlich"[72]: Während Art. 8 voraussetzt, dass das Kind aus einem Vertragsstaat unzulässig verbracht wurde, in dem es seinen gewöhnlichen Aufenthalt hatte und dem das Kind und seine Eltern ausschließlich angehören, schützt Art. 9 in anderen Fällen unzulässigen Verbringens, falls die Maßstäbe des Art. 8 EuSorgeRÜ gerade nicht gegeben sind, insbesondere vor der Anerkennung von Entscheidungen, die unter gravierenden Verfahrensmängeln wie etwa der Verletzung des rechtlichen Gehörs ergangen sind.[73] Kommen beide Abkommen in Frage, ist abgesehen davon nach innerstaatlichem Recht (§ 37 IntFamRVG[74]) das HKÜ anzuwenden, wenn der Antragsteller nicht ausdrücklich die Anwendung des EuSorgeRÜ wünscht, so dass auch deshalb in der Praxis das EuSorgeRÜ gegenüber dem HKÜ mit einer weit niedrigeren Zahl von Antragstellungen an Bedeutung erheblich zurücksteht.[75] In einem Punkt wird das EuSorgeRÜ allerdings als effektiveres Instrument angesehen, um einer Entführung zu begegnen: So ist das EuSorgeRÜ auch auf die nachträgliche Änderung der Sorgeverhältnisse und auf nachträgliche Widerrechtlichkeit anwendbar.[76] Hier unterscheidet sich das EuSorgeRÜ deutlich vom HKÜ, bei dem die für die sachliche Anwendbarkeit erforderliche Widerrechtlichkeit des Verbringens/Zurückhaltens nicht durch den späteren Erlass einer Sorgerechtsentscheidung zugunsten des Antragstellers im Herkunftsstaat hergestellt werden kann. Insoweit stellt sich das EuSorgeRÜ in Fällen nachträglicher Sorgerechtszuteilung als das besser geeignete Instrument zur

71 So *Haß*, S. 13, 46 und 141 f.

72 *Pirrung* RabelsZ 57 (1993) 124, 133.

73 NK-BGB/*Benicke* Anh. V zu Art. 24 EGBGB Art. 30 EuSorgeRÜbk Rn 8 f. Zu dem von der Bundesrepublik Deutschland bei Ratifizierung darüber hinaus eingelegten Vorbehalt nach Art. 17 EuSorgeRÜ für Fälle der Unvereinbarkeit mit innerstaatlichen Grundwerten, des Zeitablaufs und des Kindeswohls beachte OLG Frankfurt IPRax 1997, 192, 193.

74 Früher: § 12 SorgeRÜbkAG.

75 *Pirrung* IPRax 1997, 182, 183; Regierungsentwurf eines Gesetzes zum internationalen Familienrecht, BR-Drucks. 607/04 v. 13.8.2004, S. 37, http://dipbt.bundestag.de/doc/brd/2004/0607-04.pdf (letzter Zugriff: 13.7.2013); Erman[13]-*Hohloch* Anh Art 24 EGBGB Rn 102; NK-BGB/Benicke Anh. III zu Art. 24 EGBGB Art. 34 HKÜ Rn 2 und Anh. V zu Art. 24 EGBGB Art. 30 EuSorgeRÜbk Rn 4.

76 NK-BGB/*Benicke* Anh. V zu Art. 24 EGBGB Art. 30 EuSorgeRÜbk Rn 5.

Rückführung eines Kindes dar.[77] Das EuSorgeRÜ wird dennoch für wenig effizient gehalten, da davon auszugehen sei, dass die Integration des Kindes im Zufluchtsstaat solange voranschreite bis eine nachträgliche Sorgerechtsentscheidung ergehe, womit auch hier eine Rückführung problematisch werden könne.[78]

IV. Haager Kindesentführungsübereinkommen von 1980

Nachdem auch seitens des Europarats kein spezielles Entführungsübereinkommen, insbesondere kein Schutz gesetzlicher Sorgerechte geschaffen worden war, wurde weiterhin ein spezifisch auf Kindesentführungen ausgerichtetes Abkommen für erforderlich gehalten, das im Gegensatz zum MSA eine Verfestigung des unrechtmäßigen Aufenthalts verhindern und eine schnelle Rückführung zur Wiederherstellung des status quo ante[79] ermöglichen sollte. Eine bloße Erweiterung des MSA um spezifische Entführungsregeln sah die Haager Konferenz im Hinblick auf damals nur acht Beitritte zum MSA nicht als effektiv an; territorial war vielmehr ein über Europa hinausgehender Deckungsbereich vorgesehen, was 1979 zu einem Vorentwurf des entführungsspezifischen HKÜ führte.[80] Auf der 14. Sitzung im Oktober 1980 wurde das HKÜ endgültig formuliert und am Sitzungsende durch die ersten Zeichnungen mit dem Datum des 25.10.1980 versehen.[81] Nachdem im Jahr 1989 die UN-Kinderrechtekonvention[82] mit ihrem Art. 11 postuliert hatte, dass ihre Vertragsstaaten Kindesentführungen durch

---

77 S. NK-BGB/*Benicke* Anh. III zu Art. 24 EGBGB Art. 3 HKÜ Rn 23. Dies gilt zumindest nach innerstaatlicher Rechtsprechung, vgl. z. B. OLG Karlsruhe IPRax 1992, 385, 386; s. dazu etwa *Haß*, S. 61 f. Vgl. demgegenüber die Rechtsprechung des House of Lords, das mit der Begründung, Verbringen und Zurückhalten folgten aufeinander, auch i. R. d. HKÜ widerrechtliches Zurückhalten annimmt, wenn dem Antragsteller erst nach Verbringen das Sorgerecht zugesprochen werde, s. Nachweise bei *Holl* IPRax 2000, 238, 239 sowie bei *Siehr* IPRax 2005, 526, 528.

78 So *Rauscher* IPR[4] Rn 969.

79 Zu diesem Begriff s. z. B. Erman[13]-*Hohloch* Anh Art 24 EGBGB/HKÜ Rn 101.

80 Coester-*Waltjen* RabelsZ 57 (1993) 263, 275 f.; *Pirrung* RabelsZ 57 (1993) 124, 132 f.; *Haß*, S. 45 ff., m. w. N.

81 MüKoBGB[5]-*Siehr* Art. 21 EGBGB Anh. II HEntfÜ Rn 1.

82 Das Übereinkommen der Vereinten Nationen über die Rechte der Kinder v. 20.11.1989 BGBl. 1992 II S. 121 und 990; in Kraft für Deutschland seit 5.4.1992 (im Folgenden: UN-Kinderrechtekonvention bzw. KRK), dem sämtliche EU-Mitgliedstaaten angehören, gewährleistet Rechte auf Schutz (Protection), Versorgung bzw. Förderung (Provision) und Beteiligung (Participation) von Kindern und verpflichtet seine Vertragsstaaten, sich aktiv für die Rechte von Kindern einzusetzen, s. *Dethloff/Maschwitz* FPR 2012, 190, 191; *Steindorff-Classen* EuR 2011, 19, 21.

Abschluss von Staatsverträgen bekämpfen sollten, stimmte der Deutsche Bundestag dem HKÜ unter gleichzeitigem Erlass des Sorgerechtsübereinkommens-Ausführungsgesetzes[83] mit Gesetz v. 5.4.1990[84] zu.[85]

Das HKÜ beruht als Rechtshilfeabkommen[86] auf der Annahme, dass die sofortige Rückführung grundsätzlich im Interesse des entführten Kindes sei, da sie das vor dem Verbringen bestehende Sorgeverhältnis wiederherstelle, somit die bisherigen Lebensbedingungen des Kindes erhalte, und eine sachnahe Entscheidung über das Sorgerecht im Herkunftsstaat ermögliche.[87] Der „Rückführungsmechanismus“[88] des HKÜ brachte wegen seiner Auswirkungen auf das individuell betroffene Kind allerdings in der Praxis erhebliche Auslegungsstreitigkeiten mit sich: Nach einer Ansicht ist dem Wortlaut der Präambel („in der festen Überzeugung, dass das Wohl des Kindes in allen Angelegenheiten des Sorgerechts von vorrangiger Bedeutung ist;“) entgegen den Artt. 16–19 HKÜ ein Vorrang des Kindeswohls gegenüber einer automatisierten Rückgabe zu entnehmen.[89] Nach der von der h. M. vertretenen und vom Bundesverfassungsgericht für verfassungsgemäß befundenen restriktiven Auslegung dient das HKÜ „dem Ziel, die Beteiligten von einem widerrechtlichen Verbringen des Kindes ins Ausland abzuhalten und die Sorgerechtsentscheidung am Ort des früheren

---

83 Gesetz zur Ausführung des Haager Übereinkommens v. 25.10.1980 über die zivilrechtlichen Aspekte internationaler Kindesentführung und des Europäischen Übereinkommens v. 20.5.1980 über die Anerkennung und Vollstreckung von Entscheidungen über das Sorgerecht für Kinder und die Wiederherstellung des Sorgeverhältnisses (Sorgerechtsübereinkommens-Ausführungsgesetz – SorgeÜbkAG) BGBl. 1990 I S. 701; im Folgenden: SorgeRÜbkAG; abgedr. bei *Jayme/Hausmann*[12] Nr. 222a.

84 BGBl. 1990 II S. 206.

85 *Pirrung* RabelsZ 57 (1993) 124, 126, 134; s. a. *Haß*, S. 49, m. w. N.

86 S. zu dieser Einordnung MüKoBGB[5]-*Siehr* Art. 21 EGBGB Anh. II HEntfÜ Rn 6 sowie *Hausmann* IntEuSchR N 49, m. w. N.

87 *Schweppe* FPR 2001, 203; s. a. *Nehls* in Mediation bei internationalen Kindschaftskonflikten, S. 13.

88 *Schweppe* FPR 2001, 203; s. dazu *Carl/Erb-Klünemann* in Mediation bei internationalen Kindschaftskonflikten, S. 53, 55.

89 Aus MüKoBGB[5]-*Siehr* Art. 21 EGBGB Anh. II HEntfÜ Rn 20, m. w. N., diese Meinung ablehnend; s. dazu auch *Vomberg/Nehls*, S. 42, m. w. N. Auf die Präambel abstellend s. etwa *Schweppe* FPR 2001, 203; AG Saarbrücken IPRax 1992, 387, 388; AG Weilburg FamRZ 1995, 242, 243. S. a. OGH Wien EuLF (D) 2000/01, 264 ff., der den Vorrang des konkreten Kindeswohls vor der präventiven Verhinderung von Kindesentführungen postuliert mit dortiger zustimmender redaktioneller Anmerkung, die die österreichische Auslegung der deutschen vorziehe, weil das Ziel des HKÜ, Entführungen zu verhindern und eine schnelle Rückführung anzuordnen, keinen Selbstzweck verfolge.

gewöhnlichen Aufenthalts des Kindes sicherzustellen“[90]. Diese Ziele seien von so überragender Bedeutung, dass demgegenüber auch das Kindeswohl nicht vorrangig sei. Durch schnelle Rückführung und generalpräventive Verhinderung zukünftiger Entführungen werde das wirkliche (abstrakte) Wohl des Kindes am besten geschützt. Die Präambel sei insoweit als „irreführend“[91] anzusehen.[92] Wenngleich, oder vielmehr weil es sich bei Art. 13 I lit. b HKÜ im Rahmen von Rückführungsverfahren auch tatsächlich um die zentrale zumeist geltend gemachte Ausnahmeregelung handelt,[93] rechtfertigt nach Auffassung des Bundesverfassungsgerichts bzw. der h. M. nicht jede Härte die Anwendung des Art. 13 HKÜ, vielmehr sei diese auf ungewöhnlich schwerwiegende Beeinträchtigungen des Kindeswohls, die sich als besonders erheblich, konkret und aktuell darstellten, etwa auf Fälle drohender Misshandlung im Herkunftsstaat, insbesondere durch den Antragsteller, oder Rückgabe in ein Krisengebiet, zu beschränken; typische Belastungen des Kindes, die mit der Rückführung zusammenhängen würden, z. B. Wohnungswechsel, Schulwechsel, Verlust sonstiger Bezugspersonen, sowie schlichtes Kindeswohl beim entführenden Elternteil seien nicht zu berücksichtigen.[94]

Die restriktive Anwendung des HKÜ rief aber auch kritische Stimmen hervor: Die Rückführung laufe in der Praxis häufig auf eine bloße „Besitzkehr“[95]

---

90 BVerfG FamRZ 1996, 405 f. unter Verweis auf fachgerichtliche Entscheidungen.

91 MüKoBGB[5]-*Siehr* Art. 21 EGBGB Anh. II HEntfÜ Rn 20.

92 MüKoBGB[5]-*Siehr* Art. 21 EGBGB Anh. II HEntfÜ Rn 2 f. und 20; s. a. *Vomberg/Nehls*, S. 2 und 42, m. w. N.; Staudinger-*Pirrung* (2009) Vorbem D 9 zu Art 19 EGBGB; BVerfG FamRZ 2009, 189, 190; 1999, 85, 87; 1996, 405 f. und 1267 f.; OLG Zweibrücken FamRZ 2001, 643, 644; OLG München FamRZ 1994, 1338, 1339; die generalpräventive Wirkung schon frühzeitig betonend s. a. *Jones* Int. Comp. L. Qu. 30 (1981), S. 467, 475. Abgesehen von engen Ausnahmefällen schelle Rückführung und Prävention befürwortend s. a. *Carl/Erb-Klünemann* in Mediation bei internationalen Kindschaftskonflikten, S. 53, 55 f.

93 *Bach* FamRZ 1997, 1051, 1055 f.

94 Vgl. *Vomberg/Nehls*, S. 41, m. w. N.; *Bach* FamRZ 1997, 1051, 1056, m. w. N.; NK-BGB/*Benicke* Anh. III zu Art. 24 EGBGB Art. 13 HKÜ Rn 16 ff.; Erman[13]-*Hohloch* Anh Art 24 EGBGB/HKÜ Rn 101; *Kropholler* RabelsZ 60 (1996) 485, 490. Zu beachten sind die Entscheidungen des BVerfG FamRZ 2009, 189, 190; 1999, 85 und 641; 1996, 405. Diese enge Auslegung gilt auch im Anwendungsbereich der EuEheVO, s. Court of Appeal (UK) – Vigreux – v. 18.5.2006 EuLF (E) 2006 II-63, 66 f.

95 *Schweppe* FPR 2001, 203 mit Fn 3, die wörtlich das OLG Celle FamRZ 1995, 955 zitiert, demnach „das Haager Übereinkommen in erster Linie dem Zweck dient, möglichst schnell den Status quo ante wiederherzustellen (...), quasi eine Besitzkehr durchzusetzen, wie sie für das Sachenrecht in § 859 BGB normiert ist.“ Demgegen-

zugunsten des Antragstellers hinaus; eine automatisierte, Kindesinteressen generalisierende Rückführung lasse das einzelne Kindeswohl in den Hintergrund treten, was wiederum generell gesehen zu einer sehr eingeschränkten Berücksichtigung der individuellen Kindesbedürfnisse führe.[96] Demgegenüber wurde wiederum insbesondere von Seiten der USA und Großbritanniens der Vorwurf erhoben, dass die deutschen Gerichte eine zu weite Anwendung des Art. 13 HKÜ praktizierten und nachhaltig gegen den Beschleunigungsgrundsatz verstießen.[97] So zeichnet sich die englische Rechtsprechung selbst etwa durch einen zurückhaltenden Gebrauch von präjudizierenden psychologischen Gutachten im Rückgabeverfahren aus.[98] Im Gegensatz zu deutschen Gerichten wenden angloamerikanische Gerichte das HKÜ außerdem bisweilen nicht nur bei gegenseitiger Vertragszugehörigkeit an, sondern auch zugunsten von Nichtvertragsstaaten mit der Folge, dass die Rückgabe des im Vertragsgebiet befindlichen Kindes nach Maßgabe des an sich unanwendbaren HKÜ in einen Nichtvertragsstaat veranlasst wird, obwohl sich dieser seinerseits nicht an das strenge Rückführungssystem des HKÜ gebunden sieht.[99] Die Praktizierung des HKÜ zwischen den Vertragsstaaten schwankt daher zwischen Kritik an zu schwacher Anwendung einerseits und Kritik an automatisierter Besitzkehr, die das einzelne betroffene Kind als bloßes Objekt[100] des Rückgabeverfahrens erscheinen lässt, andererseits.

über zu einem mobiliarsachenrechtlichen Besitzkehransatz unter verfassungsrechtlichen Gesichtspunkten kritisch s. Rauscher/*Rauscher* EuZPR/EuIPR (2010) Art 10 Brüssel IIa-VO Rn 2; die Parallele zum Besitzschutz ablehnend s. a. Palandt-*Thorn* (IPR) Anh zu EGBGB 24 Rn 31, m. w. N.

96 So *Schweppe* FPR 2001, 203 kritisch zu OLG Celle FamRZ 1995, 955.

97 *Niethammer-Jürgens* DAVorm 2000, 1071, 1073 und 1076. S. a. *Weber* NJW 2000, 267, 268 f. Vgl. etwa die Kritik bei *Lowe/Perry* FamRZ 1998, 1073; s. a. *Vomberg/Nehls*, S. 2, m. w. N. und Rechtsprechungsnachweise bei *Bach* FamRZ 1997, 1051, 1054.

98 *Siehr* IPRax 2002, 199, 200; s. a. *Schweppe*, Kindesentführungen und Kindesinteressen, S. 76 ff. ausführlich zu den Unterschieden zwischen der deutschen und englischen Umsetzungspraxis und zur Gutachtenspraxis S. 92.

99 MüKoBGB[5]-*Siehr* Art. 21 EGBGB Anh. II HEntfÜ Rn 2 Fn 2, m. w. N.; *Haß*, S. 54 f., m. w. N.

100 Vgl. *Carl* FPR 2001, 211, 212 f.; *Holzmann*, Brüssel IIa VO, S. 186 („Verfahrensobjekte"); *Haß*, S. 184; *Schweppe*, Kindesentführungen und Kindesinteressen, S. 133; s. a. AG Weilburg FamRZ 1995, 242, 243; vgl. i. R. d. § 1632 BGB MüKoBGB[4]-*Huber* § 1632 Rn 4. Etwa werden Kinder in den Verfassungen der EU-Mitgliedstaaten, ausgenommen der finnischen Verfassung, überwiegend „als Objekt (sozial-)staatlicher Fürsorge gesehen", s. Meyer-*Hölscheidt* GRCh Art. 24 Rn 6 ff.

V. Autonomes Recht

Wegen der geringen territorialen Abdeckung des MSA musste lange Zeit häufiger auf das autonome nationale Recht zurückgegriffen werden, um die internationale Zuständigkeit in einem Kindesentführungsfall zu ermitteln.[101] Zwischen dem MSA und der Anknüpfung nach deutschem Recht bestanden allerdings Übereinstimmungen im Zuständigkeitssystem, vgl. die Heimatzuständigkeit, die Aufenthaltszuständigkeit und die Fürsorgezuständigkeit. Dementsprechend waren die Gerichte beim Rückgriff auf die autonomen deutschen Vorschriften vor ähnliche Rechtsfragen wie bei der Anwendung des MSA gestellt: Wenn Eltern ihre Kinder aus Deutschland in einen Nichtvertragsstaat des MSA entführten oder aber umgekehrt aus einem Nichtvertragsstaat nach Deutschland, standen die Gerichte auch hier vor der Frage, wie sich der eigenmächtige Aufenthaltswechsel auf die Bestimmung des Aufenthalts auswirkt, und wie in Fällen der Rechtshängigkeit zu verfahren ist.[102] Mit den Übereinkommen von 1980 änderte sich die Rechtslage gravierend: Ein Wechsel des gewöhnlichen Kindesaufenthalts war seither nicht mehr vorrangig zuständigkeitsbestimmend und angesichts der Vielzahl von Beitritten beschränkte sich das Bedürfnis, auf das autonome nationale Recht zurückzugreifen, auf Fälle von Kindesentführung aus einem Nichtvertragsstaat des HKÜ nach Deutschland, was zumindest nach Auffassung inländischer[103] Gerichte kein Fall des HKÜ ist. Ein Rückgriff auf autonomes nationales Recht blieb auch für die Vertragsstaaten des HKÜ und des MSA im Übrigen erforderlich, wenn die Anwendbarkeit der beiden Abkommen wegen des Kindesalters von 16 bzw. 18 Jahren wegfiel, aber keine Volljährigkeit nach dem Heimatrecht gegeben war.[104]

In der Mehrzahl der Fälle jedoch erfolgt die Entführung in einen Staat, der nicht dem HKÜ beigetreten ist.[105] Beispielsweise haben viele islamische, asiati-

---

101 Vgl. *Pirrung* in FS Rolland, S. 277, 280; s. o. 1. Teil. A. II. („Minderjährigenschutzabkommen von 1961").

102 Vgl. hierzu BGH FamRZ 2002, 1182, 1184 mit Anm. *Henrich,* S. 1184, 1185, m. w. N.; *Kropholler* MSA, S. 63 f.; Staudinger[13]-*Henrich* (1994) Art 19 EGBGB Rn 439 ff.; Keidel/Kuntze/Winkler[15]-*Engelhardt* FGG § 35 b Rn 2 ff. und 13, m. w. N., insb. zur Frage einer innerstaatlichen Geltung des Grundsatzes der perpetuatio fori.

103 S. dazu oben 1. Teil. A. IV („Haager Kindesentführungsübereinkommen von 1980") sowie ausführlich unten 3. Teil. A. III. 1. („Aus dem HKÜ bekannte Problemstellung") samt dortiger Nachweise.

104 *Lorenz* IPRax 1992, 305, 306 f. zum MSA.

105 Vgl. dazu *Schmidt-Bremme,* Symposium am 4.12.09, Impulsreferat RL 507. Internationale Kindesentziehungen, http://www.auswaertiges-amt.de/DE/Aussenpolitik/InternatRecht/Aktuell/091022-SymposiumKindesentziehung_node.html sowie http://

sche und afrikanische Staaten das HKÜ nicht ratifiziert.[106] Ist der Zufluchtsstaat staatsvertraglich weder an das HKÜ noch an das KSÜ oder MSA gebunden, gilt eine Rückholung des entführten Kindes als wenig aussichtsreich: So scheitere die Anerkennung eines innerstaatlichen Urteils häufig am Ordre-public-Vorbehalt des Zufluchtsdrittstaats und die dortigen Chancen für ein zivilrechtliches Verfahren zur Übertragung des Aufenthaltsbestimmungsrechts auf den deutschen Elternteil werden als gering angesehen, wenn die Frage der elterlichen Sorge religions- oder geschlechtsspezifisch geregelt werde, etwa dem Vater das Aufenthaltsbestimmungsrecht und die gesetzliche Vertretung des Kindes zustehe und der Mutter nur eine Personensorge im engeren Sinn.[107]

VI. Ergebnis

Zusammenfassend lässt sich feststellen, dass insbesondere das HKÜ gegenüber dem MSA die erfolgreiche Möglichkeit schuf, einer vom entführenden Elternteil verursachten aufenthaltsverfestigenden Kontinuität mit speziellen Rückführungsmechanismen zu begegnen. Die vertragsstaatlichen Vorgaben werden von den Vertragsstaaten unterschiedlich streng praktiziert, somit die Anwendung der internationalen Normen gegenseitig teils als zu eng und teils als zu weit angesehen, nicht nur wenn es um die Auslegung der Ausnahmeregelungen des HKÜ, insbesondere des Art. 13 HKÜ, geht, sondern auch hinsichtlich der Frage der Anwendung auf Drittstaaten. Letztere wiederum sind in Ermangelung einer vertragsstaatlichen Bindung in der Lage, die Entführung des Kindes in ihr Hoheitsgebiet einer rein autonomen nationalen Lösung zuzuführen. Auf autonomen Regelungen basierende Rückführungsversuche aus einem Land, das sich der Bindung an das HKÜ verweigert, dessen Rechtssystem möglicherweise aber

---

www.auswaertiges-amt.de/cae/servlet/contentblob/383422/publicationFile/4319/Symposium.pdf (jeweils letzter Zugriff: 31.5.2013).

106 *Vomberg/Nehls*, S. 5. Zum aktuellen Stand s. Anhang 2.

107 S. *Schmidt-Bremme*, Symposium am 4.12.09, Impulsreferat RL 507 Internationale Kindesentziehungen, http://www.auswaertiges-amt.de/DE/Aussenpolitik/InternatRecht/Aktuell/091022-SymposiumKindesentziehung_node.html sowie http://www.auswaertiges-amt.de/cae/servlet/contentblob/383422/publicationFile/4319/Symposium.pdf (jeweils letzter Zugriff: 31.5.2013); Krenzler/Borth-*Niethammer-Jürgens* M Rn 266; *Finger* FamRBint 2011, 80; Staudinger-*Pirrung* (2009) Vorbem D 4 zu Art 19 EGBGB; *Andrae*, Internationales Familienrecht^3 § 6 Rn 268. S. zu diesem Problem bereits die Denkschrift des Regierungsentwurfs, BT-Drucks. 11/5314 v. 4.10.1989, Nr. 5 Unterabs. 1, http://dipbt.bundestag.de/doc/btd/11/053/1105314.pdf (letzter Zugriff: 13.7.2013).

keine Mindeststandards gewährleistet, die der Wahrnehmung kindlicher Rechte ausreichend Rechnung tragen, die elterliche Sorge eventuell an Geschlechts- oder Religionszugehörigkeit knüpft, könnten dabei zum Scheitern verurteilt sein. Einer stark rückführungsmechanisierten Bindung einer großen Anzahl von HKÜ-Vertragsstaaten steht somit ein davon abweichendes großes Territorium ungebundener Drittstaaten gegenüber, denen gegenüber nur der wenig erfolgversprechende Rückgriff auf autonomes internationales Zivilverfahrensrecht möglich ist. In einer weiteren Globalisierung des HKÜ sieht *Bruch* aber eine ernsthafte Schwierigkeit bei der Behandlung von Beitrittsgesuchen aus Ländern mit religiösen und kulturellen Praktiken, die menschenrechtsproblematisch seien, etwa Länder, die die elterliche Sorge geschlechtsspezifisch regeln, auch solche, in denen sog. Ehrenmorde oder Female genital mutilation (FGM) praktiziert würden; so böten sich zwei Lösungswege: entweder das Beitrittsgesuch abzulehnen, was aber bedeute, dass damit gleichzeitig eine wünschenswerte vertragliche Rückführungsverpflichtung aus einem solchen Staat von vorneherein ausgeschlossen wäre, oder die Angelegenheit über eine vermehrte Anwendung des Art. 20 HKÜ zu lösen.[108]

B. Moderne Entwicklungen im grenzüberschreitenden Kindesentführungsrecht

I. Kinderschutzübereinkommen von 1996

1. Erarbeitung

Dem Bedürfnis nach internationalen Regelungen, die das MSA ergänzen und die Rückführung widerrechtlich verbrachter Kinder sicherstellen, wurde zwar mit den beiden Übereinkommen von 1980 entsprochen, geboten schien aber weiterhin die Schaffung von Vorschriften zur Lösung der internationalen Sorgerechtszuständigkeit und der Rechtshängigkeitsfragen, und nicht zuletzt hatten sich die Common-Law-Staaten und die skandinavischen Länder der Ratifikation des MSA stets verwehrt.[109] Schließlich wurde auf der 16. Session der Haager Konferenz vom 3.10.-20.10.1988 auf die nachhaltige Kritik am MSA reagiert und der Beschluss gefasst, das MSA zu reformieren und die jahrelang bekannten Schwächen des Abkommens auszuräumen; außerdem sollte in diesem Zusammenhang auf Vorschlag von schweizerischer und von deutscher Seite der sachliche Anwendungsbereich des MSA auf urteilsunfähige Erwachsene ausgedehnt

108 *Bruch* DEuFamR 1999, 40, 44 f.

109 So *Pirrung* in FS Rolland, S. 277 f.; s. a. *Roth/Döring* JBl 1999, 758, 759.

werden.[110] Hierzu gab es bislang nur das Haager Abkommen[111] über die Entmündigung und gleichartige Fürsorgemaßregelungen vom 17.7.1905, welches für Deutschland wegen innerstaatlicher Ersetzung der Entmündigung durch die Betreuung 1992 außer Kraft trat.[112] Die Überarbeitung des MSA und seine Erweiterung auf Erwachsene wurde auf die Tagesordnung der 18. Konferenz vom 30.09.-9.10.1996 gesetzt, die von einer Spezialkommission 1994 und 1995 mit *Jörg Pirrung* als Präsident und *Paul Lagarde* als Berichterstatter vorbereitet wurde. Deren Vorentwurf sowie der zusammenfassende und erläuternde Bericht[113] von *Lagarde* dienten als Grundlage für die Ausarbeitung des endgültigen Übereinkommens. Zeitmangel und sachliche Unterschiede zwischen Erwachsenen- und Kindesschutz gaben Veranlassung, sich bei der Überarbeitung des MSA auf den Kindesschutz zu konzentrieren und später ein isoliertes Übereinkommen zum Schutz urteilsunfähiger Erwachsener auszuarbeiten.[114] Teilnehmer an insgesamt 26 Sitzungen waren laut *Krah* u. a. 35 Mitgliedstaaten[115] der Haager

---

110 *Krah,* S. 45; Staudinger-*Pirrung* (2009) Vorbem G 5 zu Art 19 EGBGB, m. w. N.; *Pirrung* in FS Rolland, S. 277, 278; *Siehr* RabelsZ 62 (1998) 464, 467; *Roth/Döring* JBl 1999, 758, 759.

111 RGBl. 1912 S. 463, s. *Krah,* S. 45.

112 So *Krah,* S. 45 unter Verweis auf BGBl. 1992 II S. 272.

113 *Lagarde,* Erläuternder Bericht zu dem Übereinkommen v. 19.10.1996 über die Zuständigkeit, das anzuwendende Recht, die Anerkennung, Vollstreckung und Zusammenarbeit auf dem Gebiet der elterlichen Verantwortung und der Maßnahmen zum Schutz von Kindern, BR-Drucksache 14/09 v. 2.1.2009, Anlage zur Denkschrift, S. 35 ff., http://dipbt.bundestag.de/dip21/brd/2009/0014-09.pdf (letzter Zugriff: 13.7.2013).

114 *Siehr* RabelsZ 62 (1998) 464, 467 f.; *Krah,* S. 45 ff.; *Pirrung* in FS Rolland, S. 277, 278. Das schließlich isoliert vom KSÜ geschaffene Haager Übereinkommen über den internationalen Schutz Erwachsener (ErwSÜ) v. 13.1.2000, abgedr. bei *Jayme/Hausmann* Nr. 20, ist für die Bundesrepublik Deutschland nach Ratifikation v. 3.4.2007 (BGBl. 2007 II S. 323) am 1.1.2009 im Verhältnis zu Frankreich und dem Vereinigten Königreich (nur Schottland) in Kraft getreten, vgl. Staudinger-*Jan von Hein* (2008) Vorbem zu Art 24 EGBGB Rn 5 und 12; Staudinger-*Pirrung* (2009) Vorbem G 6 zu Art 19 EGBGB; *Wagner* IPRax 2007, 87, 88 mit Fn 34; s. a. *Jayme/Hausmann* Nr. 20 Anm. 2.

115 *Krah,* S. 46 Fn 298 listet auf: „Ägypten, Argentinien, Australien, Belgien, China, Deutschland, Finnland, Frankreich, Griechenland, Großbritannien und Nordirland, Irland, Israel, Italien, Japan, Kanada, Kroatien, Luxemburg, Malta, Marokko, Mazedonien, Mexiko, Monaco, die Niederlande, Norwegen, Österreich, Polen, Portugal, Rumänien, Schweden, Schweiz, Slowakische Republik, Spanien, Tschechische Republik, USA, Venezuela."

Kommission und 15 Nichtmitgliedstaaten mit Beobachterstatus.[116] Nachdem schließlich am 18.10.1996 das KSÜ von den Mitgliedstaaten einstimmig angenommen war, wurde es nach Unterzeichnung der Schlussakte aufgrund der Zeichnung sogleich durch Marokko mit dem Datum des 19.10.1996 versehen.[117]

Grundsätzlich bezweckt das KSÜ gegenüber dem MSA, die Prinzipien des Aufenthalts und der Sachnähe zu stärken, knüpft dabei wie schon das MSA in Bezug auf das anwendbare Recht an das Gleichlaufprinzip an.[118] Von besonderer Bedeutung aber ist das KSÜ in seinen Neuerungen im Bereich des internationalen Kindesentführungsrechts, namentlich in der Einführung einer Entführungszuständigkeit mit Art. 7 KSÜ: Nach dem HKÜ als einem Rechtshilfeabkommen versucht damit erstmals ein allgemeines Abkommen zum Minderjährigenschutz das Problem grenzüberschreitender Kindesentführung einer spezifischen Lösung zuzuführen, was im Rahmen des MSA noch nicht gelungen war.[119]

2. *Überwindung der Beitrittskompetenzproblematik*

Erst mehr als fünf Jahre später trat das KSÜ am 1.1.2002 nach Maßgabe des Art. 61 KSÜ[120] zwischen Monaco, Slowenien und der Tschechischen Republik

---

116 *Krah,* S. 46 mit Fn 299 ff. unter Aufzählung von „Ecuador, Burkina Faso, Costa Rica, Georgien, Kolumbien, Korea, Mauritius, Neuseeland, Paraguay, Peru, die Philippinen, Russische Föderation, Sri Lanka, Südafrika, Vatikanstaat" und weiterem Verweis auf die Teilnahme außerdem von acht zwischenstaatlichen und neun privaten Organisationen; s. a. *Siehr* RabelsZ 62 (1998) 464, 468.

117 *Krah,* S. 46, m. w. N.; *Siehr* RabelsZ 62 (1998) 464, 467 f; *Pirrung* in FS Rolland, S. 277, 279; s. a. *Busch* IPRax 2003, 218, 219 mit Fn 13, m. w. N. darauf hinweisend, dass sich mit Marokko mit der Ratifizierung des KSÜ zum 1.12.2002 erstmals ein Staat des islamischen Rechtskreises einem internationalen Übereinkommen zum Kindesschutz angeschlossen habe.

118 *Busch* IPRax 2003, 218, 219; AnwK-BGB/*Benicke* I zu Art. 24 EGBGB Art. 15 KSÜ Rn 1 sowie Anh. II zu Art. 24 EGBGB Vor Artt. 1–18 MSA Rn 1 und MSA Art. 2 Rn 1; s. a. *Siehr* RabelsZ 62 (1998) 464, 487; *Pirrung* in FS Rolland, S. 277, 285 („Lex-Fori-Grundsatz"); *Hausmann* IntEuSchR B 499 ff.

119 S. o. 1. Teil. A. II („Minderjährigenschutzabkommen von 1961") insb. in Bezug auf den MSA-Vorentwurf.

120 Nach seinem Art. 61 I tritt das KSÜ am ersten Tag des Monats in Kraft, der auf einen Zeitabschnitt von drei Monaten nach der in Art. 57 KSÜ vorgesehenen Hinterlegung der dritten Ratifikations-, Annahme- oder Genehmigungsurkunde folgt. Zeichnungsberechtigt sind gem. Art. 57 I KSÜ Staaten, die zur Zeit der 18. Tagung Mitglieder der Haager Konferenz waren; anderen Staaten steht die Beitrittsmöglichkeit nach Art. 58 KSÜ offen, die durch Einspruchsrecht der anderen Vertragsstaaten

in Kraft, anschließend für Marokko, Lettland, Estland, Australien, Ecuador und Litauen, so *Krah*, die dabei die Zurückhaltung der Mitgliedstaaten der Haager Konferenz nicht auf mangelnde Akzeptanz zurückführt, sondern die inhaltliche Verbesserung des KSÜ gegenüber dem MSA sei vielmehr hervorgehoben und eine Ratifikation des KSÜ einstimmig gefordert worden.[121] Der Ratifikation standen aber lange Zeit Zweifel über die Beitrittskompetenz der Mitgliedstaaten entgegen, denn durch deren parallele Verhandlungen über das Brüssel II[122]-Übereinkommen, welches schließlich Eingang in die EheVO 2000 fand, hatte die EG ihre Kompetenz ausgeübt. Damit bestand die Ansicht, dass der Kompetenzübergang auch für Maßnahmen auf Grundlage des Titels IV des EGV gelte und die Mitgliedstaaten dem KSÜ nicht mehr beitreten könnten.[123] Die EG selbst war zwar gem. Art. 58 KSÜ nicht eigenständig zu dem nur Staaten möglichen Beitritt berechtigt, angesichts des überarbeitungsbedürftigen MSA bestand aber das Bestreben, das KSÜ dennoch auch innerhalb Europas zur Geltung zu bringen, das als angemessene Nachfolgeregelung für chancenreich gehalten wurde, durch viele Ratifikationen einen breiteren Deckungsbereich als das MSA zu erlangen.[124] Zur Lösung dieses Problems beschlossen die Mitgliedstaaten am 19.12.2002 im Rat, das KSÜ zeichnen zu sollen und binnen sechs Monaten nach Beschlussfassung einen Mandatsentwurf für die gemeinsame Ratifikation vorzulegen,[125]

---

begrenzt ist mit der Folge, dass das KSÜ im Verhältnis zwischen diesen Staaten ggf. nicht in Kraft tritt, s. *Krah*, S. 297 f.

121 So *Krah*, S. 298 f., m. w. N.

122 Übereinkommen aufgrund von Artikel K.3 des Vertrags über die Europäische Union über die Zuständigkeit und die Anerkennung und Vollstreckung von Entscheidungen in Ehesachen, ABl. EG Nr. C 221 v. 16.7.1998, S. 1 (sog. „Brüssel II-Übereinkommen“ bzw. EheGVÜ).

123 *Fleige*, S. 156 f., m. w. N. *Krah* verweist auf die sog. implied powers-Doktrin des EuGH: Danach stünden der EG all jene Kompetenzen zu, die zur Erfüllung der bereits nach dem Prinzip der begrenzten Einzelermächtigung ausdrücklich eingeräumten Befugnisse ergänzend erforderlich seien. Dabei sei die Gemeinschaftszuständigkeit nicht als ausschließlich anzusehen, sondern es bestehe zunächst eine konkurrierende Zuständigkeit. Eine komplementäre Außenkompetenz der EG werde erst wirksam begründet, wenn die korrespondierende Binnenkompetenz ausgeübt werde. Bis zu diesem Zeitpunkt besäßen die Mitgliedstaaten weiterhin eigene Kompetenz, s. *Krah*, S. 300 ff., m. w. N.

124 *Fleige*, S. 157, m. w. N.; *Krah*, S. 303, m. w. N.; s. a. *Schulz* FamRZ 2006, 1309, 1310.

125 So *Schulz* FamRZ 2006, 1309, 1310; s. a. *Krah*, S. 303 f.; *Fleige*, S. 157 f., m. w. N. S. insb. die Entscheidung des Rates v. 19.12.2002 zur Ermächtigung der Mitgliedstaaten, das Haager Übereinkommen von 1996 über die Zuständigkeit, das anzuwendende Recht, die Anerkennung, Vollstreckung und Zusammenarbeit auf

wobei darin keine verbotene Rückübertragung der Kompetenz auf die Mitgliedstaaten gesehen wird, sondern eine „ausnahmsweise den Mitgliedstaaten übertragene Vollmacht, das KSÜ für sich und für die Europäische Gemeinschaft zu zeichnen".[126] Fristgerecht am 1.4.2003 zeichneten 14[127] von damals insgesamt 15 Mitgliedstaaten der EG gemeinsam in Den Haag das KSÜ. Einem wünschenswerten Termin zur gemeinsamen Ratifikation stand aber der Streit zwischen Großbritannien und Spanien über die Anwendung auf Gibraltar im Weg.[128] Am 17.6.2003 erfolgte des Weiteren ein Vorschlag der Europäischen Kommission für das Mandat zur gemeinsamen Ratifikation, demzufolge die Mitgliedstaaten die erforderlichen Vorkehrungen träfen zur gleichzeitigen Hinterlegung der Ratifikations- oder Beitrittsurkunden vor dem 1.1.2005.[129] Dieser Termin wurde in der Folgezeit jedoch wiederholtermaßen, zunächst auf den 1.1.2006, verschoben.[130] Aufgrund des Kompetenzproblems verzögerte sich der Beitritt der alten Mitgliedstaaten zum KSÜ schlussendlich über einen Zeitraum von immerhin 15 Jahren. Im Gegensatz zu den alten Mitgliedstaaten aber hatten die meisten der Beitrittsstaaten von 2004 das KSÜ mittlerweile bereits einzeln ratifiziert.[131] Vorübergehend kam es daher zu einer Spaltung der EU in staatsvertraglich gebundene neue Mitgliedstaaten einerseits und KSÜ-ungebundene Altmitgliedstaaten andererseits, die einer Vergemeinschaftung des Familienrechts grundlegend entgegenstand. So wurde etwa eine schnelle Ratifikation des KSÜ gerade in den skandinavischen Ländern erwartet, die über die staatsvertraglichen Regelungen jene Harmonisierung zu erreichen wünschten, die ihnen im Rahmen der nur für Finnland und Schweden geltenden EuEheVO verwehrt war.[132] Nach

---

dem Gebiet der elterlichen Verantwortung und der Maßnahmen zum Schutz von Kindern im Interesse der Gemeinschaft zu unterzeichnen, ABl. EU 2003 Nr. L 48 v. 21.2.2003, S. 1.

126 *Krah,* S. 304; vgl. *Fleige,* S. 158, m. w. N.; s. a. *Schulz* FamRZ 2006, 1309, 1310.

127 Die Niederlande hatte das KSÜ bereits 1997 vor Auftreten des durch den Amsterdamer Vertrag in Gang gesetzten Kompetenzproblems gezeichnet, vgl. *Schulz* FamRZ 2006, 1309.

128 *Busch/Rölke* FamRZ 2004, 1338, 1339 Fn 10; *Fleige,* S. 157 f.; s. a. *Schulz* FamRZ 2006, 1309 f. mit besonderer Betonung auf dem Streit zwischen Spanien und Großbritannien wegen des Gibraltar betreffenden Schriftverkehrs.

129 *Krah,* S. 304.

130 Vgl. *Schulz* FamRZ 2003, 1351 sowie AnwK-BGB/*Benicke* Anh. I zu Art. 24 EGBGB Art. 1 KSÜ Rn 2.

131 Erman[13]-*Hohloch* EGBGB Anh Art 24 EGBGB/KSÜ Rn 12; s. dazu auch Palandt-*Thorn* (IPR) Anh zu EGBGB 24 Rn 13; *Wagner* IPRax 2007, 87, 89 mit Fn 38.

132 *Schulz* FamRZ 2006, 1309, 1310 f.

letztendlicher Ermächtigung durch den Rat am 5.6.2008 zur Ratifizierung mit der Aufforderung zur Hinterlegung der Ratifikationsurkunden möglichst vor dem 5.6.2010[133] wurde dem Übereinkommen von deutscher Seite mit Gesetz[134] v. 25.6.2009, verkündet am 1.7.2009, zugestimmt, und mit Gesetz[135] v. 25.6.2009 wurden die erforderlichen Durchführungsbestimmungen durch Änderung des IntFamRVG[136] erlassen.[137] Nach Ratifizierung am 17.9.2010 konnte das KSÜ damit am 1.1.2011 für Deutschland in Kraft treten.[138]

II. Verordnung (EG) Nr. 2201/2003

1. Schnelle Erarbeitung

a) Regelungsdefizit des EuGVÜ

Der Vertrag über die Europäische Wirtschaftsgemeinschaft (EWGV) i. d. F. von 1957[139] enthielt abgesehen von Unterhaltssachen keine Vorschriften über Innenpolitik und Justiz, sondern nur Regelungen mit unmittelbar wirtschaftlichem Bezug.[140] Eine Harmonisierung von zivilverfahrensrechtlichen Vorschriften, um den freien Verkehr von Waren, Personen, Dienstleistungen und Kapital zu effektivieren, war nur auf der Grundlage intergouvernementaler Zusammenarbeit in Form von völkerrechtlichen Übereinkommen möglich, und so wurde zunächst in Art. 220 EWGV i. d. F. von 1957[141] die Ermächtigung der Mitgliedstaaten gesehen, untereinander Verhandlungen zur Vereinfachung der Förmlichkeiten für die gegenseitige Anerkennung und Vollstreckung von Entscheidungen

---

133 Art. 3 der Entscheidung des Rates v. 5.6.2008, ABl. EU Nr. L 151 v. 11.6.2008, S. 36, 37.

134 BGBl. 2009 II S. 602.

135 BGBl. 2009 I S. 1594.

136 Gesetz zur Aus- und Durchführung bestimmter Rechtsinstrumente auf dem Gebiet des internationalen Familienrechts (Internationales Familienrechtsverfahrensgesetz - IntFamRVG) v. 26.1.2005, BGBl. 2005 I S. 162; im Folgenden: IntFamRVG; abgedr. bei *Jayme/Hausmann* Nr. 162a.

137 Palandt-*Thorn* (IPR) Anh zu EGBGB 24 Rn 13; *Finger* FamRBint 2010, 95.

138 BGBl. 2010 II S. 1527; vgl. *Finger* FamRBint 2010, 95.

139 Jetzt: Vertrag über die Arbeitsweise der Europäischen Union v. 25.3.1957 (BGBl. II S. 766) i. d. F des Vertrages vom Lissabon v. 13.12.2007 (BGBl. 2008 II S. 1038), auszugsweise abgedr. bei *Jayme/Hausmann* Nr. 0–2.

140 *Fleige*, S. 61; *Pirrung* RabelsZ 57 (1993) 124, 130. S. zu den Anfängen der EGKS ausführlich *Herdegen* § 4 Rn 1 ff.

141 Anschließend Art. 293 EGV i. d. F. des Amsterdamer Vertrags.

einzuleiten,[142] wobei Vereinbarungen auf dieser Grundlage einen engen Bezug zu den Grundfreiheiten des EGV erforderten.[143] Das auf dieser Grundlage durch die damaligen sechs Gründungsmitglieder[144] der EWG geschaffene Brüsseler Übereinkommen über die gerichtliche Zuständigkeit und die Vollstreckung gerichtlicher Entscheidungen in Zivil- und Handelssachen (EuGVÜ) von 1968[145] regelte als Doppelabkommen („convention double“) nicht nur die Anerkennung von Urteilen, sondern schuf darüber hinaus ein einheitliches zivilprozessuales Zuständigkeitssystem innerhalb der EG.[146] Da sich die Arbeiten zur Vereinheitlichung des europäischen Zivilprozessrechts zunächst noch im Wesentlichen auf die Wirtschaftsbeziehungen und die der Wirtschaft nahe stehenden Bereiche des Vermögensrechts beschränkten,[147] waren Ehe- und Familiensachen mit Ausnahme von Unterhaltssachen auch mit Blick auf die erheblichen zwischenstaatlichen Rechtsunterschiede weiter aus dem sachlichen Anwendungsbereich des Übereinkommens ausgenommen, mit denen eine gerichtliche Nachprüfung im Exequaturverfahren[148] bzw. eine vermehrte Prüfung über den Ordre-public-Vorbehalt verbunden gewesen wäre, und die demzufolge eine Gefährdung bislang erreichter Fortschritte im Bereich der Anerkennung und Vollstreckung vermögensrechtlicher Entscheidungen bedeutet hätten.[149]

b) Brüssel II

Eingedenk der stetig steigenden Zahl internationaler Scheidungen, insbesondere innerhalb der EU, wurde eine weitere Harmonisierung von internationaler Zuständigkeit, Rechtshängigkeit und Anerkennung sowie des Kollisionsrechts im

---

142 *Niklas,* S. 1, m. w. N.; s. a. *Hess,* Europäisches Zivilprozessrecht § 1 Rn 1 ff., m. w. N.; *Heß* NJW 2000, 23 f.

143 *Fleige,* S. 61. S. hierzu eingehend *Drappatz,* S. 6 ff.

144 Belgien, die Bundesrepublik Deutschland, Frankreich, Italien, Luxemburg und die Niederlande, s. *Herdegen* § 4 Rn 5.

145 BGBl. 1972 II S. 774; später ersetzt durch die am 1.3.2002 in Kraft getretene Verordnung (EG) Nr. 44/2001 des Rates über die gerichtliche Zuständigkeit und die Anerkennung und Vollstreckung von Entscheidungen in Zivil- und Handelssachen v. 22.12.2000 (EuGVO; EuGVVO; „Brüssel I-VO“), ABl. EG Nr. L 12 v. 16.1.2001, S. 1 ff.; abgedr. bei *Jayme/Hausmann* Nr. 160.

146 *Heß* NJW 2000, 23, 24; *Hess,* Europäisches Zivilprozessrecht § 2 Rn 3; s. a. *Hausmann* EuLF (D) 2000/01, 40.

147 *Hausmann* EuLF (D) 2000/01, 271, 272; s. a. den *Borrás*-Bericht Nrn. 3 und 4.

148 Das Exequatur ist die Vollstreckbarerklärung ausländischer Vollstreckungstitel im Inland, vgl. *Schilling* IPRax 2011, 31, 33.

149 *Hausmann* EuLF (D) 2000/01, 271, 272.

Bereich des Ehe- und Familienrechts für erforderlich gehalten und angestrebt, die Lücke des EuGVÜ in diesem Bereich zu schließen.[150] Die langwierige Ausarbeitung des EuSorgeRÜ veranlasste schließlich Belgien 1977/78 in der Schlussphase der Verhandlungen zum 1. Beitrittsübereinkommen zum EuGVÜ, eine Aufnahme von Regelungen zur Kindesentführung durch Eltern zu erörtern; eine dementsprechend erforderliche Erweiterung des Anwendungsbereichs des EuGVÜ fand zwar bei der Mehrzahl der vertretenen Staaten keinen Anklang, aber erstmals hatte dieses Thema die Ebene der EWG erreicht.[151] Als Ergänzung neben dem EuGVÜ und noch auf der Grundlage von Art. 220 EWGV sah dann der Heidelberger Entwurf vom 2.10.1993 staatsvertragliche Gerichtsstands- und Vollstreckungsregelungen auf den Gebieten der grenzüberschreitenden Ehe und Scheidung, des Kindschaftsrechts und der Erbfolge vor.[152] Aufgrund des kurz darauf am 1.11.1993 in Kraft getretenen Vertrags von Maastricht[153] sah der Europäische Rat auf der Brüsseler Tagung vom 10./11.12.1993 weiteren Beratungsbedarf für bestimmte Aspekte des Familienlebens der Bürger, und nachdem daraufhin der deutsche Vorsitz im zweiten Halbjahr 1994 zunächst einen gegenüber dem Heidelberger Entwurf eingeschränkten Übereinkommensentwurf nur über Ehesachen vorgelegt hatte, wurde sodann auf Bestreben der französischen und spanischen Delegationen auch die Berücksichtigung des bislang einer MSA-Reform vorbehaltenen Bereiches der elterlichen Verantwortung für die gemeinsamen Kinder der Ehegatten beschlossen.[154] Nachdem seit 1996 in allen Mitgliedstaaten der EU die Scheidung eingeführt war,[155] erfolgte auf der Tagung des Rates

---

150 *Pirrung* RabelsZ 57 (1993) 124, 130.

151 *Pirrung* RabelsZ 57 (1993) 124, 132 f.; *ders.* in FS Jayme I, S. 701, 703; Staudinger-*Pirrung* (2009) Vorbem D 8 zu Art 19 EGBGB; *ders.* (1994) Vorbem zu Art 19 EGBGB Rn 618.

152 *Dilger* Rn 18 ff., m. w. N.

153 Vertrag über die Europäische Union v. 7.2.1992, ABl. EG Nr. C 191 v. 29.7.1992, S. 1 ff., BGBl. 1992 II S. 1251 ff., i. d. F des Vertrages von Lissabon v. 13.12.2007 (BGBl. 2008 II S. 1038) auszugsweise abgedr. bei *Jayme/Hausmann* Nr. 0–1. Mit der Institutionalisierung der Justiz- und Innenpolitik als Titel VI in der Dritten Säule der EU sollten Rechtssetzungsarbeiten auch im internationalen Privat- und Verfahrensrecht effizienter werden, verblieben auf der Basis des Art. K 3 EUV i. d. F. des Vertrages von Maastricht aber dennoch schwerfällig, vgl. *Niklas,* S. 1 f., m. w. N.; s. a. *Monar* in Jopp/Maurer/Schmuck, S. 127, 128. So war charakteristisch für die intergouvernementale Zusammenarbeit der dritten Säule etwa das Einstimmigkeitsprinzip, s. *Dilger* Rn 21.

154 So *Dilger* Rn 22 f., m. w. N.

155 *Dilger* Rn 17. Zuletzt hatten die Mitgliedstaaten Italien 1970, Spanien 1981 und Irland 1996 die Ehescheidung eingeführt, s. *Dilger* Rn 17 mit Fn 51 und Rn 24; s. a.

„Justiz und Inneres" vom 4.12.1997 ein Kompromissvorschlag, der schließlich am 28.5.1998 in der Unterzeichnung des EheGVÜ mündete, zu dessen Ratifikation es jedoch mit Blick auf den bald darauf zum 1.5.1999 in Kraft tretenden Amsterdamer Vertrag vom 2.10.1997 nicht mehr kam.[156] Das EheGVÜ aber hob in seinem Art. 4 im Bezug auf grenzüberschreitende Kindesentziehung bereits den Einklang mit dem HKÜ hervor, beanspruchte diesem gegenüber also keinen Vorrang, sondern zielte auf eine Parallelität beider Regelungswerke ab.[157]

Mit Einfügung des Titels IV (Artt. 61–69 EGV) über „Visa, Asyl, Einwanderung und andere Politiken betreffend den freien Personenverkehr", der die Bereiche Justiz und Inneres der dritten Säule respektive justizielle Zusammenarbeit in Zivilsachen in das supranationale System der Ersten Säule verlagerte, wurden die Organe der Gemeinschaft zum Erlass von Maßnahmen auf dem Gebiet der justiziellen Zusammenarbeit in Zivilsachen mit grenzüberschreitenden Bezügen ermächtigt, soweit sie für das Funktionieren des Binnenmarkts erforderlich sind.[158] Im Bereich des grenzübergreifenden Familienrechts erfolgte auf dieser Grundlage schon bald die fast unveränderte Überführung des EheGVÜ in die Rechtsform der EheVO 2000 vom 29.5.2000, die nach Art. 249 II 1 EGV i. d. F. Amsterdamer Vertrages für alle Mitgliedstaaten mit Ausnahme von Dänemark[159] Verbindlichkeit erlangte, ohne dass es eines innerstaatlichen Umsetzungsaktes bedurfte, und

---

Kohler NJW 2001, 10. Schließlich hat 2011 sodann mit Malta als späterem Beitrittsstaat der letzte scheidungsfeindliche Mitgliedstaat die Ehescheidung eingeführt, vgl. *Hausmann* IntEuSchR A 228, m. w. N.

156 *Dilger* Rn 24 f., m. w. N.; s. a. NK-BGB/*Gruber* Anh. I zum III. Abschn. EGBGB Vor Art. 1 EheVO 2003 Rn 2.

157 Vgl. *Martiny* ERA-Forum 2003/1, S. 97, 103 f. zu dem insoweit inhaltsgleichen Art. 4 EheVO 2000.

158 *Niklas*, S. 2 f.; *Hausmann* EuLF (D) 2000/01, 271, 272; *Dilger* Rn 26.

159 Beachte die Vorbehalte Großbritanniens, Irlands und Dänemarks im Hinblick auf die systematische Einordnung der Einwanderungs- und Asylpolitik. Während Großbritannien und Irland nach Maßgabe des 4. Protokolls zum Amsterdamer Vertrag, das die Erklärung erlaubt, sich an einzelnen Politiken des IV. Teils beteiligen zu wollen, 1999 erklärt haben, sich an den Arbeiten der Gemeinschaft im Bereich der justiziellen Zusammenarbeit in Zivilsachen auch künftig in vollem Umfang beteiligen zu wollen, lässt das dänische Protokoll zu Art. 69 EGV eine nachträgliche Einbeziehung nicht zu, s. *Hausmann* EuLF (D) 2000/01, 40, 41 f., m. w. N.; *ders.* EuLF (D) 2000/01, 271, 273. Dänemark gilt insoweit nicht als Mitgliedstaat, s. Oberloskamp[3]-*Gruber* Vormundschaft § 5 Rn 16 Fn 24 unter Verweis auf Art. 2 Ziff. 3 EuEheVO und Erwägungsgrund 31 der Verordnung. Die Bezeichnung als Mitgliedstaat der EU bezieht sich daher in vorliegender Arbeit auf alle Mitgliedstaaten zum jeweils geltenden Zeitpunkt mit Ausnahme von Dänemark.

die am 1.3.2001 in allen Mitgliedstaaten gleichzeitig in Kraft trat.[160] Die innerstaatliche Umsetzung der EheVO 2000 erfolgte im Rahmen des Anerkennungs- und Vollstreckungsausführungsgesetzes.[161] In Bezug auf grenzüberschreitende Kindesentführungen bot die EheVO 2000 keine eigenständigen Regelungen, sondern sah in ihrem Art. 4 durch Verweis auf Art. 16 HKÜ eine Aussetzung des Sorgerechtsverfahrens im Staat der Ehesache vor für die Zeit bis zur Entscheidung über die Kindesrückführung nach dem anwendbar gebliebenen HKÜ.[162] Die EheVO 2000 zielte also ebenso wie das EheGVÜ nicht auf einen Vorrang gegenüber dem HKÜ, sondern auf eine Koordination mit diesem ab.[163]

c) Brüssel IIa

Trotz grundsätzlich positiver Aufnahme der EheVO 2000 wurde ihr Anwendungsbereich sehr bald als zu eng angesehen, der nur Ehesachen und damit verbundene Verfahren zur elterlichen Verantwortung hinsichtlich gemeinsamer Kinder von Ehegatten erfasste und damit auf Kindschaftssachen in Abhängigkeit von einer Scheidungsangelegenheit beschränkt war, und schon am 3.7.2000 erging eine Initiative[164] aus Frankreich zur Abschaffung des Exequaturverfahrens bei Umgangsrechtsverbundentscheidungen („europäischer Umgangsrechtstitel"), der auch die Rückgabe von Kindern nach Ende der Besuchszeit sicherstellen sollte.[165] Außerdem hatte 1997/98 der wechselseitige Kindesentführungsfall Tiemann ./. Lancelin allein das Bundesverfassungsgericht wiederholt beschäftigt[166] und zu erheblicher Kritik etwa bei der französischen Öffentlichkeit an

---

160 *Dilger* Rn 157; *Hausmann* EuLF (D) 2000/01, 271 ff.; *Fleige*, S. 63, m. w. N.; *Niklas*, S. 4.

161 Gesetz zur Ausführung zwischenstaatlicher Verträge und zur Durchführung von Verordnungen der Europäischen Gemeinschaft auf dem Gebiet der Anerkennung und Vollstreckung in Zivil- und Handelssachen (Anerkennungs- und Vollstreckungsausführungsgesetz – AVAG) v. 19.2.2001 BGBl. I S. 288; Abdruck des die EheVO 2000 spezifisch betreffenden Abschnitts bei *Jayme/Hausmann*[12] Nr. 161a.

162 So Staudinger-*Spellenberg* (2005) Art. 11 EheGVO Rn 3, m. w. N.

163 *Martiny* ERA-Forum 2003/1, S. 97, 104.

164 ABl. EG Nr. C 234 v. 15.8.2000, S. 7.

165 S. Staudinger-*Spellenberg* (2005) Vorbem zu Art 1 EheGVO Rn 8; *Fleige*, S. 64 f.; *Winkler v. Mohrenfels* IPRax 2002, 372, 374; *Helms* FamRZ 2002, 1593, 1594; *Hess*, Europäisches Zivilprozessrecht § 7 Rn 3; *Kress*, S. 28 f., m. w. N.; s. a. die Begründung des VO-E, S. 2.

166 S. *Völker* FamRZ 2010, 157, 163 mit Fn 66; *Kropholler* IPR § 48 III 1 (S. 399) jeweils mit Nachweisen; ausführlich zum Fall Tiemann ./. Lancelin s. *Schulz* FamRZ 2003, 336 ff.; *Hess*, Europäisches Zivilprozessrecht § 7 Rn 8 ff.; *Klosinski* FPR 2001, 206.

innerstaatlichen Entscheidungen geführt und einen deutsch-französischen Justizkonflikt hervorzurufen gedroht, der zwar letztendlich vermieden werden konnte, aber bis hin zu deutsch-französischen Regierungsgesprächen zu dieser Thematik führte. So überhäufte sich 1999 die rechtliche Auseinandersetzung um dieses Thema; insbesondere stieß die häufige Anwendung des Art. 13 HKÜ auf Kritik. Im Hinblick auf die als unzureichend geltenden Regelungen der EheVO 2000 auch in diesem Bereich griff die Kommission die Debatte auf und legte schon am 6.9.2001, also bereits ein halbes Jahr nach Inkrafttreten der EheVO 2000, einen neuen Verordnungsentwurf[167] zur Zuständigkeit, Anerkennung und Vollstreckung von Entscheidungen in Ehesachen vor, der auch die elterliche Verantwortung unabhängig von einer Ehesache einbezog.[168]

Der Entwurf enthielt auch detaillierte Regelungen zu elterlicher Kindesentführung innerhalb der EU:[169] Als Regelfall sah er die sofortige Rückgabe rechtswidrig verbrachter Kinder in den Herkunftsstaat vor, wenn nicht innerhalb einer Jahresfrist (angelehnt an Art. 13 I lit. a HKÜ) mittels Zustimmung des Sorgeberechtigten eine ausnahmsweise Zuständigkeit des zufluchtsstaatlichen Gerichts begründet wurde. Art. 13 I lit. b und II HKÜ sollten demgegenüber keine Anwendung mehr finden. Fälle schwerer Kindeswohlgefährdung und massiven Widerstandes des Kindes unbeachtlich zu lassen, wäre aber im Hinblick auf die Menschenwürde (Art. 1 GG) und das Persönlichkeitsrecht (Art. 2 I GG) des betroffenen Kindes zumindest nach innerstaatlichen Maßstäben verfassungsrechtlich bedenklich gewesen. Nach einem Gegenvorschlag aus Deutschland v. 16.11.2001, der eine Beibehaltung des Art. 13 I lit. b HKÜ vorsah, legte die Kommission am 17.5.2002 einen neuen, beide Vorschläge integrierenden[170] Verordnungsentwurf[171] vor, der ein selbstständiges Kapitel III über

167 KOM 2001/505, endg. Abl. EG Nr. C 332 E v. 27.11.2001, S. 269, vgl. dazu Staudinger-*Spellenberg* (2005) Vorbem zu Art 1 EheGVO Rn 8.

168 *Hess,* Europäisches Zivilprozessrecht § 7 Rn 3 und 7 ff., m. w. N.; *Fleige,* S. 64 f.; *Winkler v. Mohrenfels* IPRax 2002, 372, 374; *Helms* FamRZ 2002, 1593, 1594 sowie *Völker* FamRZ 2010, 157, 163.

169 Die nun folgende Zusammenfassung der der EuEheVO vorausgehenden Entwurfsregelungen ist weitgehend entnommen aus *Winkler v. Mohrenfels* IPRax 2002, 372, 374 f.; s. zu dieser Thematik auch *Kress,* S. 36 ff.

170 Rauscher/*Rauscher* EuZPR/EuIPR (2010) Einl Brüssel IIa-VO Rn 1; s. a. Begründung des VO-E, S. 3.

171 Vorschlag für eine Verordnung des Rates über die Zuständigkeit und die Anerkennung und Vollstreckung von Entscheidungen in Ehesachen und in Verfahren betreffend die elterliche Verantwortung zur Aufhebung der Verordnung (EG) Nr. 1347/2000 und zur Änderung der Verordnung (EG) Nr. 44/2001 in Bezug auf

Kindesentführungen (Artt. 21–25 VO-E)[172] und mit seinem Art. 23 im Besonderen auch eine an Art. 13 I lit. b HKÜ angelehnte Regelung enthielt. Diese sollte den ersuchten Richter aber lediglich zu einer einstweiligen Rückgabeablehnung ermächtigen, über die er laut Art. 24 Ziff. 1 VO-E die Zentrale Behörde des Herkunftsstaats innerhalb von zwei Wochen zu informieren gehabt hätte, damit diese ein Sorgerechtsverfahren hätte einleiten und damit „unverzüglich" (Art. 24 Ziff. 3 Unterabs. 2 VO-E) eine Entscheidung über das Sorgerecht hätte getroffen werden können. Eine in diesem Zusammenhang vom herkunftsstaatlichen Gericht getroffene Rückgabeanordnung sollte sodann unmittelbar nach Maßgabe des Kapitels IV Abschnitt 3 des Entwurfs vollstreckbar sein. Auf diese Weise sollte das Gericht des Herkunftsstaats in die Lage versetzt werden, über das Sorgerecht zu entscheiden, ohne dass das Kind zuvor dorthin hätte zurückgeführt werden müssen. Im Wege verstärkter Zusammenarbeit (die Gerichte sollten während des sorgerechtlichen Verfahrens gem. Art. 24 Ziff. 3 Unterabs. 2 VO-E „in Verbindung" bleiben) und über die Anwendung der EuBVO[173] hätte ermöglicht werden sollen, das noch im Zufluchtsstaat befindliche Kind in das Sorgerechtsverfahren einzubeziehen, etwa indem das Gericht des Herkunftsstaats um Durchführung einer Beweisaufnahme im Zufluchtsstaat, z. B. durch Einholung eines familienpsychologischen Gutachtens, oder um Anhörung des Kindes hätte ersuchen können.[174] Im Hinblick auf verfassungsrechtliche Bedenken gegenüber einer bloß einstweiligen Regelung des bisherigen Art. 13 I lit. b HKÜ-Bereichs brachte die deutsche Delegation auch gegen den VO-E einen Änderungsvorschlag ein, der die weitere Anwendung des Art. 13 HKÜ sicherstellen sollte.[175]

Schlussendlich wurde von einem eigenen Kapitel III über die Kindesentführung ganz abgesehen, um das weit verbreitete HKÜ gerade nicht auszuhöhlen, und als Kompromiss sollte das HKÜ nun zwar auch innerhalb der EU Grundlage

---

Unterhaltssachen v. 17.5.2002, KOM (2002) 222, endg. ABl. EG 2002 Nr. C 203 E, S. 155 (Im Folgenden: VO-E), s. hierzu Staudinger-*Spellenberg* (2005) Vorbem zu Art 1 EheGVO Rn 7. Ein Abdruck des VO-E in deutscher Fassung findet sich z. B. bei *Magnus,* S. 160 ff.

172 Abgedr. bei *Magnus,* S. 169 ff.

173 Verordnung (EG) Nr. 1206/2001 des Rates v. 28.5.2001 über die Zusammenarbeit zwischen den Gerichten der Mitgliedstaaten auf dem Gebiet der Beweisaufnahme in Zivil- oder Handelssachen, ABl. EG Nr. L 174 v. 27.6.2001, S. 1; abgedr. bei *Jayme/ Hausmann* Nr. 225.

174 *Winkler v. Mohrenfels* IPRax 2002, 372, 374 f.

175 *Winkler von Mohrenfels* in FS Geimer, S. 1527, 1536 f.

für das Rückführungsverfahren bleiben, aber unter modifizierten Bedingungen.[176] Der Vorschlag wurde sodann nach noch zahlreichen Änderungen gerade in diesem Bereich schließlich am 27.11.2003 formell angenommen.[177] Die letzten Endes in der EuEheVO verbliebenen HKÜ-Verfahrensregelungen (namentlich Art. 11 EuEheVO) wurden wegen ihrer sachlichen Nähe im Kapitel über die Zuständigkeit an den Artikel über die Entführungszuständigkeit (Art. 10 EuEheVO) angeschlossen.[178] Am 1.8.2004 trat die EuEheVO in Kraft, wenngleich sie zum Großteil erst ab dem 1.3.2005 anwendbar war (Art. 72 EuEheVO). Damit die mitgliedstaatlichen Behörden ab dann effektiv würden handeln können, traten die administrativen Regeln schon vorher in Kraft.[179] Wegen der erheblichen familienrechtlichen Neuerungen und zum Zweck einer einfacheren Rechtsanwendung wurde davon abgesehen, die innerstaatlichen Durchführungsbestimmungen zur EuEheVO in das AVAG zu integrieren, sondern es wurde bei gleichzeitiger Integrierung des bis dahin für das HKÜ und das EuSorgeRÜ geltenden SorgeRÜbkAG[180] das entsprechend ab 1.3.2005 geltende IntFamRVG vom 26.1.2005 als umfassendes Durchführungsgesetz geschaffen.[181]

176 *Fleige*, S. 117; *Busch* IPRax 2003, 218 mit Fn 2.

177 So *Fleige*, S. 65 f.; s. a. *Tenreiro/Ekström* ERA-Forum 2003/1, 126 ff.

178 *Fleige*, S. 117 und 122 f., Art. 11 EuEheVO wegen systematischer Fehlstellung darum als „Fremdkörper" bezeichnend; s. a. *Pirrung* in Symposium Spellenberg, S. 89, 94; *Pape*, S. 115, m. w. N.

179 *Fleige*, S. 65 f. Gemäß ihrem Art. 64 I gilt die EuEheVO für gerichtliche Verfahren, öffentliche Urkunden und Vereinbarungen zwischen Parteien, die nach dem 1.3.2005 eingeleitet, aufgenommen oder getroffen wurden, vgl. hierzu die Ausführungen im Leitfaden der Kommission, S. 6 ff. sowie die Kommentierung bei Rauscher/*Rauscher* EuZPR/EuIPR (2010) Art. 64 Brüssel IIa-VO Rn 1 ff.; s. a. *Holzmann*, Brüssel IIa VO, S. 92 ff. Nach Art. 64 II und III ist die EuEheVO auch auf die Vollstreckung von Entscheidungen anwendbar, die in Verfahren getroffen wurden, die vor dem Inkrafttreten eingeleitet oder abgeschlossen wurden, s. Süß/Ring-*Ring/Olsen-Ring* § 1 Rn 6.

180 Gesetz zur Ausführung des Haager Übereinkommens v. 25.10.1980 über die zivilrechtlichen Aspekte internationaler Kindesentführung und des Europäischen Übereinkommens v. 20.5.1980 über die Anerkennung und Vollstreckung von Entscheidungen über das Sorgerecht für Kinder und die Wiederherstellung des Sorgeverhältnisses (Sorgerechtsübereinkommens-Ausführungsgesetz – SorgeRÜbkAG) v. 5.4.1990, BGBl. 1990 I S. 701.

181 *Schlauß* FPR 2004, 279, 280; *Gruber* FamRZ 2005, 1603 f.

2. *Lockerung des Binnenmarktbezugs*

Die Kompetenz der Gemeinschaft zum Verordnungserlass wurde vorherrschend dem Art. 65 EGV i. d. F. des Vertrages von Amsterdam entnommen. Dieser listete die Maßnahmen auf, die, soweit für das reibungslose Funktionieren des Binnenmarktes erforderlich, von der EG getroffen werden sollten, auch auf dem Gebiet der justiziellen Zusammenarbeit in Zivilsachen. Demgegenüber wurde in Art. 61 lit. c EGV i. d. F. des Amsterdamer Vertrages eine allgemeine, auf die eigentliche Ermächtigungsgrundlage des Art. 65 EGV verweisende Formulierung des Ziels des Aufbaus eines Raums der Freiheit, der Sicherheit und des Rechts gesehen; die weiter als Kompetenzgrundlage in Frage kommende Regelung des Art. 67 I EGV i. d. F. des Amsterdamer Vertrages galt nach allgemeiner Auffassung lediglich als Verfahrensvorschrift.[182] Andere hielten unter Hinweis auf die reduzierte Teilnahme Großbritanniens, Irlands und Dänemarks am Europäischen Justizraum Art. 95 EGV i. d. F. des Amsterdamer Vertrages für einschlägig, der Rechtsangleichungsmaßnahmen zum Einschluss auch dieser Staaten ermöglichte.[183]

Der Streit um die unterschiedlichen Kompetenzgrundlagen der EG zum Erlass von Regelungen im Bereich des Familienrechts ist mittlerweile insoweit in den Hintergrund getreten, als der EU-Normsetzer von seiner Kompetenz durch Erlass einer Reihe von Verordnungen[184] im zivilverfahrensrechtlichen Bereich

---

182 Vgl. *Fleige*, S. 72 ff.; *Hausmann* EuLF (D) 2000/01, 40 f.; *Hess* in GHN Art. 81 AEUV Rn 22; ausführlich s. *Drappatz*, S. 88 ff. Im Gegensatz zu Art. 95 EGV bedurfte es für Art. 65 EGV (jeweils i. d. F. des Amsterdamer Vertrages) keines strikten Binnenmarktbezugs, sondern es genügte bereits eine binnenmarktfördernde Funktion des jeweiligen Rechtsakts, vgl. *Leible/Staudinger* EuLF (D) 2000/01, 225, 235.

183 Vgl. Nachweise bei *Heß* JZ 2001, 573, 574; *Dilger* Rn 56 ff. Beachte dagegen systematische Erwägungen durch Vergleich mit Art. 153 II EGV i. d. F. des Amsterdamer Vertrages bei *Heß* JZ 2001, 573, 574.

184 Vgl. die VO (EG) Nr. 1346/2000 v. 29.5.2000 über Insolvenzverfahren, ABl. EG Nr. L 160 v. 30.6.2000, S. 1, abgedr. bei *Jayme/Hausmann* Nr. 260; die EuBVO v. 28.5.2001; die VO (EG) Nr. 805/2004 v. 21.4.2004 zur Einführung eines europäischen Vollstreckungstitels für unbestrittene Forderungen, ABl. EU Nr. L 143 v. 30.4.2004, S. 15 (im Folgenden: EuVTVO), abgedr. bei *Jayme/Hausmann* Nr. 184; die VO (EG) Nr. 1896/2006 v. 12.12.2006 zur Einführung eines Europäischen Mahnverfahrens, ABl. EU Nr. L 399 v. 30.12.2006, S. 1, abgedr. bei *Jayme/Hausmann* Nr. 185; die VO (EG) Nr. 861/2007 v. 11.7.2007 zur Einführung eines europäischen Verfahrens für geringfügige Forderungen, ABl. EU Nr. L 199 v. 31.7.2007, S. 1, abgedr. bei *Jayme/Hausmann* Nr. 186; die VO (EG) Nr. 1393/2007 v. 13.11.2007 über die Zustellung gerichtlicher und außergerichtlicher Schriftstücke in Zivil- oder Handelssachen in den Mitgliedstaaten („Zustellung von Schriftstücken") und zur

umfangreichen Gebrauch gemacht hat und die originäre Rechtssetzungskompetenz der EG allgemein anerkannt ist.[185] Die großzügige Inanspruchnahme der Kompetenz im Bereich des europäischen Prozessrechts durch die Kommission, insbesondere im familienrechtlichen Bereich, ist allerdings nicht ohne Kritik und Zweifel geblieben. So wurde auf der einen Seite der Binnenmarktbezug in Frage gestellt: Die bei mangelnder Rechtsvereinheitlichung befürchtete Gefahr hinkender Statusverhältnisse[186] berühre unmittelbar nur das Familienleben bzw.

Aufhebung der VO (EG) Nr. 1348/2000 des Rates, ABl. EU Nr. L 324 v. 10.12.2007, S. 79 (im Folgenden: EuZustVO), abgedr. bei *Jayme/Hausmann* Nr. 224; die VO (EG) Nr. 864/2007 v. 11.7.2007 über das auf außervertragliche Schuldverhältnisse anzuwendende Recht („Rom II"), ABl. EU Nr. L 199 v. 31.7.2007, S. 40, abgedr. bei *Jayme/Hausmann* Nr. 101; die VO (EG) Nr. 593/2008 v. 17.6.2008 über das auf vertragliche Schuldverhältnisse anzuwendende Recht („Rom I"), ABl. EU Nr. L 177 v. 4.7.2008, S. 6, abgedr. bei *Jayme/Hausmann* Nr. 80; die VO (EG) Nr. 4/2009 v. 18.12.2008 über die Zuständigkeit, das anwendbare Recht, die Anerkennung und Vollstreckung von Entscheidungen und die Zusammenarbeit in Unterhaltssachen, ABl. EU Nr. L 7 v. 10.1.2009, S. 1 (im Folgenden: EuUntVO), abgedr. bei *Jayme/Hausmann* Nr. 161; die VO (EU) Nr. 1259/2010 v. 20.12.2010 zur Durchführung einer Verstärkten Zusammenarbeit im Bereich des auf die Ehescheidung und Trennung ohne Auflösung des Ehebandes anzuwendenden Rechts, ABl. EU Nr. L 343 v. 29.12.2010, S. 10 („Rom III"), abgedr. bei *Jayme/Hausmann* Nr. 34.

185 *Heß* JZ 2001, 573, m. w. N. Mit einer Befassung des EuGH zur Frage der Wirksamkeit der Verordnung, gar mit ihrer Nichtigerklärung wurde ohnehin nicht gerechnet, vgl. AnwK-BGB/*Gruber* Anh. I zum III. Abschn. EGBGB Vor Art. 1 EheVO 2003 Rn 6, m. w. N. Vgl. auch Rauscher/*Rauscher* EuZPR/EuIPR (2010) Einl Brüssel IIa-VO Rn 3, der die Kompetenzfrage nach unbeirrtem Vorantreiben des auf Artt. 61 und 67 EGV i. d. F. des Amsterdamer Vertrages gestützten Programms eines Raumes der Freiheit, der Sicherheit und des Rechts seitens der Kommission als „müßig" ansieht. Auch Staudinger-*Pirrung* (2009) Vorbem C 5 zu Art 19 EGBGB hält die Gültigkeit der Verordnung trotz Zweifels an der Erfüllung des Subsidiaritätsprinzips in Sorgerechtssachen für kaum fraglich. S. a. Schwarze-*Graßhof* Art. 65 EGV Rn 11, m. w. N., der bei der Frage des reibungslosen Funktionierens des Binnenmarktes nach Maßgabe des Art. 65 EGV i. d. F. des Amsterdamer Vertrages ebenfalls zu dem Ergebnis kommt, dass sich dieses Erfordernis in der Praxis nicht als spürbare Einschränkung der Gesetzgebungsaktivitäten im Bereich der justiziellen Zusammenarbeit in Zivilsachen erwiesen habe. S. a. *Drappatz*, S. 156 schon 2001 anmerkend, dass die Kommission von ihrer neuen Kompetenz bereits „lebhaft Gebrauch" gemacht habe.

186 S. etwa Schulze/Zuleeg/Kadelbach-*Staudinger* § 22 Rn 191, m. w. N., demgemäß der Sekundärrechtsgeber mit den vereinheitlichten Gerichtskompetenzen einerseits hinkende Ehen vermeiden, andererseits der Gefahr begegnen wolle, dass der Status von Kindern innerhalb des Binnenmarkts abweichend beurteilt werde. Von einem

die persönliche Lebensgestaltung Geschiedener und habe allenfalls mittelbare Marktrelevanz, wenn etwa ein Arbeitnehmer von einer durch eine hinkende Ehe beschränkten Freizügigkeit betroffen sei.[187] Andere sehen umgekehrt gerade hier einen starken Binnenmarktbezug im Hinblick auf die Ausübung der Personenfreizügigkeit: Schon die EheVO 2000 wie dann auch die EuEheVO stünden in unmittelbarem Zusammenhang mit der Personenfreizügigkeit nach Art. 18 EGV i. d. F. des Amsterdamer Vertrages. Danach stehe allen Unionsbürgern das subjektive Recht zu, sich in allen Mitgliedstaaten der Gemeinschaft niederzulassen oder aufzuhalten, und eine vollständige Personenfreizügigkeit sei nicht gewährleistet, wenn Statusverhältnisse im Bereich des Ehe- und Kindschaftsrechts nicht rasch und effektiv geklärt und gemeinschaftsweit einheitlich anerkannt und implementiert würden.[188]

Durch den am 1.12.2009 in Kraft getretenen Vertrag von Lissabon wurde die Drei-Säulen-Struktur aufgelöst und die EU Rechtsnachfolgerin der EG (Art. 1 III EUV i. d. F. des Lissaboner Vertrages) mit eigener Rechtspersönlichkeit (Art. 47 EUV i. d. F. des Vertrages von Lissabon), die sich für die EG noch aus Art. 281 EGV a. F. ergeben hatte, und mit dem nunmehrigen Art. 81 AEUV basiert die justizielle Zusammenarbeit in Zivilsachen auf einer vom Binnenmarktbezug gelösten eigenen Unionspolitik.[189] So wird davon ausgegangen, dass der explizite Bezug des Art. 65 EGV a. F. zum Binnenmarkt durch die Formulierung „insbesondere“ im Einleitungssatz des Art. 81 II AEUV gelockert werde; diese Änderung erkläre sich aus der Bedeutung der allgemeinen Freizügigkeit der Unionsbürger nach Art. 18 EGV a. F. bzw. Art. 21 AEUV, die sich vom Binnenmarktkonzept gelöst habe, und dass die Binnenmarktabhängigkeit in der oben erwähnten Gesetzgebungspraxis des EU-Normgebers ohnehin keine nachhaltige Bedeutung gehabt

hinkenden Rechtsverhältnis ist dabei auszugehen, wenn es in einem Staat als gültig und in einem anderen als ungültig behandelt wird, vgl. *Fleige*, S. 56 Fn 17, m. w. N.

187 Rauscher/*Rauscher* EuZPR/EuIPR (2010) Einl Brüssel IIa-VO Rn 3. Zur Marktrelevanz des internationalen Scheidungsverfahrensrechts s. ausführlich Staudinger-*Spellenberg* (2005) Vorbem zu Art 1 EheGVO Rn 14 ff.

188 So *Hess*, Europäisches Zivilprozessrecht § 7 Rn 1; ebenso *Holzmann*, Brüssel IIa VO, S. 49 ff., m. w. N., besonders die Erforderlichkeit der EuEheVO für die Reibungslosigkeit des Binnenmarkts in Abgrenzung zur spürbaren Binnenmarktbeeinträchtigung i. R. d. Art. 95 EGV erörternd. Auch die Begründung des VO-E, S. 2 betont den Binnenmarktbezug von Maßnahmen zur Verbesserung und Vereinfachung der Anerkennung und Vollstreckung von Entscheidungen in Zivil- und Handelssachen.

189 S. *Kohler/Pintens* FamRZ 2008, 1669; s. a. *Herdegen* § 1 Rn 3 und § 5 I 1 Einleitungssatz.

habe, werde nun durch die neue Kompetenznorm gespiegelt.[190] Wenn auch dadurch die grundsätzliche Kompetenz zum Verordnungserlass im Bereich des grenzüberschreitenden familienrechtlichen Verfahrens nicht ernstlich in Zweifel steht, bleibt dennoch zu fragen, ob sich bei der Untersuchung der EuEheVO Fragen der Subsidiarität und Verhältnismäßigkeit stellen, auf die gesondert einzugehen sein wird.[191]

C. Das moderne System des grenzüberschreitenden Kindesentführungsrechts

I. Das Zuständigkeitsprimat des Ursprungsstaats

1. Wegbereitung auf internationaler Ebene

Mit der grundsätzlichen Anknüpfung an den gewöhnlichen Aufenthalt eines Kindes unabhängig von seiner Staatsangehörigkeit setzt die Aufenthaltszuständigkeit des Art. 5 I KSÜ zunächst die bei Schaffung des MSA zugrunde liegende Vorstellung fort, dass sachnahe Behörden am meisten befähigt sind, das Kindeswohl zu ermitteln, enthält dabei aber nicht die hinderlichen Vorbehaltsschranken des Art. 1 MSA.[192] Somit besteht im KSÜ keine geschwächte Primärzuständigkeit wie im MSA, sondern eine Hauptzuständigkeit, der gegenüber die sonstigen Zuständigkeiten des KSÜ grundsätzlich nachrangig und restriktiv auszulegen sind.[193] Gesetzliche Gewaltverhältnisse und fortwirkende Maßnahmen des bisherigen Aufenthaltsstaats bilden keine Zuständigkeitsvorbehalte (so noch Artt. 3 und 5 III MSA) mehr, sondern finden sich nun im Kapitel III zum anwendbaren Recht (Artt. 15 III und 16 KSÜ), und die heimatstaatlichen Behörden können abweichend von Art. 4 MSA nur nach Art. 9 KSÜ verfahren.[194]

Von Seiten angloamerikanischer Delegierter war gefordert worden, den Grundsatz der perpetuatio fori in das KSÜ aufzunehmen. Dies wurde jedoch

---

190 *Hess,* Europäisches Zivilprozessrecht § 2 Rn 94; s. a. *Kohler/Pintens* FamRZ 2008, 1669. Nach *Streinz* in FS Spellenberg, S. 745, 760 etwa ist das Funktionieren des Binnenmarkts in Art. 81 AEUV nicht mehr als Bedingung, sondern als Beispiel genannt.

191 S. u. 1. Teil. C. IV („Amerikanisierung des Rechts").

192 *Krah,* S. 140 f., m. w. N.; *Pirrung* in FS Rolland, S. 277, 281; s. a. Geimer/Schütze-*Geimer* EuZVR A.2 - Art. 8 VO (EG) Nr. 2201/2003 Rn 6.

193 NK-BGB/*Benicke* Anh. I zu Art. 24 EGBGB Art. 5 KSÜ Rn 5; *Krah,* S. 139, *Roth/Döring* JBl 1999, 758, 761; *Siehr* RabelsZ 62 (1998) 464, 477 f.

194 *Pirrung* in FS Rolland, S. 277, 281 f.; Staudinger-*Pirrung* (2009) Vorbem G 44 zu Art 19 EGBGB, m. w. N.

mit klarer Mehrheit abgelehnt.[195] Stattdessen normiert Art. 5 II KSÜ ausdrücklich eine Verlagerung der internationalen Zuständigkeit in den Vertragsstaat des neuen gewöhnlichen Aufenthalts des Kindes und folgt damit der entsprechenden Auslegung[196] des dazu noch schweigenden MSA. Art. 5 II KSÜ lässt aber wie schon das MSA weiterhin offen, wie sich ein rechtmäßiger Aufenthaltswechsel, mithin ein Umzug des Kindes während eines bereits anhängigen Verfahrens auf die internationale Zuständigkeit auswirkt. Im Hinblick auf die Sachnähe der Behörden wurde im Rahmen des MSA angenommen, dass die zuständigkeitsbegründenden Umstände für eine Sorgerechtszuständigkeit noch zum Zeitpunkt der Entscheidung vorliegen müssten mit der Folge, dass es noch während der ersten und zweiten Tatsacheninstanz zu einer für den entführenden Elternteil oftmals günstigen Zuständigkeitsverlagerung kommen konnte; befand sich die Angelegenheit dagegen bereits in der Revisions- bzw. Rechtsbeschwerdeinstanz, konnte die dort vorzunehmende reine Rechtsfehlerprüfung auch ohne Sachnähe zum betroffenen Kind erfolgen, so dass ein dann stattfindender Aufenthaltswechsel zumindest innerstaatlich nicht mehr als zuständigkeitsverlagernd gewertet wurde.[197] Im Geltungsbereich des MSA konnte also (jedenfalls in der Phase der Tatsachenermittlung) die Zuständigkeit nicht auf den Grundsatz der perpetuatio fori gestützt werden.[198]

In erster Linie auf Wunsch der USA wurde die Zuständigkeitsregel des Art. 7 als Konzession der Haager Konferenz in das KSÜ aufgenommen,[199] die hiervon erstmals für Fälle der Kindesentführung eine Ausnahme macht (vgl. auch den ausdrücklichen Vorbehalt in Art. 5 II KSÜ). Während die Sorgerechtszuständigkeit nur noch im Fall eines rechtmäßig durchgeführten Aufenthaltswechsels, z. B

195 *Lagarde,* Erläuternder Bericht, Nr. 42; s. dazu auch *Siehr* RabelsZ 62 (1998) 464, 478, m. w. N.

196 S. Nachweise bei Keidel/Kuntze/Winkler[15]-*Engelhardt* FGG § 35 b Rn 43; *Gampp,* S. 144 mit Fn 383.

197 Staudinger-*Pirrung* (2009) Vorbem G 48 zu Art 19 EGBGB; *Boelck,* S. 33 ff., m. w. N.; AnwK-BGB/*Benicke* Anh. II zu Art. 24 EGBGB MSA Art. 1 Rn 3 ff.; *Schulz* FamRZ 2011, 156, 158 Fn 15; *Roth/Döring* JBl 1999, 758, 765, m. w. N.; *Oberloskamp* MSA Art. 1 Rn 134 ff., m. w. N.; s. dazu die grundlegenden Entscheidungen des BGH FamRZ 2002, 1182 mit Anm. *Henrich,* S. 1184 und FamRZ 2005, 1540, 1543. Zum Offenlassen dieser Frage im KSÜ s. a. *Siehr* RabelsZ 62 (1998) 464, 478, m. w. N.; *ders.* DEuFamR 2000, 125, 128.

198 Vgl. *Henrich* IntSchR (2005) Rn 357; s. a. *Finger* FamRBint 2005, 73 f.

199 *Pirrung* in Symposium Spellenberg, S. 89, 94 „missliche Folgen“ dieser Konzession erkennend.; s. a. *Pirrung* in FS Rolland, S. 277, 282 Fn 20, m. w. N.

nach einem grenzüberschreitenden Umzug übergeht, ist eine Zuständigkeitsverlagerung in den Zufluchtsstaat im Anschluss an einen rechtswidrig herbeigeführten Aufenthaltswechsel nur noch nach Maßgabe der engen Voraussetzungen des Art. 7 KSÜ möglich. Das KSÜ grenzt sich damit entscheidend vom oftmals die Zuständigkeit des Zufluchtsstaats befördernden MSA ab. Die Zuständigkeitsfortdauer des bisherigen Aufenthaltsstaats entfällt nach Maßgabe des Art. 7 KSÜ erst, wenn das Kind einen gewöhnlichen Aufenthalt in einem anderen Staat erlangt hat, und entweder der Sorgeberechtigte das Verbringen/Zurückhalten genehmigt (Abs. 1 lit. a) oder sich das Kind seit Kenntnis/Kennenmüssen des Aufenthalts durch den Sorgerechtsinhaber dort mindestens ein Jahr aufgehalten hat, wobei kein während dieses Zeitraums gestellter Antrag mehr anhängig sein darf und sich das Kind eingelebt haben muss (Abs. 1 lit. b). Eine mögliche Zuständigkeitsverlagerung hängt somit vom Verhalten bzw. Unterlassen[200] des zurückverbliebenen Elternteils ab: So versagt das KSÜ eine Zuständigkeit des Zielstaats, wenn der zurückverbliebene Elternteil keine Genehmigung für die Verbringung erteilt oder wenn ein von ihm gestellter Rückführungsantrag anhängig ist. Während am MSA kritisiert wurde, dass es geeignet sei, die vom Entführer eigenmächtig geschaffene Situation durch eine ertrotzte Zuständigkeit des Zielstaats zu sichern, steht nunmehr die Zuständigkeit faktisch zur Disposition des zurückverbliebenen Elternteils, von dessen Antragstellung die Sorgerechtszuständigkeit im Entführungsfall abhängig gemacht wird. Diese Regelung könnte daher auch als „elternzentriert“[201] anzusehen sein. Ob und ggf. wie sich ein Aufenthaltswechsel des Kindes, gleich ob rechtmäßig oder rechtswidrig, in einem laufenden Sorgerechtsverfahren nach dem KSÜ auswirkt, ist ungeklärt geblieben und wird im Besonderen zu klären sein, wenn es um die Frage einer Entführung aus einem Vertragsstaat des KSÜ während eines bereits anhängigen Sorgerechtsverfahrens geht.[202]

---

200 Vgl. diese Entwicklung i. R. d. EuEheVO sogleich im Anschluss 1. Teil. C. I. 2 („Weiterungen innerhalb der EU“); s. dazu Thomas/Putzo-*Hüßtege* Art. 10 EuEheVO Rn 5 und NK-BGB/*Gruber* Anh. I zum III. Abschn. EGBGB Art. 10 EheVO 2003 Rn 5, dies i. R. d. EuEheVO als „Passivität des Sorgeberechtigten“ bezeichnend.

201 Die Differenzierung zwischen „Elternzentrierung“ und „Kindzentrierung“ in anderem Zusammenhang verwendend s. *Busch* IPRax 2003, 218, 221. Diese Begrifflichkeit erscheint auch hier durchaus passend.

202 S. u. 3. Teil. A. I. 1. c („Aufenthaltswechsel in einem laufenden Verfahren“).

2. *Weiterungen innerhalb der EU*

Art. 8 I EuEheVO als Hauptzuständigkeitsregel der EuEheVO ist den Art. 1 MSA und Art. 5 KSÜ im Grundsatz nachgebildet.[203] Auch diese Vorschrift basiert auf einem gewöhnlichen Aufenthalt des Kindes unabhängig von dessen Staatsangehörigkeit und weicht dabei wie das KSÜ von den Vorbehaltsschranken des Art. 1 MSA ab. Abweichend zu MSA und KSÜ normiert die EuEheVO aber mit Abstellen auf den gewöhnlichen Aufenthalt im Antragszeitpunkt erstmals die regelmäßige Geltung des Grundsatzes der perpetuatio fori im Bereich des grenzüberschreitenden kindschaftsrechtlichen Verfahrens. Übersiedelt das Kind während eines laufenden Sorgerechtsverfahrens rechtmäßig in ein anderes Land, bleibt also das Gericht am bisherigen Aufenthaltsort international zuständig, und einem Verfahren im neuen Aufenthaltsstaat steht der Rechtshängigkeitseinwand nach Art. 19 EuEheVO entgegen, solange der ursprüngliche Antrag nicht zurückgenommen wird.[204] Nachdem sich der EU-Normsetzer für eine Einführung des Grundsatzes der perpetuatio fori entschieden hat, grenzt sich Art. 8 II EuEheVO konsequenterweise vom Wortlaut des Art. 5 II KSÜ ab und listet nur die normativen Ausnahmen zu Abs. 1, namentlich die Umgangszuständigkeit, die Entführungszuständigkeit und die vereinbarte Zuständigkeit auf, ohne einen dem Art. 5 II KSÜ entsprechenden Hinweis auf einen grundsätzlich möglichen Zuständigkeitswechsel. In der Praxis kann das auch für Fälle rechtmäßigen Aufenthaltswechsels bedeuten, dass das Verfahren über einen erheblichen Zeitraum nicht am tatsächlichen Lebensmittelpunkt des Kindes geführt wird und die Sachnähe der zuständigen Gerichte zum Kind immer mehr schwindet.[205] Weiter

---

203 Zöller-*Geimer* Anh II A EuEheVO Art. 1 Rn 27, m. w. N.; *Looschelders* JR 2006, 45, 46. Zur Orientierung des EuEheVO-Zuständigkeitssystems am KSÜ s. a. *Dutta* in FS Kropholler, S. 281, 282.

204 NK-BGB/*Gruber* Anh. I zum III. Abschn. EGBGB Art. 8 EheVO 2003 Rn 3, m. w. N.; *Looschelders* JR 2006, 45, 46. Sind bei Gerichten verschiedener Mitgliedstaaten Verfahren wegen desselben sorgerechtlichen Anspruchs anhängig, hat das später angerufene Gericht das Verfahren daher bis zur Klärung der tatsächlichen Zuständigkeit des zuerst angerufenen Gerichts auszusetzen, wobei eine einstweilige Maßnahme dagegen nicht als „derselbe Anspruch" gilt, so dass ein Rechtshängigkeitseinwand hier nicht möglich ist, so *Henrich* zu EuGH (Urteil v. 22.12.2010 – Rs. C-497/10 PPU: Mercredi ./. Chaffe) FamRZ 2011, 617 mit Anm. *Henrich,* S. 620, 621; s. hierzu auch EuGH (Urteil v. 9.11.2010 – Rs. C-296/10: Purucker ./. Vallés Pérez „Purucker II") FamRZ 2011, 534 ff., zusammengefasst von *Schulz* FamRBint 2011, 5 f.

205 *Busch* IPRax 2003, 218, 221 noch zum VO-E; zum VO-E s. a. *Gördes,* S. 116; zur endgültigen Fassung des Art. 8 EuEheVO ebenso s. *Gampp,* S. 144 f., m. w. N.

enthält die Verordnung im Gegensatz zum KSÜ mit Art. 9 EuEheVO auch für den Fall rechtmäßiger Aufenthaltsverlegung (Umzug) des Kindes unabhängig von einer Antragstellung eine Fortdauer der bisherigen Umgangsrechtszuständigkeit: Da bei einem rechtmäßigen Umzug ein neuer gewöhnlicher Aufenthalt in der Regel sofort[206] und nicht erst nach Ablauf einer gewissen Aufenthaltsdauer entsteht und somit sogleich die dortigen Behörden zuständig würden, ordnet Art. 9 EuEheVO für die Dauer von drei Monaten[207] eine Fortsetzung der Zuständigkeit der bisherigen Behörden an, damit diese – oftmals Gerichte und Jugendämter, die mit dem Fall seit langem vertraut sind – eine bereits erlassene Umgangsregelung selbst noch abändern können. Wurde allerdings beim Gericht des Ursprungsmitgliedstaats schon vor dem Umzug ein Antrag auf Regelung des Umgangsrechts gestellt, liegt ein Fall der perpetuatio fori nach Art. 8 I EuEheVO vor, der einen Rückgriff auf die Spezialregelung des Art. 9 EuEheVO obsolet macht.[208] Der Grundsatz der perpetuatio fori hat in Fällen rechtmäßigen grenzüberschreitenden Aufenthaltswechsels somit nachhaltigen Eingang in die Verordnung gefunden, die sich darin deutlich von KSÜ unterscheidet. Einen Ausgleich hierfür sieht erforderlichenfalls nur Art. 15 EuEheVO vor, der nach Einleitung des Verfahrens eine Verweisung an das Gericht des neuen Aufenthaltsstaats ermöglicht, wenn dies dem Kindeswohl entspricht, das Kind an diesen eine besondere Bindung hat oder das andere Gericht den Fall besser beurteilen kann.[209]

Für den Fall des fraudulösen Aufenthaltswechsels ordnet Art. 10 EuEheVO wie Art. 7 KSÜ eine Fortdauer der Sorgerechtszuständigkeit des Mitgliedstaats

---

206 *Looschelders* JR 2006, 45, 46 f. Bei etwa 80% der Fälle erwirbt das Kind durch einen rechtmäßigen Aufenthaltswechsel, etwa durch einen regulären Umzug, sofort seinen neuen gewöhnlichen Aufenthalt am neuen Wohnort, vgl. *Siehr* RabelsZ 62 (1998) 464, 478.

207 Die Dreimonatsfrist ist maßgeblich für den Zeitpunkt des Abänderungsantrags, nicht für denjenigen der gerichtlichen Entscheidung, s. MüKoFamFG-*Gottwald* Brüssel IIa-VO Art. 9 Rn 6, m. w. N. Zur Frage, ob die Anwendung des Art. 9 EuEheVO gewöhnlichen Aufenthalt des Kindes voraussetzt, s. Nachweise bei *Looschelders* JR 2006, 45, 46.

208 Hk-ZPO/*Dörner* EheGVVO Art 9 Rn 4; *Looschelders* JR 2006, 45, 46; s. a. Leitfaden der Kommission, S. 16 ff. darauf verweisend, dass hingegen für den Ersterlass einer Umgangsrechtsentscheidung von vorneherein eine Anwendung des Art. 9 EuEheVO ausscheide, weil auf die allgemeine Regel des Art. 8 EuEheVO zurückzugreifen sei; i. E. ebenso MüKoBGB[5]-*Siehr* Art. 21 EGBGB Anh. I EheVO II Rn 81 und 84; Zöller-*Geimer* Anh II A EuEheVO Art. 9 Rn 3.

209 *Looschelders* JR 2006, 45, 46; *Busch/Rölke* FamRZ 2004, 1338, 1341.

an, aus dem das Kind entführt wurde. Noch differenzierter als Art. 7 KSÜ listet Art. 10 EuEheVO auf, unter welchen Bedingungen die zufluchtsstaatlichen Behörden für die Sorgerechtsangelegenheit zuständig werden. Wie Art. 7 KSÜ erfordert Art. 10 EuEheVO hierfür die in dieser Lage unwahrscheinliche Genehmigung des widerrechtlichen Aufenthalts (Art. 10 lit. a EuEheVO). Liegt eine solche nicht vor, bedarf es neben Jahresaufenthalt und Einleben des Kindes in die neue Umgebung der speziellen Bedingungen des Art. 10 lit. b) Ziff. i–iv EuEheVO, z. B. wenn der Sorgerechtsinhaber innerhalb eines Jahres einen Rückgabeantrag nicht stellt oder nach Rücknahme nicht erneut stellt. Die Möglichkeit, dass sich die Sorgerechtszuständigkeit in den Zufluchtsstaat verlagert, hängt – wie auch schon bei Art. 7 KSÜ – also nicht nur hinsichtlich der Einwilligungsmöglichkeit nach lit. a, sondern auch hinsichtlich der objektiven Umstände des lit. b maßgeblich vom Verhalten oder Unterlassen des zurückverbliebenen Elternteils ab. Die Entführungszuständigkeit wird auf diese Weise nicht mehr vom Kind und dessen zeitlichen und sozialen Aufenthaltsbedingungen bestimmt, sondern hängt mithin von der „Passivität des Sorgeberechtigten“[210] ab und kann damit wie Art. 7 KSÜ als elternzentriert bezeichnet werden.

II. Einwirkung auf das Rückgabeverfahren im Zufluchtsstaat

Neben der Normierung fortgesetzter Zuständigkeit der ursprungsstaatlichen Behörden wirkt die EuEheVO mit ihrem Art. 11 auch unmittelbar auf das im Zufluchtsmitgliedstaat geführte formelle Rückgabeverfahren ein: Zum einen bewirkt sie Modifikationen in Bezug auf das dort zu führende Rückgabeverfahren, indem sie die Anhörung des Kindes und des Antragstellers normiert und den Beschleunigungsgrundsatz verschärft.[211] Art. 11 EuEheVO normiert zum anderen aber auch materiellrechtliche Umgestaltungen[212] der Rückgabeentscheidung selbst, indem das bisherige System der Alles-Oder-Nichts-Entscheidung[213] im Rahmen des HKÜ durch das System einer Ultima-ratio-Entscheidung[214] unter Vorschaltung

---

210 Thomas/Putzo-*Hüßtege* Art. 10 EuEheVO Rn 5; NK-BGB/*Gruber* Anh. I zum III. Abschn. EGBGB Art. 10 EheVO 2003 Rn 5.

211 S. zur Verschärfung des Beschleunigungsgrundsatzes *Völker* FamRZ 2010, 157, 158. Zur Modifizierung und Ergänzung des HKÜ durch die EuEheVO s. etwa *Solomon* FamRZ 2004, 1409, 1417.

212 *Holzmann,* Brüssel IIa VO, S. 198 nennt dies in Bezug auf Art. 11 IV EuEheVO „Neugestaltung der Rückführungsverweigerungsmöglichkeiten“.

213 BVerfG FamRZ 1999, 641, 642; *Carl* FPR 2001, 211, 212.

214 *Looschelders* JR 2006, 45, 50; *Gruber* AnwBl 2005, 209, 210.

von Undertakings ersetzt wird (Art. 11 IV EuEheVO).[215] In vorliegender Arbeit wird insoweit zwischen einer formell-rechtlichen Einwirkung auf das HKÜ-Rückgabeverfahren einerseits und einer materiellrechtlichen Umgestaltung der HKÜ-Rückgabeanordnung andererseits unterschieden.[216]

III. Letztentscheidungsbefugnis und Abschaffung des Exequaturs

Besonders einschneidend sind die Neuerungen im Rahmen der Anerkennung und Vollstreckung: Vor Inkrafttreten bzw. außerhalb der Geltung des KSÜ und der EuEheVO richtete sich das Verhältnis zwischen Herkunfts- und Zufluchtsstaat allein nach dem bis dato geltenden System von MSA, HKÜ und EuSorgeRÜ und dem jeweiligen autonomen nationalen IZVR der betroffenen Staaten. Die Realisierung einer sorgerechtlichen Herausgabeentscheidung aus dem Herkunftsstaat war somit von der Umsetzung im Zufluchtsstaat nach dortigem autonomem Recht abhängig. Hatte aber das ersuchte Gericht wiederum eine gegenläufige Anordnung in Form einer Rückgabeablehnung (Artt. 12 II, 13 oder 20 HKÜ) erlassen, war eine solche Umsetzung unwahrscheinlich; vielmehr konnte im Zufluchtsstaat durch Wegfall der Sperrwirkung des Art. 16 HKÜ eine eigene Sorgerechtszuständigkeit begründet werden.[217]

1. Konventionelle Vollstreckbarerklärung nach dem KSÜ

Das KSÜ bietet seinen Vertragsstaaten demgegenüber ein autonomes beide Seiten bindendes System der Anerkennung und Vollstreckung: Das Gericht des Herkunftsvertragsstaats kann auf der Basis seiner fortgesetzten Zuständigkeit gem. Art. 7 I KSÜ (wie schon früher auf der Basis des Art. 1 MSA, solange dort als Tatfrage der gewöhnliche Aufenthalt belegen war) die Rückgabe des Kindes anordnen. Das KSÜ geht nun zwischen den Vertragsstaaten mit Art. 23 I KSÜ den konventionellen Weg der Anerkennung kraft Gesetzes. Damit diese Anordnung im Zufluchtsvertragsstaat durchsetzbar ist, muss also Art. 23 II KSÜ beachtet werden:[218] Verstößt die im Herkunftsvertragsstaat getroffene Sorgerechts- und

---

215 S. hierzu den 4. Teil. A. I („Frühere Alles-oder-Nichts-Entscheidung“) und II („Dogmatische Zulassung von Undertakings“).

216 S. u. 4. Teil. A („Materiellrechtliche Umgestaltung der Rückgabeanordnung“) sowie B („Formelle Durchdringung des Rückgabeverfahrens“).

217 S. dazu MüKoBGB^{5}-*Siehr* Art. 21 EGBGB Anh. II HEntfÜ Rn 101 f.; AnwK-BGB/*Benicke* Anh. IV zu Art. 24 EGBGB Art. 16 HKÜ Rn 3. S. dazu unten 4. Teil. C. („Kollidierende Rückgabeentscheidung aus dem Ursprungsstaat“).

218 *Siehr* in FS Lorenz, S. 579, 583.

Rückgabeentscheidung gegen einen der dort genannten (abschließenden) Gründe, so kann die Anerkennung versagt werden, z. B. bei einem Verstoß gegen den Ordre-public-Vorbehalt, wenn das betroffene Kind nicht angehört wurde und damit gegen wesentliche Verfahrensgrundsätze des Zufluchtsstaats verstoßen wurde, oder wenn das Erlassgericht nicht zuständig war. Auch eine Vollstreckbarerklärung nach Artt. 26 I und 28 KSÜ kann unter diesen Umständen versagt werden, vgl. Artt. 23 II i. V. m. Art. 26 III KSÜ.[219] Hat also ein KSÜ-Vertragsstaat im Rahmen eines sorgerechtlichen Verfahrens die Rückgabe des Kindes aus einem anderen KSÜ-Vertragsstaat angeordnet, so können Hinderungsgründe des Art. 23 II KSÜ dazu führen, dass die Rückgabe des Kindes verweigert wird. Im Gegensatz zum MSA regelt das KSÜ also einerseits detailliert den Bereich der Anerkennung und Vollstreckung zwischen den Vertragsstaaten, andererseits ermöglicht es den Gerichten, vor einer Vollstreckung der Entscheidung des anderen Vertragsstaats das rechtmäßige Zustandekommen und die Vereinbarkeit der Entscheidung mit innerstaatlichen Grundvorstellungen zu prüfen. Das KSÜ harmonisiert damit die Anerkennung und Vollstreckung von ausländischen Entscheidungen und sichert gleichzeitig die Durchsetzung der Entscheidung in einem anderen Vertragsstaat, ohne dabei nötige Mindeststandards bei der Beachtung von Verfahrensgrundsätzen, oder auch Aspekte des Kindeswohls (vgl. Art. 23 II lit. d KSÜ[220]) über Bord zu werfen. Das KSÜ sieht im Gegensatz zur EuEheVO jedoch keine spezifische Lösung für kollidierende Rückgabeentscheidungen des Herkunfts- und Zufluchtsvertragsstaats vor.[221]

2. Unmittelbare Vollstreckung innerhalb der EU

Die Anerkennungs- und Vollstreckungsregeln der EuEheVO unterscheiden sich zunächst von denen des KSÜ nur in einigen Punkten,[222] teilweise sind die

219 *Roth/Döring* JBl 1999, 758, 770; *Looschelders* JR 2006, 45, 48; *Schulz* FamRZ 2011, 156, 160; *Siehr* in FS Lorenz, S. 579, 583 ff.

220 Zum Kindeswohl i. R. d. Ordre-Public-Prüfung s. *Andrae*, Internationales Familienrecht[3] § 6 Rn 162 ff.

221 S. ausführlich unten 4. Teil. C. I („Anerkennungsproblematik im Anwendungsbereich des KSÜ“).

222 Im Gegensatz zur Parallelvorschrift des Art. 23 II KSÜ darf die Zuständigkeit des Erlassgerichts nach Art. 24 Satz 1 EuEheVO nicht überprüft werden und sich auch eine Überprüfung der Vereinbarkeit mit dem Ordre-public-Vorbehalt nach Art. 23 lit. a EuEheVO gem. Art. 24 S. 2 EuEheVO nicht auf die Zuständigkeitsvorschriften der EuEheVO beziehen, vgl. Süß/Ring-*Ring/Olsen-Ring* § 1 Rn 28. Außerdem sind die Anerkennungsversagungsgründe in Art. 23 EuEheVO („wird nicht anerkannt“)

Anerkennungsregelungen als Parallelvorschriften nahezu wortgleich. So ist innerhalb der EU eine sorgerechtliche Rückgabeentscheidung in einem anderen Mitgliedstaat kraft Gesetzes anzuerkennen und zu vollstrecken (vgl. Artt. 21 ff. bzw. 28 ff. EuEheVO),[223] es sei denn, es liegt ein Anerkennungsversagungsgrund des (abschließenden) Art. 23 EuEheVO vor, etwa ein Verstoß gegen den Ordre-public-Grundsatz (lit. a) oder die Verletzung des rechtlichen Gehörs des Kindes (lit. b), wenn damit wesentliche verfahrensrechtliche Grundsätze im Anerkennungsstaat verletzt wurden.[224] Diese Grundsätze gelten allerdings nicht für Rückgabeanordnungen nach Maßgabe des Art. 11 VIII EuEheVO: Danach wird eine Rückgabeentscheidung eines Gerichts des Ursprungsmitgliedstaats im Zufluchtsmitgliedstaat nach Artt. 40 I lit. b i. V. m. 42 I EuEheVO anerkannt und ist dort auch unmittelbar ohne Durchführung eines Exequaturverfahrens vollstreckbar.[225] Der zwischen Deutschland und Frankreich geführte Rechtsstreit Tiemann ./. Lancelin hatte insoweit nicht nur Auswirkung auf die innerstaatliche restriktive[226] Auslegung des Art. 13 HKÜ, sondern war letztendlich auch Auslöser für die Abschaffung des Exequaturs zwischen den Mitgliedstaaten der EU nach Maßgabe der Artt. 11 VIII i. V. m. 42 EuEheVO,[227] mit der Folge, dass eine auf Art. 13 HKÜ gestützte Ablehnungsentscheidung im ersuchten EU-Mitgliedstaat nur solange Wirkung zeitigt, bis seitens des sorgerechtszuständigen Gerichts im Ursprungsmitgliedstaat eine spätere sorgerechtliche

im Gegensatz zu denen des Art. 23 II KSÜ („kann…versagt werden") zwingend vom Amts wegen zu beachten, s. Staudinger-*Pirrung* (2009) Vorbem C 122 zu Art 19 EGBGB.

223 S. *Siehr* in FS Schwab, S. 1269, 1274; *Pape*, S. 141; Krenzler/Borth-*Niethammer-Jürgens* M Rn 172 f.

224 Krenzler/Borth-*Niethammer-Jürgens* M Rn 175 ff.; *Siehr* in FS Schwab, S. 1269, 1274. Da nicht in allen EU-Staaten die Kindesanhörung wie in Deutschland (§ 159 FamFG) gesetzlich vorgeschrieben ist, muss im Anerkennungsverfahren geprüft werden, ob das Kind die Möglichkeit hatte, gehört zu werden, vgl. Krenzler/Borth-*Niethammer-Jürgens* M Rn 177.

225 *Looschelders* JR 2006, 45, 51.

226 S. dazu oben 1. Teil. A. IV („Haager Kindesentführungsübereinkommen von 1980").

227 MüKoBGB[5]-*Siehr* Art. 21 EGBGB Anh. I EheVO II Rn 87 und Anh. II HEntfÜ Rn 19.

„Letztentscheidung"[228] getroffen wird, mit der die Rückgabe angeordnet wird.[229] *Gruber* bezeichnet dies als sog. doppeltes bzw. zweispuriges Rechtsschutzsystem: Am neuen Aufenthaltsort werde das Rückgabeverfahren nach dem durch die EuEheVO modifizierten HKÜ geführt, während im Herkunftsstaat Rechtsschutz in der Gewissheit gewährt werde, dass diese Entscheidung im neuen Aufenthaltsstaat ohne Exequatur vollstreckt werde.[230] Innerhalb der EU gilt in Abgrenzung vom KSÜ damit ein „Mechanismus"[231], der kollidierende Rückgabeentscheidungen zugunsten des Herkunftsmitgliedstaats löst, womit sich die Frage aufdrängt, ob dieser Mechanismus zu Lasten von Mindeststandards des Verfahrens, mithin zu Lasten des Kindeswohls geht.[232]

IV. Amerikanisierung des Rechts

Die grundsätzliche Idee, eine internationale Zuständigkeit im bisherigen Aufenthaltsstaat fortzusetzen, wenngleich das betroffene Kind mittlerweile seinen gewöhnlichen Aufenthalt unter rechtmäßigen Umständen in einem anderen Staat genommen hat, stammt aus den USA.[233] Auch die auf Wunsch der USA in das KSÜ aufgenommene Zuständigkeitsfortsetzung des Art. 7 KSÜ für Fälle der rechtswidrigen Aufenthaltsänderung hat zwar bis heute zu keiner dortigen

---

228 JurisPR-FamR 1/2006 Anm. 1, *Völker*, S. 49, 50. Laut MüKoBGB^5-*Siehr* Art. 21 EGBGB Anh. I EheVO II Rn 87 und Anh. II HEntÜ Rn 18 haben die Gerichte des Herkunftsstaats hier „das letzte Wort". Nach *Schulz* zu EuGH (Urteil v. 11.7.2008 – Rs. C-195/08 PPU: Rinau) FamRZ 2008, 1729 mit Anm. *Schulz*, S. 1732, 1733 ist „die Rückgabeentscheidung des Sorgerechtsgerichts gegenüber der HKiEntÜ-Entscheidung privilegiert".

229 NK-BGB/*Gruber* Anh. I zum III. Abschn. EGBGB Art. 11 EheVO 2003 Rn 15.

230 *Gruber* AnwBl 2005, 209; *ders.* IPRax 2009, 413; NK-BGB/*Gruber* Anh. I zum III. Abschn. EGBGB Art. 10 EheVO 2003 Rn 1; s. dazu auch *Looschelders* JR 2006, 45, 50; *Völker* FamRZ 2010, 157, 159 MüKoBGB^5-*Siehr* Art. 21 EGBGB Anh. I EheVO II Rn 87 sowie Anh. II HEntÜ Rn 2, 18 und 94.

231 *Völker* FamRZ 2010, 157, 159.

232 S. dazu unten 4. Teil. C. II. („Ursprungsstaatliche Letztentscheidungsbefugnis im Anwendungsbereich der EuEheVO").

233 Vgl. *Tenreiro/Ekström* ERA-Forum 2003/1, 126, 129 bezugnehmend auf Art. 11 VO-E, der eine fortgesetzte Zuständigkeit bereits (durch Entscheidung in der Sache) vorbefasster Gerichte für die Dauer von sechs Monaten schon für einen rechtmäßigen Umzug vorsehen sollte, und erläuternd: „This rule has no counterpart in the 1996 Hague Convention, but is rather inspired by a rule on ‚continuing jurisdiction' in the United States' legislation, which grants continuing jurisdiction to the state that has rendered a decision on custody."

Ratifikation des KSÜ geführt, diente aber dennoch innerhalb Europas als Vorbild für die Parallelvorschrift des in der EU geltenden Art. 10 EuEheVO.[234] Ein entsprechender Vorstoß seitens der amerikanischen Delegation, den bisherigen Aufenthaltsbehörden für die Dauer von zwei Jahren nach dem Wegzug des Kindes im KSÜ eine Umgangsrechtszuständigkeit zu belassen, hatte sich dagegen international im Hinblick auf die Beschwerlichkeiten aufgeteilter Zuständigkeiten noch nicht durchsetzen können.[235] Auch die Idee von Undertakings und der damit verbundene Vertrauensvorschuss in deren Umsetzung am bisherigen Aufenthaltsort beruht auf Vorstellungen des anglo-amerikanischen Rechtskreises, so dass sich die Frage der dogmatischen Begründung hierfür in Europa stellt.[236]

Derzeit wird von einem zunehmenden Einfluss von außen auf die Rechtssetzung in Europa auf Unions- und nationaler Ebene bzw. von einer „Amerikanisierung des Rechts in Europa" gesprochen und umgekehrt wird in den USA die „Globalisation of US Law" in der rechtswissenschaftlichen Literatur erörtert.[237] Jedoch steht für *Rauscher* die Gleichwertigkeit des Rechtsschutzes in Europa als Voraussetzung für ein zentralistisches Zuständigkeitssystem in Frage; so lasse insbesondere der Vergleich mit den USA als Mehrrechtsstaat mit mobiler Bevölkerung und bundesstaatlichen Regeln zweifeln, ob es der Zentralisierung des Zuständigkeitsrechts in Ehesachen jemals bedurft hätte, um verkehrsfähige Entscheidungen zu gewährleisten. Er stellt in den Raum, ob ein rahmenrechtlicher Katalog, dessen Ausgestaltung dem nationalen Recht überlassen werde, als Grundlage einer wechselseitigen Anerkennung ausreiche.[238]

---

234 NK-BGB/*Gruber* Anh. I zum III. Abschn. EGBGB Art. 10 EheVO 2003 Rn 2; s. a. *Pirrung* in Symposium Spellenberg, S. 89, 94. Erstaunen darüber zum Ausdruck bringend s. *Holzmann,* Brüssel IIa VO, S. 158 f. S. dazu auch die Beitrittstabelle im Anhang 2.

235 *Lagarde,* Erläuternder Bericht, Nr. 41.

236 S. dazu ausführlich unten 4. Teil. A. I. 2 („Dogmatisches Defizit von Undertakings").

237 Aus *Hellwig* ERA-Forum 2008/1, S. 53, 56; s. a. *Jayme* RabelsZ 67 (2003) 211.

238 Rauscher/*Rauscher* EuZPR/EuIPR (2010) Einl Brüssel IIa-VO Rn 5.

Damit werden Fragen der für den Verordnungserlass erforderlichen Subsidiarität[239] und Verhältnismäßigkeit[240] aufgeworfen: So steht laut *König* die allgemein und unmittelbar in jedem Mitgliedstaat geltende Verordnung in einem Spannungsverhältnis zu den Prinzipien der Subsidiarität und Verhältnismäßigkeit, „welche die Union dazu verpflichten, bei der Gesetzgebung die souveränitätsschonendere Richtlinie der Verordnung vorzuziehen".[241] Zwar wird nach *Martiny* eine gemeinschaftsrechtliche Regelung des internationalen Familienrechts grundsätzlich als mit diesen Prinzipien vereinbar angesehen, denn Rechtssicherheit im internationalen Familienrecht könne nur durch eine Harmonisierung der Kollisions- und internationalen Zuständigkeitsregeln sowie durch gegenseitige Anerkennung und Vollstreckung erreicht werden, daher sei die Rechtsform der Verordnung verhältnismäßig, während eine Richtlinie, die den Mitgliedstaaten bei der Umsetzung Spielräume lasse, die angestrebte Einheitlichkeit nicht gewährleisten könne.[242] So verweisen zwar dementsprechend die ersten beiden Erwägungsgründe der Verordnung auf die Ziele der Schaffung eines Raumes der Freiheit, der Sicherheit und des Rechts und der gegenseitigen Anerkennung gerichtlicher Entscheidungen.[243] Fraglich ist aber dennoch, ob die allgemeine Formulierung im 32. Erwägungsgrund, auf Ebene der Mitgliedstaaten seien

239 Art. 5 III EUV i. d. F. des Vertrags von Lissabon; zuvor: Art. 5 II EGV i. d. F. des Vertrags v. Amsterdam. Laut Schulze/Zuleeg/Kadelbach-*König* § 2 Rn 28, m. w. N., darf die EU nach dem Subsidiaritätsgebot nur tätig werden, wenn die Ziele der in Betracht gezogenen Maßnahmen nicht auf Ebene der Mitgliedstaaten, sondern der Union ausreichend verwirklicht werden könnten. Zum Streit, ob es sich dabei um eine Kompetenzausübungs- oder -verteilungsregel handelt, vgl. *Wannemacher,* S. 6 f., m. w. N.

240 Art. 5 IV EUV i. d. F. des Vertrags von Lissabon; zuvor: Art. 5 III EGV i. d. F. des Vertrags v. Amsterdam.

241 So Schulze/Zuleeg/Kadelbach-*König* § 2 Rn 35 und 39 f., m. w. N., weiter erläuternd, Subsidiarität und Verhältnismäßigkeit seien dazu da, die Kompetenzausübung durch die Union zu beschränken, damit in die mitgliedstaatlichen Rechtssetzungszuständigkeiten nur so weit wie erforderlich eingegriffen werde; das BVerfG habe sowohl im Maastricht-Urteil (BVerfGE 89, 155, 210 ff.) als auch im Lissabon-Urteil (BVerfGE 123, 267, 383) deutlich gemacht, dass es Zweck der Prinzipien sei, „die nationale Identität der Mitgliedstaaten zu wahren und ihre Befugnisse zu erhalten", s. eingehend Schulze/Zuleeg/Kadelbach-*König* § 2 Rn 27 ff., m. w. N.

242 So *Martiny* FPR 2008, 187, 188, m. w. N. Primärrechtskonformität in diesem Sinn bejahend s. a. *Holzmann,* Brüssel IIa VO, S. 55, m. w. N.

243 Vgl. Rauscher/*Rauscher* EuZPR/EuIPR (2010) Einl Brüssel IIa-VO Rn 3.

diese Ziele nicht erreichbar, für die Wahrung von Subsidiarität und Verhältnismäßigkeit ausreichend ist, und ob die Feststellung im 33. Erwägungsgrund, die Verordnung sei mit der GRCh[244] vereinbar, genügt.[245] Zwar dürfte der Streit um die Kompetenz zum Verordnungserlass durch die rein tatsächliche Schöpfung einer Reihe von Regelungswerken im zivilprozessualen Bereich einerseits und die Lockerung des Binnenmarkterfordernisses mit dem AEUV andererseits obsolet sein;[246] die schnelle Ersetzung der EheVO 2000 durch die EuEheVO führte dennoch zur Beanstandung nicht weit vorausschauender Gesetzgebungsplanung.[247] Der VO-E wird gar als „überstürzt"[248] bezeichnet: Die schnelle Ersetzung der EheVO 2000 durch zum Teil fundamentale Neuerungen und neuerliche Änderungserwägungen würden den Anschein von Aktionismus vermitteln und nähmen nicht ausreichend Rücksicht auf das Interesse an einer gewissen Beständigkeit des Rechts.[249] Nach *Rauscher* sollen zwar die nach langem Ringen kompromissweise gefundenen spezifischen Entführungsregelungen der Artt. 10 und 11 EuEheVO das Rückführungsverfahren erleichtern; ob dadurch die erhoffte Verbesserung der Rückführungslage eintrete, müsse sich aber erst erweisen. So werde mit der EuEheVO einmal mehr mit dem Postulat wechselseitigen Vertrauens operiert, das in dieser Absolutheit nicht verfassungsfest sei. Ob etwa die Bundesrepublik Deutschland von Verfassung wegen im Einzelfall gehindert sein könne, Art. 11 VI–VIII EuEheVO zu entsprechen und entgegen der Einschätzung des Kindeswohls durch ein innerstaatliches Familiengericht ein Kind deutscher Staatsangehörigkeit in einen anderen Mitgliedstaat zurückzugeben,

---

244 Charta der Grundrechte der Europäischen Union v. 7.12.2000 in der am 12.12.2007 in Straßburg angepassten und am 1.12.2009 in Kraft getretenen Fassung, ABl. EU Nr. C 303 v. 14.12.2007, S. 1 (im Folgenden: GRCh).

245 Diese Fragen aufwerfend s. Rauscher/*Rauscher* EuZPR/EuIPR (2010) Einl Brüssel IIa-VO Rn 3.

246 S. oben 1. Teil. B. II. 2 („Lockerung des Binnenmarktbezugs").

247 Staudinger-*Spellenberg* (2005) Vorbem zu Art 1 EheGVO Rn 7.

248 Staudinger-*Pirrung* (2009) Vorbem C 4 zu Art 19 EGBGB.

249 Staudinger-*Pirrung* (2009) Vorbem C 4 zu Art 19 EGBGB. S. Kritik an sog. rechtspolitischem Aktionismus auch bei Rauscher/*Rauscher* EuZPR/EuIPR (2010) Einl Brüssel IIa-VO Rn 11. Auch werde dem EU-Normsetzer, dessen Rechtssetzung weitgehend ohne wissenschaftliche Vorbereitung und Begleitung erfolge, eine gewisse „Wissenschaftsferne" attestiert, vgl. *Hess*, Europäisches Zivilprozessrecht § 1 Rn 8 f. mit weiteren Nachweisen, eingehender Auseinandersetzung und teilweiser Relativierung dieser Kritik. *Zimmer*, S. 121 ff., 124 greift Diskussionen um ein Demokratiedefizit auf Unionsebene auf: Die Ebene, auf der Entscheidungen verbindlich getroffen würden, verselbstständige sich und entfremde sich den Bürgern.

werde sich noch zeigen müssen.[250] Die vorgenannten Ausführungen, mithin die fortschreitende Anlehnung an anglo-amerikanische Rechtsvorstellungen drängen daher die zu untersuchende Frage auf, ob die schnelle Erarbeitung der Verordnung auf Ebene der EU auf Kosten von das Kindeswohl berücksichtigenden nötigen Mindeststandards geht.

D. Entwicklungsgeschichtlich bedingte Auslegungsmethodik

Die entwicklungsgeschichtlich bedingte Anlehnung der EuEheVO an das KSÜ, ihre Erarbeitung in der Folge des Brüssel II-Übereinkommens und der EheVO 2000 sowie die Verzahnung[251] der Verordnung mit dem HKÜ machen es erforderlich, die Methodik der Auslegung der EuEheVO sowie die Gewichtung der Auslegungsmethoden einer Klärung zuzuführen.

I. Grundsätzlicher Vorrang des Telos

Größte Bedeutung genießt bei der Auslegung von EU-Verordnungen die teleologische Auslegung; eine Auslegung einer Vorschrift nach ihrem „effet utile" solle in erster Linie der gemeinschaftsweiten Rechtsvereinheitlichung dienen und damit im Zweifel den anderen Auslegungsmethoden vorzuziehen sein.[252] Der Zweck der Entführungsregelungen lässt sich insbesondere aus den Erwägungsgründen der Verordnung ermitteln, die zwar als tatsächliche Willensäußerung des Normsetzers der historischen Auslegungsmethode zuzuschreiben sein könnten.[253] Die Erwägungsgründe nennen aber oft ausdrücklich den Sinn und Zweck einer Verordnung und dürften als Auslegungsmittel daher zuvörderst der teleologischen Auslegung zuzuordnen sein.[254] So bezweckt die EuEheVO laut ihrem ersten Erwägungsgrund die Schaffung eines Raumes der Freiheit, der Sicherheit und des

250 So Rauscher/*Rauscher* EuZPR/EuIPR (2010) Einl Brüssel IIa-VO Rn 9.

251 S. diesen Begriff etwa bei *Janzen/Gärtner* IPRax 2011, 158, 160, m. w. N.; *Schulz* zu EuGH (Urteil v. 11.7.2008 – Rs. C-195/08 PPU: Rinau) FamRZ 2008, 1729 mit Anm. *Schulz*, S. 1732, 1733.

252 Staudinger-*Spellenberg* (2005) Vorbem zu Art 1 EheGVO Rn 58 ff., m. w. N.; s. a. Staudinger-*Kropholler* (2003) Vorbem zu Art 19 EGBGB Rn 23 ff., m. w. N.

253 Rauscher/*Rauscher* EuZPR/EuIPR (2010) Einl Brüssel IIa-VO Rn 35; Staudinger-*Kropholler* (2003) Vorbem zu Art 19 EGBGB Rn 14. S. sogleich unten 1. Teil. D. III. 1 („Historische Auslegung").

254 Staudinger-*Spellenberg* (2005) Vorbem zu Art 1 EheGVO Rn 58 die Erwägungsgründe daher als „instruktiv" für die Zielsetzungen einordnend; ebenso Staudinger-*Kropholler* (2003) Vorbem zu Art 19 EGBGB Rn 25; so wohl auch zu verstehen bei Staudinger-*Pirrung* (2009) Vorbem C 11 zu Art 19 EGBGB.

Rechts, in dem der freie Personenverkehr gewährleistet wird, als binnenmarktbezogene Rechtsvereinheitlichung einerseits; sie will gleichzeitig aber auch das Kindeswohl wahren, vgl. den 12. Erwägungsgrund.

II. Rechtsaktbezogene Wortlautauslegung

Grundsätzlich hat der EuGH in Bezug auf die Auslegung von Gemeinschaftsrecht respektive der EuGVO mehrfach entschieden, dass dort verwendete Begriffe autonom auszulegen seien, so dass bestimmten Begriffen auf Gemeinschaftsebene eine autonome Bedeutung unabhängig von ihrer nationalen Bedeutung zukommen könne.[255] Vertreten wird dabei, dass unter dem Aspekt der Zweckdienlichkeit zwar in Einzelfällen der Rückgriff auf nationales Recht nicht völlig ausgeschlossen sein müsse, aber grundsätzlich ein Rechtsbegriff des europäischen Regelungswerks nicht mit der nationalen Auslegung ausgefüllt werden dürfe.[256]

Daher könnte zunächst davon auszugehen sein, dass innerhalb der Gemeinschaftsregelungen denselben Begriffen dieselbe autonome Bedeutung zukommt. Aus der ersten Entscheidung[257] des EuGH zur EuEheVO schließt *Dutta*, dass für die autonome Auslegung nicht mehr ohne weiteres auf frühere Rechtsprechung des EuGH zu gleichlautenden Begriffen zurückgegriffen werden könne, sondern auf Zielsetzungen, Systematik und Entstehungsgeschichte des jeweiligen Rechtsaktes abgestellt werden müsse.[258] Die bislang verbreitete Ansicht, die aus der EuGVO übernommenen Rechtsbegriffe im Rahmen der EuEheVO möglichst genauso wie dort auszulegen und auf diese Weise eine Vereinheitlichung der Rechtsbegriffe mit Blick auf die Normenmenge in den EU-Instrumenten zu fördern[259], wird sich nach *Dutta* „nicht mehr ohne Weiteres" aufrechterhalten lassen,[260] wenngleich schwer vorstellbar ist, wie den Rechtsanwendern und den

---

255 NK-BGB/*Gruber* Anh. I zum III. Abschn. EGBGB Vor Art. 1 EheVO 2003 Rn 19, m. w. N.

256 Rauscher/*Rauscher* EuZPR/EuIPR (2010) Einl Brüssel IIa-VO Rn 33 f., m. w. N.

257 EuGH (Urteil v. 27.11.2007 - Rs. C-435/06) FamRZ 2008, 125 ff.

258 *Dutta* FamRZ 2008, 835 und 839, m. w. N.

259 So noch Rauscher/*Rauscher* EuZPR/EuIPR (2010) Einl Brüssel IIa-VO Rn 34, m. w. N.; s. dazu Erläuterungen und Nachweise bei *Dutta* FamRZ 2008, 835, 839. Staudinger-*Spellenberg* (2005) Vorbem zu Art. 1 EheGVO Rn 57 spricht insoweit nur von einer „Vermutung", dass gleiche Begriffe innerhalb der EuEheVO das gleiche bedeuten würden wie in der EuGVO und weist diese Thematik anders als *Rauscher* der systematischen Auslegung zu.

260 *Dutta* FamRZ 2008, 835, 839, m. w. N.

betroffenen Parteien verständlich zu machen sein soll, dass derselbe in unterschiedlichen EU-Rechtsinstrumenten verwendete Begriff einmal einschlägig sein soll, ein anderes Mal bei Vorliegen derselben tatsächlichen Voraussetzungen aber nicht. Letztlich macht der EuGH damit eine Kehrtwende gegenüber seiner eigenen Rechtsprechung, mittels derer er „zunehmend zentrale Begriffe, die den nationalen Rechten entstammen, einheitlich ausgelegt und vereinheitlicht"[261] hat. Da Argument für die einheitlich autonome Auslegung auf Europaebene verwendeter Rechtsbegriffe gerade die angestrebte Rechtsanwendungsgleichheit innerhalb der EU ist,[262] steht die Entwicklung, je nach Rechtsakt gesondert auszulegen, in einem Spannungsverhältnis zu einer autonomen einheitlichen Auslegung.

Fraglich ist, ob die Annäherung der Wortlautauslegung an das angelsächsische System der Begriffsdefinition mit Art. 2 EuEheVO eine gewisse Rechtsvereinheitlichung fördert und einen dahingehenden Ausgleich schaffen kann. Dem stehen aber zwei Argumente entgegen: Zum einen bringt gerade eine rechtsaktbezogene Auslegung mit sich, dass auch Begriffsdefinitionen uneinheitlicher Auslegung zugeführt werden könnten. Selbst wenn also mehr und mehr mit normierten Definitionen gearbeitet wird, gälten diese insoweit zunächst für das jeweils auszulegende Normenwerk und könnten zu uneinheitlichen Ergebnissen gegenüber anderen Regelungswerken führen. Zum anderen beschränken Begriffsdefinitionen andere Auslegungsmethoden wie Systematik oder Telos von vorneherein nicht mehr als der Wortlaut eines konkret auszulegenden Artikels selbst.[263] Auch einer Abgrenzungsfunktion vom case law wie im angloamerikanischen Rechtskreis bedarf es im Rahmen der EuEheVO nicht.[264] Vielmehr sprechen auch Übersetzungsschwankungen innerhalb der EU in Abgrenzung zur Spracheneinheit im anglo-amerikanischen Rechtskreis für eine sog. konkordierende Auslegung über System und Zweck der jeweils zu

261 So zur bisherigen EuGH-Rspr. noch Staudinger-*Spellenberg* (2005) Vorbem zu Art 1 EheGVO Rn 54, m. w. N., dementsprechend auch noch darauf abstellend, dass „gleichlautende Bestimmungen im Zweifel gleich zu verstehen sind".

262 Staudinger-*Kropholler* (2003) Vorbem zu Art 19 EGBGB Rn 7; Geimer/Schütze-*Geimer* EuZVR A.2 – Art. 2 VO (EG) Nr. 2201/2003 Rn 1.

263 So Staudinger-*Spellenberg* (2005) Vorbem zu Art 1 EheGVO Rn 56. Sehr kritisch zur Verwendung von Begriffsdefinitionen nach angelsächsischem Vorbild s. Rauscher/*Rauscher* EuZPR/EuIPR (2010) Einl Brüssel IIa-VO Rn 10.

264 Staudinger-*Spellenberg* (2005) Art 2 EheGVO Rn 1 f.

interpretierenden Norm.[265] Die EuEheVO ist daher in erster Linie teleologisch auszulegen.[266]

III. Verzahnung zwischen historischer und systematischer Auslegung

Fraglich ist daher - auch im Hinblick auf die rechtsaktbezogene Auslegung -, ob bei der Auslegung der EU-Entführungsregelungen die übrigen Auslegungsmethoden gegenüber dem Vorrang des Telos und der von Begriffsdefinitionen belasteten Wortlautauslegung an Bedeutung gewinnen sollten:

1. Historische Auslegung

Zunächst dürfte der historischen Auslegungsmethode besondere Bedeutung zukommen, die sich nach dem tatsächlichen Willen des Normsetzers richtet. Für die historische Auslegung fehlt es allerdings oftmals an entsprechenden Materialien, so auch für die EuEheVO.[267] Zwar stellt die EuEheVO die Nachfolgeregelung zur EheVO 2000 und damit auch zum nicht in Kraft getretenen EheGVÜ dar; daher könnten an sich die Materialien zur EheVO 2000 sowie der erläuternde Bericht von *Alegría Borrás*[268] zum EheGVÜ auch für die Auslegung der EuEheVO herangezogen werden.[269] Der Borrás-Bericht erfasst aber nur Sorgerechtssachen in Zusammenhang mit Scheidungsverfahren, dagegen gerade nicht isolierte Sorgerechtsangelegenheiten. Er ist dementsprechend wenig hilfreich bei der Auslegung der spezifischen Vorschriften der EuEheVO zur Kindesentführung. Vergleichbar umfassende Erläuterungen zu Zielen, Hintergründen

265 Staudinger-*Spellenberg* (2005) Vorbem zu Art 1 EheGVO Rn 55 unter Verweis auf entsprechende EuGH-Rechtsprechung, der an anderer Stelle jedoch der Wortlautauslegung bei mehreren Sprachen größeres Gewicht im Interesse der Rechtssicherheit und Einheitlichkeit zuschreibt, aber ein strenges Haften des EuGH am Wortlaut dennoch nicht zu erkennen vermag, vgl. *ders.* Vorbem zu Art 1 EheGVO Rn 60.

266 Staudinger-*Spellenberg* (2005) Art 2 EheGVO Rn 1 f. davon ausgehend, dass dies von den Begriffsdefinitionen auch nicht ausgeschlossen werden solle.

267 Staudinger-*Kropholler* (2003) Vorbem zu Art. 19 EGBGB Rn 14.

268 *Borrás*, Erläuternder Bericht zu dem Übereinkommen aufgrund von Artikel K.3 des Vertrags über die Europäische Union über die Zuständigkeit und die Anerkennung und Vollstreckung von Entscheidungen in Ehesachen, ABl. EG Nr. C 221 v. 16.7.1998, S. 27 ff.

269 NK-BGB/*Gruber* Anh. I zum III. Abschn. EGBGB Vor Art. 1 EheVO 2003 Rn 5 und 19 ff., m. w. N.; Staudinger-*Spellenberg* (2005) Vorbem zu Art 1 EheGVO Rn 5; Rauscher/*Rauscher* EuZPR/EuIPR (2010) Einl Brüssel IIa-VO Rn 35.

und Entstehungsgeschichte wie etwa noch zum EuGVÜ[270] und damit auch zur EuGVO gibt es zu den europarechtlichen Regelungen über das sorgerechtliche Verfahren hingegen nicht.[271] Der für das Verständnis der EuEheVO erarbeitete Leitfaden der Kommission,[272] dient v. a. als Auslegungshilfe und Argumentationsgrundlage für Rechtsanwender, ohne dabei Rechtsverbindlichkeit beanspruchen zu wollen, weder bei der Auslegung der EuEheVO durch den EuGH noch durch nationale Gerichte.[273] Es kann daher zu Auslegungen kommen, die vom Leitfaden abweichen.

Eine Reihe von Bestimmungen der EuEheVO war im EheGVÜ bzw. in der EheVO 2000 nicht enthalten, im Besonderen etwa der Bereich der isolierten elterlichen Sorge. Stattdessen wurden hierfür in weiten Teilen Regelungen und Definitionen des KSÜ und des HKÜ zur elterlichen Verantwortung übernommen, so dass bei der Auslegung der EuEheVO auch auf die Maßstäbe zur Auslegung des KSÜ und des HKÜ zurückgegriffen werden sollte.[274] Wird aber das KSÜ als Auslegungsmaßstab herangezogen, dürften dabei unausweichlich auch Maßstäbe des MSA als Vorgängerabkommen des KSÜ zu beachten sein, sei es in bewusster Abgrenzung oder zur Aufrechterhaltung traditioneller Begriffe, die keiner modernen Anpassung bedürfen. Damit drängt sich allerdings die Frage auf, ob und welche Übereinstimmungen bzw. Abweichungen zwischen der Verordnung und dem KSÜ – und damit letztlich auch dem MSA – gewollt oder nur unbewusst entstanden sind. Beanstandet wird insoweit, dass teilweise der

---

270 *Jenard*, Bericht zu dem Übereinkommen über die gerichtliche Zuständigkeit und die Vollstreckung gerichtlicher Entscheidungen in Zivil- und Handelssachen (unterzeichnet in Brüssel am 27. September 1968) ABl. EG Nr. C 59 v. 5.3.1979, S. 1 sowie Schlosser, Bericht zu dem Übereinkommen des Königreichs Dänemark, Irlands und des Vereinigten Königreichs Großbritannien und Nordirland über den Beitritt zum Übereinkommen über die gerichtliche Zuständigkeit und die Vollstreckung gerichtlicher Entscheidungen in Zivil- und Handelssachen sowie zum Protokoll betreffend die Auslegung dieses Übereinkommens durch den Gerichtshof (unterzeichnet in Luxemburg am 9. Oktober 1978) ABl. EG Nr. C 59 v. 5.3.1979, S. 71.

271 So Staudinger-*Pirrung* (2009) Vorbem C 11 zu Art 19 EGBGB; *Pirrung* in FS Kropholler, S. 399, 405 f.; s. a. *Andrae* IPRax 2006, 82, 89.

272 Leitfaden der Kommission, http://ec.europa.eu/civiljustice/parental_resp/parental_resp_ec_vdm_de.pdf (letzter Zugriff: 20.6.2013).

273 *Gruber* IPRax 2005, 293 Fn 7; Leitfaden der Kommission, S. 5. Laut *Andrae* IPRax 2006, 82, 89 mit Fn 59 wird der Leitfaden nicht einmal diesem Anspruch gerecht.

274 Staudinger-*Pirrung* (2009) Vorbem C 11 und G 8 zu Art 19 EGBGB; *Pirrung* in FS Kropholler, S. 399, 406 f.; NK-BGB/*Gruber* Anh. I zum III. Abschn. EGBGB Vor Art. 1 EheVO 2003 Rn 5 und 19 ff.; s. a. die Begründung des VO-E, S. 9.

Text des KSÜ mit syntaktischen Änderungen und Umstellungen ohne gewollte Inhaltsänderung kopiert worden sei; die Praxis stehe daher vor der „spannenden Aufgabe“[275], gewollte und nicht gewollte Unterschiede zum KSÜ zu ermitteln.[276] Somit lässt die historische Auslegung bei der Interpretation der Entführungsregelungen Spielraum, der über die weiteren Auslegungsmethoden auszufüllen sein wird.

2. *Systematische Auslegung*

Die systematische Auslegung stellt laut *Kropholler* auf den Bedeutungszusammenhang ab, in dem eine Norm steht; im Hinblick auf die mangelnde Vergleichbarkeit mit einer im nationalen Recht geltenden Rechtsordnung, die eine Gesamtschau auf die einzelnen Gesetze und ihre Einfügbarkeit zuließe, wird der Blick bei systematischer Auslegung einer EU-Vorschrift in erster Linie auf die Verordnung selbst als Ganzes zu richten sein, soweit nicht andere Verordnungen in beachtenswertem Zusammenhang stehen.[277] Die Frage, ob dieselben Begriffe in unterschiedlichen Rechtsakten einheitlich oder je nach Rechtsakt unterschiedlich ausgelegt werden sollten, wird teilweise daher statt der Wortlautauslegung auch der systematischen Auslegung zugeordnet.[278]

In Bezug auf die Zugrundelegung systematischer Auslegungsgrundsätze wird dabei an eine Verzahnung mit der EuBVO (vgl. auch den 20. Erwägungsgrund) und auch der EuZustVO zu denken sein. Nachdem nach Abschaffung des Exequaturs für Entscheidungen über das Umgangsrecht und die Herausgabe von Kindern im Anschluss die Schaffung der EuVTVO erfolgte, kann auch diesbezüglich von einem gewissen systematischen Zusammenhang ausgegangen werden, allerdings wird der Unterschied der beiden Verordnungen, was das Vollstreckungsobjekt angeht (Geldforderung im Rahmen der EuVTVO im Gegensatz zum Kind im Rahmen der EuEheVO), einen stärkeren Fokus auf den historischen Zusammenhang der beiden Verordnungen erlauben und systematisch v. a. unter dem Gesichtspunkt einer vergleichenden Gegenüberstellung zu beachten sein.

---

275 Rauscher/*Rauscher* EuZPR/EuIPR (2010) Einl Brüssel IIa-VO Rn 10.

276 Rauscher/*Rauscher* EuZPR/EuIPR (2010) Einl Brüssel IIa-VO Rn 10, diese Änderungen als Versuch künstlicher Eigenständigkeit der Verordnung wertend; kritisch s. a. *Andrae*, Internationales Familienrecht[3] § 6 Rn 13.

277 Staudinger-*Kropholler* (2003) Vorbem zu Art. 19 EGBGB Rn 11 ff.

278 S. dazu bereits oben 1. Teil. D. II („Rechtsaktbezogene Wortlautauslegung“) samt dortigen Nachweisen.

Aber auch die Beachtung internationaler Regelungen könnte geboten sein, selbst wenn diese nicht auf denselben Normsetzer zurückzuführen sind. Die unmittelbare Bezugnahme des Art. 11 EuEheVO auf das HKÜ, mithin auch die Erwähnung von Rückführungsanträgen in Art. 10 EuEheVO und damit die nicht ganz so klare Verweisung auf das HKÜ,[279] lassen den Schluss zu, dass zusätzlich eine Beachtung völkerrechtlicher Vorschriften, sei es in bewusster Abweichung, sei es mit Blick auf ein verzahnendes Ineinanderfügen, geboten ist. Dies lässt sich auch damit begründen, dass ohnehin derzeit alle Mitgliedstaaten Vertragspartner des HKÜ sind.[280] Die systematische Auslegung dürfte insoweit nicht nur auf das HKÜ zu beziehen sein, sondern auch auf das KSÜ. Angesichts der historisch bedingten Herausarbeitung der Gemeinschaftsregelungen über das grenzüberschreitende sorgerechtliche Verfahren aus dem internationalen KSÜ dürfte die systematische Auslegung der Verordnung auch diesbezüglich nicht auf eine Einfügbarkeit innerhalb des EU-eigenen Verordnungssystems zu beschränken sein. Der im Kompromissweg erarbeitete eingeschränkte Vorrang[281] der EuEheVO gegenüber dem KSÜ (vgl. Art. 61 lit. a EuEheVO i. V. m. Art. 52 II–IV KSÜ) bedingt vielmehr, dass die Verordnung nicht in (ungewollten) Widerspruch zu den international geltenden Regelungen des KSÜ treten darf.

Im Gegensatz zum HKÜ ist das KSÜ aber bislang nicht von allen EU-Mitgliedstaaten, für die die EuEheVO gilt, ratifiziert worden (konkret ausgenommen sind derzeit noch Belgien und Italien[282]), so dass hier Auslegungsprobleme entstehen können, wenn die Verordnung einerseits auf Regelungen des KSÜ basiert, die aber andererseits nicht in allen Mitgliedstaaten durch Ratifikation des internationalen Vertragswerks angenommen wurden. Die Vorschriften des KSÜ sollten demzufolge bei der Auslegung der Verordnung beachtet werden, nicht nur in historischer Hinsicht, sondern auch systematisch. Um ungewollte stellenweise Brüche zwischen EU-Binnenfällen und internationalen Fällen zu vermeiden, soll die EuEheVO nach *Pirrung* daher nur dort abweichend von KSÜ-Fällen ausgelegt werden, wo dies nach der Textlage unvermeidlich erscheine; die KSÜ-konforme

---

279 Darum ist strittig, ob sich Art. 10 EuEheVO allein auf HKÜ-Rückgabeanträge bezieht, s. u. 2. Teil. B. II. 3. b („Altersgrenze der Entführungszuständigkeit").

280 Zur auch insoweit erfolgreichen Beitrittslage des HKÜ s. o. („Einführung in das grenzüberschreitende Kindesentführungsrecht").

281 S. dazu unten 2. Teil. C. II. 1 („Eingeschränkter Zuständigkeitsvorrang der EuEheVO gegenüber dem KSÜ").

282 Palandt-*Thorn* (IPR) Anh zu EGBGB 24 Rn 13; der dortige zusätzliche Verweis auf Schweden hat sich mit Geltung des KSÜ seit 1.1.2013 erledigt. S. dazu auch die Tabelle in Anhang 2.

Auslegung solle auch sicherstellen, dass es nicht ohne triftigen Grund zu abweichenden Ergebnissen zwischen KSÜ-Fällen, in denen nur ein Staat der EU angehöre, und bloßen EU-Binnenfällen komme, insbesondere auch mit Blick auf die ins Auge gefasste Ratifikation des KSÜ durch alle EU-Mitgliedstaaten.[283]

IV. Ergebnis

Der entwicklungsgeschichtliche Zusammenhang der Entführungsregelungen der EuEheVO bringt es mit sich, dass bei Auslegung der Artt. 10 und 11 EuEheVO auf das Zuständigkeitssystem des KSÜ Rücksicht genommen werden sollte, soweit nicht erkennbar bewusst hiervon abgewichen werden soll. Dabei wird auch das Verhältnis zu Drittstaaten und zu jenen EU-Mitgliedstaaten, die dem KSÜ bislang nicht beigetreten sind, zu beachten sein. Das Gleiche gilt für die Rückgabevorschriften des HKÜ. Mag auch die EuEheVO in ihrem ersten Erwägungsgrund auf das Ziel der Schaffung eines Raumes der Freiheit, der Sicherheit und des Rechts und damit auf den Vorrang der Rechtsvereinheitlichung hinweisen, so lässt sich dies doch als vorrangiges Auslegungsziel gegenüber der Verzahnung mit KSÜ und HKÜ nur schwer halten. Systematik und historischer Zusammenhang der Verordnung dürften im Ergebnis daher hier denselben Rang wie die teleologische Auslegung haben. Der Wortlaut sollte demgegenüber nachrangig sein.

283 So Staudinger-*Pirrung* (2009) Vorbem C 9 und C 12 zu Art 19 EGBGB; *Pirrung* IPRax 2011, 50, 55.

2. Teil. Anwendungsprobleme des grenzüberschreitenden Kindesentführungsrechts

A. Sachliche Anwendungsfragen

I. Sachlicher Anwendungsbereich im weiteren Sinn

Sowohl das KSÜ als auch die EuEheVO enthalten einen spezifischen Regelungsbereich über das Kindesentführungsrecht, der gegenüber den allgemeinen Regelungen zur elterlichen Sorge einer besonderen Betrachtung bedarf. Vorliegend wird daher zwischen der sachlichen Anwendbarkeit der zu untersuchenden Regelungswerke im weiteren Sinn hinsichtlich ihrer allgemeinen Geltung im kindschaftsrechtlichen grenzüberschreitenden Verfahren und der sachlichen Anwendung der enthaltenen spezifischen Vorschriften zum Kindesentführungsrecht im engeren Sinn unterschieden. Zur Herausarbeitung der Spezifität des Entführungsrechts wird an dieser Stelle zunächst der allgemeine sachliche Anwendungsbereich der Regelungswerke im weiteren Sinn beleuchtet:

1. Sachlicher Anwendungsbereich des KSÜ

Neben einer Auflistung in Art. 1 I KSÜ und einer entsprechenden Einteilung in den Kapiteln II–V lässt schon der Titel des Abkommens die erfassten Regelungsgegenstände erkennen und soll damit Auslegungsschwierigkeiten vorbeugen, nachdem aus dem kurzen Titel des MSA gefolgert worden war, es regle nicht das auf gesetzliche Gewaltverhältnisse anzuwendende Recht. Der Titel des KSÜ wird daher als schwerfällig und im Hinblick auf eine ohnehin nachfolgende ausführliche Präambel auch als unnötig angesehen.[284] Wie das MSA regelt das KSÜ die internationale Zuständigkeit für Schutzmaßnahmen und das hierbei anwendbare Recht; das KSÜ umfasst im Gegensatz zum MSA aber darüber hinausgehend auch ausdrücklich das auf gesetzliche Sorgeverhältnisse anwendbare Recht, vgl. Art. 1 I litt. a-c KSÜ.[285] Der sachliche Anwendungsbereich umfasst außerdem die Anerkennung und Vollstreckung von Maßnahmen anderer Vertragsstaaten (Art. 1 I lit. d KSÜ) und beseitigt damit die „empfindliche Lücke“[286] des MSA im

284 *Krah,* S. 48 f.; *Siehr* RabelsZ 62 (1998) 464, 469, m. w. N.; *ders.* DEuFamR 2000, 125, 126.
285 *Krah,* S. 51; AnwK-BGB/*Benicke* Anh. I zu Art. 24 EGBGB Art. 1 KSÜ Rn 4.
286 *Coester-Waltjen* RabelsZ 57 (1993) 263, 275.

Bereich der Anerkennung und Vollstreckung.[287] Das KSÜ intensiviert gegenüber dem MSA auch die internationale behördliche Zusammenarbeit zwischen den Vertragsstaaten (Art. 1 I lit. e KSÜ).[288]

Der sachliche Anwendungsbereich des KSÜ knüpft demzufolge wie auch schon das MSA als Vorgängerabkommen an den Begriff der Schutzmaßnahme an, ohne ihn zu definieren.[289] Sinnvoll ist daher, zunächst einen Blick auf die Ausfüllung des Merkmals im Rahmen des vorgängigen, jahrzehntelang angewandten MSA zu werfen: Mangels Legaldefinition erfolgte schon dort die Auslegung autonom und blieb der Anwendung durch die nationalen Richter überlassen, die auf die herkömmlichen Auslegungsmethoden zurückzugreifen hatten, so dass schließlich innerstaatlich der BGH Schutzmaßnahmen i. S. d. MSA als Maßnahmen definierte, die im Interesse des Kindes erforderlich sind.[290] Darunter wurden namentlich Regelungen und Eingriffe im Rahmen des Kindschaftsverhältnisses, Regelungen zu Vormundschaft und Pflegschaft sowie öffentlich-rechtliche Erziehungshilfen verstanden.[291] In der praktischen Anwendung kam es insoweit bisweilen zu divergierenden Auslegungen, z. B. wurden umgangsrechtliche Maßnahmen nicht von allen Vertragsstaaten als Schutzmaßnahmen i. S. d. MSA eingestuft, was *Krah* mit Blick auf Art. 10 II KRK als kaum vertretbar bewertet.[292] Bei der Ausarbeitung des KSÜ wurde daher eine Klarstellung für erforderlich gehalten, auch zum Verständnis neuer Vertragsstaaten. Von einer Legaldefinition des Begriffs der Schutzmaßnahme wurde zwar weiterhin abgesehen; um den Anwendungsbereich des Übereinkommens aber deutlicher erkennbar werden zu lassen und von anderen internationalen Abkommen abzugrenzen, werden in der Positivliste des Art. 3 KSÜ (nicht abschließend[293]) die erfassten Schutzmaßnahmen und in der

---

287 *Roth/Döring* JBl 1999, 758, 769; zum MSA s. *Coester-Waltjen* RabelsZ 57 (1993) 263, 275.

288 NK-BGB/*Benicke* Anh. I zu Art. 24 EGBGB Art. 1 KSÜ Rn 4. Erfasst sind außerdem die Unterbringung in einem Heim und der Bereich der Vermögensfürsorge, vgl. Art. 3 lit. f und g KSÜ.

289 S. *Busch* IPRax 2003, 218, 219.

290 *Oberloskamp* MSA Art. 1 Rn 3 ff. unter Bezugnahme auf BGHZ 60, 68, 72; ebenso Staudinger-*Kropholler* (2003) Vorbem zu Art 19 EGBGB Rn 46 f. Ausgenommen waren statusbegründende/-verändernde Rechtsakte wie Vaterschaftsfeststellung oder Adoption, vgl. *Busch/Rölke* FamRZ 2004, 1338, 1339 Fn 8, m. w. N.

291 So *Oberloskamp* MSA Art. 1 Rn 16.

292 *Krah,* S. 59; s. a. *Wagner* IPRax 2001, 73, 77.

293 Staudinger-*Pirrung* (2009) Vorbem G 25 zu Art 19 EGBGB unter Hinweis auf den Wortlaut „insbesondere“.

erschöpfenden[294] Negativliste des Art. 4 KSÜ die nicht erfassten Rechtsbereiche aufgezählt.[295] Erfasst sind insoweit nach Art. 3 lit. a KSÜ ausdrücklich Zuweisung, Ausübung und Entziehung der elterlichen Verantwortung sowie nach Art. 3 lit. b KSÜ das Sorge- respektive Aufenthaltsbestimmungsrecht sowie das Umgangsrecht. Neben Vormundschaft, Pflegschaft (Art. 3 lit. c KSÜ) und Vertretung des Kindes (Art. 3 lit. d KSÜ) wurde auf Wunsch von Marokko in Art. 3 lit. e KSÜ auch die „kafala" aufgenommen, eine Pflegschaft islamischen Rechts, die wegen des dort nicht vorhandenen Rechtsinstituts der Adoption eine der Annahme an Kindes Statt ähnliche Funktion erfüllt.[296] Vom Anwendungsbereich ausgenommen sind Statusentscheidungen wie Volljährigerklärung und Adoption, Namensrecht, Unterhaltsrecht, fernerhin Erbrecht, Sozialrecht sowie öffentlich-rechtliche Erziehungmaßnahmen, das Straf- sowie Asyl- und Einwanderungsrecht.[297]

2. *Sachlicher Anwendungsbereich der EuEheVO*

Der sachliche Anwendungsbereich der EuEheVO richtet sich nach Art. 1 EuEheVO und wird darin in zwei große Teile gegliedert:[298] Der erste Teil umfasst gem. Art. 1 I lit. a EuEheVO Zivilsachen betreffend Ehescheidung, Trennung ohne Auflösung des Ehebandes sowie Ungültigerklärung einer Ehe.[299] Aus ihrem 8. Erwägungsgrund ersichtlich, bezieht sich die EuEheVO wie zuvor schon die EheVO 2000 nur auf das Statusverfahren als solches, nicht aber auf die Folgen der Scheidung wie z. B. Güterverteilung, Versorgungsausgleich oder

294 Staudinger-*Pirrung* (2009) Vorbem G 33 zu Art 19 EGBGB.

295 *Busch* IPRax 2003, 218, 219; *Pirrung* in FS Rolland, S. 277, 280; NK-BGB/*Benicke* Anh. I zu Art. 24 EGBGB Art. 3 KSÜ Rn 1; *Roth/Döring* JBl 1999, 758, 760, m. w. N.; s. a. *Krah*, S. 59 f. und *Siehr* RabelsZ 62 (1998) 464, 476 f. jeweils auch zum Klarstellungserfordernis.

296 So *Siehr* RabelsZ 62 (1998), 464, 476 zweifelnd, ob die Qualifizierung der „kafala" als Schutzmaßnahme dem islamischen Institut gerecht werde, da Schutzmaßnamen leicht abänderbar seien. Die „kafala" wurde auch schon bei Schaffung der KRK mit dortigem Art. 20 III berücksichtigt, vgl. *Jayme* RabelsZ 67 (2003) 211, 217.

297 *Pirrung* in FS Rolland, S. 277, 280.

298 *Fleige*, S. 94.

299 NK-BGB/*Gruber* Anh. I zum III. Abschn. EGBGB Art. 1 EheVO 2003 Rn 1. Zum sachlichen Anwendungsbereich hinsichtlich von Ehesachen wird auf entsprechende detaillierte Ausführungen bei *Dilger* Rn 93 ff.; Staudinger-*Spellenberg* (2005) Art 1 EheGVO Rn 5 ff.; NK-BGB/*Gruber* Anh. I zum III. Abschn. EGBGB Art. 1 EheVO 2003 Rn 3 ff. verwiesen.

Unterhalt.[300] Hinsichtlich des zweiten Bereichs über die elterliche Verantwortung hingegen geht die EuEheVO weit über ihre Vorgängerverordnung hinaus und beschränkt sich nicht mehr wie diese auf eine Annexzuständigkeit[301] für die gemeinsamen Kinder der Ehegatten aus Anlass der Ehescheidung, sondern erfasst auch selbstständige Sorgerechtsverfahren, unabhängig davon, ob es um ein gemeinsames Kind der Ehegatten geht und eine Verbindung zu einer Ehesache besteht (5. Erwägungsgrund).[302] Mit dieser Erweiterung des sachlichen Anwendungsbereichs sollte auch einer unterschiedlichen Behandlung von Kindern innerhalb einer Patchwork-Familie begegnet werden.[303]

Art. 1 II EuEheVO listet wie Art. 3 KSÜ nicht abschließend die wichtigsten von der Verordnung erfassten Gegenstände elterlicher Verantwortung auf.[304] Diese Auslegung hat der EuGH mittlerweile bestätigt.[305] Namentlich erfasst Art. 1 II litt. a-e EuEheVO u. a. Zivilsachen betreffend Sorge- und Umgangsrecht, Vormundschaft und Pflegschaft, Vertretung des Kindes, Unterbringung des Kindes in einer Pflegefamilie oder einem Heim sowie Maßnahmen zum Schutz des Kindesvermögens. Hierher gehören daher insbesondere Sorgerechtsregelungen nach § 1671 BGB[306] samt ihrer Abänderung (§ 1696 BGB), die Kindesherausgabe (§ 1632 BGB), umgangsrechtliche Regelungen (§§ 1684, 1685 BGB) und Anordnungen nach §§ 1666 ff. BGB sowie zu Vormundschaft (§§ 1773 ff. BGB) und Pflegschaft (§§ 1909 ff. BGB). Die EuEheVO deckt damit ebenso wie das KSÜ

---

300 *Hausmann* EuLF (D) 2000/01, 271, 274; s. a. Staudinger-*Spellenberg* (2005) Art 1 EheGVO Rn 9 f.

301 Diese bestand bei Anhängigkeit eines Eheverfahrens und endete mit Rechtskraft der stattgebenden bzw. abweisenden Entscheidung in der Ehesache, s. *Hausmann* EuLF (D) 2000/01, 271, 278. Ein vor der Eröffnung des Eheverfahrens begonnenes Sorgerechtsverfahren und, aus dem 11. Erwägungsgrund der EheVO 2000 ersichtlich, auch eine zufällige Gleichzeitigkeit genügten nicht; es hatte vielmehr eine Sorgerechtsentscheidung gerade wegen der Eheauflösung anzustehen, vgl. Staudinger-*Spellenberg* (2005) Art 1 EheGVO Rn 20 ff.

302 *Gruber* IPRax 2005, 293, 296; *Looschelders* JR 2006, 45 f.

303 *Fleige*, S. 106; s. a. *Martiny* ERA-Forum 2003/1, S. 97, 99.

304 Staudinger-*Pirrung* (2009) Vorbem C 20 zu Art 19 EGBGB, m. w. N., wie bei seiner Vorbem G 25 zu Art 19 EGBGB zu Art. 3 KSÜ auch hier auf den Wortlaut „insbesondere" hinweisend; s. a. Leitfaden der Kommission, S. 9.

305 EuGH (Urteil v. 27.11.2007 – Rs. C-435/06) FamRZ 2008, 125, 126; s. a. Thomas/Putzo-*Hüßtege* Art. 1 EuEheVO Rn 6.

306 Bis 18.5.2013 war hier auch § 1672 BGB zu nennen, der aber mit dem seit 19.5.2013 geltenden Gesetz zur Reform der elterlichen Sorge nicht miteinander verheirateter Eltern v. 16.4.2013 BGBl. I S. 795 aufgehoben ist.

nahezu den gesamten Bereich der im MSA geregelten Schutzmaßnahmen ab.[307] Wie die Negativliste des Art. 4 KSÜ listet auch Art. 1 III EuEheVO die Bereiche des Kindschaftsrechts auf, die vom sachlichen Anwendungsbereich nicht erfasst sind, wie beim KSÜ konkret das Eltern-Kind-Verhältnis als Status, die Adoption, das Namensrecht und die Volljährigerklärung. Wie beim KSÜ sind auch Unterhalts- und Erbrechtsfragen sowie Maßnahmen bezüglich der von Minderjährigen begangenen Straftaten ausgenommen. Während aber noch das KSÜ Fragen der sozialen Sicherheit, öffentliche Erziehungs- und Gesundheitsangelegenheiten sowie Asyl- und Einwanderungsrecht über die Negativliste ausdrücklich ausnimmt, schließt die EuEheVO diese das Sorgerecht nicht unmittelbar betreffenden Bereiche schon mit ihrem 10. Erwägungsgrund von vornherein aus.[308]

3. *Zivilrechtliche Maßnahme*

Das MSA, das seinen sachlichen Anwendungsbereich an den Begriff der Schutzmaßnahme knüpfte, war auf sämtliche öffentlich-rechtliche, das Kind betreffende Maßnahmen anwendbar. Auch dem KSÜ lässt sich keine Beschränkung auf zivilrechtliche Verfahren entnehmen, und es erstreckt sich unbestrittenermaßen auch auf öffentlich-rechtliche Schutzmaßnahmen. Die EuEheVO dagegen gilt nach dem Wortlaut ihres Art. 1 nur für Zivilsachen in den in Abs. 1 litt. a) und b) genannten Bereichen der Ehescheidung und der elterlichen Verantwortung. Dies brachte die Frage auf, ob und ggf. inwieweit staatliche Maßnahmen zum Schutz des Kindes nach autonomer Auslegung als Zivilsachen im Sinne der Verordnung anzusehen sind.[309]

Auch im Rahmen der EuEheVO keinen Unterschied hinsichtlich der Weite des Begriffs der Zivilsachen zu machen, könnte sich schon aus historischer Auslegung ergeben. Wie mit den oben[310] genannten Auslegungsmaßstäben dargelegt,

---

307 S. FA-FamR/*Rausch* 15. Kap. Rn 72, 72a; *Kropholler* IPR § 48 I 1 (S. 391); Palandt-*Thorn* (IPR) Anh zu EGBGB 24 Rn 12; s. a. Busch IPRax 2003, 218, 220. Das Vermögen des Kindes betreffende Maßnahmen, die nicht dessen Schutz bezwecken, fallen weiter unter die EuGVO, vgl. *Gruber* IPRax 2005, 293, 296 unter Verweis auf den 9. Erwägungsgrund der EuEheVO.

308 Staudinger-*Pirrung* (2009) Vorbem C 26 zu Art 19 EGBGB.

309 Staudinger-*Pirrung* (2009) Vorbem C 17 zu Art 19 EGBGB; Dutta FamRZ 2008, 835; s. a. AnwK-BGB/*Benicke* Anh. I zu Art. 24 EGBGB Art. 1 KSÜ Rn 4; *Oberloskamp* MSA Art. 1 Rn 16; die Anwendung der Verordnung auf öffentlich-rechtliche Maßnahmen anzweifelnd bzw. ablehnend s. Nachweise bei Oberloskamp[3]-*Gruber* Vormundschaft § 5 Rn 10 Fn 14.

310 1. Teil. D. III. 1 („Historische Auslegung“).

sollte möglichst darauf geachtet werden, eine entstehungsgeschichtlich bedingte einheitliche Anwendung der EuEheVO und der kindschaftsrechtlichen Haager Abkommen herzustellen, soweit die Verordnung nicht erkennbar eine bewusste Abweichung bezweckt. Insoweit ist davon auszugehen, dass die EuEheVO wie das KSÜ[311] Maßnahmen im Bereich des Kindschaftsrechts zulassen will, gleich ob sie zivilrechtlicher oder öffentlich-rechtlicher Natur sind, und die Bezugnahme der EuEheVO auf Zivilsachen in erster Linie von Strafsachen abgrenzen solle (s. a. Art. 1 III lit. g EuEheVO).[312] Es lässt sich auch ein historischer Vergleich mit der vorgängigen EheVO 2000 ziehen: Art. 1 I EheVO 2000 stellte hinsichtlich ihres sachlichen Anwendungsbereichs auf „zivilgerichtliche Verfahren“ ab, wohingegen Art. 1 I EuEheVO und der jetzige 7. Erwägungsgrund „Zivilsachen, unabhängig von der Art der Gerichtsbarkeit“ erfassen. Im Gegensatz zur vormaligen EheVO 2000 soll es daher nicht mehr auf die Art der Gerichtsbarkeit, sondern auf den Inhalt des Verfahrens ankommen.[313] Der Wortlaut der EuEheVO selbst stellt sowohl auf zivilrechtliche als auch auf öffentlich-rechtliche Maßnahmen ab und übernimmt z. B. mit dem Bereich der Unterbringung eines Kindes in einer Pflegefamilie oder einem Heim (Art. 1 II lit. d EuEheVO) auch Bereiche, die nach mitgliedstaatlichen Rechten als öffentlich-rechtlich gelten können.[314] Weitergehend wird auch in Art. 2 Ziff. 2 EuEheVO und der dortigen Gleichstellung eines mit richterlichen Aufgaben betrauten Amtsträgers mit einem Richter ein Hinweis darauf zu sehen sein, dass behördliche Entscheidungen in den sachlichen Anwendungsbereich der Verordnung einbezogen werden sollen.[315] Der EuGH[316] schließlich sieht bei autonomer Auslegung nach Maßgabe von Telos, Systematik und Entstehungsgeschichte des Art. 1 I EuEheVO staatliche Schutzmaßnahmen

---

311 Vgl. 2. Teil. A. I. 1 („Sachlicher Anwendungsbereich des KSÜ“).

312 *Dutta* FamRZ 2008, 835, 840; Staudinger-*Pirrung* (2009) Vorbem C 17 zu Art 19 EGBGB; s. a. *Gruber* IPRax 2008, 490, 492 f.

313 *Fleige,* S. 95, m. w. N.

314 *Busch/Rölke* FamRZ 2004, 1338, 1340.

315 S. Rauscher/*Rauscher* EuZPR/EuIPR (2010) Art. 1 Brüssel IIa-VO Rn 10, der es im Hinblick auf Art. 2 Ziff. 1 EuEheVO für einen legislatorischen Zirkelschluss hält, dass die Behörde dann als Gericht gelte, wenn sie i. R. d. Art. 1 EuEheVO Gerichtsbarkeit ausübe, obwohl gerade dies zu klären sei. Mit der Regelung habe v. a. ermöglicht werden sollen, auf vereinfachtem Verwaltungsweg in Dänemark vollzogene Scheidungen in das Zuständigkeits- und Anerkennungssystem der Verordnung einzubeziehen. S. a. Staudinger-*Spellenberg* (2005) Art. 1 EheGVO Rn 16 ff.

316 EuGH (Urteil v. 27.11.2007 – Rs. C-435/06) FamRZ 2008, 125, 127; s. dazu *Gruber* IPRax 2008, 490 ff.; *Pirrung* in FS Kropholler, S. 399 ff.

soweit sie, wie *Dutta* erläutert, Kindschaftssachen seien, als Zivilsachen an; hierfür spricht nach *Dutta* auch, dass in vielen Rechtsordnungen der Mitgliedstaaten privates Kindschaftsrecht und öffentliches Jugendhilferecht eng miteinander verwoben seien.[317] Zusammenfassend lässt sich daher feststellen, dass die EuEheVO auch Maßnahmen erfasst, die in nationalen Rechtsordnungen dem öffentlichen Recht zuzuordnen sind, etwa der Sozial- und Jugendbehörden.[318] Insoweit lässt sich auch von einem „weiten Anwendungsbereich"[319] der Verordnung sprechen.

4. *Begriff der elterlichen Verantwortung*

Sowohl das KSÜ als auch die EuEheVO knüpfen ihren sachlichen Anwendungsbereich an den Begriff der elterlichen Verantwortung an. Da sich im Folgenden die Frage stellen wird, ob die im KSÜ und in der EuEheVO enthaltenen Einzelnormen diesem modernen Begriff gerecht werden, gilt es, Begriff und Weite dieses Anknüpfungsmoments näher zu bestimmen:

a) Weite des Begriffs der elterlichen Verantwortung

aa) Weite Auslegung im Rahmen des KSÜ

Der Begriff der elterlichen Verantwortung wird in Art. 1 II KSÜ zunächst als elterliche Sorge und jedes andere entsprechende Sorgeverhältnis definiert, das die Rechte und Pflichten der Eltern, des Vormunds oder eines anderen gesetzlichen Vertreters in Bezug auf die Person oder das Vermögen des Kindes bestimmt. Zwar lässt sich unter den Sorgerechtsbegriff des Art. 1 II KSÜ damit das Aufenthaltsbestimmungsrecht als wesentlicher[320] Teil des Personensorgerechts subsumieren, nicht aber unbedingt ein bloßes Umgangs- bzw. Besuchsrecht des Nichtsorgeberechtigten. Somit handelt es sich bei der Definition in Art. 1 II KSÜ prima facie um eine enge Fassung des Begriffs der elterlichen Verantwortung.[321] Die Beschränkung des Begriffs erfährt jedoch eine Korrektur über Art. 3 lit. b

---

317 So die Zusammenfassung und Erläuterung bei *Dutta* FamRZ 2008, 835, 839, der dort betont, dass sich dieses weite Verständnis von Zivilsachen schon im Leitfaden der Kommission angedeutet habe. Vgl. hierzu den Leitfaden der Kommission, S. 10.

318 *Gruber* IPRax 2005, 293, 296; Staudinger-*Pirrung* (2009) Vorbem C 17 zu Art 19 EGBGB.

319 Oberloskamp^{3}-*Gruber* Vormundschaft § 5 Rn 10.

320 Zumindest in Deutschland, Österreich, der Schweiz und der Tschechischen Republik wird das Aufenthaltsbestimmungsrecht als Ausfluss des Sorgerechts begriffen, das nur dann eigenständige Bedeutung erlangt, wenn hierzu eine gerichtliche Maßnahme ergeht, vgl. *Martiny* FamRZ 2012, 1765, 1771 f., m. w. N., dabei vom common law abgrenzend, das das Aufenthaltsbestimmungsrecht als selbstständige Frage regle.

321 *Wagner* IPRax 2001, 73, 77.

KSÜ: Diese Vorschrift erscheint auf den ersten Blick durch nochmaliges ausdrückliches Aufgreifen des Sorgerechtsbegriffs als überflüssig, erstreckt aber den sachlichen Anwendungsbereich auf Entscheidungen zum Umgangsrecht und zur Anerkennung solcher Entscheidungen und erweitert auf diese Weise den Begriff der elterlichen Verantwortung. Die ausdrückliche Erwähnung des Aufenthaltsbestimmungsrechts in Art. 3 lit. b hingegen erscheint in diesem Zusammenhang tatsächlich als bloße Klarstellung, dass auch dieser Teilbereich elterlicher Sorge erfasst sein soll.[322]

bb) Weite Definition im Rahmen der EuEheVO

Den Begriff der elterlichen Verantwortung hatte schon die EheVO 2000 verwendet, enthielt aber hierzu keine nähere Definition. Die Ausfüllung dieses Begriffs hatte vielmehr nach nationalem Recht zu erfolgen bzw. war möglich, eine Konkretisierung des Begriffs aus dem damals bereits vorliegenden KSÜ herzuleiten.[323] In erster Linie wurden darunter Entscheidungen über die Regelung des Sorgerechts verstanden. Unklar blieb wie schon bei Auslegung des Begriffs der Schutzmaßnahme i. S. d. MSA[324] die Einbeziehung von umgangsrechtlichen Angelegenheiten. Die vom MSA abweichende Verwendung des modernen Begriffs der elterlichen Verantwortung sprach für eine Ausweitung auf umgangsrechtliche Streitigkeiten ebenso wie die in der Praxis häufige Verbindung von Sorge- und Umgangsrechtsentscheidungen. Sowohl das KSÜ als auch das in allen EU-Staaten geltende EuSorgeRÜ gehen von einem weiten Begriff der elterlichen Verantwortung aus, der auch Entscheidungen zum Umgangsrecht sicherstellt. Wäre also dieses nicht auch Teil der elterlichen Verantwortung i. S. d. EheVO 2000 gewesen, so wäre diese hinter den internationalen Abkommen zurückgeblieben. Aus diesem Grund wurde schon in Bezug auf die EheVO 2000 von einem weiten Begriff der elterlichen Verantwortung ausgegangen.[325]

Die schließlich mit der EuEheVO nach angelsächsischem Vorbild eingeführte Begriffsbestimmung des Art. 2 Ziff. 7 Satz 1 definiert die elterliche Verantwortung als alle per Entscheidung, Gesetz oder Vereinbarung übertragenen Rechte und Pflichten über die Person oder das Vermögen eines Kindes und lässt damit

---

322 S. dazu NK-BGB/*Benicke* Anh. I zu Art. 24 EGBGB Art. 1 KSÜ Rn 5, m. w. N.; s. a. *Lagarde,* Erläuternder Bericht, Nr. 14; *Wagner* IPRax 2001, 73, 77.

323 *Francq* ERA-Forum 2003/1, S. 54, 55.

324 Vgl. 2. Teil. A. I. 1 („Sachlicher Anwendungsbereich des KSÜ").

325 S. diese Argumente bei *Wagner* IPRax 2001, 73, 77; *Hausmann* EuLF (D) 2000/01 271, 274, m. w. N.; s. a. Rauscher/*Rauscher* EuZPR/EuIPR (2010) Art. 1 Brüssel IIA-VO Rn 23.

in einer vom Wortlaut des Art. 1 II KSÜ zwar abweichenden Formulierung,[326] aber dennoch wie dort offen, ob damit auch das Umgangsrecht gemeint ist. Art. 2 Ziff. 7 Satz 2 EuEheVO allerdings schafft sogleich Klarheit hinsichtlich der vom Verordnungsgeber gewünschten Weite des Begriffs der elterlichen Verantwortung und subsumiert darunter ausdrücklich das Sorge- wie auch das Umgangsrecht. Die ausdrückliche Erwähnung des Sorgerechts hat hier nur klarstellende Funktion, da dieses Rechtsinstitut unzweifelhaft schon dem Satz 1 immanent ist. Die ausdrückliche Hervorhebung des Umgangsrechts hingegen klärt diesbezügliche letzte Zweifelsfragen und weitet den Begriff der elterlichen Sorge explizit auch auf den Bereich der Umgangs- und Besuchsrechtsfragen aus. Diese Ausweitung dürfte allerdings dennoch nicht konstitutiv, sondern nur deklaratorisch zu verstehen sein.[327] Dafür spricht schon der Wortlaut „insbesondere", der bedeutet, dass der Regelungsgehalt des Satzes 2 den Inhalt des Satzes 1 nur klarstellend konkretisiert. Allerdings hat die Erwähnung des Umgangsrechts einen stärkeren Klarstellungscharakter als die Erwähnung des Sorgerechts, denn an der Anwendung auf Sorgerechtsfälle bestanden auch schon bei den früheren Abkommen und der Vorgängerverordnung keine Zweifel, wohl aber an der Anwendung auf Umgangsrechtsfälle. Rein deklaratorische Funktion hat demgegenüber die ausdrückliche Erstreckung des Sorgerechtsbegriffs in Art. 2 Ziff. 9 EuEheVO auf das ohnehin in diesem Begriff enthaltene Aufenthaltsbestimmungsrecht. Zusammenfassend lässt sich feststellen, dass die Legaldefinition des Begriffs der elterlichen Sorge in Art. 2 Ziff. 7 EuEheVO somit als weit aufzufassen ist.[328]

---

326 S. z. B. Rauscher/*Rauscher* EuZPR/EuIPR (2010) Art. 1 Brüssel IIA-VO Rn 23, der dies als „ein weiteres Beispiel der Kunst der sinnlosen Umformulierung von KSÜ-Bestimmungen" bezeichnet; s. hierzu schon oben 1. Teil. D. III. 1 („Historische Auslegung"). Vgl. auch *Siehr* in FS Schwab, S. 1267, 1268, wonach der Begriff der elterlichen Verantwortung des Art. 2 Ziff. 7 EuEheVO als nahezu wortgleich mit Art. 1 II KSÜ inhaltlich mit diesem übereinstimme.

327 S. *Fleige*, S. 101. In Ziff. 7 Satz 2 die Erstreckung auf das Umgangsrecht sehend s. *Holzmann*, Brüssel IIa VO, S. 71 ff. im Besonderen die Frage des umgangsberechtigten Personenkreises problematisierend mit dem Ergebnis, dass neben den biologischen Eltern auch andere dem Kind nahestehende Personen erfasst seien; zu dieser Frage i. E. ebenso *Benicke* IPRax 2013, 44, 45, m. w. N.

328 *Solomon* FamRZ 2004, 1409, 1410, m. w. N.; Leitfaden der Kommission, S. 9. Die weite Auslegung wurde vom EuGH (Urteil v. 27.11.2007 – Rs. C-435/06) FamRZ 2008, 125, 126 unter Verweis auf den Wortlaut des Art. 1 II EuEheVO „insbesondere" bestätigt; vgl. dazu *Hausmann* IntEuSchR B 30, m. w. N.

b) Paradigmenwechsel[329] des Sorgerechtsbegriffs

Wie Art. 18 KRK und Art. 2 lit. b EÜAK[330] legen das KSÜ und die EuEheVO ihren Regelungen mit dem Begriff der elterlichen Verantwortung eine gegenüber dem Sorgerechtsbegriff modernere Ausdrucksweise zugrunde.[331] Während der Sorgerechtsbegriff, wie er in den Übereinkommen von 1980 verwendet wird, und erst recht der vorgängige Begriff des Gewaltverhältnisses im MSA ein Recht über das Kind bezeichnen, lässt sich schon allein aus dem Begriff der elterlichen Verantwortung ein Gesamtgefüge („Ensemble")[332] aus Rechten, aber auch Pflichten gegenüber dem Kind entnehmen, das nicht nur zur Sorge berechtigt, sondern auch verpflichtet und nur in seiner spezifischen Kombination von Einzelhandlungen und -unterlassungen den individuellen Bedürfnissen des einzelnen Kindes gerecht wird, und letztlich eine wesentlich größere Bandbreite elterlicher Handlungen als die klassischen Begriffe des elterlichen Sorgerechts oder gar des Gewaltverhältnisses impliziert.[333] Nach *Dethloff/Maschwitz* verdeutlicht dieser Wechsel in der Terminologie, dass den Eltern nicht in erster Linie Rechte zustünden, sondern sie v. a. Verantwortung dafür trügen, ihre Kinder in deren Entwicklung zu einer autonomen und verantwortungsbewussten Persönlichkeit zu unterstützen.[334] Darin wird auch ein Paradigmenwechsel zum Vorrang des Kindeswohls gesehen.[335]

---

329 Diesen Begriff verwendend *Schwenzer* RabelsZ 71 (2007) 705, 724 f.

330 Nach einer Empfehlung der Parlamentarischen Versammlung des Europarats 1990 zur Umsetzung und Komplettierung der KRK im europäischen Rechtsraum wurde das Europäische Übereinkommen über die Ausübung von Kinderrechten vom 25.1.1996 (BGBl. 2001 II S. 1074, 1075; im Folgenden: EÜAK) geschaffen, das das Beteiligungsrecht des Art. 12 KRK konkretisiert, so *Steindorff-Classen* EuR 2011, 19, 25.

331 Staudinger-*Pirrung* (2009) Vorbem G 21 zu Art 19 EGBGB; s. a. *Busch* IPRax 2003, 218, 219 f.

332 *Busch* IPRax 2003, 218, 220. *Martiny* FamRZ 2012, 1765, 1770 spricht i. R. e. entsprechenden Auslegung des französischen Begriffs der autorité parentale von einem „Bündel von Rechten und Pflichten".

333 S. dazu *Busch* IPRax 2003, 218, 219 f.; s. a. *Lagarde*, Erläuternder Bericht, Nr. 14.

334 *Dethloff/Maschwitz* FPR 2012, 190, 191.

335 *Schwenzer* RabelsZ 71 (2007) 705, 724 f. Auch *Maywald* IzKK-Nachrichten 2009 I-4, 6 sieht innerstaatlich einen tiefgreifenden Perspektivenwechsel in den vergangenen 30 Jahren, in denen Kinder weitgehend rechtlich nicht mehr als Objekte der Erwachsenen, sondern als Träger und Subjekt eigener Rechte wahrgenommen würden, was sich etwa innerstaatlich im parallelen Wechsel von der sog. elterlichen Gewalt zur elterlichen Sorge durch das SorgeRG von 1979 vollzogen habe. Diese gesellschaftspolitische Veränderung machte sich z. B. auch in der gleichzeitigen Beseitigung des Verschuldenserfordernisses i. R. d. § 1666 BGB bemerkbar, s. hierzu ausführlich *Schubert* in FS Strätz, S. 459 ff.

Als „etwas irreführend“[336] gilt dabei der Begriff „elterlich“, wenn es darum geht, wer Träger der elterlichen Verantwortung ist. Gem. Art. 2 Ziff. 8 EuEheVO ist Träger der elterlichen Verantwortung jede Person, die die elterliche Verantwortung für ein Kind ausübt, d. h. nicht nur die leiblichen Eltern, sondern des Weiteren andere natürliche oder juristische Personen können Träger elterlicher Verantwortung sein.[337] Auch Art. 1 II KSÜ benennt als Träger der elterlichen Rechte, Befugnisse und Pflichten neben den Eltern den Vormund oder einen anderen gesetzlichen Vertreter und schließt damit andere natürliche und juristische Personen ein.[338] Der Begriff „elterlich“ enthält also keine Einschränkung in Bezug auf den Inhaber der Rechte und Pflichten, sondern könnte stattdessen noch mehr als die bisherigen Begriffe das fürsorgerische Verhältnis zum Kind betonen.

c) Kind- bzw. elternzentrierte Anknüpfung

Während das KSÜ der Fortsetzung und Verbesserung des MSA dient, dessen Ziel der möglichst wirksame Minderjährigenschutz war, und das KSÜ in seiner Präambel als Vertragsziel dementsprechend selbst die Verbesserung des internationalen Kinderschutzes nennt,[339] übernimmt die EuEheVO mit ihrem ersten Teil den Anwendungsbereich der EheVO 2000 zur Ehescheidung innerhalb Europas, basiert daneben aber hinsichtlich des zweiten Teils zur elterlichen Verantwortung in weiten Teilen auf dem KSÜ.[340] Dies könnte Auswirkungen auf die grundsätzliche Einordnung des Begriffs der elterlichen Verantwortung und der damit zusammenhängenden Rechtsbegriffe haben:

Wie oben[341] ausgeführt, greift das KSÜ den Begriff der Schutzmaßnahme aus dem MSA auf und führt ihn fort. Daraus ist zu schließen, dass an der Vorstellung festgehalten werden soll, dass – wie schon beim MSA – Schutzmaßnahmen, die nach dem KSÜ zu ergreifen sind, im Interesse des betroffenen Kindes erforderlich sind. Zum einen ist es Aufgabe des Gerichts, eine Entscheidung über die Zuweisung, Ausübung oder Entziehung der elterlichen Verantwortung zu treffen, also über die elterliche Verantwortung als solche zu entscheiden, wenn es das Kindeswohl erfordert (Art. 3 lit. a KSÜ), zum anderen den Inhalt einer

336 *Solomon* FamRZ 2004, 1409, 1410.

337 *Solomon* FamRZ 2004, 1409, 1410; *Gruber* IPRax 2005, 293, 296.

338 *Hausmann* EuLF (D) 2000/01, 271, 274.

339 Staudinger-*Kropholler* (2003) Vorbem zu Art 19 EGBGB Rn 5 und 30; Staudiner-*Pirrung* (2009) Vorbem G 15 zu Art 19 EGBGB.

340 S. dazu oben 1. Teil. C. I. 2 („Weiterungen innerhalb der EU“) und IV („Amerikanisierung des Rechts“) sowie D. III. 1 („Historische Auslegung“).

341 2. Teil. A. I. 1 („Sachlicher Anwendungsbereich des KSÜ“).

bestehenden elterlichen Verantwortung zu definieren (Art. 1 II KSÜ). Beide Aufgaben sind dem Wohl des Kindes verpflichtet und damit als „kindzentriert“[342] einzuordnen. Dementsprechend liegt dem KSÜ wie auch schon dem MSA ein kindzentrierter Ansatz zugrunde, der sich unmittelbar in den Zuständigkeitsvorschriften widerspiegelt, gemäß denen Schutzmaßnahmen jeweils am gewöhnlichen Aufenthaltsort eines Kindes ergriffen werden sollten, weil die sachnächsten Behörden am ehesten in der Lage sind, das Wohl des Kindes zu beurteilen.[343] Das kindzentrierte Prinzip der Sachnähe erfährt in Entführungsfällen erstmals mit Art. 7 KSÜ eine Ausnahme dahingehend, dass nicht die aktuell sachnächsten Behörden zuständig werden, sondern die bislang sachnächsten Behörden weiter zuständig bleiben sollen, und die Anwendung der Vorschrift maßgeblich vom antragstellerseitigen Verhalten abhängig gemacht wird.[344]

Die ursprünglichen Regelungsansätze der EU im Bereich der elterlichen Verantwortung betrafen mit der EheVO 2000 dagegen zunächst nur Annexverfahren zur Ehescheidung und waren somit in erster Linie als „elternzentriert“[345] zu betrachten.[346] Fraglich ist, ob sich mit der EuEheVO hieran etwas geändert hat, insofern als sie Regelungen des KSÜ übernommen hat und isolierte Sorgerechtsverfahren zulässt: Hauptansatz der Verordnung ist die „Vermeidung widerstreitender Entscheidungen“[347] bei Ehescheidungen im europäischen Justizraum. Die zentrale Zuständigkeitsvorschrift des Art. 8 EuEheVO weicht mit der bis dato unbekannten Anordnung einer perpetuatio fori in isolierten grenzüberschreitenden Sorgerechtsverfahren maßgeblich von der Parallelvorschrift des Art. 5 KSÜ ab und steht insofern stattdessen in der Tradition des Art. 3 EheVO 2000, der eine perpetuatio fori für den Fall anordnete, dass das Ehescheidungsverfahren endete, bevor über die elterliche Verantwortung entschieden war. Während das KSÜ nur ausnahmsweise im Entführungsfall eine Ausnahme von der Zuständigkeit der Aufenthaltsbehörden zulässt, sieht dies die EuEheVO für den regelmäßigen Fall rechtzeitiger Antragstellung vor. Trotz der im Kindesschutz jahrzehntelang bekannten Erforderlichkeit von Sachnähe der Behörden zum betroffenen Kind

342 *Busch* IPRax 2003, 218, 220.

343 Vgl. hierzu ausführlich *Busch* IPRax 2003, 218, 219 ff., m. w. N.; s. a. *Schulz* FamRZ 2011, 156, 157. Einen kindorientierten Ansatz des KSÜ erkennend s. a. *Holzmann*, Brüssel IIa VO, S. 99, m. w. N.

344 S. dazu oben 1. Teil. C. I. 1 („Wegbereitung auf internationaler Ebene“).

345 *Busch* IPRax 2003, 218, 221.

346 *Busch* IPRax 2003, 218, 220 f.

347 *Busch* IPRax 2003, 218, 221.

und der daraus folgenden Bevorzugung des Aufenthalts- vor dem Staatsangehörigkeitsprinzip als Fortschritt im Minderjährigenschutz schlägt die EuEheVO diesbezüglich den Weg der elternzentrierten Vorgängerverordnung ein und geht nicht den Weg des kindzentrierten KSÜ. Es kann hier daher von einem elternzentrierten Begriff der elterlichen Verantwortung gesprochen werden.[348]

Zusammenfassend lässt sich feststellen, dass der Minderjährigenschutz im Geltungsbereich der EuEheVO einem stark elternzentrierten Ansatz unterliegt sowohl hinsichtlich der grundsätzlichen Geltung einer perpetuatio fori[349] als auch hinsichtlich der zuständigkeitsbegründenden Bedeutung des antragstellerseitigen Verhaltens. Das KSÜ belässt es dagegen im Regelfall bei der Anknüpfung an das Prinzip der Sachnähe und kann insofern als kindzentriert bezeichnet werden. Erst im Fall von Kindesentführung knüpft es an die elternzentrierten Maßstäbe der Zuständigkeitsfortdauer und des antragstellerseitigen Verhaltens an.

II. Sachliche Anwendungskriterien im engeren Sinn

1. Widerrechtlichkeit als entführungsspezifisches Anwendungskriterium

Da die spezifischen Entführungsregelungen auf dem Widerrechtlichkeitskriterium beruhen, lässt sich hier von einem Anwendungskriterium im engeren Sinn sprechen: Art. 7 I KSÜ als spezifische Sorgerechtszuständigkeit in Fällen von Kindesentführung findet sachliche „Anwendung, wenn das Kind widerrechtlich verbracht oder zurückgehalten worden ist",[350] und knüpft damit wie Artt. 1 lit. a i. V. m. 3 HKÜ an das Kriterium der widerrechtlichen Verbringung bzw. Zurückhaltung eines Kindes an. Liegt kein widerrechtliches, sondern rechtmäßiges Verbringen vor, greift Art. 5 II KSÜ bei Wechsel des gewöhnlichen Aufenthalts ein. Bei Art. 7 KSÜ handelt es sich daher um eine spezielle Regelung der Zuständigkeit im Fall widerrechtlichen Verbringens oder Zurückhaltens gegenüber der Primärzuständigkeit des Art 5 KSÜ; allerdings nicht in der Weise, dass

348 Vgl. *Busch* IPRax 2003, 218, 221; s. a. oben 1. Teil C. I. 2 („Weiterungen innerhalb der EU"). Zur Fortführung des perpetuatio fori-Grundsatzes aus Art. 3 EheVO 2000 s. Staudinger-*Spellenberg* (2005) Art. 8 EheGVO Rn 1 und Art. 12 EheGVO Rn 66.

349 Vgl. eingehende Kritik an der perpetuatio fori im internationalen Kindschaftsrecht und an mangelnder Sachnähe der fortgesetzt zuständigen Behörden bei *Holzmann*, Brüssel IIa VO, S. 119 ff., m. w. N., die in diesem Zusammenhang (auf S. 121) auch betont, dass die perpetuatio fori v. a. dem Klägerschutz diene; kritisch auch *Kress*, S. 112 f., eine Anpassung des Wortlauts des Art. 8 EuEheVO an Art. 5 KSÜ bevorzugend.

350 *Fleige*, S. 167.

etwa die Anwendbarkeit des Art. 5 KSÜ bei Vorliegen der Anwendungsvoraussetzungen des Art. 7 KSÜ i. S. eines Aliud entfiele, sondern dahingehend, dass die Aufenthaltszuständigkeit des Art. 5 KSÜ fortgesetzt wird, solange nicht die tatbestandlichen Voraussetzungen eines Zuständigkeitswegfalls vorliegen. Auch die Entführungszuständigkeit des Art. 10 EuEheVO gilt nur, wenn der Aufenthaltswechsel unrechtmäßig erfolgt ist, was sich schon aus Art. 9 EuEheVO e. c. ergibt.[351] Bei Art. 11 EuEheVO, an den das System der Vollstreckung ohne Exequatur nach Maßgabe des Kapitels III Abschnitt 4 der Verordnung gekoppelt ist, könnte von einer doppelten Anknüpfung an das Widerrechtlichkeitsmerkmal zu sprechen sein: Zum einen setzt Art. 11 EuEheVO die Anwendung des HKÜ und damit immanent des dort bereits erforderlichen Widerrechtlichkeitskriteriums[352] voraus (vgl. den Wortlaut: „Beantragt eine sorgeberechtigte Person, (…) eine Entscheidung auf der Grundlage des Haager Übereinkommens vom 25. Oktober 1980 über die zivilrechtlichen Aspekte internationaler Kindesentführung"), zum anderen fordert Art. 11 I EuEheVO daneben selbst ausdrücklich das Bestehen einer widerrechtlichen Verbringung oder Zurückhaltung, vgl. den Wortlaut: „um die Rückgabe eines Kindes zu erwirken, das widerrechtlich (…) verbracht wurde".

Ob das KSÜ einerseits und die EuEheVO andererseits jeweils eigene Wege bei der Ausfüllung des Widerrechtlichkeitsbegriffs gehen und wie sich dies ggf. auf den traditionellen Widerrechtlichkeitsbegriff des HKÜ auswirkt, wird im Folgenden[353] zu untersuchen sein.

2. *Abgrenzung von der HKÜ-Rückgabeentscheidung*

Zunächst stellt sich im Rahmen des sachlichen Anwendungsbereichs des KSÜ und der EuEheVO die Frage, inwieweit deren entführungsspezifischen Regelungen von den traditionellen Regelungsbereichen des HKÜ abzugrenzen sind:

a) Keine Identität des Streitgegenstandes

Die Entscheidung über das Sorgerecht ist grundsätzlich von der HKÜ-Rückgabeentscheidung zu unterscheiden, die der Wiederherstellung des status quo ante im Sinne einer Restitutionsentscheidung dient und in der eine Kindeswohlprüfung regelmäßig unterbleibt.[354] Dementsprechend sind auch Rückführung nach

351 Vgl. Hk-ZPO/*Dörner* EheGVVO Art 9 Rn 7.

352 Artt. 1 lit. a i. V. m. 3 HKÜ.

353 2. Teil. A. IV („Mangelnder faktischer Ausgleich innerhalb der EU").

354 *Huber* in FS Schwab, S. 793, 803 unter Hinweis auf die Sperrwirkung des Art. 16 HKÜ und die Trennung von Rückgabe- und Sorgerechtsentscheidung in Art. 19

dem HKÜ auf der einen und Herausgabe/Rückgabe aufgrund einer innerstaatlichen sorgerechtlichen Anordnung auf der anderen Seite zu unterscheiden, denn die Herausgabe bedeutet für das Kind den Wechsel zum anderen Elternteil, wohingegen die Rückführung den Wechsel des Aufenthaltsstaats, bei Rückbegleitung durch den entführenden Elternteil aber nicht notwendig den Wechsel zum anderen Elternteil mit sich bringt.[355] Bei der HKÜ-Rückgabeanordnung handelt es sich daher anders als etwa bei inländischer Rückgabe gerade nicht um eine Entscheidung über eine Herausgabe/Übergabe an den Antragsteller.[356]

Während die Herausgabe an die Anspruchstellerseite nur erfolgen darf, soweit diese über das Aufenthaltsbestimmungsrecht verfügen kann, etwa durch Anordnung gegenüber dem nicht sorgeberechtigten Elternteil oder gegenüber Dritten, trennt das HKÜ strikt zwischen der Rückführung als solcher und dem Sorgerecht (vgl. Art. 19 HKÜ) und fordert die sofortige Rückführung in den Herkunftsstaat ohne positive Kindeswohlprüfung. Diese Trennung macht auch verständlich, warum für den Rückführungsanspruch nach Art. 12 HKÜ ein alleiniges Aufenthaltsbestimmungsrecht des Antragstellers dogmatisch nicht erforderlich ist, sondern eine bloße Mitberechtigung im Rahmen eines gemeinsamen Sorgerechts genügt, denn Art. 12 HKÜ veranlasst gerade nicht zu einer über die Rückführung in den Ursprungsstaat hinausgehenden Kindesherausgabe an den zurückgelassenen Elternteil.[357] Selbst wenn – so *Rieck* – beide Verfahren, also das

---

HKÜ; Erman[13]-*Hohloch* Anh. Art. 24 EGBGB/HKÜ Rn 101. S. dazu auch *Haß*, S. 88 ff., m. w. N.; MüKoBGB[5]-*Siehr* Art. 21 EGBGB Anh. II HEntÜ Rn 2 f.

355 OLG Zweibrücken FamRZ 1999, 106; s. a. *Vomberg/Nehls*, S. 1 f., 51; MüKoBGB[5]-*Siehr* Art. 21 EGBGB Anh. II HEntfÜ Rn 21; Motzer/Kugler/Grabow-*Grabow* Rn 203, m. w. N., darauf hinweisend, dass ein Antrag auf Herausgabe des Kindes an den Antragsteller auf der Basis des HKÜ unbegründet wäre.

356 *Carl* FPR 2001, 211, m. w. N.; MüKoBGB[5]-*Siehr* Art. 21 EGBGB Anh. II HEntfÜ Rn 21; NK-BGB/*Benicke* Anh. III zu Art. 24 EGBGB Art. 13 HKÜ Rn 31; PalArch/*Thorn* I. C. 3 HKEntfÜ Rn 36, m. w. N. (Text und Kommentierung des HKÜ wurde gem. Palandt-*Thorn* (IPR) Anh zu EGBGB 24 Rn 32 in das PalArch verlagert); *Vomberg/Nehls*, S. 51; AG Schleswig IPRax 2002, 220, 221.

357 *Huber* in FS Schwab, S. 793, 803 f.; *Schwab*, Familienrecht Rn 685 f. Auch i. R. d. Vollstreckung ist daher zu beachten, dass die Rückführung nicht notwendig die Herausgabe an den anderen Elternteil umfasst. Die HKÜ-Rückführung bietet zwar insoweit die Grundlage, dass im Herkunftsstaat über Sorgerecht respektive Herausgabe an den anderen Elternteil entschieden werden kann, die Sorgerechtsregelung enthält innerstaatlich aber keinen vollstreckungsfähigen Inhalt; hierfür bedarf es einer selbstständigen Herausgabeanordnung. Um Zweifeln des Gerichtsvollziehers vorzubeugen, kann das Familiengericht gem. § 33 IntFamRVG die Herausgabeanordnung

sorgerechtliche Verfahren im Herkunftsstaat wie auch das HKÜ-Rückführungsverfahren im Zufluchtsstaat bezwecken könnten, das Kind an den bisherigen Aufenthaltsort zurückzubringen, sei daher dennoch nicht von einer Identität[358] des Streitgegenstandes bzw. anderweitiger Rechtshängigkeit auszugehen, wenn beide Verfahren gleichzeitig geführt würden. In dieser Trennung sieht *Rieck* auch die dogmatische Grundlage für Art. 11 VII EuEheVO, welcher impliziert, dass das sorgerechtliche Verfahren der Kindesherausgabe bereits während der Anhängigkeit des HKÜ-Rückführungsverfahrens anhängig gemacht werden könne.[359] Diese dogmatische Grundlage wird in der vorliegenden Untersuchung vorausgesetzt.

b) Anwendung des HKÜ zwischen KSÜ-Vertragsstaaten

Fraglich ist, ob das KSÜ die Rückführungssystematik des HKÜ und dessen Zuständigkeitsanknüpfung an die schlichte Anwesenheit[360] im ersuchten Staat beeinflusst: Denkbar wäre, in Art. 23 KSÜ eine eigenständige Regelung für Rückführungen zu sehen, die die Systematik des HKÜ verdrängt.[361] Dagegen spricht aber, dass die Anerkennungs- und Vollstreckungsregelungen der Artt. 23 ff. KSÜ und die damit verbundenen Prüfungserfordernisse für eine schnelle Rückführung eher ungeeignet sind.[362] Auch der Wortlaut des Art. 50 Satz 1 KSÜ wie auch der Zweck, der dem HKÜ generell Vorrang einräumt, sprechen hiergegen.[363] Aus

---

in der Vollstreckungsklausel oder einer Anordnung nach § 44 IntFamRVG klarstellend aufnehmen, wenn ein vollstreckungsfähiger Titel im Anwendungsbereich der EuEheVO, des KSÜ oder des EuSorgeRÜ nach dem Recht des Erlassstaates auch das Recht auf Herausgabe des Kindes umfasst, so *Schulz* FamRZ 2011, 156, 160 und 1273, 1277 unter Verweis auf die bisherige Rechtsprechung des BGH FamRZ 2005, 1540, 1542; *Hausmann* IntEuSchR J 128, 345, 546 f. und 622; kritisch zum Erfordernis der Vollstreckungsklausel s. *Oberhammer* IPRax 2010, 197, 199. Bis 31.12.2010 war dies in § 33 IntFamRVG nur für das EuSorgeRÜ ausdrücklich geregelt, s. *Schulz* FamRZ 2011, 156, 160 Fn 27. Vgl. dazu auch *Völker* FamRBint 2009, 2, 3, m. w. N.

358 Zu diesem Erfordernis i. R. d. Rechtshängigkeitsprüfung s. *Kropholler* IPR § 60 I 2 (S. 657).

359 *Rieck* NJW 2008, 2958, 2961. S. a. EuGH (Urteil v. 11.7.2008 – Rs. C-195/08 PPU: Rinau) FamRZ 2008, 1729, 1731 f. mit Anm. *Schulz*, S. 1732, 1733.

360 Rauscher/*Rauscher* EuZPR/EuIPR (2010) Art. 10 Brüssel IIa-VO Rn 12 f.; Zöller-*Geimer* Anh II A EuEheVO Art. 10 Rn 3; Geimer/Schütze-*Geimer* EuZVR A.2 – Art. 10 VO (EG) Nr. 2201/2003 Rn 2.

361 Diese These aufwerfend s. *Fleige*, S. 173.

362 So *Fleige*, S. 174 seine aufgeworfene These selbst verwerfend.

363 *Mäsch* FamRZ 2002, 1069, 1074; Staudinger-*Pirrung* (2009) Vorbem G 189 zu Art 19 EGBGB bezüglich übereinstimmender Regelungsbereiche; das auf die

Art. 50 Satz 1 KSÜ wird vielmehr geschlossen, dass umgekehrt Art. 7 KSÜ im Anwendungsbereich des HKÜ grundsätzlich unanwendbar sei, es also bei der Zuständigkeitssystematik des HKÜ basierend auf dem schlichten Aufenthalt im Zufluchtsstaat verbleibe; sei aber die Kindesrückführung im Einzelfall durch das KSÜ besser gewährleistet, sei dies auf der Grundlage des KSÜ nach Art. 50 Satz 2 KSÜ, vergleichbar mit dem Günstigkeitsprinzip der Artt. 34 S. 2, 36 HKÜ, dennoch möglich.[364] Im Verhältnis des KSÜ zum HKÜ ist demzufolge mit *Fleige* „ein ineinandergreifendes System aus Rückführungsregeln nach dem HKÜ" für das Verfahren im ersuchten Staat einerseits und „Zuständigkeitsregeln nach dem KSÜ" für das sorgerechtliche Verfahren im Herkunftsstaat andererseits zu sehen.[365]

c) Anwendung des HKÜ im Verhältnis zur EuEheVO

Während Art. 4 EheVO 2000 als Vorgängerregelung noch den Vorrang des HKÜ begründete,[366] ordnet Art. 60 lit. e EuEheVO den Vorrang vor dem HKÜ an, soweit die von der Verordnung selbst geregelten Bereiche der Zuständigkeit sowie der Anerkennung und Vollstreckung betroffen sind. Aufgrund der Aufnahme einer eigenen Entführungszuständigkeit (Art. 10 EuEheVO) und der speziellen Regelung zur Gestaltung des Rückgabeverfahrens im Binnenverhältnis der Mitgliedstaaten durch Art. 11 EuEheVO ist daher zu klären, wie weit der Vorrang der EuEheVO gegenüber dem HKÜ in den überschneidenden Anwendungsbereichen reicht.[367] Hierfür muss vorab das grundsätzliche Verhältnis der Regelungswerke und ihre Zuständigkeitsverteilung geklärt werden:

Gegen einen grundsätzlichen Vorrang der EuEheVO bzw. eine generelle Verdrängung des HKÜ, soweit sich der Anwendungsbereich beider Regelungswerke überschneidet, spricht schon die auf einer Anwendung des HKÜ beruhende Konzeption des Art. 11 EuEheVO und das eigene Verständnis der Verordnung laut

---

Rechtswidrigkeit einer Kindesentführung i. S. d. Art. 3 lit. a HKÜ anzuwendende Recht dagegen ergebe sich also auch i. R. d. HKÜ aus dem KSÜ.

364 *Roth/Döring* JBl 1999, 758, 766; *Fleige*, S. 161, m. w. N.; Staudinger-*Pirrung* (2009) Vorbem G 189 zu Art 19 EGBGB.

365 *Fleige*, S. 175 Fn 263, m. w. N.

366 Vgl. Geimer/Schütze-*Geimer* EuZVR A.2 – Art. 10 VO (EG) Nr. 2201/2003 Rn 1.

367 *Rieck* NJW 2008, 182; s. a. *Frank* in Gebauer/Wiedmann[1] Kap. 27 EuEheVO 2005 Art. 10 Rn 42. Art. 60 EuEheVO wird als „besonders unglücklich" geratene Regelung angesehen, die eher verwirre als dass sie zur Klärung beitrage und Art. 62 II EuEheVO diene darum „wohl in erster Linie dazu, das Verhältnis zum HKÜ zu relativieren", so *Andrae* IPRax 2006, 82, 83.

ihrem 17. Erwägungsgrund als Ergänzung eines weiter anzuwendenden HKÜ.[368] Dies zeigt sich auch in dem vorgenannten[369] entwicklungsgeschichtlichen Verzicht auf ein eigenes Entführungsrechtskapitel und die damit zusammenhängende systematische Fehlstellung („Fremdkörper")[370] des Art. 11 EuEheVO im Zuständigkeitsteil der Verordnung.[371]

Dogmatisch wird in Art. 11 EuEheVO auch eine multilaterale Begrenzung nach Art. 36 HKÜ von Rückgabebeschränkungen gesehen.[372] *Rieck* hält diese dogmatische Einstufung für zu weitreichend; eine Einstufung als Abweichung vom HKÜ hält er nur vereinzelt, namentlich für die Erweiterung des Widerrechtlichkeitsbegriffs in Art. 2 Nr. 11[373] und für die Einführung von Vorkehrungen nach Art. 11 IV der Verordnung, für denkbar. Er stellt zunächst darauf ab, dass die Verordnung als unmittelbar geltendes sekundäres Gemeinschaftsrecht das jeweils national überschneidende internationale Prozessrecht verdränge und so den Platz der nationalen Norm einnehme; gerade aus diesem Umstand heraus aber könne die Gemeinschaftsregelung ebenso wenig wie das nationale Recht selbst Regeln des staatsvertraglichen HKÜ abändern oder modifizieren. *Rieck* sieht die Lösung in Art. 2 HKÜ: Die EuEheVO sei auch eine Maßnahme nach Art. 2 HKÜ, sie ersetze nationales Prozessrecht als Maßnahme der völkerrechtlichen Staatenverpflichtung, wobei das HKÜ als lex specialis in Konfliktfällen vorgehe. Auf diese Weise sei es einerseits möglich, dass zwischen den Mitgliedstaaten Regeln des HKÜ ergänzt und modifiziert würden, andererseits sei sichergestellt, dass es im Verhältnis zu Drittstaaten bei der traditionellen Anwendung der HKÜ-Regeln verbleibe. So sei es dogmatisch möglich, dass Art. 16 HKÜ im Verhältnis der Mitgliedstaaten durch Art. 10 EuEheVO verdrängt werde.[374]

Für diese Auffassung spricht, dass es dem Regelungsgehalt der Artt. 10 und 11 EuEheVO mitsamt den dazugehörigen Vollstreckungsvorschriften nicht gerecht werden dürfte, die Entführungsregelungen der Verordnung als bloße Ergänzung

---

368 Vgl. *Rieck* NJW 2008, 182, m. w. N.

369 S. oben 1. Teil. B. II. 1 („Schnelle Erarbeitung").

370 *Fleige,* S. 122; s. bereits 1. Teil. B. II. 1 („Schnelle Erarbeitung").

371 *Fleige,* S. 117 und 122 f.; s. a. *Pirrung* in Symposium Spellenberg, S. 89, 94; *Pape,* S. 115, m. w. N.

372 Rauscher/*Rauscher* EuZPR/EuIPR (2010) Art. 11 Brüssel IIa-VO Rn 7, m. w. N.

373 S. zu dieser Einschätzung ausführlicher unten 2. Teil. A. IV. 4. b) bb („Lösung im Wege teleologischer Reduktion").

374 *Rieck* NJW 2008, 182, 183 unter Bezugnahme in Fn 27 auf den Leitfaden der Kommission, S. 37, der ebenfalls vom Vorrang der Verordnung gegenüber dem HKÜ spricht.

des HKÜ anzusehen. So ergänzt zwar die Verordnung das Rückgabeverfahren um die Regelungen des Art. 11 II–VI EuEheVO, modifiziert die Rückgabe nach dem HKÜ aber, soweit es mit der ablehnenden Entscheidung des Zufluchtsstaats nicht sein Bewenden hat, sondern diese durch mildere Mittel einerseits (Art. 11 IV EuEheVO) und durch eine Entscheidung des Herkunftsstaats (Artt. 11 VII–VIII und 42 EuEheVO) andererseits ersetzt werden kann.[375] Die Einstufung als bloße Abweichung i. S. d. Art. 36 HKÜ dürfte sich nur auf konkrete Umgestaltungen[376] wie die Umwandlung der Rückgabeentscheidung von einer Alles-Oder-Nichts-Entscheidung in eine Ultima-ratio-Entscheidung und die Änderungen hinsichtlich des Widerrechtlichkeitsbegriffs[377] beziehen. Die darüber hinausgehende Übernahme des Entführungsbereichs durch die Verordnung kann eine Erfüllung des Art. 2 Satz 1 HKÜ darstellen. Jedenfalls erfolgte sie mit *Solomon* aber nur in beschränktem Umfang durch Einführung einer Sorgerechtszuständigkeit mit Art. 10 EuEheVO und spezieller Regelungen über das Rückgabeverfahren in Art. 11 EuEheVO; ansonsten bleiben auch im Anwendungsbereich der EuEheVO die HKÜ-Regelungen maßgeblich, insbesondere Art. 12 HKÜ als Rechtsgrundlage für die Rückgabeanordnung.[378] Zusammengefasst beruht die Zuständigkeit des ersuchten Staats – wie auch beim KSÜ – nicht auf den Zuständigkeitsregelungen der EuEheVO, sondern weiterhin unter Anknüpfung an die schlichte Anwesenheit auf dem traditionellen Zuständigkeitssystem des HKÜ, allerdings unter Modifizierung bzw. Ergänzung hinsichtlich des Rückgabeverfahrens.[379]

---

375 MüKoBGB[5]-*Siehr* Art. 21 EGBGB Anh. II HEntfÜ Rn 18. S. einführend dazu 1. Teil. C. III. 2 („Unmittelbare Vollstreckung innerhalb der EU“).

376 S. dazu in die Thematik einführend oben 1. Teil. C. II („Einwirkung auf das Rückgabeverfahren im Zufluchtsstaat“).

377 S. dazu unten 2. Teil. A. IV. 4. b) bb („Lösung im Wege teleologischer Reduktion“). Dort wird die Einstufung des erweiterten Widerrechtlichkeitsbegriffs als vertragliche Ergänzung i. S. v. Art. 36 HKÜ aus dort genannten anderen Gründen aber für fraglich gehalten.

378 *Solomon* FamRZ 2004, 1409, 1416; i. E. ebenso *Fleige*, S. 59.

379 Geimer/Schütze-*Geimer* EuZVR A.2 – Art. 10 VO (EG) Nr. 2201/2003 Rn 2; Zöller-*Geimer* Anh II A EuEheVO Art. 10 Rn 2 f.; NK-BGB/*Gruber* Anh. I zum III. Abschn. EGBGB Art. 10 EheVO 2003 Rn 1; Thomas/Putzo-*Hüßtege* Art. 10 EuEheVO Rn 1; *Solomon* FamRZ 2004, 1409, 1417; PalArch/*Thorn* I. C. 3 HKEntfÜ Rn 37; *Frank* in Gebauer/Wiedmann[1] Kap. 27 EuEheVO 2005 Art. 10 Rn 42, diese doppelte Zuständigkeit als „Kooperationsmodell“ bezeichnend.

III. Verletzung der formalen Sorgerechtslage

Die Anknüpfung der Entführungszuständigkeiten des KSÜ und der EuEheVO sowie der traditionellen Rückführungssystematik an das Kriterium der Widerrechtlichkeit des kindlichen Aufenthaltswechsels bringt eine Reihe von Fragen mit sich, von deren rechtspolitischer Klärung letztlich abhängt, ob der das Kind mit sich nehmende (oftmals Betreuungs-[380]) Elternteil als Entführer zu betrachten ist. Um entscheiden zu können, ob die Verlagerung eines Kindesaufenthalts das Sorgerecht des anderen Elternteils verletzt, also den für eine Kindesentführung erforderlichen Widerrechtlichkeitstatbestand erfüllt, gilt es daher unterschiedliche Punkte zu klären: Zum einen muss ermittelt werden, nach welchem Statut sich die Sorgerechtslage maßgeblich richtet (1.) und inwieweit die ermittelten, auch anteiligen elterlichen Rechte Handlungen der Elternteile erlauben bzw. begrenzen (2.):

1. Ermittlung der maßgeblichen Sorgerechtslage

a) Herkunftsstaatliches Sorgerechtsstatut

Im Rahmen des KSÜ (Art. 7 II lit. a KSÜ) verweist die Literatur bei der Frage der Widerrechtlichkeit auf den insoweit wortgleichen Art. 3 lit. a HKÜ.[381] Auch der in die Begriffsdefinitionen der EuEheVO vorverlagerte Begriff des widerrechtlichen Verbringens/Zurückhaltens (Art. 2 Ziff. 11 lit. a EuEheVO) entspricht hinsichtlich der Verletzung der formellen Sorgerechtslage dem Art. 3 lit. a HKÜ.[382] Dementsprechend lassen sich die Maßstäbe des Art. 3 lit. a HKÜ auch für die Widerrechtlichkeitsprüfung im Rahmen des KSÜ und der EuEheVO heranziehen: Bei Art. 3 lit. a HKÜ entscheidet sich die Widerrechtlichkeit nach dem Sorgerechtsstatut des Staates, in dem das Kind unmittelbar vor der Entführung seinen gewöhnlichen Aufenthalt hatte. Nach der h. M. liegt darin eine Gesamtnormverweisung in den Herkunftsstaat; verweise der Herkunftsstaat nicht zurück, sei sein Recht maßgeblich.[383] Der Verweis in das ausländische Kollisionsrecht des

---

380 S. dazu unten 4. Teil. A. I. 1 („Rechtshistorische Fehlvorstellung“).

381 Staudinger-*Pirrung* (2009) Vorbem G 52 zu Art 19 EGBGB.

382 Rauscher/*Rauscher* EuZPR/EuIPR (2010) Art. 2 Brüssel IIa-VO Rn 25; ebenso Thomas/Putzo-*Hüßtege* Art. 11 EuEheVO Rn 10, m. w. N.

383 So OLG München IPRax 2005, 550, 552; Erman[13]-*Hohloch* Anh Art 24 EGBGB/HKÜ Rn 101; *Hüßtege* UCCJA, S. 208 f.; *Jorzik*, S. 31; PalArch/*Thorn* I. C. 3 HKEntfÜ Rn 25; Staudinger-*Pirrung* (2009) Vorbem D 27, m. w. N., i. V. m. G 52 zu Art 19 EGBGB; s. a. NK-BGB/*Benicke* Anh. III zu Art. 24 EGBGB Art. 3 HKÜ Rn 13; *Hausmann* IntEuSchR N 91 f., m. w. N.

bisherigen Aufenthaltsstaats ist schon weitläufig diskutiert und von der h. M. bejaht worden: Damit seien zwar Ermittlungsschwierigkeiten verbunden; für einen Gesamtnormverweis sprächen aber internationale Entscheidungsharmonie, der wohl bewusst unterlassene Verweis des Art. 3 HKÜ auf das innerstaatliche Recht und der Umstand, dass Angehörige fremder Staaten in einem fremden Aufenthaltsstaat weiterhin nach ihrem eigenen Familienrecht leben sollten.[384] Auch sei seitens der Delegierten der Haager Konferenz eine Gesamtverweisung gewollt gewesen, und an der Praxis der Haager Konferenz, Gesamtverweisungen vorzuschreiben, sofern nicht ausdrücklich eine Sachnormverweisung festgeschrieben werde, sei festzuhalten gewesen, eine dahingehende von der Delegation Großbritanniens gewünschte Klarstellung sei daher abgelehnt worden.[385] Soweit das Sachrecht des bisherigen Aufenthaltsstaates nicht unmittelbar angewandt werden wolle, könne sich aus ihm auch keine Sorgerechtsverletzung ergeben und wegen der starken Eingriffe des HKÜ in die Rechte des Entführers müsse sein Wortlaut strikt beachtet werden; daher reiche ein Sorgerecht allein nach dem Sachrecht des ersuchenden Staates nicht.[386] Die Frage wiederum, ob das Kollisionsrecht des Herkunftsstaats zurück- oder weiterverweisen will, und wann die Verweiskette „abzubrechen ist“[387], beurteilt sich im Unterschied zu einer herkömmlichen Gesamtnormverweisung i. S. d. Art. 4 EGBGB ebenfalls allein aus der Sicht des Herkunftsstaats und nicht des ersuchten Gerichtsstaats.[388] Untersuchungen von *Ehrle*[389] zufolge bleibt es trotz dieser Diskussion in der Praxis weitgehend unerwähnt, ob in Art. 3 HKÜ eine Gesamt- oder Sachnormverweisung gesehen werde, und aufgrund welcher Kollisionsnorm eine Sorgerechtsverletzung erkannt

384 *Hüßtege* UCCJA, S. 208; *Jorzik*, S. 31; s. a. *Gülicher*, S. 96 ff.

385 *Jorzik*, S. 31, m. w. N. S. a. *Ehrle*, S. 26, m. w. N.

386 So Staudinger-*Pirrung* (2009) Vorbem D 27 i. V. m. G 52 zu Art 19 EGBGB unter Verweis auf EGMR (Entscheidung v. 11.12.2006 – Beschwerde Nr. 41092/06 „Mattenklott ./. Deutschland“) FamRZ 2007, 1527 = BeckRS 2008, 06624 - beck-online. In Deutschland war bislang Art. 21 EGBGB einschlägig; nunmehr greifen die Kollisionsregeln der Artt. 15 ff. KSÜ, die im Gegensatz zum MSA auf staatsvertraglicher Ebene auch das auf gesetzliche Sorgeverhältnisse anzuwendende Recht regeln, vgl. Staudinger-*Pirrung* (2009) Vorbem D 27 zu Art 19 EGBGB, m. w. N. Zum staatsvertraglichen Kollisionsrecht des MSA s. insb. *Jorzik*, S. 31, m. w. N.

387 *Hausmann* IntEuSchR N 92.

388 *Hüßtege* IPRax 1992, 369, 371; PalArch/*Thorn* I. C. 3 HKEntfÜ Rn 25; NK-BGB/*Benicke* Anh. III zu Art. 24 EGBGB Art. 3 HKÜ Rn 13; *Hausmann* IntEuSchR N 92 („double renvoi“), m. w. N. Vgl. zum Grundsatz der Gesamtverweisung nach Art. 4 EGBGB ausführlich Staudinger-*Hausmann* (2013) Art. 4 EGBGB Rn 47 ff.

389 S. die Untersuchungen von *Ehrle*, S. 25 f.

worden sei.[390] Die Praxis begnügt sich auch laut *Pirrung* häufig mit einem Hinweis auf das Sachrecht des ersuchenden Staates.[391] Ein ausdrückliches Erörtern der kollisionsrechtlichen Rechtslage mag zwar meist zu keinem anderen Ergebnis führen,[392] könnte aber bisweilen gerade für den in seiner Rechtsstellung gegenüber dem eigenen Sachrecht benachteiligten Elternteil ein wenigstens formal besseres Verständnis in die Rechtslage fördern und damit möglicherweise auch die Akzeptanz von seiner Seite verstärken.

b) Unbeachtliche Anerkennungsfähigkeit der Sorgerechtszuweisung

Das alleinige Abstellen auf die Sichtweise des Herkunftsstaats spiegelt sich auch in der weiteren Frage, ob eine ausländische Sorgerechtsentscheidung auch dann für die Widerrechtlichkeit i. S. v. Art. 3 HKÜ maßgebend ist, wenn das der Entscheidung vorausgegangene Verfahren im Ausland so geführt wurde, dass aus innerstaatlicher Sicht eine Verletzung von Verfahrensgrundrechten des rechtlichen Gehörs oder des fairen Verfahrens vorläge, und somit in einem Anerkennungsverfahren eine Anerkennungsfähigkeit der Sorgerechtszuweisung in Zweifel zu ziehen wäre:[393] Dies wird nach h. M. aber abgelehnt:[394] Nach Art. 14 HKÜ komme es allein auf die Sicht des Herkunftsstaats an.[395] Eine inzidente Prüfung der Anerkennungsfähigkeit finde darum nicht statt und auch Ordre-public-Einwände könnten allenfalls über Art. 20 HKÜ berücksichtigt werden.[396] Dabei sei aber zu beachten, dass Art. 14 HKÜ nur das Hinwegsetzen über die Anerkennungsvorschriften der eigenen lex fori erlaube. Hätte also vor der Entführung aus dem Herkunftsstaat zunächst eine sorgerechtliche Entscheidung aus einem dritten Staat einer dortigen Anerkennung bedurft, dann kann die im Herkunftsstaat noch nicht anerkannte Entscheidung nicht zur Grundlage der Feststellung einer Widerrechtlichkeit gemacht werden.[397] Diese Maßstäbe werden auch für das KSÜ und die EuEheVO zugrundezulegen sein.

---

390 So *Ehrle*, S. 25 f. zu den meisten der von ihr untersuchten Entscheidungen.

391 Staudinger-*Pirrung* (2009) Vorbem D 27 zu Art 19 EGBGB.

392 So Staudinger-*Pirrung* (2009) Vorbem D 27 zu Art 19 EGBGB; ebenso *Ehrle*, S. 27, m. w. N., jedoch auf S. 30 auf die Gefährdung der Feststellung des nach dem HKÜ richtigen Sorgerechts hinweisend.

393 S. die Ausführungen bei *Ehrle*, S. 28 ff., m. w. N.; s. a. Staudinger-*Pirrung* (2009) Vorbem D 78 zu Art 19 EGBGB; *Hausmann* IntEuSchR N 100 und 205, m. w. N.

394 S. Nachweise bei *Ehrle*, S. 28.

395 *Ehrle*, S. 29 ff., m. w. N.; Staudinger-*Pirrung* (2009) Vorbem D 78 zu Art 19 EGBGB; *Hausmann* IntEuSchR N 100 und 205, m. w. N.

396 Staudinger-*Pirrung* (2009) Vorbem D 78 zu Art 19 EGBGB; zustimmend *Ehrle*, S. 28.

397 *Ehrle*, S. 29, m. w. N.; s. a. *Hausmann* IntEuSchR N 100, m. w. N.

c) Justiziabilität der originären Sorgerechtslage

Ungeachtet einer Anerkennungsfähigkeit im Zufluchtsstaat und der dort bestehenden Rechtsvorstellungen kann sich die weitere Frage stellen, ob der vorgenannte Gesamtnormverweis in das ausländische nationale Recht mit international und supranational bestehenden Grundwerten übereinstimmt, oder ob damit ein gravierender sachlich-rechtlicher Verstoß gegen das eigene Sachrecht verbunden ist. Dies war die zentrale Frage in dem Fall „J. McB. ./. L. E."[398] insofern, als aufgrund des maßgeblichen nationalen Rechts eine Widerrechtlichkeit zu verneinen war: Einem Vater war nach irischem Recht die Berufung auf Widerrechtlichkeit des Verbringens der Kinder durch die Mutter von Irland nach England gem. Art. 2 Ziff. 11 EuEheVO verwehrt, weil irisches Recht dem unverheirateten Vater des Kindes ohne dahingehende Vereinbarung oder gerichtliche Entscheidung kein originäres Sorgerecht zuschreibt, auch wenn er mit der Kindesmutter zusammengelebt und sich an der Erziehung des Kindes beteiligt hat. Daher kam die Frage auf, ob die EuEheVO im Lichte von Art. 7 GRCh, welcher Art. 8 EMRK[399] entspreche, einer solchen innerstaatlichen Regelung entgegenstehen könne. Auf Vorlage des irischen Supreme Court entschied der EuGH, dass zwar der Begriff des Sorgerechts i. S. v. Art. 2 Ziff. 9 EuEheVO autonom auszulegen sei, die Frage der Widerrechtlichkeit aber allein davon abhänge, ob nach dem anwendbaren nationalen Recht ein Sorgerecht verletzt worden sei. Einer solchen Auslegung stehe auch die GRCh nicht entgegen, denn Gegenstand der Prüfung sei in erster Linie

---

398 S. EuGH (Urteil v. 5.10.2010 – C-400/10 PPU: J. McB. ./. L. E.) FamRZ 2011, 272 (LS) = NJW-Spezial 2011, 101 = BeckEuRS 2010, 523574 - beck-online = BeckRS 2010, 91256 - beck-online = EuR 2011, 705; s. a. FamRZ 2010/Heft 20, Umschlagseite II. Zum Zeitpunkt, als die Britin L. E., die mit den Kindern zuvor schon wiederholt in einem irischen Frauenhaus Zuflucht gesucht hatte, mit den gemeinsamen Kindern von Irland nach England ausreiste, war der Sorgerechtsantrag des nicht mit ihr verheirateten irischen Vaters der Kinder mangels Zustellung noch nicht rechtshängig, so dass ihm die Ausstellung einer Widerrechtlichkeitsbescheinigung vom irischen High Court versagt wurde, und auf Beschwerde des Vaters hin legte der Supreme Court die Angelegenheit zur Vorabentscheidung dem EuGH vor, s. *Mansel/Thorn/Wagner* IPRax 2011, 1, 26; s. a. die Besprechung durch *Rieck* FamFR 2010, 576.

399 Für Deutschland ist die EMRK durch Zustimmungsgesetz als einfaches Gesetz in das nationale Recht überführt worden, s. *Hailbronner/Kau* in Graf Vitzthum, Völkerrecht, 3. Abschn. III Rn 248.

das Unionsrecht, das nationale Recht hingegen nur insoweit, als es das Unionsrecht durchführe, so dass die Grundrechtskonformität der Verweisung[400] auf nationales Recht in Art. 2 Ziff. 11 EuEheVO zu prüfen sei. Der EuGH sieht in diesem Verweis keinen Verstoß gegen Artt. 7 und 24 GRCh. Hierzu verweist er auch auf Rechtsprechung[401] des EGMR, der zufolge es auch im Licht des HKÜ nicht dem inhaltsgleichen Art. 8 EMRK widerspreche, wenn nationales Recht die elterliche Sorge nichtehelicher Kinder nur der Mutter zuerkenne, solange der Vater die Möglichkeit habe, auch ohne Zustimmung der Mutter das Sorgerecht zu beantragen. Den Rechten des Vaters, der ohne Sorgerecht nicht auf die Rückführung drängen könne, stehe das Recht der Mutter gegenüber, die sich darauf müsse verlassen können, dass sie in Ausübung der ihr gesetzlich zustehenden Sorge nicht rechtswidrig handle, dies auch mit Blick auf das Recht auf Freizügigkeit aus Artt. 20 II lit. a i. V. m. 21 I AEUV. Der Verweis der EuEheVO in das nationale, hier irische Recht werde demzufolge nicht als grundrechtswidrig angesehen.[402] In der vom EuGH in seinem Urteil „J. McB. ./. L. E." ebenfalls in Bezug genommenen Entscheidung „Zaunegger ./. Deutschland"[403] hatte der EGMR 2009 entsprechend umgekehrt entschieden, dass die in Deutschland bislang fehlende gerichtliche Überprüfbarkeit der ursprünglichen Übertragung der Sorge allein auf die Mutter als unverhältnismäßig und unvereinbar mit Artt. 14 i. V. m. 8 EMRK anzusehen sei.[404]

400 Nach *Siehr* IPRax 2012, 316, 319 rechtfertigte sich die EuGH-Prüfung des irischen (herkunftsstaatlichen) Rechts an seiner Vereinbarkeit mit der Charta nicht deshalb, weil die Begriffe des Sorgerechts und der Widerrechtlichkeit autonom auszulegen seien, sondern weil europäische Normen auf nationales Recht verweisen würden, und somit dieses – als nationales Recht nach einer europäischen Verordnung – als vom Europarecht berufen, auch der Charta genügen müsse.

401 S. Nachweise zu den hier in Bezug genommenen EGMR-Entscheidungen v. 2.9.2003 (Guichard ./. Frankreich) und v. 14.9.1999 (Balbontin ./. Vereinigtes Königreich) bei *Mansel/Thorn/Wagner* IPRax 2011, 1, 26; s. a. EGMR (Urteil v. 24.2.1995 – 51/1993/446/525 „McMichael ./.Großbritannien") bei *Rixe* FPR 2008, 222, 226 f.

402 Vgl. die Entscheidungsbesprechungen bzw. Zusammenfassungen des Falls J. McB. ./. L. E. von *Kohler/Pintens* FamRZ 2011, 1433, 1440; *Mansel/Thorn/Wagner* IPRax 2011, 1, 26 und *Rieck* FamFR 2010, 576. Zur aus diesem Fall erkennbaren „Tendenz des Gerichtshofs, in grundrechtssensiblen Bereichen weniger bestimmte Abwägungsergebnisse als eine hinreichende prozedurale Absicherung des Grundrechtsschutzes durch entsprechende Vorkehrungen einzufordern", s. *Wehlau/Lutzhöft* EuZW 2012, 45, 50.

403 EGMR (Urteil v. 3.12.2009 – 22028/04 „Zaunegger ./. Deutschland") FamRZ 2010, 103 = NJW 2010, 501.

404 Zur innerstaatlichen Umsetzung der Entscheidung „Zaunegger ./. Deutschland" s. u. 5. Teil. C („Einwirkungen auf das Sorgerecht nicht verheirateter Eltern").

Entscheidend ist somit sowohl nach der Rechtsprechung des EGMR als auch nach der des EuGH, ob die aus Sicht des ersuchten Gerichtsstaates grundrechtswidrige maßgebliche Sorgerechtslage des Herkunftsstaats justiziabel sei („Prozedurale Absicherung des Grundrechtsschutzes").[405] *Motzer* zieht aus der Entscheidung des EuGH den Schluss, dass ein automatischer Erwerb der gemeinsamen elterlichen Sorge nicht miteinander verheirateter Eltern nach der Entscheidung des EuGH weder durch die EuEheVO noch durch die GRCh geboten sei; Rechtsnachteile des nichtehelichen, am Sorgerecht (noch) nicht beteiligten Vaters seien im Fall der eigenmächtigen Verbringung der Kinder durch die Mutter ins Ausland somit hinzunehmen.[406]

Zusammenfassend verbleibt es also auch im Rahmen der Frage einer Grundrechtskonformität des Gesamtnormverweises dabei, dass die herkunftsstaatliche Sichtweise maßgeblich ist, jedenfalls solange diese justiziabel ist.

d) Beibehaltung der Widerrechtlichkeitsbescheinigung

Rein verfahrenstechnisch stellt sich dabei die Frage, ob mit dem KSÜ und der EuEheVO zur Überwindung von Schwierigkeiten bei der Ermittlung des ausländischen Kollisionsrechts auf eine Widerrechtlichkeitsbescheinigung aus dem Herkunftsstaat nach Maßgabe des Art. 15 HKÜ[407] zugegriffen werden kann. Eine dem Art. 15 HKÜ entsprechende Regelung findet sich in der EuEheVO nicht, woraus geschlossen wird, dass jedenfalls insoweit ihr Vorrang gegenüber dem HKÜ aus Art. 60 lit. e EuEheVO[408] nicht greife und daher auch im Anwendungsbereich der Artt. 10 und 11 EuEheVO ein Verfahren zur Feststellung der Widerrechtlichkeit nach dem innerstaatlichen § 41 IntFamRVG geführt werden

---

405 So diesen Fall einordnend s. *Wehlau/Lutzhöft* EuZW 2012, 45, 50.

406 *Motzer* FamRBint 2011, 6, 7; s. aber zur innerstaatlichen Umsetzung 5. Teil. C. II. 2 („Kontrolldefizit und Automatismus bei der Sorgerechtszuteilung").

407 Zu den möglichen Auswirkungen einer Widerrechtlichkeitsbescheinigung aus dem Ursprungsstaat s. etwa EGMR (Entscheidung v. 11.12.2006 – Beschwerde Nr. 41092/06 „Mattenklott ./. Deutschland") FamRZ 2007, 1527 = BeckRS 2008, 06624 - beck-online. Dort wurde die Widerrechtlichkeit des Verbringens nach Deutschland bejaht, obwohl die Entscheidung, mit der dem in Neu Mexiko/USA verbliebenen anderen Elternteil auf der Basis des dort geltenden Rechts das vorläufige Sorgerecht zugesprochen wurde, erst danach ergangen sei. Entscheidend sei die offenbar originäre (strittig war die Vaterschaft) Rechtslage des Entführungsstaats Neu Mexiko gewesen und das zweitinstanzliche OLG Celle habe sich dabei auf die Vorlage der Widerrechtlichkeitsbescheinigung nach Art. 15 HKÜ berufen.

408 S. oben 2. Teil. A. II. 2. c („Anwendung des HKÜ im Verhältnis zur EuEheVO").

könne, gleich wenn sich dieser nur auf das HKÜ beziehe.[409] Nichts anderes ist für die Widerrechtlichkeit nach dem KSÜ anzunehmen. Auch hier gilt daher schlussendlich die Sichtweise allein des die Widerrechtlichkeitsbescheinigung ausstellenden Herkunftsstaats.[410]

2. Verletzbarkeit des herkunftsstaatlichen Sorge- bzw. Umgangsrechts

a) Entführung durch den nicht- bzw. mitsorgeberechtigten Elternteil

Unproblematisch liegt Widerrechtlichkeit vor, wenn das Kind gegen oder ohne den Willen des allein sorgeberechtigten Elternteils vom nicht sorgeberechtigten Elternteil in einen anderen Staat verbracht oder dort im Anschluss an zunächst gestatteten Aufenthalt zurückgehalten wird. Für das HKÜ ist darüber hinaus unstreitig anerkannt, dass die Verletzung eines Mitsorgerechts[411] genügt, vgl. ausdrücklich Art. 3 I lit. a HKÜ.[412]

Ob die Verletzung eines gemeinsamen Sorgerechts genügt, wird auch im KSÜ ausdrücklich autonom beantwortet: So macht Art. 7 II lit. a KSÜ gleichlautend wie Art. 3 I lit. a HKÜ deutlich, dass die Verletzung eines Mitsorgerechts ausreichend ist. Ob die Parallelvorschrift des Art. 2 Ziff. 11 lit. a EuEheVO auch die Verletzung des gemeinsamen Sorgerechts impliziert, ergibt sich dort dagegen nicht so eindeutig, da eine entsprechende wörtliche Bezugnahme fehlt. Auch die Definition des Begriffs „Sorgerecht" in Art. 2 Ziff. 9 EuEheVO enthält keine ausdrückliche Abgrenzung. Allerdings enthält die dortige Legaldefinition keine Abweichung zu den Definitionen der Haager Abkommen. So sind unter dem Begriff des Sorgerechts die Rechte und Pflichten, die mit der Sorge für die Person des Kindes verbunden sind, insbesondere das Recht auf die Bestimmung des Aufenthaltsorts des Kindes, zu verstehen. Insoweit liegt Übereinstimmung mit Art. 5 lit. a HKÜ und Art. 7 II lit. a KSÜ vor, was die Auslegung des Sorgerechtsbegriffs selbst angeht.[413] Darüber hinaus stellt Art. 2 Ziff. 11 lit. b EuEheVO ausdrücklich auf eine gemeinsame Sorgerechtsausübung ab und impliziert damit, dass auch die Verordnung auf die Verletzung eines Mitsorgerechts anzuwenden ist. Auch für das Widerrechtlichkeitskriterium der EuEheVO ist die Verletzung

409 Rauscher/*Rauscher* EuZPR/EuIPR (2010) Art. 2 Brüssel IIa-VO Rn 27; i. E. ebenso Staudinger-*Pirrung* (2009) Vorbem D 27 zu Art 19 EGBGB.

410 Zu Anforderung und Bindungswirkung der Widerrechtlichkeitsbescheinigung s. u. 4. Teil. B. II. 5. a („Ermittlung des ausländischen Rechts").

411 Zur rechtsdogmatischen Grundlage dieses Gedankens s. o. 2. Teil. A. II. 2. a („Keine Identität des Streitgegenstandes") zu Art. 12 HKÜ.

412 Vgl. PalArch/*Thorn* I. C. 3 HKEntfÜ Rn 25 f., m. w. N.; s. a. *Vomberg/Nehls,* S. 14 ff.

413 NK-BGB/*Gruber* Anh. I zum III. Abschn. EGBGB Art. 2 EheVO 2003 Rn 3.

eines Mitsorgerechts daher ausreichend. Dementsprechend wendet die Rechtsprechung auch bei Verletzung eines Mitsorgerechts die EuEheVO an.[414]

b) Entführung durch den alleinsorgeberechtigten Elternteil

Der Widerrechtlichkeitstatbestand kann auch dann erfüllt sein, wenn der alleinsorgeberechtigte Elternteil selbst das Kind außer Landes verbringt. Das hängt davon ab, ob berücksichtigungsfähige Rechte des anderen Elternteils zu beachten sind, wenn der Alleinsorgeberechtigte sein Recht in Form einer Ausreise mit dem Kind zur Geltung bringt.

aa) Kollidierendes Umgangsrecht

Zunächst stellt sich hier die Frage, ob schon das Umgangsrecht des zurückverbliebenen nicht sorgeberechtigten Elternteils eine Widerrechtlichkeit der Verbringung dergestalt begründen kann, dass das Kind zurückgeführt werden müsste. Nach *Rauscher* kann ein Rückführungsverfahren auch eingeleitet werden, wenn der Alleinsorgeberechtigte das Kind in das Ausland verbringt, hierzu jedoch im Verhältnis zum Umgangsberechtigten nicht berechtigt sei; dies sei aus Sicht des (innerstaatlichen) § 1684 BGB dann der Fall, wenn das Familiengericht dem Sorgeberechtigten die Verbringung des Kindes in einen anderen Vertragsstaat untersagt habe.[415]

Mit dieser Ansicht, die nur prima facie die Verletzung eines bloßen Umgangsrechts als Rückführungsgrund behandelt, wird klargestellt, dass eine scharfe Trennung zwischen einer ex-post- und einer ex-ante-Beurteilung dieser Frage gezogen werden muss:

Vorab ist an dieser Stelle von dem Grundsatz auszugehen, dass mit Blick auf den Wortlaut der Artt. 1 und 5 lit. b HKÜ zwischen einer Sorgerechts- und einer Umgangsrechtsverletzung zu unterscheiden ist. Die Verletzung eines bloßen Umgangsrechts genügt grundsätzlich nicht, um die Rückführungssystematik des HKÜ auszulösen. Erforderlich ist hierfür vielmehr die Verletzung eines echten „Sorgerechts"-Anteils, den der bislang nicht sorgeberechtigte Elternteil nur erworben haben kann, indem die bisherige alleinige Berechtigung des Sorgeinhabers um diesen Teil beschränkt wurde.[416] Zwar wollen Artt. 1 lit. b und 21 HKÜ

---

414 OLG Düsseldorf OLGReport 2008, 733, 734; s. a. Rechtsprechungsnachweise bei Rauscher/*Rauscher* EuZPR/EuIPR (2010) Art 2 Brüssel IIa-VO Rn 26; vgl. auch die Ausführungen von *Holzmann,* Brüssel IIa VO, S. 175.

415 Staudinger-*Rauscher* (2006) § 1684 Rn 380 i. V. m. Rn 67 ff.

416 S. NK-BGB/*Benicke* Anh. III zu Art. 24 EGBGB Art. 3 HKÜ Rn 2 ff. und Art. 5 HKÜ Rn 6 f.; Staudinger-*Pirrung* (2009) Vorbem D 30 zu Art 19 EGBGB; s. a. *Limbrock*

die Beachtung eines bestehenden Umgangsrechts gewährleisten; gemeint ist damit aber die bloß umsetzende Realisierung dieses Rechts: Ein bestehendes (oder auch noch zu regelndes) Umgangsrecht soll mit Hilfe des HKÜ ungeachtet der Rechtmäßigkeit einer Aufenthaltsänderung durchgesetzt werden können, gleich ob im ersuchten Staat, im ersuchenden Staat oder in einem Drittstaat.[417]

Ein kollidierendes Umgangsrecht des nicht sorgeberechtigten Elternteils kann daher nicht genügen, um eine Auswanderung des alleinigen Sorgerechtsinhabers mit dem Kind ex post als widerrechtlich zu betrachten. Die von *Rauscher* angesprochene fehlende Berechtigung im Verhältnis zum umgangsberechtigten Elternteil setzt gerade voraus, dass der Grenzüberschreitung des alleinigen Sorgerechtsinhabers mit dem Kind eine gerichtliche Einschränkung des Sorgerechts, sei es innerstaatlich über § 1696 BGB oder § 1666 BGB, vorausgegangen ist. Eine solche, ggf. dem § 1684 BGB dienende sorgerechtseinschränkende Maßnahme setzt ihrerseits wiederum aber vorab eine ex-ante-Beurteilung der Auswanderungsabsicht voraus. Im Hinblick auf Freizügigkeit[418] und allgemeine Handlungsfreiheit (Art. 2 I GG[419]) des auswanderungswilligen Elternteils kann der bloß Umgangsberechtigte den Umzug mit dem Kind also nicht verhindern, auch wenn das eine Beeinträchtigung seines Umgangsrechts bedeutet.[420] Genauso wenig kann demzufolge die Beeinträchtigung des Umgangsrechts alleine genügen, um den Widerrechtlichkeitstatbestand im Nachhinein aus ex-post-Sicht als erfüllt anzusehen. Hat also der (unbeschränkt) allein sorgeberechtigte Elternteil das gemeinsame Kind über die Grenze verbracht, und bringt dies Erschwernisse bei der Durchführung des Umgangsrechts des nichtsorgeberechtigten Elternteils mit sich, kann die Aufenthaltsverlegung nicht nachträglich als

---

FamRZ 1999, 1631, 1632 insb. zu dem durch das HKÜ geschützten umgangsberechtigten Personenkreis.

417 S. Staudinger-*Pirrung* (2009) Vorbem D 24 und D 87 ff. zu Art 19 EGBGB; Staudinger[13]-*Pirrung* (1994) Vorbem zu Art 19 EGBGB Rn 646; s. dazu auch *Nehls* in Mediation bei internationalen Kindschaftskonflikten, S. 13, 28 f.

418 S. die diesbezüglichen Ausführungen des EuGH in dem oben unter 2. Teil. A. III. 1. c („Justiziabilität der originären Sorgerechtslage“) besprochenen Fall J. McB. ./. L. E.

419 Zur allgemeinen Handlungsfreiheit des Auswanderungswilligen s. OLG Hamm FamRZ 2011, 1151 = BeckRS 2010, 31017 – beck-online, bespr. durch *Ernst* FamFR 2011, 44.

420 MüKoBGB[6]-*Hennemann* § 1684 Rn 52 ff.; BGH FamRZ 2010, 1060, 1062 mit Anm. *Völker*, S. 1065, 1067; vgl. ausführlich *Limbrock* FamRZ 1999, 1631, 1632 sowie *Born* FamFR 2009, 129 ff.

widerrechtlich angesehen werden; eine Rückführung auf der Basis des HKÜ ist in einem solchen Fall weder veranlasst noch zulässig.[421]

bb) Ex-ante-Beurteilung der Auswanderungsabsicht

Demgegenüber kann das einschlägige Sorgerechtsstatut aber vorsehen, dass der allein Sorgeberechtigte in der Ausübung des Aufenthaltsbestimmungsrechts Beschränkungen unterworfen ist und den Herkunftsstaat ohne Zustimmung des anderen Elternteils oder des Gerichts nicht mit dem Kind verlassen darf. Überschreitet der allein sorgeberechtigte Elternteil dennoch ohne eine solche Erlaubnis mit dem Kind die Grenze, gilt diese Verbringung im Rahmen des Gesamtnormverweises als widerrechtlich i. S. v. Art. 3 HKÜ.[422] Dies wird etwa in Fällen von „residence orders“[423] nach englischem Recht relevant, wenn ein längerer Auslandsaufenthalt des Kindes von der Zustimmung des (weiteren) Inhabers der elterlichen Verantwortung oder von einer gerichtlichen Erlaubnis abhängt.[424] Wie z. B. in den USA der Sorgeberechtigte je nach bundesstaatlicher Regelung hinsichtlich der Frage des Aufenthaltswechsels eingeschränkt sein kann, kennen auch andere Staaten die Entscheidung über die Frage des Umzugs in der Sache selbst.[425] Auch eine Gerichtsvormundschaft i. S. eines „ward of court“[426] kann den Inhaber der elterlichen Verantwortung in der Bestimmung des Kindesaufenthalts unmittelbar beschränken.

---

421 Vgl. PalArch/*Thorn* I. C. 3 HKEntfÜ Rn 25, m. w. N.

422 Vomberg/Nehls, S. 13, m. w. N. Zur Maßgeblichkeit des herkunftsstaatlichen Sorgerechtsstatuts s. oben 2. Teil. A. III. 1. a („Herkunftsstaatliches Sorgerechtsstatut“).

423 *Martiny* FamRZ 2012, 1765, 1772.

424 *Martiny* FamRZ 2012, 1765, 1772, m. w. N.

425 So *Martiny* FamRZ 2012, 1765, 1772 f., m. w. N.

426 Zu den Begriffen des „ward of court“ bzw. „Mündel des Gerichts“ s. *Siehr* IPRax 2005, 526 ff. (auf S. 528 eine innerstaatliche Einführung dieses Rechtsinstituts andenkend) zu OLG München IPRax 2005, 550 ff. Dieses war in seiner Entscheidung zu der Feststellung gelangt, dass mit Anhängigkeit eines sorgerechtlichen Antrags nach schottischem Recht eine Gerichtsvormundschaft entstehe, wodurch der sorgeberechtigte Elternteil die Entscheidungen für sein Kind nicht mehr ohne gerichtliche Zustimmung treffen könne. Finde eine Rückverweisung auf das deutsche Recht nicht statt, bedeute eine unerlaubte Verbringung des Kindes in einen anderen Vertragsstaat daher eine Verletzung des behördlichen Sorgerechts i. S. d. Art. 3 HKÜ, vgl. OLG München IPRax 2005, 550, 551 f., m. w. N.; s. a. Staudinger-*Pirrung* (2009) Vorbem D 29 zu Art 19 EGBGB.

Nach innerstaatlichen Vorstellungen[427] dagegen darf der Richter nur die Kompetenz zur Bestimmung des Kindesaufenthalts auf einen der Elternteile übertragen, nicht aber die Sachentscheidung anstelle der Eltern selbst treffen.[428] Wenn und solange beide Elternteile die elterliche Sorge für ein Kind gemeinsam ausüben, also noch keine gerichtliche Zuweisung des Aufenthaltsbestimmungsrechts erfolgt ist, ist der auswanderungswillige Elternteil gehindert, seinen Umzug mit dem Kind durchzuführen.[429] Nach welchen Kriterien sich die letztendlich anstehende gerichtliche Zuweisung in diesem Fall allerdings richtet, ist strittig, sowohl wenn es darum geht zu entscheiden, welcher der beiden noch gemeinsam sorgeberechtigten Elternteile zukünftig zur Bestimmung des Kindesaufenthalts berechtigt sein soll, als auch hinsichtlich der Frage, ob und wie es sich auswirkt, wenn der auswanderungswillige Elternteil bereits aufgrund originärer Rechtslage oder richterlicher Anordnung die alleinige Befugnis innehat, den Aufenthalt des Kindes zu bestimmen, und durch den Wegzug des Kindes die Ausübung des Umgangsrechts des anderen Elternteils aber beeinträchtigt wäre:[430] So stellt eine enge Ansicht auf die Vermutung aus § 1626 III 1 BGB ab und geht davon aus, dass eine wesentliche Erschwernis oder gänzliche Vereitelung des Umgangsrechts einem Auslandsumzug des Kindes im Zweifel entgegenstehen solle. Nach weiter Auffassung dagegen soll die (zukünftige oder bereits bestehende) alleinige Befugnis, den Aufenthalt des Kindes zu bestimmen, grundsätzlich nicht durch das Umgangsrecht des anderen Elternteils beeinträchtigt sein. Nach der herrschenden vermittelnden Auffassung sollen Erziehungseignung des auswanderungswilligen Elternteils und mögliche Auswirkungen der Auswanderung auf das Kindeswohl und auf wichtige Kindesinteressen mit den Gründen für den Wegzug abgewogen werden.[431] Im Endeffekt solle also entscheidend sein, welche Variante für das Kindeswohl die bessere Lösung darstelle: die Auswanderung mit dem einen Elternteil

---

427 Vgl. insb. vom common law abgrenzend *Martiny* FamRZ 2012, 1765, 1771 ff.

428 Palandt-*Götz* § 1628 Rn 9, m. w. N.; *Jorzik,* S. 224; so wohl auch zu verstehen bei *Dötsch* NJW-Spezial 2008, 100, m. w. N.; s. a. *Schwab,* Familienrecht Rn 675 grundsätzlich zu Meinungsverschiedenheiten zwischen den sorgeberechtigten Eltern sowie Martiny FamRZ 2012, 1765, 1773 f., m. w. N.

429 So der Beraterhinweis von *Motzer* FamRBint 2010, 51, 52.

430 Vgl. OLG Karlsruhe OLGReport 2009, 95 f., m. w. N. Die nun folgende Zusammenfassung und Einteilung des Meinungsstandes ist den Ausführungen des OLG Karlsruhe a. a. O. sowie entsprechenden Ausführungen von *Born* FamFR 2009, 129, 131 f. entnommen.

431 So die Darstellung des Meinungsstandes bei OLG Karlsruhe OLGReport 2009, 95 f., m. w. N.; *Born* FamFR 2009, 129, 131 f.

oder der Verbleib im Inland bei dem anderen Elternteil.[432] Teilweise wurde dabei aber vorausgesetzt, dass der Sorgerechtsinhaber für seinen Weggang triftige Gründe haben müsse, die gewichtiger seien als das Umgangsinteresse, z. B. die Sicherung der Existenz, also etwa berufliche Gründe, aber auch private Gründe wie eine Rückkehr in den Heimatstaat.[433] Im Gegensatz dazu entschied der BGH[434] 2010, dass Motive[435] und triftige Gründe für die geplante Auswanderung weder zur familiengerichtlichen Überprüfung stünden noch angeführt werden müssten. Da die allgemeine Handlungsfreiheit des auswanderungswilligen Elternteils nicht eingeschränkt werden dürfe, sei eine Lösung, dass dieser etwa mit dem Kind im Inland bleiben könne, aus der Prüfung herauszuhalten; maßgeblich sei allein, wie sich die tatsächliche Umsetzung der Auswanderung auf das Kindeswohl auswirken werde. Triftige Gründe fänden daher nur im Rahmen der erforderlichen Kindeswohlprüfung, mithin also bei der Prüfung von Bindungsqualität, Kontinuität und elterlicher Erziehungseignung Berücksichtigung. Letztere stehe etwa insbesondere dann in Frage, wenn das Auswanderungsvorhaben ersichtlich unvernünftig und mit schädlichen Folgen für das Kind verbunden sei.[436] Schlussendlich ist nach Auffassung des BGH entscheidend, „welche Alternative dem Kindeswohl besser dient

432 OLG Köln FamRZ 2011, 490 im Anschluss an BGH FamRZ 2010, 1060; ebenso OLG Hamm FamRZ 2011, 1151 = BeckRS 2010, 31017 - beck-online, bespr. durch *Ernst* FamFR 2011, 44.

433 So das OLG Karlsruhe OLGReport 2009, 95, 96, m. w. N.; OLG München FamRZ 2008, 1774, 1775; *Born* FamFR 2009, 129 ff. ausführlich mit Beispielsfällen; Staudinger-*Rauscher* (2006) § 1684 Rn 380 i. V. m. Rn 72. Laut *Büte* FuR 2011, 421, 425 verneint z. B. das OLG Koblenz FamRZ 2010, 1572 triftige Gründe, wenn der Umzugsplan nicht auf einer ernsthaften und wohlbegründeten Planung des künftigen Lebens beruhe, gefestigte soziale Bindungen in dem anderen Staat fehlten und vorrangiges Ziel sei, den Umgang des anderen Elternteils zu vereiteln.

434 BGH FamRZ 2010, 1060 ff. mit Anm. *Völker*, S. 1065, 1066, m. w. N.; s. a. die Zusammenfassung der Entscheidung bei *Motzer* FamRBint 2010, 51, 52; s. im Anschluss daran OLG Hamm FamRZ 2011, 1151 = BeckRS 2010, 31017 - beck-online, bespr. durch *Ernst* FamFR 2011, 44. S. hierzu auch *Giers* FamRBint 2011, 8 betonend, dass das OLG Koblenz die Entscheidung des BGH noch nicht habe berücksichtigen können, aber im Hinblick auf die neue Umgebung sowohl für Kind als auch Mutter auch wohl danach zu keinem anderen Ergebnis gekommen wäre.

435 Im betreffenden Fall beabsichtigte die Mutter einen Umzug mit dem Kind zu ihrem Lebensgefährten nach Mexiko, s. BGH FamRZ 2010, 1060, 1061.

436 BGH FamRZ 2010, 1060, 1062; s. die diesbezügliche Zusammenfassung durch *Büte* FuR 2011, 421, 425.

und wie die im Einklang mit dem Kindeswohl auszuübenden Elternrechte beider Eltern zu einem schonenden Ausgleich zu bringen sind.“[437]

Entsteht also ein Elternstreit um ein Auswanderungsvorhaben noch während einer gemeinsamen Sorgerechtsausübung, erfolgt eine gerichtliche Zuteilung des Aufenthaltsbestimmungsrechts auf der Basis einer vollständigen Kindeswohlprüfung. Hat der auswanderungswillige Elternteil das alleinige Sorge- bzw. Aufenthaltsbestimmungsrecht zu diesem Zeitpunkt hingegen bereits inne, fällt, insbesondere mit Rücksicht auf das Umgangsrecht des anderen Elternteils, eine Überprüfung der bestehenden Sorgerechtslage (ggf. nach §§ 1696 bzw. 1666 BGB) nach den vorgenannten Maßstäben an. Eine Auswanderung mit dem Kind beurteilt sich – auch unter Berücksichtigung der Elternrechte (Art. 6 II 1 GG) beider Elternteile[438] – aus ex-ante-Sicht also nach dem Maßstab des Kindeswohls.

cc) Kollidierendes Restsorgerecht

Insoweit drängt sich die Frage auf, ob im Rahmen der Beurteilung des Widerrechtlichkeitskriteriums ex post dieselben Kriterien gelten: Da die Beeinträchtigung des Umgangsrechts allein eine Rückführung nach dem HKÜ nicht rechtfertigt,[439] kommt hier nur eine Verletzung von Rest-Sorgeanteilen in Frage. Wandert also der aufenthaltsbestimmungsberechtigte Elternteil, der sich im Übrigen die Restsorge mit dem anderen Elternteil teilt, mit dem Kind ohne dessen Zustimmung aus, stellt sich die Frage der Widerrechtlichkeit.[440] Denkbar wäre demgegenüber, dass im Hinblick auf Freizügigkeit und Handlungsfreiheit des allein Aufenthaltsbestimmungsberechtigten die Beeinträchtigung allein der Rest-Rechte des anderen Elternteils für eine Widerrechtlichkeit der Aufenthaltsänderung nicht ausreichend ist, insofern als die Bestimmung des Kindesaufenthalts gerade den Kernbereich des Aufenthaltsbestimmungsrechts bildet:

(1) Differenzierung nach der EU-Zugehörigkeit des Zufluchtsstaats

Das OLG Köln[441] nimmt bei dieser Frage eine Grenze der Bestimmungsbefugnis des allein Aufenthaltsbestimmungsberechtigten an, wenn dessen Auswanderung mit dem Kind in einen entfernten Staat außerhalb der EU, hier Thailand, erfolge, da eine solche dauerhafte Übersiedlung die Ausübung des

---

437 BGH FamRZ 2010, 1060, 1064.

438 Auch hierauf ausdrücklich verweisend s. BGH FamRZ 2010, 1060, 1062, m. w. N.

439 S. o. 2. Teil. A. III. 2. b) aa („Kollidierendes Umgangsrecht“).

440 So die zentrale Fragestellung bei OLG Köln FamRZ 2010, 913 und OLG Koblenz NJW 2008, 238 = FamRZ 2008, 813 (LS).

441 OLG Köln FamRZ 2010, 913.

übrigen (Rest-)Sorgeanteils des zurückverbleibenden Elternteils unzulässig beeinträchtige. Während innerhalb der EU ein Wechsel zu akzeptieren sei, da der andere Elternteil seine (Rest-)Mitsorge in solchen Fällen auch von seinem Heimatland aus in ausreichenden Maße ausüben könne, mache eine Übersiedlung von Deutschland nach Thailand aufgrund der Entfernung und der damit zusammenhängenden Probleme einer hinreichenden Kommunikation mit dem Kind und dessen Bezugspersonen eine Ausübung der den Eltern gemeinsam zustehenden Teilbereiche der elterlichen Sorge wie z. B. Gesundheitsfürsorge, Vermögenssorge und Entscheidungen über Religion und Schule tatsächlich unmöglich. Das Mitsorgerecht werde rein tatsächlich auf ein nur formal bestehendes Sorgerecht reduziert und damit vereitelt.[442] Auf demselben Differenzierungsmaßstab beruht die Entscheidung des OLG Koblenz im entgegengesetzten Fall: Die Widerrechtlichkeit einer Verbringung des gemeinsamen Kindes durch die allein aufenthaltsbestimmungsberechtigte Mutter von Deutschland nach England wurde hier verneint, weil innerhalb der EU keine gravierenden Unterschiede zwischen den Rechtssystemen und Lebensverhältnissen der Mitgliedstaaten bestünden und das Mitsorgerecht in ausreichendem Maß ausgeübt werden könne.[443]

Der BGH indes hat trotz der Auswanderungsabsicht eines Elternteils nach Mexiko im Rahmen einer ex-ante-Betrachtung eine solche Unterscheidung nicht gemacht, sondern – wie oben[444] dargelegt – festgestellt, dass der auswanderungswillige Elternteil gemeinsam mit dem Kind rechtmäßig in das Ausland ziehen dürfe, wenn und solange ihm das Aufenthaltsbestimmungsrecht übertragen sei.[445] Demzufolge stehen sich nach *Völker* nur die Alternativen Auswanderung mit dem Kind oder Wechsel des Kindes zum bisher nicht betreuenden Elternteil gegenüber, so dass aus diesem Gesichtspunkt heraus die Auswirkungen der Auswanderung zu prüfen seien.[446]

Geht es also um eine ex-post-Beurteilung der Widerrechtlichkeit einer bereits erfolgten Verbringung soll nach der Ferne bzw. der EU-Zugehörigkeit des Zufluchtsstaats differenziert werden, geht es aber um eine ex-ante-Beurteilung der

---

442 So das OLG Köln FamRZ 2010, 913.

443 S. OLG Koblenz NJW 2008, 238 sowie die Zusammenfassung der Entscheidung durch *Born* FamFR 2009, 129, 130.

444 2. Teil. A. III. 2. b) bb („Ex-ante-Beurteilung der Auswanderungsabsicht").

445 BGH FamRZ 2010, 1060, 1061 mit Anm. *Völker*, S. 1065, 1066, m. w. N.; s. a. *Motzer* FamRBint 2010, 51, 52.

446 *Völker* zu BGH FamRZ 2010, 1060 mit Anm. *Völker*, S. 1065, 1066.

Auswanderungsabsicht im Rahmen einer Sorgerechtsverteilung soll dies nicht das ausschlaggebende Abgrenzungsmerkmal sein.

(2) Stellungnahme

Dieser Differenzierung stehen Bedenken entgegen: Wenn auch die gemeinsame Ausübung des Sorgerechts, mithin der restlichen Sorgeanteile je nach Entfernung schwieriger wird, so erscheint eine pauschale Unterscheidung nach der EU-Zugehörigkeit des zukünftigen Aufenthaltsstaates nicht ohne weiteres sachgerecht. Schon ein Aufenthalt in einem angrenzenden Staat kann eine gemeinsame Sorgerechtsausübung maßgeblich beeinträchtigen, sogar in bloß innerstaatlichen Fällen der Aufenthalt in einer anderen Stadt desselben Aufenthaltsstaates.[447] Zweifelhaft ist beispielweise, ob eine Restsorge von Deutschland aus in Griechenland leichter auszuüben sein soll als etwa in Thailand. Daher erscheint die Zugehörigkeit zur EU nicht als geeignetes Kriterium, um der Ausübung einer Restsorge zur Realisierung zu verhelfen.[448]

Die Distanz als Kriterium lässt darüber hinaus das Aufenthaltsbestimmungsrecht selbst zu einem den anderen Teilbereichen des Sorgerechts untergeordneten Recht verkümmern. Wird das Aufenthaltsbestimmungsrecht davon abhängig gemacht, wie sich die Distanz auf die übrigen Rechte auswirkt, wird die Ausübung des Rechts nicht mehr dem Aufenthaltsbestimmungsberechtigten überlassen, obwohl dies der Kernbereich seines Rechts ist. Wie er diesen Kernbereich ausfüllt, ist ihm überlassen. Grundsätzlich darf also der das Aufenthaltsrecht uneingeschränkt besitzende Elternteil eine Entscheidung über den Umzug eigenständig treffen, gleich ob innerhalb Europas oder weltweit.

Es liefe auf einen Zirkelschluss hinaus, wenn einerseits ex ante dem bislang nur Mit-Aufenthaltsbestimmungsberechtigten das alleinige Aufenthaltsbestim-

---

447 Zum Vergleich von innerstaatlichen Entfernungen mit den oftmals nicht größeren Entfernungen innerhalb Europas s. *Born* FamFR 2009, 129, 130 zu OLG Koblenz NJW 2008, 238. Die Unterscheidung nach der EU-Zugehörigkeit ablehnend s. a. NK-BGB/*Benicke* Anh. III zu Art. 24 EGBGB Art. 3 HKÜ Rn 10 ff., die Lösung stattdessen in einer generellen Beschränkung des angeordneten Aufenthaltsbestimmungsrechts auf das Inland sehend, wenn eine Auslandserweiterung nicht ausdrücklich vorgesehen sei. Letzterer Ansicht zustimmend s. *Hausmann* IntEuSchR N 80, m. w. N., wonach vieles dafür spreche, die Verletzung des Mitsorgerechts stets als widerrechtlich anzusehen, wenn dem Inhaber des alleinigen Aufenthaltsbestimmungsrechts nicht ausdrücklich der Umzug mit dem Kind ins Ausland gestattet worden sei.

448 Wenn auch innerhalb der EU Freizügigkeit gelte, sieht *Stößer* FamRBint 2008, 5, 6 eine praktische Verunmöglichung verbliebender Sorgeanteile.

mungsrecht zugesprochen würde und dabei seine Auswanderungsabsicht ohne Beschränkung auf bestimmte Territorien Beachtung fände, andererseits aber die Auswanderung eines originär oder jedenfalls schon länger das alleinige Aufenthaltsbestimmungsrecht ausübenden Elternteils in einen nicht der EU angehörigen Drittstaat ex post als widerrechtlich angesehen würde: Einerseits gälte es als gerechtfertigt, die Aufenthaltsbestimmung zunächst einem Elternteil positiv zuzuerkennen, um andererseits im Nachhinein von einer rechtswidrigen Ausübung eben dieses zuerkannten Rechts auszugehen. Auch die Auswanderung in letzterem Fall sollte allenfalls Anlass zur Überprüfung der bisherigen Sorgerechtslage nach allgemeinen Maßstäben führen dürfen, nicht aber zu einer Rückführung auf der Basis des HKÜ. Ein alleiniges Aufenthaltsbestimmungsrecht beruht (sonst würde es sich um ein originäres gesetzliches vollständiges Sorgerecht handeln) auf einer einmal gerichtlich getroffenen Sorgerechtsverteilung. Dieses kann der Berechtigte uneingeschränkt ausüben, solange keine andere Entscheidung getroffen wurde. Soll also die Auswanderung verhindert werden, bedürfte es eines entsprechenden ordentlichen Abänderungsverfahrens nach Maßgabe nationaler familienrechtlicher Vorschriften. Solange diese Änderung aber nicht wirksam vorgenommen wurde, muss sich der allein Aufenthaltsbestimmungsberechtigte auf die Rechtmäßigkeit der Ausübung seines Rechts verlassen können, s. oben[449] angeführte entsprechende Ausführungen des EuGH im Fall J. McB. ./. L. E. Stünde eine Auswanderung des allein Aufenthaltsbestimmungsberechtigten stets für eine ex-post-Widerrechtlichkeitsprüfung zur Verfügung, käme es zu einer nicht hinnehmbaren Rechtsunsicherheit für den Inhaber dieses Rechts.[450] Unbenommen ist dabei die Justiziabilität in Bezug auf die Frage, ob die bestehende Sorgeverteilung noch vertretbar ist. Geht es aber um einschneidende Maßnahmen wie die Rückführung eines Kindes, erscheint es sachgerecht, bestehende Rechte und maßgebliche Zeitpunkte ihres Bestehens klar zu definieren, insbesondere in einem emotionsbelasteten Bereich, bei dem es leicht zu Unschärfe kommen kann.

---

449 2. Teil. A. III. 1. c („Justiziabilität der originären Sorgerechtslage“).

450 Zweifel bestehen daher auch an der Widerrechtlichkeit im Fall EGMR (Urteil v. 12.7.2011 – Beschwerde Nr. 14737/09 „Šneersone und Kampanella ./. Italien“) FamRZ 2011, 1482 ff. mit Anm. *Henrich*, S. 1484, die sowohl von den lettischen und italienischen Fachgerichten angenommen wie auch vom EGMR bestätigt wurde. Nachdem der lettischen Mutter in Italien das alleinige Sorgerecht übertragen worden war und sie das Kind 1 ½ Jahre später nach Lettland verbrachte, stellt *Henrich* a. a. O. in Frage: „war die Entführung nach der Übertragung der alleinigen Sorge auf die Mutter tatsächlich widerrechtlich?“.

dd) Anhängigkeit eines Sorgerechtsabänderungsantrags

(1) Problemstellung

Fraglich ist weiter, ob der aufenthaltsbestimmungsberechtigte oder gar vollständig allein sorgeberechtigte Elternteil rechtswidrig handelt, wenn er das Kind in einem laufenden sorgerechtlichen Verfahren über die Grenze bringt. Diskutiert wird in diesem Zusammenhang, ob sich das bloß beanspruchte, noch in der Entstehung befindliche Recht des anderen Elternteils auf die Beurteilung der Widerrechtlichkeit auswirken könne; ausgeführt werde insoweit von *Siehr*:[451] „Wo der Vater eines nichtehelichen Kindes im Zeitpunkt des Verbringens ohne Gerichtsentscheidung kein Sorgerecht und nur ein Umgangsrecht hat und auch nicht tatsächlich für das Kind sorgt, ist das Fortziehen der Mutter mit dem Kind keine Entführung, geschweige denn ein widerrechtliches Verbringen.“ Laut der Interpretation des OLG München macht diese Literaturansicht wohl nur dann eine Einschränkung im Hinblick auf die Verletzbarkeit eines nur in der Entstehung befindlichen Rechts, wenn sich der Antragsteller vor dem Aufenthaltswechsel nicht um das Kind gekümmert habe.[452] Nach h. M. wird im Rahmen des HKÜ dagegen vertreten, dass sich der andere Elternteil nicht auf eine Sorgerechtsverletzung berufen könne, wenn der Sorgerechtsinhaber den Aufenthaltsort noch vor Beschlussfassung ändere, auch dann nicht, wenn ein die bisherige Sorgerechtslage abändernder Beschluss erwartet werde; maßgeblich sei allein die Sorgerechtslage zum Zeitpunkt des Aufenthaltswechsels, d. h. unmittelbar vor dem Verbringen/Zurückhalten.[453]

---

451 S. die Diskussion bei OLG München IPRax 2005, 550, 551 unter Verweis auf MüKoBGB[3]-*Siehr* Art. 19 EGBGB Anh. II HEntfÜ Rn 23; die aktuelle Zitatfassung wurde vorliegend entnommen aus MüKoBGB[5]-*Siehr* Art. 21 EGBGB Anh. II HEntfÜ Rn 27, m. w. N.

452 So das OLG München IPRax 2005, 550, 551 unter Verweis auf die vorgenannte Fundstelle.

453 Staudinger-*Pirrung* (2009) Vorbem D 31 zu Art 19 EGBGB, m. w. N.; *Vomberg/Nehls*, S. 15 f., m. w. N. Der die Rückführung begehrende Elternteil muss zum Zeitpunkt des Aufenthaltswechsels zumindest mitsorgeberechtigt sein, vgl. NK-BGB/*Benicke* Anh. III zu Art. 24 EGBGB Art. 3 HKÜ Rn 21, m. w. N. Das im Herkunftsstaat geführte Sorgerechtsverfahren kann letztlich auch zu dem gegenteiligen Ergebnis führen, dass das Sorgerecht allein dem Entführer zugesprochen wird, womit nachträglich die Widerrechtlichkeit entfiele (Art. 13 I lit. a HKÜ analog) bzw. ein Versagungsgrund nach Art. 13 I lit. b HKÜ entstünde; es wäre dann als reine Sanktion des Antraggegners und als kindeswohlunverträglich zu betrachten, das Kind in das Herkunftsland zurückzubringen, wenn der Entführer mit ihm sogleich legal wieder ausreisen könnte, s. *Schulz* zu EuGH (Urteil v. 11.7.2008 – Rs. C-195/08

Dieser Streit hat praktische Auswirkung nicht nur auf die Frage der Rückführung in den Herkunftsstaat im Rahmen des HKÜ, sondern auch auf die Bestimmung der dortigen Zuständigkeit:[454] Reicht der nicht sorgeberechtigte Elternteil vor der Auswanderung des Sorgeberechtigten mit dem Kind einen Antrag auf Sorgerechtsänderung ein, so erfolgt dieser noch an das nach Maßgabe der Art. 5 KSÜ bzw. Art. 8 EuEheVO zuständige Gericht des bisherigen Kindesaufenthalts. Wenn aber die Freizügigkeit des Sorgeberechtigten, mithin sein Aufenthaltsbestimmungsrecht, durch Anhängigmachen[455] eines solchen Antrags beschränkt und die nachfolgende Auswanderung damit als rechtswidrig anzusehen wären, käme es international zu einer Fortsetzung der Zuständigkeit auf der Basis der Artt. 5 i. V. m. 7 KSÜ und innerhalb der EU zu einer perpetuatio fori nach Art. 8 I EuEheVO. Jedenfalls würde sich an der Zuständigkeit des bisherigen Aufenthaltsstaats nach beiden Konstruktionen zumindest zunächst nichts ändern. Der

---

PPU: Rinau) FamRZ 2008, 1729 mit Anm. *Schulz*, S. 1732, 1733; NK-BGB/Benicke Anh. III zu Art. 24 EGBGB Art. 3 HKÜ Rn 23 f. und Art. 13 HKÜ Rn 29, m. w. N.; *Vomberg/Nehls*, S. 42 und 64; OGH IPRax 2000, 141; *Hausmann* IntEuSchR B 221, m. w. N. Eine bloß wahrscheinliche Sorgerechtsübertragung auf den Entführer genügt für eine Rückgabeablehnung jedoch nicht, s. NK-BGB/*Benicke* Anh. III zu Art. 24 EGBGB HKÜ Art. 13 Rn 27, m. w. N. In beiden Richtungen also darf nur eine geklärte Sorgerechtslage die Frage des Widerrechtlichkeitstatbestandes beantworten.

454 Keine Auswirkung auf die Entführungszuständigkeiten hat dagegen die oben im 1. Teil. A. III. („Europäisches Sorgerechtsübereinkommen von 1980") angesprochene, vertragsstaatlich unterschiedliche Anwendung des HKÜ auf nachträgliche Sorgerechtsentscheidungen: Die einmal bereits wegen einer bestimmten Sorgerechtslage zuständige Instanz wird nicht nachträglich rückwirkend unzuständig, weil es selbst eine Entscheidung trifft, die sich auf die Sorgerechtslage auswirkt. Wie sich ein Aufenthaltswechsel nach erstinstanzlicher (bereits wirksamer) Sorgerechtsänderung auf die Zuständigkeit höherer Instanzen auswirkt, ist vielmehr wiederum eine Frage der perpetuatio fori im laufenden Verfahren, s. dazu unten 3. Teil. A. I. 1. c („Aufenthaltswechsel in einem laufenden Verfahren").

455 Nötig, aber auch ausreichend für eine Anrufung des Gerichts ist nach Maßgabe des Art. 16 EuEheVO, wenn bei ihm ein verfahrenseinleitendes oder gleichwertiges Schriftstück eingereicht wurde, d. h. maßgeblich ist die Anhängigkeit (Einreichung), nicht nötig die Rechtshängigkeit des sorgerechtlichen Antrags, vgl. EuGH (Urteil v. 22.12.2010 – Rs. C-497/10 PPU: Mercredi ./. Chaffe) FamRZ 2011, 617, 618 mit Anm. *Henrich*, S. 620, 621; s. a. Krenzler/Borth-*Niethammer-Jürgens* M Rn 156 f.; s. dagegen noch wohl Rechtshängigkeit erwägend Staudinger-Pirrung (2009) Vorbem C 56 zu Art 19 EGBGB.

zurückverbliebene, noch in der anwartschaftlichen[456] Position befindliche Elternteil hätte den Vorteil des Gerichtsstandes an seinem Wohnort. Wird dagegen mit der h. M. davon ausgegangen, dass das Anhängigmachen eines Sorgerechtsantrags ohne Einfluss auf die Rechtmäßigkeit der Auswanderung ist, kann es je nach Aufenthaltslage nach Maßgabe des KSÜ zu einer Zuständigkeitsverlagerung in das internationale Ausland kommen (Art. 5 II KSÜ); dagegen verbleibt es wegen der Anhängigkeit des Sorgerechtsantrags innerhalb der EU bei einer Zuständigkeit des bisherigen Aufenthaltsstaats nach Maßgabe der in Art. 8 I EuEheVO vorgesehenen perpetuatio fori. Dieser Meinungsstreit wirkt sich zumindest in internationalen Entführungsfällen auf die Zuständigkeitsbestimmung und damit möglicherweise auch sachlich-rechtlich aus, wenn die Feststellung der Widerrechtlichkeit im Rahmen der Zulässigkeitsprüfung präjudizierend auch auf die Begründetheitsprüfung durchschlägt.

(2) Lösung

Für die Ansicht, dass die erfolgversprechende Anhängigkeit eines Sorgerechtsantrags die Freizügigkeit des bislang Alleinsorgeberechtigten mit dem Kind beeinflusse, ließe sich anführen, dass ein unnötiges Verbringen des Kindes ins Ausland durch den noch sorgeberechtigten Elternteil vermieden werden könnte. Schon im Rahmen des HKÜ dürfte diese Ansicht aber von vielen Unwägbarkeiten bzw. Erwartungen abhängen und dementsprechend erhebliche Unsicherheit in das Rückgabeverfahren bringen. Mithin stellt auch die Erwartung einer für den ersuchenden Elternteil günstigen Sorgerechtsentscheidung keine letzte Sicherheit dar, die es rechtfertigen würde, den von ihm selbst veranlassten und noch nicht wirksam verbeschiedenen Angriff auf das alleinige Sorgerecht des anderen Elternteils als ausreichende Beschränkung der gegenwärtigen Sorgerechtsausübung anzusehen. Damit würden klare Grenzziehungen zwischen Anhängigkeit, Wirksamkeit und Rechtskraft verwischt. Das ersuchte Gericht im Zufluchtsstaat müsste im Rahmen der Widerrechtlichkeitsprüfung ex post untersuchen, wie aussichtsreich der Sorgerechtsantrag im Herkunftsstaat im Zeitpunkt des Verbringens war und es würde unpassender Weise somit gleichsam das Rechtsinstitut der Anwartschaft in das Kindschaftsverfahren eingeführt.

Argumentiert werden könnte, dass es zu einem Bruch zwischen dem KSÜ und der Verordnung käme, wenn die Anhängigkeit eines Sorgerechtsantrags ohne Einfluss auf die Auswanderung bliebe. Während die Verordnung auch

---

456 Zu diesem v. a. in Common Law-Staaten verwendeten Begriff s. *Martiny* FamRZ 2012, 1765, 1770 („inchoate rights").

dann die Fortsetzung der bisherigen Zuständigkeit anordnet (Art. 8 EuEheVO), lässt das KSÜ eine Zuständigkeitsverlagerung mangels Geltung einer perpetuatio fori zu. Dieser Bruch allerdings ist, wie oben[457] geschildert, nicht unerkannt geblieben: Bewusst verzichtet das KSÜ auf eine perpetuatio fori, wohingegen der Verordnungsgeber bewusst in Abweichung vom KSÜ eine solche einführte. Diese Abgrenzung sollte daher nicht über eine Ausdehnung des Widerrechtlichkeitsbegriffs wieder angenähert werden.

Gerade weil das Abstellen auf bloß beanspruchte Rechte eine große Unsicherheit in die Anwendung der internationalen Zuständigkeitsnormen brächte, bedarf die Zuständigkeitsbestimmung eindeutiger Merkmale, damit der einmal bestimmte gesetzliche Richter dann über den materiellen Anspruch, gleich wie wahrscheinlich dessen Durchsetzung sein mag, entscheiden kann. Aus dem Anknüpfen der Entführungszuständigkeiten an das Merkmal der Widerrechtlichkeit sollte vielmehr umgekehrt geschlossen werden, dass auch im Rahmen des HKÜ eine bloß wahrscheinliche Sorgerechtsänderung nicht ausreichend sein sollte, da es anderenfalls in der praktischen Fallanwendung zu einem ungewollten Auseinanderfallen der Auslegung dieses Begriffs gegenüber dem HKÜ käme.

Sorgerechtseinschränkungen von gerichtlichen Eingaben abhängig zu machen, trägt demgegenüber große Rechtsunsicherheit in ein absolutes[458] Recht, dessen Beständigkeit und Rechtssicherheit gerade für das Wohl und die kontinuierliche Entwicklungsmöglichkeit des betroffenen Kindes von besonderer Bedeutung sind. Schließlich kann jederzeit eine – auch unzulässige oder unbegründete – Antragstellung erfolgen. Das Kind sollte nicht durch jeden von außen herangetragenen Angriff auf das Sorgerecht plötzlich in seinem Erziehungsrhythmus zu beeinträchtigen sein. Möchte der sorgeberechtigte Elternteil den Aufenthaltsort in einen anderen Staat verlegen, so ist das Ausfluss des ihm zustehenden Aufenthaltsbestimmungsrechts, mithin Teil des ihm durch Artt. 20 II lit. a i. V. m. 21 I AEUV eingeräumten Rechts auf Freizügigkeit.[459] In der Praxis erweisen sich Sorgerechtsabänderungsanträge als allenfalls unbegründet; Zurückweisungen in diesem Bereich als unzulässig wegen Rechtsmissbräuchlichkeit bzw. fehlenden

---

457 1. Teil. C. I. 1 („Wegbereitung auf internationaler Ebene") und 2 („Weiterungen innerhalb der EU").

458 *Schwab,* Familienrecht Rn 684, m. w. N.

459 Vgl. hierzu EGMR (Urteil v. 3.12.2009 – 22028/04 „Zaunegger ./. Deutschland") FamRZ 2010, 103 = NJW 2010, 501. Zu beachten sein dürfte dann wohl auch der zwei Tage zuvor am 1.12.2009 in Kraft getretene Art. 45 I GRCh.

Rechtsschutzbedürfnisses[460] dürften demgegenüber selten sein. In das bestehende und schützenswerte Sorgeverhältnis könnte also jederzeit durch Eingaben des nichtsorgeberechtigten Elternteils eingegriffen werden. Im deutschen Recht existiert keine Einschränkung des bestehenden Sorgerechts in Fällen der Anhängigkeit bzw. Rechtshängigkeit eines Sorgerechtsantrags, auch keine darauf gegründete Gerichtsvormundschaft i. S. eines ward of court.[461] Den Inhaber des Sorgerechts mit Anhängigmachen von Sorgerechtsanträgen rein formal zum Entführer zu machen, weil der Aufenthalt des betroffenen Kindes nach Antragstellung bei Gericht gewechselt wurde, würde zu einer Verdrehung der vom HKÜ bezweckten Verhältnisse führen: Das HKÜ bezweckt den Schutz bestehender Sorgeverhältnisse und nicht umgekehrtermaßen den Eingriff in bestehende Sorgeverhältnisse zur rein formalrechtlichen Begründung einer Entführung. Wenn auch das Rechtsinstitut des „ward of court" im angloamerikanischen Rechtskreis seinen Platz hat, dürfte ein solches Denken jedoch nicht in das innerstaatliche Recht passen: So lässt das grundgesetzlich verankerte Erziehungsrecht der Eltern aus Art. 6 GG Eingriffe nur zu, wenn diese – unter Abwägung sowohl der Rechte des Kindes als auch der Elternrechte – mit dem staatlichen Wächteramt zu rechtfertigen sind.[462] Insoweit ist mit *Martiny*[463] davon auszugehen, dass ein Elternteil, der bislang nur einen Sorgerechtsantrag gestellt hat, der sich also allenfalls in einer

---

460 Vgl. zu Fragen des Rechtsschutzbedürfnisses und des Rechtsmissbrauchs z. B. Keidel/Kuntze/Winkler[15]-*Kahl* FGG § 19 Rn 81.

461 S. dazu oben 2. Teil. A. III. 2. b) bb („Ex-ante-Beurteilung der Auswanderungsabsicht"). Auch eine gerichtlich angeordnete Verfahrensbeistandschaft i. S. d. § 158 FamFG stellt keinen das Aufenthaltsbestimmungsrecht beschränkenden Eingriff dar. Zur Rechtsstellung des Verfahrensbeistandes s. etwa *Musielak/Borth* FamFG § 158 Rn 15 ff.; Thomas/Putzo-*Hüßtege* § 158 FamFG Rn 4 ff.; noch zur Verfahrenspflegschaft i. S. d. § 50 FGG a. F. s. Keidel/Kuntze/Winkler[15]-*Engelhardt* FGG § 50 Rn 9.

462 Vgl. Palandt-*Götz* Einf v § 1626 Rn 2 und § 1666 Rn 1, jeweils m. w. N. Das Grundrecht der Eltern auf gemeinsame Pflege und Erziehung ihrer Kinder gilt nach BGH FamRZ 1993, 126, 127 nicht absolut und uneingeschränkt und könne vom Staat aufgrund seines Wächteramts aus Gründen des Kindeswohls entzogen und begrenzt werden, denn dieses bilde die oberste Richtschnur sowohl für den Gesetzgeber als auch für die Gerichte; s. dazu auch *Salgo* in Praxis der Kinderpsychologie und Kinderpsychiatrie 1995, 359, 360 f. Zur Beibehaltung der Eingriffsschwelle (Kindeswohlgefährdung) auch mit dem Gesetz zur Erleichterung familiengerichtlicher Maßnahmen bei Gefährdung des Kindeswohls v. 4.7.2008 (FamGMaßnErlG) BGBl. I S. 1188, in Kraft seit 12.7.2008, s. Palandt-*Götz* § 1666 Rn 3; *Röchling* FamRZ 2007, 1775, 1778 f.; *Meysen* NJW 2008, 2673.

463 *Martiny* FamRZ 2012, 1765, 1770, m. w. N.

Art anwartschaftsrechtlichen Position befinde, bloß antragsweise versuchen kann, einen bevorstehenden Aufenthaltswechsel des Kindes ex ante zu verhindern; eine Sorgerechtsverletzung ex post wird hingegen zu verneinen sein. Die hiervon abweichende englische Rechtsprechung[464] birgt eine zu große Rechtsunsicherheit und ist mit dem innerstaatlichen Verständnis der Absolutheit des Sorgerechts nicht zu vereinbaren.

c) Beurteilungsmaßstab im Rahmen der Entführungszuständigkeiten

Die wörtliche Bezugnahme des Widerrechtlichkeitsbegriffs im Rahmen des KSÜ und der EuEheVO auf das Sorgerecht wie auch das Bedürfnis nach einer möglichst mit dem HKÜ abgestimmten Auslegung sprechen dafür, vorgenannte Beurteilungsmaßstäbe auch auf den Widerrechtlichkeitstatbestand der modernen Regelungswerke anzuwenden.[465] Auch im Rahmen des KSÜ und der EuEheVO kann eine Auswanderung des Sorgeberechtigten mit dem Kind nur dann als widerrechtliche Handlung angesehen werden, wenn eine Beschränkung des aufenthaltsbestimmungsrechtlichen Sorgeanteils vorliegt. Grundsätzlich ist daher Widerrechtlichkeit beim verbringenden/zurückhaltenden Elternteil zu verneinen, wenn er (mindestens) das alleinige und uneingeschränkte Aufenthaltsbestimmungsrecht besitzt. Auch Art. 3 lit. b KSÜ und Art. 2 Ziff. 9 und 10 EuEheVO unterscheiden explizit zwischen Sorge- und Umgangsrecht. Ein Umgangsrecht als solches kann daher nicht als Beschränkung des Sorgerechts gesehen werden, die eine Verbringung des Kindes außer Landes durch den sorgeberechtigten Elternteil verbieten könnte. Verlässt der Aufenthaltsbestimmungsberechtigte mit dem Kind das Land, ergibt sich die Sorgerechtszuständigkeit mangels Widerrechtlichkeit darum nicht aus den Art. 7 KSÜ bzw. Art. 10 EuEheVO, sondern es verbleibt bei der Anwendung der allgemeinen Vorschriften (Art. 5 KSÜ bzw. Art. 8 EuEheVO). In der Praxis dürfte ein Umzug des Alleinsorgeberechtigten mit dem Kind in das Ausland daher bedeuten, dass mit Begründung des dortigen Wohnsitzes und aufgrund des allein vom Sorgeberechtigten abgeleiteten animus manendi das Kind sogleich auch einen gewöhnlichen Aufenthalt erwirbt[466] und somit die Behörden des neuen Aufenthaltsstaats zuständig werden, innerhalb der EU allerdings mit den Einschränkungen durch eine mögliche frühzeitige Antragstellung (Art. 8 I EuEheVO) oder durch Art. 9 EuEheVO.

---

464 S. Nachweise bei *Martiny* FamRZ 2012, 1765, 1770.

465 *Holzmann*, Brüssel IIa VO, S. 171 f. unter Hinweis auf den klaren Wortlaut des Art. 2 Ziff. 11 lit. a EuEheVO.

466 S. dazu unten 3. Teil. B. II („Allgemeine Auslegungsmaßstäbe des MSA"); vgl. *Siehr* RabelsZ 62 (1998) 464, 478.

IV. Mangelnder faktischer Ausgleich innerhalb der EU

1. Faktischer Ausgleich im Rahmen des HKÜ

Die Verletzung allein der formalrechtlichen Sorgerechtsstellung genügt für eine Widerrechtlichkeit der Verbringung/Zurückhaltung nach Art. 3 I HKÜ nicht. Nach dessen lit. b) bedarf es einer tatsächlichen Ausübung des alleinigen oder gemeinsamen Sorgerechts durch den Antragsteller. Damit soll ein Gegengewicht zu einer die Rückführung auslösenden rein formalen Sorgerechtslage geschaffen werden, das dem Schutz der Rechte des Kindes auf Beachtung seines wirklichen vormaligen elterlichen Lebensgleichgewichts diene.[467] Als „Rechtsmissbrauchskontrolle"[468] soll diese Voraussetzung sicherstellen, dass „das Sorgerecht nicht nur auf dem Papier steht, sondern noch einen gewissen materiellen Gehalt hat."[469] Dennoch soll nach Auffassung der innerstaatlichen h. M. aber nur denjenigen Sorgeberechtigten der Rückgabeanspruch zu versagen sein, die ihre sorgerechtlichen Rechte und Pflichten überhaupt nicht wahrgenommen haben, etwa wenn sich ein (mit-)sorgeberechtigter Elternteil um das gemeinsame Kind in keiner erdenklichen Weise gekümmert habe, wohingegen nur hin und wieder Kontakt zum Kind bereits genügen solle.[470] Hat der (Mit-) Sorgeberechtigte sein formales Sorgerecht nicht einmal nach diesen weiten[471] innerstaatlichen Maßstäben ausgeübt, liegt keine Widerrechtlichkeit der Verbringung/Zurückhaltung i. S. d. HKÜ vor, wenn der das Sorgerecht tatsächlich ausübende Betreuungselternteil das Kind gegen oder ohne die Zustimmung des anderen formalberechtigten Elternteils außer Landes bringt. Kann der nach Art. 13 I lit. a HKÜ beweispflichtige Antragsgegner also nachweisen, dass der antragstellende Elternteil das Sorgerecht zum Zeitpunkt des Verbringens oder Zurückhaltens in keiner Weise tatsächlich ausgeübt hat, fehlt es bereits an einer Anwendbarkeit des HKÜ, jedenfalls aber an der Anspruchsvoraussetzung des

467 *Vomberg/Nehls*, S. 17; *Bach* FamRZ 1997, 1051, 1055; *Haß*, S. 94.

468 *Baetge* IPRax 2000, 146, 148, m. w. N.

469 *Baetge* IPRax 2000, 146, 148.

470 *Baetge* IPRax 2000, 146, 147 f., die h.M. erläuternd; MüKoBGB[5]-*Siehr* Art. 21 EGBGB Anh. II HEntfÜ Rn 37, m. w. N.; *Vomberg/Nehls*, S. 17; Staudinger-*Pirrung* (2009) Vorbem D 32 zu Art 19 EGBGB; PalArch/*Thorn* I. C. 3 HKEntfÜ Rn 25, m. w. N.; NK-BGB/*Benicke* Anh. III zu Art. 24 EGBGB Art. 3 HKÜ Rn 25 f.; *Niethammer-Jürgens* FamRBint 2010, 52 ff.; s. etwa die Rückgabeablehnung wegen Nichtausübung des Umgangsrechts bei *Motzer* FamRB 2004, 219 f., m. w. N.

471 *Baetge* IPRax 2000, 146, 148.

Art. 3 I lit. b HKÜ.[472] Während deutsche Gerichte bei dieser Auslegung also sehr weit gehen, erfüllt diese Voraussetzung nach dem österreichischen OGH in der Regel nur derjenige Elternteil, bei dem das Kind wohne; die Ausübung eines bloßen Umgangsrechts genüge mit Blick auf Art. 21 HKÜ nicht. Das HKÜ diene nicht der Durchsetzung von Elternrechten. Dies gelte selbst dann, wenn die den Rückgabeantrag stellende Mutter geltend mache, dass sie mit Gewalt daran gehindert worden sei, sich im Inland um den Minderjährigen zu kümmern.[473]

Soweit der OGH strenge Maßstäbe anlegt und eine Gleichsetzung einer echten Betreuungstätigkeit mit bloß hin und wieder ausgeübtem Sorgerecht etwa in der Form eines Umgangsrechts auch mit Blick auf Art. 21 HKÜ (ausdrückliche Trennung zwischen Sorge- und Umgangsrecht) ablehnt, ist seine Argumentation durchaus erwägenswert.[474] Die Anwendung auf den Fall erzwungener Nichtausübung der Betreuung dürfte aber dem Regelungszweck einer Rechtsmissbrauchskontrolle gegenüber der formalen Sorgerechtslage widersprechen. Die Eröffnung des Anwendungsbereichs des HKÜ würde anderenfalls zur Disposition des Entführers gestellt.[475] Der faktische Ausgleich dürfte stattdessen in einem Fall gewaltsamer Verhinderung der tatsächlichen Sorgerechtsausübung seinerseits einer nochmaligen, also umgekehrten Rechtsmissbrauchskontrolle im Wege einer teleologischen Reduktion bedürfen.

2. Faktischer Ausgleich im Rahmen des KSÜ

Mit Art. 7 II lit. b KSÜ wurde das Merkmal eines faktischen Ausgleichs des Art. 3 HKÜ wortgleich übernommen,[476] so dass davon ausgegangen werden

---

472 S. PalArch/*Thorn* I. C. 3 HKEntfÜ Rn 39, m. w. N. betonend, dass die praktische Bedeutung des Art. 13 I lit. a HKÜ also in der Umkehrung der Beweislast liege; ebenso *Hausmann* IntEuSchR N 176, m. w. N. Insofern kann nicht verwundern, dass der Ablehnungsgrund des Art. 13 I lit. a HKÜ in der Praxis selten vorkommt, s. hierzu *Bach* FamRZ 1997, 1051, 1055. Tatsächliche Sorgerechtsausübung wurde z. B. verneint bei KG FamRZ 1996, 691, 693.

473 OGH IPRax 2000, 142 in einem Fall eines aus Österreich in die Türkei verbrachten Kindes; s. dazu *Baetge* IPRax 2000, 146, 148.

474 Unter Verweis u. a. auf OLG Düsseldorf FamRZ 1994, 181 führt *Baetge* IPRax 2000, 146, 148 aus, dass auch innerstaatlich teilweise bloßes Ausüben des Umgangsrechts als unzureichend für eine tatsächliche Sorgerechtsausübung angesehen werde, lehnt diese Haltung aber ab.

475 Vgl. *Baetge* IPRax 2000, 146, 148: „Man legt damit gleichsam die Eröffnung des Anwendungsbereichs des Übereinkommens in seine Hände“.

476 Vgl. *Benicke* IPRax 2013, 44, 47.

kann, dass Änderungen an den bisherigen Maßstäben nicht gewollt sind.[477] Für die Bestimmung der Widerrechtlichkeit einer Verbringung/Zurückhaltung ist daher auch im Rahmen des KSÜ korrigierend erforderlich, dass der formale Sorgerechtsinhaber sein Recht nach den vorgenannten Maßstäben tatsächlich ausgeübt hat. Die Entführungszuständigkeit des KSÜ wird also an die Voraussetzung geknüpft, dass der im Herkunftsvertragsstaat zurückverbliebene Elternteil sein formales Sorgerecht zum Zeitpunkt der Grenzüberschreitung des anderen Elternteils mit dem Kind auch tatsächlich ausgeübt hat. War dies nicht der Fall, ist Art. 7 KSÜ sachlich nicht anwendbar und die Sorgerechtszuständigkeit richtet sich nach den allgemeinen Regeln, d. h. nach Art. 5 KSÜ, und damit nach der grundsätzlichen konventionellen Frage, ob das Kind im Zeitpunkt der Entscheidung über das Sorgerecht seinen gewöhnlichen Aufenthalt noch im Herkunfts- oder schon im Zufluchtsstaat hat.

3. *Innerstaatlicher Ausgleich über das Kindeswohlmerkmal*

Im Fall einer innerstaatlichen Kindesentziehung sieht der deutsche Gesetzgeber ebenfalls ein Korrektiv gegenüber der Herausgabe (§ 1632 BGB) an den Sorgerechtsinhaber vor. Die Bestimmung der Widerrechtlichkeit[478] wird hier zwar nicht wie im Rahmen des HKÜ von einer tatsächlichen Ausübung des Sorgerechts abhängig gemacht; dies ist innerstaatlich aber auch nicht erforderlich, da die innerstaatliche Herausgabe nach § 1632 BGB im Gegensatz zur automatisierten Rückgabe nach dem HKÜ als Korrektiv von einer je nach Fallsituation mehr oder weniger ausgeprägten Kindeswohlprüfung abhängt, und daher einer darüber hinausgehenden eigens geregelten besonderen faktischen Kompensation zum Schutz des bisherigen Lebensgleichgewichts des Kindes nicht bedarf, weil die das Kindeswohl bestimmenden Merkmale, etwa das Kontinuitätsprinzip, dies bereits implizieren:

a) Korrektiv bei alleinigem Sorgerecht

Wird widerrechtliches Vorenthalten des Kindes bejaht, so kann der allein sorge- bzw. aufenthaltsbestimmungsberechtigte Elternteil nach § 1632 I BGB vom

---

477 Vgl. *Hausmann* IntEuSchR B 341 mit N 74 ff. bei Art. 7 II lit. b KSÜ auf die Kommentierung von Art. 3 HKÜ verweisend.

478 Ein Kind wird von einem Elternteil oder einem Dritten widerrechtlich vorenthalten, wenn er es ohne rechtfertigenden Grund in seiner unmittelbaren oder mittelbaren Gewalt hält und die Wiedererlangung durch den Berechtigten verhindert, s. Palandt-*Götz* § 1632 Rn 3, m. w. N.

anderen Elternteil die Herausgabe des Kindes verlangen. Nach innerstaatlichem Recht gilt dies jedoch nicht uneingeschränkt. Zwar dient eine Herausgabeanordnung gem. § 1632 I BGB der Verwirklichung des Personensorgerechts; es handelt sich dabei aber nicht um eine Maßnahme zur Vollstreckung einer angeordneten oder gesetzlichen Sorgerechtsregelung ohne sachliche Prüfung, sondern das Wohl des Kindes muss Beachtung finden.[479] Der formalen Sorgerechtsverletzung steht also das Korrektiv einer der Herausgabe vorgeschalteten Kindeswohlprüfung gegenüber.

Umstritten ist insoweit nur der Umfang dieser Kindeswohlprüfung.[480] Nach einer Ansicht soll die Prüfung genügen, ob eine Herausgabe an den Antragsteller das Kindeswohl gem. § 1666 I BGB gefährden würde, d. h. es wird eine hohe Eingriffsschwelle bei der Frage angelegt, ob das Kind an den formal Personensorgeberechtigten herauszugeben ist.[481] Demgegenüber wird von anderer Seite vertreten, dass die Herausgabe des Kindes an den Alleinsorgeberechtigten nicht erst bei dieser hohen Eingriffsschwelle zu versagen, sondern eine positive Vereinbarkeit der Herausgabe mit dem Kindeswohl festzustellen sei. Hierin unterscheide sich das Herausgabeverlangen gegen den anderen Elternteil vom Herausgabeverlangen gegen Dritte.[482] Diese Ansicht lässt nur dann eine bloß eingeschränkte Kindeswohlprüfung genügen, wenn dem die Herausgabe begehrenden Elternteil

---

479 Palandt-*Götz* § 1632 Rn 4; MüKoBGB[4]-*Huber* § 1632 Rn 31; Erman[13]-*Michalski/Döll* § 1632 Rn 9; Staudinger[13]-*Pirrung* Vorbem zu Art 19 EGBGB Rn 605; Soergel-*Strätz* § 1632 Rn 11; so auch bereits MüKoBGB[3]-*Hinz* § 1632 Rn 35; s. etwa OLG Düsseldorf FamRZ 1981, 601; OLG Hamm FamRZ 1991, 102.

480 So MüKoBGB[4]-*Huber* § 1632 Rn 31.

481 S. die Darstellung dieser Ansicht bei MüKoBGB[4]-*Huber* § 1632 Rn 31, m. w. N., diese Ansicht i. E. ablehnend; so aber etwa *Schwab*, Familienrecht Rn 686.

482 So MüKoBGB[4]-*Huber* § 1632 Rn 31; s. a. Soergel-*Strätz* § 1632 Rn 11; *Gernhuber/Coester-Waltjen* § 57 V Rn 47 die Bezeichnung als Herausgabeanspruch als unglücklich, gleichwohl treffend bezeichnend. Ursprünglich als Vindikationsanspruch („vindicatio filii vel filiae") ähnlich § 985 BGB ausgestaltet wurde in der Rechtsprechung die Widerrechtlichkeit des Vorenthaltens teilweise zunächst unter Rückgriff auf den Grundsatz von Treu und Glauben verneint, wenn das Herausgabebegehren rechtsmissbräuchlich war; nachdem durch das SorgeRG von 1979 die Entscheidungszuständigkeit für Herausgabeverlangen gegen Dritte vom Prozessgericht in das FGG-Verfahren verlagert war, wurde der Anspruch auch gegenüber Dritten als Herausgabeanspruch personenrechtlicher Art gem. § 1632 BGB qualifiziert, bei dem das Kind nicht lediglich Objekt des Herausgabeverlangens ist, mit der Folge, dass erforderlichenfalls § 1666 BGB zu beachten ist, vgl. MüKoBGB[4]-*Huber* § 1632 Rn 4 und 12; *Huber* in FS Schwab, S. 793, 796 f., m. w. N.; s. a. *Greßmann* Rn 424.

ohnehin soeben erst die alleinige Sorge mit vorangegangener Kindeswohlprüfung zugewiesen worden sei.[483]

Bei der Lösung dieser Streitfrage ist zunächst einzuräumen, dass einerseits gegenüber dem nichtsorgeberechtigten Elternteils naturgemäß nicht der für fremde Dritte geltende Eingriffsmaßstab anzulegen sein kann. Andererseits geht es hier nicht vorrangig um eine Gegenüberstellung der Rechtspositionen des nichtsorgeberechtigten Elternteils mit einem rechtlosen Dritten hinsichtlich der Stellung zum Kind, sondern maßgeblich um die Frage, ob das alleinige Sorgerecht als absolut geschütztes Recht wiederhergestellt werden muss. Die hohe Eingriffsschwelle nur bei soeben getroffenen Entscheidungen zum Sorgerecht gelten zu lassen, erscheint dabei nicht sachgerecht. Erst recht verdient ein viele Jahre bestehendes alleiniges Sorgerecht zum Erhalt des dem Kind gewohnten Lebensgleichgewichts Schutz durch eine hohe Eingriffsschwelle. Anderenfalls könnte der nichtsorgeberechtigte Elternteil durch die innerstaatliche Entführung des Kindes unter Umgehung eines Sachvortrags über das Vorliegen mindestens der Voraussetzungen der §§ 1696 und 1666 BGB eine positive Kindeswohlprüfung veranlassen.

b) Korrektiv bei gemeinsamem Sorgerecht

Bei gemeinsamem Sorgerecht bedarf es für die Aufenthaltsbestimmung dagegen des gegenseitigen Einvernehmens der Eltern nach § 1627 BGB und bei Uneinigkeit einer gerichtlichen Entscheidung über eine Zuteilung des zukünftigen alleinigen Aufenthaltsbestimmungsrechts nach § 1628 BGB oder, bei nicht nur vorübergehendem Getrenntleben, nach § 1671 BGB.[484] Im Herausgabeverfahren

---

483 So MüKoBGB[4]-*Huber* § 1632 Rn 31 f.; MüKoBGB[3]-*Hinz* § 1632 Rn 35, m. w. N. S. a. Erman[13]-*Michalski/Döll* § 1632 Rn 9a.

484 *Dötsch* NJW-Spezial 2008, 100, m. w. N.; *Schwab*, Familienrecht Rn 686, 765 und 778. Können sich die Eltern schon über den Aufenthalt des Kindes nicht einigen, liegt eine mit dem Kindeswohl unvereinbare Situation vor, der bei der Frage der Aufhebung des gemeinsamen und der Begründung eines alleinigen Aufenthaltsbestimmungsrechts besonderes Gewicht zukommt, vgl. OLG Karlsruhe OLGReport 2009, 95. Für § 1628 BGB wird ein konkreter situativer Bezug der elterlichen Meinungsverschiedenheit verlangt, um nicht die Voraussetzungen der §§ 1666, 1666a bzw. 1671 BGB auszuhöhlen, s. Palandt-*Götz* § 1628 Rn 5, m. w. N. § 1628 BGB ist daher anzuwenden, wenn sich die Eltern bis zu einer Entscheidung nach § 1671 BGB nicht über den Aufenthalt des Kindes einigen können, so *Huber* in FS Schwab, S. 793, 795 f., m. w. N.; zur Abgrenzung der §§ 1628 und 1671 BGB s. a. eingehend FA-FamR/*Maier* 4. Kap. Rn 161; Schnitzler[3]/*Knittel* MAH-Familienrecht § 13 Rn 135; *Schwab* FamRZ 1998, 457, 461, 467; *Schwab*, Familienrecht Rn 778.

müssen daher zwei gleichwertig gegenüberstehende Rechte zum Ausgleich gebracht werden: So wie der eine Elternteil das Kind dem anderen Elternteil nicht einfach ohne Zustimmung des anderen vorenthalten darf, darf der andere Elternteil die Herausgabe an sich nicht verlangen, da dies wiederum der Zustimmung des das Kind vorenthaltenden anderen Elternteils bedürfte.[485] Daher müsste sich der Anspruchsteller zunächst mindestens das alleinige Aufenthaltsbestimmungsrecht im Wege der §§ 1628 oder 1671 BGB übertragen lassen, damit er dann die Herausgabe gem. § 1632 BGB geltend machen kann. Um diese Grundsatzentscheidung treffen zu können, ist aber eine voll umfassende positive Kindeswohlprüfung durchzuführen.[486]

c) Ergebnis

Bei einer innerstaatlichen Entführung des Kindes durch einen Elternteil hängt die Herausgabe somit von einer mehr oder weniger ausgeprägten Kindeswohlprüfung ab. Eine Rückgabe ohne jede Kindeswohlprüfung sieht das innerstaatliche Recht nicht vor, d. h. ohne Rücksicht auf sein Wohl muss ein vom anderen Elternteil weggenommenes Kind nicht wieder zurückgebracht werden.[487] Die Entführung des gemeinsamen Kindes und seine Integrierung in eine neue Umgebung haben daher für den widerrechtlich handelnden Elternteil, gleichgültig, ob er Mitinhaber des Sorgerechts ist oder nicht, zumindest den Vorteil einer vollständigen oder zumindest eingeschränkten Kindeswohlprüfung, die abhängig von Dauer und Intensität des Einlebens des Kindes in die neue Umgebung und abhängig von der Bindungsqualität auch bei Berücksichtigung des Kontinuitätsprinzips durchaus im Sinne des Entführers ausfallen kann.[488]

---

485 MüKoBGB[4]-*Huber* § 1632 Rn 29.

486 Palandt-*Götz* § 1632 Rn 4; *Huber* in FS Schwab, S. 793, 798 ff.; *Schwab*, Familienrecht Rn 686.

487 Palandt-*Götz* § 1632 Rn 4; MüKoBGB[3]-*Hinz* § 1632 Rn 36; a. A. *Gutdeutsch/Rieck* FamRZ 1998, 1488; a. A. auch *Jorzik*, S. 224 ff., die den Gesichtspunkt des Kindeswohls gänzlich aus dem Bereich des § 1632 BGB herausgehalten und ausschließlich den §§ 1696 und 1666 BGB vorbehalten sehen will.

488 Vgl. *Huber* in FS Schwab, S. 793, 801 mit Fn 40 unter Bezugnahme auf die h. M. einerseits, welche Sanktionsüberlegungen hinsichtlich des verbringenden Elternteils aus der Kindeswohlprüfung heraushalten wolle, sowie andererseits auf die a. A. des AG Groß-Gerau FamRZ 1995, 1169, welches seine Entscheidung auf eine „allgemeine Rechtsidee (Art. 20 III GG)" stützt, die besage, dass ein entführender Elternteil erst dann als für die elterliche Sorge besser geeigneter Elternteil in Betracht komme, wenn er die Kinder zurückgegeben habe und hierfür einen Vergleich mit dem sachenrechtlichen Gedanken der §§ 861 und 863 BGB zieht. Abgesehen von

4. *Mangelnde Kompensation zwischen den EU-Mitgliedstaaten*

Die ohnehin eng auszulegende faktische Kompensation rein formaler Sorgerechtsverletzungen, wie sie international durch das HKÜ und dem folgend auch im KSÜ vorgesehen ist, könnte nach Maßgabe der EuEheVO innerhalb der EU endgültig beseitigt sein:

a) Formalisierung des Widerrechtlichkeitsbegriffs

Mit Art. 2 Ziff. 11 lit. b EuEheVO könnte von dem traditionellen Widerrechtlichkeitsbegriff, wie er den Haager Abkommen zugrunde liegt, abgewichen worden sein. In manchen Kommentierungen wird zwar eine Abweichung gegenüber dem HKÜ nicht weiter erwähnt oder auch von einer Übereinstimmung des Widerrechtlichkeitsbegriffs gesprochen.[489] Prima facie könnte das Abstellen auf eine tatsächliche Ausübung des formalen Sorgerechts also auch hier als gleichwertiges faktisches Gegengewicht zur formalen Sorgerechtslage zu deuten sein. Art. 2 Ziff. 11 lit. b) Satz 2 EuEheVO legt aber in Ausweitung gegenüber dem HKÜ-Begriff fest, dass von einer gemeinsamen Ausübung des Sorgerechts schon dann auszugehen sei, wenn einer der Träger der elterlichen Verantwortung aufgrund einer Entscheidung oder kraft Gesetzes nicht ohne Zustimmung des anderen Trägers der elterlichen Verantwortung über den Aufenthaltsort des Kindes bestimmen könne. Widerrechtliches Verbringen/Zurückhalten kann laut *Gruber* daher schon vorliegen, wenn der zurückverbliebene Elternteil sein formal bestehendes Sorgerecht

---

der möglichen Fraglichkeit, ob die Argumentation basierend auf einer allgemeinen Rechtsidee des Art. 20 III GG (vgl. dazu etwa Palandt-*Thorn* (IPR) Anh zu EGBGB 24 Rn 33) sowie auf sachenrechtlichen Maßstäben hier geeignet ist, liefe es auch letztlich auf einen Zirkelschluss hinaus, wenn die für eine Herausgabe erforderliche (mehr oder weniger ausgeprägte) Kindeswohlprüfung ihrerseits wiederum davon abhängig gemacht würde, ob die Entführungslage überhaupt noch gegeben ist. Hier werden HKÜ-Maßstäbe angelegt, die allerdings nicht in ein Verfahren gehören, das von einer Prüfung des Kindeswohls abhängt, vgl. hierzu die Ausführungen zu den strukturellen Unterschieden des deutschen Sachrechts zum HKÜ bei *Huber* in FS Schwab, S. 793, 798 ff.

489 Rauscher/*Rauscher* EuZPR/EuIPR (2010) Art. 2 Brüssel IIa-VO Rn 25 bezeichnet die Regelung in Art. 2 Ziff. 11 lit. b) Satz 2 als Unterdefinition der gemeinsamen Ausübung, die als selbstverständlich im HKÜ nicht enthalten, darauf abstelle, dass das Aufenthaltsbestimmungsrecht gemeinsam ausgeübt werde. Auch *Martiny* FPR 2010, 493, 494 geht von der gleichen Definition des Widerrechtlichkeitsbegriffs aus; die Bedeutung des Art. 2 Ziff. 11 lit. b) Satz 2 EuEheVO dürfe sich nach seiner Auffassung vielmehr in einer Definition der „gemeinsamen" Ausübung erschöpfen, so *ders.* FamRZ 2012, 1765, 1767 mit dortiger Fn 28.

tatsächlich nicht ausgeübt hat/hätte, sofern dieser nur über den Aufenthaltsort des Kindes (mit-)bestimmen könne.[490] Diese Neuerung lässt sich bereits aus dem VO-E entnehmen, der eine Ausdehnung des Sorgerechtsbegriffs dergestalt vorsah, dass schon ein Mitspracherecht bei der Aufenthaltsbestimmung ausreichend sein sollte.[491] Für ein Ausüben des Sorgerechts genügt nach den Vorstellungen der Verordnung also allein die formal-rechtliche Zustimmungsnotwendigkeit eines „passiven“[492] Elternteils.[493]

Mit dieser rechtspositiven Erweiterung des Widerrechtlichkeitsbegriffs auf den bloß formal mitberechtigten Elternteil gleicht sich das Gemeinschaftsrecht einmal mehr[494] dem Denken US-amerikanischer Rechtsprechung an, die schon die Ausübung des gemeinsamen Bestimmungsrechts für eine tatsächliche Ausübung des Sorgerechts als ausreichend betrachtet.[495] Das Erfordernis des tatsächlichen Ausübens des Sorgerechts ist innerhalb der EU damit empfindlich eingeschränkt. Widerrechtlichkeit liegt zwischen Mitgliedstaaten der EU deutlich schneller vor als im Verhältnis zu Drittstaaten. Selbst wenn in einem Fall des HKÜ sogar bei der ohnehin schon weiten Auslegung des Begriffs eine tatsächliche Sorgerechtsausübung des Antragstellers zu verneinen wäre, weil dieser sich nicht einmal hin und wieder um das Kind gekümmert hat, soll nach den Vorstellungen des EU-Normsetzers dennoch die Sorgerechtszuständigkeit nach Maßgabe des Art. 10 EuEheVO erhalten bleiben, weil der Antragsteller ein rein formales Aufenthaltsmitbestimmungsrecht innehat. Die Rechtsmissbrauchskontrolle fällt im Rahmen des Art. 2 Ziff. 11 lit. b EuEheVO also weg.

Fleige ist der Auffassung, dass sich aus dieser Normierung keine besonderen Probleme ergäben. Sie sei Ausdruck dafür, dass die elterliche Verantwortung beider Elternteile nach der Scheidung beibehalten werde, eine Entscheidung, die sich in den letzten Jahren in einigen Staaten verbreitert habe. Sie deute an, dass der Verordnungsgeber grundsätzlich davon ausgehe, dass das Sorgerecht auch tatsächlich ausgeübt werde; insoweit ergäben sich keine verzögernden Ermittlungsprobleme

490 NK-BGB/*Gruber* Anh. I zum III. Abschn. EGBGB Art. 2 EheVO 2003 Rn 5 f.; die Neuerung hervorhebend s. a. *Tödter,* S. 158, m. w. N.

491 Begründung des VO-E, S. 7.

492 Thomas/Putzo-*Hüßtege* Art. 2 EuEheVO Rn 10.

493 So *Frank* in Gebauer/Wiedmann[2] Kap. 29 EuEheVO Art. 2 Rn 21.

494 S. bereits oben 1. Teil. C. IV („Amerikanisierung des Rechts“).

495 S. *Schoch,* S. 111, m. w. N.; s. a. *Pape,* S. 158, m. w. N., die ausdrückliche Aufnahme dieses Grundsatzes in den Verordnungstext als Harmonisierung mit Civil Law Staaten begrüßend.

mehr.[496] Dieser Auffassung dürfte entgegenzuhalten sein, dass gerade die Ausdehnung der automatischen Mitsorgeberechtigung nach der Ehescheidung in den diversen Staaten und die gleichzeitige Formalisierung des Widerrechtlichkeitsbegriffs unter Ausdehnung auf eine bloße Zustimmungsbefugnis ohne auch nur den mindesten tatsächlichen sorgerechtlichen Beitrag zu Lasten der Subjektstellung des Kindes gehen können, wenn der Betreuungselternteil wegen einer Aneinanderreihung von positivrechtlichen Automatismen dazu verpflichtet wird, das Kind rückzuführen, dies aber im konkreten Einzelfall dessen wirklichem Wohl entgegenstünde. Die Anzahl solcher möglichen Fälle, die durch ein automatisiertes Raster fallen könnten, ohne dass das individuelle Wohl zum Tragen kommt, könnte sich erhöhen, wenn einerseits der Zugang zu Befugnissen/Mitberechtigungen erleichtert, andererseits die „Verletzung" bloß formaler Befugnisse aber strenger als bislang geahndet wird. Das gesetzgeberische Ziel, Streitfälle und deren Ermittlungsprobleme zu minimieren, kann auf diese Weise fehlschlagen, was sich bereits in den aktuellen Entführungsstatistiken[497], insbesondere innerhalb der EU bemerkbar gemacht haben könnte.[498]

b) Geltung des formalisierten Widerrechtlichkeitsbegriffs

Die Erweiterung des Widerrechtlichkeitsbegriffs im Rahmen der EuEheVO wirft die Frage auf, wann der formalisierte Begriff innerhalb der Verordnung selbst Anwendung findet, und darüber hinaus, ob und ggf. inwieweit er auf die Anwendung des HKÜ durchschlägt:

aa) Fehlender Entscheidungsgleichklang

Zunächst erscheint es rechtstechnisch unproblematisch, allein bei der Zuständigkeitsermittlung nach Art. 10 EuEheVO den weiten Widerrechtlichkeitsmaßstab anzulegen. Als ersichtlich problematisch könnte sich dagegen dessen Zusammenwirken mit Art. 11 EuEheVO und dem HKÜ erweisen. Denn im Sinne einer verordnungsintern einheitlichen Auslegung müsste an sich auch für Art. 11 EuEheVO der weite formale Maßstab angelegt werden, wohingegen das traditionelle HKÜ eine formalisierende Erweiterung des Widerrechtlichkeitsbegriffs nicht kennt. Der Wortlaut des Art. 11 I EuEheVO und damit auch die daran anknüpfenden Regelungen des 4. Abschnitts des III. Kapitels stellen zwar

496 *Fleige*, S. 230 f. mit Fn 79.
497 S. o. „Einführung in das grenzüberschreitende Kindesentführungsrecht".
498 Vgl. die Einschätzung von *Martiny* FamRZ 2012, 1765, 1779; kritisch schon zur präventiven Wirkung der Einführung der gemeinsamen nachehelichen elterlichen Sorge mit dem KindRG s. *Haß*, S. 13 ff.

auf die Anwendung des HKÜ und damit des dort immanent enthaltenen engeren[499] Widerrechtlichkeitsbegriffes ab, setzen ihrerseits aber das Widerrechtlichkeitskriterium eigenständig zusätzlich voraus. Damit nimmt diese Vorschrift in demselben Absatz auf dasselbe Anwendungskriterium zweimal Bezug,[500] das aber in den einschlägigen Regelungswerken unterschiedliche Interpretationen erfährt. Fraglich ist daher, wie dieser Widerspruch zu lösen ist.

Der formalisierte Widerrechtlichkeitsbegriff stellt aber bei näherem Hinsehen auch für die Ermittlung der Entführungszuständigkeit des Art. 10 EuEheVO vor das Problem, dass einerseits das Gericht des Herkunftsstaats schon dann von einer widerrechtlichen Verbringung und damit von der Fortsetzung seiner Zuständigkeit soll ausgehen dürfen, wenn der dort zurückverbliebene Elternteil bloß formal über den Aufenthalt des Kindes mitbestimmen darf, ohne sich tatsächlich um das Kind gekümmert zu haben, andererseits das Gericht des Zufluchtsstaats in derselben Familienkonstellation das HKÜ mangels Erfüllung des dort geltenden engeren Widerrechtlichkeitstatbestandes nicht einmal anwenden muss bzw. darf, sondern sich nach Maßgabe der allgemeinen Kriterien sogar für zuständig halten kann, wenn das Kind sich dort bereits eingewöhnt hat. Der Mangel an Entscheidungsharmonie bei der Ausfüllung des Widerrechtlichkeitskriteriums kann also ggf. zu einer Zuständigkeitskonkurrenz und damit zu einer Verlagerung der Problematik in den Bereich der Anerkennung und Vollstreckung führen. Zu einer materiellrechtlichen Schieflage kommt es, wenn einerseits die formelle Sorgerechtszuständigkeit auf einer weiten Anwendung des Widerrechtlichkeitsbegriffs basiert, aber andererseits sachlich-rechtlich nach HKÜ-Maßstäben die Aufenthaltsverlegung durch einen Elternteil als rechtmäßig angesehen wird. Die von der Zulässigkeits- bzw. Zuständigkeitsprüfung auf die Begründetheitsprüfung durchschlagende präjudizierende Wirkung stünde in keinem Einklang mit den Vorstellungen des traditionellen HKÜ.

bb) Lösung im Wege teleologischer Reduktion

Denkbar wäre, den weiten, formalisierten Widerrechtlichkeitsbegriff im Anwendungsbereich der EuEheVO auf das HKÜ durchschlagen zu lassen. Dies hätte zur Folge, dass Fälle von Aufenthaltsverlegungen, die nach Maßgabe des HKÜ bislang als rechtmäßig anzusehen waren, weil der zurückverbliebene Elternteil

499 Bislang war schon der Widerrechtlichkeitsbegriff des HKÜ als weit zu verstehen, s. o. 2. Teil. A. IV. 1 („Faktischer Ausgleich im Rahmen des HKÜ"); im Vergleich mit dem Verständnis der EuEheVO aber ist er als eng anzusehen.

500 S. zur doppelten Anknüpfung oben 2. Teil. A. II. 1 („Widerrechtlichkeit als entführungsspezifisches Anwendungskriterium").

sein Sorgerecht nicht tatsächlich ausgeübt hatte, im Anwendungsbereich der Verordnung zur Anwendung des HKÜ und damit zur Rückführung in den bisherigen Aufenthaltsmitgliedstaat führen würden.[501]

Hierfür spräche ein genereller Vorrang[502] der EuEheVO gegenüber dem HKÜ in den überschneidenden Bereichen insofern, als dann der Widerrechtlichkeitsbegriff des Art. 2 Ziff. 11 EuEheVO im Verhältnis zwischen den Mitgliedstaaten Vorrang gegenüber dem des Art. 3 I HKÜ hätte. Eine solche generelle Verdrängung des HKÜ im Überschneidungsfall wird aber – wie oben[503] ausgeführt – abgelehnt. Wie oben[504] ebenfalls angesprochen, wird zumindest in der Erweiterung des Widerrechtlichkeitsbegriffs durch Art. 2 Ziff. 11 EuEheVO dogmatisch aber auch eine vertragliche Ergänzung nach Art. 36 HKÜ gesehen. Diese könnte zur Folge haben, dass die EU-Mitgliedstaaten im Anwendungsbereich der EuEheVO an die verordnungseigene Umgestaltung des Widerrechtlichkeitsbegriffs vertraglich gebunden wären. Hiergegen spricht jedoch, dass Art. 36 HKÜ eine vertragliche Ergänzung erlaubt, wenn sie dazu dient, Einschränkungen einzudämmen, denen die Rückgabe des Kindes unterliegt. Die Rückgabe des Kindes unterliegt den Regelungen des III. Kapitels des HKÜ. Fehlt es aber bereits an einer Widerrechtlichkeit i. S. d. HKÜ, kommt dieses als Ganzes schon nicht zur Anwendung und die Frage der Rückgabe stellt sich gar nicht. Wo das HKÜ mangels Widerrechtlichkeit der Verbringung/Zurückhaltung nicht zur Anwendung kommt, kann auch eine vertragliche Ergänzung nicht in Frage kommen, weil eine durch vertragliche Ergänzung zu fördernde Rückgabe von vorneherein nicht veranlasst ist.[505]

Ein Vergleich mit Drittstaatenkonstellationen spricht vielmehr gegen ein Durchschlagen des EU-Widerrechtlichkeitsbegriffs auf das HKÜ: Die Verbringung in einen nicht der EU angehörigen Drittstaat könnte weiterhin als rechtmäßig gelten, wenn der zurückverbliebene Elternteil sich gar nicht um das Kind gekümmert hat, wohingegen die Verbringung in einen anderen Mitgliedstaat geahndet würde, obwohl der im Erststaat verbleibende Elternteil ein passiver war.

---

501 Entsprechende Tendenzen machen sich in der Rechtsprechung zu Art. 3 HKÜ wohl bereits bemerkbar, vgl. *Frank* in Gebauer/Wiedmann[2] Kap. 29 EuEheVO Art. 3 Rn 21 Fn 49, m. w. N.; dies aufgreifend s. a. *Tödter*, S. 158.

502 So wohl Motzer/Kugler/Grabow-*Grabow* Rn 223, der an dieser Stelle von einer lex specialis innerhalb der EU spricht.

503 2. Teil A. II. 2. c („Anwendung des HKÜ im Verhältnis zur EuEheVO").

504 S. o. zu den diesbezüglichen Ausführungen von *Rieck* NJW 2008, 182, 183 im 2. Teil A. II. 2. c („Anwendung des HKÜ im Verhältnis zur EuEheVO").

505 Auch die Belgische Zentrale Behörde geht davon aus, dass die Verordnung das HKÜ nicht ergänzen kann, wo es das HKÜ nicht fordere, vgl. *Kruger*, S. 18.

Eine solche Lösung würde die Ziele der EU ins Gegenteil verkehren. Obwohl gerade das gegenseitige Vertrauen innerhalb der EU Schutz genießen soll, wäre die als rechtmäßig geltende Verbringung in einen Nichtmitgliedstaat besser gestellt: Während die Rückführung über das HKÜ aus einem Nichtmitgliedstaat der EU weiterhin ausgeschlossen wäre, gälte die Verbringung in derselben Familienkonstellation in einen anderen EU-Mitgliedstaat als widerrechtlich und das Kind wäre zurückzuführen. Mag zwar prima facie das gegenseitige Vertrauen innerhalb der EU eben dieses Ergebnis erstrebenswert erscheinen lassen, so könnte es aber auch eine ungewünschte Schieflage mit sich bringen: Dass der Betreuungselternteil das gemeinsame Kind in einen Drittstaat verbracht hat, anstatt es im EU-Raum zu belassen, würde bei dieser Wertung belohnt, denn außerhalb der EU dürfte der zurückverbliebene, sein formales Recht nicht ausübende Elternteil keinen Rückführungsantrag stellen, wohingegen er diesen stellen dürfte, wenn sich Kind und Entführer noch im EU-Raum befänden. Der Verordnungszweck gegenseitigen Vertrauens, der es rechtfertigen soll, dass der Rückführungsautomatismus zwischen den Mitgliedstaaten noch weiter intensiviert und generalisiert wird, dürfte in einer solchen Fallkonstellation die gerade gegenläufige Wirkung entfalten. Dass das zugrunde gelegte Vertrauen stets zu einem Primat der Behörden des Herkunftsstaats führen soll, erscheint angesichts der immanenten „Gegenseitigkeit" bisweilen bedenkenswert. Schließlich sollte davon auszugehen sein, dass in einem Raum „gegenseitigen" Vertrauens auch die Einschätzung der anderen Seite, also hier der Gerichte im Zufluchtsstaat, ihre Wertigkeit hat.[506] Statt also den Widerrechtlichkeitsbegriff des HKÜ der EuEheVO unterzuordnen, sollte umgekehrt die Ausdehnung des Begriffs durch die Verordnung bei überschneidender bzw. an dieser Stelle kollidierender Anwendung des HKÜ teleologisch reduziert werden, um Entscheidungsgleichklang herzustellen.

Wie dagegen das Verhältnis des HKÜ-Widerrechtlichkeitsbegriffs zu Art. 10 EuEheVO zu lösen ist, ergibt ein systematischer Blick auf Art. 10 EuEheVO: Da dieser eine Sorgerechtszuständigkeit für einen sich nicht mit der HKÜ-Rückgabe überschneidenden bzw. nicht identischen Streitgegenstand[507] eröffnet, bedarf

---

506 S. dazu auch 4. Teil. C. II. 1. b) cc) (5) („Ergebnis: Schieflage gegenseitigen Vertrauens") einschließlich der dort zitierten kritischen Anm. von *Holzmann* FPR 2010, 497, 500, m. w. N.; *dies.*, Brüssel IIa VO, S. 216 f. S. a. Magnus/Mankowski/*Ulrich Magnus* Brussels IIbis Regulation (2012) Art. 47 note 13, das Klima für eine effiziente Durchsetzung einer Rückgabe in Frage stellend, wenn die zufluchtsstaatliche Entscheidung durch eine herkunftsstaatliche Anordnung überholt werde.

507 S. o. 2. Teil. A. II. 2 a („Keine Identität des Streitgegenstandes") sowie c („Anwendung des HKÜ im Verhältnis zur EuEheVO").

es insoweit weder einer Anpassung des HKÜ-Widerrechtlichkeitsbegriffs an Art. 10 EuEheVO noch umgedreht einer teleologischen Reduktion des Letzteren. Für Art. 10 EuEheVO gilt daher der weite Widerrechtlichkeitsbegriff. Art. 11 I EuEheVO dagegen geht ersichtlich von einer Antragstellung „auf der Grundlage" des HKÜ aus und setzt damit immanent eine Anwendung des HKÜ nach seinen eigenen Anwendungskriterien voraus.[508] Die so weiter bestehenden, aber hinzunehmenden Widersprüche bei der Bewertung der Widerrechtlichkeit in derselben Fallkonstellation lassen sich über den Bereich der Anerkennung und Vollstreckung angemessen lösen: Kommt es seitens des Herkunftsstaats auf der Grundlage des Art. 10 EuEheVO und dessen weitem Widerrechtlichkeitsbegriff zu einer Sorgerechts- respektive Herausgabeentscheidung, wird im Fall gleichzeitiger Unanwendbarkeit des HKÜ (wegen mangelnder Widerrechtlichkeit) im Zufluchtsstaat nach den allgemeinen Anerkennungsregeln vorzugehen sein, da Art. 11 VIII EuEheVO dann in Ermangelung einer HKÜ-Anwendung und mangels Rückgabeablehnung nach dem HKÜ gerade nicht greift.[509]

V. Ergebnis: Elternzentrierung und Formalisierung der sachlichen Anwendbarkeit

Zusammenfassend lässt sich feststellen, dass der sachliche Anwendungsbereich des KSÜ und weitergehend noch der EuEheVO, respektive deren spezifische Entführungsregelungen stark elternzentriert sind. Repräsentativ dafür ist die Einführung der perpetuatio fori im grenzüberschreitenden Kindschaftsrecht. Des Weiteren wird die Entführungszuständigkeit bzw. deren Wegfall in beiden Regelungswerken maßgeblich von der Disposition des Antragstellers über seinen Rückgabeantrag abhängig gemacht. Innerhalb der EU wird außerdem die Widerrechtlichkeit des Verbringens bzw. Zurückhaltens eines Kindes formalisiert an die rechtliche Situation geknüpft und nur noch eingeschränkt an die für das Kind spürbare tatsächliche Sorgerechtsausübung. Das Abhängigmachen

508 So i. E. Rauscher/*Rauscher* EuZPR/EuIPR (2010) Art. 11 Brüssel IIa-VO Rn 8 sowie Thomas/Putzo-*Hüßtege* Art. 11 EuEheVO Rn 1, beide darauf abstellend, dass Art. 11 EuEheVO ein HKÜ-Verfahren nach seinen Anwendungskriterien voraussetze, zumindest wenn es um die Frage der Anwendung des Art. 11 EuEheVO auf Kinder ab dem vollendeten 16. Lebensjahrs geht, s. dazu unten 2. Teil. B. II. 3 a („Altersgrenze des Art. 11 EuEheVO"). Diese Einschätzung sollte zwecks Herstellung eines Entscheidungsgleichklangs auch auf die hier diskutierte Frage zu übertragen sein.

509 S. dazu den Überblick oben 1. Teil. C. III. 2 („Unmittelbare Vollstreckung innerhalb der EU").

der Widerrechtlichkeit von formalen statt tatsächlichen Verhältnissen entfernt den Begriff der elterlichen Verantwortung gleichsam von der modernen Vorstellung eines Ensembles an Rechten und Pflichten und nähert ihn als Rückschritt den überholten Vorstellungen eines Über- und Unterordnungsverhältnisses an, in dem das Recht, über das Kind formal zu bestimmen, mehr Bedeutung hat, als die tatsächlich für das Kind spürbare Betreuungssituation. *Martiny* sieht angesichts moderner Ausweitung des Sorgerechtsbegriffs und der immer weiter sich ausdehnenden Möglichkeiten des Zugangs zu Sorgerechten auch rein formaler Art die Folge vermehrter Anwendung von Kindesentführungsregeln und schließt daraus: „Folglich muss vermieden werden, dass bereits jede potenzielle Rechtsposition für das Eingreifen der Entführungsregeln ausreicht.“[510] Als erster Schritt hierzu wäre die vorgeschlagene teleologische Reduktion des verordnungseigenen Widerrechtlichkeitsbegriffs denkbar.

B. Unterschiedliche Altersanknüpfungen im persönlichen Anwendungsbereich

Bei der Bearbeitung grenzüberschreitender Fälle von Kindesentführung ist zu beachten, dass die zwischen den betroffenen Staaten in Frage kommenden Regelungswerke an unterschiedliche Altersstufen der betroffenen Kinder anknüpfen. Dieses Problem stellt die Behörden auf zwei Ebenen vor die Frage der persönlichen Anwendung möglicher Abkommen und Verordnungen: Zum einen stellt sich die Frage, ob die denkbar einschlägigen Regelungswerke als Ganzes für das konkrete Kindesalter (noch) heranzuziehen sind, d. h. ob das Regelungswerk überhaupt Anwendung findet, zum anderen ist zu klären, ob die darin befindlichen spezifischen Entführungsregelungen auf das Kindesalter anzuwenden sind bzw. ob sie durch eine Verzahnung mit anderen einschlägigen spezifischen Regelungen aus diesem Bereich eine teleologische Reduktion oder Erweiterung zu erfahren haben. Die vorliegende Arbeit unterscheidet daher zwischen der persönlichen Anwendbarkeit im weiteren Sinn der einschlägigen Regelungswerke als Ganzes und der persönlichen Anwendbarkeit der spezifischen Entführungsregelungen im engeren Sinn.

---

510 *Martiny* FamRZ 2012, 1765, 1779.

I. Persönlicher Anwendungsbereich im weiteren Sinn

1. Ausgangslage des MSA

Wie oben[511] ausgeführt, wurden grenzüberschreitende Kindesentführungen innerstaatlich über Jahrzehnte unter Heranziehung der allgemeinen Regelungen des MSA gelöst. Die Anknüpfung des Art. 12 MSA an kumulative Minderjährigkeit nach dem Recht des Heimatstaates und nach dem Recht des Aufenthaltsstaats erschwerte aber die praktische Anwendung des Abkommens. Nach und nach führten zwar alle europäischen Länder die Volljährigkeit mit 18 Jahren ein, die Berücksichtigung von heimatstaatlicher Volljährigerklärung und Sondergeschäftsfähigkeiten konnte die Angelegenheit aber erheblich erschweren und an der eigentlichen Problematik konkreten Minderjährigenschutzes in verzögernder Weise vorbeigehen.[512] In bestimmten Fällen konnte außerdem zweifelhaft sein, nach welchem Heimatrecht sich die Bestimmung der Minderjährigkeit richtete: Bei Mehrrechtsstaaten ohne einheitliche Rechtsordnung war zur Bestimmung der Minderjährigkeit die gem. Art. 14 MSA maßgebende Teilrechtsordnung zu beachten.[513] Für Doppel- oder Mehrstaater enthielt das MSA dagegen keine Regelung mit der Folge unterschiedlicher Lösungsansätze.[514]

---

511 1. Teil. A. II („Minderjährigenschutzabkommen von 1961").

512 S. dazu Staudinger-*Kropholler* (2003) Vorbem zu Art. 19 EGBGB Rn 528 ff.; MüKoBGB[3]-*Siehr* Art. 19 EGBGB Anh. I MSA Rn 387 ff.; PalArch/*Thorn* I. C. 2 MSA Rn 42 (Palandt-*Thorn* (IPR) Anh zu EGBGB 24 Rn 12 verweist wegen der geringen praktischen Bedeutung des MSA auf das PalArch); Erman[12]-*Hohloch* Anh Art 24 EGBGB Rn 39 (aufgrund der Geltung des KSÜ für Deutschland seit 1.1.2011 verweist Erman[13]-*Hohloch* Anh Art 24 EGBGB Rn 10 auf die Kommentierung des MSA in der 12. Voraufl.); *Oberloskamp* MSA Art. 12 Rn 15 ff.; *Gördes*, S. 148 f. Österreich senkte mit dem Kindschaftsrechts-Änderungsgesetz 2001 – KindRÄG 2001 BGBl. I 2000/135 als letztes europäisches Land das Volljährigkeitsalter von 19 auf 18 Jahre herab, vgl. MüKoBGB[5]-*Siehr* Art. 21 EGBGB Anh. I EheVO II Rn 28.

513 MüKoBGB[3]-*Siehr* Art. 19 EGBGB Anh. I MSA Rn 403; *Oberloskamp* MSA Art. 12 Rn 9.

514 So wurde mit Art. 5 I 1 EGBGB zunächst auf die effektive Staatsangehörigkeit und bei Vorliegen auch der deutschen Staatsangehörigkeit auf Art 5 I 2 EGBGB abgestellt, s. Staudinger-*Kropholler* (2003) Vorbem zu Art. 19 EGBGB Rn 534; PalArch/*Thorn* I. C. 2 MSA Rn 4, 19 und 42; Erman[12]-*Hohloch* Anh Art 24 EGBGB Rn 25 und 39; *Oberloskamp* MSA Art. 12 Rn 10. Nach *Hausmann,* Doppelte Staatsbürgerschaft, S. 163, 170 überzeugte diese Lösung nicht, weil sie die (damalige) einheitliche Anwendung des MSA gefährdete, und er stellte daher zur Gewährleistung internationalen Entscheidungseinklangs allein auf die Anknüpfung an die effektive Staatsangehörigkeit ab. Für eine Berücksichtigung jedes Heimatrechts s. dagegen

2. *Regelung durch das KSÜ*

Mit dem KSÜ soll die umständliche Altersregelung des MSA überwunden werden und angepasst an die jüngere Tradition der Haager Konferenz und an die sachlich-rechtliche Entwicklung in vielen Staaten normiert Art. 2 KSÜ ohne Verweis in das nationale Recht die Geltung für alle Kinder von der Geburt bis zur Vollendung des 18. Lebensjahrs.[515] Dieser explizite Alterszeitraum stellt einerseits klar, dass das KSÜ auf einen 18jährigen, der nach seinem Heimatrecht noch als minderjährig gilt, keine Anwendung findet. Andererseits stellt er sicher, dass Minderjährige unter 18 Jahren, die nach ihrem Heimatrecht etwa durch Eheschließung schon als mündig gelten, noch unter den Schutzbereich des KSÜ fallen, wobei es im letzteren Fall dem nach Art. 16 KSÜ anwendbaren nationalen Sachrecht überlassen bleibt, ob der heimatrechtlich Erwachsene noch unter gesetzlicher elterlicher Verantwortung steht.[516] Auf diese Weise wird vermieden, dass das KSÜ nach dem Heimatrecht „mündige Kinder wie Unmündige“[517] behandelt.[518]

3. *Regelungsdefizit der EuEheVO*

Im Gemeinschaftsrecht fehlt demgegenüber generell eine Bestimmung des Begriffs Kind und auch die EuEheVO sieht im Gegensatz zum KSÜ keine ausdrückliche

---

MüKoBGB³-*Siehr* Art. 19 EGBGB Anh. I MSA Rn 404, demgemäß nicht mehr als minderjährig zu gelten hatte, wer nach wenigstens einem seiner Heimatrechte volljährig war; ebenso *Oberloskamp* MSA Art. 12 Rn 10.

515 So *Siehr* RabelsZ 62 (1998) 464, 469. Der Nasciturus wurde auf diese Weise ausdrücklich vom Anwendungsbereich des KSÜ ausgenommen, um sicherzustellen, dass Abtreibungen nicht als Schutzmaßnahmen gewertet würden. Dass das HKÜ keine solche ausschließende Formulierung kennt, wurde als nicht vergleichbar angesehen, da der Nasciturus naturgemäß keines Schutzes durch das HKÜ bedarf, vgl. *Krah,* S. 83 f., m. w. N. Der zukünftige Vater kann auch nicht etwa die Ausreise einer werdenden Mutter verhindern oder sich nach Geburt des Kindes im Zufluchtsstaat auf Kindesentführung berufen, vgl. *Finger* FamRBint 2011, 80, 84 und 86. Eine Geltung der EuEheVO für ungeborene Kinder ebenfalls ausschließend s. *Holzmann,* Brüssel IIa VO, S. 89 f. Da es vorliegend um Kindesentführungen geht, die von vorneherein nicht das ungeborene Leben erfassen können, wird an dieser Stelle auf eine darüberhinausgehende Erörterung einer Anwendung von KSÜ und EuEheVO auf den Nasciturus verzichtet.

516 So *Siehr* RabelsZ 62 (1998) 464, 469 f.; *ders.* DEuFamR 2000, 125, 127; s. dazu auch *Hausmann* IntEuSchR B 288, m. w. N., auf die Anwendung des ErwSÜ nach Eintritt des Volljährigkeitsalters verweisend.

517 *Siehr* RabelsZ 62 (1998) 464, 470.

518 *Siehr* RabelsZ 62 (1998) 464, 470.

Altersgrenze vor.[519] Fraglich ist daher, wie die Altersgrenze und damit der persönliche Anwendungsbereich der EuEheVO zu bestimmen sind, insbesondere als die Verordnung in direkter Anwendungskonkurrenz zum KSÜ steht, und die Entführungsregelungen im praktischen Anwendungsfall mit dem HKÜ abzustimmen sind.

a) Heranziehung des MSA

Historisch und systematisch nicht ganz ausgeschlossen wäre, auf die komplizierte[520] Regelung des Art. 12 MSA zurückzugreifen und damit das Volljährigkeitsalter nach den jeweils betroffenen Staaten zugrunde zu legen. Dafür spräche, dass bei Erarbeitung der EuEheVO eine europaweite Geltung des KSÜ noch lange nicht in Sicht war und der EU-Normsetzer in Kenntnis der Probleme kumulativer Minderjährigkeit eine autonome Regelung unterließ, obwohl die Verordnung mit der damals noch weiter anzuwendenden kollisionsrechtlichen Regelung des Art. 2 MSA in Einklang gebracht werden musste. Dagegen spricht jedoch, dass bei Erarbeitung der EuEheVO das KSÜ, mit dem die Anknüpfung an eine kumulative Minderjährigkeit aufgegeben wurde, bereits geschaffen war. Wenn schon international die Problematik des Art. 12 MSA beseitigt werden sollte, dann wäre erst recht sinnwidrig, die Vorschrift über die EuEheVO zwischen den EU-Staaten wieder heranzuziehen.[521] Entgegengehalten wird insoweit daher, dass sich der Begriff der Minderjährigkeit im Rahmen der EU-Verordnung losgelöst von nationalen Rechtsordnungen europaeinheitlich auslegen lassen sollte.[522] Im Rahmen des Gesamtkonzepts der Verordnung einer Rechtsvereinheitlichung innerhalb der EU ist daher ein Wiederaufgreifen der Anknüpfung an kumulative Minderjährigkeit über die EuEheVO abzulehnen.

---

519 MüKoBGB[5]-*Siehr* Art. 21 EGBGB Anh. I EheVO II Rn 28. *Holzmann,* Brüssel IIa VO, S. 84 ff. erörtert u. a. mit Blick auf die zunächst angedachte Erweiterung von MSA bzw. KSÜ auf erwachsene Schutzbedürftige und im Hinblick auf entsprechende Erwägungen zur vorgängigen EheVO 2000 eine entsprechend weite Anwendung der Verordnung, lehnt dies aber i. E. ab, u. a. unter Hinweis auf den Leitfaden der Kommission, S. 9, nach dem die EuEheVO nur für Minderjährige gelte. Da diesem Ergebnis vorliegend nichts entgegengesetzt wird, wird an dieser Stelle auf die dortige eingehende Diskussion verwiesen.

520 So MüKoBGB[5]-*Siehr* Art. 21 EGBGB Anh. I EheVO II Rn 28.

521 Vgl. Erman[12]-*Hohloch* Anh Art 24 EGBGB Rn 21; MüKoBGB[5]-*Siehr* Art. 21 EGBGB Anh. I EheVO II Rn 28 betonend, dass die EuEheVO bewusst nicht von „Minderjährigkeit", sondern von „Kind" spreche.

522 Zöller-*Geimer* Anh II A EuEheVO Art. 8 Rn 1.

b) „Materiellrechtliche Lösung“[523]

Vertreten wird, dass bei der Frage der Altersgrenze der EuEheVO auf Art. 2 KSÜ zurückzugreifen, d. h. unabhängig von einem heimat- oder aufenthaltsstaatlichen Volljährigkeitsalter auf die Vollendung des 18. Lebensjahrs abzustellen sei.[524] Zu demselben Ergebnis führt auch eine autonome Interpretation, die im Hinblick auf die in allen Mitgliedstaaten bestehende Volljährigkeitsgrenze von 18 Jahren unter den Kindbegriff der EuEheVO alle Personen unter 18 Jahre subsumiert.[525] Für beide Auslegungsarten spricht, dass innerhalb Europas mittlerweile ohnehin eine einheitliche Volljährigkeit ab der Vollendung des 18. Lebensjahrs gilt, und diese Regelung damit eine einfache Handhabung bei der Frage der persönlichen Anwendbarkeit der Verordnung ermöglichen würde. Ein Rückgriff auf nationales Recht sei stets mit der Gefahr von negativen Kompetenzkonflikten verbunden, wenn der an sich zuständige Staat den Betroffenen als volljährig betrachte, während der nicht zuständige Staat von der Minderjährigkeit der betroffenen Person ausgehe.[526]

c) „Kollisionsrechtliche Lösung“[527]

Nach anderer Ansicht soll die Frage der Altersgrenze im Rahmen der EuEheVO nach dem autonomen nationalen Recht der Mitgliedstaaten zu bestimmen sein: So handle es sich bei der Bestimmung des Kindbegriffs um eine nach Heimatrecht zu beurteilende Vorfrage i. S. d. Art. 7 I 1 EGBGB, was angesichts der einheitlichen nationalen Begrenzung in den Mitgliedstaaten letztlich auf eine Volljährigkeit ab 18 Jahren hinauslaufe.[528] Teilweise wird hier die Gefahr negativer

---

523 Die einteilende Bezeichnung in „materiellrechtliche Lösung“ und „kollisionsrechtliche Lösung“ einführend s. *Siehr* IPRax 2010, 583, 584.

524 So Zöller-*Geimer* Anh II A EuEheVO Art. 8 Rn 1, m. w. N.; MüKoFamFG-*Gottwald* Brüssel IIa-VO Art. 1 Rn 14, m. w. N; Staudinger-*Rauscher* (2006) § 1684 Rn 377; Staudinger-*Pirrung* (2009) Vorbem C 16 und C 19 zu Art 19 EGBGB; Rauscher/*Rauscher* EuZPR/EuIPR (2010) Art. 1 Brüssel IIA-VO Rn 24; *ders.* ebenso bereits in der Voraufl. EuZPR (2004) Art 1 Brüssel II-VO Rn 11 noch zur EheVO 2000 sowie *Rauscher* EuLF (E) 2005 I 37 f.; ebenso *Holzmann* FPR 2010, 497, 498. Einwände gegen eine einheitliche Anknüpfung an Art. 2 KSÜ sowie Art. 1 KRK s. bei MüKoBGB^5-*Siehr* Art. 21 EGBGB Anh. I EheVO II Rn 28.

525 So Hk-ZPO/*Dörner* EheGVVO Art 1 Rn 11; s. a. *Hausmann* IntEuSchR B 58, m. w. N.

526 So *Rauscher* IPR^4 Rn 2044. Für eine einheitliche Anwendung auf Minderjährige unter 18 Jahre auch *Tödter*, S. 27 f. und *Holzmann*, Brüssel IIa VO, S. 88 f.

527 *Siehr* IPRax 2010, 583, 584.

528 MüKoBGB^5-*Siehr* Art. 21 EGBGB Anh. I EheVO II Rn 28; *Siehr* IPRax 2010, 583, 584 mit Fn 21; NK-BGB/*Gruber* Anh. I zum III. Abschn. EGBGB Art. 2 EheVO

Kompetenzkonflikte gesehen, wenn das angerufene Gericht nach Art. 8 ff. EuEheVO unzuständig sei (etwa, weil die Aufenthaltssituation des Kindes in dem betreffenden Staat nicht ausreicht), aber die eigentlich zuständigen Aufenthaltsgerichte das Kind nach ihrer lex fori bereits als volljährig behandeln würden.[529] Auch kann es im Rahmen des Art. 7 EGBGB als Gesamtverweisung zu Rück- und Weiterverweisungen kommen,[530] mit der Folge erschwerter Ermittlung des persönlichen Anwendungsbereichs.

d) Stellungnahme

Im Hinblick auf die in den Mitgliedstaaten übereinstimmende Volljährigkeit ab 18 Jahren, stellt sich das Problem der persönlichen Anknüpfung der EuEheVO zwar zunächst kaum.[531] Im Fall einer Drittstaatenbeteiligung kann es aber dennoch auftreten: Insoweit mag sich aufdrängen, dass in Europa eine Anlehnung an das KSÜ gewünscht und mit der materiellrechtlichen Lösung einheitlich das Volljährigkeitsalter von 18 Jahren zugrunde zu legen sei. Weshalb die Verordnung einerseits teils wörtlich die Regelungen des KSÜ übernommen haben soll, aber dennoch die unmittelbar aufdrängende Grundsatzfrage der Altersbestimmung gänzlich einer KSÜ-konformen Auslegung überlassen bleiben sollte, erschließt sich jedoch nicht. Hätten die Verordnungsgeber einheitlich wie im KSÜ auf das 18. Lebensjahr abstellen wollen, wäre dies ohne weiteres möglich gewesen, insbesondere als bei Erarbeitung der Verordnung die Umständlichkeit des Art. 12 MSA längstens bekannt war, und eine vereinfachte Vorbild-Regelung mit Art. 2 KSÜ bereits existierte.[532] Denkbar wäre allerdings, dass der Verordnungsgeber die Frage offen gelassen hat, weil sämtliche Mitgliedstaaten ohnehin dasselbe Alter zu Grunde legen und somit ein (faktisches) autonomes EU-weit einheitliches Volljährigkeitsalter

---

2003 Rn 3; Erman[13]-*Hohloch* Anh Art 24 EGBGB/KSÜ Rn 23 so einen Rückgriff auf die einheitliche Altersbestimmung in Art. 1 KRK für möglich haltend; *Gruber* IPRax 2005, 293, 296; *Solomon* FamRZ 2004, 1409, 1410 f.; Thomas/Putzo-*Hüßtege* Art. 1 EuEheVO Rn 7; *Looschelders* JR 2006, 45, 46; Leitfaden der Kommission, S. 9.

529 Rauscher/*Rauscher* EuZPR/EuIPR (2010) Art. 1 Brüssel IIa-VO Rn 24; *ders.* EuZPR (2004) Art 1 Brüssel II-VO Rn 11 noch zur EheVO 2000.

530 Staudinger-*Hausmann* (2013) Art. 7 EGBGB Rn 3 und 21 ff. unter Hinweis auf Art. 4 I EGBGB; ausführlich zum Grundsatz des Gesamtverweisung Staudinger-*Hausmann* (2013) Art. 4 EGBGB Rn 47 ff.; s. a. Oberloskamp[3]-*Gruber* Vormundschaft § 5 Rn 9.

531 NK-BGB/*Gruber* Anh. I zum III. Abschn. EGBGB Art. 2 EheVO 2003 Rn 3; Thomas/Putzo-*Hüßtege* Art. 1 EuEheVO Rn 7.

532 Vgl. *Holzmann*, Brüssel IIa VO, S. 88, m. w. N. unter Verweis auf die entsprechende bereits i. R. d. EheVO 2000 bekannte und dennoch erneut nicht gelöste Diskussion.

vorliegt. Dagegen spricht aber, dass nationales einfaches Recht – somit auch die einzelstaatliche Bestimmung der Volljährigkeit (z. B. § 2 BGB) – nach Maßgabe einfachgesetzlicher Gesetzgebungsverfahren jederzeit änderbar ist, was insbesondere im Hinblick auf möglicherweise zukünftige Beitritte in die EU nicht ganz außer Acht gelassen werden sollte. Eine Vereinfachung stellt auch die Anlehnung an Art. 2 KSÜ nur nach dem ersten Anschein dar: Sieht das Heimatrecht eines in der EU lebenden 18jährigen Drittstaaters eine spätere Volljährigkeit etwa ab 21 Jahren vor, entfiele zwar ohne weiteres die Anwendbarkeit der EuEheVO, aber nunmehr würde ein möglicher Rückgriff auf autonomes nationales Recht aktuell, und innerstaatlich wäre die heimatstaatliche Volljährigkeit im Rahmen des § 99 I Nr. 2 FamFG[533] daher dennoch zu prüfen.[534]

Der Verordnungsgeber dürfte die einheitliche Bestimmung der Volljährigkeit innerhalb der EU-Staaten im Blick gehabt, insoweit auch keinen altersmäßigen Ausreißer befürchtet haben. Die Unterlassung einer Altersregelung in der EuEheVO dürfte daher so zu verstehen sein, dass die EU die einzelstaatliche Regelung jedes Mitgliedstaats berücksichtigen will, allerdings mit dem Blick darauf, dass innerhalb der EU dabei ohnehin kein Konflikt zu erwarten ist. Die Bestimmung des Kindesbegriffs erfolgt somit nach nationalem Recht, d. h. innerstaatlich nach Art. 7 I EGBGB. Wie schon im Rahmen des MSA[535] werden auch hier in Fällen, in denen dem Minderjährigen schon vor Erreichen seiner Volljährigkeit Berechtigungen wie einem Mündigen zugestanden werden, Anwendungsprobleme auftauchen können. Auch hier gilt daher: Steht ein Minderjähriger nicht mehr unter elterlicher Sorge – beispielsweise aufgrund von Eheschließung – fällt er nicht mehr in den Anwendungsbereich der EuEheVO.[536] „Krasse“[537] Altersabweichungen, die mit europäischen Vorstellungen des Minderjährigenschutzes nicht zu vereinbaren sind, lassen sich ggf. über den ordre public lösen.[538] Umgekehrt wird auch für die EuEheVO die Wertung beizubehalten sein, dass nicht einerseits innerstaatliche

533 Bis 31.8.2009: §§ 43 I, 35b I Nr. 2 FGG.

534 Vgl. Zöller-*Geimer* Anh II A EuEheVO Art. 8 Rn 1; Staudinger-*Henrich* (2008) Art. 21 EGBGB Rn 145 noch zum FGG.

535 S. o. 2. Teil. B. I. 1 („Ausgangslage des MSA“).

536 *Looschelders* JR 2006, 45, 46; so noch zum MSA MüKoBGB[3]-*Siehr* Art. 19 EGBGB Anh. I MSA Rn 391; Staudinger-*Kropholler* (2003) Vorbem zu Art. 19 EGBGB Rn 540. S. zu den unterschiedlichen Regelungen der Volljährigkeit, der beschränkten bzw. Teil-Geschäftsfähigkeit sowie vorzeitiger Mündigkeit die Länderübersicht bei Staudinger-*Hausmann* (2013) Anh zu Art 7 EGBGB.

537 *Looschelders* IPR Art. 7 Rn 5, m. w. N.

538 Staudinger-*Hausmann* (2013) Art. 7 Rn 28; *Looschelders* IPR Art. 7 Rn 5, m. w. N.; MüKoBGB[5]-*Siehr* Art. 21 EGBGB Anh. I EheVO II Rn 28.

Einzel-Ermächtigungen bzw. Sondergeschäftsfähigkeiten rechtfertigen, Minderjährige aus dem Anwendungsbereich der Verordnung auszuschließen, während andererseits Minderjährige ohne eine solche spezielle Geschäftsfähigkeit einzubeziehen wären.[539] So mag zwar die Anknüpfung an Art. 7 EGBGB im Einzelfall zu kollisionsrechtlichen Problemen führen; es erscheint aber als zu gewagter Eingriff in die zu diesem Bereich schweigende Verordnung, ihr eine autonom einheitliche Altersgrenze überzustülpen, die sich aus ihrem Wortlaut nicht einmal ansatzweise entnehmen lässt. Daher wird hier der kollisionsrechtlichen Lösung gefolgt.

II. Persönliche Anwendbarkeit der spezifischen Entführungsregelungen

Sowohl die ausdrückliche Altersregelung des KSÜ einerseits als auch die unterlassene Normierung im Rahmen der EuEheVO andererseits werfen die Frage auf, wie die traditionellen spezifischen Entführungsregelungen des HKÜ wie auch des EuSorgeRÜ mit den modernen Regelungskonzepten bei der Bestimmung des persönlichen Anwendungsbereichs ins Verhältnis zu setzen sind und wie das dabei entstehende Spannungsverhältnis gelöst werden könnte:

1. Altersbegrenzung von HKÜ und EuSorgeRÜ

Die Altersbegrenzung des Art. 4 S. 2 HKÜ wie auch des Art. 1 lit. a EuSorgeRÜ basiert laut *Siehr* auf der Vorstellung, dass sich Kinder ab dem vollendeten 16. Lebensjahr in der Regel eine selbstständige Meinung über ihren Verbleib bilden könnten, die von den Sorgeberechtigten wie auch den Behörden angemessene Beachtung finden solle, während mit der Rückführung eines nahezu Erwachsenen die Gefahr eines Verstoßes gegen Grund- und Menschenrechte verbunden sei; der Behördenapparat solle hier nicht mehr ohne weiteres in Gang gesetzt werden.[540] So kann das Spektrum der Selbstbestimmung des 16jährigen bis hin zur eigenen Initiierung („instigation“) des Aufenthaltswechsels reichen.[541]

---

539 So noch zum MSA PalArch/*Thorn* I. C. 2 MSA Rn 42; Erman[12]-*Hohloch* Anh Art 24 EGBGB Rn 39; Staudinger-*Kropholler* (2003) Vorbem zu Art. 19 EGBGB Rn 541 f.; MüKoBGB[3]-*Siehr* Art. 19 EGBGB Anh. I MSA Rn 392 ff.; *Gördes*, S. 148 f.

540 So *Siehr* IPRax 2010, 583 f., m. w. N., anmerkend, dass das aber nicht umgekehrt heißen solle, dass die Verbringung eines 16jährigen ohne Zustimmung des mitsorgeberechtigten Elternteils nicht als widerrechtlich zu betrachten sei. S. a. *Holzmann*, Brüssel IIa VO, S. 83, m. w. N., auf Selbstständigkeit und eigenen gefestigten Willen des 16jährigen hinweisend.

541 *Kruger*, S. 16 f.

Umstritten ist insoweit bislang in erster Linie, auf welchen Zeitpunkt bei der Altersbestimmung abzustellen ist: Teilweise wird der Zeitpunkt der Entführung bzw. der anschließenden baldigen Antragstellung für maßgeblich gehalten, weil Verschleierungsmaßnahmen des Entführers einen Rückgabeantrag vor Vollendung des 16. Geburtstages des Kindes verunmöglichen könnten, der Entführer aber von dieser selbst verursachten Unanwendbarkeit des HKÜ nicht profitieren dürfe.[542] Auch in anderen Vertragsstaaten würden bereits laufende HKÜ-Rückgabeverfahren über den 16. Geburtstag des betroffenen Kindes hinaus fortgesetzt.[543] Bei fortschreitendem Alter des Jugendlichen werde auch die Assimilierung in den neuen Aufenthaltsstaat erschwert, und das Rückkehrinteresse sei daher umso größer.[544]

Die h. M. stellt dagegen auf den Zeitpunkt der gerichtlichen Entscheidung ab:[545] Bei der Altersgrenze von 16 Jahren gehe es nicht darum, die Rechtsposition des Entführers zu beurteilen, sondern auch in Abgrenzung zum MSA eine rechtsklare Grenze des zeitlichen Anwendungsbereichs des HKÜ zu gewährleisten. Durch Abstellen auf den Zeitpunkt der Entführung/Antragstellung könne das HKÜ jedoch bis zur Volljährigkeit zur Anwendung kommen. Dies solle der klare Art. 4 S. 2 HKÜ aber gerade verhindern. Daher sei das HKÜ als unanwendbar anzusehen, wenn das Kind zum Zeitpunkt der Antragstellung 16 Jahre alt sei, bzw. ende ein bereits eingeleitetes Rückgabeverfahren dann automatisch.[546] Auch die Vollstreckung einer bereits erlassenen Rückgabeanordnung sei ab dem 16. Geburtstag des Kindes nicht mehr möglich.[547]

Die h. M. entspricht der fortschreitenden Eigenständigkeit des Betroffenen, auf den die Bezeichnung „Kind" kaum noch zutrifft. Eine automatisierte Rückführung auf der Basis des HKÜ noch über das 16. Lebensjahr hinaus kann nicht mehr als generell bessere Lösung angesehen werden, ohne dass eine Prüfung seines konkreten Wohls stattfindet. Dem Argument gesteigerter Assimilierungsschwierigkeiten

---

542 So *Hüßtege* IPRax 1992, 369, 371; *Zürcher,* S. 16 f. ebenso betonend, dass der Entführer nicht belohnt werden dürfe; s. a. Nachweis bei OGH IPRax 2010, 551, 552.

543 *Coester-Waltjen* in FS Lorenz, S. 305, 308, m. w. N.

544 *Zürcher,* S. 17 mit Fn 100.

545 S. *Vomberg/Nehls,* S. 22; Staudinger-*Pirrung* (2009) Vorbem D 36, E 2 und 6 zu Art 19 EGBGB.

546 S. Staudinger-*Pirrung* (2009) Vorbem D 36 zu Art 19 EGBGB, m. w. N.; NK-BGB/*Benicke* Anh. III zu Art. 24 EGBGB Art. 4 HKÜ Rn 1 f.; PalArch/*Thorn* I. C. 3 HKEntfÜ Rn 28; *Vomberg/Nehls,* S. 22; *Bach/Gildenast* Rn 106, m. w. N.; *Haß,* S. 49 f., m. w. N.; ebenso i. E. OGH IPRax 2010, 551, 552.

547 NK-BGB/*Benicke* Anh. III zu Art. 24 EGBGB Art. 4 HKÜ Rn 1 f.

des nahezu Erwachsenen im Zufluchtsstaat ist daher entgegenzuhalten, dass die Altersgrenze des HKÜ gerade ermöglicht, Jugendliche ab 16 Jahre möglichst selbst entscheiden zu lassen, ob sie mit dem verbringenden Elternteil im Zufluchtsstaat bleiben wollen, oder eben auch nicht, und dass diese Frage ggf. über ein echtes vollständiges Sorgerechtsverfahren zu lösen sein wird und nicht einem bloß summarischen Rückgabeverfahren überlassen bleibt. Die gleichen Überlegungen sind für eine Anwendung des EuSorgeRÜ anzustellen. Vorliegend ist daher von einer grundsätzlichen Anwendung des HKÜ wie auch des EuSorgeRÜ auf Kinder auszugehen, die im Zeitpunkt der Entscheidung über die Rückführung nach dem HKÜ oder die Wiederherstellung des Sorgeverhältnisses nach dem EuSorgeRÜ noch nicht ihr 16. Lebensjahr vollendet haben.

Zusammenfassend lässt sich hier also feststellen, dass die h. M. von der Rückführung jedenfalls eines 16/17jährigen Jugendlichen absehen will. Für diesen konnte die Lösung über den HKÜ-Wegfall bislang bedeuten, dass ein Rückgriff auf das MSA aktuell wurde, was allerdings wiederum von der kumulativen Minderjährigkeit nach dem Recht des Aufenthalts- und des Heimatstaats (Art. 12 MSA) abhing. Bei Unanwendbarkeit auch des MSA bestimmte sich sodann ggf. sowohl die internationale Zuständigkeit deutscher Gerichte als auch die Frage des anwendbaren Rechts nach dem autonomen innerstaatlichen Recht.[548] Jedenfalls war mit dieser Lösung sichergestellt, dass gegenüber einem nahezu Erwachsenen der Rückführungsmechanismus des HKÜ nicht zum Tragen kam, sondern die Rückgabe von einer innerstaatlichen Prüfung des Einzelfalls, mithin des Kindeswohls abhängig zu machen war.

2. *Altersgrenze des entführungsspezifischen KSÜ-Bereichs*

Mit Geltung des KSÜ stellt sich aber nunmehr die Frage, wie die unterschiedlichen Altersgrenzen des HKÜ und des KSÜ aufeinander abzustimmen sind: Nach Art. 7 KSÜ bestünde laut *Pirrung* bei Zugrundelegung einer Altersgrenze von 18 Jahren für einen 17jährigen Entführten die Zuständigkeit der Gerichte des Ursprungsvertragsstaats fort, so dass dort im Rahmen eines sorgerechtlichen Verfahrens seine Rückgabe angeordnet werden könnte, wohingegen die Behörden im Zufluchtsvertragsstaat keine HKÜ-Rückgabeanordnung mehr treffen dürften.[549] So könne die Möglichkeit einer solchen Entscheidung auf der Grundlage des KSÜ dem Vorrang des HKÜ widersprechen und sich anbieten, das Günstigkeitsprinzip des Art. 50 S. 2 KSÜ in dieser Konstellation restriktiv auszulegen und insoweit

548 *Lorenz* IPRax 1992, 305, 306 f.

549 S. Staudinger-*Pirrung* (2009) Vorbem G 189 zu Art 19 EGBGB.

keine Berufung auf das KSÜ zuzulassen; hierfür spreche der Bericht von *Lagarde*, demzufolge die Altersgrenze von 18 Jahren in Art. 2 KSÜ bei älteren Kindern mit einer gewissen Flexibilität gehandhabt werden solle.[550] Art. 7 KSÜ sei im Verhältnis zum HKÜ insoweit als Auffangtatbestand v. a. dann einschlägig, wenn der Zufluchtsstaat das HKÜ gar nicht ratifiziert habe.[551]

Eine restriktive Begrenzung des Art. 7 KSÜ im Anwendungsbereich des HKÜ auf dessen Altersgrenze von 16 Jahren könnte aber im Hinblick auf die weltweite Ratifizierungsmöglichkeit beider Abkommen als zu große Beschränkung des Minderjährigenschutzes anzusehen sein. Auch ein 16/17Jähriger, der unter Umständen gegen seinen Willen von einem Elternteil über die Grenze verbracht oder in einem anderen Staat zurückgehalten wird, sollte die Möglichkeit haben, nötigenfalls mit staatlicher Unterstützung in seinen bisherigen Aufenthaltsstaat zurückzukehren. Daher sollte nicht generell restriktiv davon ausgegangen werden, dass die Rückgabeanordnung nach dem KSÜ bei diesem Alter von vorneherein auf der Seite der ursprungsstaatlichen Gerichte ausgeschlossen sein soll. Da auch ein bereits 16/17jähriger nur eingeschränkt geschäftsfähig ist, kann er sich selbst vielleicht nicht ohne Hilfe aus seiner Lage befreien und darauf angewiesen sein, dass der entführende Elternteil zur Rückgabe gezwungen wird. Art. 7 KSÜ sollte daher auch auf 16/17jährige Anwendung finden.[552]

Die Rückgabe nach dem KSÜ sollte aber nicht als bloßer Ersatz für das weggefallene HKÜ angesehen werden, sondern ihrerseits im Rahmen eines sorgfältigen Sorgerechtsverfahrens restriktiv beurteilt werden. Streng beachtet werden sollte, ob durch den Wegfall des HKÜ die Sorgerechtszuständigkeit überhaupt noch beim Gericht des Herkunftsstaats oder nicht vielmehr schon beim Gericht des gegenwärtigen Aufenthaltsstaats des Jugendlichen besteht. Der Rückgriff auf das KSÜ bedeutet also gerade nicht notwendig die Anwendung speziell des Art. 7 KSÜ, sondern des gesamten Zuständigkeitssystems des KSÜ, d. h. mit Wegfall des HKÜ und damit der eventuellen Anhängigkeit eines HKÜ-Rückgabeantrags könnte es zu einer Zuständigkeitsverlagerung auf den Zufluchtsstaat kommen (Art. 7 I lit. b KSÜ) und das allgemeine Zuständigkeitssystem des KSÜ,

---

550 Staudinger-*Pirrung* (2009) Vorbem G 189 zu Art 19 EGBGB unter Verweis auf *Lagarde*, Erläuternder Bericht Nr. 16. Zum Vorrang des HKÜ gegenüber dem KSÜ und dem Günstigkeitsprinzip s. o. 2. Teil. A. II. 2. b („Anwendung des HKÜ zwischen KSÜ-Vertragsstaaten").

551 S. Staudinger-*Pirrung* (2009) Vorbem G 52 zu Art 19 EGBGB; *Pirrung* IPRax 2002, 197, 198; *ders.* in FS Rolland, S. 277, 282; ebenso *Benicke* IPRax 2013, 44, 47 f.

552 Vgl. i. E. Thomas/Putzo-*Hüßtege* Art. 2 EuEheVO Rn 10, m. w. N.; *Hausmann* IntEuSchR B 58, m. w. N.

mithin Art. 5 KSÜ und damit die Zuständigkeit der gegenwärtigen Aufenthaltsbehörden Anwendung finden. Jedenfalls ermöglicht der Rückgriff auf das KSÜ, ggf. auch auf Art. 7 KSÜ, eine ausgewogene Lösung in beide Richtungen für den Fall, dass der Jugendliche zurückkehren will, genauso wie für den Fall, dass er in seinem jetzigen Aufenthaltsort verbleiben will: Mit dieser Lösung findet eine Rückführung nur nach Prüfung des Wohls und des Willens des betroffenen Minderjährigen statt, was angesichts des Alters, das nahezu der vollständigen Selbstbestimmung eines Erwachsenen entspricht, auch angemessen ist.[553] Sollte aus dem Herkunftsstaat eine Rückgabeanordnung erfolgen, die aber dem Willen des Jugendlichen widerspricht und daher im Zufluchtsstaat mit Gewalt zu vollstrecken wäre, so müsste der Fall im Rahmen des Exequaturs streng beurteilt werden und – soweit nicht die Anerkennung etwa wegen fehlender internationaler Zuständigkeit des Ursprungsstaats (Art. 23 II lit. a KSÜ) bereits zu versagen wäre – nötigenfalls wegen Menschenrechtsverletzung gegen einen fast Erwachsenen auf den ordre public (Art. 23 II lit. d KSÜ) zurückgegriffen werden.

Der entführungsspezifische Regelungsgehalt des Art. 7 KSÜ findet also auch dann Anwendung, wenn das HKÜ altersbedingt wegfällt, und gilt wie die sonstigen Regelungen des KSÜ bis zur Vollendung des 18. Lebensjahrs des betroffenen Kindes. Unerwünschte Ergebnisse gegenüber dem fast Erwachsenen lassen sich – soweit das Erkenntnisverfahren diesem nicht Genüge leistet – über den Bereich der Anerkennungs- und Vollstreckungsregelungen des KSÜ lösen.[554]

3. *Regelungsdefizit der entführungsspezifischen EuEheVO*

a) Altersgrenze des Art. 11 EuEheVO

Fraglich ist auch, wie die mangelnde autonome Regelung einer Altersgrenze im Rahmen der EuEheVO mit der Altersgrenze des HKÜ ins Verhältnis zu setzen ist. Hierfür existieren unterschiedliche Lösungsansätze:

Wird mit der materiellrechtlichen Lösung[555] davon ausgegangen, dass der Verordnung eine einheitliche Altersgrenze von 18 Jahren immanent ist, wäre denkbar, das HKÜ zwischen den Mitgliedstaaten als auf alle Kinder bis zu 18 Jahren

---

553 Ebenso i. E. *Coester-Waltjen* in FS Lorenz, S. 305, 308 noch zum Verhältnis des Art. 7 KSÜ zu Art. 4 EheVO 2000 betonend, dass angesichts der Selbstständigkeit des Kindes eine möglicherweise bedenkliche Rückführungsentscheidung nicht isoliert, sondern allenfalls als Teil der Sorgerechtsentscheidung getroffen werden könne.

554 Diese Problematik wird auch i. R. d. räumlichen Weite aufgegriffen, s. u. 3. Teil. I. 3 („Fragliche Beschränkung auf HKÜ-Staaten").

555 S. o. 2. Teil. B. I. 3. b („Materiellrechtliche Lösung").

erweitert zu sehen. Dafür könnte der allgemeine Vorrang der Verordnung gegenüber dem HKÜ sprechen (Artt. 60 lit. e, 62 II EuEheVO).[556] Schon die Stellungnahme[557] des EWSA zum VO-E nahm auf das Ziel des HKÜ einer sofortigen Rückgabe von Kindern bis zum Alter von 18 Jahren Bezug. Diese Formulierung besteht auch in der französischen und englischen Fassung der Stellungnahme, und es dürfte sich somit um keinen Übersetzungsfehler handeln.

Dagegen spricht aber, dass Art. 11 EuEheVO ersichtlichermaßen seinerseits ein Rückgabeverfahren nach dem HKÜ voraussetzt und damit impliziert, dass sein Regelungsgehalt nur bis zur Vollendung des 16. Lebensjahrs des betroffenen Kindes gelten solle.[558] Anderenfalls müssten sich die Zentralen Behörden darauf einstellen, das HKÜ mal auf unter 16jährige, in anderen Fällen mal auf unter 18jährige anzuwenden.[559] Laut der EWSA-Stellungnahme sah die Initiative Frankreichs zur Abschaffung des Exequaturverfahrens entstehungsgeschichtlich vor, die Ausübung des grenzüberschreitenden Umgangsrechts für bis zu 16jährige zu erleichtern.[560] Bei dem gleichzeitigen Verweis auf unter 18jährige dürfte es sich daher im Hinblick auf die unstreitige Altersgrenze des HKÜ zwar nicht um einen Übersetzungsfehler, wohl dann aber um ein redaktionelles Versehen handeln. Insbesondere spricht gegen eine Ausdehnung der HKÜ-Altersgrenze aber, dass die EuEheVO keine Spezialregelung für Kindesentführungen sein soll, sondern Zuständigkeit und Vollstreckung für alle Fragen der elterlichen Verantwortung allgemein regelt. Wie oben[561] ausgeführt, verbleibt das HKÜ auch zwischen den Mitgliedstaaten der EU in Fragen der Kindesentführung gegenüber der Verordnung lex specialis. Da aber die Altersgrenze nicht nach Art. 36 HKÜ ausdrücklich erweitert wird, kommt es auch an dieser Stelle zum oben geschilderten allgemeinen Verhältnis zwischen der Verordnung und dem HKÜ (über Art. 2 HKÜ), d. h. das HKÜ schlägt mit seiner speziellen Begrenzung auf

---

556 S. Nachweise bei *Rieck* NJW 2008, 182, 183.

557 *Frerichs,* Stellungnahme des EWSA zum VO-E, ABl. EU Nr. C 61 v. 14.3.2003, S. 76, 77.

558 So Rauscher/*Rauscher* EuZPR/EuIPR (2010) Art. 11 Brüssel IIa-VO Rn 8; Thomas/Putzo-*Hüßtege* Art. 11 EuEheVO Rn 1.

559 *Kruger,* S. 18.

560 *Frerichs,* Stellungnahme des EWSA zum VO-E, ABl. EU Nr. C 61 v. 14.3.2003, S. 76, 77.

561 2. Teil. A. II. 2. c („Anwendung des HKÜ im Verhältnis zur EuEheVO“).

16 Jahre hier durch.[562] Erst recht wäre dies bei Zugrundelegung der kollisionsrechtlichen Lösung anzunehmen. Der dortige Rückgriff auf das autonome nationale Recht der Mitgliedstaaten müsste der Sonderregelung des HKÜ weichen. Art. 11 EuEheVO wird daher unanwendbar, wenn das Kind sein 16. Lebensjahr vollendet hat.[563]

b) Altersgrenze der Entführungszuständigkeit

aa) Diskussionsstand

Zweifelhaft ist aber, ob diese Lösung auch für die Entführungszuständigkeit des Art. 10 EuEheVO gilt: Auch in Bezug auf Art. 10 EuEheVO stellt sich die Frage, ob die Altersgrenze des HKÜ durch die EuEheVO als auf 16/17jährige Minderjährige soll erweitert gelten,[564] oder umgedreht Art. 10 EuEheVO beschränkt sein soll auf unter 16jährige Kinder. Vertreten wird, dass Art. 10 EuEheVO auch anwendbar bleibe, wenn das betroffene Kind sein 16. Lebensjahr vollendet habe: Diese Meinung geht zunächst von dem oben erörterten Grundsatz aus, dass die Zuständigkeit für die HKÜ-Rückgabe an die schlichte Anwesenheit im Zufluchtsstaat geknüpft wird. Falle aber die Anwendbarkeit des HKÜ weg, dann entfiele auch dessen Vorrang zur Entscheidung über die Rückgabeanordnung. Für Rückgabeanträge, die 16–17jährige beträfen, seien daher die Gerichte des früheren Aufenthaltsstaats nach Art. 10 EuEheVO zuständig.[565]

Im Hinblick auf eine „unbesonnene“[566] Abweichung des Wortlauts des Art. 10 lit. b) Ziff. i EuEheVO („kein Antrag auf Rückgabe…bei den zuständigen Behörden des Mitgliedstaats gestellt, in den das Kind verbracht wurde“) von Art. 7 I lit. b KSÜ („kein…Antrag auf Rückgabe mehr anhängig ist“) allerdings problematisieren Vertreter dieser Auffassung selbst Schwierigkeiten bei der Aufrechterhaltung ihrer Meinung: Wenngleich es zunächst scheine, als gelte Art. 10 EuEheVO unbeschadet einer Zugehörigkeit zum HKÜ, denn nur Art. 11 EuEheVO setze

562 *Rieck* NJW 2008, 182, 183; i. E. ebenso Erman[13]-*Hohloch* Anh Art 24 EGBGB/HKÜ Rn 101.

563 So. i. E. wohl *Siehr* IPRax 2010, 583, 585; *Holzmann*, Brüssel IIa VO, S. 168, m. w. N.

564 S. hierzu etwa die Diskussion bei *Kruger*, S. 17 f.

565 Zöller-*Geimer* Anh II A EuEheVO Art. 10 Rn 3; Geimer/Schütze-*Geimer* EuZVR A.2 - Art. 10 VO (EG) Nr. 2201/2003 Rn 2; Thomas/Putzo-*Hüßtege* Art. 10 EuEheVO Rn 1; Rauscher/*Rauscher* EuZPR/EuIPR (2010) Art. 10 Brüssel IIa-VO Rn 12 f.; *Rausch* FuR 2005, 53, 57. S. dazu die Erörterung oben 2. Teil. A. II. 2. c („Anwendung des HKÜ im Verhältnis zur EuEheVO“).

566 Zöller-*Geimer* Anh II A EuEheVO Art. 10 Rn 5; Geimer/Schütze-*Geimer* EuZVR A.2 - Art. 10 VO (EG) Nr. 2201/2003 Rn 4.

ausdrücklich einen HKÜ-Rückgabeantrag voraus, gehe Art. 10 lit. b) Ziff. i EuEheVO von einer Zuständigkeit des Zufluchstsstaats aus, die aber nach Art. 8 EuEheVO allenfalls gegeben sei, wenn das Kind dort schon seinen gewöhnlichen Aufenthalt habe oder dort nicht das Kompetenzsystem der Verordnung, sondern das des HKÜ auf der Basis des schlichten Aufenthalts des Kindes gelte. Anderenfalls verbleibe es ohnehin nach Art. 8 EuEheVO bei der internationalen Zuständigkeit des Herkunftsmitgliedstaats. Die Textabweichung verzahne insoweit die Entführungszuständigkeit der EuEheVO mit dem HKÜ und bringe daher gleichzeitig eine Beschränkung auf Minderjährige vor Vollendung des 16. Lebensjahres mit sich. Art. 10 EuEheVO habe damit einen nicht intendierten wesentlich begrenzteren Anwendungsbereich als Art. 7 KSÜ.[567] Zur Lösung dieses Problems schlagen die Vertreter dieser Auffassung daher vor, Art. 10 lit. b) Ziff. i EuEheVO teleologisch zu reduzieren und auch einen Rückgabeantrag vor den Gerichten eines sonst zuständigen Mitgliedstaats genügen zu lassen, wenn die Gerichte des in lit. b) Ziff. i genannten Mitgliedstaats nicht zuständig seien. Anderenfalls könne Art. 10 EuEheVO nur lückenhaft angewendet werden, wenn das Kind noch nicht sein 16. Lebensjahr vollendet habe.[568] Durch den Wegfall des HKÜ nämlich entfalle dessen Zuständigkeitssystem und somit die Zuständigkeit des Zufluchtsstaats im Rahmen des Art. 12 HKÜ auf der Basis des schlichten Aufenthalts; eine Sorgerechtszuständigkeit könne der Zufluchtsstaat aber vor Ablauf eines Jahres wegen Art. 10 EuEheVO nicht erlangen.[569] Nach *Siehr* kommt es darauf an, ob die internationalen Staatsverträge schon vor Geltung der EU-Regelungen oder erst später abgeschlossen wurden; für einen späteren Abschluss würden die Mitgliedstaaten eine ausdrückliche Ermächtigung zur Ratifizierung benötigen. Außerdem verweist nach seiner Ansicht Art. 10 nicht wie Art. 11 der Verordnung unmittelbar auf das HKÜ, sondern lehne sich eng an

567 So Zöller-*Geimer* Anh II A EuEheVO Art. 10 Rn 5; EuZPR/EuIPR (2010) Art. 10 Brüssel IIa-VO Rn 6 f. und 25 ff.

568 So Rauscher/*Rauscher* EuZPR/EuIPR (2010) Art. 10 Brüssel IIa-VO Rn 6 f. und 25 ff. ebenso Zöller-*Geimer* Anh II A EuEheVO Art. 10 Rn 5. S. a. *Janzen/Gärtner* IPRax 2011, 412, 413, m. w. N., die Frage aufwerfend, aber i. E. offen lassend, ob lit. b) Ziff. i ausschließlich HKÜ-Rückgabeanträge meine oder auch ein Antrag auf Vollstreckung einer Sorgerechtsentscheidung durch Herausgabeanordnung ausreichend sei.

569 Aus *Kruger*, S. 17 f.: "This is perceived as the gap, insofar as the new State cannot gain jurisdiction. Thus, the state where the 16-year-old is present cannot be asked to order a return, but at the same time, it cannot obtain jurisdiction to deal with the substance of the matter."

Art. 7 KSÜ an, der die Zuständigkeit des Herkunftsvertragsstaats ungeachtet einer HKÜ-Ratifizierung fortsetze. Die EuEheVO übernehme diese Regelung mit selbstständiger Formulierung und verpflichte damit die Mitgliedstaaten der EU zu derselben Haltung.[570]

Nach anderer Ansicht dagegen soll die Entführungszuständigkeit nicht über das 16. Lebensjahr eines Kindes hinaus gelten: *Pirrung* weist darauf hin, dass alle 2004 der EU beigetretenen Staaten das HKÜ vorher ratifiziert hätten und für eine teleologische Korrektur kein Bedarf bestehe; bei den „zuständigen Behörden des Mitgliedstaats" in lit. b) Ziff. i seien die Behörden gemeint, die nach dem HKÜ über den Rückgabeantrag entscheiden würden.[571] Der OGH[572] geht davon aus, dass die EuEheVO das HKÜ für den Fall einer Kindesentführung innerhalb der EU „inkorporiert"[573] und vertritt darum die Ansicht, dass bei Wegfall des HKÜ wegen des Kindesalters auch die besonderen Regeln der EuEheVO für die Rückführung entfielen und stattdessen Art. 8 EuEheVO direkt und unbeschränkt durch Art. 10 EuEheVO anzuwenden sei.[574] *Janzen/Gärtner* geben systematisch zu Bedenken, dass Artt. 10 und 11 EuEheVO auf einander bezogen seien und schwer zu sehen sei, wie die in Art. 10 EuEheVO vorgesehenen Bedingungen eintreten könnten, wenn man nicht die Anwendbarkeit des HKÜ und die ergänzenden Regelungen des Art. 11 EuEheVO voraussetzen könne. Das treffe insbesondere auf Art. 10 lit. b Ziff. iii EuEheVO zu, aber auch auf andere Ziffern, die auf Begriffe des HKÜ, etwa den HKÜ-Rückgabeantrag, Bezug nähmen.[575]

Vertreten wird weiter, dass das vorgenannt aufgeworfene Problem einer Zuständigkeitslücke im ersuchten Staat über das von der Verordnung zur Verfügung gestellte System der Anerkennung und Vollstreckung zu lösen sei.[576] Denkbar wäre aber auch, dass sich bei der Lösung von *Pirrung* dieses Problem gar nicht erst stellt:

bb) Lösung

Zweifelhaft erscheint, ob eine teleologische Reduktion des Art. 10 EuEheVO tatsächlich angezeigt ist, um dann zu dem Ergebnis zu kommen, dass die Zuständigkeit für die Entführung eines 16/17jährigen im Herkunftsstaat fortgesetzt werden solle, selbst wenn dieser sich im Zufluchtsstaat mittlerweile gewöhnlich

570 So *Siehr* IPRax 2010, 583, 585.

571 Staudinger-*Pirrung* (2009) Vorbem C 59 und C 215 zu Art 19 EGBGB.

572 OGH IPRax 2010, 551, 552.

573 So der OGH IPRax 2010, 551, 552.

574 So zusammenfassend *Siehr* in IPRax 2010, 583, 585 mit a. A.

575 *Janzen/Gärtner* IPRax 2011, 412, 413.

576 *Kruger*, S. 18.

aufhält. Dies könnte zu bejahen sein, wenn der Zweck der Vorschrift auf eine solche Lösung gerichtet wäre. Dafür spräche, dass dem Art. 10 EuEheVO wie schon dem HKÜ der Gedanke zugrunde liegt, dass der widerrechtlich handelnde Elternteil keinen Zuständigkeitsvorteil soll ertrotzen dürfen.[577]

Allerdings geben Art. 10 EuEheVO und Art. 7 KSÜ mittels ihrer spezifischen Zusatzbedingungen auch zu erkennen, dass sie sich dem Aspekt der aktuellen Sachnähe im Zufluchtsstaat nicht gänzlich verschließen wollen, wenn die tatsächlichen kindlichen Lebensverhältnisse dies unumgänglich machen. Wird außerdem die Rückführung nach dem HKÜ wegen des Kindesalters abgelehnt, erscheint eine Fortsetzung der Zuständigkeit über Art. 10 EuEheVO fragwürdig. Denn wo eine HKÜ-Rückführung nicht mehr zu erwarten ist (vgl. schon Art. 16 HKÜ: „wenn entschieden ist, dass das Kind aufgrund dieses Übereinkommens nicht zurückzugeben ist"), ist auch eine Zuständigkeitsfortdauer im Ursprungsmitgliedstaat wenig zweckmäßig. Unterschiede zwischen Art. 10 EuEheVO und Art. 7 KSÜ sind hinnehmbar: Art. 10 EuEheVO entspricht im Grundsatz, aber eben nicht in allen Einzelheiten dem Art. 7 KSÜ. Während die EuEheVO mit ihren Artt. 10 und Art. 11 Fälle der Kindesentführung in einem größeren Umfang autonom für die EU regelt, beschränkt sich der Regelungsgehalt des Art. 7 KSÜ auf die Zuständigkeit für Maßnahmen i. S. v. Art. 5 I KSÜ im besonderen Fall der Entführung.[578]

Dass die Mitgliedstaaten einer ausdrücklichen Ermächtigung zur Ratifizierung des HKÜ bedürften, dürfte eine rechtstheoretische Frage sein. Sämtliche Mitgliedstaaten gehörten vor Geltung der Verordnung bereits dem HKÜ an, und es ist kaum vorstellbar, dass ein Staat, der sich dieser Zugehörigkeit verweigert, in die EU aufgenommen wird. Schon Art. 4 EheVO 2000 ging davon aus, dass für alle damaligen Mitgliedstaaten auch das HKÜ gelte und künftige Mitgliedstaaten ggf. beizutreten hätten:[579] „Dieser Artikel geht davon aus, daß die Mitgliedstaaten Vertragsparteien des Haager Übereinkommens von 1980 sind. Daher hätten künftige neue Mitgliedstaaten bei einem Beitritt auch dem Haager Übereinkommen von 1980 beizutreten, wenn sie noch nicht Vertragsparteien desselben sind."[580] Mit dem KSÜ sollen dagegen gerade die Lücken geschlossen werden, die sich dort ergeben, wo sich ein Drittstaat dem HKÜ verweigert. Sowohl die Rechtshistorie, der unterschiedliche Erarbeitungszweck des internationalen Abkommens und der EU-Verordnung als auch das gesamte System des Art. 10 EuEheVO, mithin der

577 Staudinger-*Pirrung* (2009) Vorbem C 59 zu Art 19 EGBGB.

578 Erman[13]-*Hohloch* Anh Art 24 EGBGB/KSÜ Rn 26.

579 *Frank* in Gebauer/Wiedmann[1] Kap. 27a EuEheVO Art. 4 Rn 11 unter Bezugnahme auf den *Borrás*-Bericht, Nr. 41.

580 *Borrás*-Bericht, Nr. 41.

Verweis auf das Unterrichtungssystem des Art. 11 VI und VII EuEheVO lassen erkennen, dass die Normsetzer eine Verzahnung mit dem HKÜ und damit auch dessen persönlichen Anwendungsbereich im Sinn hatten. Die HKÜ-Altersgrenze schlägt daher über Art. 11 EuEheVO umgekehrt auf den vorrangig durch Artt. 10 und 11 EuEheVO geregelten Bereich der Kindesentführung durch.[581] Bestätigt findet sich diese Auffassung im Leitfaden der Kommission, der seinem Kapitel VII über die Auslegung der Vorschriften zur Kindesentführung die Tatsache zugrunde legt, dass sämtliche Mitgliedstaaten der EU auch Vertragsstaaten des HKÜ sind und in Bezug auf eine intendierte Verzahnung mit dem HKÜ deutlich macht: „Nachdem ein Antrag auf Rückgabe des Kindes bei einem Gericht im ersuchten Mitgliedstaat gestellt wurde, wendet dieses Gericht das Haager Übereinkommen von 1980 mit den Ergänzungen der Verordnung an."[582]

Entfällt die Anwendung des HKÜ wegen des Kindesalters, ist daher auch von einem Wegfall des Art. 10 EuEheVO auszugehen. Mit dem OGH[583] ist stattdessen das allgemeine Zuständigkeitssystem, mithin Art. 8 EuEheVO anzuwenden. Das Problem einer Zuständigkeitslücke und damit einer teleologischen Reduktion stellt sich insoweit nicht. Die Zuständigkeit richtet sich in diesem Fall in Abhängigkeit vom Zeitpunkt einer sorgerechtlichen Antragstellung und einer damit zusammenhängenden perpetuatio fori nach den allgemeinen Maßstäben des gewöhnlichen Aufenthalts. Innerhalb der EU dürfte sich das Problem auch deutlich weniger in den Bereich der Anerkennung und Vollstreckung verlagern als im Anwendungsbereich des KSÜ: Ein Ordre-public-Fall wird im EU-Raum im Hinblick auf das gegenseitige Vertrauen kaum zu erwarten sein (Art. 23 lit. a EuEheVO) und eine Versagung der Anerkennung wegen Zuständigkeitsmängeln sieht die Verordnung ohnehin erst gar nicht vor (Art. 24 EuEheVO).

4. Rechtfertigung des Ergebnisses

Die hier für 16/17Jährige vertretene unterschiedliche Lösung der Weitergeltung des Art. 7 KSÜ einerseits und des Wegfalls des Art. 10 EuEheVO andererseits lässt sich mit der unterschiedlichen territorialen Weite der Regelungswerke rechtfertigen: Während das KSÜ ebenso wie auch das HKÜ keine territoriale Begrenzung kennt, sondern eine weltweite Ratifikationsmöglichkeit eröffnet, bindet die EuEheVO nur die Mitgliedstaaten der EU. Letztere gehören sämtliche dem HKÜ an und können das dortige System ohne weiteres implementieren. Wird

581 So i. E. Erman[13]-*Hohloch* Anh Art 24 EGBGB/HKÜ Rn 101.

582 Leitfaden der Kommission, S. 37.

583 OGH IPRax 2010, 551 f.

das HKÜ aber auch hier unanwendbar, erscheint eine teleologische Reduktion als über das Ziel sowohl des HKÜ selbst als auch der Verordnung, die das HKÜ in seinen Grundstrukturen erhalten will, hinausgehend. Das in der EU vorausgesetzte gegenseitige Vertrauen sollte auch ein Vertrauen gegenüber den Behörden des Zufluchtsmitgliedstaats mit einschließen und auch insoweit bestehen, als es einer überschießenden Anwendung der Zuständigkeitsfortdauer nicht bedarf, sondern bei fortschreitendem Alter eines Kindes auch das allgemeine Zuständigkeitssystem als ausreichend angesehen werden sollte. International dagegen ist nicht gesichert, dass das HKÜ überhaupt Anwendung findet. Wenngleich die territoriale Abdeckung groß ist, besteht doch zu vielen Staaten keine vertragliche Absicherung der Rückführung von Kindern. Insoweit sollte das KSÜ allgemein einen weiten Anwendungsbereich finden. So lässt sich zusammenfassend feststellen, dass das KSÜ neben dem HKÜ stehend einen darüber hinausreichenden grenzüberschreitenden Minderjährigenschutz gewährleisten will, da sich dem Automatismus des HKÜ viele Staaten nachhaltig verschließen. Art. 7 KSÜ ist daher als weit und nicht auf bloße HKÜ-Anträge beschränkt anzusehen. Die Verordnung dagegen geht innerhalb der EU von vorneherein von einer Geltung des HKÜ und dessen Zuständigkeitssystem als Mindestgrundlage gegenseitigen mitgliedstaatlichen Vertrauens aus. Der auf das Zuständigkeitssystem des HKÜ hinweisende Wortlaut unterstreicht dies also. Die Unterschiede der Regelungswerke an dieser Stelle sind somit sachlich, da territorial bedingt, gerechtfertigt und eine teleologische Reduktion des Art. 10 EuEheVO würde diesen sachlich gerechtfertigten Unterschied ohne Notwendigkeit verzerren.

C. Räumliche Anwendung

I. Regelung nach Bereichen

1. Regelung nach Bereichen im KSÜ

Anders als mit Art. 13 I MSA[584] und Art. 4 HKÜ[585] wurde in das KSÜ keine Vorschrift aufgenommen, die den räumlichen[586] Anwendungsbereich des Überein-

584 Anknüpfung an den gegenwärtigen gewöhnlichen Kindesaufenthalt in einem Vertragsstaat des MSA.

585 Anknüpfung an den bisherigen gewöhnlichen Kindesaufenthalt in einem Vertragsstaat des HKÜ.

586 Hinsichtlich des hiervon zu unterscheidenden territorialen bzw. geographischen Anwendungsbereichs wird auf die Beitrittstabelle im Anhang 2 sowie auf entsprechende Kommentierungen z. B. bei Zöller-*Geimer* Anh II A EuEheVO Art. 1 Rn 13; *Herdegen*

kommens eigens bestimmt. Es kann also nicht wie bei den bisherigen Haager Abkommen von vorneherein auf den gewöhnlichen Aufenthalt eines Kindes in einem Vertragsstaat abgestellt werden.[587] Mit Anknüpfung an einen gewöhnlichen Aufenthalt des Kindes im Vertragsgebiet war das MSA auf jeden Minderjährigen mit gewöhnlichem Aufenthalt im Vertragsgebiet ungeachtet seiner Staatsangehörigkeit anwendbar.[588] Hatte sich ein Vertragsstaat anders als Deutschland hingegen vorbehalten[589], das MSA nur auf Angehörige von Vertragsstaaten anzuwenden, konnte es zu einer Ungleichbehandlung aufgrund der Staatsangehörigkeit kommen, was mit dem KSÜ vermieden werden sollte.[590] Bei einer Ausdehnung auf Nichtvertragsstaaten wurden demgegenüber Schwierigkeiten in den Bereichen Anerkennung, Vollstreckung und behördliche Zusammenarbeit erwartet, und schließlich wurde auf eine generelle Anwendungsregelung verzichtet.[591] Kinder mit gewöhnlichem Aufenthalt in einem Nichtvertragsstaat sind somit nicht generell und von vorneherein vom Anwendungsbereich des Übereinkommens ausgeschlossen, sondern werden stattdessen einbezogen, punktuell auch ausdrücklich, vgl. etwa Artt. 11 III und 12 III KSÜ: „mit gewöhnlichem Aufenthalt in einem

---

§ 4 Rn 41 ff. verwiesen. *Holzmann,* Brüssel IIa VO, S. 92 f. und 102 f. versteht unter dem räumlichen Anwendungsbereich sowohl der Verordnung als auch des KSÜ hingegen den territorialen Anwendungsbereich und geht hier auf die Teilnahme der Mitgliedstaaten an den Gemeinschaftsrechtsakten ein, wohingegen sie diesen räumlich/territorialen Bereich von einem sog. situativen Anwendungsbereich unterscheidet, dessen Einzelheiten sich aus dem Zuständigkeitskatalog der Verordnung ergäben. Da dabei aber stark auf den Aufenthalt des Kindes abgestellt wird, sei er nun gewöhnlich oder schlicht - *Holzmann* hebt dies ebenfalls hervor - wird demgegenüber i. R. d. vorliegenden Arbeit vorgezogen, von einem räumlichen Anwendungsbereich zu sprechen, der vom territorialen/geographischen Anwendungsbereich abzugrenzen und nicht mit diesem zu verwechseln ist. *Gördes,* S. 47, 142 f., 241 ff. etwa grenzt klar zwischen dem territorialen Anwendungsbereich und dem räumlich-persönlichen Anwendungsbereich der einschlägigen Regelungswerke ab.

587 *Siehr* RabelsZ 62 (1998) 464, 470; *Krah,* S. 87, m. w. N.; s. a. *Andrae* IPRax 2006, 82, 84; *Holzmann,* Brüssel IIa VO, S. 103 i. R. ihrer Feststellungen zum sog. situativen Anwendungsbereich der EuEheVO und des KSÜ.

588 Staudinger-*Kropholler* (2003) Vorbem zu Art 19 EGBGB Rn 547, m. w. N.; *Boelck,* S. 132.

589 Art. 13 III MSA; zum Stand der Vorbehalte s. *Jayme/Hausmann* Nr. 52, Anm. 10 zu Art. 13 MSA sowie BGBl. II Fundstellennachweis B, abgeschlossen am 31.12.2012, S. 550. Zum Verzicht auf einen Vorbehalt von deutscher Seite s. Staudinger-*Kropholler* (2003) Vorbem zu Art 19 EGBGB Rn 547; *Oberloskamp* MSA Art. 13 Rn 9.

590 *Krah,* S. 88, m. w. N.

591 *Krah,* S. 88 f., m. w. N.; s. a. entsprechende Reformüberlegungen bei *Boelck,* S. 134 f.

Nichtvertragsstaat".[592] Die räumliche Weite des KSÜ wurde insoweit nicht in Kapitel I („Anwendungsbereich des Übereinkommens"), sondern in den Kapiteln der einzelnen Regelungsbereiche je nach Sinn und Zweck festgelegt.[593] Dementsprechend wird in der vorliegenden Arbeit die räumliche Weite der zu erörternden Vorschriften, respektive der besonders von dieser Lösung betroffenen Zuständigkeitsregelungen, auch jeweils erst an entsprechender Stelle näher behandelt.

Klar geregelt wurde dagegen die räumliche Anwendung der Vorschriften über das anzuwendende Recht und über die Anerkennung und Vollstreckung: Art. 20 KSÜ, der die räumliche Weite des Regelungsbereichs „Anzuwendendes Recht" in Kapitel III des KSÜ regelt, bezieht ausdrücklich das Recht der Nichtvertragsstaaten ein und gibt den dortigen Kollisionsnormen somit universellen Charakter („loi uniforme").[594] Die Kapitel Anerkennung und Vollstreckung (Kapitel IV) sowie Zusammenarbeit der Behörden (Kapitel V) beschränken sich auf das Verhältnis zwischen Vertragsstaaten, da das Gegenseitigkeitsprinzip gegenüber Drittstaaten hier für weniger leicht umsetzbar gehalten wird als im Bereich des Kollisionsrechts.[595]

2. *Regelung nach Bereichen in der EuEheVO*

Auch in der EuEheVO findet sich keine spezielle Regelung über den räumlichen Anwendungsbereich: Eine dem Art. 4 EuGVO vergleichbare Vorschrift, der ein räumlich-persönlicher Anwendungsbereich zu entnehmen wäre, stellte schon die EheVO 2000 nicht zur Verfügung, ebenso wenig die anschließende EuEheVO, weder für Ehesachen noch für den Bereich der elterlichen Verantwortung.[596] Wie auch beim KSÜ bestimmt sich der räumliche Anwendungsbereich hier vielmehr aus den jeweiligen Vorschriften selbst und ist bei den jeweiligen Zuständigkeitsvorschriften zu prüfen. So ergibt sich der räumlich-persönliche Anwendungsbereich für Angelegenheiten der elterlichen Verantwortung aus den diesbezüglichen Zuständigkeitsvorschriften des Kapitels I (Artt. 8 ff. EuEheVO)

---

592 Vgl. *Krah,* S. 89 f.; s. a. *Siehr* DEuFamR 2000, 125, 127; *ders* RabelsZ 62 (1998) 464, 470.

593 *Krah,* S. 87 ff., m. w. N.; s. a. *Siehr* RabelsZ 62 (1998) 464, 470; *Andrae* IPRax 2006, 82, 84; *Teixeira de Sousa* FamRZ 2005, 1612, 1614 f. unter Erörterung des wegen Artt. 52 II, III KSÜ und Art. 61 lit. a EuEheVO schwierigen Verhältnisses zur parallelen Scheidungszuständigkeit in Art. 10 KSÜ, welcher abweichend von Art. 12 EuEheVO einen gewöhnlichen Aufenthalt im Vertragsgebiet des KSÜ voraussetze.

594 *Krah,* S. 90 und 204, m. w. N.; *Pirrung* in FS Rolland, S. 277, 285.

595 *Krah,* S. 90 f.; *Siehr* RabelsZ 62 (1998) 464, 470.

596 *Dilger* Rn 161, m. w. N.

und wird vorliegend im Einzelnen ebenfalls jeweils an entsprechend geeigneter Stelle behandelt. Wie beim KSÜ ist die räumliche Weite der Bereiche Anerkennung und Vollstreckung sowie behördliche Zusammenarbeit in den Kapiteln III und IV der Verordnung dagegen nur für das Binnenverhältnis geregelt.[597] Für die Ermittlung des räumlichen Anwendungsbereichs ist daher nicht erforderlich, dass das betroffene Kind seinen gewöhnlichen Aufenthalt in einem Mitgliedstaat der EU hat.[598] So wird davon ausgegangen, dass der zu entscheidende Streitgegenstand weder einen Bezug zu mehreren Mitgliedstaaten haben müsse noch auf Streitigkeiten zwischen Unionsbürgern beschränkt sei; es werde nicht einmal vorausgesetzt, dass überhaupt ein Auslandsbezug bestehe.[599] Ein zuständigkeitsrechtlicher Bezug zu einem anderen Mitgliedstaat sei also nicht erforderlich, sondern eine Zuständigkeit nach der Verordnung auch in rein innerstaatlichen Fällen zu beachten.[600] Dies bedeute, dass auch ohne einen Bezug zu einem anderen Mitgliedstaat ein Rückgriff auf innerstaatliches Zuständigkeitsrecht nur noch dann stattfinde, wenn keine Zuständigkeit nach der EuEheVO bestehe.[601]

3. MSA-Bindung an den Heimatstaat

Gegenüber der Anwendung des KSÜ wie auch der EuEheVO auf Drittstaater besteht allerdings eine überwiegende[602] einschränkende Haltung, wenn dessen Heimatsstaat an das MSA gebunden ist: Ein MSA-Vertragsstaat könne sich – so *Siehr* – nicht durch Inkrafttreten einer EU-Verordnung bzw. durch einseitigen Beitritt zum KSÜ von seinen staatsvertraglichen Pflichten gegenüber einem anderen MSA-Vertragsstaat lossagen, für den diese Regelungswerke nicht gälten. Gegenüber einem MSA-Heimatstaat eines Kindes müsse weiterhin das MSA samt seiner Vorbehalte insbesondere bezüglich der gesetzlichen Gewaltverhältnisse und der

---

597 *Frank* in Gebauer/Wiedmann² Kap. 29 EuEheVO Überblick Rn 7; *ders.* bereits in der Voraufl. in Gebauer/Wiedmann¹ Kap. 27 EuEheVO 2005 Überblick Rn 7.

598 *Looschelders* JR 2006, 45, 46.

599 NK-BGB/*Gruber* Anh. I zum III. Abschn. EGBGB Vor Art. 1 EheVO 2003 Rn 9, m. w. N; Rauscher/*Rauscher* EuZPR (2004) Vorbem Brüssel II-VO Rn 13 noch zur EheVO 2000; so auch Süß/Ring-*Ring/Olsen-Ring* § 1 Rn 20 f., m. w. N. Noch zur EheVO 2000 s. a. *Gruber* FamRZ 2000, 1129, 1131.

600 Staudinger-*Pirrung* (2009) Vorbem C 17 zu Art 19 EGBGB, m. w. N.

601 *Frank* in Gebauer/Wiedmann² Kap. 29 EuEheVO Überblick Rn 7; *ders.* bereits in der Voraufl. in Gebauer/Wiedmann¹ Kap. 27 EuEheVO 2005 Überblick Rn 7. S. u. die weiterführende Diskussion im 3. Teil. A. II („Entführung aus einem EU-Mitgliedstaat“).

602 Zum Meinungsstand vgl. Nachweise bei *Hausmann* IntEuSchR B 21, 255 f. und 421 f.

Heimatzuständigkeit zur Anwendung kommen. Namentlich betreffe dies Kinder mit türkischer und Macau-chinesischer Staatsangehörigkeit. Bestehe dagegen keine MSA-Bindung des Drittstaats, etwa der USA, komme bei gewöhnlichem Aufenthalt in der EU die EuEheVO und bei gewöhnlichem Aufenthalt im Drittstaat das autonome Recht zur Anwendung.[603] *Hausmann*[604] geht bei einem gewöhnlichen Aufenthalt des Kindes in der Türkei daher von einer Zuständigkeit der türkischen Behörden nach Art. 1 MSA aus, der gegenüber deutsche Behörden nach Artt. 4, 8 und 9 MSA vorgehen dürften. Ob bei einem gewöhnlichen Aufenthalt eines türkischen Kindes in Deutschland nur das MSA anzuwenden sei, hält er allerdings für fraglich; jedenfalls aber sei eine von den türkischen Behörden in Anspruch genommene Heimatzuständigkeit nach Art. 4 MSA zu respektieren.

Sowohl die Türkei als auch Macau-China sind daneben Vertragsstaaten des HKÜ.[605] Im Entführungsfall bleibt es darum bei Zugrundelegung dieser Auffassung im Verhältnis zu der Türkei und Macau-China zunächst bei der Anwendung des HKÜ durch die ersuchten Behörden. Hinsichtlich der Zuständigkeit der bisherigen Aufenthaltsbehörden allerdings wird das MSA zugrunde zu legen sein. Bei Kindesentführung in einen vertragszugehörigen EU-Mitgliedstaat wird dieser die unmittelbar geltende EuEheVO anzuwenden haben mit der

---

603 So MüKoBGB[5]-*Siehr* Art. 21 EGBGB Anh. I EheVO II Rn 14, 20 und 22 f.; insb. zur EuEheVO s. *Siehr* in FS Schwab, S. 1267, 1270 f.; wohl auch zum KSÜ *ders.* RabelsZ 62 (1998) 464, 471; zustimmend Bamberger/Roth-*Heiderhoff* EGBGB Art. 24 Rn 52, m. w. N.; s. a. *Benicke* IPRax 2013, 44, 46 und 51; *Andrae,* Internationales Familienrecht[3] § 6 Rn 20 mit Verweis auf das eine Anwendung der EuEheVO gegenüber der Türkei ablehnende OLG Stuttgart FamRZ 2013, 49, 50; s. a. die Zusammenfassung dieser Entscheidung durch *Finger* FamRBint 2012, 88 f.; zur EheVO 2000 noch *Puszkajler* IPRax 2001, 81, 83. Mit Geltung des KSÜ für die Schweiz seit 30.6.2009 ist der bis dahin auch für schweizerische Kinder geltende Streit hinfällig geworden, vgl. hierzu *Henrich* IntSchR (2012) Rn 287 f. und 302, m. w. N.; *Hausmann* IntEuSchR B 255 und 273. Das Verhältnis zum MSA ist insb. bei der Frage des anwendbaren Rechts maßgeblich. Im Verhältnis zu Türkei und Macau-China galt die Kollisionsregel des Art. 2 MSA weiter, s. etwa Erman[13]-*Hohloch* Anh Art 24 EGBGB Rn 3 und 12. Dies hat sich erst seit Geltung des KSÜ-eigenen anwendbaren Rechts geändert, so dass die Frage der Weitergeltung gegenüber MSA-Vertragsstaaten, die nicht dem KSÜ angehören, sich auch nun zu diesem Punkt stellen dürfte. Zum anwendbaren Recht des MSA und des KSÜ s. insb. *Büren,* S. 129 ff. und S. 188 ff.

604 *Hausmann* IntEuSchR B 21, 255 f. und 421 f. unter Verweis auf den Wortlaut des Art. 60 lit. a EuEheVO „Im Verhältnis zwischen den Mitgliedstaaten“ und auf den Wortlaut des Art. 51 KSÜ: „im Verhältnis zwischen den Vertragsstaaten“.

605 S. u. die Beitrittstabelle in Anhang 2.

Einschränkung, dass dadurch die Vorbehalte (Art. 3, 4 und 5 III MSA)[606] zugunsten des MSA-Vertragspartners nicht beschränkt werden. Ab Klärung der HKÜ-Rückgabefrage wird es in diesem Verhältnis daher in Bezug auf das sorgerechtliche Verfahren zur klassischen Frage des gegenwärtigen gewöhnlichen Kindesaufenthalts kommen (s. Art. 1 MSA wie auch Art. 8 EuEheVO). Auf eine perpetuatio fori i. S. v. Art. 8 EuEheVO wird sich aber ein EU-Staat gegenüber einem Nichtmitgliedstaat kaum berufen können.[607]

II. Räumliche Konkurrenzen

1. Eingeschränkter Zuständigkeitsvorrang der EuEheVO gegenüber dem KSÜ

Zunächst ist für das Verhältnis zwischen den Zuständigkeitsnormen der EuEheVO und des KSÜ grundsätzlich Art. 61 lit. a EuEheVO maßgebend, der die Anwendung der Verordnung im Verhältnis zum KSÜ auf Kinder mit gewöhnlichem Aufenthalt in einem Mitgliedstaat der EU beschränkt. Hat das Kind seinen gewöhnlichen Aufenthalt in der EU, ist daher die Verordnung anzuwenden. Hat das Kind seinen gewöhnlichen Aufenthalt jedoch in einem KSÜ-Vertragsstaat, der nicht der EU angehört, sind die Vorschriften des KSÜ anzuwenden.[608] Diese EU-Regelung geht auf die Erarbeitung des KSÜ zurück, bei der den Delegierten aus Nichtmitgliedstaaten die Rücksichtnahme auf künftige EU-Sonderregelungen vermittelt werden musste, insbesondere um die damaligen Arbeiten am Brüssel II-Übereinkommen nicht zu gefährden. Die Lösung erfolgte in der Vereinbarung des Art. 52 II–IV KSÜ, der den Vorrang der EU-Staaten gegenüber KSÜ-Vertragsstaaten auf Sorgerechtsangelegenheiten beschränkt, die Kinder mit gewöhnlichem Aufenthalt

---

606 S. grundsätzlich zum MSA oben 1. Teil. A. II („Minderjährigenschutzabkommen von 1961“).

607 S. dazu im Verhältnis zu KSÜ-Vertragsstaaten auch 3. Teil. A. II. 2. c („Besonderheit des nachträglichen Wegfalls einer perpetuatio fori“).

608 *Teixeira de Sousa* FamRZ 2005, 1612 f., der diesbezüglich auf Wertungswidersprüche hinsichtlich Art. 13 EuEheVO hinweist; s. a. *Fleige*, S. 131. Bei Art. 61 lit. a EuEheVO handelt es sich nicht um eine echte Anwendungsvorschrift, sondern um einen sog. Anwendungsvorrang, s. *Solomon* FamRZ 2004, 1409, 1415. Die Anwendbarkeit wiederum ergibt sich aus den Zuständigkeitsnormen des KSÜ und der EuEheVO jeweils selbst.

in einem EU-Mitgliedstaat betreffen.[609] Auf diese Weise sollte die Akzeptanz des KSÜ auf internationaler Ebene unterstützt werden.[610]

2. Konkurrenzen in Fragen der Anerkennung und Vollstreckung

a) Räumliche Anwendbarkeit im EU-Binnenverhältnis

Die Anerkennungs- und Vollstreckungsregelungen der EuEheVO wie auch des KSÜ verpflichten nur im Binnenverhältnis. So sind Binnenentscheidungen der Mitgliedstaaten gem. Art. 21 I EuEheVO in allen anderen Mitgliedstaaten anzuerkennen und zu vollstrecken.[611] Ebenso richten sich Anerkennung und Vollstreckung einer Entscheidung aus einem Vertragsstaat in einem anderen Vertragsstaat des KSÜ nach den Parallelregelungen der Artt. 23 ff. KSÜ, vgl. den Wortlaut des Art. 23 I KSÜ. Mithin verpflichtet auch der entführungsspezifische Art. 11 EuEheVO nur die Mitgliedstaaten untereinander, schon allein, wenn es um die strengeren Verfahrensvorschriften gegenüber einem herkömmlichen HKÜ-Verfahren geht. Aber auch der Verweis von Art. 11 VIII EuEheVO in das Vollstreckungsrecht ändert daran nichts, da auch Kapitel III Abschnitt 4 EuEheVO nur zwischen den Mitgliedstaaten gilt.

b) Mischfälle zwischen EuEheVO und KSÜ

Etwas weiter könnte dagegen die Anwendung der EuEheVO gegenüber dem KSÜ im Bereich der Anerkennung und Vollstreckung gestaltet sein: Denn hier ist die EuEheVO gem. ihrem Art. 61 lit. b anwendbar, wenn es um die Anerkennung und Vollstreckung einer von einem („zuständigen“[612]) Gericht eines

---

609 *Siehr* DEuFamR 2000, 125, 128; *ders.* RabelsZ 62 (1998) 464, 473 f.; s. a. *Fleige*, S. 131. Mitgliedstaaten der EU, die zugleich Vertragsstaaten des KSÜ sind, haben im Hinblick auf Art. 52 III KSÜ daher die auf Artt. 5 ff. KSÜ gestützte internationale Zuständigkeit eines nicht der EU angehörenden KSÜ-Vertragsstaats zu respektieren, s. *Hausmann* IntEuSchR B 426. Oberloskamp[3]-*Gruber* Vormundschaft § 5 Rn 15 sieht darin umgekehrt eine eingeschränkte Bedeutung des KSÜ gegenüber der EuEheVO und geht davon aus, dass die Verordnung in den meisten Fällen zur Anwendung komme; ebenso von einer seltenen Anwendung des KSÜ-Zuständigkeitssystems ausgehend s. *Wagner* NJW 2011, 1404, 1406, m. w. N.

610 So *Fleige*, S. 131.

611 S. *Siehr* in FS Schwab, S. 1269, 1274. Die Artt. 21 ff. EuEheVO finden daher keine Anwendung auf Entscheidungen aus Nichtmitgliedstaaten sowie Dänemark, s. Süß/Ring-*Ring/Olsen-Ring* § 1 Rn 9 und 19.

612 Die Anwendbarkeit der Verordnung ist hier ausnahmsweise von einer Überprüfung der Zuständigkeit des Ursprungsgerichts abhängig, was den Prinzipien der

Mitgliedstaats getroffenen Entscheidung in einem anderen Mitgliedstaat geht, selbst wenn das betreffende Kind seinen gewöhnlichen Aufenthalt in einem Vertragsstaat des KSÜ hat, der nicht der EU angehört.[613] Das KSÜ bleibt aus Sicht der Verordnung also nur maßgeblich für die Anerkennung von Entscheidungen aus Nichtmitgliedstaaten.[614] Aus Sicht des Art. 52 II KSÜ allerdings ist das KSÜ im Verhältnis zu EU-Vertragsstaaten nur dann nicht anzuwenden, wenn das Kind seinen gewöhnlichen Aufenthalt in einem EU-Staat hat, woraus der Umkehrschluss gezogen wurde, dass bei gewöhnlichem Aufenthalt im Vertragsgebiet des KSÜ Anerkennung und Vollstreckung an sich nach Maßgabe des KSÜ zu erfolgen hätten und Art. 61 lit. b EuEheVO demzufolge nicht vollständig von Art. 52 II KSÜ gedeckt sei.[615] Dies wurde gelöst, indem sämtliche EU-Mitgliedstaaten einschließlich Deutschland bei Zeichnung bzw. Ratifikation erklärten, Entscheidungen im Binnenverhältnis aus anderen Mitgliedstaaten, die in den Anwendungsbereich auch des KSÜ fallen würden, nach der EuEheVO anzuerkennen und zu vollstrecken, und entgegen Art. 52 KSÜ erfolgt eine vertragsstaatliche Anerkennung bzw. Vollstreckung nur, wenn eine Entscheidung aus einem nicht der EU angehörigen KSÜ-Vertragsstaat in einem der EU angehörenden Vertragsstaat anerkannt und vollstreckt werden soll und umgekehrt.[616] Da der weite Art. 61 lit. b EuEheVO nur Anerkennung und Vollstreckung im EU-Binnenverhältnis betrifft, selbst wenn das Kind in einem KSÜ-Vertragsstaat lebt, werden hier keine Schwierigkeiten im Verhältnis zu den KSÜ-Vertragsstaaten erwartet.[617] Umgekehrt werden Vertragsstaaten des KSÜ, die der EU nicht angehören, Entscheidungen aus einem EU-Staat, z. B. aus Deutschland, nur nach den Vorschriften des KSÜ anerkennen bzw. vollstrecken, was zur Beachtung der Zuständigkeit des Ursprungsgerichts führt, vgl. Art. 23 II lit. a KSÜ gegenüber Art. 24 EuEheVO.[618] Die Vollstreckung findet insoweit also statt, wenn es um

---

Verordnung ansonsten aber widerspricht, so Staudinger-*Pirrung* (2009) Vorbem C 218 zu Art 19 EGBGB unter Verweis auf Art. 24 Satz 1 EuEheVO.

613 Staudinger-*Pirrung* (2009) Vorbem C 7 und C 218 zu Art 19 EGBGB; *Rauscher* IPR[4] Rn 2056; MüKoBGB[5]-*Siehr* Art. 21 EGBGB Anh. I EheVO II Rn 6.

614 *Gruber* IPRax 2005, 293, 296 Fn 47, m. w. N.; s. a. *Rauscher* IPR[4] Rn 2057.

615 Staudinger-*Pirrung* (2009) Vorbem C 7 und C 218 zu Art 19 EGBGB.

616 *Wagner/Janzen* FPR 2011, 110, 111 unter Verweis auf Art. 2 der Entscheidung des Rates v. 5.6.2008, ABl. EU Nr. L 151 v. 11.6.2008, S. 36, 37.

617 Staudinger-*Pirrung* (2009) Vorbem C 7 und C 218 zu Art 19 EGBGB.

618 *Solomon* FamRZ 2004, 1409, 1415 Fn 63; s. a. *Wagner* NJW 2011, 1404, 1406, m. w. N. S. zu den Unterschieden im Anerkennungs- und Vollstreckungssystem der EuEheVO und des KSÜ auch oben 1. Teil. C. III. 2 („Unmittelbare Vollstreckung innerhalb der EU“).

eine Rückgabeentscheidung aus einem Ursprungsmitgliedstaat geht, die in einem anderen EU-Mitgliedsstaat durchgesetzt werden soll. Das Kind muss sich nur zum Zeitpunkt der Vollstreckung in einem anderen Mitgliedstaat der EU aufhalten, gleich ob schlicht oder gewöhnlich.

c) Verhältnis zu MSA und EuSorgeRÜ

Im Verhältnis zwischen den Vertragsstaaten wird das MSA durch das KSÜ gem. Art. 51 KSÜ ersetzt und wird daher nur noch angewendet, wenn das Kind sich in einem MSA-Vertragsstaat gewöhnlich aufhält, für den das KSÜ nicht gilt, namentlich die Türkei oder Macau-China.[619] Da auch die Anerkennungs- und Vollstreckungsregelungen der EuEheVO nur im Binnenverhältnis gelten, wird dann, wenn es um die Anerkennung/Vollstreckung einer Entscheidung zwischen einem MSA-gebundenen EU-Mitgliedstaat und einem MSA-Vertragsstaat geht, der weder dem KSÜ noch der EU angehört, auf die Anerkennung nach Art. 7 MSA zurückzugreifen sein, mithin auf die Vollstreckung nach autonomen nationalem Recht. Da dies nur auf die Türkei und Macau-China zutrifft, bleibt die Anerkennung nach dem MSA allein im Verhältnis zu diesen beiden Staaten maßgeblich.[620]

Während der oben[621] angeführte Art. 52 II–IV KSÜ das Verhältnis zu künftigen überschneidenden Rechtsakten der Vertragsstaaten regelt, betrifft Art. 52 I KSÜ nach *Fleige* das Verhältnis zu früher getroffenen Übereinkünften, denen nach dem Grundsatz pacta sunt servanda weiterhin Gültigkeit eingeräumt werde, sofern die Vertragsstaaten keine andere Erklärung abgäben.[622] Die daraus folgende Weitergeltung des EuSorgeRÜ diene dem Zweck des Art. 50 Satz 2 KSÜ Kindesrückführungen zu erleichtern und dem Günstigkeitsprinzip, demnach bei gleichzeitiger Anwendbarkeit aller einschlägigen Staatsverträge, also des KSÜ, des HKÜ und des EuSorgeRÜ, nach demjenigen Abkommen vorzugehen sei, das eine Rückführung im Einzelfall überhaupt ermögliche. Dem Antragsteller komme insoweit ggf. ein Wahlrecht zu, hilfsweise könne auch ein nationales

---

619 *Fleige*, S. 140 und 160, m. w. N. unter Hinweis auf Art. 51 Halbs. 2 KSÜ, der verhindern solle, dass eine Anerkennung von Maßnahmen, die noch auf der Grundlage des MSA erlassen worden sei, versagt werde. S. a. *Hausmann* IntEuSchR J 8.

620 *Gruber* IPRax 2005, 293, 296 Fn 47; Palandt-*Thorn* (IPR) Anh EGBGB 24 Rn 12. Zur Erledigung dieser Frage für die Schweiz s. o. 2. Teil. C. I. 3 („MSA-Bindung an den Heimatstaat“).

621 2. Teil. C. II. 1 („Eingeschränkter Zuständigkeitsvorrang der EuEheVO gegenüber dem KSÜ“) und 2 b) („Mischfälle zwischen EuEheVO und KSÜ“).

622 So *Fleige*, S. 161.

Rangverhältnis bestimmt sein.[623] Das KSÜ schließt also eine Rückführung nach dem EuSorgeRÜ nicht aus, sondern soll die Rückführung erleichtern, falls eine Anwendung des EuSorgeRÜ an seinen engeren Voraussetzungen scheitert. Schon das Verhältnis der EuSorgeRÜ zum HKÜ stellt sich abgesehen von nationalen Rangverhältnissen als ein Nebeneinander dar: So weicht die Praxis etwa auch in einem klaren Anwendungsfall des EuSorgeRÜ noch auf das HKÜ aus, wenn die Antragsfrist des EuSorgeRÜ von sechs Monaten abgelaufen ist, und wird somit das HKÜ praktisch als Auffangverfahren für EuSorgeRÜ-Fälle herangezogen.[624] Mit Blick auf Art. 19 EuSorgeRÜ kann mit dem KSÜ ebenfalls angenommen werden, dass eine Entscheidung, die nach dem EuSorgeRÜ nicht anerkannt werden kann, nach anderen Vorschriften, also z. B. nach dem KSÜ, aber anzuerkennen ist.[625] Die EuEheVO genießt dagegen gem. ihrem Art. 60 lit. d im Verhältnis zum EuSorgeRÜ Vorrang, soweit sich die Regelungsbereiche decken.[626] Die Anerkennung und Vollstreckung zwischen den Mitgliedstaaten der EU erfolgt daher nach der EuEheVO, so dass damit gerechnet wird, dass die Bedeutung des EuSorgeRÜ insoweit weiter abnehmen werde.[627] Da es aber – mit Ausnahme von Slowenien – für alle EU-Staaten gilt und für deren Beziehungen zu den anderen Vertragsstaaten weiterhin maßgeblich ist,[628] ist dennoch seine weitere Bedeutung durchaus nicht zu unterschätzen: So gilt das EuSorgeRÜ weiterhin im Verhältnis zu dem weder dem HKÜ noch der EU zugehörigen Liechtenstein sowie neben dem HKÜ gegenüber Andorra, Dänemark, Island, Mazedonien, Moldau, Montenegro, Norwegen, der Schweiz, Serbien, der Ukraine und der Türkei.[629]

---

623 So *Fleige,* S. 161 f., m. w. N. Vgl. hierzu das innerstaatlich festgelegte gesetzliche Rangverhältnis nach § 37 IntFamRVG. Zu diesem Wahlrecht s. a. *Hausmann* IntEuSchR J 7.

624 *Rieck* FPR 2001, 183, 186.

625 *Wagner/Janzen* FPR 2011, 110, 111.

626 Staudinger-*Pirrung* (2009) Vorbem C 10 zu Art 19 EGBGB, der aber über Art. 34 Satz 2 HKÜ einen Rückgriff auf das EuSorgeRÜ als erlaubt ansieht, vgl. Staudinger-*Pirrung* (2009) Vorbem C 214 zu Art 19 EGBGB. S. a. *Andrae,* Internationales Familienrecht[3] § 6 Rn 215.

627 NK-BGB/*Benicke* Anh. V zu Art. 24 EGBGB Art. 30 EuSorgeRÜbk Rn 4. Zur Bedeutung des EuSorgeRÜ s. o. 1. Teil. A. III („Europäisches Sorgerechtsübereinkommen von 1980").

628 Staudinger-*Pirrung* (2009) Vorbem C 214 zu Art 19 EGBGB.

629 So Staudinger-*Pirrung* (2009) Vorbem C 10 zu Art 19 EGBGB noch mit damaligem Stand; s. a. Krenzler/Borth-*Niethammer-Jürgens* M Rn 178. Zum Stand der Erklärungen nach Maßgabe des Art. 52 I KSÜ s. HCCH, http://www.hcch.net/index_de.php?act=conventions.status&cid=70 (letzter Zugriff: 6.10.2013).

3. Teil. Die Zuständigkeitsfortdauer im Ursprungsstaat

Zentrale Vorschriften im modernen grenzüberschreitenden Kindesentführungsrecht bilden Art. 7 KSÜ und Art. 10 EuEheVO, aufgrund derer die Sorgerechtszuständigkeit der Behörden des Staates fortgesetzt wird, in dem das Kind vor der rechtswidrigen Verbringung/Zurückhaltung seinen gewöhnlichen Aufenthalt hatte, soweit nicht die besonderen in diesen Artikeln normierten Bedingungen eintreten, die ausnahmsweise eine Verlagerung der Zuständigkeit in den Zufluchtsstaat zulassen. Da diese Regelungen in erster Linie auf den bisherigen gewöhnlichen Aufenthalt des entführten Kindes abstellen, gilt es, vorab diese Voraussetzung mit dem gegenwärtigen Kindesaufenthalt in das Verhältnis zu setzen und die räumliche Weite der Regelungen zu bestimmen. Des Weiteren sind im Einzelnen die Voraussetzungen für eine Zuständigkeitsverlagerung in den Zufluchtsstaat zu untersuchen und schließlich wird in diesem Rahmen überprüft, welche Handlungsmöglichkeiten den Behörden im Zufluchtsstaat verbleiben, wenn die besonderen Bedingungen, die eine Zuständigkeitsverlagerung rechtfertigen würden, nicht vorliegen:

A. Räumliche Weite der Entführungszuständigkeiten

Prima facie scheint es, als sei maßgebliches Anknüpfungsmoment der spezifischen Entführungszuständigkeiten die vor der Entführung bestehende bisherige Aufenthaltslage.[630] Die Anwendung der Regelungswerke als Ganzes (im weiteren Sinn) hängt aber wie oben[631] ausgeführt mit Blick auf Art. 52 KSÜ und Art. 61 EuEheVO maßgeblich von der gegenwärtigen Aufenthaltslage ab: Nicht nur wird hiervon die Anwendung im Binnenverhältnis und im Verhältnis zu Drittstaaten bestimmt, sondern auch die Anwendung der Verordnung und des KSÜ zueinander. Der nach einer Entführung oftmals streitige aktuelle gewöhnliche Aufenthalt des Kindes muss also letztlich auch bei der Frage der Anwendung der spezifischen Entführungszuständigkeiten geprüft werden. Denkbar wäre abgesehen davon, dass die spezifischen Entführungszuständigkeiten selbst (im engeren Sinn) über ihren ersten Anschein und über das Erfordernis des bisherigen

630 Wie beim HKÜ und in Abgrenzung zum MSA, s. dazu 2. Teil. C. I. 1 („Regelung nach Bereichen im KSÜ").

631 2. Teil. C. II. 1 („Eingeschränkter Zuständigkeitsvorrang der EuEheVO gegenüber dem KSÜ").

gewöhnlichen Aufenthalts hinaus ihrerseits einer bestimmten gegenwärtigen Aufenthaltslage des Kindes bedürfen: So könnte zu erwägen sein, dass für die Anwendung der Art. 7 KSÜ und Art. 10 EuEheVO ein gewöhnlicher Aufenthalt im Zufluchtsstaat begründet worden sein muss. Solange das Kind nur schlichten Aufenthalt im Zufluchtsstaat hat, kämen bei dieser Auslegung das allgemeine Zuständigkeitssystem, mithin die Aufenthaltszuständigkeiten der Art. 5 KSÜ und Art. 8 EuEheVO zur Anwendung.

Möglich wäre umgekehrt aber auch, dass die Entführungszuständigkeiten nicht erst dann einschlägig sind, wenn der Aufenthalt im Zufluchtsstaat bereits zu einem gewöhnlichen erstarkt ist, sondern sobald das Kind nur schlichten Aufenthalt im Zufluchtsstaat erlangt,[632] was angesichts des fehlenden animus manendi[633] des nicht allein berechtigten Elternteils anfangs die Regel ist. In der späteren Verfestigung des erzwungenen faktischen Aufenthalts zu einem gewöhnlichen wäre bei dieser Sichtweise dann nur eine erste Mindesttatbestandsvoraussetzung für einen Wegfall der Zuständigkeit des Ursprungsstaats zu sehen. Letztere Ansicht wirft die weitergehende Frage der Anwendbarkeit gegenüber echten Drittstaaten auf: So könnte auch vertreten werden, dass die Anwendbarkeit der Entführungszuständigkeiten nicht einmal einen derzeitigen schlichten Aufenthalt im Vertragsgebiet bzw. im EU-Raum voraussetzt, sondern sich allein mit dem Widerrechtlichkeitskriterium und dem bisherigen gewöhnlichen Aufenthalt in einem Vertragsstaat oder Mitgliedstaat begnügt. *Rauscher* wiederum stellt auf den Verlust des bisherigen gewöhnlichen Aufenthalts ab: So greife Art. 10 EuEheVO mit Blick auf Art. 8 EuEheVO logisch betrachtet erst ein, wenn der gewöhnliche Aufenthalt im Herkunftsstaat trotz der rechtwidrigen Verbringung verloren gegangen sei.[634] Diese Frage erfordert daher eine Untersuchung der räumlichen Weite der einschlägigen Vorschriften. Dabei werden drei Fallvarianten zugrunde gelegt: Die Entführung eines Kindes aus einem KSÜ-Vertragsstaat, der nicht der EU angehört, aus einem EU-Mitgliedstaat und aus einem weder dem KSÜ noch der EuEheVO unterworfenen Drittstaat:

632 So *Lagarde,* Erläuternder Bericht, Nr. 47. Nach *Holzmann,* Brüssel IIa VO, S. 180 und 182 etwa genügt i. R. d. lit. b) schlichter Aufenthalt.

633 S. dazu unten 3. Teil. B. II („Allgemeine Auslegungsmaßstäbe des MSA").

634 Rauscher/*Rauscher* EuZPR/EuIPR (2010) Art 10 Brüssel IIa-VO Rn 14.

I. Entführung aus einem KSÜ-Vertragsstaat

1. Binnenfälle und Umwege über Drittstaaten

a) Maßgeblicher Wegfall des bisherigen gewöhnlichen Aufenthalts

Der Wortlaut des Art. 7 KSÜ könnte dafür sprechen, dass neben dem bisherigen gewöhnlichen Aufenthalt im Entführungsvertragsstaat auch bereits ein gegenwärtiger gewöhnlicher Aufenthalt im Zufluchtsvertragsstaat erforderlich ist, um zur Anwendung zu gelangen. Anderenfalls könnten Vereinbarkeitsprobleme mit Art. 5 KSÜ bestehen: Solange der gewöhnliche Aufenthalt im Ursprungsvertragsstaat besteht, ist ein Zugriff auf die Entführungszuständigkeiten obsolet. Da es regelmäßig zu einer direkten Verlagerung des gewöhnlichen Aufenthalts des Kindes vom Entführungs- in den Zufluchtsstaat kommt, wäre daher eine Anwendbarkeit des Art. 7 KSÜ auch erst in diesem Fall sinnvoll. Für diese Lösung spricht der Vorbehalt des Art. 5 II KSÜ, der von dem Grundsatz, dass die internationale Zuständigkeit dem gewöhnlichen Aufenthalt folgt, wiederum explizit Art. 7 KSÜ ausnimmt und so implizit anerkennt, dass Art. 7 KSÜ gerade Entführungsfälle lösbar machen soll, die einen Wechsel des Daseinsmittelpunktes nach sich gezogen haben. Die Anwendbarkeit des Art. 7 KSÜ könnte daher speziell auf diejenigen Fälle beschränkt sein, bei denen das Kind bereits einen neuen gewöhnlichen Aufenthalt im Zufluchtsstaat begründet hat.[635]

Diese Wertung könnte aber zu ungewünschten Ergebnissen führen, wenn die Entführung in den anderen Vertragsstaat mit Zwischenaufenthalten in Drittstaaten verbunden ist, denn zieht das Kind in einen Nichtvertragsstaat, so bestimmt sich die internationale Zuständigkeit nach dem autonomen Recht der betroffenen Staaten.[636] Fällt also der gewöhnliche Aufenthalt im bisherigen Vertragsstaat nach einer rechtmäßigen Aufenthaltsverlegung weg und gibt es keinen alternativen gewöhnlichen Aufenthalt in einem KSÜ-Vertragsstaat, sondern in einem Drittstaat, so entfällt die Anwendbarkeit des Art. 5 KSÜ, und es ist auf autonomes nationales Recht zurückzugreifen. Würde aber in Fällen rechtswidriger Verbringung/Zurückhaltung dann wiederum Art. 7 KSÜ erst einschlägig, wenn das Kind nach Zwischenaufenthalten in Drittstaaten schließlich seinen gewöhnlichen Aufenthalt in einem anderen KSÜ-Vertragsstaat nimmt, fehlte es in der Zwischenzeit an einer Sicherung der Sorgerechtszuständigkeit während dieses

635 *Fleige*, S. 166 i. R. e. Abgrenzung zur Ausnahmeregel des Art. 12 II HKÜ, die deutlich macht, dass das HKÜ gerade keinen gewöhnlichen Aufenthalt im Zufluchtsstaat voraussetzt; *Kropholler* in FS Jayme I, S. 471, 474.

636 AnwK-BGB/*Benicke* Anh. I zu Art. 24 EGBGB Art. 7 KSÜ Rn 2.

„instabilen Zeitraums".[637] Dieser Situation will Art. 7 KSÜ vorbeugen, um eine vom Entführer ertrotzte Zuständigkeit zu verhindern. Der Wegfall des bisherigen gewöhnlichen Aufenthalts soll im Fall der Widerrechtlichkeit also nicht wie bei Art. 5 KSÜ zu einer Unanwendbarkeit der Vorschrift als Ganzes führen, sondern gerade zur Anwendbarkeit des Art. 7 KSÜ, der die Zuständigkeit des Art. 5 KSÜ ausnahmsweise aufrechterhält. Es ist daher anzunehmen, dass Art. 7 KSÜ gerade einen Wegfall des gewöhnlichen Aufenthalts im bisherigen Aufenthaltsstaat voraussetzt, um zur Anwendung zu gelangen; solange umgekehrt der gewöhnliche Aufenthalt im bisherigen Aufenthaltsstaat besteht, sollte es dagegen bei der isolierten Anwendung des Art. 5 KSÜ verbleiben.[638] Anwendungsvoraussetzung für Art. 7 KSÜ ist insoweit der Wegfall des gewöhnlichen Aufenthalts im Ursprungsstaat, gleich wo sich der gewöhnliche Aufenthalt mittlerweile befindet; die Aufgabe des Art. 7 KSÜ wird also darin gesehen, ein mögliches Vorgehen des Zufluchtsstaates allein aufgrund der schlichten Anwesenheit des Kindes zu verhindern.[639]

Art. 7 KSÜ ist im Ergebnis daher nicht „nur" dann anwendbar, wenn das Kind bereits einen neuen gewöhnlichen Aufenthalt im Zufluchtsstaat begründet hat, sondern „auch" dann. Es ist davon auszugehen, dass zwar Art. 5 KSÜ bei rechtmäßiger Aufenthaltsverlegung in einen Nichtvertragsstaat unanwendbar wird, aber bei rechtswidriger Verbringung in einen Nichtvertragsstaat respektive Wegfall des bisherigen gewöhnlichen Aufenthalts die Zuständigkeit des Art. 5 KSÜ durch die Anwendung des Art. 7 KSÜ fortgesetzt wird. Bei dieser Auslegung fügt sich das KSÜ auch in das System des HKÜ: Schnellstmögliche Rückführung aus dem Anwesenheitsstaat in den Staat, der entweder bei noch

---

637 So *Lagarde*, Erläuternder Bericht, Nr. 47. S. aber andererseits *Andrae* IPRax 2006, 82, 84, die unter Verweis auf *Lagarde*, Erläuternder Bericht, Nrn. 39 und 84 feststellt, dass für Kinder mit gewöhnlichem Aufenthalt in einem Nichtvertragsstaat das KSÜ jedenfalls im Grundsatz nicht anwendbar sei; Ausnahmen hiervon fänden sich in Artt. 6, 11 und 12 KSÜ, so dass e. c. Art. 7 KSÜ davon also keine Ausnahme bildet.

638 Vgl. *Lagarde*, Erläuternder Bericht, Nr. 47: „Durch die Beibehaltung dieser Zuständigkeit geht der Wortlaut nicht davon aus, dass das Kind, mehr oder minder fiktiv, seinen gewöhnlichen Aufenthalt in dem Staat, aus dem es widerrechtlich verbracht wurde, beibehalten hat, sondern nimmt im Gegenteil die Möglichkeit eines Wegfalls des gewöhnlichen Aufenthalts in diesem Staat an."

639 *Lagarde*, Erläuternder Bericht, Nr. 47, ausdrücklich Bezug nehmend auf ein mögliches Vorgehen der Behörden des Zufluchtsvertragsstaats speziell nach Art. 6 II KSÜ, der allerdings in Entführungsfällen ohnehin nicht greifen dürfte, s. u. 3. Teil. D. III („Kein feststellbarer Aufenthalt").

bestehendem gewöhnlichen Aufenthalt nach Art. 5 KSÜ zuständig ist oder in dem das Kind bislang seinen gewöhnlichen Aufenthalt hatte und der daher nach Art. 7 KSÜ seine Zuständigkeit fortsetzen darf.

b) Ausdehnung auf Nichtvertragsstaaten

Art. 7 KSÜ geht ausdrücklich von einer Entführung in einen anderen „Staat" aus, während Art. 10 EuEheVO auf eine Aufenthaltsverlagerung von einem in einen anderen „Mitgliedstaat" abstellt. Art. 7 KSÜ soll daher auch bei einer Entführung in einen Drittstaat die Zuständigkeit des bisherigen Aufenthaltsvertragsstaats fortsetzen.[640] Bei der weiten, territorial unbeschränkten Formulierung „Staat" in Art. 7 KSÜ handelt es sich weder um einen Übersetzungsfehler (so wird auch in der englischen und in der französischen Fassung ausdrücklich zwischen Entführung aus einem „Contracting State"/„L'Etat contractant", d. h. aus einem Vertragsstaat einerseits, und „another State"/„autre Etat" als dem Zufluchtsstaat andererseits unterschieden), noch dürfte es sich um eine redaktionelle Ungenauigkeit bei der Normsetzung handeln. Für eine weite räumliche Anwendung des Art. 7 KSÜ könnte sich auch der Nichtanerkennungsgrund des Art. 23 II lit. e KSÜ anführen lassen: Dass mit dieser Norm wegen einer zeitlich späteren Entscheidung aus dem Nichtvertragsstaat des neuen gewöhnlichen Aufenthalts die Anerkennung einer früheren Entscheidung aus dem bisherigen Aufenthaltsvertragsstaat versagt werde, impliziere, dass die Gerichte des früheren Aufenthaltsstaats ihre Zuständigkeit nicht unbedingt behielten, wenn das Kind seinen neuen gewöhnlichen Aufenthalt in einem Nichtvertragsstaat begründe, d. h. es werde davon ausgegangen, dass der Nichtvertragsstaat zuständig werden und eine eigene Entscheidung treffen könne. Dieser Situation trage Art. 7 KSÜ ausdrücklich Rechnung, weil die Norm ihrem Wortlaut nach (in einem anderen „Staat") auch dann anzuwenden sei, wenn sich das Kind gewöhnlich in einem Nichtvertragsstaat des KSÜ aufhalte.[641]

Gegen eine weite Auslegung könnte der Wortlaut des Art. 7 III KSÜ sprechen, der ausdrücklich hervorhebt, dass die Behörden des Vertragsstaats, in den das Kind verbracht wurde, nur Maßnahmen nach Maßgabe des Art. 11 KSÜ erlassen dürfen. Daraus könnte geschlossen werden, dass Art. 7 KSÜ als Gesamtsystem auch eine Geltung des Abs. 1 nur bei Entführungen in Vertragsstaaten

---

640 *Hausmann* IntEuSchR B 336; ebenso *Benicke* IPRax 2013, 44, 46.

641 So Geimer/Schütze-*Geimer* EuZVR A.2 – Art. 10 VO (EG) Nr. 2201/2003 Rn 3 sowie *Teixeira de Sousa* FamRZ 2005, 1612, 1614 i. R. e. entsprechenden Auslegung jedenfalls des parallelen Art. 23 lit. f EuEheVO, s. u. 3. Teil. A. II. 3. („Argumente für eine Zuständigkeitsfortdauer").

beanspruchen will. Bei Betrachtung der Inhalte der beiden Absätze ist allerdings festzustellen, dass Abs. 3 keine eigenständige von der Geltung des Abs. 1 wegzudenkende Bedeutung hat. Bloß bei Geltung des Abs. 1, also der Zuständigkeitsfortdauer im bisherigen Aufenthaltsvertragsstaat, entfaltet Abs. 3 seine Sperrwirkung. Das Vorliegen der Voraussetzungen des Abs. 3, mithin seine räumliche Weite, ist damit nicht maßgeblich für Abs. 1. Da aber die Vertragsstaaten nur Regelungen gegen sich selbst schaffen können, schränkt Art. 7 III KSÜ nur für diese die Handlungsmöglichkeiten ein.[642] Es ist daher davon auszugehen, dass Art. 7 KSÜ auch im Fall einer Kindesentführung in einen Nichtvertragsstaat zu Anwendung kommen soll.

c) Aufenthaltswechsel in einem laufenden Verfahren

Fraglich ist, welche Lösungsmöglichkeiten das KSÜ zur Verfügung stellt, wenn das Kind während eines bereits laufenden sorgerechtlichen Verfahrens seinen gewöhnlichen Aufenthalt in dem bisherigen Aufenthaltsvertragsstaat verliert. Hierzu gibt es unterschiedliche Lösungsansätze:[643] Denkbar wäre einerseits, dass die beibehaltene Regelungslücke[644] in diesem Bereich durch autonomes Recht der Vertragsstaaten auszufüllen ist mit der Folge national unterschiedlicher Ergebnisse. Umgekehrt könnte aus der mangelnden Regelung andererseits zu folgern sein, dass der Übereinkommensgeber die Institution einer perpetuatio fori generell ablehnt mit der Folge, dass die Zuständigkeit bei einem Wechsel des gewöhnlichen Aufenthalts in einen anderen Vertragsstaat auch während eines bereits laufenden Verfahrens überginge.[645] Angesichts der Mehrheit von Gegnern einer Zuständigkeitsfortdauer bei der Erarbeitung des KSÜ ist davon auszugehen, dass bei der Anwendung des Grundsatzes der perpetuatio fori Zurückhaltung zu üben und vorzugsweise ein Zuständigkeitsübergang zuzulassen ist.[646] Diese Lösung käme auch der Regelung in Art. 5 II KSÜ, der die internationale Zuständigkeit dem

---

642 Die Anwendungsweite in Art. 7 III KSÜ gegenüber den restlichen Absätzen der Vorschrift ebenfalls enger sehend vgl. *Benicke* IPRax 2013, 44, 46.

643 Die nun folgenden unterschiedlichen Lösungsansätze sind entnommen aus *Schulz* FamRZ 2011, 156, 158 f., m. w. N.

644 S. dazu oben 1. Teil. C. I. 1 („Wegbereitung auf internationaler Ebene").

645 So die Darstellung der Lösungsansätze bei *Schulz* FamRZ 2011, 156, 158 f., m. w. N.; die zweite Lösung bevorzugend und auf einen gewöhnlichen Aufenthalt im Entscheidungszeitpunkt abstellend s. *Siehr* DEuFamR 2000, 125, 128 mit Fn 26 unter Verweis auf *Lagarde,* Erläuternder Bericht Nr. 42.

646 Vgl. *Roth/Döring* JBl 1999, 758, 765, m. w. N.; s. a. *Lagarde,* Erläuternder Bericht, Nr. 42 kritisch gegenüber der Variante, die Zuständigkeitsentscheidung dem Recht der einzelnen Vertragsstaaten zu überlassen.

gewöhnlichen Aufenthalt folgen lässt, am nächsten, wohingegen die Anwendbarkeit des Art. 5 KSÜ bei Wechsel des gewöhnlichen Aufenthalts in einen Nichtvertragsstaat ohnehin entfällt, weil dann ein für Art. 5 KSÜ nötiger gewöhnlicher Aufenthalt im Vertragsgebiet nicht mehr besteht.[647] Internationale Zuständigkeit und eine mögliche perpetuatio fori bestimmen sich ggf. nach dem autonomen Recht des bisherigen Aufenthaltsstaates.[648]

Bei Kindesentführung während eines bereits laufenden Sorgerechtsverfahrens in einen anderen KSÜ-Vertragsstaat ist somit davon auszugehen, dass es wie schon beim MSA[649] auch hier auf den Verfahrensstand (Tatsachen- oder Rechtsfehlerebene) ankommt, allerdings mit der Besonderheit, dass die Zuständigkeitsverlagerung hier nicht bereits mit der Verlagerung des gewöhnlichen Aufenthalts eintritt, sondern die weiteren besonderen Zusatzbedingungen erfüllt sein müssen. Befindet sich also die Sorgerechtsangelegenheit zum Zeitpunkt des Aufenthaltswechsels noch in einer Tatsacheninstanz, verbleibt das bisher zuständige Gericht durch Art 7 KSÜ weiter zuständig bis das Kind seinen gewöhnlichen Aufenthalt im Zufluchtsvertragsstaat erworben hat und die weiteren Bedingungen des Art. 7 I lit. b KSÜ erfüllt sind. In einer Rechtsprüfungsinstanz dagegen ist eine Zuständigkeitsverlagerung auch bei Vorliegen all dieser Voraussetzungen nicht mehr möglich. Diese Lösung berücksichtigt einerseits die mit dem KSÜ eingeführte Zuständigkeitsfortsetzung in Fällen widerrechtlicher Verbringung des Kindes und andererseits die Entscheidung gegen die Einführung einer allgemein gültigen perpetuatio fori im Rahmen des KSÜ.

d) Ergebnis

Bei Entführung aus einem Vertragsstaat ohne Umwege direkt in einen anderen Vertragsstaat des KSÜ außerhalb der EU besteht kein Anwendungsvorrang der EuEheVO, so dass sich die internationale Sorgerechtszuständigkeit aus Art. 5 I KSÜ ergibt, solange der gewöhnliche Aufenthalt des Kindes noch im Ursprungsvertragsstaat liegt. Verliert das Kind seinen bisherigen gewöhnlichen Aufenthalt, kommt es nicht wie unter dem MSA zu einem Wechsel der internationalen Zuständigkeit, sondern Art. 7 KSÜ ordnet die Fortsetzung der bisherigen Zuständigkeit an, gleich ob das Kind seinen gewöhnlichen Aufenthalt in einem Drittstaat oder in einem anderen Vertragsstaat erwirbt. Dies gilt auch, wenn zum Zeitpunkt der Entführung bereits ein Sorgerechtsverfahren im Ursprungsstaat läuft. Wenn

647 *Lagarde,* Erläuternder Bericht, Nr. 42; s. a. *Roth/Döring* JBl 1999, 758, 765.

648 AnwK-BGB/*Benicke* Anh. I zu Art. 24 EGBGB Art. 7 KSÜ Rn 2; s. a. *Roth/Döring* JBl 1999, 758, 765.

649 S. o. 1. Teil. C. I. 1 („Wegbereitung auf internationaler Ebene").

aber neben einem gewöhnlichen Aufenthalt im Zufluchtsvertragsstaat die weiteren Bedingungen des Art. 7 I lit. b KSÜ erfüllt sind, geht die Zuständigkeit gleich in welcher Tatsacheninstanz doch noch über. Dies gilt nur dann nicht, wenn sich die Angelegenheit im Ursprungsvertragsstaat schon auf der Ebene der Rechtsfehlerüberprüfung befindet.

Entführungsstaat	Zielstaat	Anzuwendende Vorschriften	
		Schlichter Aufenthalt in B	Gewöhnlicher Aufenthalt in B
KSÜ-Vertragsstaat A	KSÜ-Vertragsstaat/ Drittstaat B	A: Art. 5 KSÜ	A: Artt. 5 i. V. m. 7 KSÜ

2. Anwendungswiderspruch bei Entführung in einen EU-Mitgliedstaat

a) Problemstellung

Bei einer Entführung aus einem nicht der EU angehörigen Vertragsstaat des KSÜ in einen Vertragsstaat innerhalb der EU ist ein bisheriger gewöhnlicher Aufenthalt des Kindes in einem EU-Mitgliedstaat nicht gegeben und eine Anwendung des Art. 8 EuEheVO somit von vorneherein ausgeschlossen. Die Zuständigkeit ergibt sich in diesem Fall unmittelbar aus Art. 5 KSÜ. Ein Anwendungswiderspruch kann aber entstehen, wenn sich der gewöhnliche Aufenthalt des Kindes nach der Entführung in den Zufluchtsmitgliedstaat verlagert. In diesem Moment nämlich könnte es auf der Basis des Art. 61 lit. a EuEheVO zu einem generellen Anwendungsvorrang der Verordnung gegenüber dem KSÜ kommen. Art. 7 KSÜ könnte seine perpetuierende Wirkung nicht mehr entfalten, da die Regelung mit gewöhnlichem Aufenthalt im Zufluchtsmitgliedstaat unanwendbar würde. Die Vorschrift liefe insoweit gegenüber Mitgliedstaaten ins Leere. Die Behörden des Ursprungsvertragsstaats könnten zwar einerseits ihre Zuständigkeit nicht mehr aus Artt. 5 und 7 KSÜ herleiten, aber andererseits auch keine Zuständigkeitsfortdauer aus Art. 10 EuEheVO für sich verbuchen, da es hierfür an einer Entführung aus einem Mitgliedstaat der EU mangeln würde.[650] Es käme zu dem – dem Zweck der Art. 7 KSÜ und Art. 10 EuEheVO gänzlich widersprechenden – Ergebnis, dass statt der eigens normierten Entführungszuständigkeiten die Hauptzuständigkeit des Art. 8 EuEheVO anwendbar und sich die Zuständigkeit damit nach Maßgabe des nunmehr im Zufluchtsmitgliedstaat befindlichen gewöhnlichen Aufenthalts richten würde. Dogmatisch ergäbe sich diese Folge daraus, dass laut

650 Dies aber ist Voraussetzung des Art. 10 EuEheVO, s. u. 3. Teil. A. II. 1 („Binnenfälle“).

dem BGH[651] auch ein erst während des Verfahrens begründeter gewöhnlicher Aufenthalt zur Zuständigkeit des angerufenen Gerichts nach Art. 8 I EuEheVO führt, wenn nicht zuvor ein ausländisches Gericht in derselben Rechtssache angerufen worden sei und damit die dort bereits begründete Rechtshängigkeit entgegenstehe. Dass Art. 8 I EuEheVO auf den Zeitpunkt der Antragstellung abstelle, habe, so der BGH, lediglich die Bedeutung, dass ein einmal angerufenes Gericht international zuständig bleibe, auch wenn das Kind während des Verfahrens in einem anderen als dem angerufenen Staat einen neuen gewöhnlichen Aufenthalt erwerbe (perpetuatio fori). Im umgekehrten Fall eines erst im Laufe des Verfahrens erworbenen gewöhnlichen Aufenthalts im Staat des angerufenen Gerichts verbleibe es dabei, dass die Zuständigkeitsvoraussetzungen im Zeitpunkt der Entscheidung vorliegen müssten. Eine andere Sichtweise habe die der Prozessökonomie widersprechende Folge, dass sich das Gericht zunächst gem. Art. 17 EuEheVO für unzuständig erklären müsse, aber angesichts des nunmehr bestehenden inländischen Aufenthalts im Anschluss daran sogleich ein neues Verfahren einleiten könne.[652]

b) Lösung

Es ist nicht davon auszugehen, dass ein solches Ergebnis gewollt ist. Die Rechtshistorie des Art. 61 EuEheVO zeigt, dass sich die Mitgliedstaaten gerade in das Vertragswerk des KSÜ einfügen und nicht etwa diesem entgegenarbeiten wollten. Insbesondere mit Art. 61 EuEheVO soll nicht die Bindung an das KSÜ

---

651 BGH FamRZ 2010, 720 f., m. w. N.

652 BGH FamRZ 2010, 720 f., m. w. N.; ebenso Staudinger-*Pirrung* (2009) Vorbem C 55 zu Art 19 EGBGB im Hinblick auf Verfahrensökonomie und das KSÜ, dessen zuständigkeitsbestimmende Umstände auch erst im Zeitpunkt der Entscheidung zählen würden. Vgl. hierzu auch jurisPR-BGHZivilR 9/2011 Anm. 4, *Stürner*, S. 148 f. zur nachträglichen Begründung der internationalen Zuständigkeit unter prozessökonomischen Gesichtspunkten i. R. d. Art. 2 I EuGVO, welcher im Gegensatz zu Art. 8 EuEheVO nicht einmal auf den Zeitpunkt der Antragstellung abstelle: Dass eine nachträgliche Heilung der zunächst fehlenden internationalen Zuständigkeit möglich sei, zeige die Vorschrift des Art. 24 EuGVO, der eine rügelose Einlassung des Beklagten ermögliche. Ähnlich führe auch die nachträgliche Erfüllung der Voraussetzungen des Art. 2 I EuGVO zu einer Heilung der zunächst fehlenden internationalen Zuständigkeit. Anderenfalls ergebe sich der prozessökonomische Nachteil, dass die zunächst wegen fehlender internationaler Zuständigkeit nach Art. 26 EuGVO abgewiesene Klage sogleich erneut zulässigerweise vor demselben Gericht erhoben werden könne. S. a. zum MSA FamVerf/*Paul* § 2 Rn 39, demzufolge schon nach dem

umgangen werden, sondern die Geltung der Verordnung auf Binnenfälle beschränkt und Fälle mit KSÜ-Berührung dessen Regelungen belassen werden. Anderenfalls wäre eine Aushöhlung des Art. 7 KSÜ zu befürchten, der stets zu Fall gebracht werden könnte, sobald das Gericht des Zufluchtsmitgliedstaats den gewöhnlichen Aufenthalt des Kindes feststellt. Die Ermöglichung des Zugriffs in solchen Fällen auf Art. 8 EuEheVO mit der Folge der Zuständigkeit der Behörden des Zufluchtsmitgliedstaats liefe auf eine Beibehaltung der am MSA kritisierten Ergebnisse hinaus. Nicht plausibel wäre es aber, wenn auf diesem Wege über Art. 8 EuEheVO die Zuständigkeitsfortdauer des Art. 7 KSÜ zu unterlaufen wäre. Hätte der Verordnungsgeber eine so weite Anwendung gewünscht, so hätte er in Kenntnis dieser generellen Anwendungsfrage klare Regelungen schaffen können. Vielmehr lassen die Beweggründe bei Schaffung des Art. 61 EuEheVO erkennen, dass zur Vermeidung von Kompetenzkonflikten der EU gegenüber dem internationalen Vertragswerk die Anwendbarkeit der Verordnung bewusst auf den räumlichen Bereich innerhalb der EU beschränkt werden sollte. Dafür spricht auch der weite Wortlaut des Art. 7 KSÜ („in einem anderen Staat"),[653] der auch die Entführung in einen Mitgliedstaat der EU einschließt. Bei einer Entführung aus einem Vertragsstaat des KSÜ, der nicht der EU angehört, in einen EU-Mitgliedstaat sollte daher ungeachtet des Art. 61 EuEheVO der Art. 7 KSÜ gelten. In einem solchen Fall sollte es daher unter telelogischer Reduktion des Art. 61 EuEheVO zu einer fortgesetzten Anwendung des Art. 7 KSÜ kommen, auch wenn der gewöhnliche Aufenthalt im Zufluchtsmitgliedstaat begründet wird.

Zusammenfassend ist daher festzustellen, dass es rein systematisch zwar nach Maßgabe des Art. 61 EuEheVO zu einem Anwendungsvorrang der Verordnung kommen und damit Art. 8 EuEheVO einschlägig werden könnte, wenn das Kind seinen gewöhnlichen Aufenthalt nach seiner Entführung aus einem nicht der EU angehörigen KSÜ-Vertragsstaat in der EU erwirbt, damit aber der Zweck der Zuständigkeitsfortsetzung sowohl des Art. 7 KSÜ als auch des Art. 10 EuEheVO gänzlich zu unterlaufen wäre. Auch mit Blick auf den weiten Wortlaut des Art. 7 KSÜ ist Art. 61 EuEheVO daher telelogisch zu reduzieren, wenn das entführte Kind seinen gewöhnlichen Aufenthalt in einem vertragsgebundenen EU-Mitgliedstaat erwirbt, so dass die Zuständigkeit im Ursprungsvertragsstaat gem. Artt. 5 i. V. m. 7 KSÜ im Ergebnis fortdauert.

MSA eine nachträgliche Begründung der internationalen Zuständigkeit möglich gewesen sei. Für die Maßgeblichkeit des Zeitpunkts der gerichtlichen Entscheidung auf das Argument der Prozessökonomie abstellend s. a. *Hausmann* IntEuSchR B 78.

653 S. o. 3. Teil. A. I. 1. b („Ausdehnung auf Nichtvertragsstaaten").

Entführungsstaat	Zielstaat	Anzuwendende Vorschriften	
		Schlichter Aufenthalt in B	Gewöhnlicher Aufenthalt in B
KSÜ-Vertragsstaat A	EU-Mitgliedstaat B	A: Art. 5 KSÜ	A: Artt. 5 i. V. m. 7 KSÜ

3. *Fragliche Beschränkung auf HKÜ-Staaten*

Aus Art. 7 I lit. b KSÜ und der dortigen Bezugnahme auf den Wegfall eines einmal gestellten Rückgabeantrags könnte zu schließen sein, dass Art. 7 KSÜ nur im Verhältnis zu Staaten gelten soll, die dem HKÜ beigetreten sind, wenn es nur gegenüber diesen Staaten Sinn ergäbe, auf den Stand des Rückgabeverfahrens abzustellen.[654] Eine solche Beschränkung ist dem Wortlaut der Vorschrift zwar nicht zu entnehmen, könnte aber implizit gemeint sein. Dagegen spricht jedoch, dass gerade in den Fällen geringen Vertrauens gegenüber Drittstaaten, die nicht einmal dem HKÜ beigetreten sind, die Zuständigkeitsfortdauer des Art. 7 KSÜ versagen würde. Die in lit. b enthaltene Formulierung könnte daher umgekehrt sogar so zu verstehen sein, dass die Zuständigkeitsverlagerung überhaupt nur in einen HKÜ-Vertragsstaat als möglich erscheint und nur dann, wenn der einmal dort gestellte Rückgabeantrag nicht mehr anhängig ist. Bei einer Entführung hingegen in einen Drittstaat, der nicht einmal dem HKÜ beigetreten ist, wäre bei dieser Argumentation eine Verlagerung der Zuständigkeit von vorneherein gänzlich ausgeschlossen. Diese Lösung wiederum könnte als Diskriminierung von Drittstaatenkindern zu verstehen sein, wenn für diese eine Zusammenlegung von Sachnähe und gewöhnlichem Aufenthalt im Zufluchtsdrittstaat von vornherein generell ausgeschlossen wäre. Daher dürfte auch eine Zuständigkeitsverlagerung in einen Drittstaat, der nicht dem HKÜ angehört, nicht von vorneherein ausgeschlossen sein. Aber es wird hier besondere Strenge bei der Auslegung der die Zuständigkeitsverlagerung befördernden Umstände anzulegen sein, insbesondere als in diesem Fall das Merkmal des Wegfalls des Rückgabeantrags nicht am Maßstab des HKÜ gemessen werden kann, sondern nur an den im Zufluchtsdrittstaat bestehenden autonomen Regeln zur Herausgabe eines Kindes. Dass es bei dieser Lösung zu Konkurrenzen mit dem autonomen Recht des Drittstaats kommen kann, ist bei fehlender gegenseitiger Vertragszugehörigkeit allerdings nicht zu vermeiden.

---

654 S. dazu bereits oben 2. Teil. B. II. 2 („Altersgrenze des entführungsspezifischen KSÜ-Bereichs").

II. Entführung aus einem EU-Mitgliedstaat

1. Binnenfälle

Aufgrund des Art. 61 lit. a EuEheVO kommen Artt. 8 und 10 EuEheVO gegenüber Artt. 5 und 7 KSÜ nur zur Anwendung, wenn das Kind – gleich ob EU-Bürger oder Drittstaater – seinen gewöhnlichen Aufenthalt in einem Mitgliedstaat hat.[655] Einen klaren Vorrang genießt die Verordnung gegenüber dem KSÜ daher, wenn ein Kind aus einem Mitgliedstaat in einen anderen Mitgliedstaat der EU entführt wird. In dieser Binnenfallkonstellation hat das Kind seinen gewöhnlichen Aufenthalt jedenfalls in einem Mitgliedstaat, gleich ob noch im Ursprungsmitgliedstaat oder schon im ersuchten Mitgliedstaat. Zu einer Kollision mit dem KSÜ kommt es hier nicht, selbst wenn beide Mitgliedstaaten gleichzeitig Vertragsstaaten des KSÜ sind. Dieser Vorrang ist auch unmittelbar aus dem Wortlaut des Art. 10 EuEheVO ersichtlich, der ausdrücklich auf eine rechtswidrige Verbringung/Zurückhaltung eines Kindes zwischen Mitgliedstaaten der EU abstellt. Wie schon im Rahmen des Art. 7 KSÜ (und dort[656] i. E. abgelehnt) stellt sich aber auch im EU-Binnenverhältnis die Frage, ob ein gegenwärtiger gewöhnlicher Aufenthalt im Zufluchtsstaat schon begründet sein muss, damit die Regelung des Art. 10 EuEheVO zur Anwendung gelangt.

a) Entführung nach Antragstellung

Wo die EuEheVO nicht erkennbar vom KSÜ abweicht, ist bei KSÜ-konformer Auslegung davon auszugehen, dass auch keine Abweichung gewollt ist,[657] so dass zunächst davon ausgegangen werden könnte, dass – wie auch beim KSÜ[658] – die Begründung eines gegenwärtigen gewöhnlichen Aufenthalts des Kindes im Zufluchtsmitgliedstaat für die Anwendung des Art. 10 EuEheVO nicht erforderlich sei. Da aber Art. 8 EuEheVO auch in Fällen, die nicht mit einem fraudulösen Aufenthaltswechsel verbunden sind, eine Zuständigkeitsfortdauer ab dem Zeitpunkt der Antragstellung normiert, insoweit also eine erhebliche Abweichung vom KSÜ besteht, muss hier im Gegensatz zum KSÜ differenziert werden, ob zum Zeitpunkt der Entführung schon ein Sorgerechtsverfahren läuft.

---

655 Geimer/Schütze-*Geimer* EuZVR A.2 – Art. 10 VO (EG) Nr. 2201/2003 Rn 3.

656 S. o. 3. Teil. A. I. 1. a („Maßgeblicher Wegfall des bisherigen gewöhnlichen Aufenthalts“).

657 S. o. 1. Teil. D. III. 1 („Historische Auslegung“).

658 S. o. 3. Teil. A. I. 1. a („Maßgeblicher Wegfall des bisherigen gewöhnlichen Aufenthalts“).

Zweck einer perpetuatio fori ist die prozessökonomische Vermeidung von umzugsbedingten Zuständigkeitswechseln während eines bereits rechtshängigen Verfahrens.[659] Ihre Normierung will daher den Folgen eines Wechsels des gewöhnlichen Aufenthalts vorbeugen, geht somit implizit von einem solchen Wechsel aus. Das Abstellen von Art. 8 I EuEheVO auf den Zeitpunkt der Antragstellung hat seinen Sinn somit darin zu verhindern, dass noch nach Anhängigkeit eines Sorgerechtsantrags durch Auswanderung ein Zuständigkeitswechsel herbeigeführt wird. Erst recht soll dies im Entführungsfall vermieden werden. Findet eine Kindesentführung nach Antragstellung während des bereits laufenden sorgerechtlichen Verfahrens statt, gilt daher Art. 8 I EuEheVO (auch ohne eine entsprechende ausdrückliche Überschrift wie bei Art. 10 EuEheVO).[660] Der eigentliche Grund dafür, dass Art. 10 EuEheVO einen gewöhnlichen Aufenthalt im Zufluchtsmitgliedstaat voraussetzt, ist in Abgrenzung zu Art. 7 KSÜ demzufolge darin zu sehen, dass ohne gewöhnlichen Aufenthalt im Zufluchtsstaat die Zuständigkeit durch rechtzeitige Antragstellung aus Art. 8 EuEheVO fortbesteht.[661] Im Ergebnis lässt sich daher festhalten, dass die Anwendung des Art. 10 EuEheVO im Gegensatz zu Art. 7 KSÜ die Begründung eines gewöhnlichen Aufenthalts des Kindes im Zufluchtsmitgliedstaat erfordert.[662]

---

659 S. Zöller-*Greger* § 261 Rn 12.

660 S. Thomas/Putzo-*Hüßtege* Art. 10 EuEheVO Rn 1; ebenso MüKoFamFG-*Gottwald* Brüssel IIa-VO Art. 10 Rn 2, m. w. N., der den neuen gewöhnlichen Aufenthalt aber als Voraussetzung für einen Zuständigkeitswegfall nach lit. a und b einordnet, vgl. MüKoFamFG-*Gottwald* Brüssel IIa-VO Art. 10 Rn 6 f.

661 So *Fleige*, S. 292 („wahrer Grund“).

662 S. insoweit MüKoBGB[5]-*Siehr* Art. 21 EGBGB Anh. I EheVO II Rn 253, demzufolge es die Behörden am (gemeint wohl: bisherigen) gewöhnlichen Aufenthalt des Kindes seien, die gem. Art. 8 oder 10 EuEheVO eine Rückgabeentscheidung träfen, auf die das Vollstreckungssystem des Art. 11 VIII EuEheVO anzuwenden sei. Die Anwendung des Art. 10 EuEheVO hängt aber gerade davon ab, dass der gewöhnliche Aufenthalt nicht mehr im bisherigen Aufenthalts-, sondern im Zufluchtsmitgliedstaat belegen ist. Auch im Fall eines laufenden Sorgerechtsverfahrens kann es bereits zu einem Wechsel des gewöhnlichen Aufenthalts des Kindes unter Fortsetzung des Verfahrens nach Art. 8 EuEheVO gekommen sein. Insoweit dürfte von den Behörden des „bisherigen“ gewöhnlichen Aufenthalts zu sprechen sein, deren Zuständigkeit für die unbedingte und unmittelbar zu vollstreckende Letztentscheidung durch die EuEheVO trotz verlorener Sachnähe positivrechtlich fortgesetzt wird.

b) Entführung vor Antragstellung

Wird der Sorgerechtsantrag erst nach der Entführung gestellt, richtet sich die Fortdauer der Zuständigkeit der Behörden des Ursprungsmitgliedstaats ebenfalls nach Art. 8 EuEheVO, solange sich der gewöhnliche Aufenthalt noch im Entführungsstaat befindet. Der Unterschied besteht darin, dass bei rechtzeitiger Antragstellung die Zuständigkeit der bisherigen Behörden nach Art. 8 EuEheVO unbedingt erhalten bleibt, also eine Zuständigkeitsverlagerung in den anderen Mitgliedstaat nach Maßgabe des Art. 10 EuEheVO nur in Frage kommt, wenn noch kein Sorgerechtsantrag anhängig ist. Bei rechtzeitiger Antragstellung steht einem Verfahren im Staat des neuen gewöhnlichen Aufenthalts dagegen der Rechtshängigkeitseinwand des ersten Verfahrens gem. Art. 19 EuEheVO entgegen.[663] Art. 10 EuEheVO wird daher nur dann einschlägig, wenn das Kind schon vor Antragstellung im bisherigen Aufenthaltsstaat seinen gewöhnlichen Aufenthalt im Zufluchtsmitgliedstaat erwirbt und somit nicht bereits eine perpetuatio fori gem. Art. 8 EuEheVO vorliegt.[664] In diesem Fall behält Art. 8 II EuEheVO dem bisherigen Aufenthaltsmitgliedstaat seine bislang auf Art. 8 I EuEheVO beruhende Sorgerechtszuständigkeit nun nach Maßgabe der Artt. 10 i. V. m. 8 EuEheVO weiter vor.[665]

Entführungsstaat	**Zielstaat**	**Anzuwendende Vorschriften**			
		Schlichter Aufenthalt in B		**Gewöhnlicher Aufenthalt in B**	
EU-Mitgliedstaat A	EU-Mitgliedstaat B	Nach Antragstellung in A	Vor Antragstellung in A	Nach Antragstellung in A	Vor Antragstellung in A
		A: Art. 8 EuEheVO	A: Art. 8 EuEheVO	A: Art. 8 EuEheVO	A: Artt. 8. i. V. m. 10 EuEheVO

2. *Entführung in einen KSÜ-Vertragsstaat*

a) Wertungswiderspruch

Die rechtswidrige Verbringung eines Kindes aus einem EU-Mitgliedstaat in einen nicht der EU zugehörigen KSÜ-Vertragsstaat bringt wie im umgekehrten

663 *Solomon* FamRZ 2004, 1409, 1411 aber auf die Möglichkeit der Verweisung des Falls nach Art. 15 EuEheVO verweisend; s. a. *Looschelders* JR 2006, 45, 46 und 49.

664 NK-BGB/*Gruber* Anh. I zum III. Abschn. EGBGB Art. 10 EheVO 2003 Rn 10; Thomas/Putzo-*Hüßtege* Art. 10 EuEheVO Rn 1.

665 Vgl. *Looschelders* JR 2006, 45, 49.

Fall[666] Wertungswidersprüche mit sich: Solange der gewöhnliche Aufenthalt des Kindes noch im EU-Mitgliedstaat belegen ist und das Kind nur schlichten Aufenthalt im Zufluchtsvertragsstaat hat, bleibt es zwar zunächst unproblematisch bei den Regelungen des Art. 8 EuEheVO. Bei Erstarken des Kindesaufenthalts im Zufluchtsvertragsstaat aber entfällt der gewöhnliche Aufenthalt innerhalb der EU. Demzufolge müsste der Anwendungsvorrang der Verordnung gegenüber dem KSÜ nach Maßgabe des Art. 61 lit. a EuEheVO dann an sich wegfallen und der Geltungsbereich der Verordnung enden.[667] Eine Zuständigkeitsfortdauer des Ursprungsmitgliedstaats ergäbe sich somit trotz der rechtswidrigen Verbringung bzw. Zurückhaltung des Kindes weder aus Art. 8 noch aus Art. 10 EuEheVO. Eingedenk der Nachbildung des Art. 10 EuEheVO aus Art. 7 KSÜ könnte ein solches Ergebnis aber ungewollt sein, weil es dem eigentlichen Ziel beider Vorschriften, die Zuständigkeit des Staats zu erhalten, in dem das Kind vor seiner rechtswidrigen Verbringung/Zurückhaltung seinen gewöhnlichen Aufenthalt hatte, widerspräche, wenn gerade im Verhältnis der beiden Regelungswerke zueinander der gemeinsame Zweck nicht erreicht würde.

b) Rückgriff auf das KSÜ

Zur Lösung dieses Widerspruchs wäre denkbar, Artt. 8 i. V. m. 10 EuEheVO analog auf die Entführung in einen KSÜ-Vertragsstaat anzuwenden. Gegen eine hierfür erforderliche planwidrige Regelungslücke spricht aber, dass die EuEheVO bewusst Kollisionen mit dem KSÜ vermeiden und sich der vertraglichen Bindung gegenüber Vertragsstaaten des KSÜ, die nicht der EU angehören, nicht entziehen will. Daher ist davon auszugehen, dass es sich nicht um ein redaktionelles Versehen der Verordnungsgeber handelt, wenn Art. 10 EuEheVO sich auf Entführungen nur innerhalb der EU beschränkt und mit seiner wörtlichen Bezugnahme auf die Begründung eines gewöhnlichen Aufenthalts in „einem anderen Mitgliedstaat" gezielt von der Formulierung in Art. 7 KSÜ „in einem anderen Staat"[668] abgrenzt. Art. 10 EuEheVO dürfte eine Anwendung auf Entführungen in nicht der EU angehörige KSÜ-Vertragsstaaten vielmehr bewusst ausnehmen. Gerade im Hinblick auf das Verhältnis der beiden Regelungswerke

---

666 S. o. 3. Teil. A. I. 2 („Anwendungswiderspruch bei Entführung in einen EU-Mitgliedstaat").

667 Geimer/Schütze-*Geimer* EuZVR A.2 – Art. 10 VO (EG) Nr. 2201/2003 Rn 3; s. a. *Teixeira de Sousa* FamRZ 2005, 1612, 1613.

668 S. dazu oben 3. Teil. A. I. 1. b („Ausdehnung auf Nichtvertragsstaaten").

zueinander, das mit Art. 52 KSÜ – wie oben[669] angesprochen – ohnehin nur kompromissweise gelöst wurde, wäre es wenig hilfreich, die Verordnung über die selbst gemachte Beschränkung des Art. 61 EuEheVO hinaus über Gebühr in Anspruch nehmen zu wollen. Da von einer bewussten Beschränkung des Art. 10 EuEheVO auf Entführungen zwischen den Mitgliedstaaten auszugehen ist, fehlt es hier daher schon an der Planwidrigkeit einer Regelungslücke. Angesichts der ausdrücklich normierten Rückgriffsmöglichkeit auf nationales Recht der Mitgliedstaaten in Art. 14 EuEheVO läge abgesehen davon auch schon gar keine Regelungslücke vor:

Denkbar wäre, an dieser Stelle über Art. 14 EuEheVO i. V. m. autonomem Recht oder sonstigem Völkervertragsrecht auf Art. 7 KSÜ zurückzugreifen, wofür spräche, dass grundsätzlich auf die Restzuständigkeit zugegriffen werden darf, wenn sich aus den Artt. 8–13 EuEheVO keine vorrangige Zuständigkeit eines Mitgliedstaates ergibt.[670] Dagegen aber spricht der eingeschränkte Anwendungsvorrang aus Art. 61 lit. a EuEheVO i. V. m. Art. 52 II und III KSÜ, aus dem sich die Unanwendbarkeit von Art. 14 EuEheVO ergibt, wenn das Kind seinen gewöhnlichen Aufenthalt in einem Vertragsstaat des KSÜ hat, der nicht der EU angehört, so dass hier vielmehr direkt auf die Vorschriften des KSÜ, mithin Artt. 5 i. V. m. 7 KSÜ zurückzugreifen sein dürfte.[671] Nach *Andrae* etwa hat die Ausdehnung der Zuständigkeitsordnung der EuEheVO zu unterbleiben, wenn die Angelegenheit von einem Staatsvertrag erfasst werde, dem die Gemeinschaft selbst oder der befasste Mitgliedstaat angehöre.[672] Zu folgern ist daher, dass im Fall des Aufenthaltswechsels in einen KSÜ-Vertragsstaat nach Art. 61 lit. a EuEheVO die Anwendbarkeit der Verordnung als Ganzes, mithin auch des Art. 14 EuEheVO wegfällt und somit bei gewöhnlichem Kindesaufenthalt in einem KSÜ-Vertragsstaat, der nicht der EU angehört, die Zuständigkeit ausschließlich nach den Normen des KSÜ zu bestimmen ist.[673] Letztlich aber ermöglichen beide Lösungen jedenfalls, dass die

---

669 2. Teil. C. II. 1 („Eingeschränkter Zuständigkeitsvorrang der EuEheVO gegenüber dem KSÜ").

670 Palandt-*Thorn* (IPR) EGBGB 21 Rn 7, w. w. N.; *Siehr* in FS Schwab, S. 1267, 1269; Art. 7 KSÜ als Restzuständigkeit i. S. v. Art. 14 EuEheVO einordnend s. a. *Hausmann* IntEuSchR B 345.

671 *Teixeira de Sousa* FamRZ 2005, 1612, 1615; Geimer/Schütze-*Geimer* EuZVR A.2 – Art. 10 VO (EG) Nr. 2201/2003 Rn 3.

672 *Andrae* IPRax 2006, 82, 84, die es sogar für „dogmatisch falsch" hält, die Anwendbarkeit von MSA und KSÜ über die Restzuständigkeit nach Art. 14 EuEheVO zu erschließen.

673 *Teixeira de Sousa* FamRZ 2005, 1612, 1615.

Zuständigkeit des bisherigen EU-Aufenthaltsstaats über Art. 7 KSÜ aufrechterhalten bleibt.[674] Beide gewährleisten auch, dass die weniger strengen Maßstäbe[675] des Art. 7 KSÜ, soweit sie sich von denen des Art. 10 EuEheVO unterscheiden, im staatsvertraglichen Verhältnis realisierbar werden und nicht einseitig von der Verordnung überfrachtet werden. Rein dogmatisch dürfte dennoch eher der zweiten Variante zu folgen sein.

c) Besonderheit des nachträglichen Wegfalls einer perpetuatio fori

Fraglich ist, ob diese Wertung auch dann gilt, wenn zum Zeitpunkt der Verlagerung des gewöhnlichen Aufenthalts in den KSÜ-Vertragsstaat bereits ein Sorgerechtsverfahren im Ursprungsmitgliedstaat lief. Möglich wäre, die Wirkung der perpetuatio fori i. S. v. Art. 8 I EuEheVO nur zwischen Mitgliedstaaten als geltend anzusehen, denn erfolgt die Entführung in einen Nichtmitgliedstaat, der vertraglich an das KSÜ gebunden ist, wird die Anwendung des Art. 8 EuEheVO durch Art. 61 lit. a EuEheVO in Frage gestellt:[676] Wenn sich nämlich der Aufenthalt des Kindes im Zufluchtsvertragsstaat zu einem gewöhnlichen verfestigt, wird fraglich, ob die perpetuatio fori im Ursprungsmitgliedstaat nach Maßgabe des Art. 8 I EuEheVO weitergelten kann, obgleich die Verordnung ihren Anwendungsvorrang gegenüber dem KSÜ verliert. Bejahendenfalls würde sich der EU-Mitgliedstaat einer Zuständigkeit bemächtigen, die im Widerspruch nicht nur zu Art. 52 II und III KSÜ, sondern auch zu Art. 61 EuEheVO stünde. Fällt die perpetuatio fori in diesem Fall dagegen weg, lässt sich zwar ein Einklang mit dem nur eingeschränkt gewollten Vorrang der Verordnung herstellen, aber es entstünde die für dieses Rechtsinstitut ungewöhnliche Situation, dass sie ihre Wirkung gerade verlöre, wenn sich die sie begründenden Tatsachen im Nachhinein ändern, obwohl ihr Sinn gerade die Aufrechterhaltung der Zuständigkeit trotz sich ändernder tatsächlicher Verhältnisse ist. Nicht zuletzt würde die kompromissweise Lösung des Verhältnisses zum KSÜ durch eine einseitig oktroyierte[677] perpetuatio fori überdehnt. Verliert das Kind seinen gewöhnlichen Aufenthalt in einem Mitgliedstaat, lässt sich die perpetuatio fori des Art. 8 I EuEheVO daher

674 I. E. ebenso *Benicke* IPRax 2013, 44, 52.

675 S. dazu unten 3. Teil. C. III. 1. a („Abschließende Aufzählungsfunktion der Zusatzbedingungen").

676 Denn Art. 61 EuEheVO besagt nicht, auf welchen Zeitpunkt es ankommt, so *Benicke* IPRax 2013, 44, 52.

677 Nach *Benicke* IRRax 2013, 44, 52 ist ohnehin kaum zu erwarten, dass in dem neuen Aufenthaltsstaat die perpetuatio fori nach der EuEheVO beachtet werde.

gegenüber dem KSÜ-Vertragsstaat nicht länger aufrechterhalten.[678] Zu folgern ist daher, dass die Behörden des Ursprungsmitgliedstaats ihre Zuständigkeit nur so lange auf Art. 8 EuEheVO stützen können, als das Kind seinen gewöhnlichen Aufenthalt noch innerhalb der EU hat. Verlagert es diesen in einen Zufluchtsvertragsstaat, fällt die perpetuatio fori dagegen nachträglich weg. Damit drängt sich die Frage auf, wie mit der Situation einer weggefallenen perpetuatio fori umzugehen ist. Auszugehen ist davon, dass dieselbe Situation eintritt, als wenn von Beginn an keine perpetuatio fori entstanden wäre. Dieser Fall ist daher gleich einer Entführung in einen KSÜ-Vertragsstaat zu behandeln, bei dem kein der Entführung vorausgehender Sorgerechtsantrag gestellt, also keine perpetuatio fori gegeben war.[679] Es kommt demzufolge auch hier zu einem Rückgriff auf Art. 7 KSÜ, entweder über Art. 14 EuEheVO oder (vorzugsweise) direkt.

d) Fehlende gegenseitige Vertragsbindung

Der vorgenannte Rückgriff auf Art 7 KSÜ erfordert eine gegenseitige vertragliche Bindung. Fraglich ist daher, wie der Fall zu behandeln ist, dass das Kind aus einem vertragsungebundenen EU-Mitgliedstaat in einen KSÜ-Vertragsstaat entführt wird, wenn es namentlich aus Belgien oder Italien[680] etwa nach Australien als KSÜ-Vertragsstaat entführt würde. Zwar fällt mit Blick auf Art. 61 lit. a EuEheVO auch hier die Anwendbarkeit der Verordnung weg, wenn der Aufenthalt im Zufluchtsvertragsstaat zu einem gewöhnlichen erstarkt, aber ein Rückgriff auf Art. 7 KSÜ wäre dem vertragsungebundenen EU-Mitgliedstaat verwehrt. Sowohl für den Entführungsmitgliedstaat als auch für den Zufluchtsvertragsstaat entsteht in einem solchen Fall die Situation, dass sie sich

---

678 So Staudinger-*Pirrung* (2009) Vorbem C 217 zu Art 19 EGBGB (unter Verweis auf *Andrae* IPRax 2006, 82, 84 f.), der die Fälle einer Zuständigkeitsvereinbarung nach Art. 12 IV EuEheVO und eines gewöhnlichen Aufenthalts in einem echten Drittstaat ausnimmt; s. a. *Hausmann* IntEuSchR B 100.

679 So i. E. wohl auch *Benicke* IPRax 2013, 44, 52, der in Bezug auf einen rechtmäßigen Aufenthaltswechsel in einen KSÜ-Vertragsstaat während des Verfahrens zur Anwendung des Art. 5 KSÜ gelangt; ebenso wohl *Holzmann,* Brüssel IIa VO, S. 164 (dabei verweisend auf *Teixeira de Sousa* FamRZ 2005, 1612, 1614), wenn sie ausführt: „Sobald ein Kind seinen gewöhnlichen Aufenthalt jedoch in einen Staat verlegt, der dem KSÜ angehört, aber einen Nichtmitgliedstaat darstellt, müssen die KSÜ-Bestimmungen zur Anwendung gelangen. Bei einem solchen Sachverhalt ist Art. 5 Abs. 2 KSÜ heranzuziehen, der eine Zuständigkeitsfortdauer ausschließt und die Gerichte am neuen Daseinsmittelpunkt des Kindes beruft."

680 Als den einzigen beiden EU-Staaten, die nicht dem KSÜ beigetreten sind, s. Beitrittstabelle im Anhang 2.

gegenseitig wie Drittstaaten behandeln müssen. Insoweit kommt es in einem solchen Fall daher zu einem Rückgriff auf das autonome nationale Recht.

Entführungsstaat	**Zielstaat**	**Anzuwendende Vorschriften**			
		Schlichter Aufenthalt in B		**Gewöhnlicher Aufenthalt in B**	
EU-Mitgliedstaat A mit Vertragsbindung		Nach Antragstellung in A	Vor Antragstellung in A	Nach Antragstellung in A	Vor Antragstellung in A
		A: Art. 8 EuEheVO	A: Art. 8 EuEheVO	A: Artt. 5 i. V. m. 7 KSÜ	A: Artt. 5 i. V. m. 7 KSÜ
EU-Mitgliedstaat A ohne Vertragsbindung	KSÜ-Vertragsstaat B	A: Art. 8 EuEheVO	A: Art. 8 EuEheVO	autonomes nationales Recht	autonomes nationales Recht

3. *Entführung in einen echten Drittstaat*

Fraglich ist außerdem, ob ein EU-Staat nach Maßgabe der EuEheVO zuständig bleibt, wenn das Kind nach einer Entführung seinen gewöhnlichen Aufenthalt in einem Drittstaat erwirbt. Weder aus dem Wortlaut der Artt. 8 EuEheVO noch aus den Vorrangregeln der Art. 52 II und III KSÜ und Art. 61 lit. a EuEheVO ist ausdrücklich zu entnehmen, ob das Land, in welches das Kind nach Anhängigkeit eines Sorgerechtsverfahrens verbracht wird, ein EU-Mitgliedstaat sein muss.[681] Wenn auch Art. 10 EuEheVO die engen Voraussetzungen für eine Zuständigkeitsverlagerung ausdrücklich für Binnenfälle regelt, ist eine Anwendung der Zuständigkeitsfortdauer auf Drittstaatenfälle damit noch nicht notwendig von vorneherein ausgeschlossen.

a) Argumente für eine Zuständigkeitsfortdauer

Vertreten wird, dass die Zuständigkeit nach Art. 8 EuEheVO aufrechterhalten bleibt, wenn das Kind seinen Aufenthalt nach Antragstellung in einen Drittstaat verlegt.[682] Diese Meinung basiert auf einem abgrenzenden Vergleich mit einer Aufenthaltsverlegung in einen KSÜ-Vertragsstaat, die – wie auch oben[683] erörtert – wegen Art. 52 II und III KSÜ i. V. m. Art. 61 lit. a EuEheVO zu einem Zuständigkeitsverlust des Mitgliedstaats führe. Begründe das Kind dagegen

681 So *Teixeira de Sousa* FamRZ 2005, 1612, 1614.

682 *Teixeira de Sousa* FamRZ 2005, 1612, 1614; ebenso *Holzmann*, Brüssel IIa VO, S. 155.

683 3. Teil. A. II. 2 („Entführung in einen KSÜ-Vertragsstaat“).

seinen neuen gewöhnlichen Aufenthalt in einem anderen Mitgliedstaat bzw. in einem echten Drittstaat, der nicht an das KSÜ gebunden sei, behalte das bereits angerufene Gericht des bisherigen Aufenthaltsmitgliedstaats gem. Art. 8 I EuEheVO seine Zuständigkeit. Gleiches gelte für Art. 10 EuEheVO: Art. 52 II und III KSÜ sowie Art. 61 lit. a EuEheVO würden nur die Anwendung des Art. 10 EuEheVO gegenüber KSÜ-Vertragsstaaten verhindern. Bei Entführung in einen echten Drittstaat bleibe Art. 10 EuEheVO dagegen anwendbar, auch wenn das Kind dort mittlerweile seinen gewöhnlichen Aufenthalt begründet habe.[684] Dieser Schluss soll sich wie schon im Rahmen des KSÜ[685] durch den in Art. 23 lit. f EuEheVO vorgesehenen Nichtanerkennungsgrund bestätigt finden:[686] Gem. Art. 23 lit. f EuEheVO blockiere eine spätere Entscheidung eines Drittstaats[687], in dem sich das Kind mittlerweile gewöhnlich aufhalte, eine zeitlich vorhergehende Entscheidung aus dem früheren Aufenthaltsmitgliedstaat. Dies impliziere, dass die Gerichte des früheren Aufenthaltsmitgliedstaats ihre Zuständigkeit nicht unbedingt behalten würden, wenn das Kind seinen neuen gewöhnlichen Aufenthalt in einem echten Drittstaat begründe, sondern davon auszugehen sei, dass der Drittstaat zuständig werden und eine eigene Entscheidung treffen könne. Wie Art. 7 KSÜ als Parallelvorschrift dieser Situation ausdrücklich Rechnung trage, indem er auch dann anzuwenden sei, wenn sich das Kind gewöhnlich in einem Nichtvertragsstaat des KSÜ aufhalte, habe auch Art. 10 EuEheVO einen ähnlichen Anwendungsbereich, wenn das aus der EU entführte Kind inzwischen seinen gewöhnlichen Aufenthalt in einem echten Drittstaat habe.[688]

b) Argumente gegen eine Zuständigkeitsfortdauer

Dem Wortlaut des Art. 10 EuEheVO könnte sich aber auch ein anderes Ergebnis entnehmen lassen: Die Wortfolge „bis das Kind seinen gewöhnlichen Aufenthalt in einem anderen Mitgliedstaat erlangt hat" stellt ausdrücklich auf eine Aufenthaltsverlagerung in einen anderen EU-Mitgliedstaat ab. Art. 10 EuEheVO

---

684 So *Teixeira de Sousa* FamRZ 2005, 1612, 1613 f.; ebenso *Holzmann*, Brüssel IIa VO, S. 155.

685 S. die Parallelvorschrift des Art. 23 II lit. e KSÜ; s. dazu oben 3. Teil. A. I. 1. b („Ausdehnung auf Nichtvertragsstaaten").

686 So *Teixeira de Sousa* FamRZ 2005, 1612, 1614.

687 Nach Art. 23 lit. f EuEheVO kann es sich auch um eine Entscheidung aus einem anderen Mitgliedstaat handeln, vgl. dazu Oberloskamp[3]-*Gruber* Vormundschaft § 5 Rn 134.

688 So *Teixeira de Sousa* FamRZ 2005, 1612, 1614.

könnte in diesem Punkt gerade nicht als Nachbau des Art. 7 KSÜ, sondern als Verzahnung damit zu verstehen sein. So wäre erklärlich, dass Art. 10 EuEheVO auf einer Aufenthaltsbegründung im Zufluchts-„Mitgliedstaat" abstellt und die Begründung des gewöhnlichen Aufenthalts in einem anderen „Staat" dem KSÜ überlässt. Art. 23 lit. f EuEheVO könnte darauf schließen lassen, dass damit gerechnet wird, dass der Drittstaat bei gewöhnlichem Aufenthalt des Kindes innerhalb seines Hoheitsgebietes die internationale Zuständigkeit für sich beansprucht und sich durch Gemeinschaftsregelungen der EU davon auch vermutlich nicht abhalten lässt. So könnte der Verordnungsgeber mit dieser Anerkennungsregel umgekehrt kenntlich gemacht haben, dass sich diese Situation nur über den Bereich der Anerkennung lösen lässt.

Gegen eine Anwendung auf Drittstaatenaufenthalte spricht auch Art. 61 lit. a EuEheVO, der dem Zuständigkeitssystem der Verordnung im Verhältnis zum KSÜ nur Geltung verschafft, solange das Kind seinen gewöhnlichen Aufenthalt in einem EU-Mitgliedstaat hat. Solange das Kind seinen gewöhnlichen Aufenthalt aber noch im ursprünglichen Aufenthaltsmitgliedstaat hat, ist auch Art. 10 EuEheVO nicht anwendbar, weil sich die Zuständigkeit dann noch aus Art. 8 I EuEheVO ergibt und Art. 10 EuEheVO erst eingreift, wenn sich der gewöhnliche Aufenthalt in den Zufluchtsstaat verlagert hat, da es sich bei dem gewöhnlichen Aufenthalt im Zufluchtsstaat nach Maßgabe des Art. 10 EuEheVO – wie oben[689] festgestellt – um ein echtes Anwendungskriterium handelt. Verlagert sich der gewöhnliche Aufenthalt aber nicht in einen anderen EU-Mitgliedstaat (dann wäre Art. 10 EuEheVO einschlägig), sondern in einen Drittstaat, entfällt der gewöhnliche Aufenthalt als Anwendungskriterium und damit auch der Vorrang der Verordnung nach Art. 61 lit. a EuEheVO.[690] Bei einer Entführung aus einem EU-Mitgliedstaat in einen Drittstaat könnte also eine Anwendung des Art. 10 EuEheVO zu verneinen sein:

c) Lösung über die Restzuständigkeit der EuEheVO

Eine Antwort gibt Art. 14 EuEheVO, der als Restzuständigkeit für Verfahren zur elterlichen Verantwortung nur eingreift, wenn sich aus den Artt. 8–13 EuEheVO

---

689 S. o. 3. Teil. A. II. 1. a („Entführung nach Antragstellung").

690 Rauscher/*Rauscher* EuZPR/EuIPR (2010) Art. 10 Brüssel IIa-VO Rn 5, der dies daher als doppelte Abgrenzung des räumlichen Anwendungsbereichs des Art. 10 EuEheVO gegenüber den Haager Übereinkommen ansieht; zustimmend Zöller-*Geimer* Anh II A EuEheVO Art. 10 Rn 4; s. a. Geimer/Schütze-*Geimer* EuZVR A.2 – Art. 10 VO (EG) Nr. 2201/2003 Rn 3; i. E. ebenso *Benicke* IPRax 2013, 44, 52, aber ohne den Umweg über Art. 14 EuEheVO.

keine sonstige Zuständigkeit eines Mitgliedstaats ergibt, also nur dann, wenn das Kind seinen gewöhnlichen Aufenthalt in einem echten Drittstaat der Verordnung hat.[691] Hat also das Kind seinen gewöhnlichen Aufenthalt noch in einem EU-Mitgliedstaat, kommt es zur Anwendung des Art. 8 I EuEheVO. Hält sich aber das Kind mittlerweile gewöhnlich in einem echten Drittstaat auf, verweist Art. 14 EuEheVO auf das nationale Zuständigkeitsrecht des jeweils betroffenen EU-Staats, das wiederum zur Anwendung staatsvertraglicher Regelungen, bei KSÜ-Berührung etwa zu Art. 7 KSÜ, führen kann.[692] Für die Sorgerechtszuständigkeit bedeutet das, dass es im Verhältnis zu echten Drittstaaten ohne KSÜ- oder EU-Bindung, die aber dem HKÜ angehören, bei der Anwendung des Art. 16 HKÜ bleibt,[693] d. h. dann gilt die Sperrwirkung des Art. 16 HKÜ, die gegenüber den Bedingungen der modernen Zuständigkeitsregeln der EuEheVO und des KSÜ deutlich leichter zu überwinden ist. Wegen der Zugehörigkeit Deutschlands sowohl zur EU als auch zum KSÜ ist eine Anwendung des innerstaatlichen § 99 I FamFG[694] noch denkbar in den Konstruktionen der Nr. 1, wenn ein Kind, das die deutsche Staatsangehörigkeit besitzt, aus einem echten Drittstaat (bei einer Entführung aus Deutschland gälte, wie oben[695] festgestellt, Art. 7 KSÜ) in einen anderen echten Drittstatt entführt wird, wie auch der Nr. 2, wenn ein nach seinem Heimatrecht noch minderjähriges, aber nach deutschem Recht bereits volljähriges Kind seinen gewöhnlichen Aufenthalt im Inland hat.[696]

---

691 MüKoFamFG-*Gottwald* Brüssel IIa-VO Art. 14 Rn 1 f., m. w. N. S. a. oben 3. Teil. A. II. 2. b („Rückgriff auf das KSÜ"). Im Anwendungsbereich des KSÜ dagegen, das eine dem Art. 14 EuEheVO entsprechende Regelung nicht kenne, „bestimmt sich die (Un-)Zuständigkeit allein nach dem KSÜ" so *Andrae* IPRax 2006, 82, 83.

692 So *Teixeira de Sousa* FamRZ 2005, 1612, 1615; s. a. MüKoFamFG-*Gottwald* Brüssel IIa-VO Art. 14 Rn 1 ff.; *Andrae* IPRax 2006, 82, 84; Thomas/Putzo-*Hüßtege* Art. 10 EuEheVO Rn 1; NK-BGB/*Gruber* Anh. I zum III. Abschn. EGBGB Art. 10 EuEheVO 2003 Rn 11; i. E. ebenso *Benicke* IPRax 2013, 44, 52; MüKoBGB[5]-*Siehr* Art. 21 EGBGB Anh. I EheVO II Rn 89; Rauscher/*Rauscher* EuZPR/EuIPR (2010) Art. 10 Brüssel IIa-VO Rn 5; Geimer/Schütze-*Geimer* EuZVR A.2 – Art. 10 VO (EG) Nr. 2201/2003 Rn 3. S. zum Fall der KSÜ-Bindung auch oben 3. Teil. A. II. 2. b („Rückgriff auf das KSÜ").

693 So *Rieck* NJW 2008, 182 183 f. Zur dogmatischen Begründung dieser Auffassung s. o. 2. Teil. A. II. 2. c („Anwendung des HKÜ im Verhältnis zur EuEheVO").

694 Früher: §§ 43 I, 35b II FGG.

695 3. Teil. A. I. 1. b („Ausdehnung auf Nichtvertragsstaaten").

696 So Zöller-*Geimer* Anh II A EuEheVO Art. 8 Rn 1; Staudinger-*Henrich* (2008) Art. 21 EGBGB Rn 145 noch zum FGG; *Henrich* IntFamR, S. 277 noch zum FGG; s. a. *Hausmann* IntEuSchR B 100 und 456 ff.

Entführungsstaat	Zielstaat	Anzuwendende Vorschriften			
		Schlichter Aufenthalt in B		**Gewöhnlicher Aufenthalt in B**	
EU-Mitgliedstaat A	Drittstaat B	Nach Antragstellung in A	Vor Antragstellung in A	Nach Antragstellung in A	Vor Antragstellung in A
		A: Art. 8 EuEheVO	A: Art. 8 EuEheVO	Art. 14 EuEheVO i. V. m. autonomem nationalem Recht (§ 99 FamFG)	Art. 14 EuEheVO i. V. m. autonomem nationalem Recht (§ 99 FamFG)

III. Entführung aus einem (HKÜ-)Drittstaat

1. Aus dem HKÜ bekannte Problemstellung

Für die räumliche Weite der Zuständigkeitsvorschriften ist schon nach ihrem Wortlaut davon auszugehen, dass Art. 7 I KSÜ auf Entführungen aus einem Vertragsstaat und Art. 10 EuEheVO auf Entführungen aus einem Mitgliedstaat anzuwenden sind. Eine Fortsetzung der Sorgerechtszuständigkeit ist somit nur für die Vertrags- bzw. Mitgliedstaaten vorgesehen. Der Erhalt der bisherigen Sorgerechtszuständigkeit eines Drittstaats wird dagegen nicht geschützt, was auf das mangelnde Vertrauen zurückzuführen sein dürfte, das gegenüber Staaten besteht, die sich dem Beitritt zu familienrechtlichen Staatsverträgen verschließen oder der Gemeinschaft nicht angehören. Es könnte allerdings ein gewisses, auch praktisches Bedürfnis bestehen, Drittstaaten, die wenigstens dem HKÜ beigetreten sind, die Wertung fortgesetzter Zuständigkeit analog zukommen zu lassen, auch wenn sie nicht dem KSÜ oder der EU angehören.

Die Frage einer (analogen) Anwendbarkeit auf Nichtvertragsstaaten wird schon für das HKÜ selbst aufgeworfen.[697] Wie aus dem Wortlaut des Art. 4 HKÜ ersichtlich, erfasst das HKÜ zwar keine Entführungen aus Nichtvertragsstaaten, um Staaten, die sich seiner Bindung nicht unterwerfen, auch nicht an seinem Schutzbereich teilhaben zu lassen, dennoch sehen sich Staaten des angloamerikanischen Rechtskreises teilweise hierdurch nicht gehindert, das HKÜ mit Blick auf Art. 2 HKÜ auch auf Entführungen aus Nichtvertragsstaaten anzuwenden

697 S. die eingehende Diskussion bei *Haß*, S. 53 ff.

mit der Möglichkeit der Rückführung in Drittstaaten.[698] Dabei geht die englische Rechtsprechung von dem Grundsatz aus, dass ein Kind grundsätzlich dorthin zurückgeführt werden müsse, wo sein gewöhnlicher Aufenthalt liege, damit die sachnahen Behörden die sorgerechtlichen Entscheidungen treffen können.[699] Die englischen Gerichte wenden hier das sog. Prinzip des freundlichen Entgegenkommens („principle of comity“) an, berücksichtigend, ob im anschließenden Sorgerechtsprozess nach Grundsätzen vorgegangen werde, die denen der lex fori entsprechen.[700] Eine solche Vorgehensweise wird aus deutscher Sicht bislang abgelehnt:[701] Völkervertragliche Pflichten beruhen auf dem Grundsatz der Gegenseitigkeit, auch um sicherzustellen, dass Vertrauen in die Rechtsordnung des anderen Staats zugrunde gelegt werden kann, an dem es aber gegenüber einem Nichtvertragsstaat des HKÜ mangeln könnte, dessen Standards in Bezug auf die Beachtung von Kindeswohl und Elternrechten unsicher bzw. religiös bedingt sein könnten.[702] So wird für eher wahrscheinlich gehalten, dass der innenpolitische Druck auf die Regierungen der Nichtvertragsstaaten, dem HKÜ beizutreten, stärker werde, wenn den Antragstellern aus den Nichtvertragsstaaten die Stattgabe ihres Antrags von Vertragsstaaten konsequent versagt werde.[703] Die Entführung aus einem Nichtvertragsstaat des HKÜ wird aus deutscher Sicht stattdessen als offenkundiger Mangel nach Art. 27 HKÜ angesehen, der von vorneherein das Bundesamt für Justiz in Bonn als Zentraler Behörde zu einer Ablehnung der Bearbeitung berechtige.[704] In einem solchen Fall ist daher stattdessen auf autonomes Recht zurückzugreifen. So lässt sich dem angewandten

---

698 Vgl. MüKoBGB[5]-*Siehr* Art. 21 EGBGB Anh. II HEntfÜ Rn 2 Fn 2, m. w. N.; *Haß*, S. 54 f. m. w. N.; s. a. *Schweppe*, Kindesentführungen und Kindesinteressen, S. 110 f., m. w. N. S. a. oben 1. Teil. A. IV („Haager Kindesentführungsübereinkommen von 1980“).

699 *Ehrle*, S. 58 f., m. w. N., allerdings mit dem einschränkenden Hinweis, dass aber auch dort eine Rückführung in einen Drittstaat nicht mehr in Frage komme, wenn der ersuchende Elternteil selbst nicht mehr im Entführungsstaat lebe.

700 *Ehrle*, S. 59 f., m. w. N.

701 S. *Schulz* IPRax 2002, 201, 206 mit Fn 26.

702 Vgl. *Haß*, S. 54; MüKoBGB[5]-*Siehr* Art. 21 EGBGB Anh. II HEntfÜ Rn 2 Fn 2. S. zu religiös bedingten Erwägungen in Sorgerechtsangelegenheiten ausführlich *Bruch* DEuFamR 1999, 40, 43 ff.

703 So *Haß*, S. 55 mit dortigem Nachweis.

704 Vgl. *Bach* FamRZ 1997, 1051, 1052. Das Bundesamt für Justiz in Bonn ist seit 1.1.1007 Zentrale Behörde, s. MüKoFamFG-*Gottwald* Brüssel II a-VO Art. 11 Rn 9; vgl. dazu auch *Wagner* IPRax 2007, 87.

autonomen Recht des anderen Staates eine souveräne Rechtssituation entgegensetzen.[705]

2. *Lösung für die Entführungszuständigkeiten*

Denkbar wäre, zumindest Staaten, die zwar nicht der EU oder dem KSÜ, aber dem HKÜ angehören - z. B. USA und Neuseeland - eine analoge Fortsetzung der Sorgerechtszuständigkeit zuzugestehen. Dafür spräche schon Art. 16 HKÜ, der letztlich dasselbe Ziel einer Sperrwirkung verfolgt wie die modernen Entführungszuständigkeiten. Argument hierfür wäre auch die Verzahnung des KSÜ und der EuEheVO mit dem HKÜ-Rückführungsverfahren, s. Art. 7 I lit. b KSÜ und Art. 10 lit. b) Ziff. i und ii EuEheVO. Angesichts des großen räumlichen Deckungsbereichs des HKÜ drängt sich hier aber die Frage gegenseitigen Vertrauens in die jeweiligen Rechtsordnungen auf: Staaten, die dem HKÜ beigetreten sind, werden sich nicht notwendigerweise auch dem KSÜ unterwerfen. Es bestünde die Gefahr eines außerordentlich großen Raumes, bei dem die Beitrittssituation auseinanderfällt, und damit einer großen Rechtsunsicherheit. Dem auf bloß summarischer Prüfung beruhenden HKÜ-System, das die vollständige Kindeswohlprüfung dem bisherigen Aufenthaltsstaat vorbehält, sollte konsequenterweise ein enger räumlicher Geltungsbereich des KSÜ und der EuEheVO gegenüberstehen und keine überobligationsmäßige Anwendung auf unwägbar viele weitere Staaten bloß wegen deren HKÜ-Zugehörigkeit. Außerdem ist der Wortlaut der Regelungen so eindeutig, dass ein diesen überschreitender Anwendungsbereich weder vom KSÜ noch von der Verordnung als intendiert angesehen werden kann.

Bei einer Entführung aus einem echten (auch HKÜ-)Drittstaat in den räumlichen Anwendungsbereich des KSÜ oder der EuEheVO kommen diese Regelungswerke daher nur nach Maßgabe ihrer allgemeinen Vorschriften in Abhängigkeit von der Aufenthaltslage des Kindes zur Anwendung. Für eine Anwendung von Art. 5 KSÜ und Art. 8 EuEheVO wird es im Zielstaat in der Regel zunächst an einem innerstaatlichen gewöhnlichen Aufenthalt fehlen. In dieser Zeit können die Behörden der KSÜ-Vertragsstaaten aber nicht nach Art. 6 KSÜ vorgehen, da weder politische Flucht noch Nichtfeststellbarkeit des gewöhnlichen Aufenthalts gegeben sein werden.[706] Die internationale Sorgerechtszuständigkeit richtet sich in diesem Fall zunächst nach dem autonomen nationalen Recht des Zielstaats

705 S. a. *Finger* FamRBint 2011, 80 f.

706 S. u. 3. Teil. D. III („Kein feststellbarer Aufenthalt").

in Abhängigkeit von dessen staatsvertraglichen Bindungen.[707] Erlaubt wäre bei staatsvertraglicher Bindung des Zufluchtsmitgliedstaats insoweit vorerst die Anordnung von Dringlichkeitsmaßnahmen[708] nach Art. 11 KSÜ, um notwendige Maßnahmen, etwa auch Eilmaßnahmen zur Rückführung treffen zu können.[709] Erstarkt der Aufenthalt im Zufluchtsvertrags- bzw. -mitgliedstaat zu einem gewöhnlichen, werden die Behörden nach den allgemeinen Regeln der Art. 5 KSÜ und Art. 8 EuEheVO zuständig.[710] Im Verhältnis zu Drittstaaten also kommt es zu dem Ergebnis, wie es auch beim MSA möglich war, dass nämlich die Aufenthaltsverfestigung im Zufluchtsstaat mit einer inländischen Zuständigkeit belohnt wird. In diesem Fall ist dies aber im Hinblick auf möglichen Vertrauensmangel gegenüber den Verfahrensstandards und der oft unbekannten dortigen Rechtssituation hinzunehmen bzw. kann dies gar zum Schutz des von dort weggebrachten Kindes im Individualfall geboten sein.

Entführungsstaat	**Zielstaat**	**Anzuwendende Vorschriften**	
		Schlichter Aufenthalt in B	**Gewöhnlicher Aufenthalt in B**
Drittstaat A	Mitgliedstaat B	A: autonomes nationales Recht	B: Art. 8 I EuEheVO
	KSÜ-Vertragsstaat B	A: autonomes nationales Recht	B: Art. 5 KSÜ

IV. Ergebnis

Bezugnehmend auf die Ausgangsfrage,[711] welche Bedeutung die Anknüpfung der modernen Entführungszuständigkeiten an den gewöhnlichen Aufenthalt hat, lässt sich im Ergebnis feststellen, dass Art. 10 EuEheVO nur zur Anwendung

707 Vgl. MüKoBGB[5]-*Siehr* Art. 21 EGBGB Anh. I EheVO II Rn 14; i. E. ebenso *Henrich* IntSchR (2012) Rn 304; *Puszkajler* IPRax 2001, 81, 83 noch zum Verhältnis der EheVO 2000 zum MSA am Beispiel der Türkei und der USA.

708 Vgl. *Andrae,* Internationales Familienrecht[3] § 6 Rn 266; S. zu Art. 11 KSÜ ausführlich unten 3. Teil. D. I. 1 („Korrektiv im Rahmen des KSÜ").

709 So *Andrae,* Internationales Familienrecht[3] § 6 Rn 264; bereits *dies.,* Internationales Familienrecht[2] § 6 Rn 247; *dies.* IPRax 2006, 82, 87, m. w. N., die der Auffassung ist, dass sich darauf auch die Rückführungsanordnung stützen lasse. Besonders auf Maßnahmen gegen rückgabeunterlaufendes Verhalten abstellend s. schließlich *dies.,* Internationales Familienrecht[3] § 6 Rn 239. Vgl. dazu unten 3. Teil. D. I. 2 („Restriktive Anwendung im Rahmen der EuEheVO").

710 So zur EuEheVO MüKoBGB[5]-*Siehr* Art. 21 EGBGB Anh. I EheVO II Rn 89.

711 S. o. 3. Teil. A („Räumliche Weite der Entführungszuständigkeiten").

gelangt, wenn das entführte Kind seinen gewöhnlichen Aufenthalt im Zufluchtsstaat erwirbt, während die Anwendung der Parallelvorschrift des Art. 7 KSÜ von einem Wegfall des bisherigen gewöhnlichen Aufenthalts im Herkunftsstaat abhängt. Der gegenwärtige gewöhnliche Aufenthalt stellt somit im Rahmen des Art. 10 EuEheVO eine Anwendbarkeitsvoraussetzung dar, wohingegen die Begründung des neuen gewöhnlichen Aufenthalts im Zielstaat im Rahmen des Art. 7 KSÜ eine erste Tatbestandsvoraussetzung für die Verlagerung der Sorgerechtszuständigkeit in den Zufluchtsstaat bildet. Die darüber hinausgehenden Bedingungen, die vorliegen müssen, damit es trotz der Kindesentführung zu einer Sorgerechtszuständigkeit im ersuchten Staat kommen kann, sind jedenfalls als (im Rahmen des Art. 7 KSÜ: weitere) Tatbestandsvoraussetzungen des Zuständigkeitswechsels, nicht als Anwendungsvoraussetzungen zu qualifizieren. Sie dienen gerade nicht dazu, die Anwendung der Zuständigkeitsfortdauer zu untermauern, sondern bei bereits gegebener Anwendbarkeit der Zuständigkeitsfortdauer die engen Grenzen dieser Zuständigkeitsfortdauer zu bestimmen. Die in Art 10 lit. a und b EuEheVO bzw. Art. 7 I lit. a und b KSÜ aufgeführten zusätzlichen Bedingungen für eine Zuständigkeitsverlagerung in den Zufluchtsstaat betreffen daher nicht den Anwendungsbereich.[712] Damit korrespondiert auch die negative Fassung dieser Vorschriften, die eine Zuständigkeitsbegründung der Behörden des Zufluchtsstaats erst zulassen, wenn die Grenzen der fortgesetzten Zuständigkeit zum Tragen kommen.[713] Der Zufluchtsstaat darf daher im Anwendungsbereich von Art. 7 KSÜ bzw. Art. 10 EuEheVO eine Sorgerechtszuständigkeit nicht beanspruchen, solange die speziellen Zusatzbedingungen nicht erfüllt sind, was auf eine Sperrwirkung hinausläuft, wie sie schon in Art. 16 HKÜ vorgesehen ist.[714]

B. Bestimmung des gewöhnlichen Aufenthalts

Da die Entführungsregelungen sowohl des traditionellen HKÜ als auch des KSÜ und der EuEheVO an den gewöhnlichen Aufenthalt des betroffenen Kindes anknüpfen, gilt es, diesen Begriff, insbesondere bei rechtswidriger Verbringung bzw. Zurückhaltung, zu bestimmen:

---

712 S. PalArch/*Thorn* I. C. 3 HKEntfÜ Rn 28 zum Verhältnis zum HKÜ.

713 *Coester-Waltjen* FamRZ 2005, 241, 245.

714 *Pirrung* in FS Rolland, S. 277, 282; *ders.* IPRax 2002, 197, 198; *Rieck* NJW 2008, 182 183 f.; s. a. OGH IPRax 2011, 408 f.; dazu bestätigend *Janzen/Gärtner* IPRax 2011, 412, 413.

I. Verzicht auf eine autonome Legaldefinition

Trotz seiner grundlegenden Bedeutung schon für das MSA wie auch das HKÜ fand der Begriff des gewöhnlichen Aufenthalts niemals Eingang in eine autonome Legaldefinition, so dass die nationalen Gerichte in Ermangelung einer einheitlichen Regelung die Grundsätze ihres autonomen nationalen Rechts einfließen lassen konnten.[715] Zur Auslegung dieses Begriffs liegt daher eine jahrzehntelange umfangreiche Rechtsprechung der verschiedenen Vertragsstaaten vor, wobei schon mit dem MSA die Auslegung autonom zu erfolgen hatte.[716] Nach *Geimer* führte der Mangel einer dem EuGH vergleichbaren Auslegungsinstanz für die Haager Abkommen dazu, dass die nationalen Gerichte den Begriff des gewöhnlichen Aufenthalts verschieden abgrenzten: Während der BGH ausschließlich auf tatsächliche Umstände wie den Schwerpunkt der Bindungen und den Daseinsmittelpunkt des Kindes abstelle, ohne dass es auf den Willen des Betroffenen, den Aufenthaltsort zum Daseinsmittelpunkt zu machen, ankomme, werde im anglo-amerikanischen Rechtskreis vorrangig auf den subjektiven Willen, den eine Person im Hinblick auf ihren gewöhnlichen Aufenthalt habe, abgestellt.[717]

Während der Ausarbeitung des KSÜ wurden daher verschiedene Kriterien zur Bestimmung des Begriffs diskutiert, etwa die Festlegung einer bestimmten Zeitdauer, die aber Probleme für einen sofortigen Wechsel des gewöhnlichen Aufenthalts bei einem rechtmäßigen Umzug mit sich gebracht hätte, und um mit einer nachträglichen autonomen Definition dieses Begriffs in dem neuen Abkommen keine Unsicherheit in die bereits verfestigte Auslegung der bestehenden Abkommen zu bringen, legte sich die Haager Kommission letztendlich

---

715 *Kropholler* MSA, S. 64 f.; s. a. *Krah*, S. 141 f.

716 Staudinger-*Kropholler* (2003) Vorbem zu Art 19 EGBGB Rn 132; *Kropholler* MSA, S. 58; *Oberloskamp* MSA Art. 1 Rn 120; s. a. Nachweise bei MüKoBGB^3-*Siehr* Art. 19 EGBGB Anh. I MSA Rn 23 ff.

717 *Geimer* IZPR Rn 301 Fn 803, m. w. N.; s. a. OLG Frankfurt a. M. FamRZ 2006, 883, m. w. N.; *Holl* IPRax 2000, 238, 239; auf bloß objektive Umstände abstellend dagegen der London High Court v. 4.2.2005 – Re D (Abduction: Habitual Residence), vgl. *Baetge* IPRax 2006, 313, 315. In Abgrenzung zum Begriff des Domizils als räumlicher Schwerpunkt der gesamten Lebensverhältnisse ist laut *Krah* beim gewöhnlichen Aufenthalt der Wille, sich an einem Ort dauerhaft niederzulassen (animus manendi), nicht entscheidend; letzterer lasse im Gegensatz zum Wohnsitzbegriff eine von nationalen Rechtsordnungen unabhängige autonome Auslegung zu, die für alle Übereinkommen gleichermaßen gelte, s. *Krah*, S. 141 f., m. w. N.

auf keine legaldefinierende Bestimmung des Begriffs fest.[718] Ebenso wenig wurde mit der EuEheVO die Gelegenheit ergriffen, den Begriff europaweit zu vereinheitlichen. Auch hier wird vermieden, durch eine selbstständige EU-Regelung die bisher entwickelte Rechtsprechung in Frage zu stellen bzw. neue Auslegungsprobleme zu schaffen. Bei Auslegung des Begriffs sind daher die bislang zu MSA und HKÜ entwickelten Grundsätze und Auslegungsmaßstäbe heranzuziehen.[719]

II. Allgemeine Auslegungsmaßstäbe des MSA

Die Auslegung des Begriffs des gewöhnlichen Aufenthalts nach inländischer Rechtsprechung basiert nach *Oberloskamp* auf traditionellen Auslegungsmaßstäben: Während das Wort „Aufenthalt" eine zumindest zeitweilige physische Anwesenheit erfordere, impliziere das Wort „gewöhnlich" im Gegensatz zum schlichten, nur vorübergehenden Aufenthalt eine gewisse Dauer und Regelmäßigkeit des Verweilens. Die Entstehungsgeschichte des MSA sei Auslegungshilfe dahingehend, dass zumindest nach innerstaatlichen Vorstellungen ein normativer (abgeleiteter bzw. gesetzlicher) gewöhnlicher Aufenthalt nicht gewollt sei, sondern das Abstellen auf die tatsächlichen Verhältnisse des Kindes. Die Systematik wiederum verlange, dass der Begriff des gewöhnlichen Aufenthalts ebenso wie in den anderen Haager Kindschaftsabkommen ausgelegt werde. Entscheidend schließlich sei der Zweck des MSA, ausländische Minderjährige nicht schlechter zu stellen als inländische und ihnen dort Schutz zuteilwerden zu lassen, wo ihre Situation am sachkundigsten eingeschätzt werden könne.[720] Unter dem gewöhnlichen Aufenthalt i. S. d. MSA ist somit der Ort zu verstehen, an dem der Minderjährige den Mittelpunkt seiner Lebensführung und den Schwerpunkt der sozialen Bindungen, d. h. seinen tatsächlichen Daseinsmittelpunkt hat. Erforderlich sind ein Aufenthalt von gewisser Dauer und eine Einbindung in die Umwelt in familiärer sowie schulischer oder beruflicher Hinsicht.[721] Eine Ableitung des gewöhnlichen Aufenthalts des Minderjährigen von Eltern wie z. B. bei dem an subjektive Momente anknüpfenden gesetzlichen Wohnsitz gem. § 11

---

718 Vgl. *Krah,* S. 143 ff., m. w. N.; *Pirrung* in FS Rolland, S. 277, 281; *ders.* IPRax 2011, 50, 53; *Roth/Döring* JBl 1999, 758, 761, m. w. N.; *Siehr* RabelsZ 62 (1998) 464, 478; *ders.* DEuFamR 2000, 125, 128, m. w. N.

719 S. *Fleige,* S. 211 ff., m. w. N.; s. a. NK-BGB/*Gruber* Anh. I zum III. Abschn. EGBGB Art. 3 EheVO 2003 Rn 11 und Art. 8 EheVO 2003 Rn 1; *Looschelders* JR 2006, 45, 46.

720 So *Oberloskamp* MSA Art. 1 Rn 121.

721 PalArch/*Thorn* I. C. 2 MSA Rn 10; *Boelck,* S. 7 f.; s. etwa OLG Düsseldorf FamRZ 1994, 107.

BGB findet nach inländischer Rechtsprechung dagegen nicht statt.[722] Bei dem häufigen Abstellen auf eine Dauer von sechs Monaten für das Erstarken eines rein tatsächlichen Aufenthalts zu einem gewöhnlichen Aufenthalt handelt es sich um eine bloße Faustformel; insbesondere kann das jeweilige Alter unterschiedliche Zeiträume voraussetzen, und der gewöhnliche Aufenthalt wird auch ohne Ablauf einer Zeitdauer – regelmäßig anlässlich eines Umzugs[723] – sofort beim Eintreffen begründet, wenn sich aus den Umständen ergibt, dass der neue Aufenthalt voraussichtlich auf eine längere Zeitdauer angelegt ist und künftig den Daseinsmittelpunkt bilden soll. Beim Minderjährigen entscheidet hierbei der Wille[724] (animus manendi) desjenigen, dem das (alleinige) Aufenthaltsbestimmungsrecht zusteht.[725]

III. Auslegungsmaßstäbe bei fraudulösem Aufenthaltswechsel

1. Auslegung im Rahmen des MSA

Schon bei der Erarbeitung des MSA war umstritten, wie der gewöhnliche Aufenthalt bei unrechtmäßigem Aufenthaltswechsel zu bestimmen sei: Zwar bestand gegenüber einem Zuständigkeitswechsel in Fällen fraudulösen Aufenthaltswechsels eine eher ablehnende Haltung; in Fällen längeren Aufenthalts des entführten Kindes im neuen Aufenthaltsstaat erschien ein Zuständigkeitswechsel aber zwecks Sachnähe und Schutzbedürftigkeit des Minderjährigen an seinem tatsächlichen Aufenthaltsort geboten.[726] Während etwa die englische Rechtsprechung auf den einer Aufenthaltsbegründung entgegenstehenden Willen des (anderen) Bestimmungsberechtigten abstellt,[727] kommt es innerstaatlich allein auf die tatsächlichen

---

722 Staudinger-*Kropholler* (2003) Vorbem zu Art 19 EGBGB Rn 153; MüKoBGB³-*Siehr* Art. 19 Anh I MSA Rn 24; BGH FamRZ 1981, 135; 1997, 1070.

723 MüKoBGB³-*Siehr* Art. 19 Anh I MSA Rn 24, m. w. N., noch zum MSA; MüKoBGB⁵-*Siehr* Art. 21 EGBGB Anh. I EheVO II Rn 30 zur EuEheVO.

724 Denn der Bleibewille ist laut *Tödter* zwar zur Begründung des gewöhnlichen Aufenthalts nicht nötig, könne aber dann bestimmend sein, wenn sich aus den Umständen ergebe, dass der Aufenthalt auf längere Dauer angelegt sei und an die Stelle des bisherigen Daseinsmittelpunktes treten solle, so *Tödter*, S. 40, m. w. N.

725 BGH FamRZ 1981, 135; 2002, 1182; Staudinger-*Kropholler* (2003) Vorbem zu Art 19 EGBGB Rn 141 ff.; PalArch/*Thorn* I. C. 2 MSA Rn 10 f., m. w. N.; *Boelck*, S. 8; *Kropholler* MSA, S. 62 f.; *Oberloskamp* MSA Art. 1 Rn 122; MüKoBGB³-*Siehr* Art. 19 Anh I MSA Rn 24, m. w. N.

726 Staudinger-*Kropholler* (2003) Vorbem zu Art 19 EGBGB Rn 415 ff.; *Boelck*, S. 39 ff.

727 Vgl. Nachweise bei *Holl* IPRax 2000, 238, 239.

Verhältnisse an.[728] Im Anschluss an jahrelange fachgerichtliche Rechtsprechung bestätigte der BGH[729] schließlich grundlegend, dass in Entführungsfällen die allgemeinen Kriterien zur Bestimmung des gewöhnlichen Aufenthalts anzuwenden seien. In Ermangelung eines alleinigen Aufenthaltsbestimmungsrechts des entführenden Elternteils werde zwar nicht sofort mit der Verbringung ins Ausland ein neuer gewöhnlicher Aufenthalt im Zufluchtsstaat begründet; ein gewöhnlicher Aufenthalt sei dort aber dann nicht mehr zu verneinen, wenn tatsächlich der Aufenthalt über einen längeren Zeitraum bestanden habe und eine soziale Integration[730] des Kindes erfolgt sei. Hierbei sei eine sorgfältige Abwägung vorzunehmen, bei der das Kindeswohl und nicht eine Bestrafung des unrechtmäßig handelnden Elternteils maßgeblich sei. Abzulehnen sei eine Interpretation des gewöhnlichen Aufenthalts unter rein normativen Aspekten wie der Eigenmächtigkeit des entführenden Elternteils.[731]

2. *Auslegung im Rahmen des HKÜ*

a) Erleichterungen bei Gegen- und Rückentführungen

Grundsätzlich hat auch die Auslegung des Begriffs des (hier: bisherigen) gewöhnlichen Aufenthalts wie bei den anderen Haager Abkommen autonom und international einheitlich zu erfolgen.[732] Vertreten wird, dass das HKÜ Eigenmächtigkeiten und Selbsthilfe des beraubten Sorgeberechtigten verhindern wolle, im Rahmen des HKÜ deshalb „an die Begründung eines gewöhnlichen Aufenthalts nicht die gleichen strengen Anforderungen“ wie beim MSA gestellt werden sollten, sondern im Ursprungsstaat „eher“ ein gewöhnlicher Aufenthalt anzunehmen

---

728 MüKoBGB[5]-*Siehr* Art. 21 EGBGB Anh. I Rn 30 und 33, m. w. N.

729 BGH FamRZ 1981, 135 ff.; Entscheidungszusammenfassung entnommen aus Staudinger-*Kropholler* (2003) Vorbem zu Art 19 EGBGB Rn 143 und 423 f.; s. in der Folge auch OLG Hamm FamRZ 1991, 1346, 1347.

730 Dieser Begriff ist hier nicht i. S. einer vollen Integration im Maßstab eines Einlebens zu verstehen, s. u. 3. Teil. C. B. II. 1 („Abgrenzung vom gewöhnlichen Aufenthalt“). Die Trennung der Begriffe des gewöhnlichen Aufenthalts und des Einlebens mit unterschiedlichen Rechtsfolgen lässt den Schluss zu, dass zur Begründung eines gewöhnlichen Aufenthalts nach tatsächlichen Kriterien ein vollständiges Einleben des Kindes auch weiterhin nicht erforderlich ist, vgl. *Coester-Waltjen* FamRZ 2005, 241, 245 Fn 27.

731 So die Entscheidungszusammenfassung durch Staudinger-*Kropholler* (2003) Vorbem zu Art 19 EGBGB Rn 143 und 423 f.; zum Aspekt der Eigenmacht s. *Oberloskamp* MSA Art. 1 Rn 131 ff., m. w. N.

732 OLG Frankfurt a. M. FamRZ 2006, 883, 884, m. w. N.

sei.[733] Demgegenüber führt aber ein von den Aufenthaltsbestimmungsberechtigten, d. h. zumeist von beiden Elternteilen gemeinschaftlich geplanter und durchgeführter einvernehmlicher und damit rechtmäßiger Umzug – wie oben[734] ausgeführt – ohnehin regelmäßig zu einer sofortigen Aufenthaltsbegründung.[735] Bis zum Zeitpunkt einer eigenmächtigen Kindesverbringung dürfte ein Bedarf für vereinfachte Auslegungsmaßstäbe im Rahmen des HKÜ daher nicht bestehen. Sollte ein solcher Umzug umständehalber hingegen noch keine tatsächliche Begründung des gewöhnlichen Kindesaufenthalts nach sich gezogen haben, erscheint auch gerechtfertigt, einen gewöhnlichen Aufenthalt am derzeitigen neuen Aufenthaltsort vorerst zu verneinen.

Unklarheiten ergeben sich beim HKÜ, das an den bisherigen gewöhnlichen Aufenthalt des Kindes anknüpft (Art. 4 Satz 1 HKÜ), aber im Fall von Gegen- und Rückentführungen: Ein „bisheriger" gewöhnlicher Aufenthalt im Zufluchtsstaat der Erstentführung ist angesichts der Schnelligkeit, mit der HKÜ-Verfahren durchzuführen sind, nur selten zu bejahen, mit der Folge, dass eine Rückführung dorthin auf der Basis des HKÜ nicht möglich wäre. Bei einer Zweitentführung könnten daher die vorgenannten erleichterten Anwendungsmaßstäbe[736] geboten sein. Im Fall Lancelin ./. Tiemann etwa hatte das OLG Celle die Begründung des gewöhnlichen Aufenthalts in Frankreich und die Herausgabe dorthin bejaht, ohne zu erörtern, dass dieser wiederum auf einer Erstentführung der Kinder durch die Mutter nach Frankreich beruhte.[737] Bei erleichterter Auslegung stünde die Rückentführung gegenüber der Erstentführung rechtlich schlechter, obwohl auf diesem Wege – wenn auch unter Anwendung rechtswidriger Selbsthilfe – an sich der Status quo ante wiederhergestellt wird, den das HKÜ normativ erreichen will, nämlich dass das Kind in seinen ersten ursprünglichen Aufenthaltsstaat zurückgebracht wird. Dass aber das HKÜ basierend auf einer einfacheren Auf-

---

733 So noch MüKoBGB^4-*Siehr* Art. 21 EGBGB Anh. II HEntfÜ Rn 33 unter Verweis auf Rechtsprechung aus dem anglo-amerikanischen Rechtskreis. S. demgegenüber MüKoBGB^5-*Siehr* Art. 21 EGBGB Anh. II HEntfÜ Rn 33, m. w. N., auf dieselben strengen Maßstäbe des MSA und der EuEheVO abstellend. Gemeint ist an beiden Stellen wohl in erster Linie, dass auch die Verbringung von einem neu gegründeten Familienwohnsitz durch das HKÜ abgedeckt sein solle, s. MüKoBGB^4-*Siehr* Art. 21 EGBGB Anh. II HEntfÜ Rn 33 Fn 46 sowie MüKoBGB^5-*Siehr* Art. 21 EGBGB Anh. II HEntfÜ Rn 33 Fn 55.

734 3. Teil. B. II („Allgemeine Auslegungsmaßstäbe des MSA").

735 S. MüKoBGB^3-*Siehr* Art. 19 Anh I MSA Rn 24, m. w. N., noch zum MSA; MüKoBGB^5-*Siehr* Art. 21 EGBGB Anh. I EheVO II Rn 30, zur EuEheVO.

736 MüKoBGB^4-*Siehr* Art. 21 EGBGB Anh. II HEntfÜ Rn 33, m. w. N.

737 So *Schulz* FamRZ 2003, 336, 344 unter Verweis auf OLG Celle FF 1999, 97.

enthaltsbegründung in einem solchen Fall zum gegenteiligen Ergebnis, nämlich zu einer Rückführung in den Zufluchtsstaat der Erstentführung bzw. Ursprungsstaat der Zweitentführung führen könnte, erscheint systemwidrig. Gegen eine solche vereinfachte Anwendung des HKÜ spricht auch der Gesichtspunkt der Vermeidung von weiteren das Kind belastenden Hin- und Rückführungen: Nach einer Erstentführung in den Erstzufluchtsstaat und einer Zweitentführung in den Ursprungsaufenthaltsstaat das Kind in den Erstzufluchtsstaat zurückzuführen, damit dort über das Sorgerecht entschieden werden kann, könnte unter Zumutbarkeitserwägungen schwer zu rechtfertigen sein. Bei erleichterter Anwendung des HKÜ sollten daher wenigstens gleichzeitig dem Rückführungsautomatismus Grenzen gesetzt werden, indem ausnahmsweise inzidenter Kindeswohlerwägungen in das Rückführungsverfahren einfließen.[738]

Im Fall Tiemann ./. Lancelin hatten die Kinder seit ihrer Erstentführung im Juli 1997 bis zu ihrer Rückentführung durch die Privatdetektive des Vaters nach Deutschland rein tatsächlich mit der Mutter bereits acht Monate in Frankreich bei den Großeltern mütterlicherseits gelebt und dort die Schule bzw. den Kindergarten besucht.[739] Das Erfordernis einer Erleichterung hinsichtlich der Begründung eines gewöhnlichen Aufenthalts dürfte unter solchen Umständen ohnehin nicht bestehen, weil die grundsätzlichen Anforderungen an zeitliche und soziale Integration somit – je nach Fallsituation – ohnehin durchaus als erfüllt angesehen werden können.[740] Dahingestellt bleiben kann an dieser Stelle, ob im konkreten Fall die Einschätzung des OLG Celle einer rechtlichen Überprüfung standgehalten hätte, die nach Nichtannahmeentscheidung des BVerfG ungeklärt geblieben ist.[741] Insoweit besteht wohl unter Erörterung des Verhältnisses zwischen Artt. 1 und 4 MSA und der Vollstreckungsversuche seitens des aus damaliger deutscher Sicht vorläufig allein aufenthaltsbestimmungsberechtigten Vaters eine Neigung zu der Ansicht, keinen gewöhnlichen Aufenthalt im Erst-Zielstaat Frankreich als wirksam begründet anzusehen.[742] Diese Ansicht dürfte darauf beruhen, dass in Fällen, in denen der Sorgeberechtigte auf Grund eines (hier fraglich:) anerkennungsfähigen Herausgabebeschlusses eines Vertragsstaats unverzüglich nach der

---

738 Zur Rechtsprechung bei gegenläufigen Kindesentführungen s. u. 4. Teil. B. II. 5. d („Inzidente Kindeswohlprüfung").

739 *Schulz* FamRZ 2003, 336, 337.

740 Das OLG Celle sah den gewöhnlichen Aufenthalt in Frankreich als begründet und die Rückverbringung durch den Vater nach Deutschland als widerrechtlich an, s. *Schulz* FamRZ 2003, 336, 344, m. w. N.

741 *Schulz* FamRZ 2003, 336, 344, m. w. N.

742 So wohl zu verstehen bei *Schulz* FamRZ 2003, 336, 339.

Entführung die Rückführung des Minderjährigen im Vollstreckungsverfahren betreibt, ein objektiv auf Dauer angelegter Aufenthalt unabhängig von den tatsächlichen Gegebenheiten verneint wird.[743]

Mittlerweile brächte eine erleichterte Rückführung in den Erstzufluchtsstaat auch einen systematischen Bruch sowohl gegenüber der Zuständigkeitsfortsetzung des Ursprungsstaats nach Art. 7 KSÜ und Art. 10 EuEheVO als auch gegenüber der Letztentscheidungsbefugnis der herkunftsstaatlichen Behörden nach Art. 11 VIII EuEheVO mit sich: So bedeuten zwar nach *Siehr*[744] ausnahmsweise Unsicherheiten, die zu sorgerechtlichen Überlegungen schon im Rückführungsverfahren sollen führen dürfen, in aller Regel, dass auch hier der ursprüngliche Herkunftsstaat das letzte Wort habe. Er sieht hierfür die Lösung in Art. 11 VIII EuEheVO, den er auf den Fall Tiemann ./. Lancelin in folgender Weise überträgt: Werde „ein Kind (aus Deutschland) entführt und (aus Frankreich) wieder rückentführt, hat die Sorgerechtsentscheidung des ursprünglichen Herkunftsstaates (Deutschland) das letzte Wort, selbst wenn der erste Zufluchtsstaat (Frankreich) die Rückführung ablehnt und die Rückentführung missbilligt. Die Rückentführung wird also nicht rückgängig gemacht."[745]

Diese Problematik ließe sich unter Vermeidung einer Anwendung des konfliktreichen Art. 11 VIII EuEheVO demgegenüber bereits auf der Ebene des HKÜ-Rückgabeverfahrens lösen, wenn an die Begründung eines gewöhnlichen Aufenthalts im Erstzufluchtsstaat die traditionellen allgemeinen, strengen[746] Maßstäbe angelegt werden: Wird der gewöhnliche Aufenthalt dort vorerst verneint, dann kommt es schon nicht zu einer dortigen Anwendung des HKÜ, sondern zu einem durch die Rückentführung tatsächlich herbeigeführten Verbleib des Kindes im ersten ursprünglichen Aufenthaltsstaat (hier wäre das Deutschland gewesen). Die sorgerechtliche Zuständigkeit ergäbe sich aufgrund des immer noch im Erst-Ursprungsstaat befindlichen gewöhnlichen Aufenthalts aus der allgemeinen Vorschrift des Art. 8 EuEheVO und die Frage nach

---

743 Keidel[17]-*Engelhardt* FamFG § 99 Rn 46, m. w. N.; bereits zu § 33 FGG: Keidel/Kuntze/Winkler[15]-*Engelhardt* FGG § 35 b Rn 30, m. w. N.; s. a. *Haß*, S. 66 f., m. w. N. Auch nach Motzer/Kugler/Grabow-*Grabow* Rn 211, m. w. N., ist von der Begründung eines neuen gewöhnlichen Aufenthalts im Zufluchtsstaat solange nicht auszugehen, als noch mit einer Rückführung in den Erstherkunftsstaat zu rechnen sei.

744 MüKoBGB[5]-*Siehr* Art. 21 EGBGB Anh. II HEntfÜ Rn 82.

745 MüKoBGB[5]-*Siehr* Art. 21 EGBGB Anh. I EheVO II Rn 253; i. E. ebenso *Zürcher*, S. 184.

746 So MüKoBGB[5]-*Siehr* Art. 21 EGBGB Anh. II HEntfÜ Rn 33, m. w. N., in dieser Auflage auf dieselben strengen Maßstäbe des MSA und der EuEheVO abstellend.

einer Letztentscheidungsbefugnis wäre zumindest dann obsolet. Das OLG Celle demgegenüber kam gerade aufgrund strenger Auslegung und der längeren Aufenthaltsdauer in Frankreich als Erstzufluchtsstaat zur Bejahung eines tatsächlichen mittlerweile dortigen gewöhnlichen Aufenthalts. Wenn nicht weitere Gesichtspunkte einschlägig sind, folgt eine solche grundsätzliche Wertung der strengen und traditionellen Auslegung und die Rückentführung konkret hier nach Deutschland dürfte ggf. über das HKÜ rückgängig gemacht werden. Die Letztentscheidungsbefugnis nach Art. 11 VIII EuEheVO stünde dann aber nicht den deutschen, sondern den französischen Behörden zu.

b) Strengere Anknüpfung an die Jahresfrist

In entgegengesetzter Richtung wird einschränkend vertreten, dass im Rahmen des HKÜ strengere Maßstäbe an die Begründung des gewöhnlichen Aufenthalts im Zufluchtsstaat anzulegen und die Mindestdauer eines dortigen Aufenthalts dem Art. 12 HKÜ zu entnehmen seien: Da ein Kind, das sich weniger als ein Jahr im Entführungsstaat befinde, nach der Systematik des HKÜ sofort zurückzuführen sei, könne so lange auch kein neuer gewöhnlicher Aufenthalt begründet werden.[747] Für diese Auffassung spricht, dass im Entführungsfall einem Statutenwechsel deutlich länger vorgebeugt wäre und die zum Zeitpunkt der Entführung bestehende Sorgerechtslage aufrechterhalten bliebe.[748] Gegen eine strengere Handhabung wird aber eingewandt, dass Art. 12 HKÜ nur die Voraussetzungen des Rückführungsanspruchs festlege, dagegen nicht die des gewöhnlichen Aufenthalts. Das per se strengere Rückführungssystem des HKÜ ordne die Rückführung gerade auch dann an, wenn das Kind zwischenzeitlich seinen gewöhnlichen Aufenthalt im Zufluchtsstaat erwerbe, und gehe damit von vorneherein davon aus, dass die Entführung zu einem Wechsel des gewöhnlichen Aufenthalts und damit einhergehend der Sorgerechtszuständigkeit führen könne, deren Ausübung Art. 16 HKÜ verhindern solle. Bei strengerer Auslegung schon des Aufenthaltsbegriffs sei Art. 16 HKÜ dagegen obsolet. Ein gewöhnlicher Aufenthalt könne daher unabhängig von der Jahresfrist des Art. 12 HKÜ auch vor Ablauf eines Jahres entstehen.[749]

---

747 S. Nachweise bei *Kropholler* in FS Jayme I, S. 471, 473 f.; s. a. Nachweise bei *Vomberg/Nehls*, S. 6, m. w. N.; Staudinger-*Pirrung* (2009) Vorbem D 35 zu Art 19 EGBGB; *Haß*, S. 66 ff.

748 Vgl. die Ausführungen bei *Vomberg/Nehls*, S. 6. S. dagegen zu den Auswirkungen eines Statutenwechsels im umgekehrten Fall eines zunächst rechtmäßigen Besuchs unten 3. Teil. B. IV. 4 („Widerlegung bei verbotener Rechtsausübung").

749 *Kropholler* in FS Jayme I, S. 471, 474, m. w. N.; *Winkler von Mohrenfels* FPR 2001, 189, 193; s.a. NK-BGB/*Benicke* Anh. III zu Art. 24 EGBGB Art. 3 HKÜ Rn 29; BVerfG FamRZ 1999, 85, 88.

c) Ergebnis: Beibehaltung der allgemeinen Auslegungsmaßstäbe

Die Bestimmung der für die HKÜ-Anwendung maßgeblichen bisherigen Aufenthaltssituation erfolgt daher nach den für das MSA entwickelten allgemeinen Auslegungsmaßstäben.[750] Mit der Rspr. setzt der im HKÜ verwendete Begriff des gewöhnlichen Aufenthalts daher wie das MSA eine gewisse Dauer und Regelmäßigkeit des Aufenthalts und das Vorhandensein einer Beziehung zur Umwelt voraus, die die Annahme einer sozialen Integration an den Aufenthaltsort rechtfertigten, wohingegen ein – bei rechtswidrigem Aufenthaltswechsel streitiger – rechtsgeschäftlicher oder natürlicher Bleibewille demgegenüber nicht erforderlich sei.[751] Dementsprechend findet auch mit dem HKÜ die allgemeine Faustregel von sechs Monaten Anwendung.[752] Ein gewisses Maß an Integration als Voraussetzung für die Begründung eines gewöhnlichen Aufenthalts ist dabei – auch im Umkehrschluss zu Art. 12 II HKÜ – nicht als volle Integration im Maßstab eines Einlebens, sondern entsprechend dem Begriff des gewöhnlichen Aufenthalts der übrigen Haager Abkommen zu verstehen, d. h. maßgeblich sind der tatsächliche Daseinsmittelpunkt und der Schwerpunkt der sozialen und familiären Bindungen des Kindes.[753]

IV. Auslegung nach Maßgabe des KSÜ und der EuEheVO

1. Allgemeine Auslegungsmaßstäbe

Nachdem – wie oben[754] ausgeführt – bei Schaffung des KSÜ bewusst von einer Legaldefinition des gewöhnlichen Aufenthalts abgesehen wurde, um die bisherigen von der Rechtsprechung entwickelten Auslegungsmaßstäbe zum MSA nicht in Frage zu stellen, ist davon auszugehen, dass im Rahmen des KSÜ in diesem Punkt dieselben Maßstäbe angelegt werden dürfen wie beim MSA. Auch im Rahmen des KSÜ kommt es daher zumindest innerstaatlich nicht auf den Willen, sondern auf die tatsächlichen Verhältnisse an. Auch bei dem gewöhnlichen Aufenthalt im Rahmen des KSÜ handelt es sich daher um den Ort, an

---

750 PalArch/*Thorn* I. C. 3 HKEntfÜ Rn 27; Erman[12]-*Hohloch* Anh Art 24 EGBGB Rn 17; MüKoBGB[5]-*Siehr* Art. 21 EGBGB Anh. II HEntfÜ Rn 33.

751 So das OLG Frankfurt a. M. FamRZ 2006, 883, 884 f., m. w. N.

752 Vgl. *Hüßtege* IPRax 1992, 369 mit Fn 4: „Die normative Kraft des Faktischen setzte sich auch hier durch." Die Faustformel von sechs Monaten setzte sich auch in der Antragsfrist des EuSorgeRÜ durch, vgl. Haß, S. 137.

753 OLG Karlsruhe FamRZ 2003, 956, m. w. N. S. dazu unten 3. Teil. C. B. II. 1 („Abgrenzung vom gewöhnlichen Aufenthalt").

754 3. Teil. B. I („Verzicht auf eine autonome Legaldefinition").

dem das Kind den Mittelpunkt seiner Lebensführung und den Schwerpunkt der sozialen Bindungen, d. h. seinen tatsächlichen Daseinsmittelpunkt hat.[755]

Hinsichtlich der EuEheVO wurde jedoch die Frage aufgeworfen, ob entsprechend den Vorstellungen des englischen Rechtskreises auf subjektive Komponenten des ständigen Wohnsitzes abzustellen sei; ohne oder gegen den Willen des Bestimmungsberechtigten wäre in diesem Fall von der Möglichkeit der Begründung eines neuen gewöhnlichen Aufenthalts von vorneherein nicht auszugehen.[756] Der EuGH[757] schließt aus dem mangelnden Verweis der Verordnung auf das nationale Recht der Mitgliedstaaten, dass der Begriff innerhalb der EU nun eine autonome und einheitliche Auslegung erhalten müsse, bei der Ziel und Kontext des Art. 8 EuEheVO zu berücksichtigen seien. Aus dem 12. Erwägungsgrund sei ersichtlich, dass die Ausgestaltung der Zuständigkeitsvorschriften entsprechend den Kriterien des Kindeswohls und der Nähe erfolgt sei. Unter dem Begriff des gewöhnlichen Aufenthalts i. S. d. Art. 8 I EuEheVO sei daher der Ort zu verstehen, an dem eine gewisse Integration des Kindes in ein soziales und familiäres Umfeld zu erkennen sei. Dieser Ort sei vom nationalen Gericht unter Berücksichtigung aller besonderen tatsächlichen Umstände jedes Einzelfalls festzustellen. Zu den Kriterien, in deren Licht das nationale Gericht den Ort des gewöhnlichen Aufenthalts eines Kindes festzustellen habe, zählen nach Auffassung des EuGH insbesondere die Umstände und Gründe des Aufenthalts des Kindes im Hoheitsgebiet eines Mitgliedstaats sowie dessen Staatsangehörigkeit. Bei der Ermittlung des gewöhnlichen Aufenthalts müsse neben der körperlichen Anwesenheit des Kindes in einem Mitgliedstaat aus anderen Faktoren hervorgehen, dass es sich nicht nur um eine vorübergehende oder gelegentliche Anwesenheit handle. Die Absicht der Eltern, sich mit dem Kind in einem anderen Mitgliedstaat niederzulassen, die sich in bestimmten äußeren Umständen wie dem Erwerb oder der Anmietung einer Wohnung im Aufenthaltsmitgliedstaat manifestiert habe, sei ein Indiz für die Verlagerung des gewöhnlichen Aufenthalts. Insoweit sei zur Unterscheidung des gewöhnlichen Aufenthalts von einer bloß vorübergehenden Anwesenheit festzustellen, dass der gewöhnliche Aufenthalt grundsätzlich von gewisser Dauer sein müsse, damit ihm ausreichende Beständigkeit innewohne. Die Verordnung sehe allerdings keine Mindestdauer

755 S. NK-BGB/*Benicke* Anh. I zu Art. 24 EGBGB Art. 5 KSÜ Rn 7 ff.

756 S. NK-BGB/*Gruber* Anh. I zum III. Abschn. EGBGB Art. 3 EheVO 2003 Rn 12 f., m. w. N.

757 EuGH (Urteil v. 22.12.2010 – Rs. C-497/10 PPU: Mercredi ./. Chaffe) FamRZ 2011, 617 ff. mit Anm. *Henrich*, S. 620, 621; EuGH (Urteil v. 2.4.2009 – Rs. C-523/07) FamRZ 2009, 843 ff., zusammengefasst von *Völker* FamRBint 2009, 53.

vor. Maßgebend für die Verlagerung des gewöhnlichen Aufenthalts in den Aufnahmestaat sei nämlich v. a. der Wille des Betroffenen, dort den ständigen oder gewöhnlichen Mittelpunkt seiner Interessen in der Absicht zu begründen, ihm Beständigkeit zu verleihen. Die Dauer des Aufenthalts könne daher nur als Indiz im Rahmen der (Gesamt-)Beurteilung seiner Beständigkeit dienen, die im Licht aller besonderen tatsächlichen Umstände des Einzelfalls vorzunehmen sei.[758]

2. *Fragliche Subjektivierung des Begriffs*

Fraglich ist daher, ob in der vom EuGH als Indiz gewerteten elterlichen Niederlassungsabsicht ein subjektives Moment zu erkennen ist, das den Begriff des gewöhnlichen Aufenthalts dem subjektiv geprägten Begriff der „settled intention“[759] bzw. der Begründung des Domizils annähert. Das Anknüpfen an subjektive Aspekte brächte automatisch die Frage der Berechtigung zur Aufenthaltsbestimmung mit sich und würde rechtliche mit tatsächlichen Problempunkten vermischen.[760] Insbesondere bei rechtswidriger Verbringung besteht von vorneherein kein Einverständnis in die Begründung eines neuen Aufenthalts des Kindes, so dass fraglich ist, ob ein entgegenstehender Wille nunmehr nach der Rechtsprechung des EuGH einer Begründung eines gewöhnlichen Aufenthalts entgegenstehen soll. Es käme aber zu einem Zirkelschluss mit der Einverständnismöglichkeit in Art. 10 lit. a EuEheVO, der laut seinem Einleitungssatz gerade von einer bereits erfolgten Begründung eines gewöhnlichen Aufenthalts ausgeht und eine Zustimmung hierzu ermöglicht. Die Regelung impliziert, dass grundsätzlich auch ohne Einverständnis des mitberechtigten Elternteils ein neuer auf tatsächlichen Maßstäben beruhender gewöhnlicher Aufenthalt begründet werden kann. Auch Art. 10 lit. b EuEheVO geht von einer Begründung des gewöhnlichen Aufenthalts aus und impliziert damit, dass ein solcher auch ohne Einverständnis des mitberechtigten Elternteils möglich sein müsse. Eine Anlehnung an den Begriff des Domizils und die damit verbundene Vermischung

---

758 EuGH (Urteil v. 22.12.2010 – Rs. C-497/10 PPU: Mercredi ./. Chaffe) FamRZ 2011, 617, 619 mit Anm. *Henrich,* S. 620, 621; schon die Indizwirkung der elterlichen Niederlassungsabsicht hervorhebend, jedoch noch nicht ganz so dezidiert die bloße Indizwirkung der Aufenthaltsdauer: EuGH (Urteil v. 2.4.2009 – Rs. C-523/07) FamRZ 2009, 843, 845, der dort nur die negative Indizwirkung eines in einem Mitgliedstaat während eines kurzen Zeitraums geführten Wanderlebens feststellt; vgl. auch die entsprechende Zusammenfassung bei *Völker* FamRBint 2009, 53 f.

759 Vgl. hierzu ausführlich *Ehrle,* S. 13, m. w. N.

760 *Ehrle,* S. 22 noch zum HKÜ.

von Tatsachen- und Rechtsfragen ist daher abzulehnen.[761] Die Ausführungen des EuGH zur Niederlassungsabsicht der Eltern sind vielmehr auf einen animus manendi[762] beim rechtmäßigen Umzug zu beziehen, der bei einvernehmlichem Umzug eine sofortige Aufenthaltsbegründung ermöglicht und dem System der tatsächlichen Anknüpfung grundsätzlich nicht entgegensteht, dagegen nicht auf das im anglo-amerikanischen Rechtskreis gängige Domizilprinzip. Der EuGH stellt in Fortführung der traditionellen Rechtsprechung zum gewöhnlichen Aufenthalt maßgeblich auf die besonderen tatsächlichen Umstände des Einzelfalls ab. Maßgeblich ist daher auch im Rahmen der EuEheVO, wo sich der Mittelpunkt der Lebensführung und der Schwerpunkt der sozialen Bindungen befinden. Aus der systematischen Stellung der Entführungszuständigkeit des Art. 10 EuEheVO im selben Abschnitt wie Art. 8 EuEheVO wiederum ist zu schließen, dass innerhalb des eigenen Zuständigkeitssystems der Verordnung keine anderen Maßstäbe an den Begriff des gewöhnlichen Aufenthalts anzulegen sind, wenn es um die Anknüpfung an diesen Begriff im Rahmen der Entführungszuständigkeit geht.[763]

Zusammenfassend ist daher festzustellen, dass der EuGH auch bei autonomer und einheitlicher Auslegung keine neuen Grundsätze für den gewöhnlichen Aufenthalt im Rahmen des Art. 8 EuEheVO aufgestellt hat, sondern insbesondere auch für HKÜ-Verfahren im Anwendungsbereich der Verordnung weiterhin die allgemeinen Kriterien maßgeblich sind.[764] Auch für den EuGH kommt es also in Abgrenzung zum Wohnsitzbegriff auf die tatsächlichen Umstände an, während die rechtliche Zulässigkeit des Aufenthalts unbeachtlich bleibt.[765]

---

761 So *Ehrle*, S. 22 ff. noch entsprechend abgrenzend i. R. d. HKÜ. Bezüglich der EuEheVO zu demselben Ergebnis kommend s. Hk-ZPO/*Dörner* EheGVVO Art 8 Rn 5; *Pirrung* IPRax 2011, 50, 52 f.; s. hierzu *Frank* in Gebauer/Wiedmann[2] Kap. 29 EuEheVO Art. 8 Rn 38.

762 S. dazu oben 3. Teil. B. II („Allgemeine Auslegungsmaßstäbe des MSA").

763 So *Völker* FamRZ 2010, 157, 160. Auch *Niethammer-Jürgens* FamRBint 2013, 5, 6 überträgt die EuGH-Auslegung des Begriffs in den HKÜ-Fall. Zur Auslegung des Begriffs i. R. d. EuEheVO grundlegend s. a. Thomas/Putzo-*Hüßtege* Art. 10 EuEheVO Rn 4, m. w. N.; *Hausmann* IntEuSchR B 67 ff., m. w. N.

764 Krenzler/Borth-*Niethammer-Jürgens* M Rn 205; so z. B. OLG Saarbrücken FamRZ 2011, 1235, 1236.

765 Schulze/Zuleeg/Kadelbach-*Staudinger* § 22 Rn 193, m. w. N. Nach Staudinger-*Spellenberg* (2005) Art. 8 EheGVO Rn 3 erscheint hier ein internationaler Kompromiss nicht möglich. Allein auf die tatsächlichen Umstände abstellend s. a. Geimer/Schütze-*Geimer* EuZVR A.2 – Art. 8 VO (EG) Nr. 2201/2003 Rn 7. Die unterschiedliche Sichtweise der Mitgliedstaaten dürfte Lösungsansätzen wie dem von *Tödter*, S. 43

3. *Indizwirkung der Aufenthaltsdauer*

a) Jahresaufenthalt

Wie schon im Rahmen des MSA und des HKÜ stellt sich auch für die modernen Entführungszuständigkeiten die Frage, welche zeitlichen Anforderungen an den gewöhnlichen Aufenthalt zu stellen sind. Aus Art. 7 KSÜ und Art. 10 EuEheVO, die eine Verlagerung der Sorgerechtszuständigkeit frühestens zulassen, wenn sich das Kind im Zufluchtsstaat mindestens ein Jahr tatsächlich aufgehalten hat, könnte – wie schon im Rahmen des HKÜ[766] diskutiert – zu schließen sein, dass sich das Kind in Anknüpfung an die vorgenannte, für das HKÜ noch abgelehnte, strenge Auffassung im Zufluchtsstaat mindestens ein Jahr aufgehalten haben muss, damit der dortige Aufenthalt zu einem gewöhnlichen erstarken kann. Dagegen spricht aber, dass sowohl das KSÜ als auch die EuEheVO gerade von einer autonomen Bestimmung des Begriffs des gewöhnlichen Aufenthalts abgesehen haben und stattdessen lediglich die Möglichkeiten eines Zuständigkeitswechsels schärfer konturieren. Art. 7 I KSÜ und Art. 10 EuEheVO erkennen damit nach *Kropholler* umgekehrt sogar implizit an, dass das entführte Kind auch vor Ablauf eines Jahres seinen gewöhnlichen Aufenthalt im Zufluchtsstaat begründet haben kann, und verbieten für diesen Fall gleichzeitig, dass mit dem Wechsel auch automatisch ein Zuständigkeitswechsel verbunden sein soll.[767]

b) Abschwächung der Faustformel

Fraglich ist, ob für die Bestimmung des gewöhnlichen Aufenthalts weiterhin auf die von der Rechtsprechung regelmäßig angewandte Faustformel von sechs Monaten zurückzugreifen ist: Die vorgenannte „mit erfreulicher Klarheit“[768] gemachte Feststellung des EuGH, dass der gewöhnliche Aufenthalt zwar grundsätzlich von einer gewissen Dauer sein müsse, aber keine Mindestdauer vorsehe und der Aufenthaltsdauer ausdrücklich nur Indizwirkung zukomme,[769] dürfte gegenüber inländischen Richtern noch deutlicher machen, dass das Abstellen auf aufenthaltsbestimmende sechs Monate allenfalls als Faustregel dienen

---

gemachten Formulierungsvorschlag einer Legaldefinition des Begriffs des gewöhnlichen Aufenthalts mit weiteren Unterbegriffen rechtspolitisch Schwierigkeiten bereiten.

766 3. Teil. B. III. 2. b („Strengere Anknüpfung an die Jahresfrist“).

767 *Kropholler* in FS Jayme I, S. 471, 474 zu Art. 7 KSÜ.

768 *Henrich* zu EuGH (Urteil v. 22.12.2010 – Rs. C-497/10 PPU: Mercredi ./. Chaffe) FamRZ 2011, 617 mit Anm. *Henrich*, S. 620, 621.

769 EuGH (Urteil v. 22.12.2010 – Rs. C-497/10 PPU: Mercredi ./. Chaffe) FamRZ 2011, 617, 619 mit Anm. *Henrich*, S. 620, 621.

kann. Die Rechtsprechung des EuGH könnte sogar darauf hindeuten, dass die Anwendung der Faustformel nunmehr gänzlich überholt ist und die Zahl der im Zufluchtsstaat verlebten Monate nur einen ersten Ansatz für die „unter Berücksichtigung aller besonderen tatsächlichen Umstände jedes Einzelfalls“[770] vorzunehmende Gesamtbeurteilung bildet. So impliziert auch etwa die parallele Zuständigkeitsfortdauer in Umgangsrechtsangelegenheiten (Art. 9 EuEheVO), dass die Begründung eines neuen gewöhnlichen Aufenthalts schon innerhalb von drei Monaten möglich ist.[771]

Grundsätzlich sind die familiären Beziehungen dabei umso mehr zu beachten, je jünger das Kind ist.[772] Beim Kleinkind wird laut *Mottl* davon ausgegangen, dass die Ermittlung des gewöhnlichen Aufenthalts mangels selbstständiger Beziehung zu außen stehenden Personen oftmals nur über die Bindung an die tatsächlich pflegende und erziehende Betreuungsperson möglich sei, welche die familiäre Beziehung und damit den gewöhnlichen Aufenthalt des Kleinkindes präge.[773] Daher könne bei kleineren Kindern ein gewöhnlicher Aufenthalt ohnehin früher als innerhalb von sechs Monaten entstehen.[774] Auch der EuGH sieht im Umfeld eines Kindes von geringem Alter weitgehend ein familiäres Umfeld, das durch die betreuenden und versorgenden Bezugspersonen bestimmt werde; erst recht gelte dies beim Säugling.[775] Dabei differenziert *Henrich*, ob der betreuende Elternteil mit dem Kind in das eigene Heimatland oder ein fremdes

770 So der EuGH (Urteil v. 22.12.2010 – Rs. C-497/10 PPU: Mercredi ./. Chaffe) FamRZ 2011, 617, 619 mit Anm. *Henrich*, S. 620, 621.

771 Hk-ZPO/*Dörner* EheGVVO Art 8 Rn 4.

772 *Winkler von Mohrenfels* FPR 2001, 189, 190, der den Besuch etwa der Vorschule für die soziale Integration nicht für notwendig prägend hält, wohl aber die familiären Bindungen.

773 So *Mottl* IPRax 1992, 178, 181 f.; s. etwa OLG Stuttgart FamRZ 1997, 51.

774 Oberloskamp[3]-*Gruber* Vormundschaft § 5 Rn 30; BGH FamRZ 1981, 135, 137. Der OGH IPRax 1992, 176 hält bei einem Kleinkind unter zwei Jahren bereits einen Zeitraum von ca. sechs Wochen für ausreichend, um einen gewöhnlichen Aufenthalt zu begründen.

775 EuGH (Urteil v. 22.12.2010 – Rs. C-497/10 PPU: Mercredi ./. Chaffe) FamRZ 2011, 617, 619 mit Anm. *Henrich*, S. 620, 621. S. a. *Pérez-Vera*, Erläuternder Bericht, Nr. 110, die bereits mitberücksichtigte, dass die Umgebung auch grundlegend familiärer Art sein kann. Nach *Siehr* IPRax 2012, 316, 317 kann ein Säugling selbst noch keinen gewöhnlichen Aufenthalt begründen, sondern teile den gewöhnlichen Aufenthalt seiner Bezugsperson, i. d. R. der Mutter.

Land ziehe; bei Rückkehr in den Heimatstaat könnten schon wenige Tage für die Integration ausreichen, nur im letzteren Fall sei ein längerer Aufenthalt nötig.[776]

Aus der Rechtsprechung des EuGH lässt sich also folgern, dass maßgeblich die besonderen tatsächlichen Umstände jedes Einzelfalls[777] sein sollten, denen gegenüber der Anzahl der Aufenthaltsmonate nur Indizwirkung zukommen sollte. Aus dem von Art. 10 EuEheVO und Art. 7 KSÜ verordneten Zuständigkeitsregime, aber auch aus der Rechtsprechung des EuGH ist daher zu schließen, dass der bisherige gewöhnliche Aufenthalt unter Beachtung der besonderen Umstände des Einzelfalls mit besonderer Sorgfalt zu ermitteln ist. Gegenüber der Anwendung der Faustregel dürfte dagegen Zurückhaltung geboten zu sein.[778]

4. *Widerlegung bei verbotener Rechtsausübung*

Die Indizwirkung der Aufenthaltsdauer dürfte im Einzelfall im Besonderen dann widerlegt sein, wenn sie auf einer unzulässigen Rechtsausübung des anderen Elternteils beruht bzw. wenn sich das Rückführungsverlangen als unzulässige und missbräuchliche Rechtsausübung darstellt:[779]

In einem internationalen Fall[780] etwa wurde eine HKÜ-Rückführung aus Deutschland nach Australien angeordnet, obwohl das betroffene Kind von Geburt an mit seiner allein sorgeberechtigten Mutter in Deutschland gelebt und mit dieser den Vater in Australien bislang dreimal für jeweils ca. vier Monate besucht hatte. Nachdem der Vater bei dem dritten Besuch von Mutter und Kind deren Pässe vor der Abreise weggenommen hatte, kam es zu einem Aufenthalt von weiteren acht Monaten, mithin von insgesamt zwölf Monaten, die nach Auffassung der innerstaatlichen Gerichte eine soziale Integration und die Begründung

---

776 So *Henrich* zu EuGH (Urteil v. 22.12.2010 – Rs. C-497/10 PPU: Mercredi ./. Chaffe) FamRZ 2011, 617 mit Anm. *Henrich,* S. 620, 621, m. w. N.

777 I. E. ebenso *Tödter,* S. 42: „Der Gerichtshof hat von der Festlegung einer Mindestdauer oder eines Richtwertes abgesehen. Dies ist sachgerecht, da ein Richtwert eine zu starre Grenze darstellt und der Einzelfall insgesamt betrachtet werden muss."

778 Eine Abkehr von der Faustformel bereits in einer Gegenüberstellung des Art. 2 I 6. Spiegelstrich mit 1.-4. Spiegelstrich der EheVO 2000 erkennend s. *Gewaltig,* S. 138. Zur Infragestellung der „Daumenregel" durch EU-Normen s. a. *Coester-Waltjen* in FS Geimer, S. 139, 148; s. aber a. A. noch bei *Holzmann,* Brüssel IIa VO, S. 183 f.

779 Vgl. *Romeyko* zu OLG Karlsruhe FamRZ 2010, 1577 mit Anm. *Romeyko,* S. 1579, m. w. N.

780 OLG Karlsruhe FamRZ 2010, 1577 f. mit Anm. *Romeyko,* S. 1579.

eines gewöhnlichen Aufenthalts, damit einhergehend eine Änderung des Sorgerechtsstatuts[781] und die Begründung der gemeinsamen Sorge der Eltern nach sich zogen.[782] Nach der gemeinsamen Rückkehr mit dem Kind hielt die Mutter dieses in Deutschland zurück und dem Antrag des Vaters auf Rückführung nach Australien wurde stattgegeben.[783] Kritisiert wird an dieser Entscheidung, dass das Rückführungsverlangen rechtsmissbräuchlich gewesen sei, nachdem der in seinem Mitsorgerecht verletzte Elternteil den verlängerten Aufenthalt und damit seine mitsorgeberechtigte Stellung sowohl faktisch (hinsichtlich der Aufenthaltsdauer) als auch rechtlich (hinsichtlich der Sorgerechtslage) erzwungen habe.[784]

Denkbar wäre, an die Zurückhaltung des Kindes durch die (nach Statutenwechsel mittlerweile) nur noch mitsorgeberechtigte Mutter nicht Maßstäbe einer Erstentführung, sondern einer Rückentführung anzulegen, was Konsequenzen für den Prüfungsumfang[785] haben könnte: Ein echter Fall einer Hin- und Rückentführung liegt hier nicht vor, weil nicht etwa das Kind der ursprünglich allein sorgeberechtigten Mutter zuerst entzogen wurde, sondern beiden am selben Ort mit der Wegnahme der Pässe die Wahrnehmung ihrer Freizügigkeit tatsächlich verunmöglicht wurde, so dass Ermittlungsmaßstäbe, wie sie innerstaatlich an echte Gegen- und Rückentführungsfälle[786] angelegt werden, hier formal nicht hätten zum Zuge kommen können. Wie oben[787] ausgeführt, geht es im Rahmen des HKÜ aber um die Rückführung des Kindes in seinen bisherigen Aufenthaltsstaat, damit die dortigen Gerichte ihre Sorgerechtszuständigkeit[788] ausüben können. Bei Zugrundelegung dieses Zwecks wäre zu erwägen, die für Gegen- und Rückentführungen geltenden Maßstäbe auch in einem Fall wie diesem zum

781 Mit dem Wechsel des gewöhnlichen Aufenthalts des Kindes kann sich auch das Statut des Eltern-Kind-Verhältnisses ändern mit der Folge, dass eine zunächst rechtmäßige Verbringung später widerrechtlich werden kann, vgl. OLG Karlsruhe FamRZ 2003, 956, m. w. N. Dieses Ergebnis ergäbe sich jetzt auch aus der Kollisionsnorm des Art. 16 IV KSÜ, vgl. etwa die Fallbeispiele bei *Wagner/Janzen* FPR 2011, 110, 112.

782 So die Sachverhaltsschilderung durch Romeyko zu OLG Karlsruhe FamRZ 2010, 1577 mit Anm. *Romeyko,* S. 1579.

783 OLG Karlsruhe FamRZ 2010, 1577 f. mit Anm. *Romeyko,* S. 1579.

784 *Romeyko* zu OLG Karlsruhe FamRZ 2010, 1577 mit *Anm. Romeyko,* S. 1579.

785 S. u. 4. Teil. B. II. 5. d („Inzidente Kindeswohlprüfung“).

786 S. u. 4. Teil. B. II. 5. d („Inzidente Kindeswohlprüfung“).

787 1. Teil. A. IV („Haager Kindesentführungsübereinkommen von 1980“).

788 Zu diesem Zweck s. *Rieck* NJW 2008, 182, 184; *Haß,* S. 47; *Bach* FamRZ 1997, 1951, 1052 versteht dies dahin, dass die Gerichte im bisherigen Kultur- und Sprachkreis zur endgültigen Sorgerechtsentscheidung berufen seien sollten.

Zuge kommen zu lassen. Denn das Verhindern der Ausreise kann für ein Kind wie eine rechtswidrige Zurückhaltung fühlbar sein und zu einer Aufenthaltsverfestigung wie bei einer Erstentführung (durch Zurückhaltung) führen. Die anschließende Rückverbringung/-zurückhaltung[789] des Kindes durch die zuvor allein Sorgeberechtigte ohne Zustimmung des mittlerweile zusätzlich sorgeberechtigt gewordenen Vaters könnte sich nach den fühlbaren Wahrnehmungen des betroffenen Kindes wie eine Rückentführung in den ursprünglichen Aufenthaltsstaat darstellen und nicht notwendig wie eine Erstentführung. Insbesondere wenn die Mutter den Besuchsstaat in einem solchen Fall ersichtlich verlassen will, könnte dies auf das Kind geradezu integrationshemmende Wirkung haben, da ein Kind in einem solchen Fall im Besuchsstaat stets in dem Bewusstsein lebt, dass es mit der Mutter, sobald als die Hinderungsgründe wegfallen, in seinen bisherigen Aufenthaltsstaat zurückkehren werde.

Indes hat nämlich umgekehrtermaßen das OLG Stuttgart in einem anderen Fall widerrechtlicher Zurückhaltung eines Kindes in Deutschland die amtsgerichtliche Rückführungsanordnung nach Australien ebenfalls bestätigt, u. a. unter Hinweis darauf, dass die entführende Mutter den Verbleib in Deutschland immer wieder überdacht habe. Das OLG Stuttgart sah in diesem Provisorium zwar nicht den allein ausschlaggebenden Grund für eine Verneinung eines gewöhnlichen Aufenthalts des Kindes in Deutschland, aber es erachtete das Ausgehen der Eltern von einem nur vorübergehenden Aufenthalt als einen Umstand, der nicht gänzlich unberücksichtigt bleiben dürfe.[790]

Da die Mutter im Fall des OLG Karlsruhe als alleinsorgeberechtigt anreiste und daher auch jederzeit hätte ausreisen können, wenn ihr dies nicht rein tatsächlich verunmöglicht worden wäre, sollte die Sachlage hier ähnlich behandelt werden wie Fälle, in denen der Sorgeberechtigte auf Grund eines anerkennungsfähigen Herausgabebeschlusses unverzüglich nach der Entführung die Rückführung des Minderjährigen im Vollstreckungsverfahren betreibt. In einem solchen Fall wird ein objektiv auf Dauer angelegter Aufenthalt verneint, da der Entführer dann noch mit der Rückführung rechnen muss.[791] Ebenso hätte eine jederzeitige Rückkehr von Mutter und Kind nach Deutschland bei Wiedererlangung der

---

789 Tatfrage; im Fall des OLG Karlsruhe FamRZ 2010, 1577, 1578 galt die Ausreise der Mutter mit dem Kind noch als rechtmäßig; erst die Zurückhaltung des Kindes in Deutschland wurde ab einem bestimmten Datum für widerrechtlich gehalten.

790 OLG Stuttgart BeckRS 2011, 19127 – beck-online.

791 Noch zu § 33 FGG Keidel/Kuntze/Winkler[15]-*Engelhardt* FGG § 35 b Rn 30, m. w. N.; s. a. *Haß*, S. 66 f., m. w. N.; Motzer/Kugler/Grabow-*Grabow* Rn 211, m. w. N. S. dazu oben 3. Teil. B. III. 2. a („Erleichterungen bei Gegen- und Rückentführungen").

Pässe nahegelegen, so dass schon ein gewöhnlicher Aufenthalt im Besuchsstaat und weitergehend auch die damit verbundenen rechtlichen Folgen zu verneinen gewesen wären. Wenn er aber dennoch bejaht wird, hätten im Rückführungsverfahren jedenfalls wenigstens die Maßstäbe, wie sie für Gegen- und Rückentführungen gelten, angelegt werden und eine Kindeswohlprüfung stattfinden sollen, die in solchen Fällen als Korrektiv geboten sein sollte.

Nach den vorgenannten Maßstäben des EuGH jedenfalls dürfte es zumindest im Anwendungsbereich der EuEheVO mit der bloßen Addition und Summe von tatsächlichen Aufenthaltszeiten unter Anwendung der Faustformel von sechs Monaten nicht mehr sein Bewenden haben; vielmehr wären einer erzwungenen Aufenthaltsdauer die rechtsmissbräuchlichen Umstände ihrer Verursachung entgegenzuhalten, das Verhindern der Ausreise gleich einer rechtswidrigen Zurückhaltung zu behandeln und die Begründung eines gewöhnlichen Aufenthalts respektive Statutenwechsels im Besuchsstaat abzulehnen. Bloßen Rechenformeln in Bezug auf die Aufenthaltsdauer dürfte mit der vom EuGH entwickelten Rechtsprechung hingegen etwa gegenüber den Bindungen des Kindes und verbotener Rechtsausübung deutlich geringere Bedeutung zukommen.

C. Voraussetzungen für eine Zuständigkeitsverlagerung

Die modernen Entführungszuständigkeiten knüpfen die Möglichkeit einer Verlagerung der Sorgerechtszuständigkeit in den Zielstaat an ihre engen Zusatzbedingungen in Art. 7 I lit. a und b KSÜ bzw. Art. 10 lit. a und b EuEheVO:

Art. 7 I lit. a KSÜ lehnt sich bei der Frage der Billigung des Aufenthaltswechsels an Art. 13 I lit. a HKÜ an; Art. 10 lit. a EuEheVO wiederum folgt der Vorbildregelung des Art. 7 I lit. a KSÜ. Im Hinblick auf das Zusammenspiel der modernen Regelungswerke mit dem HKÜ ist hier daher von einer parallelen Auslegung dieser Voraussetzung auszugehen.[792] Liegt ein Einverständnis des (mit-)berechtigten Elternteils in den Aufenthaltswechsel vor, wird nach HKÜ-Maßstäben schon das Widerrechtlichkeitskriterium des Art. 3 HKÜ verneint und eine Anwendung des HKÜ scheidet von vorneherein aus, während bei späterer Genehmigung einer zunächst widerrechtlichen Verbringung/Zurückhaltung die Widerrechtlichkeit und damit auch die Anwendung des HKÜ nachträglich wegfallen. In dem Ablehnungsgrund des Art. 13 I lit. a HKÜ wird daher eine verbleibende Funktion dahingehend gesehen, i. S. eines venire contra factum proprium die Beweislast für das Vorliegen einer Zustimmung oder

792 *Janzen/Gärtner* IPRax 2011, 412, 413, m. w. N.

Genehmigung zu verteilen.[793] Praxisrelevanz erlangt die Vorschrift insbesondere dann, wenn es um (Beweis-)Anforderungen an die Erklärung geht, die sich auf einen dauernden Verbleib im Zufluchtsstaat beziehen muss.[794] Keine wesentlich größere praktische Bedeutung dürfte für die Entführungszuständigkeiten zu erwarten sein: Selten dürfte es vorkommen, dass der zurückverbliebene Elternteil die zunächst widerrechtliche Verbringung genehmigt und auf diese Weise eine Zuständigkeitsverlagerung in den Staat des neuen gewöhnlichen Kindesaufenthalts zulässt. Angesichts ihrer engsten Voraussetzungen dürfte in der Praxis noch weniger wahrscheinlich sein, die Hürden der Variante b des Art. 7 I KSÜ bzw. Art. 10 EuEheVO zu überwinden: Insoweit wird erwartet, dass sich (I.) das Kind im Zufluchtsstaat mindestens ein Jahr aufgehalten hat, nachdem die sorgeberechtigte Person, Behörde oder sonstige Stelle seinen Aufenthalt kannte oder hätte kennen müssen, sich (II.) das Kind in seiner neuen Umgebung bzw. seinem neuen Umfeld eingelebt hat, allerdings (III.) auch dann nur, wenn die jeweils weiteren besonders aufgelisteten einschränkenden Bedingungen erfüllt sind:

---

793 PalArch/*Thorn* I. C. 3 HKEntfÜ Rn 39; NK-BGB/*Benicke* Anh. III zu Art. 24 EGBGB HKÜ Art. 13 Rn 7 f. Der weitere Fall des Art. 13 I lit. a HKÜ nachgewiesener tatsächlicher Sorgerechtsausübung wurde oben im 2. Teil. A. IV. 1 („Faktischer Ausgleich im Rahmen des HKÜ") behandelt.

794 OLG Hamm BeckRS 2012, 02845 – beck-online, bespr. durch *Rauscher* FamFR 2012, 141; OGH IPRax 2011, 409, 410 f.; *Janzen/Gärtner* IPRax 2011, 412, 413; *Niethammer-Jürgens* FamRBint 2010, 52, 53; Staudinger-*Pirrung* (2009) Vorbem D 70 zu Art 19 EGBGB. So kann etwa eine solche Zustimmung u. U. auch konkludent erteilt werden, wobei es hier darauf ankommt, wie der entführende Elternteil die Erklärungen des anderen Elternteils bei objektiver Betrachtung hätte auffassen müssen, wofür der entführende Elternteil die volle Beweislast trage, vgl. OLG Stuttgart FamRZ 2009, 2017. Nach MüKoBGB[5]-*Siehr* Art. 21 EGBGB Anh. II HEntfÜ Rn 38 ist Widerrechtlichkeit nicht gegeben, „wenn ein Ehegatte dem Verbringen von Kindern ins Ausland frei, dh. ohne Irreführung zustimmt, sogar die Reisedokumente besorgt und bezahlt." Zu weit dürfte dagegen gehen, wenn im bloßen Nachschicken von Kinderspielzeug an das aus Deutschland in die USA entführte Kind dort eine nachträgliche Genehmigung gesehen wird, s. hierzu Krenzler/Borth-*Niethammer-Jürgens* M Rn 218, insb. im Vergleich zur sonstigen Anwendung des HKÜ im anglo-amerikanischen Rechtskreis. *Baetge* IPRax 2006, 313, 315 unterscheidet in diesem Punkt zwischen Tatsachen mit Indizwert (z. B. die Bezeichnung einer Reise als bloßen Besuch/"visit" einerseits; Abschluss eines Mietvertrags andererseits) und trivialen Tatsachen (etwa die Beauftragung eines Dritten mit Blumengießen). Das Nachschicken von Kinderspielzeug dürfte insoweit eher trivial-faktischer Natur ohne rechtsbindenden Wert sein.

I. Subjektive Anknüpfung des Jahresaufenthalts

1. Bestimmung des Anknüpfungsmoments

Sowohl Art. 7 I lit. b KSÜ als auch Art. 10 lit. b EuEheVO setzen als Mindesttatbestandsvoraussetzung für einen Zuständigkeitswegfall einen – den schlichten Aufenthalt eingerechneten[795] – Aufenthalt des Kindes im Zufluchtsstaat von mindestens einem Jahr voraus, „nachdem" der Sorgerechtsinhaber, die Behörde oder sonstige Stelle den Aufenthalt kannte oder kennen musste. Das bedeutet umgekehrt, dass die Aufenthaltszeit vor der Kenntnis unberücksichtigt bleibt. Im Unterschied dazu knüpft Art. 12 HKÜ den Beginn der Jahresfrist an die Verbringenshandlung[796] bzw. an die Zurückhaltenshandlung[797] an, d. h. die Frage der Integration des Kindes wird im HKÜ deutlich früher, nämlich an die objektiven Umstände der Entführung selbst angeknüpft, und nicht an die möglicherweise späte subjektive Kenntnis des zurückverbliebenen Elternteils.

Die Wortfolge „nachdem die sorgeberechtigte Person (…) kannte oder hätte kennen müssen und sich das Kind in seiner neuen Umgebung eingelebt hat" in

---

795 MüKoFamFG-*Gottwald* Brüssel IIa-VO Art. 10 Rn 7; Thomas/Putzo-*Hüßtege* Art. 10 EuEheVO Rn 4, m. w. N.; Staudinger-*Pirrung* (2009) Vorbem C 61 zu Art 19 EGBGB; *Hausmann* IntEuSchR B 339, m. w. N.

796 Nach einer Auffassung beginnt die Frist bei Kindesverbringung mit der ersten nach außen hervortretenden Sorgerechtsverletzung, die mit keiner alsbaldigen Grenzüberschreitung verbunden sein müsse, s. *Vomberg/Nehls,* S. 32, m. w. N. Bereits inländische Vorbereitungshandlungen ausreichen zu lassen, wird mit der ausschließlichen Anwendung des HKÜ auf grenzüberschreitende Fälle jedoch als schwer vereinbar angesehen, da vor der Grenzüberschreitung kein Rückgabeantrag gestellt und keine Zentrale Behörde eingeschaltet würden können, vgl. NK-BGB/*Benicke* Anh. III zu Art. 24 EGBGB Art. 12 HKÜ Rn 3, m. w. N.; *Bach* FamRZ 1997, 1051, 1055, m. w. N.; s. a. *Gülicher,* S. 107 f. Demnach dürfte Fristbeginn erst mit der ersten nach außen hervortretenden Verletzung des Sorgerechts durch Überschreiten einer Staatsgrenze einsetzen, s. Staudinger-*Pirrung* (2009) Vorbem D 33 und D 64 zu Art 19 EGBGB dabei seine noch bei Staudinger[13]-*Pirrung* (1994) Vorbem zu Art 19 EGBGB Rn 645 und 676 vertretene Auffassung aufgebend, vgl. NK-BGB/*Benicke* Anh. III zu Art. 24 EGBGB Art. 12 HKÜ Rn 3 Fn 99, m. w. N.

797 Im Fall des Zurückhaltens beginnt die Jahresfrist, sobald das Kind gemäß Gesetz, gerichtlicher Anordnung oder Elternvereinbarung an den anderen Elternteil hätte zurückgegeben werden müssen, d. h. in dem Zeitpunkt, in dem die Widerrechtlichkeit einsetzt, z. B. mit Ablauf des Umgangszeitraums, vgl. NK-BGB/*Benicke* Anh. III zu Art. 24 EGBGB Art. 12 HKÜ Rn 4; PalArch/*Thorn* I. C. 3 HKEntfÜ Rn 26; *Vomberg/Nehls,* S. 32; *Bach* FamRZ 1997, 1051, 1055; s. etwa OLG Karlsruhe FamRZ 1992, 847.

Art. 7 I lit. b KSÜ und Art. 10 lit. b EuEheVO könnte sogar darauf hindeuten, dass die Jahresfrist noch später beginnen soll, denn sie lässt offen, ob sich die zeitliche Verknüpfung „nachdem" nicht nur auf die Kenntnis, sondern auch auf das Einleben bezieht. Darauf deuten etwa auch die englische und die französische Fassung hin: „after the person (...) has had or should have had knowledge (...) and the child is settled" bzw. „après que la personne (...) a eu ou aurait dû avoir connaissance (...), que l'enfant s'est intégré". Selbst wenn der zurückverbliebene Elternteil relativ schnell den Aufenthaltsort des Kindes erführe, liefe bei einer solchen strengen Auslegung die Jahresfrist erst nach vollständiger Integration des Kindes an. Das entspräche zwar der grundsätzlichen Zielrichtung der Vorschriften, die Zuständigkeit der bisherigen Aufenthaltsbehörden zu erhalten, würde aber Rechtsunsicherheit bei der Bestimmung der Frist hervorrufen, die von der taggenauen Festsetzung der vollständigen Integration abhinge. Insbesondere aber wäre kein sachlich zu vertretender Aspekt ersichtlich, der begründen würde, warum ein weiterer Aufenthalt von einem Jahr vonnöten sein sollte, um die Zuständigkeit in den neuen Aufenthaltsort zu verlagern, wenn dort die Integration bereits abgeschlossen ist. Die Jahresfrist dürfte in Anlehnung an Art. 12 II HKÜ vielmehr dem Umstand Rechnung tragen, dass nach einem Aufenthalt des Kindes im Zufluchtsstaat von etwa einem Jahr regelmäßig von einer vollen Integration auszugehen ist. Anknüpfungsmoment der Entführungszuständigkeiten bleibt daher die subjektive Kenntnis des zurückverbliebenen Elternteils.

2. *Vernachlässigung prägender Aufenthaltszeiten*

Die Anknüpfung eines einjährigen Aufenthalts des Kindes in Art. 7 I lit. b KSÜ und in Art. 11 lit. b EuEheVO an einen Zeitpunkt „nachdem" Kenntnis erlangt wurde bzw. Kennenmüssen vorausgesetzt werden konnte, setzt die Zuständigkeit im bisherigen Aufenthaltsstaat selbst in Fällen schneller Kenntniserlangung über einen langen Zeitraum fort, in dem tatsächlicher Daseinsmittelpunkt des Kindes und zuständiges Gericht sich nicht mehr in demselben Land befinden. Verzögert sich Kenntniserlangung/Kennenmüssen des Aufenthalts auch noch im Einzelfall, etwa aufgrund von Verschleierungsmaßnahmen seitens des entführenden Elternteils, wird der Fristbeginn noch weiter hinausgeschoben. Für das betroffene Kind bedeutet dies, dass vor dem Zeitpunkt der Kenntniserlangung im Zufluchtsstaat verbrachte Zeiten, nicht angerechnet würden, obwohl sich diese für das Kind prägend ausgewirkt haben könnten. Die Schere zwischen dem Staat, in dem das Kind lebt und dem Staat, in dem das Sorgerechtsverfahren geführt wird, würde mit zunehmender Zeit immer größer. Schon im Rahmen des Art. 12 I HKÜ wurde entgegen der h. M.[798] aus kinderpsychiatrischer Sicht kritisiert, das Kind prägende Aufenthaltszeiten im Zufluchtsstaat bei der Frage der Rückführung vor Ablauf eines Jahres unberücksichtigt zu lassen.[799] Dieser Streitpunkt setzt sich im Rahmen des HKÜ-Rückgabeverfahrens bis zu der Frage fort, ob sich das Kind schon zum Zeitpunkt der verspäteten Antragstellung voll eingelebt haben müsse, oder ob die Integration mit Rücksicht auf das kindliche Erleben auch noch bis zur Entscheidung über den Antrag fortgesetzt werden könne.[800]

Auch im Rahmen der Prüfung eines Zuständigkeitswechsels nach Maßgabe der Art. 7 KSÜ und Art. 10 EuEheVO stellt sich daher die Frage, ob die Formulierung „das Kind sich (…) mindestens ein Jahr aufgehalten hat, nachdem die sorgeberechtigte Person, (…) seinen Aufenthaltsort kannte oder hätte kennen müssen“ tatsächlich in dieser zeitlichen Abfolge wörtlich aufzufassen ist. Der Wortlaut legt ausdrücklich fest, dass der Aufenthalt ein Jahr gedauert haben muss, „nachdem“ (s. a. die englische bzw. französische Originalfassung: „after“ und „après que“) Kenntnis gegeben war, d. h. der Wortlaut macht deutlich, dass die Jahresfrist ab Kenntnis/Kennenmüssen zu rechnen ist.[801] Auch der Zweck der

---

798 Nach h. M. ist der Integrationseinwand nach Wortlaut und Systematik des Art. 12 HKÜ den Fällen des Abs. 2 nach Ablauf der Jahresfrist vorbehalten. Mit dieser würden Verzögerungen beim Auffinden des Kindes bereits berücksichtigt, s. AG Frankfurt a. M. FamRZ 2010, 45, 46, m. w. N.; *Hüßtege* in IPRax 1992, 369, 372; *Bach* FamRZ 1997, 1051, 1055.

799 *Klosinski* FPR 2001, 206, 207 hält es aus kinderpsychiatrischer Sicht für problematisch, dass vor Ablauf der Jahresfrist das Einleben des Kindes am neuen Ort nicht zu prüfen sei. Laut *Bach* FamRZ 1997, 1051, 1055 hat dagegen das AG Besigheim IPRax 1992, 386 f. übersehen, dass eine Prüfung der Integration nach nur vier Monaten Aufenthalt nicht veranlasst gewesen sei; s. dies betonend auch *Jorzik,* S. 39, m. w. N.

800 Nach MüKoBGB[5]-*Siehr* Art. 21 EGBGB Anh. II HEntfÜ Rn 67, m. w. N., kommt es auf das Maß der Integration zum Zeitpunkt der verspäteten Antragstellung an, wofür der englische Wortlaut „the child is now settled in its new environment“ spreche. Nach a. A. wird mit Rücksicht auf das kindliche Erleben auf den späteren Zeitpunkt der Entscheidung über die Rückgabe bzw. auf den Zeitpunkt der für das Kind noch spürbareren Vollstreckung der Anordnung abgestellt (vgl. den Wortlaut: „ordnet (…) an, sofern nicht“). Das „now“ im englischen Wortlaut dürfte sich auf die Anordnung des Gerichts („order“) und nicht auf den Ablauf der Jahresfrist beziehen, vgl. NK-BGB/*Benicke* Anh. III zu Art. 24 EGBGB Art. 12 HKÜ Rn 8; Staudinger-*Pirrung* (2009) Vorbem D 66 zu Art 19 EGBGB; der a. A. zustimmend s. a. *Niethammer-Jürgens* FamRBint 2013, 5, 6 f.

801 Vgl. MüKoFamFG-*Gottwald* Brüssel IIa-VO Art. 10 Rn 7, m. w. N. („nachdem“); ebenso Thomas/Putzo-*Hüßtege* Art. 10 EuEheVO Rn 4 ausdrücklich auf den Wortlaut „nachdem“ als Beginn der Jahresfrist hinweisend; *Roth/Döring* JBl 1999, 758, 766.

Regelungen legt nahe, dass zuvörderst ein Beibehalten der Sorgerechtszuständigkeit des Herkunftsstaats erreicht werden soll. Um dies möglichst nicht umgehen zu können, wurden engste Regelungen geschaffen, die es kaum realisierbar machen, dass der Entführer die Zuständigkeit am Ort seiner Wahl erlangt. So ist auch nicht davon auszugehen, dass die Formulierung unbewusst vorgenommen wurde. Vielmehr ist davon auszugehen, dass beabsichtigt war, einem verschleiernden Vorgehen des Entführers mit einer weiteren Erschwernis bei der Zuständigkeitsverlagerung zu begegnen. Nach der Grundkonzeption der Art. 7 I lit. b KSÜ und Art. 10 lit. b) Ziff. i–iv EuEheVO reicht die Integration als solche nicht aus, um eine Zuständigkeitsveränderung herbeizuführen, sondern es wird neben Jahresaufenthalt und Einleben darüber hinaus antragstellerseitige Passivität vorausgesetzt, womit eine Umkehrsituation zu Art. 12 II HKÜ vorliegt: Während Art. 12 II HKÜ bei verspätetem Antrag den Erweis der Integration bis zur Entscheidung (str.) über die Rückgabeablehnung, jedenfalls aber bis zur Antragstellung erlaubt, lassen Art. 7 KSÜ und Art. 10 EuEheVO selbst bei Erweis voller Integration keinen Zuständigkeitswechsel zu, es sei denn die Antragssituation entspricht deren engen Zusatzbedingungen. Bei Art. 12 II HKÜ ist also der Erweis der Integration konstitutiv[802] für die Ablehnungsentscheidung, während bei Art. 7 KSÜ und Art. 10 EuEheVO das antragstellerseitige Verhalten den letzten Ausschlag für einen Zuständigkeitswechsel gibt und die erwiesene Integration allein keine Rechtsfolge nach sich zieht.

Im Ergebnis ist daher festzustellen, dass Art. 7 I lit. b KSÜ und Art. 10 lit. b EuEheVO einen Zuständigkeitswechsel erst dann in Betracht ziehen, wenn sich das Kind im zeitlichen Anschluss an die antragstellerseitige Kenntniserlangung für ein Jahr im Zufluchtsstaat aufgehalten hat. Dies hat zur Folge, dass das Gerichtsverfahren über eine lange Dauer hinweg in dem Staat geführt wird, in dem das Kind längst nicht mehr lebt. Streitigkeiten, wie sie beim HKÜ um die Frage geführt werden, ob sich die Fristwahrung unterlaufende Verschleierungsmaßnahmen[803] seitens des Entführers auf die Intensität der Integrationsprüfung auswirken, werden sich im Zusammenhang mit den modernen Entführungsvorschriften nicht stellen. Verschleierungsmaßnahmen gehen hier zu Lasten

802 Laut *Ehrle* wird der Nachweis der Integration unter Hinweis auf Art. 18 HKÜ teilweise als bloße Befreiung von der Rückgabepflicht angesehen; jedoch spreche der Wortlaut des Art. 12 II HKÜ gegen ein solches richterliches Ermessen, sondern dafür, dass der Nachweis der Integration den ersuchten Richter zur Ablehnung der Rückführung binde, vgl. *Ehrle*, S. 141 f., m. w. N.

803 Vgl. zu dieser Problematik z. B. Staudinger-*Pirrung* (2009) Vorbem D 66 zu Art 19 EGBGB, m. w. N.; NK-BGB/*Benicke* Anh. III zu Art. 24 EGBGB Art. 12 HKÜ Rn 12.

des Entführers selbst, da sich dadurch der Beginn der an subjektive Kenntnis anknüpfenden Jahresfrist hinauszögert. Verschleierungsmaßnahmen könnten allerdings bei der Zuständigkeitsermittlung zu der Frage führen, ob und inwieweit überhaupt eine echte Integration des Kindes möglich ist, wenn es sich im Zufluchtsstaat einer nachhaltig der Umwelt zu verbergenden Lebenssituation ausgesetzt sieht.[804] Bei einem Mindestaufenthalt von einem Jahr ab Kenntnis/Kennenmüssen gem. Art. 7 I lit. b KSÜ und in Art. 11 lit. b EuEheVO ergibt sich im Ergebnis folgender Zeitstrahl:

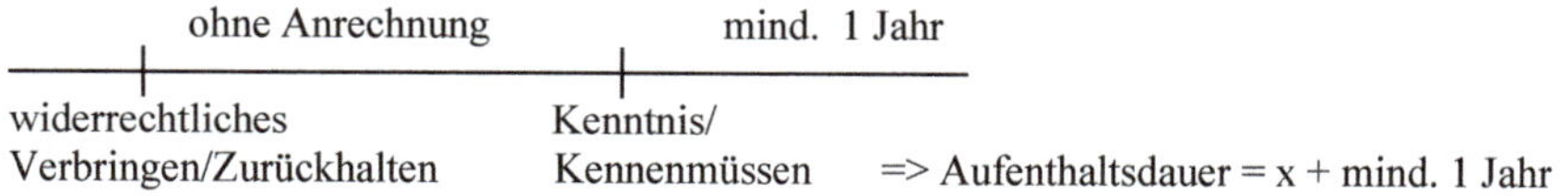

3. *Fristbestimmender Aufenthaltsort*

Fraglich ist, ob bei der Ermittlung der Jahresfrist auf die Kenntnis des konkreten Aufenthaltsortes oder des Aufenthaltsstaates abzustellen ist. Schon im Rahmen des HKÜ wird eine analoge Anwendung des Art. 12 I HKÜ erwogen,[805] wenn der Aufenthalt des Kindes innerhalb des Zufluchtsstaats von einem Ort an einen anderen verlegt werde und sich das Kind zum Entscheidungszeitpunkt noch nicht ein Jahr an dem letzten Ort befinde. In diesem Fall stelle sich die Frage, ob der Gesamtaufenthalt an diversen Zufluchtsorten in die Jahresfrist einzurechnen sei, d. h. ob es auf den Aufenthalt im Zufluchtsstaat als Ganzes ankomme oder nur auf die (kürzere) Dauer des Aufenthalts an einem konkreten Ort, an dem sich das Kind zum Entscheidungszeitpunkt befinde, und es könne bei Umzügen innerhalb des Jahresaufenthalts nach der zweiten Ansicht eine ausreichende Verwurzelung im ersuchten Staat zu verneinen sein.[806] Einem Abstellen auf den konkreten Aufenthaltsort im Zielstaat wird aber entgegengehalten, dass das HKÜ völkerrechtliche Verpflichtungen der Vertragsstaaten untereinander begründen wolle. Bei der Frage des kindlichen Einlebens i. S. d. Art. 12 II HKÜ seien die Verhältnisse im neuen Aufenthaltsstaat als Ganzes zu berücksichtigen. Bloß innerstaatliche Umzüge sollten nicht über Umwege zurück zu Art. 12 I

804 Die Integrationsmöglichkeit im Fall des Versteckthaltens des Kindes verneinend s. MüKoFamFG-*Gottwald* Brüssel IIa-VO Art. 10 Rn 3, m. w. N.; a. A. NK-BGB/*Benicke* Anh. III zu Art. 24 EGBGB Art. 12 HKÜ Rn 12.

805 Vgl. die Ausführungen bei *Schulz* IPRax 2002, 201, 202; s. a. *Bach* FamRZ 1997, 1051, 1057 in Bezug auf eine vollstreckungsfähige Beschlussformel.

806 Vgl. die Ausführungen von *Schulz* IPRax 2002, 201, 202.

HKÜ führen. Eine Integration erfolge nicht allein in die Örtlichkeit, sondern hänge auch maßgeblich von den familiären Verhältnissen und dem sozialen Umfeld im Zufluchtsstaat einschließlich dortiger Sprache, Kultur und Gebräuche ab. Bei der Ermittlung des Einlebens im Rahmen des HKÜ sei daher auf die Integration im Aufenthaltsstaat als Ganzem abzustellen.[807]

Der Wortlaut von Art. 10 lit. b EuEheVO und Art. 7 I lit. b KSÜ dagegen unterscheidet ausdrücklich zwischen der subjektiven Kenntnis des konkreten Aufenthaltsorts auf der einen Seite und dem Mitgliedstaat bzw. Staat des objektiven Jahresaufenthalts auf der anderen Seite. Daraus ist zu schließen, dass die Entführungszuständigkeiten bei der Frage des Kennens/Kennenmüssens auf den Aufenthaltsort und nicht auf den Aufenthaltsstaat abstellen.[808] Das bedeutet, dass die Jahresfrist erst zu laufen beginnt, wenn der zurückverbliebene Elternteil den konkreten Aufenthaltsort kennt/kennen muss. Auch das kann zur Folge haben, dass Zuständigkeit und Sachnähe über einen langen Zeitraum auseinanderfallen können.

II. Einleben in die neue Umgebung

1. Abgrenzung vom gewöhnlichen Aufenthalt

Teilweise wird beim Kriterium des Einlebens keine Unterscheidung vom Begriff des gewöhnlichen Aufenthalts getroffen: Da der gewöhnliche Aufenthalt in der Regel eine faktische Integration erfordere, dürfe dem Erfordernis des Einlebens kaum zusätzliche Bedeutung zukommen.[809] Es stelle sich sogar die Frage, ob das Erfordernis des Einlebens nicht eine „Hohlklausel“[810] sei. Die Entführungszuständigkeiten würden im Gegensatz zu Art. 12 II HKÜ auch auf einen gewöhnlichen Aufenthalt des Kindes abstellen; ein Einleben sei in diesem Fall regelmäßig

---

807 So die Argumentation von *Schulz* IPRax 2002, 201, 202; i. E. ebenso *Bach* FamRZ 1997, 1051, 1057; *Vomberg/Nehls*, S. 51; *Schoch*, S. 89 ff. Wird dagegen durch Aufenthaltsverlegungen des Kindes von einem Zufluchtsstaat in den nächsten die Dauer von einem Jahr überschritten, wird von einer Integration im ersuchten Staat nicht ausgegangen, vgl. *Schulz* IPRax 2002, 201, 202; AG Schleswig IPRax 2002, 220, 221.

808 So Staudinger-*Pirrung* (2009) Vorbem C 61 zu Art 19 EGBGB; ebenso *Zürcher*, S. 74; MüKoBGB^5-*Siehr* Art. 21 EGBGB Anh. II HEntfÜ Rn 67, der sogar auf die Kenntnis der „Anschrift des Entführers“ abstellt. S. aber a. A. bei *Kress*, S. 152, die unter Aufenthaltsort nicht den konkreten Ort versteht, sondern den Zufluchtsmitgliedstaat als solchen.

809 So MüKoFamFG-*Gottwald* Brüssel IIa-VO Art. 10 Rn 8.

810 *Fleige*, S. 166.

zu bejahen. Das Einleben sei daher als bloß deklaratorischer Hinweis auf die Umstände der Begründung des neuen gewöhnlichen Aufenthalts zu verstehen.[811]

Dagegen spricht aber systematisch, dass die Begriffe des gewöhnlichen Aufenthalts und des Einlebens in Art. 7 KSÜ und Art. 10 EuEheVO nebeneinander verwendet werden und – wie oben[812] untersucht – ersterer sich auf die Anwendbarkeit der Entführungszuständigkeiten auswirkt, wohingegen das Einleben die Zuständigkeitsfortdauer des Ursprungsstaats tatbestandlich begrenzt.[813] Mag zwar die Abgrenzung tatsächlich nur schwer durchführbar sein, wird eine solche aber im Hinblick auf die unterschiedlichen Folgen zu verlangen sein. Der Unterschied in der Rechtsfolge macht sich etwa dahingehend bemerkbar, dass für eine Zustimmung nach Variante a) der Entführungszuständigkeiten kein Einleben des Kindes erforderlich ist, wohl aber der gewöhnliche Aufenthalt im Zufluchtsstaat; bei Billigung des neuen Aufenthalts sollten sich die Behörden des Zufluchtsstaats wohl in die Lage gesetzt sehen, auf der Basis der allgemeinen Normen der Art. 5 KSÜ und Art. 8 EuEheVO tätig zu werden.

Auch ein historischer Vergleich mit dem HKÜ könnte gegen eine Gleichsetzung der Begriffe sprechen: Bei einer solchen Gleichsetzung ließe sich über Art. 12 II HKÜ eine Rückgabeablehnung schon allein wegen der Schwelle des gewöhnlichen Aufenthalts rechtfertigen; das Ziel des HKÜ, den (in der Regel nach sechs Monaten eingetretenen)[814] Wechsel des gewöhnlichen Aufenthalts allein nicht zum Anlass zu machen, die Zuständigkeiten an den neuen gewöhnlichen Aufenthaltsort zu verlagern, liefe auf diese Weise ins Leere. Unter Einleben wird darum im Gegensatz zum gewöhnlichen Aufenthalt die volle Integrierung

---

811 *Fleige*, S. 166, m. w. N.; s. a. *Solomon* FamRZ 2004, 1409, 1417 Fn 79 unter Bezugnahme auf *Coester-Waltjen* in FS Geimer, S. 139, 148 die Frage aufwerfend, ob und in welchen Fällen ein Kind überhaupt gewöhnlichen Aufenthalt begründen könne, ohne sich eingelebt zu haben. *Holzmann*, Brüssel IIa VO, S. 180 und 182 etwa hält Einleben eines Kindes in einen Staat für möglich, selbst wenn es dort keinen gewöhnlichen Aufenthalt habe. Dies begründet sie wohl offenbar mit der Möglichkeit, dass häufige Aufenthaltswechsel des Entführers mit dem Kind zu einem Einleben in einem Staat führen könnten, dabei aber nicht von einem neuen Lebensmittelpunkt gesprochen werden könne.

812 Zur Bedeutung für die räumliche Anwendbarkeit, sei es für Art. 7 KSÜ bei Wegfall des bisherigen gewöhnlichen Aufenthalts im Ursprungsstaat, sei es i. R. d. Art. 10 EuEheVO durch Begründung des neuen gewöhnlichen Aufenthalts im Zufluchtsstaat s. o. 3. Teil. A. IV („Ergebnis").

813 Vgl. die Begriffe trennend *Coester-Waltjen* FamRZ 2005, 241, 245 Fn 27.

814 S. o. 3. Teil. B. II („Allgemeine Auslegungsmaßstäbe des MSA") und III. 2. c („Ergebnis: Beibehaltung der allgemeinen Auslegungsmaßstäbe").

in das neue familiäre, soziale und kulturelle Umfeld verstanden, was sich darin äußern könne, dass das Kind soziale Kontakte zu Verwandten und Freunden habe, in den Kindergarten oder in die Schule gehe und die Sprache des Aufenthaltsstaats beherrsche, und wird regelmäßig erst nach einem Aufenthalt von einem Jahr für realistisch gehalten.[815] Dieser zeitliche Rahmen korreliert auch mit der Anknüpfung von Art. 7 I lit. b KSÜ und Art. 10 lit. b EuEheVO an sowohl einen einjährigen Aufenthalt als auch ein Einleben des Kindes im Zielstaat und dürfte darin seine Bestätigung finden.

2. *Begriff des Umfelds bzw. der Umgebung*

Das KSÜ spricht in seinem Art. 7 I lit. b von einem Einleben des Kindes „in seinem neuen Umfeld", wohingegen Art. 10 lit. b EuEheVO in seinem Einleitungssatz das Einleben des Kindes „in seiner neuen Umgebung" voraussetzt. Fraglich ist daher, ob die beiden Regelungswerke unterschiedliche Maßstäbe an den Begriff anlegen. Vergleichsweise stellt das HKÜ nach seinem Wortlaut auf das Einleben des Kindes „in seine neue Umgebung" ab. Insoweit stimmt die deutsche Übersetzung der EuEheVO im Wortlaut mit der deutschen Übersetzung des HKÜ überein. Ein Blick auf die Originaltexte lässt erkennen, dass in der englischen Fassung keine Unterschiede bestehen. So sprechen Art. 12 II HKÜ, Art. 7 I lit. b KSÜ und Art. 10 lit. b EuEheVO sämtliche vom Einleben im „new environment". Das spricht dafür, dass es sich hier lediglich um Unterschiede in der Übersetzung ohne sachlichen Grund handelt.[816] Allerdings wird auch in der französischen Fassung ein Unterschied gemacht. Während die Haager Abkommen beide vom „Nouveau milieu" sprechen, legt der französische Text der EuEheVO den Begriff „Nouvel environnement" zugrunde. Der Begriff stellt aber auch keine wirkliche Unterscheidung dar, denn beide Begriffe erfassen auch das soziale bzw. familiäre Umfeld.[817]

815 NK-BGB/*Benicke* Anh. III zu Art. 24 EGBGB Art. 12 HKÜ Rn 10 f.; PalArch/*Thorn* I. C. 3 HKEntfÜ Rn 36; Erman[13]-*Hohloch* Anh Art 24 EGBGB/HKÜ Rn 101. *Kress*, S. 152 bezeichnet die Voraussetzung des Art. 10 lit. b EuEheVO als „Qualifiziertes Einleben".

816 I. E. ebenso *Fleige*, S. 293.

817 Vgl. *Doucet/Fleck* I, S. 314 ("environnement") und S. 507 („milieu", auch die Bedeutung als „Gesellschaftsschicht" abdeckend, die allerdings i. R. d. EuEheVO keine Rolle spielen sollte).

III. Zusatzbedingungen

Art. 10 lit. b) i–iv EuEheVO setzt vier alternative[818] weitere Bedingungen für eine Zuständigkeitsverlagerung in den Zufluchtsstaat voraus. So entfällt die Zuständigkeit der Gerichte des Ursprungsstaats erst, wenn der Antragsteller seinen Antrag nicht mit einer von ihm zu erwartenden Nachhaltigkeit stellt bzw. betreibt, um die Rückgabe seinerseits möglichst schnell voranzutreiben und bestraft somit eine Passivität des Sorgeberechtigten.[819] Wenngleich Art. 7 I lit. b KSÜ weniger detailliert vorgeht, hängt die Zuständigkeitsverlagerung auch hier von der zusätzlichen Bedingung ab, dass kein Rückführungsantrag anhängig ist. Auch das KSÜ ermöglicht anderenfalls eine Zuständigkeitsfortdauer beim Gericht des Ursprungsstaats, selbst wenn sich das Kind im Zufluchtsstaat bereits eingelebt hat.

1. Vernachlässigung des Rückgabeverfahrens

a) Abschließende Aufzählungsfunktion der Zusatzbedingungen

Art. 7 I lit. b KSÜ und Art. 10 lit. b) Ziff. i und ii EuEheVO sind offensichtlich als Parallelvorschriften anzusehen und dürften auf derselben Überlegung beruhen: Stellt der zurückgelassene Elternteil innerhalb eines Jahres, nachdem er den Aufenthaltsort des Kindes kannte/hätte kennen müssen, keinen Rückgabeantrag, oder stellt er in dieser Frist einen (zurückgezogenen) Rückgabeantrag nicht nochmals, wird dem Zweck des HKÜ, das Kind in das Hoheitsgebiet des bisherigen Aufenthaltsstaats zurückzuführen, damit dort über das Sorgerecht entschieden werden kann, der Boden entzogen. Stattdessen wird ungehindert von einem Rückgabeverfahren die Verfestigung des Aufenthalts im Zufluchtsstaat zugelassen. Diesem Umstand wollen die Vorschriften des Art. 7 I lit. b KSÜ bzw. Art. 10 lit. b) Ziff. i und ii EuEheVO Rechnung tragen, indem sie für diesen Fall ausnahmsweise eine Zuständigkeitsverlagerung in den Zufluchtsstaat zulassen. Die Abweichung des Art. 10 EuEheVO von Art. 7 KSÜ durch die differenzierenden Ziff. i und ii drängt aber die Frage auf, ob die Auflistung der Varianten, die ausnahmsweise einen Zuständigkeitswechsel zulassen, als abschließend anzusehen ist:

Die Formulierung „sofern eine der folgenden Bedingungen erfüllt ist:“ und die komplexe Auflistung der Bedingungen in Art. 10 lit. b EuEheVO lassen darauf schließen, dass hier eine abschließende Regelung gewollt ist. Neben den Mindestanforderungen an Qualität und Dauer des Aufenthalts im Zufluchtsstaat sieht

818 NK-BGB/*Gruber* Anh. I zum III. Abschn. EGBGB Art. 10 EheVO 2003 Rn 5.

819 NK-BGB/*Gruber* Anh. I zum III. Abschn. EGBGB Art. 10 EheVO 2003 Rn 5; s. a. Thomas/Putzo-*Hüßtege* Art. 10 EuEheVO Rn 5. Zum dortigen Begriff der „Passivität des Sorgeberechtigten“ s. schon oben 1. Teil. C. I. 2 („Weiterungen innerhalb der EU“).

das KSÜ dagegen als weitere Zusatzbedingung für einen Zuständigkeitswechsel nur vor, dass kein während des Aufenthaltsjahres einmal gestellter Antrag auf Rückgabe des Kindes „mehr“ anhängig ist. Dieser Wortlaut könnte darauf schließen lassen, dass einmal ein Rückgabeantrag gestellt gewesen sein muss, was im Umkehrschluss bedeuten könnte, dass der Fall gänzlich fehlender Antragstellung nicht erfasst sei. Es käme zu dem merkwürdig anmutenden Ergebnis, dass gerade dann, wenn der zurückverbliebene Elternteil gänzlich auf einen Rückführungsantrag verzichtet, eine Zuständigkeitsverlagerung in den Zufluchtsstaat versagt sein soll. Fraglich ist daher, ob das KSÜ in diesem Punkt strenger oder leichter als die EuEheVO eine Zuständigkeitsverlagerung ermöglichen will.[820] Einerseits könnte die Beschränkung der Zusatzbedingungen auf beendete Antragsanhängigkeit als abschließend auszulegen sein, so dass ausschließlich im Fall eines nachträglichen Wegfalls der Anhängigkeit eines Rückgabeantrags überhaupt die Möglichkeit eines Zuständigkeitswechsels gegeben ist. Andererseits könnte die Beschränkung so auszulegen sein, dass bei Vorliegen der sonstigen Voraussetzungen des Art. 7 I lit. b KSÜ die Sorgerechtszuständigkeit stets wechselt, es sei denn, es ist noch ein rechtzeitig gestellter Rückführungsantrag anhängig.

Eine strenge Auslegung des KSÜ hätte zur Folge, dass in seinem Anwendungsbereich eine Zuständigkeit des Zufluchtsstaats zur Entscheidung über das Sorgerecht nie möglich wäre, wenn nicht ein Fall eines nachträglichen Antragswegfalls vorläge. In Fällen gänzlich unterlassener Antragstellung wäre eine Zuständigkeitsverlagerung dauerhaft gesperrt. Gegen eine solche strenge Auslegung spricht der Sinn und Zweck der Vorschrift, die Zuständigkeit des Herkunftsstaats in den Fällen erhalten zu wollen, in denen eine gewisse Nähe des Kindes zum Herkunftsstaat noch gegeben ist. Ist die Jahresfrist abgelaufen und kein Antrag gestellt, muss es im Hinblick auf das Einleben des Kindes in seine neue Umgebung möglich sein, die dortigen Gerichte als sachnäher über das Sorgerecht entscheiden zu lassen, wenn der zurückgelassene Elternteil keine Anstalten gemacht hat, an der jetzigen Aufenthaltssituation ernstlich etwas rückgängig machen zu wollen. Dagegen spricht auch ein Vergleich mit der EuEheVO: Zum einen ist davon auszugehen, dass bei Schaffung des zeitlich vorgeschalteten KSÜ noch nicht abzusehen war, dass mit der EuEheVO ein so detailliertes System zur Vermeidung von Zuständigkeiten des Zufluchtsstaats ausgearbeitet und alle Eventualitäten ausgeschlossen werden würden, vielmehr das KSÜ in diesem Punkt nachträglich

820 Auch nach Rauscher/*Rauscher* EuZPR/EuIPR (2010) Art 10 Brüssel IIa-VO Rn 22 ist nicht leicht festzustellen, ob Art. 10 lit. b EuEheVO trotz der Normierung von alternativen Anforderungen insgesamt gegenüber der Parallelvorschrift des Art. 7 I lit. b KSÜ schärfere oder leichtere Voraussetzungen aufweise.

als ungenau angesehen worden sein könnte. Zum anderen ist das Entführungsrecht der EuEheVO insgesamt deutlich schärfer gestaltet, so dass es systemwidrig wäre, wenn das KSÜ in diesem Punkt als das strengere Instrument angesehen würde. Art. 7 I lit. b KSÜ ist daher dahingehend auszulegen, dass bei Vorliegen seiner allgemeinen Voraussetzungen nach Ablauf eines Jahres stets von einer Zuständigkeitsverlagerung an die Gerichte des Zufluchtsstaats auszugehen ist. Falls aber rechtzeitig innerhalb dieses Jahres ein Rückgabeantrag erstmals oder wieder gestellt wurde, wird die Zuständigkeitsverlagerung nur dann gestattet, wenn die Anhängigkeit durch Rücknahme oder auch rechtskräftige Ablehnung des Antrags weggefallen ist.[821] Im Ergebnis ist also Art. 10 lit. b EuEheVO gegenüber Art. 7 I lit. b KSÜ als strenger anzusehen.[822]

b) Maßgebliche Empfängerbehörde

Wie schon bei der Anwendung des Art. 12 II HKÜ könnte sich auch im Rahmen von Art. 7 I lit. b KSÜ und Art. 11 lit. b) Ziff. i und ii EuEheVO der Fall ergeben, dass der ersuchende Elternteil zwar noch zum Ende der Jahresfrist einen Antrag stellt, aber nicht bei der für den Eingang des Antrags zuständigen gerichtlichen Behörde, sondern bei der Zentralen Behörde. Festzuhalten ist an dieser Stelle zunächst, dass für die Berechnung der Jahresfrist im Rahmen des HKÜ der Eingang des Antrags beim zuständigen Gericht oder der zuständigen Verwaltungsbehörde des Vertragsstaats maßgebend ist (Art. 12 I HKÜ), der Eingang des Antrags bei der Zentralen Behörde die Frist hingegen nicht wahrt, und der Eingang beim unzuständigen Gericht nur bei unverzüglicher Weiterleitung an das zuständige Gericht.[823]

Im Rahmen des KSÜ und der EuEheVO muss erschwerend beachtet werden, dass die Jahresfrist erst mit Kenntnis des Aufenthalts zu laufen beginnt, und nicht schon ab Verbringenshandlung, was in der praktischen Fallanwendung eine Verlängerung der Frist weit über ein Jahr hinaus bedeuten und für das Kind eine bedeutende Rolle im Integrationsprozess spielen kann. Wenn schon im Rahmen des HKÜ die Einhaltung der Frist streng gehandhabt wurde und sogar Verschleierung des Aufenthalts oder ein auf Verzögerung angelegtes Verhalten durch den

---

821 Vgl. i. E. *Rauscher* FamFR 2011, 94.

822 Staudinger-*Pirrung* (2009) Vorbem C 59 zu Art 19 EGBGB, m. w. N.

823 So *Vomberg/Nehls*, S. 32 f. unter Verweis auf u. a. OLG Bamberg FamRZ 1995, 305, und OLG Hamm FamRZ 1998, 385; AnwK-BGB/*Benicke* Anh. IV zu Art. 24 EGBGB Art. 12 HKÜ Rn 6 f.; s. a. PalArch/*Thorn* I. C. 3 HKEntfÜ Rn 36; Erman[13]-*Hohloch* Anh Art 24 EGBGB/HKÜ Rn 101; *Niethammer-Jürgens* DAVorm 2000, 1071, 1072 f.

Entführer keine Fristverlängerung zugunsten des Antragstellers begründete,[824] dann dürfte mit Rücksicht auf das kindliche Erleben die Säumnis einer noch länger währenden Frist, die erst nach Aufdeckung des Aufenthalts zu laufen beginnt, erst recht nicht großzügiger zu behandeln sein. Reicht der ersuchende Elternteil erst nach Ablauf eines Jahres seit Kenntnis des Aufenthalts des Kindes einen Rückgabeantrag beim zuständigen Gericht ein oder reicht er den Antrag zwar noch innerhalb der Frist, aber bei der Zentralen Behörde oder beim falschen Gericht ein und wird der Antrag von dort nicht unverzüglich an das zuständige Gericht weitergeleitet, ist der Rückgabeantrag daher als verspätet, mithin als nicht innerhalb der Frist des lit. b) Ziff. i bzw. ii gestellt zu behandeln und die Fortsetzung der Zuständigkeit der Behörden des Ursprungsstaats zu versagen. Im Ergebnis ergibt sich bei verspätetem/fehlerhaftem Rückführungsantrag gem. Art. 7 I lit. b KSÜ und in Art. 11 lit. b) Ziff. i und ii EuEheVO folgender Zeitstrahl:

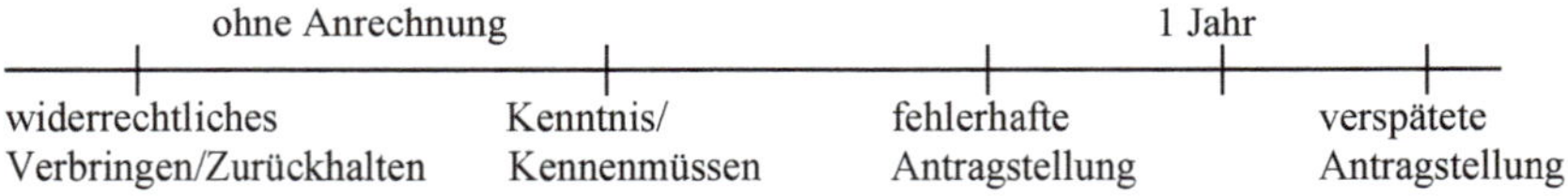

=> Zuständigkeitswechsel erfolgt nach Aufenthaltsdauer von x + 1 Jahr

2. *Verfahrensabschluss mangels Stellung von Sorgerechtsanträgen*

a) Unterrichtungspflicht

Die Variante des Art. 10 lit. b) Ziff. iii EuEheVO erlaubt eine Zuständigkeitsverlagerung, wenn ein Verfahren im Ursprungsstaat gem. Art. 11 VII Unterabs. 2 EuEheVO abgeschlossen wurde. Diese Variante beruht auf folgendem von *Völker* anschaulich zusammengefassten und den weiteren vorliegenden Untersuchungen zugrundegelegten „Mechanismus“[825]: Im Fall einer Rückgabeablehnung gem. Art. 13 HKÜ habe das Gericht des Herkunftsmitgliedstaats nach dem Gedanken des Art. 11 VIII EuEheVO die Letztentscheidung über die Rückgabe des entführten Kindes. Das ersuchte Gericht im Zufluchtsmitgliedstaat habe darum das zuständige Gericht oder die Zentrale Behörde im Ursprungsmitgliedstaat binnen eines Monats mittels Übersendung der Entscheidung und weiterer Unterlagen

824 NK-BGB/*Benicke* Anh. III zu Art. 24 EGBGB Art. 12 HKÜ Rn 7; Staudinger-*Pirrung* (2009) Vorbem D 64 zu Art 19 EGBGB. Streitig war hier, ob die Verschleierungsmaßnahme eine besonders strenge Integrationsprüfung veranlasse, s. o. 3. Teil. C. I. 2 („Vernachlässigung prägender Aufenthaltszeiten“).

825 *Völker* FamRZ 2010, 157, 159.

(*Völker*[826] verweist hier auf Anhörungsniederschriften und Jugendamtsberichte) zu benachrichtigen, welches daraufhin die Eltern einlade, binnen drei Monaten Sorgerechtsanträge zu stellen, wenn nicht im Herkunftsstaat ohnehin schon ein Sorgerechtsverfahren anhängig sei. Werde das Aufenthaltsbestimmungsrecht für das entführte Kind auf den die Rückgabe bislang vergeblich ersuchenden Elternteil übertragen, so sei „historisch präzedenzlos"[827] die nun in der Sorgerechtsentscheidung des Ursprungsstaats enthaltene Rückgabeentscheidung im Zufluchtsmitgliedstaat unmittelbar vollstreckbar.[828] Stelle dagegen binnen der Dreimonatsfrist keiner der Beteiligten einen Sorgerechtsantrag, so schließe das Gericht des Herkunftsmitgliedstaats das dortige Verfahren gem. Art. 11 VII Unterabs. 2 EuEheVO ab.[829] Die Sorgerechtszuständigkeit darf dann nach der Variante des Art. 10 lit. b) Ziff. iii EuEheVO nunmehr in den Zufluchtsmitgliedstaat wechseln. Dieser Mechanismus des Art. 11 VI und VII EuEheVO soll nach *Gruber* sicherstellen, dass die Sorgerechtszuständigkeit nicht mehr wie bei Art. 16 HKÜ bereits im Anschluss an die Rückgabeablehnung des ersuchten Gerichts übergeht, sondern zunächst im Ursprungsmitgliedstaat ein Sorgerechtsverfahren in Gang gesetzt und dort durchgeführt wird, selbst wenn der zurückverbliebene Elternteil dort noch kein Verfahren angestrengt hatte.[830]

b) Diskussion um eine analoge Anwendung

Fraglich ist, in welchen Fällen die Zentrale Behörde bzw. das Gericht des Ursprungsmitgliedstaats zu benachrichtigen ist. Als unstreitig dürfte gelten, dass eine Benachrichtigung nicht veranlasst ist, wenn die Rückgabe bereits wegen fehlender Widerrechtlichkeit abgelehnt wird, weil es dann schon an einer Anwendbarkeit des HKÜ und damit auch des Art. 11 EuEheVO mangelt.[831]

---

826 *Völker* FamRZ 2010, 157, 159.

827 S. jurisPR-FamR 1/2006 Anm. 1, *Völker*, S. 49, 50.

828 *Völker* FamRZ 2010, 157, 159; jurisPR-FamR 1/2006 Anm. 1, *Völker*, S. 49, 50.

829 *Völker* FamRZ 2010, 157, 159.

830 NK-BGB/*Gruber* Anh. I zum III. Abschn. EGBGB Art. 11 EheVO 2003 Rn 13, m. w. N. Die Sorgerechtszuständigkeit richtete sich nach Rückgabeablehnung und Wegfall der Sperrwirkung des Art. 16 HKÜ unter Geltung noch des MSA nach den allgemeinen Maßstäben; hatte das Kind seinen gewöhnlichen Aufenthalt dann immer noch im Herkunftsstaat, blieben die dortigen Gerichte nach Art. 1 MSA weiter zuständig; hatte es aber mittlerweile etwa nach sechs Monaten seinen gewöhnlichen Aufenthalt im ersuchten Staat, konnten nunmehr die Gerichte des Zufluchtsstaats nach Art. 1 MSA tätig werden, s. *Winkler v. Mohrenfels* IPRax 2002, 372, 374.

831 Vgl. Thomas/Putzo-*Hüßtege* Art. 11 EuEheVO Rn 6; ebenso *Hausmann* IntEuSchR B 127.

Vertreten wird aber, dass Art. 11 VI EuEheVO nicht nur auf die Rückgabeablehnung nach Art. 13 HKÜ, sondern auch auf andere HKÜ-Ablehnungsgründe anzuwenden sei, um anschließend schnell eine Sorgerechtsentscheidung im Herkunftsstaat bzw. einen für Art. 10 lit. b) Ziff. iii EuEheVO ausreichenden Verfahrensabschluss zu ermöglichen.[832] Grund für die Anwendung auf Art. 12 II und 20 HKÜ sei die Vergleichbarkeit der Fälle.[833] Angedacht wird in diesem Zusammenhang auch die Anwendung auf Rückgabeablehnungen nach Art. 4 Satz 2 HKÜ wegen Altersüberschreitung.[834] Nach anderer Ansicht ist die Vorschrift auf Rückgabeablehnungen nach Art. 4 Satz 2, Art. 12 II und Art. 20 HKÜ dagegen schon nach dem Wortlaut (vgl. die Verweisungskette von Art. 11 VII Unterabs. 1 auf VI EuEheVO und von Art. 11 VI EuEheVO auf Art. 13 HKÜ) nicht anzuwenden.[835] Außerdem fehle es im Fall des Art. 12 II HKÜ nach Überschreiten der Jahresfrist an einer dem Art. 11 VI EuEheVO innewohnenden Dringlichkeit („emergency").[836]

c) Lösung

Wird die Rückgabe nach Art. 4 HKÜ abgelehnt, weil das entführte Kind sein 16. Lebensjahr erreicht hat, ist der Fall genauso zu behandeln wie derjenige fehlender Widerrechtlichkeit der Verbringung/Zurückhaltung des Kindes. Da in diesen Fällen sowohl das HKÜ als Ganzes als auch der spezifische Art. 11 EuEheVO unanwendbar sind,[837] ist eine analoge Anwendung der Benachrichtigungspflicht auf altersbedingte Rückgabeablehnungen zu verneinen und das System eines Verfahrensabschlusses i. S. d. Art. 10 lit. b) Ziff. iii EuEheVO springt gar nicht erst

---

832 NK-BGB/*Gruber* Anh. I zum III. Abschn. EGBGB Art. 11 EheVO 2003 Rn 18; *Solomon* FamRZ 2004, 1409, 1417.

833 MüKoFamFG-*Gottwald* Brüssel IIa-VO Art. 11 Rn 12, m. w. N.; ebenso Thomas/Putzo-*Hüßtege* Art. 11 EuEheVO Rn 7, m. w. N.

834 Erwähnt, aber i. E. abgelehnt bei Staudinger-*Pirrung* (2009) Vorbem C 69 zu Art 19 EGBGB.

835 Staudinger-*Pirrung* (2009) Vorbem C 69 zu Art 19 EGBGB; ablehnend auch Prütting/Gehrlein-*Völker* Brüssel IIa Art. 11 Rn 8.

836 Magnus/Mankowski/*Étienne Pataut* Brussels IIbis Regulation (2012) Art. 11 note 56, aber die fehlende Übermittlungspflicht in einem seltenen, jedoch nicht ausgeschlossenen Art. 20 HKÜ-Fall bedauernd: „The use of article 20 would be evidence of a very important difference in the fundamental policies of the two Member States involved, and the whole communication process organised by article 11 (6) would certainly help to reduce these differences", s. dortige note 57.

837 S. o. 2. Teil. B. II. 3. a („Altersgrenze des Art. 11 EuEheVO").

an. Somit stellt sich zumindest an dieser Stelle auch nicht das oben[838] diskutierte Problem der persönlichen Anwendbarkeit des Art. 10 EuEheVO auf 16/17jährige Minderjährige.

In Bezug auf die Ablehnungsgründe der Artt. 12 II und 20 HKÜ stellt sich aber das systematische Problem, dass einerseits die Zuständigkeitsfortsetzung des Art. 10 EuEheVO selbst keine Differenzierung zwischen den verschiedenen Ablehnungsgründen kennt (allenfalls implizit durch Bezugnahme in lit. b) Ziff. iii auf Art. 11 VII EuEheVO), somit ungeachtet von Ablehnungsvarianten Anwendung findet, andererseits aber die speziellen Zusatzbedingungen der Ziff. i–iv, die einen Zuständigkeitswechsel erlauben, abschließend[839] zu verstehen sind: Das könnte die systematische Folge haben, dass eine Zuständigkeitsverlagerung in Fällen der Rückgabeablehnung nach Artt. 12 II oder 20 HKÜ ohne einen analog vorgeschalteten Verfahrensabschluss nach Art. 11 VI und VII EuEheVO von vorneherein ausgeschlossen wäre, wenn sich in Art. 10 EuEheVO kein sonstiger hierauf bezogener Verlagerungsgrund findet. Die Variante der analogen Anwendung könnte sich insofern für eine Zuständigkeitsverlagerung in den Zufluchtsstaat günstig auswirken, als wenigstens mit Ziff. iii festgeschrieben und gesichert wäre, dass in Fällen des Integrationseinwandes bzw. des ordre public wenigstes mittels eines Verfahrensabschlusses nach Art. 11 VI und VII EuEheVO analog eine Zuständigkeitsverlagerung zu bewirken wäre.

Für den Fall des Art. 12 II HKÜ (Integrationseinwand nach Fristsäumnis) lässt sich diesem Ergebnis aber vorbeugen: Da lit. b) Ziff. i und ii auf eine Antragsfrist von einem Jahr ab subjektiver Kenntnis vom Aufenthaltsort des Kindes abstellt, legt Art. 10 EuEheVO eine deutlich längere Frist zugrunde als Art. 12 II HKÜ.[840] Daher geht die Zuständigkeit im Fall des Integrationseinwandes jedenfalls dann über, wenn der zurückverbliebene Elternteil die Antragsfrist nicht nur des Art. 12 II, sondern auch des Art. 10 lit. b) Ziff. i bzw. ii EuEheVO versäumt hat. Für eine analoge Anwendung der Unterrichtungspflicht auf Fälle des Art. 12 II HKÜ besteht daher kein Bedürfnis,[841] auch kein systematisches.

Es verbleibt damit eine Regelungslücke für Art. 20 HKÜ. Für eine Auslegung dahingehend, dass Art. 10 EuEheVO im Fall einer Grund- und Menschenrechts-

---

838 2. Teil. B. II. 3. b („Altersgrenze der Entführungszuständigkeit“).

839 S. o. 3. Teil. C. III. 1. a („Abschließende Aufzählungsfunktion der Zusatzbedingungen“).

840 S. o. 3. Teil. C. I („Subjektive Anknüpfung des Jahresaufenthalts“).

841 Zu den weiteren gegen eine analoge Anwendung sprechenden Argumenten s. ausführlich unten 4. Teil. C. II. 1. a) dd („Maßgebliche Ablehnungsgründe“) zur parallelen Diskussion um eine analoge Anwendung des Art. 11 VIII EuEheVO.

verletzung nicht zur Anwendung kommen solle, gibt es keinen Hinweis. Eher wurde bei Erarbeitung der EuEheVO von der Möglichkeit eines Art. 20 HKÜ-Falls innerhalb der EU nicht ausgegangen, worauf auch Art. 11 EuEheVO hindeutet, der zwar Artt. 12 und 13 HKÜ aufgreift, nicht aber Fälle von Menschenrechtsverletzungen.[842] Mag dies zwar kaum denkbar sein,[843] besteht hier dennoch eine rechtstheoretische Lücke, die es im planwidrigen praktischen Anwendungsfall zu lösen gälte. Ohne analoge Anwendung des Art. 11 VI und VII EuEheVO sähe Art. 10 EuEheVO keine Möglichkeit vor, die Zuständigkeit in den ersuchten Mitgliedstaat übergehen zu lassen, selbst wenn die Rückgabe mit den im Zielstaat geltenden Grundwerten unvereinbar wäre. Um diese Regelungslücke ggf. schließen zu können, dürfte an dieser Stelle auf die, wenngleich unbefriedigende Lösung über eine analoge Anwendung der Ziff. iii zurückzugreifen sein.

3. *Sorgerechtsentscheidung des Herkunftsstaats, in der die Rückgabe des Kindes nicht angeordnet wird*

Eine Zuständigkeitsverlagerung erlaubt die EuEheVO schließlich, wenn die Gerichte des Ursprungsmitgliedstaats eine Sorgerechtsentscheidung erlassen, in der die Rückgabe des Kindes nicht angeordnet wird,[844] vgl. Art. 10 lit. b) Ziff. iv EuEheVO. Hier stellt sich das grundsätzliche Problem, welche Anforderungen an die Qualität dieser Entscheidung zu stellen sind, d. h. ob sie bereits Rechtskraft erlangt haben muss oder ob schon der erstinstanzliche Erlass der Entscheidung genügt.

---

842 S. beispielsweise Magnus/Mankowski/*Étienne Pataut* Brussels IIbis Regulation (2012) Art. 11 notes 56, 57. Ausführliche Argumente und Nachweise zu dieser Einschätzung innerhalb der EU s. u. zu Art. 11 VIII EuEheVO analog im 4. Teil. C. II. 1. a) dd) (3) (a) („Keine planwidrige Regelungslücke").

843 S. u. 4. Teil. A. V. 1 („Vorkehrungen bei Verstoß gegen Menschenrechte und Grundfreiheiten").

844 Vgl. Rauscher/*Rauscher* EuZPR/EuIPR (2010) Art. 10 Brüssel IIa-VO Rn 33 ff. zur umgedrehten Situation: Wird ursprungsstaatlich zwar die Rückgabe angeordnet, aber keine Vollstreckung durchgeführt, so komme es mit Art. 10 EuEheVO zu einem dauernden Auseinanderfallen von gewöhnlichem Aufenthalt und Zuständigkeit; dies sei „schlichte Rechthaberei"; verbleibe das Kind im Anschluss an eine solche Entscheidung weiterhin für einen Zeitraum im Zufluchtsstaat, der für sich gesehen bereits die Voraussetzungen für den Erwerb eines gewöhnlichen Aufenthalts erfülle, dann habe man sich der normativen Kraft des Faktischen zu beugen und die Sorgerechtszuständigkeit müsse auf den Zufluchtsstaat übergehen. S. ebenso *Holzmann*, S. 217 gegen eine Rückführung bei später Ersetzung der Rückgabeablehnung durch eine Art. 11 VIII EuEheVO-Entscheidung im Hinblick auf eine zwischenzeitliche Integration.

a) Rechtsprechung des EuGH

Der EuGH hat diese Regelung dahingehend eingeschränkt, dass eine bloß vorläufige Entscheidung des Herkunftsstaats, mit der keine Rückgabe angeordnet worden sei, keine ausreichende Regelung sei, um einen Zuständigkeitswechsel herbeizuführen.[845] Der EuGH kommt aufgrund einer engen Auslegung des Art. 10 lit. b) Ziff. iv EuEheVO zu diesem Ergebnis, die darauf beruhe, dass die Verordnung grundsätzlich eine Zuständigkeitsverlagerung auf der Basis einer Kindesentführung verhindern wolle. Eine die Rechtsfolge der Zuständigkeitsverlagerung auslösende Sorgerechtsentscheidung müsse daher eine endgültige, auf Grundlage einer umfassenden Prüfung aller relevanten Gesichtspunkte getroffene Entscheidung sein, die nicht mehr von anderen behördlichen oder gerichtlichen Entscheidungen abhänge. Auch wenn nach dieser Regelung in regelmäßigen Abständen unter Umständen die Frage der Sorge für das Kind neu zu beurteilen oder zu überprüfen sei, nehme das der Entscheidung nicht ihren endgültigen Charakter. Anderenfalls bestünde die Gefahr, dass sich das Gericht des Herkunftsmitgliedstaats trotz Eilfalls in Kindeswohlfragen zurückhaltender verhalte, um seine Hauptsache-Sorgerechtszuständigkeit nicht durch Eilmaßnahmen zu gefährden, selbst wenn das Kindeswohl eine schnelle Maßnahme erfordere.[846]

Der EuGH sieht als maßgebliche Voraussetzung der Ziff. iv also die Endgültigkeit der ursprungsstaatlichen Sorgerechtsentscheidung, mit der keine Rückgabe des Kindes angeordnet wurde. Teilweiser Interpretation hat er hier überlassen, was unter einer endgültigen Sorgerechtsentscheidung zu verstehen ist. Unmissverständlich ausgenommen hat der EuGH hiervon jedenfalls vorläufige Eilentscheidungen. Ob aber bloß rechtskräftige Entscheidungen oder schon die erstinstanzliche Hauptsacheentscheidung erfasst sein sollen, bleibt Auslegungssache. Der Wortlaut der Entscheidungsgründe („nicht mehr von anderen behördlichen oder gerichtlichen Entscheidungen abhängenden Regelung") könnte einen Hinweis darauf geben, dass mit dem Kriterium der Endgültigkeit

---

845 S. EuGH (Urteil v. 1.7.2010 – Rs. C-211/10 PPU: Povse ./. Alpago) FamRZ 2010, 1229: Nach zunächst rechtswidriger Verbringung der Tochter (gerichtliches Ausreiseverbot mit dem Kind) durch die Mutter von Italien nach Österreich übertrug das Jugendgericht Venedig die schon zuvor bestehende gemeinsame Sorge vorläufig auf beide Eltern mit der Maßgabe, dass das Kind bis zur endgültigen Entscheidung in Österreich bei seiner Mutter wohnen dürfe, und hob dabei das Ausreiseverbot auf, vgl. dazu ausführlich *Mansel/Thorn/Wagner* IPRax 2011, 1, 22 ff.

846 EuGH (Urteil v. 1.7.2010 – Rs. C-211/10 PPU: Povse ./. Alpago) FamRZ 2010, 1229, 1231.

die Rechtskraft der Entscheidung gemeint ist. Nur eine rechtskräftige Entscheidung ist nicht mehr von anderen behördlichen oder gerichtlichen Entscheidungen abhängig, wohingegen die nicht rechtskräftige Entscheidung, ggf. auch ihre Wirksamkeit/Vollstreckbarkeit etwa im Instanzenzug aufgehoben/ausgesetzt werden könnte. Es ist daher davon auszugehen, dass das innerstaatlich verwendete Kriterium der Rechtskraft mit dem vom EuGH verwendeten Terminus der Endgültigkeit der Entscheidung gleichzusetzen ist und somit Rechtskraft der Sorgerechtsentscheidung erforderlich ist, damit die Ziff. iv einschlägig werden kann. Dies fügt sich auch mit der Interpretation von *Gruber*, demnach eine vorläufige Entscheidung i. S. d. EuGH-Rechtsprechung dann vorliege, wenn noch – etwa durch ein Gutachten – eine nähere Beurteilung der Eltern-Kind-Beziehungen ermöglicht und dadurch eine spätere Sorgerechtsentscheidung vorbereitet werden solle.[847]

b) Widersprüchlichkeit des Rechtskrafterfordernisses

Wird aber im Ursprungsmitgliedstaat eine endgültige/rechtskräftige Sorgerechtsregelung getroffen, dürfte das dortige Sorgerechtsverfahren ohnehin enden; der Anwendung der Ziff. iv) verblieben nur die Fälle von Sorgerechtsabänderungen, da in diesen Fällen die Zuständigkeit im Herkunftsstaat auch noch für Abänderungsverfahren fortgesetzt würde, obwohl das Kind dort längst nicht mehr lebt. Über diesen Anwendungsfall hinaus wäre die Vorschrift obsolet. Dieser eingeschränkten Auslegung stehen daher Bedenken gegenüber: Art. 10 lit. b) Ziff. iv EuEheVO kommt ohnehin erst zum Tragen, wenn alle weiteren Voraussetzungen (gewöhnlicher Aufenthalt, Jahresaufenthalt nach Kenntnis/Kennenmüssen des Aufenthalts sowie Einleben des Kindes in die neue Umgebung) vorliegen. Hinzu kommt, dass im Fall der Ziff. iv ggf. sowohl das ersuchte Gericht als auch das Gericht des Ursprungsmitgliedstaats von einer Rückgabeanordnung abgesehen und somit beide Fachgerichte keine Veranlassung zur Rückgabe gesehen haben könnten. Normativ dennoch eine Zuständigkeitsfortsetzung beizubehalten, weil die ursprungsstaatliche sorgerechtliche Regelung unter Verzicht auf eine Rückgabeanordnung keine endgültige ist, könnte im Hinblick auf die Bedeutung von Sachnähe im Minderjährigenschutz aber zu überdenken sein, so dass Ziff. iv einer Betrachtung bedarf:

---

847 NK-BGB/*Gruber* Anh. I zum III. Abschn. EGBGB Art. 10 EheVO 2003 Rn 7 unter Bezugnahme auf EuGH (Urteil v. 1.7.2010 – Rs. C-211/10 PPU: Povse ./. Alpago) FamRZ 2010, 1229 ff.

Der Wortlaut der Ziff. iv („von den Gerichten des Mitgliedstaats, (...) wurde eine Sorgerechtsentscheidung erlassen") sagt, dass „eine" Entscheidung von mehreren „Gerichten" bearbeitet wurde und spricht somit dafür, dass der Instanzenzug durchschritten wurde. Die Auslegung durch den EuGH findet sich insoweit vom Wortlaut bestätigt. Für diese Auslegung könnte auch der Zweck der Regelung sprechen: Wesentlich dürfte für die Vorschrift sein, dass das Gericht im Herkunftsstaat Ermittlungen führte, die es zu einer (vorläufigen) Entscheidung veranlassten, ohne aber bereits die Rückgabe anordnen zu wollen, eventuell um unnötiges Hin- und Rückführen des Kindes zu vermeiden und damit das Hauptsacheverfahren noch vor Ort zu einem Ende gebracht werden kann. Zwar verlängert diese Auslegung die tatsächlichen Aufenthaltsverhältnisse im Zufluchtsstaat, so dass die spätere Rückführung für das Kind umso einschneidender werden kann, aber es kann auch nicht im Sinne des Kindes sein, wenn sich das ursprungsstaatliche Gericht gedrängt sähe, die Rückgabe anzuordnen, damit es sich seiner Sorgerechtszuständigkeit nicht durch sonstige Zwischenentscheidungen begibt. Die Verlängerung der tatsächlichen Lebensverhältnisse im ersuchten Staat wird jedoch im Rahmen der endgültigen materiellrechtlichen Sorgerechtsentscheidung Berücksichtigung finden und dort ihren angemessenen Ausgleich finden müssen.

IV. Zusammenfassung

Es ist davon auszugehen, dass die spezifischen, engen Bedingungen der Art. 7 I lit. b KSÜ und Art. 10 lit. b EuEheVO für einen Zuständigkeitswechsel in den Zielstaat in der Praxis selten eintreten werden und die Sorgerechtszuständigkeit in der Regel im Herkunftsstaat verbleibt. Beide Vorschriften knüpfen die Jahresfrist als Mindestaufenthaltsvoraussetzung in Abgrenzung zum HKÜ an die subjektive Kenntnis des zurückverbliebenen Elternteils an und nicht an die objektive für das Kind spürbare tatsächliche Aufenthaltssituation; sie dürften somit als elternzentriert[848] anzusehen sein. Im Gegensatz zum HKÜ zählt auch nicht die Kenntnis des Aufenthaltsstaats, sondern des konkreten Aufenthaltsorts, was den Fristbeginn weiter verzögern kann. In der Frage der weiteren spezifischen Zusatzbedingungen ist Art. 7 I lit. b KSÜ deutlich offener für eine Zuständigkeitsverlagerung in den Zufluchtsstaat als Art. 10 lit. b EuEheVO: Während einem internationalen Zuständigkeitswechsel bei Vorliegen der sonstigen Voraussetzungen (einjähriger Aufenthalt ab Kenntnis des Aufenthaltsorts

848 S. schon oben 2. Teil. A. V. („Ergebnis: Elternzentrierung und Formalisierung der sachlichen Anwendbarkeit").

und Einleben des Kindes in seine neue Umgebung) nur noch ein anhängiger Rückgabeantrag entgegenstehen kann, sieht die Verordnung für die Mitgliedstaaten eine abschließende Liste von schon eng normierten Varianten vor, die einen Zuständigkeitswechsel ermöglichen, deren letzte Variante vom EuGH noch zusätzlich eng[849] ausgelegt wird.

D. Verbleibende Handlungsmöglichkeiten des Zufluchtsstaats

Angesichts der strengen Vorgaben, die eine Zuständigkeitsverlagerung in Abweichung von Art. 16 HKÜ so lange als möglich verhindern sollen, stellt sich die Frage, ob und ggf. auf der Basis welcher Zuständigkeiten die im Zufluchtsstaat ansässigen Behörden für das Kind vor Ort im Bedarfs- oder Notfall agieren können.[850]

I. Dringende Fälle

1. Korrektiv im Rahmen des KSÜ

Das KSÜ hält gegenüber der fortgesetzten Zuständigkeit des bisherigen Aufenthaltsstaats ein Korrektiv bereit, indem es den Behörden des Zielstaats ausdrücklich eine Zuständigkeit für dringende[851] Angelegenheiten belässt: Solange die Behörden des Entführungsvertragsstaates zuständig bleiben, dürfen im

---

849 NK-BGB/*Gruber* Anh. I zum III. Abschn. EGBGB Art. 10 EheVO 2003 Rn 7 zur Auslegung der Ziff. iv durch den EuGH (Urteil v. 1.7.2010 - Rs. C-211/10 PPU: Povse ./. Alpago) FamRZ 2010, 1229 ff.

850 Unbenommen davon kann das in der Hauptsache zuständige Gericht selbst einstweilige Maßnahmen treffen, s. *Martiny* FPR 2010, 493, 495; s. a. EuGH (Urteil v. 15.7.2010 - Rs. C-256/09: Purucker ./. Vallés Pérez „Purucker I") FamRZ 2010, 1521 ff., zusammengefasst durch *Schulz* FamRBint 2010, 82 f.; *Mansel/Thorn/Wagner* IPRax 2011, 1, 25.

851 Nach *Hausmann* IntEuSchR B 382, m. w. N. entspricht der Dringlichkeitsbegriff dem des Art. 9 MSA und ist streng anzulegen; es müsse daher unverzügliches Einschreiten der Behörden zum Schutz des Kindes oder seines Vermögens erforderlich sein und die Gefahr bestehen, dass das Kind bis zu einer Entscheidung des in der Hauptsache zuständigen Gerichts eines anderen Vertragsstaats schweren Schaden nehmen könne. Eine ernstliche Gefährdung i. S. v. Art. 8 MSA sei dagegen nicht nötig, genüge aber jedenfalls für eine Zuständigkeit nach Art. 11 KSÜ, die daher im Fall eines § 1666 BGB, z. B. im Fall drohender Beschneidung eines Mädchens während eines Besuchs in Gambia, regelmäßig gegeben sei. Zu Art. 8 MSA in Fällen des § 1666 BGB s. *Oberloskamp* MSA Art. 8 Rn 23 ff.

Zufluchtsvertragsstaat dringende Schutzmaßnahmen auf der Basis der Artt. 11 I i. V. m. 7 III KSÜ getroffen werden, die gem. Art. 11 II KSÜ außer Kraft treten, sobald als die nach den Artt. 5–10 KSÜ zuständigen Behörden einschreiten.[852] Das KSÜ berücksichtigt also auch das Erfordernis sachnaher Behörden im Zufluchtsvertragsstaat und schafft somit einen Ausgleich zwischen dem Ziel einerseits, dem entführenden Elternteil keine Zuständigkeitsvorteile zukommen zu lassen, und dem Kindeswohl andererseits.[853] Bloß vorläufige („provisorische“[854]) Maßnahmen i. S. v. Art. 12 KSÜ, die nicht dringlich sind, sondern für die nur ein territorialer Bedarf während des vorübergehenden Aufenthalts besteht, und darum nicht in den Schutzbereich des Art. 11 KSÜ fallen,[855] dürfen die Behörden im Anwesenheitsstaat für ein entführtes Kind dagegen ausdrücklich des 12 I KSÜ („Vorbehaltlich des Artikels 7“) nicht treffen, da die Einräumung einer über Dringlichkeitsfälle hinausgehenden dortigen Zuständigkeit die ursprungstaatliche Entführungszuständigkeit des Art. 7 KSÜ unterlaufen könne.[856]

Auf die Zuständigkeit im Ursprungsvertragsstaat könnte sich aber auch eine sorgerechtliche Entscheidung zufluchtsstaatlicher Gerichte auswirken, wenn Art. 11 KSÜ eine solche zuließe: Grundsätzlich erlaubt Art. 11 KSÜ Schutzmaßnahmen „jeder Art“[857], somit auch Maßnahmen, die die Zuordnung der elterlichen Sorge betreffen. Denkbar wäre also auch eine Sorgerechtsübertragung auf den entführenden Elternteil. Damit könnte die Widerrechtlichkeit nachträglich beseitigt sein.[858] Für die Bestimmung der Widerrechtlichkeit ist jedoch der Zeitpunkt

---

852 *Schulz* FamRZ 2011, 156, 157 f.; *Siehr* RabelsZ 62 (1998) 464, 479 f., 484; *Roth/Döring* JBl 1999, 758, 763 f., 766. Bei gewöhnlichem Aufenthalt des (entführten) Kindes in einem Nichtvertragsstaat ist ein entsprechendes Außerkrafttreten dagegen erst nach Anerkennung der Maßnahme in einem Vertragsstaat vorgesehen (Art. 11 III KSÜ), s. Staudinger-*Pirrung* (2009) Vorbem G 86 zu Art 19 EGBGB.

853 *Roth/Döring* JBl 1999, 758, 766; s. a. Staudinger-*Pirrung* (2009) Vorbem G 81 zu Art 19 EGBGB.

854 *Roth/Döring* JBl 1999, 758, 763.

855 *Roth/Döring* JBl 1999, 758, 763, die hierzu als Beispielsfall einen Konflikt zwischen einem Austauschschüler und seiner Gastfamilie nennen; s. a. NK-BGB/*Benicke* Anh. I zu Art. 24 EGBGB KSÜ Art. 12 Rn 1.

856 NK-BGB/*Benicke* Anh. I zu Art. 24 EGBGB KSÜ Art. 12 Rn 6; *Roth/Döring* JBl 1999, 758, 763; Standinger-*Pirrung* (2009) Vorbem G 87 zu Art 19 EGBGB; s. a. *Lagarde,* Erläuternder Bericht, Nr. 75; *Martiny* FPR 2010, 493, 494; *Hausmann* IntEuSchR B 386.

857 *Hausmann* IntEuSchR B 383.

858 Vgl. den parallelen Rechtsgedanken i. R. d. HKÜ: Wird dem Entführer das Sorgerecht zugesprochen, entfällt nachträglich die Widerrechtlichkeit (Art. 13 I lit. a

des Verbringens bzw. Zurückhaltens maßgeblich, da die Zuständigkeitsnorm des Art. 7 KSÜ ansonsten schon gar nicht zur Anwendung käme.[859] Art. 7 I lit. a KSÜ als Zusatzbedingung wäre anderenfalls obsolet. An der einmal durch widerrechtliche Verbringung/Zurückhaltung begründeten Zuständigkeit des herkunftsstaatlichen Gerichts ändert sich daher auch durch eine Dringlichkeitsentscheidung des zufluchtsstaatlichen Gerichts nichts. Abgesehen davon müsste die sorgerechtliche Dringlichkeitsmaßnahme in den übrigen Vertragsstaaten nach Artt. 23 ff. KSÜ anerkannt werden bzw. kann sie jederzeit nach anderslautender Entscheidung aus dem (weiterhin zuständigen) Herkunftsstaat außer Kraft treten.[860] Das KSÜ lässt also zwar in dringlichen Fällen keine grundlegende Änderung der Zuständigkeitsverhältnisse zu, ermöglicht es den sachnahen Behörden im Zufluchtsstaat aber, jede Schutzmaßnahme zu treffen, die das Kindeswohl augenblicklich dringend benötigt.

2. Restriktive Anwendung im Rahmen der EuEheVO

Fraglich ist, ob zwischen den EU-Mitgliedstaaten ein ebensolches Korrektiv vorgesehen ist: Mit der Parallelvorschrift des Art. 20 EuEheVO begründet die Verordnung keine eigenständige Zuständigkeit wie Art. 11 KSÜ, sondern erlaubt i. S. einer Öffnungsklausel in dringenden Fällen den Rückgriff auf nationales, mithin auch staatsvertragliches Recht des Mitgliedstaats, das ansonsten in der Hauptsache durch das Zuständigkeitssystem der Verordnung verdrängt wäre.[861] Im Gegensatz zum KSÜ haben Dringlichkeitsmaßnahmen nach Art. 20 EuEheVO daher schon normativ eine nur auf den Anordnungsstaat beschränkte territoriale[862] Wirkung,

---

HKÜ analog), allerdings nur dann, wenn diese Entscheidung im Herkunftsstaat getroffen wurde, s. *Schulz* zu EuGH (Urteil v. 11.7.2008 – Rs. C-195/08 PPU: Rinau) FamRZ 2008, 1729 mit Anm. *Schulz*, S. 1732, 1733; NK-BGB/*Benicke* Anh. III zu Art. 24 EGBGB Art. 3 HKÜ Rn 23 f. und Art. 13 HKÜ Rn 29, m. w. N.; *Vomberg/Nehls*, S. 42 und 64; OGH IPRax 2000, 141; *Hausmann* IntEuSchR B 221, m. w. N. Denn einer dahingehenden Entscheidung zufluchtsstaatlicher Behörden kommt eine solche Wirkung mit Blick auf Art. 17 HKÜ nicht zu, s. NK-BGB/*Benicke* Anh. III zu Art. 24 EGBGB Art. 16 HKÜ Rn 7.

859 Vgl. *Hausmann* IntEuSchR B 338.

860 *Hausmann* IntEuSchR B 383 ff., m. w. N., i. V. m. B 341.

861 *Hausmann* IntEuSchR B 236 f., m. w. N.; s. a. *Frank* in Gebauer/Wiedmann[2] Kap. 29 EuEheVO Art. 20 Rn 63, m. w. N.; Leitfaden der Kommission, S. 14.; ausführliche Bedenken gegen diese Auslegung vgl. dagegen bei *Andrae* IPRax 2006, 82, 85 f.; a. A. aufrechterhalten s. *dies.*, Internationales Familienrecht[3] § 6 Rn 87, m. w. N.

862 EuGH (Urteil v. 15.7.2010 – Rs. C-256/09: Purucker ./. Vallés Pérez „Purucker I") FamRZ 2010, 1521 ff., zusammengefasst durch *Schulz* FamRBint 2010, 82 f.; *Mansel/*

die eine Anerkennung und Vollstreckung in einem anderen Mitgliedstaat jedenfalls nach den Vorschriften der EuEheVO ausschließt.[863] In Art. 20 EuEheVO werden insoweit die vorgenannt[864] getrennten Strukturen der Artt. 11 und 12 KSÜ in einer Vorschrift vermengt (Dringlichkeit einerseits, beschränkte Wirkung andererseits), aber anders als dort lässt Art. 20 EuEheVO offen, ob und inwieweit die EuEheVO auch Eilmaßnahmen der Behörden im Zufluchtsstaat zum Schutz des dorthin entführten Kindes zulassen will. Für eine Dringlichkeitszuständigkeit des Zufluchtsmitgliedstaats spricht die Vorbildfunktion des KSÜ gegenüber der EuEheVO. Vertreten wird daher, dass Art. 20 EuEheVO trotz des Fehlens einer Regelung wie Art. 7 III KSÜ zu einer entsprechenden Lösung, d. h. zu einer Anwendung auch im Fall der Kindesentführung führe.[865] Gegen diese Auffassung könnte ein rechtshistorischer wie auch systematischer Vergleich mit Artt. 11 und 12 KSÜ sprechen, denn Art. 20 EuEheVO folgt im Hinblick auf seine territoriale Beschränkung dem – im Entführungsfall ausdrücklich unanwendbaren – Art. 12 KSÜ. Hiergegen könnte umgedreht wiederum eingewandt werden, dass Art. 20 EuEheVO aber im Gegensatz zu Art. 12 KSÜ und somit hier Art. 11 KSÜ folgend auf Dringlichkeit der Fälle abstelle.

Thorn/Wagner IPRax 2011, 1, 25. Dass eine territoriale Beschränkung im Gegensatz zu Art. 12 I KSÜ im Wortlaut des Art. 20 EuEheVO fehle, ist laut *Pirrung* IPRax 2011, 351, 354, m. w. N., unter Hinweis auf Zweck und Entstehungsgeschichte unschädlich.

863 *Hausmann* IntEuSchR B 247 bezugnehmend auf EuGH (Urteil v. 15.7.2010 – Rs. C-256/09: Purucker ./. Vallés Pérez „Purucker I") FamRZ 2010, 1521 ff. und darauf hinweisend, dass aber eine Anerkennung und Vollstreckung nach staatsvertraglichem oder nationalem Recht des Vollstreckungsmitgliedstaats dadurch nicht ausgeschlossen sei. S. a. *Schulz* FamRBint 2010, 82 f.; *Mansel/Thorn/Wagner* IPRax 2011, 1, 25. Die Maßnahmen nach Art. 20 EuEheVO bleiben solange in Kraft, bis das zuständige Gericht eines anderen Mitgliedstaats in der Hauptsache entschieden hat, s. Krenzler/Borth-*Niethammer-Jürgens* M Rn 155.

864 3. Teil. D. I. 1 („Korrektiv im Rahmen des KSÜ").

865 So *Andrae,* Internationales Familienrecht[3] § 6 Rn 264; bereits *dies.*, Internationales Familienrecht[2] § 6 Rn 247; *dies.* IPRax 2006, 82, 87, m. w. N., die der Auffassung ist, dass sich darauf auch die Rückführungsanordnung stützen lasse. Besonders auf Maßnahmen gegen rückgabeunterlaufendes Verhalten abstellend s. schließlich *Andrae,* Internationales Familienrecht[3] § 6 Rn 239.

Um das Zuständigkeitssystem der Verordnung nicht zu umgehen, wendet der EuGH[866] Art. 20 EuEheVO restriktiv an:[867] Das für das Scheidungs- und Sorgerechtsverfahren zuständige Gericht in Italien hatte die alleinige elterliche Sorge vorläufig auf den italienischen Vater übertragen und eine vorläufige Unterbringung des Kindes in einem Heim angeordnet, woraufhin die slowenische Mutter gemeinsamen mit dem Kind Italien verlassen hatte und nach Slowenien zurückgekehrt war. Nach Vollstreckbarerklärung zunächst des italienischen Beschlusses durch die slowenische Gerichtsbarkeit sprach diese dann aber der Mutter wegen geänderter Umstände (Integration) und im Hinblick auf das Kindeswohl (körperliches und seelisches Trauma bei erzwungener Rückgabe mit Heimunterbringung) das vorläufige Sorgerecht zu. Die Rechtsmittelinstanz legte die Angelegenheit schließlich dem EuGH vor, der entschied, dass über Art. 20 EuEheVO keine Maßnahme im ersuchten Staat getroffen werden dürfe, mit der die faktische Situation im Zufluchtsstaat entgegen den Zielen der EuEheVO konsolidiert werde. Eine einstweilige Maßnahme nach Art. 20 EuEheVO erfordere drei Voraussetzungen: Sie müsse dringlich sein, sich auf Personen oder Vermögen im Erlassstaat beziehen und dürfe bloß einstweiliger Art[868] sein. Der Grundsatz gegenseitigen Vertrauens zwischen den Mitgliedstaaten spreche dagegen, Verzögerungen im Zufluchtsmitgliedstaat mit der Folge selbst geschaffener Integration zur Grundlage einer Dringlichkeitsmaßnahme zu machen. Auch das widerrechtliche elterliche Verhalten solle dadurch nicht gestärkt werden. Art. 20 EuEheVO beziehe sich außerdem auf die Anwesenheit der Personen und setze

866 EuGH (Urteil v. 23.12.2009 – Rs. C-403/09 PPU: Detiček ./. Sgueglia) FamRZ 2010, 525 f. mit Anm. *Henrich,* S. 526 f.; ausführlich dazu *Martiny* FPR 2010, 493 ff., m. w. N., und *Mansel/Thorn/Wagner* IPRax 2011, 1, 22.

867 Vgl. *Hausmann* IntEuSchR B 236 und 240, m. w. N.; s. a. *Andrae,* Internationales Familienrecht[3] § 6 Rn 87, m. w. N.

868 S. dazu auch *Mansel/Thorn/Wagner* IPRax 2011, 1, 22. Daher soll einem Antrag auf Anordnung einstweiliger Maßnahmen nach Art. 20 EuEheVO eine Rechtshängigkeit (Art. 19 II EuEheVO) in der Hauptsache und umgekehrt nicht entgegenstehen; zum einen begründe Art. 20 EuEheVO keine Hauptsachezuständigkeit, zum anderen schließe Art. 20 II EuEheVO jede Gefahr widersprüchlicher Entscheidungen aus, da die nach Abs. 1 angeordnete einstweilige Anordnung außer Kraft trete, sobald als das in der Hauptsache zuständige Gericht entsprechende Maßnahmen getroffen habe, so *Mansel/Thorn/Wagner* IPRax 2011, 1, 25 i. R. d. Erörterung der Entscheidung des EuGH (Urteil v. 15.7.2010 – Rs. C-256/09: Purucker ./. Vallés Pérez „Purucker I") FamRZ 2010, 1521 ff.

damit auch die Anwesenheit des Antragstellers voraus. Im Anwendungsbereich des Art. 10 EuEheVO dürfe daher Art. 20 EuEheVO nicht angewendet werden.[869]

Henrich[870] begrüßt die Entscheidung des EuGH zwar im Grundsatz, hält aber manche Punkte zu Recht für nicht gelöst: Im vorliegenden Fall sei es letztlich zu der integrationsfördernden Verfahrensverzögerung gekommen, weil der in Italien zurückverbliebene Vater keine HKÜ-Rückgabe[871], sondern ein konventionelles Exequatur der italienischen (ebenfalls vorläufigen) Sorgerechtsentscheidung angestrengt habe. *Henrich* gibt zu bedenken, ob der EuGH zu derselben Ansicht gelangt wäre, wenn das slowenische Gericht sogleich nach Maßgabe des ordre public die Vollstreckbarerklärung verweigert hätte, soweit das Kindeswohl (Artt. 23 lit. a i. V. m. 31 II EuEheVO) erfordere, das Kind bei der Mutter in Slowenien zu belassen, anstatt es zwangsweise in einem Heim in Italien unterzubringen. So erwägt *Henrich,* dass in diesem Fall die Dringlichkeit einer einstweiligen Maßnahme in Slowenien wohl zu bejahen gewesen wäre, und sieht die Lösung des konkreten Falls insoweit im ordre public im Rahmen des konventionellen Vollstreckungsverfahrens.[872] *Janzen/Gärtner*[873] ziehen zudem in Betracht, dass veränderte Umstände aus Kindeswohlerwägungen durchaus einstweilige Maßnahmen zulassen könnten, auch wenn das in der Hauptsache zuständige Gericht von seiner Zuständigkeit bereits Gebrauch gemacht habe. Dies folge aus der Besonderheit kindschaftsrechtlicher Entscheidungen: Die ständige Weiterentwicklung des Kindes und sein Verhältnis zur Umgebung würden dazu führen können, dass eine bereits getroffene Regelung mit der Zeit unangemessen werde. Selbst wenn diese Änderung auf einem widerrechtlichen Verhalten des entführenden Elternteils beruhe, dürfe im individuellen Einzelfall das Kindeswohl nicht ohne weiteres hinter dem allgemeinen Präventionsziel zurücktreten.

---

869 EuGH (Urteil v. 23.12.2009 – Rs. C-403/09 PPU: Detiček ./. Sgueglia) FamRZ 2010, 525 f. mit Anm. *Henrich,* S. 526 f.; s. zusammenfassend und ausführlich *Martiny* FPR 2010, 493 ff., m. w. N., und *Mansel/Thorn/Wagner* IPRax 2011, 1, 22 ff.

870 *Henrich* zu EuGH (Urteil v. 23.12.2009 – Rs. C-403/09 PPU: Detiček ./. Sgueglia) FamRZ 2010, 525 f. mit Anm. *Henrich,* S. 526 f.

871 Wenngleich der Generalanwalt die Ansicht vertrat, dass der Antrag in einen Rückführungsantrag nach dem HKÜ umzuinterpretieren sei, vgl. Nachweis bei *Martiny* FPR 2010, 493, 495; diese Haltung aber ablehnend *Janzen/Gärtner* IPRax 2011, 158, 161 Fn 25, die stattdessen davon ausgehen, dass in diesem Fall der Anwendungsbereich der Artt. 11, 40, 42 EuEheVO nicht eröffnet sei.

872 *Henrich* zu EuGH (Urteil v. 23.12.2009 – Rs. C-403/09 PPU: Detiček ./. Sgueglia) FamRZ 2010, 525 f. mit Anm. *Henrich,* S. 526 f.; zustimmend s. *Hausmann* IntEuSchR B 241.

873 *Janzen/Gärtner* IPRax 2011, 158, 162 ff., m. w. N.

Zu Recht folgern *Janzen/Gärtner*, dass veränderte Umstände zu einer Anpassung veranlassen würden. Unterlasse das Gericht der Hauptsache aber die inzwischen nötigen und dringenden Anpassungen, so müsse dem Vollstreckungsstaat erlaubt sein, die gebotenen Maßnahmen zu ergreifen.[874]

Die weitere vorgenannt in diesem Zusammenhang vom EuGH vertretene Auffassung, Art. 20 EuEheVO setze die Anwesenheit aller Betroffenen im Anordnungsstaat voraus, trifft nach Auffassung in der Literatur im Entführungsfall auf den im Herkunftsstaat zurückverbliebenen Elternteil oftmals nicht zu und würde bedeuten, dass allein wegen dessen Abwesenheit den Behörden im Zufluchtsstaat die Hände gebunden wären. Nach der Literaturmeinung legt der EuGH den Wortlaut des Art. 20 I EuEheVO „Schutzmaßnahmen in Bezug auf in diesem Staat befindliche Personen“ insoweit zu eng aus; gemeint sei damit nicht, dass sämtliche Verfahrensbeteiligten sich im Inland würden befinden müssen, sondern die fürsorgebedürftige(n) Person(en), also das Kind oder gerade auch mehrere Kinder. Da die Verordnung an dieser Stelle auf den traditionellen Begriff der Schutzmaßnahme zurückgreife, auf dem auch das MSA und das KSÜ beruhten, dürfe auch von einer ebenso kindbezogenen Interpretation des Begriffs auszugehen sein.[875]

3. *Wertende Zusammenfassung*

Zusammengefasst lässt sich feststellen, dass Art. 20 EuEheVO im Hinblick auf seine territoriale Beschränkung dem Art. 12 KSÜ und im Hinblick auf das Dringlichkeitskriterium dem Art. 11 KSÜ folgt, der wiederum in internationalen Entführungssachen allein gilt und keine Beschränkung von Art und territorialer Geltung der möglichen Schutzmaßnahme kennt. Eine Beschränkung in der Art der Schutzmaßnahme wäre an sich auch aus dem Wortlaut des Art. 20 I EuEheVO nicht zu entnehmen.[876] Der EuGH legt hier aber einen restriktiven

---

874 *Janzen/Gärtner* IPRax 2011, 158, 162 ff., m. w. N.; zustimmend s. *Hausmann* IntEuSchR B 241.

875 S. *Janzen/Gärtner* IPRax 2011, 158, 164 f.; *Martiny* FPR 2010, 493, 497; i. E. wohl ebenso *Henrich* zu EuGH (Urteil v. 23.12.2009 – Rs. C-403/09 PPU: Detiček ./. Sgueglia) FamRZ 2010, 525 mit Anm. *Henrich*, S. 526, 527; s. a. *Andrae*, Internationales Familienrecht[3] § 6 Rn 87, m. w. N. *Pirrung* in FS Spellenberg, S. 467, 474 betrachtet das Argument des EuGH als „so fernliegend“, dass es wohl nur durch die Eile bei Abfassung der Entscheidung zu erklären sei. Zu seiner Kritik an der Anwendung des Eilverfahrens auf das Vorabentscheidungsverfahren betreffend eines im Folgejahr bereits 12jährigen, s. dort auch S. 478.

876 Eine Anwendung z. B. auf nicht bloß vorläufige, sondern auch endgültige Maßnahmen bevorzugend s. Andrae, Internationales Familienrecht[3] § 6 Rn 87.

Maßstab an und lehnt eine Anwendung des Art. 20 EuEheVO auf sorgerechtliche Maßnahmen im Anwendungsbereich des Art. 10 EuEheVO ab, soweit damit eine Erschwernis der Rückgabe in den Ursprungsstaat verbunden wäre.[877] Insoweit wird dem Ziel, dem Entführer keine Vorteile aus seinem eigenmächtigen Verhalten zukommen zu lassen, innerhalb der EU offenbar vorrangige Bedeutung beigemessen. Eine restriktive Anwendung des Art. 20 EuEheVO, mithin gar ein elterliches Anwesenheitserfordernis könnte aber dazu führen, dass Zweifel bei den Behörden des Zufluchtsstaats an ihrer Zuständigkeit für dringliche Angelegenheiten bestehen: Wenn auch einstweilige Maßnahmen insbesondere dann unzulässig sein sollen, wenn sie zu einer Umgehung oder Erschwerung der Rückführung entführter Kinder beitragen würden,[878] so könnten Zweifel an der eigenen Zuständigkeit auch in anderen Fällen bestehen, etwa wenn es um vorbeugende Eilmaßnahmen gegen eine drohende eigenmächtige Rückentführung durch den zurückverbliebenen Elternteil geht.

Während der Umgangsrechtszuständigkeit des Art. 9 EuEheVO eine zeitliche Begrenzung immanent ist, die Entführungszuständigkeit dagegen ohne normiertes Limit fortgesetzt werden kann,[879] somit Gerichtsstandort und tatsächlicher Lebensmittelpunkt des Kindes längerfristig auseinanderfallen können, steht im Anwendungsbereich des Art. 10 EuEheVO ein dem Art. 11 KSÜ entsprechendes Korrektiv über Eilmaßnahmen der sachnahen Behörden nicht zur Verfügung, jedenfalls soweit es um den gegenwärtigen Aufenthalt verfestigende sorgerechtliche Maßnahmen geht, was im Einzelfall zu Abgrenzungsschwierigkeiten führen und zur Zurückhaltung seitens der Gerichte im Anwesenheitsstaat bei der Ausübung einer (insoweit ungeklärten) sonstigen Dringlichkeitszuständigkeit führen könnte.

II. Zuständigkeitsvereinbarungen

1. Korrektiv über das zuständigkeitsrechtliche Kindeswohl

Denkbar wäre, dass den Behörden im Zufluchtsstaat im Fall eines dort laufenden Scheidungsverfahrens[880] eine Annexzuständigkeit zusteht. Da bei Schaffung

877 *Hausmann* IntEuSchR B 240, m. w. N.

878 S. Nachweis bei *Hausmann* IntEuSchR B 240, m. w. N.

879 Staudinger-*Pirrung* (2009) Vorbem C 59 zu Art 19 EGBGB.

880 Sowohl i. R. d. Art. 10 KSÜ als auch i. R. d. Art. 12 EuEheVO muss der Scheidungsantrag entweder schon gestellt sein, wenn die Sorgerechtssache anhängig wird, oder gleichzeitig mit dieser anhängig gemacht werden; ein nachträglicher Scheidungsantrag wird dagegen nicht für ausreichend erachtet, vgl. *Hausmann* IntEuSchR B 144

des KSÜ der Einrichtung einer ausschließlichen Scheidungszuständigkeit insbesondere durch Common Law-Staaten widersprochen wurde, knüpft der kompromissweise geschaffene Art. 10 KSÜ diese an den Willen der Eltern[881] und verlangt außerdem die Vereinbarkeit der Zuständigkeit mit dem Kindeswohl, so dass im Scheidungsstaat auch über ein Kind entschieden werden kann, das seinen gewöhnlichen Aufenthalt in einem anderen Vertragsstaat hat (s. Art. 10 I Einleitungssatz KSÜ).[882] Auch im Rahmen des parallelen Art. 12 EuEheVO ist die Scheidungszuständigkeit[883] vom Parteiwillen[884] und vom Kindeswohl abhängig.[885] Der Einklang der vereinbarten Zuständigkeit mit dem Kindeswohl wird

und 372. Ein Scheidungsverbund wird demgegenüber nicht vorausgesetzt; es genügt, dass die Behörden des Vertragsstaats für die Scheidung zuständig sind, nicht das konkrete Gericht der Ehescheidung, vgl. Staudinger-*Pirrung* (2009) Vorbem C 72 und G 72 zu Art 19 EGBGB; ebenso *Hausmann* IntEuSchR B 144 und 372.

881 Art. 10 KSÜ wird daher als einzige Ausnahme vom kindzentrierten Zuständigkeitssystem des KSÜ angesehen, s. *Schulz* FamRZ 2011, 156, 157; zustimmend *Hausmann* IntEuSchR B 368. Wie oben im 1. Teil. C. I. 1 („Wegbereitung auf internationaler Ebene") und im 2. Teil. A. V („Ergebnis: Elternzentrierung und Formalisierung der sachlichen Anwendbarkeit") ausgeführt, ist aber auch Art. 7 KSÜ und dessen Abhängigkeit von der Disposition des Antragstellers über den Rückgabeantrag als elternbezogen zu werten. Nach *Hausmann* IntEuSchR B 375, m. w. N., dürfte eine rügelose Einlassung für Art. 10 KSÜ genügen, da im Gegensatz zu Art. 12 EuEheVO hier keine Anerkennung der Zuständigkeit zum Zeitpunkt der Anrufung des Gerichts verlangt werde.

882 *Siehr* DEuFamR 2000, 125, 128; *Lagarde,* Erläuternder Bericht, Nrn. 62 f.; s. a. *Roth/Döring* JBl 1999, 758, 763.

883 Bei wesentlicher Bindung des Kindes zum angerufenen Mitgliedstaat erlaubt Art. 12 III EuEheVO anders als Art. 10 KSÜ eine Gerichtsstandsvereinbarung auch in isolierten Sorgerechtsangelegenheiten ohne Verbindung mit einer Ehesache, vgl. *Hausmann* IntEuSchR B 141 und 156 f.

884 Das inländische Scheidungsgericht ist für ein nicht im Inland lebendes Kind daher nach Art. 12 EuEheVO nur dann international zuständig, wenn zum Zeitpunkt der Anrufung des Gerichts eine entsprechende Elternvereinbarung vorliegt und wenigstens ein Elternteil die elterliche Verantwortung innehat, s. *Niethammer-Jürgens* FamRBint 2009, 80, 82. Nicht erforderlich ist hierfür eine Gerichtsstandsvereinbarung, ausreichend umgekehrt aber auch keine bloße rügelose Einlassung, vgl. *Coester-Waltjen* FamRZ 2005, 241, 242 mit Hinweis auf die 23. und 24. Erwägungsgründe der Verordnung; s. a. Krenzler/Borth-*Niethammer-Jürgens* M Rn 149. Ein technischer Scheidungsverbund wird auch i. R. d. Art. 12 EuEheVO nicht vorausgesetzt, vgl. *Pirrung* in Symposium Spellenberg, S. 89, 95.

885 S. *Pirrung* in Symposium Spellenberg, S. 89, 95 f. hervorhebend, dass Art. 12 EuEheVO im Gegensatz zum parallelen Art. 10 KSÜ keinen gewöhnlichen Auf-

dabei als Korrektiv gegenüber dem elterlichen Willen angesehen, das aber nicht zu einer Vorwegnahme der materiellen Entscheidung führen dürfe, so dass es allein darauf ankomme, welcher Gerichtsstand dem Kindeswohl am besten entspreche („zuständigkeitsrechtliches Kindeswohl").[886] Zwar gehe es darum, dem Kind durch die räumliche Nähe des Gerichts übermäßige Belastungen etwa durch eine Anreise zum Termin zu ersparen, entscheidend sei aber letztlich, welches Gericht über die größere Sachnähe verfüge, um die für das Kindeswohl maßgeblichen Umstände sicher zu ermitteln.[887] Gerade diese Frage aber könnte in Fällen der Kindesentführung und dem möglicherweise langwierigen Auseinanderfallen von Sachnähe[888] und Behördenzuständigkeit besondere Bedeutung erlangen, denn bei Anwendbarkeit von Art. 10 KSÜ und Art. 12 EuEheVO auf Fälle der Kindesentführung könnte es über das Korrektiv des Kindeswohls unter dem Aspekt der Sachnähe zu einer Umkehrung der von Art. 7 KSÜ und Art. 10 EuEheVO erstrebten Verhältnisse kommen:

---

enthalt des Kindes in einem Mitgliedstaat voraussetze, was im Hinblick auf Art. 61 lit. a EuEheVO und Art. 52 KSÜ zu Brüchen führen könne, etwa wenn ein Kind in einem nicht der EU zugehörigen KSÜ-Vertragsstaat lebe, während die Eltern in der EU lebten; würden diese die Zuständigkeit eines Mitgliedstaats vereinbaren, müsse eine auf dieser Zuständigkeit beruhende Sorgerechtsentscheidung im KSÜ-Staat gem. Art. 23 II lit. a KSÜ nicht anerkannt werden.

886 So *Looschelders* JR 2006, 45, 47, m. w. N.; s. hierzu auch *Coester-Waltjen* FamRZ 2005, 241, 243, die darin ein für den kontinental-europäischen Rechtsraum ungewöhnliches Ermessen der Gerichte in Zuständigkeitsfragen erkennt, dies aber für die Annexzuständigkeit zur Vermeidung beziehungsarmer Gerichtsstände in Bezug auf das Kind für durchaus sinnvoll hält.

887 So *Looschelders* JR 2006, 45, 47, m. w. N. Nicht zuletzt deshalb entspricht nach Art. 12 IV EuEheVO die Zuständigkeit des Gerichts der Ehesache dem Kindeswohl, wenn das Kind seinen gewöhnlichen Aufenthalt in einem Drittstaat hat, der nicht Vertragsstaat des KSÜ ist und sich das Verfahren dort als unmöglich erweist, s. *Coester-Waltjen* FamRZ 2005, 241, 243, dies dabei als „Notzuständigkeit" bezeichnend und differenzierend, ob hier eine widerlegliche Vermutung oder eine Ermessensreduzierung der Gerichte auf Null vorliege.

888 *Dutta* in FS Kropholler, S. 281, 295 f. spricht i. R. v. Artt. 8 und 9 EuEheVO von fortwirkender (früherer) Nähe und i. R. v. Art. 10 EuEheVO von einer „Mischung aus fortwirkender und zukünftiger Nähe zum Sachverhalt" und das Gericht im Herkunftsstaat habe mit Blick auf eine schnelle Rückführung „potentiell eine Nähe zum Sachverhalt".

2. *Anwendung auf Entführungsfälle*

Nach dem Wortlaut des Art. 10 I Einleitungssatz KSÜ bleibt die Scheidungsannexzuständigkeit von den Zuständigkeiten der Artt. 5–9 KSÜ „unbeschadet". Daraus ist umgekehrt zu schließen, dass eine Zuständigkeitsvereinbarung auch im Fall der Kindesentführung als konkurrierende Zuständigkeit zur Anwendung kommen kann.[889] Art. 12 EuEheVO, der laut seinem Abs. 3 auch für isolierte Sorgerechtsverfahren gilt, konkurriert mit den sonstigen Zuständigkeiten der Verordnung und kann somit als Ausnahme zu Art 10 EuEheVO für den Fall der Gerichtsstandsvereinbarung angesehen werden.[890] Auch im Anwendungsfall der Entführungszuständigkeiten ist eine Gerichtsstandsvereinbarung daher grundsätzlich als zulässige Ausnahme von den spezifischen Bedingungen der Art. 7 KSÜ und Art. 10 EuEheVO anzusehen. In deren Anwendungsbereich wird dennoch praktisch kaum zu erwarten sein, dass es zu einem solchen Einvernehmen der Eltern kommen wird.[891]

Ausgangspunkt für die Anwendung der Scheidungsannexzuständigkeiten ist das Auseinanderfallen des gewöhnlichen Kindesaufenthalts und der Scheidungszuständigkeit bzw. die Ermöglichung einer Sorgerechtszuständigkeit am Standort des Scheidungsgerichts trotz des anderweitigen kindlichen Lebensmittelpunktes. Während aber Art. 10 KSÜ nur dann zur Anwendung gelangt, wenn sich das Kind im Vertragsgebiet des KSÜ aufhält (Art. 10 I Einleitungssatz KSÜ), können sich die Eltern im Rahmen des Art. 12 EuEheVO auch dann über einen Gerichtsstand einigen, wenn das Kind seinen gewöhnlichen Aufenthalt in einem KSÜ-ungebundenen Drittstaat hat (Art. 12 IV EuEheVO). Im Verhältnis zueinander wiederum ist zu beachten, dass Art. 10 KSÜ als Restzuständigkeit i. S. v. Art. 14 EuEheVO nur anwendbar ist, wenn das Kind im Zeitpunkt der Entscheidung seinen gewöhnlichen Aufenthalt im einem Vertragsstaat des KSÜ hat, der nicht der EU angehört.[892]

---

889 *Lagarde,* Erläuternder Bericht, Nr. 63 unter Hinweis darauf, dass das dadurch möglicherweise entstehende Rechtshängigkeitsproblem als allgemeine Rechtsfrage über Art. 13 KSÜ zu lösen sei. Im Anwendungsfall des Art. 7 KSÜ die Möglichkeit einer Gerichtsstandsvereinbarung hervorhebend s. a. *Hausmann* IntEuSchR B 334.

890 *Hausmann* IntEuSchR B 98 und 141. Zur Geltung in isolierten Verfahren s. Thomas/Putzo-*Hüßtege* Art. 12 EuEheVO Rn 10; *Hausmann* IntEuSchR B 156.

891 S. Staudinger-*Pirrung* (2009) Vorbem C 72 und G 72 zu Art 19 EGBGB den umgekehrten Fall als praktisch kaum einschlägig betrachtend, dass sich eine Partei, die die Annexzuständigkeit einmal anerkannt habe, auf einen anderen Zuständigkeitstatbestand soll berufen wollen. Zustimmend s. *Hausmann* IntEuSchR B 141.

892 Vgl. *Hausmann* IntEuSchR B 141, 161, 368 und 370. Nach Staudinger-*Pirrung* (2009) Vorbem G 74 zu Art 19 EGBGB kommt es i. R. d. Art. 10 KSÜ auf den gewöhnlichen

Darum ist zu unterscheiden, ob das Kind in einen Scheidungsstaat oder aus einem Scheidungsstaat entführt wurde:

Wird das Kind aus dem Scheidungsstaat entführt, besteht für eine konkurrierende Annexzuständigkeit so lange kein Bedarf, als dort ohnehin noch der gewöhnliche Aufenthalt des Kindes belegen ist. Erstarkt der Aufenthalt im Zielstaat zu einem gewöhnlichen, besteht zwar wegen des Auseinanderfallens von Scheidungszuständigkeit und Aufenthaltslage des Kindes dann ein typischer Bedarfsfall für eine Zuständigkeitsvereinbarung; eine Anerkennung der Scheidungsannexzuständigkeit im Zufluchtsstaat wird von den Eltern aber kaum zu erwarten sein: Der im Scheidungsstaat zurückverbliebene Elternteil hätte von dieser Zustimmung abgesehen von einer vielleicht allgemeinen Wegbereitung für eine einvernehmliche Lösung des Entführungsproblems kaum Vorteile: Die Sorgerechtszuständigkeit des Scheidungsstaats als bisherigem Aufenthaltsstaat würde ohnehin über Art. 7 KSÜ bzw. Art. 10 EuEheVO fortgesetzt und fiele auch nicht weg, solange der Antragsteller die Rückgabe weiter betreibt. Der Vorteil bestünde allenfalls in einer (rechtlich unnötigen) doppelten Absicherung der Zuständigkeit des Scheidungsstaats, die allerdings nachträglich wegfallen kann, wenn erstens das Scheidungsverfahren rechtskräftig abgeschlossen wurde oder zweitens das Kind seinen gewöhnlichen Aufenthalt in einen dritten Staat verlegt.[893] Erst recht wird wiederum der entführende Elternteil nicht zur Zustimmung in die Zuständigkeit des Scheidungsstaats zu bewegen sein, aus dem er mit dem Kind gerade geflohen ist.

Wird das Kind dagegen in den Scheidungsstaat entführt, wäre eine Anerkennung der dortigen Zuständigkeit durch den zurückverbliebenen Elternteil im Hinblick auf das dort ohnehin zu führende Scheidungsverfahren zwar denkbar, eine Gerichtsstandsvereinbarung käme aber nur so lange in Betracht, als das Kind dort noch nicht seinen gewöhnlichen Aufenthalt hat. Sobald das Kind seinen gewöhnlichen Aufenthalt im Scheidungsstaat erwirbt, fielen die Aufenthaltssituation und die Scheidungsbelegenheit zusammen und die Anwendung von Art. 10 KSÜ bzw. Art. 12 EuEheVO würde obsolet. Hat aber das Kind bislang nur schlichten Aufenthalt im Zufluchtsscheidungsstaat, wird es wiederum an der Sachnähe der dortigen Behörden und damit an einem zuständigkeitsrechtlichen Kindeswohl mangeln; allenfalls ließe sich dieses im Hinblick auf Erleichterungen bei der Anreise zu Terminen begründen. Ein merkliches Korrektiv gegenüber

---

Aufenthalt des Kindes in einem anderen Vertragsstaat zu Beginn des Scheidungsverfahrens an.

893 S. Staudinger-*Pirrung* (2009) Vorbem G 74 und 79 zu Art 19 EGBGB, zu Art. 10 KSÜ.

den Entführungszuständigkeiten lässt sich daher in der rechtstheoretisch zulässigen Möglichkeit einer Gerichtsstandsvereinbarung i. S. d. Art. 10 KSÜ bzw. Art. 12 EuEheVO nicht erkennen.

III. Kein feststellbarer Aufenthalt

Fraglich ist, ob die Behörden des Zufluchtsstaats eine Zuständigkeit gem. Art. 6 II i. V. m. I KSÜ[894] wegen mangelnder Feststellbarkeit des gewöhnlichen Aufenthalts des Kindes beanspruchen dürfen. Nach einer Entführung wird die Gefahr gesehen, dass die Behörden des Zufluchtsstaats auf der Basis des zunächst schlichten Aufenthalts (hierfür verweist Abs. 2 auf Abs. 1) des Kindes nach Art. 6 II KSÜ vorgehen könnten, worauf auch der Bedarf für Art. 7 KSÜ in den Fällen beruhe, in denen das Kind bislang nur schlichten Aufenthalt im Zufluchtsvertragsstaat habe.[895] Art. 6 II KSÜ gilt aber nur, wenn das „ob" eines gewöhnlichen Aufenthalts nicht feststellbar ist. Im Entführungsfall stellt sich demgegenüber in aller Regel nicht die Frage eines „ob", sondern „wo" des gewöhnlichen Aufenthalts des Kindes, der entweder noch im Entführungsstaat oder schon im Zufluchtsstaat belegen ist.[896] Hat das Kind seinen gewöhnlichen Aufenthalt im Vertragsgebiet, wäre der Aufenthaltsstaat zuständig; hält es sich gewöhnlich in einem Drittstaat auf, kämen Artt 11 und 12 KSÜ zur Anwendung.[897] Sollte es durch Entführung des Kindes aber zu einem Wegfall des bisherigen gewöhnlichen Aufenthalts im Ursprungsvertragsstaat kommen, überbrückt schon Art. 7 KSÜ die Situation und setzt die Zuständigkeit fort, selbst wenn der gegenwärtige Aufenthalt unklar ist, gleich ob sich das Kind in einem Drittstaat, der ohnehin

---

894 Der isolierte, hier abwegige Abs. 1 eröffnet für Flüchtlingskinder, die etwa ohne ihre Eltern schutzlos ins Land gelangt sind, eine Zuständigkeit des Vertragsstaats des schlichten Aufenthalts, s. Staudinger-*Pirrung* (2009) Vorbem G 50 zu Art 19 EGBGB.

895 *Lagarde,* Erläuternder Bericht, Nr. 47. S. dazu bereits oben 3. Teil. A. I. 1. a („Maßgeblicher Wegfall des bisherigen gewöhnlichen Aufenthalts").

896 NK-BGB/*Benicke* Anh. I zu Art. 24 EGBGB KSÜ Art. 6 Rn 1 f., m. w. N; *Siehr* RabelsZ 62 (1998) 464, 479; *Hausmann* IntEuSchR B 332, m. w. N.; Rauscher/*Rauscher* EuZPR/EuIPR (2010) Art. 13 Brüssel IIa-VO Rn 4; ebenso zum parallelen Art. 13 EuEheVO MüKoFamFG-*Gottwald* Brüssel IIa-VO Art. 13 Rn 2 f. unter Verweis auf *Fleige,* S. 260 f. Letzterer sieht anderenfalls die Systematik der Verordnung als durcheinandergebracht und bezieht sich hierbei wiederum auf entsprechende Ausführungen zum KSÜ von *Siehr* RabelsZ 62 (1998) 464, 479; zu Art. 13 EuEheVO s. MüKoBGB[5]-*Siehr* Art. 21 EGBGB Anh. I EheVO II Rn 118.

897 *Lagarde,* Erläuternder Bericht Nr. 45.

Art. 6 KSÜ nicht anwenden kann, oder in einem Vertragsstaat aufhält.[898] Ein Bedarf für Art. 6 II KSÜ ist daher nicht gegeben.[899]

Nachdem schon im Rahmen des KSÜ die Behörde des Zufluchtsstaats nicht auf die Anwesenheitszuständigkeit des Art. 6 KSÜ zugreifen kann, dürfte erst recht davon auszugehen sein, dass bei der gegenüber den Behörden des Zufluchtsstaats deutlich strengeren Verordnung ebenfalls die Anwesenheitszuständigkeit des Art. 13 I EuEheVO[900] keine Zuständigkeit eröffnet, wenn im Entführungsfall nur fraglich ist, in welchem der beiden Staaten, sei es der Entführungs- oder sei es der Zufluchtsstaat, der gewöhnliche Aufenthalt ist.[901] Nach Auffassung des EuGH werden die nationalen Gerichte erst dann gem. Art. 13 EuEheVO kraft der Anwesenheit des Kindes für die Entscheidung zuständig, wenn es sich am Ende der Prüfung als unmöglich erweise, den Mitgliedstaat zu ermitteln, in dem das Kind seinen gewöhnlichen Aufenthalt habe, und keine Zuständigkeitsvereinbarung i. S. d. Art. 12 EuEheVO vorliege.[902] Wie auch bei der Parallelvorschrift des Art. 6 KSÜ ist in Fällen eines fraudulösen Aufenthaltswechsels, aber auch eines rechtmäßigen Umzugs regelmäßig gerade nicht fraglich, ob das Kind überhaupt einen gewöhnlichen Aufenthalt hat, sondern ob sich dieser noch im Ursprungsstaat oder schon im Zufluchtsstaat befindet.[903] Zusammengefasst stellen also auch die Anwesenheitszuständigkeiten der Art. 6 KSÜ und Art. 13 EuEheVO keine ausreichende Grundlage für ein Vorgehen der Behörden des Zufluchtsstaats dar.

IV. Forum non conveniens

1. Abgabeausschluss im Rahmen des KSÜ

Fraglich ist, ob der Zufluchtsstaat die Zuständigkeit als „forum melius conveniens“[904] an sich ziehen kann, wie dies den Heimatbehörden nach Art. 4 MSA

---

898 S. die Wertungen oben 3. Teil. A. I. 1. a („Maßgeblicher Wegfall des bisherigen gewöhnlichen Aufenthalts“).

899 NK-BGB/*Benicke* Anh. I zu Art. 24 EGBGB KSÜ Art. 6 Rn 1 f., m. w. N; *Siehr* RabelsZ 62 (1998) 464, 479; *Hausmann* IntEuSchR B 332, m. w. N.

900 Art. 13 II EuEheVO betrifft wie Art. 6 I KSÜ Flüchtlingskinder, vgl. dazu MüKoBGB[5]-*Siehr* Art. 21 EGBGB Anh. I EheVO II Rn 116 ff.

901 NK-BGB/*Benicke* Anh. I zu Art. 24 EGBGB KSÜ Art. 6 Rn 1 f., m. w. N. zu dieser Frage i. R. d. KSÜ.

902 EuGH (Urteil v. 2.4.2009 – Rs. C-523/07) FamRZ 2009, 843, 844 f.

903 *Looschelders* JR 2006, 45, 46 f.; MüKoFamFG-*Gottwald* Brüssel IIa-VO Art. 13 Rn 2 f.; Hk-ZPO/*Dörner* EheGVVO Art 13 Rn 2 mit Art. 9 Rn 6.

904 MüKoBGB[5]-*Siehr* Art. 21 EGBGB Anh. I EheVO II Rn 124.

möglich war: Besonders den Common-Law-Staaten, v. a. den USA, war daran gelegen, den Grundsatz des forum non conveniens[905] in das KSÜ einfließen zu lassen.[906] Daher dürfen ausdrücklich des Art. 8 I KSÜ jedenfalls die nach Artt. 5 oder 6 KSÜ zuständigen Behörden mit Blick auf das Kindeswohl anderen Vertragsstaaten ihre Zuständigkeit anbieten oder die Beteiligten einladen, in einem anderen Vertragsstaat Anträge zu stellen. Umgekehrt kann sich nach Art. 9 KSÜ auch eine der in Art. 8 II KSÜ genannten Behörden um Überlassung der Angelegenheit bemühen.[907]

Die wörtliche Bezugnahme des Art. 8 I KSÜ auf Artt. 5 und 6 KSÜ wirft e. c. die Frage auf, ob eine Abgabe seitens der nach Art. 7 KSÜ zuständigen Behörde hingegen von vorneherein ausgenommen sein soll. Dagegen könnte sprechen, dass Art. 7 KSÜ die zunächst auf Art. 5 KSÜ beruhende Hauptzuständigkeit der Ursprungsbehörde nach einer Kindesentführung fortsetzt und somit kein Aliud zur Zuständigkeit des Art. 5 KSÜ darstellt, sondern nur die Fortsetzung des Art. 5 KSÜ unter modifizierten Umständen.[908] Es ist auch nicht abwegig, dem Entführungsstaat die Verfügungsmöglichkeit über die Zuständigkeit zu belassen, wenn das Kindeswohl eine Verlagerung der Zuständigkeit in den Zufluchtsstaat erforderlich macht. Der Wortlaut der Artt. 8 und 9[909] KSÜ und ein systematischer Vergleich mit Art. 10 KSÜ jedoch sprechen für ein anderes Ergebnis: Während Artt. 8 KSÜ und damit auch Art. 9 KSÜ ausdrücklich auf die nach Artt. 5 oder 6 KSÜ zuständige Behörde abstellen, nimmt Art. 10 KSÜ auf Artt. 5 bis 9 KSÜ Bezug. Wäre eine Abgabemöglichkeit auch für Entführungsfälle bezweckt

---

905 Die Lehre vom forum non conveniens wurde ausgehend von Schottland im Bereich des common law entwickelt und ermöglicht dem gesetzlich zuständigen Richter ein „zuständigkeitsrechtliches Ermessen", so Geimer IZPR Rn 1073 ff. unter Hinweis auf die für US-amerikanische Gerichte bei ihrer Abwägung zu beachtenden Maßstäbe von private interest and public interest factors. Zum Verhältnis der English Doctrine of Forum Conveniens zur EuEheVO im praktischen Anwendungsfall s. *Rogerson* IPRax 2010, 553 ff. Zur historischen Entwicklung s. ausführlich *König*, S. 24 ff.

906 *Pirrung* in FS Rolland, S. 277, 283; s. a. *Bauer* IPRax 2002, 179, 180 ff. Raum für Art. 4 MSA wurde insb. gesehen, wenn die Heimatbehörden sachnäher waren, s. *Oberloskamp* MSA Art. 4 Rn 1. Keine Anwendung findet der Grundsatz des forum non conveniens dagegen i. R. d. EuGVÜ und der EheVO 2000, s. *Holzmann*, Brüssel IIa VO, S. 143 f., m. w. N.

907 *Siehr* DEuFamR 2000, 125, 128.

908 S. oben 3. Teil. A. I. 1. a („Maßgeblicher Wegfall des bisherigen gewöhnlichen Aufenthalts").

909 Art. 9 KSÜ wird als Ergänzung des Art. 8 KSÜ angesehen, s. *Hausmann* IntEuSchR B 365.

gewesen, so wäre in Artt. 8 und 9 KSÜ entsprechend der Formulierung in Art. 10 KSÜ auch ein ausdrücklicher Hinweis auf Art. 7 KSÜ aufgenommen worden. Auch der Wortlaut „Ausnahmsweise" in Art. 8 I KSÜ lässt darauf schließen, dass eine Abgabemöglichkeit nur in den speziell genannten Fällen der Artt. 5 und 6 KSÜ gewollt ist.

2. *Abgabemöglichkeit innerhalb der EU*

Auch eine Verweisungsmöglichkeit nach Art. 15 EuEheVO[910] wird in Entführungssachen nach einer Ansicht abgelehnt: Bei Artt. 10 und 11 EuEheVO handle es sich um ein abschließendes System, in das Art. 15 EuEheVO nicht passe, der darüber hinaus verzögernde Wirkung habe.[911] Demgegenüber ist aus den Verweisen des Art. 15 IV Unterabs. 2 und V Satz 3 EuEheVO auf Artt. 8–14 EuEheVO aber ersichtlich, dass eine kindeswohlabhängige (Art. 15 I Einleitungssatz EuEheVO) Verweisungsmöglichkeit an das Gericht des Zufluchtsstaats gerade auch in Kindesentführungsfällen der Artt. 10 und 11 EuEheVO möglich sein soll.[912] Ausgleichend und einschränkend wird daher vertreten, dass nach dem Sinn und Zweck der Artt. 10 EuEheVO, der auch eine Präventivwirkung gegenüber Entführungen enthalte, eine Verweisung in diesen Fällen dennoch nur seltenen Ausnahmefällen vorbehalten sei. Eine Verweisung in den Zufluchtsstaat solle jedenfalls dann ausscheiden, wenn noch ein Interesse des Sorgeberechtigten an einem Verfahren im vormaligen Aufenthaltsstaat bestehe. Es komme aber eine Verweisung in den Mitgliedstaat in Betracht, in den der Sorgeberechtigte selbst zwischenzeitlich verzogen sei.[913] Für diese Auslegung

---

910 Mit Art. 15 EuEheVO sieht auch die Verordnung eine Regelung des forum non conveniens vor, s. Schulze/Zuleeg/Kadelbach-*Staudinger* § 22 Rn 193, m. w. N. Sie stellt ein „unionsrechtliches Novum" dar, so *König*, S. 164 f., die weiter ausführt, dass es sich dabei mangels Bindung des ausländischen Gerichts nicht um eine Verweisung nach deutschem Rechtsverständnis handle, sondern um eine einvernehmliche Zuständigkeitsübertragung, die neben der Abgabebereitschaft des Erstgerichts die Zustimmung mindestens einer Partei sowie des Zweitgerichts erfordere. Nach *Dutta* in FS Kropholler, S. 281, 282 „überrascht" die Prüfung der Zuständigkeit am Kindeswohl und er widmet sich auf S. 283 ff. einer Konkretisierung des Begriffs des zuständigkeitsrechtlichen Kindeswohls.

911 So *Tödter*, S. 169 f., m. w. N.

912 NK-BGB/*Gruber* Anh. I zum III. Abschn. EGBGB Art. 10 EheVO 2003 Rn 12.

913 NK-BGB/*Gruber* Anh. I zum III. Abschn. EGBGB Art. 10 EheVO 2003 Rn 12; s. a. Leitfaden der Kommission, S. 27 zu Art. 15 EuEheVO: „Wurde eine Gericht in einem Mitgliedstaat (…) mit einem Fall nach den Artikeln 8 bis 14 der Verordnung befasst, (…)". Ein Gesuch nach Art. 15 EuEheVO erfolgte etwa in dem Fall widerrechtlicher

spricht, dass Art. 15 EuEheVO wie der parallele Art. 8 I KSÜ selbst ausdrücklich seinen Ausnahmecharakter betont.[914] Mit Art. 15 EuEheVO bestünde insoweit zumindest eine eingeschränkte Möglichkeit, entgegen den Vorstellungen des Art. 10 EuEheVO das Gericht des Zielstaats auch ohne Verwirklichung der spezifischen Zusatzbedingungen des Art. 10 EuEheVO zuständig werden zu lassen. Fraglich ist, ob sich dieses Ergebnis auch durch die in Art. 15 III EuEheVO genannten Fälle[915] bestätigen lässt:

Lit. a betrifft die Möglichkeit, die perpetuatio fori im Ursprungsstaat zu durchbrechen, falls das Kind mittlerweile einen gewöhnlichen Aufenthalt im Zielstaat genommen hat. Wenn bedacht wird, dass Art. 15 EuEheVO die Möglichkeit der Zuständigkeitsübertragung aber an das Kindeswohl knüpft, stellt dies eine erstaunliche Abkehr vom allgemein strengen System der Kindesentführungszuständigkeiten dar. Der Fall einer Kindesentführung vor sorgerechtlicher Antragstellung wird in Absatz III nicht explizit aufgeführt. Es ist daher zweifelhaft, ob dieser auch zu einer Abgabe soll führen dürfen. Lit. a betrifft mit dem Abstellen auf eine echte durch Antragstellung ausgelösten perpetuatio fori den Fall einer Hauptzuständigkeit nach Art. 8 EuEheVO, die es zu überwinden gilt. Denkbar könnte daher sein, dass Art. 15 EuEheVO in erster Linie diesen Fall abdecken will und nicht auch noch eine Durchbrechung des Art. 10 EuEheVO bei Kindesentführung vor Antragstellung. Teilweise wird die Möglichkeit eines Übernahmeersuchens nach Art. 15 EuEheVO dementsprechend in erster Linie bei rechtmäßigen Aufenthaltswechseln während eines laufenden Verfahrens gesehen.[916] Ein Blick auf die weiteren in Art. 15 III aufgeführten litt. b-d könnte hier aufschlussreich sein:

Lit. b, der auf einen bisherigen gewöhnlichen Aufenthalt im Staat der besonderen Bindung abstellt, geht an der Thematik grundsätzlich vorbei, da die Entführung gerade aus dem Staat des bisherigen gewöhnlichen Aufenthalts erfolgt und der Zufluchtsstaat damit nicht erfasst ist.[917] Einschlägig werden könnte diese

---

Verbringung durch ein Bezirksgericht in Österreich, vgl. EuGH (Urteil v. 1.7.2010 – Rs. C-211/10 PPU: Povse ./. Alpago) FamRZ 2010, 1229.

914 *Hausmann* IntEuSchR B 173.

915 Die nicht abschließend, sondern beispielhaft zu verstehen sind, vgl. *Hausmann* IntEuSchR B 183, m. w. N.; zu den einzelnen Fällen einer besonderen Bindung i. S. d. Art. 15 III EuEheVO s. a. die Auflistung im Leitfaden der Kommission, S. 24.

916 *Frank* in Gebauer/Wiedmann[2] Kap. 29 EuEheVO Art. 8 Rn 39 und Art. 15 Rn 55; so wohl auch zu verstehen im Leitfaden der Kommission, S. 24.

917 Nach *Büren*, S. 102 kann Art. 15 EuEheVO die Schwächung der Zuständigkeit des gewöhnlichen Aufenthalts nicht aufheben, da gerade der Staat des aktuellen

Variante allerdings im Fall einer Gegen- und Rückentführung, wenn es am Erwerb eines gewöhnlichen Aufenthalts im Zielstaat der Erstentführung mangelt.

Litt. c und d wiederum lassen durchaus erkennen, dass ebenso die besonderen familiären Konstellationen im Fall einer Kindesentführung auch ohne bisherige Antragstellung zu einer Verweisung sollen führen dürfen. Oftmals wird ein Kind in den Heimatstaat eines Elternteils entführt, dessen Staatsangehörigkeit auch das Kind selbst besitzt. Besitzt das Kind also die Staatsangehörigkeit des Zielstaats, so erlaubt Art. 15 III lit. c EuEheVO eine Verweisung der Sorgerechtszuständigkeit an die dortigen Gerichte. Die Möglichkeit nach lit. d an die Gerichte im Heimatstaat des Kindes zu verweisen, weil ein Elternteil dort seinen gewöhnlichen Aufenthalt hat, kann in einem Entführungsfall ebenfalls einschlägig werden, wenn der entführende Elternteil das Kind an seinen dortigen Wohnort verbringt.

Dass also offensichtlich das europäische Kindesentführungsrecht tatsächlich eine ermessensabhängige Abgabemöglichkeit einräumt, ist umso erstaunlicher, als Erwägungen zum individuellen Kindeswohl gegenüber normativ-abstrakten Automatismen ansonsten deutlich zurückgedrängt werden. Denkbar wäre daher, in Art. 15 EuEheVO einen einzelfallgerechten[918] Ausgleich[919] gegenüber Art. 10 EuEheVO und eine Wiederannäherung an die Angemessenheitsprüfung des Art. 16 HKÜ zu sehen. Einer im forum-non-conveniens-Gedanken oftmals vermuteten Gefahr eines negativen Kompetenzkonfliktes[920] wurde schon mit Normierung des Art. 15 V EuEheVO[921] vorgebeugt. Auch die Gefahr einer missbräuchlichen Abschiebung[922] des Falls in einen anderen Staat dürfte in einem hochemotionalen Bereich, der sich umgekehrt von jeher der Gefahr nationalen

gewöhnlichen Aufenthalts des Kindes darin als Adressat einer möglichen Verweisung nicht genannt sei.

918 Zum Spannungsverhältnis zwischen materieller Gerechtigkeit und Rechtssicherheit s. *König*, S. 96 f. und 122 ff.; den Unterschied zwischen civil law und common law in diesem Bereich hervorhebend s. *Holzmann*, Brüssel IIa VO, S. 145.

919 Zur Funktion des Art. 15 EuEheVO als Ausgleich zwischen dem in der Verordnung geltenden perpetuatio fori-Grundsatz und der im Kindschaftsrecht oftmals erforderlichen Streitgegenstandsnähe s. *König*, S. 168.

920 Diese Gefahr unter Hinweis auf die Wiederaufnahmemöglichkeit des ursprünglichen Gerichts grundsätzlich verneinend s. *König*, S. 88 f.

921 S. dazu *Hausmann* IntEuSchR B 187, m. w. N.; Thomas/Putzo-*Hüßtege* Art. 15 EuEheVO Rn 8, m. w. N.

922 Auch dieser Vorwurf wird von *König*, S. 95 innerhalb Europas für ungerechtfertigt gehalten.

Prestigegedankens[923] ausgesetzt sah, vernachlässigbar sein.[924] Die Vorschrift ist aber – wie vorgenannt vorgetragen – auf Ausnahmefälle zu beschränken und soll das Zuständigkeitsgefüge der Verordnung gerade nicht in Gefahr bringen. Außerdem wird die Verweisung an die Zustimmung mindestens eines Elternteils geknüpft,[925] die – wie oben[926] schon für die Scheidungsannexzuständigkeiten ausgeführt – kaum vorkommen dürfte. Auch hier ist also eine Elternzentrierung der Zuständigkeit zu finden. Ein wirkungsvoller Ausgleich gegenüber dem strengen Art. 10 EuEheVO ist hier daher trotz der rechtstheoretischen Möglichkeit dennoch nicht zu erwarten.

E. Ergebnis: Langfristige Sachferne ohne einzelfallgerechte Ausgleichsmöglichkeiten

Zusammenfassend lässt sich feststellen, dass die Behörden im Zufluchtsstaat trotz des möglicherweise langen Auseinanderfallens von Lebensmittelpunkt des Kindes und Sorgerechtszuständigkeit der Behörden im bisherigen Aufenthaltsstaat nur sehr eingeschränkte eigene Kompetenzen ausüben können. Während das KSÜ hier einen Ausgleich über eine echte Dringlichkeitszuständigkeit eröffnet, geht die EuEheVO über eine inhaltlich und territorial beschränkte Öffnungsklausel in Dringlichkeitsfällen und bloß praxisferne rechtstheoretische Möglichkeiten (s. die zustimmungsbedürftigen Artt. 12 und 15 EuEheVO) nicht hinaus.[927] Den Behörden des Zufluchtsstaats bleibt insoweit zuvörderst die Beschränkung auf das HKÜ-Rückführungsverfahren. Die Gerichte des Entführungsstaats genießen demgegenüber eine deutliche Vorrangstellung, die allerdings je nach Regelungswerk unterschiedlich zu gewichten ist:

---

923 S. o. „Einführung in das grenzüberschreitende Kindesentführungsrecht".

924 Dennoch weisen *Janzen/Gärtner* IPRax 2011, 412, 414 auf eine grundsätzliche Gefahr negativer Kompetenzkonflikte hin, wenn einerseits der Ursprungsstaat es ablehne, über das Sorgerecht zu entscheiden, andererseits aber die spezifischen Bedingungen der Artt. 7 KSÜ und 10 EuEheVO für einen Zuständigkeitswechsel in den Zufluchtsstaat nicht vorlägen. Sie beziehen sich dabei auf den Fall einer Ablehnung der wohl an sich zu bejahenden Sorgerechtszuständigkeit nach Art. 10 EuEheVO deutscher Gerichte, obwohl die spezifischen Bedingungen für einen Zuständigkeitswechsel nach Österreich nicht vorgelegen hätten, ein Fall, der aber als eher selten gelten dürfte.

925 *Hausmann* IntEuSchR B 177.

926 3. Teil. D. II. 2 („Anwendung auf Entführungsfälle").

927 Kritisch zur Auslassung einer dem Art. 11 KSÜ entsprechenden Regelung in der EuEheVO s. a. *Andrae,* Internationales Familienrecht[3] § 6 Rn 13.

Art. 7 I KSÜ ermöglicht laut *Gruber* einen Zuständigkeitswechsel in den Zielstaat, wenn ein dortiges Gericht zu dem rechtskräftigen Schluss komme, dass die Rückgabe des Kindes aus einem der Gründe der Artt. 12 II, 13 oder 20 HKÜ abzulehnen sei, da in diesem Fall keine dem Zuständigkeitswechsel entgegenstehende Anhängigkeit eines Rückgabeantrags mehr gegeben ist. Im Unterschied dazu sei nach Art. 10 lit. b, insbesondere durch lit. iv ein Übergang der Zuständigkeit „nur auf der Grundlage einer Sorgerechtsentscheidung eines Gerichts des vormaligen Aufenthaltsstaats möglich". Ein entscheidender Unterschied zwischen KSÜ und EuEheVO liegt also darin, dass beim KSÜ eine Zuständigkeitsverlagerung auch möglich ist, wenn der Zufluchtsstaat eine Entscheidung trifft, indem er die Rückgabe ablehnt. Bei der EuEheVO hingegen ist eine Zuständigkeitsverlagerung nur möglich, wenn im Herkunftsstaat über das Sorgerecht entschieden wird. Art. 10 EuEheVO verleiht – so *Gruber* – den Gerichten des Herkunftsmitgliedstaats also eine noch wesentlich stärkere Position als Art. 7 KSÜ.[928]

Das KSÜ setzt insoweit also noch die Tradition des Art. 16 HKÜ fort, der die Sorgerechtzuständigkeit auf den Zufluchtsstaat übergehen lässt, wenn der Rückgabeantrag rechtskräftig[929] zurückgewiesen wurde oder wenn der Antragsteller innerhalb einer angemessenen[930] umstrittenen Frist von (je nach Meinung) unter

---

928 So NK-BGB/*Gruber* Anh. I zum III. Abschn. EGBGB Art. 10 EheVO 2003 Rn 6 f.; ebenso bereits AnwK-BGB/*Gruber* Anh. I zum III. Abschn. EGBGB Art. 11 EheVO 2003 Rn 6 f., m. w. N.

929 Art. 16 HKÜ setzt die Rechtskraft der Ablehnungsentscheidung voraus, da der ersuchte Richter anderenfalls mit dem bloßen Erlass einer Rückgabeablehnung selbst seine Sorgerechtszuständigkeit begründen könnte. Umgekehrt fällt die Sperrwirkung durch eine rechtskräftige Rückgabeanordnung nach h.M. nicht weg, solange der Antragsteller die Vollstreckung der Rückgabeanordnung nachdrücklich betreibe und eine eventuelle Verzögerung hierbei durch die Vollstreckungsorgane oder den entführenden Elternteil selbst zu verantworten seien, da der Entführer anderenfalls zwischen Rechtskraft und Vollziehung der Rückgabeanordnung ein Sorgerechtsverfahren im Zufluchtsstaat anstrengen könne, vgl. BGH IPRax 2002, 215; PalArch/*Thorn* I. C. 3 HKEntfÜ Rn 42; *Vomberg/Nehls*, S. 35 f.; NK-BGB/*Benicke* Anh. III zu Art. 24 EGBGB Art. 16 HKÜ Rn 3 f.

930 Die Angemessenheit der Frist bewegt sich je nach Meinungsstand in einem Rahmen von unter einem Jahr bis zu 15 Monaten: Eine Ansicht legt die Jahresfrist des Art. 12 HKÜ zugrunde, innerhalb der ein Rücknahmeantrag zu erwarten sei, angemessen seien noch etwa drei weitere Monate nach Ablauf der Jahresfrist, insgesamt also ca. 12–15 Monate zwischen Benachrichtigung und Antragstellung, vgl. NK-BGB/*Benicke* Anh. III zu Art. 24 EGBGB Art. 16 HKÜ Rn 3. Andere halten dieser Dauer die Auswirkungen auf das Kind entgegen. Mehr als sechs

einem Jahr bis ca. maximal 15 Monaten seit Benachrichtigung des Gerichts keinen Rückgabeantrag gestellt hat. Während sich aber im Rahmen des Art. 16 HKÜ Verzögerungen des Antragstellers bei der Angemessenheitsprüfung auch für ihn negativ auswirken können, scheint dies zwar im Grundsatz auch für die Entführungszuständigkeiten zu gelten, soweit sie die Vernachlässigung des Rückgabeverfahrens nicht folgenlos lassen, aber mit der erheblichen Einschränkung, dass die Vernachlässigung des Rückgabeverfahrens erst nach Ablauf von mindestens einem Jahr Folgen zeitigt. Während aber das KSÜ noch ein Korrektiv über seinen Art. 11, und wenn auch praxisfern über seinen Art. 10 zulässt, und damit offenbar dem HKÜ folgt, das es ermöglicht, bei dringendem Schutzbedarf für das Kind trotz Art. 16 HKÜ auch bereits vor Ablauf der Sperrwirkung vorläufige Regelungen zu erlassen,[931] sind innerhalb der EU in dieser langen Zeit die Handlungsmöglichkeiten auf Seiten der zufluchtsstaatlichen Behörden auf das Mindeste beschränkt. Da das Ausreizen der Jahresfrist durch den Antragsteller schon im Rahmen des HKÜ nicht stets für angemessen gehalten werden musste, ist auch dahingehend unschwer zu erahnen, dass die Jahresfrist als nunmehr normierte Generalfrist auch zu unangemessenen Ergebnissen hinsichtlich des Auseinanderfallens von Gerichtsstandort und dem Ort der sozialen Integration des Kindes wird führen können. Während gerade der Begriff der Angemessenheit für den Individualfall eine Anpassung der rechtlichen an die jeweilige tatsächliche Situation ermöglichte, wird nun eine Lösung vorgezogen, die dazu führen kann, dass das Kindeswohl im Einzelfall hinter generalisierten Vorstellungen zurückzutreten hat.

Monate seit Benachrichtigung seien daher nicht mehr als angemessen anzusehen, vgl. *Vomberg/Nehls*, S. 35, m. w. N.; Staudinger[13]-*Kropholler* (1994) Vorbem zu Art 19 EGBGB Rn 693; *Bach* FamRZ 1997, 1051, 1053 Fn 21, m. w. N.

931 NK-BGB/*Benicke* Anh. III zu Art. 24 EGBGB Art. 16 HKÜ Rn 7, m. w. N.

4. Teil. Moderne Einwirkungen auf die Rückführung nach dem HKÜ

Die Möglichkeiten der zufluchtsstaatlichen Behörden werden nicht nur nahezu ausschließlich auf die Durchführung des HKÜ-Rückgabeverfahrens reduziert; die modernen Entwicklungen im grenzüberschreitenden Kindesentführungsrecht wirken auch auf dieses erheblich ein, sowohl im Hinblick auf die Verfahrensführung als auch in Bezug auf die materiellrechtliche Ausgestaltung der HKÜ-Rückgabeentscheidung. Während der ersuchte Richter gemeinschaftsrechtlich einerseits nunmehr zur Anhörung des entführten Kindes verpflichtet wird, unterliegt er andererseits einem weiter verschärften Beschleunigungsgebot. Auch auf seine sodann getroffene Rückgabeentscheidung wird eingewirkt: Die bisherige Alles-oder-Nichts-Entscheidung wird bedingten Entscheidungen untergeordnet; kommt der HKÜ-Richter in einem EU-Binnenfall aber zu dem Ergebnis, dass die Rückgabe dennoch zu versagen sei, hat diese richterliche Einschätzung gegenüber einer anderslautenden Entscheidung aus dem Herkunftsstaat keinen Bestand. Die einzelnen Entwicklungen werden im Folgenden untersucht. Zunächst werden die materiellrechtliche Umgestaltung der Rückgabeanordnung und die formelle Durchdringung des Rückgabeverfahrens durch die modernen Vorschriften in den Blick genommen. Sodann wird darauf eingegangen, wie sich kollidierende Rückgabeentscheidungen aus dem Ursprungs- und dem Zufluchtsstaat zueinander verhalten.

A. Materiellrechtliche Umgestaltung der Rückgabeanordnung

I. Frühere Alles-oder-Nichts-Entscheidung

Wie oben[932] angesprochen, normiert Art. 11 EuEheVO materiellrechtliche Umgestaltungen[933] der Rückgabeentscheidung, indem das bisherige System der Alles-Oder-Nichts-Entscheidung[934] durch das System einer Ultima-ratio-Entscheidung[935] unter Vorschaltung von Undertakings ersetzt wird (Art. 11 IV EuEheVO). Die Zunahme von HKÜ-Rückgabeanträgen in den letzten Jahren, insbesondere innerhalb der EU, gibt den Erfolg der modernen Regelungen zu Bedenken und

932 1. Teil. C. II („Einwirkung auf das Rückgabeverfahren im Zufluchtsstaat").

933 S. a. *Holzmann*, Brüssel IIa VO, S. 198: „Neugestaltung der Rückführungsverweigerungsmöglichkeiten".

934 BVerfG FamRZ 1999, 641, 642; *Carl* FPR 2001, 211, 212.

935 *Looschelders* JR 2006, 45, 50; *Gruber* AnwBl 2005, 209, 210.

wirft die Frage nach dem ursprünglichen Zweck des HKÜ auf und inwieweit das moderne Entführungsrecht damit vereinbar ist:[936]

1. Rechtshistorische Fehlvorstellung

a) Erwarteter Entführer-Typus

1980 gingen die Verfasser des HKÜ laut *Mäsch* davon aus, dass in der Regel der Vater bei Scheitern der Beziehung das bis dahin vorrangig von der Mutter betreute Kind in ein anderes Land verbringen werde, um einen für ihn günstigeren Gerichtsstand für ein sorgerechtliches Verfahren zu erreichen. Daher wurde ein Bedürfnis gesehen, neben der präventiven Verhinderung von forum shopping[937] und der Sicherstellung des bisherigen Gerichtsstandes eine normative Möglichkeit zu schaffen, um im Wege einer schnellstmöglichen Rückführung das Kind für die Dauer des sorgerechtlichen Verfahrens sofort wieder mit der vertrauten Bezugsperson, nach damaligen Vorstellungen in der Regel also die Mutter, zu vereinen.[938] Laut *Bruch* war insoweit „Prototyp" des Entführers, den die Verfasser im Sinn gehabt hätten, der von den Beschränkungen seiner Besuchsmöglichkeiten enttäuschte nicht sorgeberechtigte Vater.[939] Auch in Deutschland wurde bei der Ratifikation des HKÜ und des EuSorgeRÜ davon ausgegangen, dass zumeist die Väter die Kinder in ihren Heimatstaat brächten.[940] Auf der Basis dieser Vorstellung wurde die Rückführung nach Maßgabe des Art. 12 I HKÜ als Alles-oder-Nichts-Entscheidung[941] ausgestaltet, d. h. entweder war das Kind sofort in seine alte Umgebung zurückzuführen oder eine Rückgabe war aus Gefährdungs- bzw. Integrationsgründen oder aus Menschenrechtserwägungen (Artt. 12 II, 13 oder 20 HKÜ) gänzlich abzulehnen. Statistische Erhebungen zu HKÜ-Rückführungsgesuchen jedoch ergaben, dass man bei Schaffung des HKÜ von einer

936 Vgl. *Lowe/Stephens* Int. Comp. L. Qu. 46 (2012), S. 41, 48 f. S. bereits oben „Einführung in das grenzüberschreitende Kindesentführungsrecht".

937 „Unter forum shopping versteht man das systematische Ausnutzen in mehreren Staaten nebeneinander existierender internationaler Zuständigkeiten um bestimmter rechtlicher oder tatsächlicher Vorteile willen." so *Schack* Rn 251.

938 So *Mäsch* FamRZ 2002, 1069, m. w. N.

939 *Bruch* DEuFamR 1999, 40, 42.

940 Denkschrift des Regierungsentwurfs, BT-Drucks. 11/5314 v. 4.10.1989, Nr. 1 Unterabs. 2, http://dipbt.bundestag.de/doc/btd/11/053/1105314.pdf (letzter Zugriff: 13.7.2013).

941 BVerfG FamRZ 1999, 641, 642; *Carl* FPR 2001, 211, 212; s. a. *Mäsch* FamRZ 2002, 1069.

Fehlvorstellung ausgegangen sei: So habe sich herausgestellt, dass 70% der Quote der Kindesentführungen durch die betreuenden Mütter, geschlechtsunspezifisch 72% durch den Hauptbetreuungselternteil erfolgt seien.[942]

b) Tatsächliche Verschiebung des Entführer-Typus

Noch vor Geltung des HKÜ in den untersuchten Ländern hatte laut *Lowe/Perry* die Anzahl der Rückführungsgesuche betreffend entführende Väter noch geringfügig die Anzahl betreffend entführende Mütter überstiegen; dies lasse zumindest insoweit die Überlegung einer sich in der Praxis verwirklichenden generalpräventiven Wirkung des HKÜ zu, als Väter eine Mitnahme möglicherweise überdenken („contemplating kidnapping"), wohingegen auf der Seite von Müttern es eine Motivation dahingehend geben könne, aus einer gewalttätigen oder misshandelnden Beziehung zu entfliehen.[943] Öfter als bei Müttern erfolge eine Rückkehr der Väter nach Hause („‚going home' type").[944] Nach *Bruch* bilden betreuende Mütter den Hauptanteil an Entführern in Länder des HKÜ, wohingegen Väter immer noch hauptsächlich in Länder entführen würden, in denen das HKÜ nicht gelte, namentlich solche Länder, in denen Väter „mehr kraft ihres Geschlechts" bevorzugte Rechte hätten als kraft ihres „Sorgeengagements". Indem sie ihre Kinder an diese Zufluchtsorte schafften, brächten „Väter fast immer ihre Sorgerechte zur Geltung, ohne eine Rückführungsanordnung befürchten zu müssen".[945] Nach *Lowe/Perry* entführen Frauen das gemeinsame Kind eher aus einer sog. intakten Familie, wohingegen Väter die Entführung oft erst nach dem Scheitern der Beziehung durchführen würden.[946] Die Mütter nähmen oft fälschlicherweise an,

---

942 Vgl. *Mäsch* FamRZ 2002, 1069, m. w. N.; s. a. *Schulz* FamRZ 2003, 336, 341; s. insb. *Lowe/Perry* Int. Comp. L. Qu. 48 (1999), S. 127, 132 f. und 146 f.; diese Zahlen wurden auch von der Haager Konferenz festgestellt, s. *Carl* FPR 2001, 211. S. a. die zusammenfassende Darstellung von *Schoch,* S. 6 ff.; aktuelle bestätigende Untersuchungen bei *Lowe/Stephens* Int. Comp. L. Qu. 46 (2012), S. 41, 43 f.; *Trimmings,* S. 78 f. („75% of alleged abductors were mothers") sowie *Bucher* in FS Kropholler, S. 264.

943 *Lowe/Perry* Int. Comp. L. Qu. 48 (1999), S. 127, 133, 147. S. a. *Klosinski* FPR 2001, 206, 208, 210. Eindrücklich s. a. *Bucher* in FS Kropholler, S. 263, 267, m. w. N.: „(…), vor allem wenn von den lokalen Behörden keine Hilfe zu erwarten ist. Vor diesem Hintergrund ist die Kritik am Verhalten des Kindesentführers ins rechte Licht zu rücken".

944 *Lowe/Perry* Int. Comp. L. Qu. 48 (1999), S. 134 f. und 147.

945 *Bruch* DEuFamR 1999, 40, 42, m. w. N.

946 *Lowe/Perry* Int. Comp. L. Qu. 48 (1999), S. 127, 135 f., 147. Zu diesem Ergebnis kommt auch *Kruger,* S. 82, nach der die Entführungen durch Mütter nach einer

dass es ihnen freistehe, zu gehen.[947] Die Wahl, zu den Eltern in das Geburtsland zurückzukehren, wird unabhängig von diesen Erwägungen ansonsten regelmäßig auf finanziellen und sozialen Erwägungen beruhen, auf Sprachbarrieren und auf beruflichen Aspekten, meist nachdem sie zunächst dem Mann in ein für sie fremdes Land gefolgt seien.[948] Die wenigsten Betreuungselternteile aber dürften letztlich gezielt gerade den Gerichtsstand ihrer Wahl anvisieren. Das Gleichsetzen einer Kindesentführung durch den Betreuungselternteil im Rahmen von Trennung und Scheidung mit Forum Shopping könnte dabei am eigentlichen Problem vorbeigehen.[949]

c) Rechtfertigungsdefizit des Rückführungsautomatismus

In der praktischen Anwendung des HKÜ tritt daher häufig das Problem auf, dass es sich bei Hauptbetreuungselternteil und Entführer im Gegensatz zu den Ausgangsvorstellungen um dieselbe Person handelt. Eine unbedingte Rückführung auf der Basis des HKÜ kann somit entgegen dem ursprünglichen Zweck häufig gerade die Trennung des Kindes von seiner ihm vertrauten Betreuungsperson bedeuten. Die Fehlvorstellung bringt die weitergehende strittige Frage der Unterbringung des Kindes nach seiner Rückkehr in den Herkunftsstaat mit sich: Als denkbare Möglichkeiten werden insoweit angesehen, entweder den zum Zweck der Abholung angereisten Antragsteller bzw. eine von ihm benannte Person oder den entführenden Elternteil selbst das Kind in den Herkunftsstaat zurückbegleiten zu lassen.[950] Diese Konstruktionen stoßen aber sowohl auf dogmatische als auch auf tatsächliche Grenzen: Soll die Rückbegleitung durch den Antragsteller erfolgen, um das Kind im Anschluss an die Rückbegleitung auch sogleich bei sich zu Hause wohnen zu lassen, so ist damit zwangsläufig die sorgerechtliche

---

Scheidung oder einer vollzogenen Trennung seltener würden. S. a. *Bruch* DEuFamR 1999, 40, 42; *Finger* FamRBint 2009, 34 f.

947 *Bruch* DEuFamR 1999, 40, 42.

948 *Finger* FamRBint 2009, 34, 35. S. a. *Bruch* DEuFamR 1999, 40, 42; *Bucher* in FS Kropholler, S. 263, 266 f.

949 Vgl. *Geimer* IZPR Rn 1095 ff. mit dem eingangs vorliegender Arbeit genannten Zitat von *Christian von Bar* 1987. S. a. *Mäsch* FamRZ 2002, 1069; *Holzmann,* Brüssel IIa VO, S. 181, m. w. N.: „Darüber hinaus erscheint ohnehin fraglich, ob eine Person ausschließlich wegen eines rechtlichen Vorteils in einen Staat verziehen würde. Vielmehr ist davon auszugehen, dass Kindesentführungen ins Ausland regelmäßig aufgrund familiärer oder anderweitiger Bindungen zu einem Land geschehen."

950 So *Vomberg/Nehls,* S. 51; s. a. *Dutta/Scherpe* FamRZ 2006, 901, 906. S. insb. unten 4. Teil. A. IV. 3 („Rückbegleitungsverweigerung").

Frage der Herausgabe des Kindes an den Antragsteller verbunden; eine Frage, die das HKÜ gerade nicht beantworten will. Ist andererseits eine Rückbegleitung des Kindes durch den entführenden Elternteil und ein Aufenthalt mit diesem im Herkunftsstaat zu planen, so sind Sanktionierungsmöglichkeiten im Herkunftsstaat nicht auszuschließen mit der Folge, dass entweder der entführende Elternteil eine Rückkehr ablehnt oder ihm nach Rückkehr seine Inhaftierung droht, was in beiden Fällen die Trennung des Kindes von seinem Betreuungselternteil bedeuten kann[951] und somit dem ursprünglichen Gedanken des HKÜ, das Kind mit seiner bisherigen Betreuungsperson zusammenzuführen, der die eigentliche Rechtfertigung des immanenten Rückführungsautomatismus bilden sollte, nicht entspräche.

Entführungspraxis und Abkommensziel gehen also diametral auseinander. Für *Finger* ist dies ein „offener Widerspruch“: Noch immer seien vorwiegend Mütter für die alltägliche Versorgung und Betreuung der Kinder zuständig und demzufolge liege der Lebensmittelpunkt bei ihnen, während Väter wie schon vor der Kindschaftsrechtsreform[952] trotz seither fortbestehender gemeinsamer Sorge nach der Scheidung eher arbeiten gingen und neben Unterhaltszahlungen Besuchskontakte pflegten. Dieser Vorrang für die Kinder und Mütter gehe nun weitgehend verloren, wenn sie bei einer aus dem Zufluchtsstaat angeordneten Rückkehr in den Herkunftsstaat und dortiger endgültiger Sorgerechtsregelung mit erheblichen Nachteilen und Beschränkungen oder sogar dem Verlust zu rechnen hätten, wobei sich gerichtliche Entscheidungen gerade gegen das Kind auswirkten.[953] Erzwungene Rückkehr stelle trotz der etwa in Art. 13 HKÜ vorgesehenen Ausnahmen das Kindeswohl zurück, kümmere sich nicht um Einzelheiten und rücke letztendlich Elternschutz deutlich in den Vordergrund; nachzudenken sei daher über die richtige Gewichtsverteilung und Abläufe im Einzelnen.[954] *Finger* plädiert dabei nicht für eine Ausdehnung der Anwendung des Art. 13 HKÜ, sondern sucht die Lösung in einer verstärkten Anwendung von Undertakings und anderen Klauseln bzw. Vermittlungsmethoden.[955] Wenn Undertakings die Lösung dieses Widerspruchs

951 *Winkler v. Mohrenfels* IPRax 2002, 372, 373; s. dazu unten 4. Teil. A. IV. 3. a („Drohende Haft“).

952 Gesetz zur Reform des Kindschaftsrechts (Kindschaftsrechtsreformgesetz – KindRG) v. 16.12.1997, BGBl. I S. 2942, in Kraft seit 1.7.1998; s. dazu eingehend *Büttner* FamRZ 1998, 585 ff.; *Greßmann* Rn 1 ff.

953 *Finger* FamRBint 2009, 34 f., m. w. N.; s. a. *ders.* FamRBint 2007, 65, 66.

954 *Finger* FuR 2005, 443.

955 *Finger* FamRBint 2009, 34 f.

darstellen sollen, bedarf es einer genauen Betrachtung einzelner Gefahrenlagen[956] und ihrer Vorkehrungsmöglichkeiten, insbesondere unter dem Gesichtspunkt der tatsächlichen Durchsetzungssicherung solcher Schutzmaßnahmen, damit von einem kindeswohlangemessenen Überdenken der Rechtssituation gesprochen werden kann.

Dass das HKÜ einer Fehlvorstellung über den tatsächlich zu schützenden Regelfall unterliegt, wurde mit der EuEheVO nicht etwa zu beseitigen gesucht; vielmehr greift die EuEheVO in das HKÜ noch strikt verschärfend ein. In Kauf genommen wird dabei, dass im Widerspruch zu dem ursprünglichen Ziel des HKÜ, Betreuungselternteil und Kind schnellstmöglich zusammenzuführen, die Regelrückführung auch bei Vorliegen gar von Gefahrengründen erzwungen (vgl. Art. 11 VIII EuEheVO) und die Rückgabe an den bislang nicht hauptbetreuenden Elternteil faktisch zum Regelfall gemacht wird. Dass die mit Art. 11 IV EuEheVO gefundene Lösung dieses Problems über Undertakings im Herkunftsstaat zwar rechtstheoretisch zu funktionieren vermag, aber wohl doch nicht den Vertrauensvorschuss genießt wie erwartet, dürfte sich den zunehmenden HKÜ-Gesuchen und Rückgabeablehnungen nach Art. 13 HKÜ der letzten Jahre[957] entnehmen lassen. So geben *Lowe/Stephens* hier zu bedenken: „The fact that there remains a higher proportion of Article 13(b) refusals between Brussels IIa states may be due to the difficulty in establishing the ‚adequate measures' envisaged by Article 11 (4).“[958] und sie folgern schließlich: "Article 11(4) of the Brussels IIa Regulation (…), as far as we can tell, its attempts to reduce reliance on the exception have not been successful."[959]

2. *Dogmatisches Defizit von Undertakings*

Vor Erlass der EuEheVO mit ihrem Art. 11 IV wurde im case law des angloamerikanischen Rechtskreises bei Anwendung des HKÜ schon frühzeitig auf

956 S. u. 4. Teil. A. IV („Lösung einzelner Gefahrenlagen über Vorkehrungen“).

957 S. *Lowe/Stephens* Int. Comp. L. Qu. 46 (2012), S. 41, 81: „a dramatic increase in applications“; s. dazu oben „Einführung in das grenzüberschreitende Kindesentführungsrecht“.

958 *Lowe/Stephens* Int. Comp. L. Qu. 46 (2012), S. 41, 62, m. w. N.

959 *Lowe/Stephens* Int. Comp. L. Qu. 46 (2012), S. 41, 82; s. a. *Trimmings*, S. 242.

sog. Undertakings,[960] safe harbour orders[961] und mirror orders[962] zurückgegriffen, etwa durch die Anordnung gegenüber dem ersuchenden Elternteil, zur Erleichterung der von ihm angestrebten Rückkehr von Entführer und Kind Reisekosten vorzustrecken, Unterhaltszahlungen zu leisten oder eine Wohnung im Herkunftsstaat zur Verfügung zu stellen.[963] Im Ursprungsstaat mögliche Schutzmaßnahmen werden hierbei formlos etwa auf telefonischem Weg durch den ersuchten Richter ermittelt, der dann wiederum den Entführer zu einer entsprechenden Antragstellung auffordern kann.[964] Vom Antragsteller allein zu beseitigende Rückgabehindernisse lösen Common-law-Richter über Zusicherungen/Undertakings des Antragstellers gegenüber dem Gericht, bei denen aber die Gefahr besteht, dass dieser sich insbesondere im Hinblick auf die mangelnden Vollstreckungsmöglichkeiten der Behörden im ersuchten Staat nicht an seine Versprechungen hält.[965] Zu weitergehenden Problemen kann es dabei im Fall der Strafverfolgung kommen: Etwa wurde trotz des Einverständnisses

---

960 Undertakings sind Zusicherungen, die der zurückgelassene Elternteil vor dem Gericht des ersuchten Staats abgibt, um die Rückführung des Kindes in den Herkunftsstaat zu erleichtern, s. *Carl* FPR 2001, 211, 212, m. w. N.; s. a. *Nehls* in Mediation bei internationalen Kindschaftskonflikten, S. 13, 22 unter Auflistung von Beispielen weiter ausführend, dass diese Zusicherung im Herkunftsstaat nicht durchsetzbar sei, solange sie dort nicht von Behörden oder Gerichten für verbindlich erklärt worden sei.

961 Zur Absicherung der Einhaltung einer antragstellerseitigen Zusicherung kann das ersuchte Gericht auf den Erlass gerichtlicher Anordnungen seitens des Gerichts des Ursprungsstaats hinwirken, die den Antragsteller zu Vorkehrungen zum Schutz des rückgeführten Kindes verpflichten und als Anordnung des Gerichts des Herkunftslandes auch dort durchsetzbar sind, s. *Niethammer-Jürgens* DAVorm 2000, 1071, 1079; *Carl* FPR 2001, 212, 214; *Nehls* in Mediation bei internationalen Kindschaftskonflikten, S. 13, 23.

962 Darunter versteht man identische Anordnungen von Gerichten der beiden beteiligten Staaten oder die Anordnung des herkunftsstaatlichen Gerichts, mit der der Inhalt eines Undertakings spiegelbildlich wiederholt und damit im Herkunftsstaat für vollstreckbar erklärt wird, vgl. *Carl* FPR 2001, 214; s. a. *Nehls* in Mediation bei internationalen Kindschaftskonflikten, S. 13, 23.

963 *Carl* FPR 2001, 211, 212; *Niethammer-Jürgens* DAVorm 2000, 1071, 1079; MüKoBGB[5]-*Siehr* Art. 21 EGBGB Anh. II HEntfÜ Rn 78; s. dazu ausführlich *Beaumont/McEleavy*, S. 156 ff.

964 *Schulz* FamRZ 2003, 1351, 1353.

965 *Schulz* FamRZ 2003, 1351, 1353 schlussfolgernd, dass sich die grenzüberschreitende Zusammenarbeit auch zwischen Gerichten, bevor eine Entscheidung getroffen werde, als die einzig effektiv Lösung erweise.

seitens des in den USA zurückverbliebenen Vaters mit der Rückkehr von Mutter und Kind in das Familienheim und trotz seiner Zusicherung, den in den USA gestellten Strafantrag zurückzunehmen und befristet Unterhalt für Mutter und Kind zu zahlen, stattdessen die Mutter sogleich nach Einreise in die USA festgenommen, da Kindesentführung in dem betreffenden US-Bundesstaat als Offizialdelikt verfolgt wird; das Kind wurde dem Vater übergeben, wohingegen der Mutter nach ihrer Freilassung unter Verwehrung des Zugangs zum Eigenheim nur betreuter Umgang gewährt wurde.[966]

Die Gestaltungsmöglichkeiten von Richtern aus dem anglo-amerikanischen Rechtskreis beruhen laut *Schulz* auf deren traditionell großen Freiheit bei der Anordnung von Nebenbestimmungen, die der Erreichung eines Hauptziels dienten. Die römisch-germanische Rechtstradition der Civil-law-Staaten zwinge etwa deutsche oder französische Richter viel stärker zur Suche nach der Rechtsgrundlage; während Richter aus Common-law-Staaten anordnen könnten, was gesetzlich nicht verboten sei, könnten Richter aus Civil-law-Staaten nur anordnen, was ihnen gesetzlich erlaubt sei.[967]

Für deutsche Gerichte stellt sich daher die Frage, ob das HKÜ bedingte Rückführungsanordnungen dogmatisch überhaupt zulässt und wie sich die Bedingungen im Ausland ggf. durchsetzen lassen.[968] In Ermangelung einer gesetzlichen Rechtsgrundlage[969] werden Undertakings innerstaatlich nur im Rahmen

---

966 Entnommen aus *Carl* FPR 2001, 211, 213.

967 *Schulz* FamRZ 2003, 1351, 1353. Nach *Schoch,* S. 265 f., m. w. N., werden Undertakings auch auf die Präambel des HKÜ und auf das Prinzip des „non-exclusivity", das den Artt. 18 und 34 HKÜ innewohne, gestützt. S. dazu auch *Mäsch* FamRZ 2002, 1069, 1071.

968 *Mäsch* FamRZ 2002, 1069, 1070; s. a. NK-BGB/*Benicke* Anh. III zu Art. 24 EGBGB Art. 13 HKÜ Rn 37.

969 Vertreten wird zwar, dass in Ermangelung einer speziellen Rechtsgrundlage im HKÜ Undertakings letztlich dem Ultima-ratio-Gedanken des Art. 13 I lit. b HKÜ zu entnehmen seien, vgl. eingehend *Mäsch* FamRZ 2002, 1069, 1072. Dieser Auffassung folgt *Holzmann,* Brüssel IIa VO, S. 201 f., dabei gleichzeitig Öffnungsklauseln der Artt. 18 und 34 Satz 2 HKÜ sowie gewohnheitsrechtliche Maßstäbe als Rechtsgrundlage i. E. ablehnend. Öffnungsklauseln i. S. d. Artt. 18 und 34 Satz 2 HKÜ, Gewohnheitsrecht oder auch Art. 13 I lit. b HKÜ als Rechtsgrundlagen, wie sie von *Holzmann,* Brüssel IIa VO, S. 200 ff., m. w. N., diskutiert und bis auf Art. 13 I lit. b HKÜ letztlich verworfen werden, dürften aber sämtliche als Ermächtigungsgrundlage nach innerstaatlichem Verständnis unzureichend sein. Auch Art. 13 I lit. b HKÜ stellt keine echte Ermächtigungsgrundlage dar. Einzige echte Rechtsgrundlage i. R. d. HKÜ im rechtstechnischen Sinn ist Art. 12 HKÜ, der jedoch

von Elternvereinbarungen für zulässig erachtet, die, soweit sie in einen richterlichen Beschluss übergehen, auch durchsetzbar sind.[970] Ungelöst bleibt damit aber, dass inländisch vereinbarte Vorkehrungen im Ausland nicht durchsetzbar sind, wenn sie nicht von den dortigen Behörden und Gerichten für verbindlich erklärt oder auf andere Weise akzeptiert wurden.[971] Die Vollstreckung im Ausland hängt vielmehr grundsätzlich von dem dortigen autonomen Recht samt eventueller staatsvertraglicher Bindungen ab, wobei bislang sowohl das MSA hierfür keine ausreichenden Anerkennungs- und Vollstreckungsregeln bot als auch das EuSorgeRÜ vor das Problem stellt, dass es sich bei bloßen Auflagen nicht um echte Sorgerechtsentscheidungen handelt.[972] Insoweit blieb dogmatisch bisher nichts anderes übrig, als dass sich der ersuchte Richter vor der Rückgabeentscheidung über die Bereitschaft vergewisserte, die Einhaltung der vom Antragsteller gemachten Zusicherungen zum Schutz des rückkehrenden Kindes zu gewährleisten.[973]

II. Dogmatische Zulassung von Undertakings

1. Dogmatische Zulassung über die Eilzuständigkeit des KSÜ

Vertreten wird, dass das KSÜ eine Grundlage schaffe, um Anerkennung und Vollstreckung von Undertakings im Ausland und damit den für eine bedingte Rückgabeanordnung erforderlichen Schutz für das Kind im Ursprungsstaat zu ermöglichen.[974] Art. 50 Satz 2 KSÜ lasse es als möglich erscheinen, Undertakings jedenfalls dann über Art. 26 KSÜ im Herkunftsland des Kindes zu vollstrecken, wenn sich eine Rechtsgrundlage nicht nur in Art. 13 I lit. b HKÜ[975], sondern

---

zur Alles-Oder-Nichts-Anordnung der Rückführung und damit allein zum staatlichen Eingriff ermächtigt; vgl. zur Einordnung als Alles-Oder-Nichts-Entscheidung BVerfG FamRZ 1999, 641, 642; *Carl* FPR 2001, 211, 212. S. zu dieser Frage auch *Nehls* in Mediation bei internationalen Kindschaftskonflikten, S. 13, 22 f.

970 S. *Roth* IPRax 2003, 231, 233, m. w. N.

971 *Carl* FPR 2001, 211, 213.

972 *Mäsch* FamRZ 2002, 1069, 1074 f., m. w. N.; zum EuSorgeRÜ i. E. ebenso *Schoch,* S. 271.

973 S. *Mäsch* FamRZ 2002, 1069, 1076 auf folgendes Zitat hinweisend: „It is questioned (…) if such an assessment offers sufficient protection", sowie *Carl* FPR 2001, 211, 214.

974 *Mäsch* FamRZ 2002, 1069, 1078.

975 Der Auffassung, dass in Ermangelung einer speziellen Rechtsgrundlage im HKÜ Undertakings letztlich dem Ultima-ratio-Gedanken des Art. 13 I lit. b HKÜ zu entnehmen sei (s. eingehend *Mäsch* FamRZ 2002, 1069, 1072) folgt *Holzmann,* Brüssel IIa VO, S. 201 f. zwar, relativiert an anderer Stelle auf S. 204 aber, dass mit Art. 11 IV

auch in der Dringlichkeitszuständigkeit der Behörden des Zufluchtsstaats nach Art. 11 KSÜ finde.[976]

Schoch[977] stellt aber schon in Frage, ob Undertakings überhaupt als Schutzmaßnahmen i. S. d. KSÜ anzusehen seien, und hält jedenfalls die Anwendung auf Unterhaltsleistungen seitens des Antragstellers, um die Rückgabe zu erleichtern und vor Ort die Lebenshaltung von Kind und ggf. Entführer zu sichern, als einem typischen Anwendungsbereich für Undertakings in den USA wegen Art. 4 lit. e KSÜ für normativ von vorneherein ausgeschlossen: „Typische Undertakings"[978] seien keine Entscheidungen über die elterliche Verantwortung, sondern kurzzeitige Sicherungsmaßnahmen für die Rückgabe.[979] Hierfür spräche prima facie die fortgesetzte Sorgerechtszuständigkeit der herkunftsstaatlichen Behörden nach Art. 7 KSÜ, der in verschärfter Weise die Sperrwirkung und den Rechtsgedanken des Art. 16 HKÜ fortsetzt. Wie oben[980] aber festgestellt, lässt Art. 11 KSÜ trotz der sonst strikten Verteilung zwischen herkunfts- und zufluchtsstaatlicher Zuständigkeit dringliche Maßnahmen des ersuchten Gerichts auch im Bereich der elterlichen Sorge und des Besuchsrechts, d. h. im Bereich der elterlichen Verantwortung zu; insoweit kann von einer dogmatischen Grundlage für Undertakings im KSÜ gesprochen werden. Diese müssen aber im Entführungsstaat nach Artt. 23 ff. KSÜ anerkannt werden bzw. treten sie nach anderslautender Entscheidung von dort außer Kraft. Die Sicherung hängt somit von einem erheblichen Umsetzungsbeitrag der herkunftsstaatlichen Behörden ab. Selbst wenn die Umsetzung der Schutzmaßnahme zunächst erfolgreich durchgeführt würde, wäre dennoch nicht gesichert, dass diese nicht schnell durch eine ersetzende Maßnahme (Art. 11 II KSÜ) vor Ort außer Kraft gesetzt würde. Zweifelhaft ist insoweit generell, ob Maßnahmen, die auf Dringlichkeit[981] beruhen, ausreichenden Schutz für das zurückgebrachte Kind im Ursprungsstaat bieten können.[982]

EuEheVO nicht mehr nötig sei, in die Vorschriften des HKÜ eine Ermächtigungsgrundlage „hineinlesen" zu müssen.

976 *Mäsch* FamRZ 2002, 1069, 1074.

977 *Schoch,* S. 270 f.

978 *Schoch,* S. 271.

979 *Schoch,* S. 271 weitergehend ausführend, dass demzufolge auch eine Vollstreckung über das EuSorgeRÜ ausgeschlossen sei, das eine Sorgerechtsentscheidung voraussetze.

980 3. Teil. D. I. 1 („Korrektiv im Rahmen des KSÜ").

981 Von Dringlichkeit der vorkehrenden Maßnahme ist im Hinblick auf das im HKÜ-Verfahren geltende Beschleunigungsgebot ohne weiteres auszugehen.

982 Vgl. *Coester-Waltjen* FamRZ 2005, 241, 246 diese Frage i. R. d Art. 20 EuEheVO für vorläufige Orders aufwerfend.

Art. 11 KSÜ könnte daher zwar rechtstechnisch als dogmatische Grundlage für bedingte Rückgabeanordnungen zur Verfügung stehen, wenn er mit der Normierung der besonderen Zuständigkeit gleichzeitig eine materiellrechtliche Ermächtigung impliziert. Hiergegen spricht aber zum einen, dass die Vorschrift im Einzelfall nicht den gesicherten Schutz zu eröffnen vermag, den eine Kindesrückgabe etwa auch für die Dauer eines sorge- bzw. umgangsrechtlichen Verfahrens erfordern könnte.[983] Auch fallen Maßnahmen zum Schutz des Entführers selbst von vorneherein nicht in den Anwendungsbereich des auf Minderjährige beschränkten KSÜ, so dass weitergehend in Frage stünde, ob sich ersuchte Gerichte durch Art. 11 KSÜ ermächtigt sehen dürften, etwa mit den ausländischen Strafverfolgungsbehörden zur Diskussion von Rückkehrerleichterungen für den Entführer in Kontakt zu treten. Zum anderen verbleibt es letztlich dabei, dass es sich hier lediglich um eine Zuständigkeitsnorm ohne materiellrechtlichen Anspruch handelt, wofür auch ihre systematische Einordnung im KSÜ spricht.

2. Dogmatische Zulassung über die Eilzuständigkeit der EuEheVO

Wie schon im Rahmen des KSÜ ließe sich auch im Rahmen der EuEheVO die Möglichkeit erörtern, ob sich die Anordnung von im Ausland durchsetzbaren Bedingungen auf der Basis der Eilzuständigkeit des Art. 20 EuEheVO rechtfertigen lässt. *Coester-Waltjen* stellt in Frage, ob Art. 20 EuEheVO als Zuständigkeitsnorm für Orders dienlich sei: Zwar befinde sich das Kind bei Antrag und Erlass der Entscheidung noch nicht wieder in dem bisherigen Staat, die Orders bezögen sich aber auf das Kind nach seiner Rückgabe. Problematisch sei auch, ob die Vorläufigkeit der Maßnahme dem Schutzzweck der Orders genüge.[984] Für sichernde Orders im Zufluchtsstaat besteht also das Problem, dass sie zwar im Anwesenheitsstaat erlassen werden würden, aber nach Rückführung des Kindes im Ausland zu vollstrecken wären. Lediglich etwa Rücktransport-, Gerichts- und Anwaltskosten wären im Inland vollstreckbar; diese haben aber keine für das Kind nennenswerte Sicherungsfunktion, sondern entlasten den Betreuungselternteil lediglich finanziell.

Scheitern dürfte eine Ermächtigung zum Erlass von anerkennungsfähigen Undertakings schließlich an der Rechtsprechung des EuGH, demnach im Zufluchtsstaat keine Dringlichkeitsmaßnahme über Art. 20 EuEheVO getroffen werden dürfe, die die Prinzipien der Verordnung unterminiere, insbesondere

983 Vgl. *Coester-Waltjen* FamRZ 2005, 241, 246 zum parallelen Art. 20 EuEheVO.
984 *Coester-Waltjen* FamRZ 2005, 241, 246.

im Anwendungsbereich des Art. 10 EuEheVO.[985] Daraus könnte zwar geschlossen werden, dass im Fall einer Kindesentführung nur integrationsbedingte bzw. -fördernde Dringlichkeitsmaßnahmen nicht erlassen werden dürften, wohl aber Undertakings, die die Rückgabe des Kindes gerade befördern. Dagegen spricht aber, dass es sich sowohl bei Art. 10 EuEheVO als auch bei Art. 20 EuEheVO um Zuständigkeitsnormen, nicht um Anspruchsgrundlagen handelt. Die Zuständigkeit kann nicht damit stehen und fallen, welche Seite letztlich mit ihrem materiellrechtlichen Anspruch obsiegt. Es kann nicht einerseits eine Eilzuständigkeit des ersuchten Richters über Art. 20 EuEheVO dann zu verneinen sein, wenn er den HKÜ-Rückgabeantrag abweisen will, andererseits eine Eilzuständigkeit desselben Richters zu bejahen sein, wenn er eine bedingte Rückgabeanordnung plant. Anderenfalls würden verfahrensrechtliche mit materiellrechtlichen Fragen vermengt. Mit Blick auf die restriktive Auslegung kann daher der Schluss gezogen werden, dass auch Art. 20 EuEheVO keine Grundlage für Undertakings schafft.

3. Dogmatische Zulassung von Undertakings über Art. 11 IV EuEheVO

a) Einordnung als Rechtsgrundlage

Fraglich ist, ob Art. 11 IV EuEheVO den ersuchten Richter dazu ermächtigt,[986] für Sicherungsmaßnahmen im Ursprungsstaat zu sorgen, und wie weit diese Befugnis ggf. reicht. Nach dieser Regelung darf das ersuchte Gericht nicht wie früher bei schwerwiegender Gefahr eines körperlichen oder seelischen Schadens für das betroffene Kind die Rückführung ablehnen, wenn nachgewiesen ist, dass im Herkunftsstaat angemessene Maßnahmen ergriffen wurden, um den Schutz des Kindes nach seiner Rückkehr zu gewährleisten, d. h. die Rückgabeablehnung nach Art. 13 I lit. b HKÜ darf nur noch ultima ratio sein, worin nach allgemeiner Auffassung implizit eine Rechtsgrundlage für eine mildere Maßnahme gesehen wird, aus der sich die Zulässigkeit von Undertakings herleiten lasse.[987]

---

985 EuGH (Urteil v. 23.12.2009 – Rs. C-403/09 PPU: Detiček ./. Sgueglia) FamRZ 2010, 525 f. mit Anm. *Henrich*, S. 526 f.; ausführlich dazu *Martiny* FPR 2010, 493 ff., m. w. N., und *Mansel/Thorn/Wagner* IPRax 2011, 1, 22. S. dazu bereits oben 3. Teil. D. I. 2 („Restriktive Anwendung im Rahmen der EuEheVO").

986 Art. 11 IV EuEheVO als Ermächtigungsgrundlage einordnend s. z. B. *Holzmann* FPR 2010, 497, 500; *dies.*, Brüssel IIa VO, S. 203; wohl ebenso *Tödter*, S. 178, allerdings sogleich mit dem einschränkenden Hinweis auf die Möglichkeit eines Vergleichsabschlusses vor Gericht oder einer außergerichtlichen Vereinbarung.

987 *Solomon* FamRZ 2004, 1409, 1417; *Völker* FamRZ 2010, 157, 158; *Gruber* AnwBl 2005, 209, 210; NK-BGB/*Gruber* Anh. I zum III. Abschn. EGBGB Art. 11 EheVO

Gegen diese allgemeine Einordnung könnte aber der Wortlaut der Vorschrift selbst sprechen: So verordnet Art. 11 IV EuEheVO für den Fall einer Gefahrenlage nach Art. 13 I lit. b HKÜ mit der Formulierung „kann (...) nicht verweigern" die Rückgabe, „wenn nachgewiesen ist", dass angemessene Vorkehrungen getroffen wurden. Die Vorschrift könnte statt einer Ermächtigung für den Erlass von Undertakings daher die Funktion einer Beweisregel sowie einer bindenden Rechtsfolgeregel enthalten:

b) Einordnung als Beweis- und Rechtsfolgeregel

Allgemein wird in Art. 11 IV EuEheVO nicht statt, sondern neben der Einordnung als Rechtsgrundlage auch eine Beweislastregel gesehen, die zu unterschiedlichen Auslegungen führt: Während auf der einen Seite vertreten wird, dass der Antragsteller die Beweislast für das Vorliegen angemessener Vorkehrungen habe,[988] wird von anderer Seite von einer Feststellungslast des Entführers gesprochen, auch wenn der HKÜ-Richter von Amts wegen zu ermitteln habe.[989] Zur Klärung dieser Frage vermag ein Vergleich mit dem Streit um die Beweisregel in Art. 12 II HKÜ verhelfen, denn in Art. 11 IV EuEheVO („wenn nachgewiesen ist") lautet es in zwar umgekehrter, aber ähnlicher Weise: „sofern nicht erwiesen ist":

Zu Art. 12 II wird vertreten, dass es sich bei dieser Formulierung um eine Beweislastregel handle, die dem Entführer die Beweislast für die soziale Integration auferlege; die meisten Entführer beriefen sich auf soziale Integration des Kindes, aber das Privileg, das er selbst erzwungen habe, dürfe dem Entführer nicht zugutekommen.[990] Gegen diese Auffassung wird der Vergleich mit der in Art. 13 I HKÜ enthaltenen demgegenüber eindeutigen Beweislastregel („wenn die Person, Behörde oder sonstige Stelle, die sich der Rückgabe des Kindes widersetzt, nachweist") eingewandt. „Erwiesen" seien auch Tatsachen, die sich aus einer Amtsermittlung ergäben.[991] Übertragen auf den Wortlaut des Art. 11 IV EuEheVO lässt

---

2003 Rn 10, m. w. N.; *Schulz* FamRZ 2003, 1351, 1352 f.; *Hausmann* IntEuSchR B 123, m. w. N. Der Leitfaden der Kommission, S. 42 weist darauf hin, dass die Verordnung die Ausnahmen nach Art. 13 I lit. b HKÜ auf ein „striktes Minimum" beschränke.

988 Vgl. Thomas/Putzo-*Hüßtege* Art. 11 EuEheVO Rn 4; zustimmend *Hausmann* IntEuSchR B 122.

989 Vgl. *Völker* FamRZ 2010, 157, 159 mit Fn 26.

990 *Vomberg/Nehls*, S. 33, m. w. N.

991 *Bach* FamRZ 1997, 1051, 1055; für Amtsermittlung auch NK-BGB/*Benicke* Anh. III zu Art. 24 EGBGB Art. 12 HKÜ Rn 11; PalArch/*Thorn* I. C. 3 HKEntfÜ Rn 36; *Haß*, S. 87 f.

sich auch hier anführen, dass „nachgewiesen“ auch Vorkehrungen sind, die der ersuchte Richter von Amts wegen ermittelt hat. Allerdings könnte ein „Nachweis“ eher einer Partei zuzuordnen sein als ein „Erweisen“. Auch die englische Fassung („if it is established that“) und die französische Fassung („s'il est établi que“) bringen hier nur wenig Klarheit, so dass davon auszugehen ist, dass der ersuchte Richter getroffene Vorkehrungen amtswegig zu ermitteln hat, wobei dem Antragsteller eine Darlegungslast obliegen dürfte insoweit, als der ersuchte Richter über denkbar zu ermittelnde Vorkehrungen im Ausland unterrichtet sein sollte.

Sind angemessene Vorkehrungen im Rückgabeverfahren schlussendlich „nachgewiesen“, ist der ersuchte Richter nach Art. 11 IV EuEheVO verpflichtet, die Rückgabe anzuordnen. Es handelt sich damit hier um eine bindende Rechtsfolgeregelung, die dem Gericht eine Ermessensausübung[992] verwehrt. Dass auch die Grundlage für den ersuchten Richter gegeben sein soll, selbst eine solche Vorkehrung zu treffen/anzuordnen, lässt sich dem Wortlaut der Regelung hingegen nicht entnehmen. Aus dem Umstand, dass der Erlass von Undertakings dem Richter im Zufluchtsstaat nachgewiesen/ermittelbar sein muss, und er ggf. insoweit gebunden ist, die Rückgabe anzuordnen, lässt sich vielmehr erschließen, dass die Anordnung der Vorkehrung von einem anderen Richter, namentlich von dem für die Sorgerechtsangelegenheit zuständigen Richter im Ursprungsstaat getroffen sein müsse, denn es besteht naturgemäß kein Bedürfnis, dem ersuchten Richter die von ihm selbst getroffenen Sicherungsmaßnahmen nachzuweisen.

Eine Rechtsgrundlage zum Erlass eigener Auflagen lässt sich dem Art. 11 IV EuEheVO daher nicht entnehmen. Der ersuchte Richter kann nur seine eigene Rückgabeanordnung so lange zurückstellen, bis ihm geeignete Nachweise zum Schutz des Kindes im Herkunftsstaat erbracht sind; dann muss er – wenn er der Überzeugung ist, dass der Schutz gewährleistet ist – die Rückgabe anordnen. Die mit der Beweisregel verbundene Pflicht, Vorkehrungen von Amts wegen zu ermitteln, legt nahe, dass der Richter entsprechende Erkundigungen einholt und, soweit sich dabei für ihn ergibt, dass solche Vorkehrungen im Ursprungsstaat noch nicht getroffen wurden, gleichzeitig auch Anregungen in diese Richtung macht. Die Ermittlungspflicht dürfte also ggf. auch mit einer Förderung von Vorkehrungen im Ausland einhergehen. So wird aus Art. 11 IV EuEheVO von einigen Stimmen weitergehend abgeleitet, dass der ersuchte Richter aus eigener Initiative versuchen könne, durch Kontaktaufnahme mit ausländischen Behörden und

992 Die ihm i. R. d. isoliert geltenden Art. 13 HKÜ aber zustünde, vgl. PalArch/*Thorn* I. C. 3 HKEntfÜ Rn 38 unter Verweis auf den Wortlaut „kann“.

Gerichten die Rahmenbedingungen im Ursprungsstaat günstig zu beeinflussen, und die Anordnung der Rückgabe an zuvor zu erfüllende Bedingungen knüpfen könne.[993] Insoweit kann von einem eigeninitiativen „Gestaltungsspielraum“[994] im Rahmen von Hinwirken und Ermittlung gesprochen werden, die den Richter in die Lage versetzen, zu versuchen, die Rahmenbedingungen im vormaligen Aufenthaltsstaat zu beeinflussen. Innerstaatlich aber wird weiterhin eine Elternvereinbarung, die in einen richterlichen Beschluss eingeht, erforderlich sein.[995] Eine echte Ermächtigungsgrundlage für das ersuchte Gericht zum Erlass einer Auflage wird darum auch in Art. 11 IV EuEheVO nicht zu sehen sein, sondern eine bloße Beweis- und Rechtsfolgeregelung.

III. Anforderungen an die Vorkehrung

Fraglich ist dementsprechend, welche Anforderungen aber an die im Ausland getroffenen Vorkehrungen zu stellen sind, damit sich daraus die für den ersuchten Richter bindende Rechtsfolge ergibt. Dabei stellen sich drei Fragen: Ist die Vorkehrung inhaltlich geeignet, um den Schutz des Kindes zu gewährleisten? Wurde die Vorkehrung in einer bindenden und durchsetzbaren Weise getroffen? Liegen dafür ausreichende Nachweise vor? Nach *Völker*[996] ist eine HKÜ-Entscheidung, in der aufgrund von Art. 11 IV EuEheVO die Rückführung angeordnet werde, verfassungsrechtlich nicht zu beanstanden, solange die Norm nicht willkürlich angewandt werde. Den Fachgerichten komme hier ein weiter Prognosespielraum zu, sowohl was die Geeignetheit der Maßnahme im Ausland angehe, als auch, was die Frage betreffe, ob der Nachweis geführt sei. Er begründet seine Auffassung insbesondere mit dem Hinweis auf die Entscheidung des EGMR in

993 *Gruber* AnwBl 2005, 209, 210; NK-BGB/*Gruber* Anh. I zum III. Abschn. EGBGB Art. 11 EheVO 2003 Rn 11, m. w. N.; s. a. *Völker* FamRZ 2010, 157, 158 f., m. w. N.

994 *Gruber* AnwBl 2005, 209, 210.

995 *Gruber* AnwBl 2005, 209, 210; NK-BGB/*Gruber* Anh. I zum III. Abschn. EGBGB Art. 11 EheVO 2003 Rn 11, m. w. N.; *ders.* bereits AnwK-BGB/*Gruber* Anh. I zum III. Abschn. EGBGB Art. 11 EheVO 2003 Rn 5 innerstaatlich auf eine Prozessvereinbarung abstellend: „so kann der Richter des neuen Aufenthaltsstaates darauf hinwirken, dass (…). Ferner kann er darauf hinwirken, dass (…)“; s. a. *Völker* FamRZ 2010, 157, 158, nach dem sich der ersuchte Richter aktiv einbringen könne und solle, um etwaige Rückführungshindernisse auszuräumen anstatt den Rückführungsantrag abzuweisen.

996 *Völker* FamRZ 2010, 157, 165.

der Sache Neulinger und Shuruk ./. Schweiz[997], die dem Entführer die Rückkehr mit dem Kind ausdrücklich zumute, wenn im Herkunftsstaat „ausreichende" Maßnahmen ergriffen worden seien, um ihn und das Kind nach der Rückkehr angemessen zu schützen.

1. Inhaltliche Anforderungen

Zweifelhaft ist, ob ein solcher weiter Prognosespielraum mit der zwingenden Rechtsfolge des Art. 11 IV EuEheVO zu vereinbaren ist. Gerade ob eine Vorkehrung ausreichend ist, steht in Frage, wenn den Fachgerichten ein weiter Prognosespielraum zugutekommt. Also gerade die Ausfüllung einer solchen Maßnahme bedarf einer strengen Prüfung vor der Rückgabe, um nicht Gefahr zu laufen, Fakten geschaffen zu haben, die zu Lasten des bereits rückgebrachten Kindes gehen. Mag zwar in Art. 11 IV EuEheVO der Nachweis seitens des Antragstellers zur Erleichterung der Rückführung etwa in Form von Verpflichtungserklärungen, Mietvertrag, etc. gemeint sein, so sollte dieser allein aber nicht den Anforderungen des Art. 11 IV EuEheVO genügen; erst wenn ein solcher Nachweis wiederum in vollstreckungsfähige Anordnungen seitens des Gerichts im Herkunftsstaat eingegangen ist, lässt sich auf der Seite des ersuchten Richters von einer Rechtssicherheit sprechen, die ihm die Rückgabeanordnung ermöglicht. Sowohl an den Inhalt als auch an die Rechtssicherheit einer Vorkehrung aus dem Ausland sollten daher hohe Anforderungen gestellt werden, die über den Maßstab des ohnehin grundgesetzlich verankerten und damit als selbstverständlich vorauszusetzenden Willkürverbots (Art. 101 GG) hinausgehen sollten, bevor hierauf basierend die Rückgabe im Anwendungsfall des Art. 13 I lit. b HKÜ angeordnet wird.

Auch nach dem Leitfaden der Kommission genügt ausdrücklich nicht, dass im Ursprungsmitgliedstaat Verfahren zur Gewährleistung des Kindesschutzes existierten, sondern es müsse auf der Grundlage fallrelevanter Tatsachen geprüft werden, ob die Behörden im Ursprungsmitgliedstaat konkrete Maßnahmen zur Gewährleistung des Schutzes des betreffenden Kindes ergriffen hätten.[998] Die bloße Einschaltung der im Herkunftsstaat zuständigen Behörden und Gerichte, mithin deren Bereitstehen allein erscheint daher kaum als inhaltlich ausreichende Maßnahme, um rechtssicheren Schutz für das Kind und

997 S. dazu eingehend unten 4. Teil. C. II. 3. c („Oberste Priorität des Kindeswohls aufgrund der EMRK").

998 Leitfaden der Kommission, S. 43.

ggf. den rückkehrenden Entführer zu bieten.[999] Auch mit dem bloßen Verweis auf juristischen, psychologischen und materiellen tatsächlichen Schutz lässt sich ausreichende Rechtssicherheit nicht vermitteln.[1000] An Undertakings, die es erlauben, das Kind zurückzuführen, obwohl eine Rückgabe in derselben Familienkonstellation vor Schaffung der EuEheVO aufgrund von Art. 13 lit. b HKÜ abzulehnen gewesen wäre, sollten weitaus strengere Maßstäbe an Inhalt und Bestimmtheit anzulegen sein, damit sich ein ersuchter Richter gerade mit Rücksicht auf das zumindest innerstaatlich geltende Willkürverbot in die Lage gesetzt sieht, die Rückgabe anordnen zu können. Erforderlich sind darum klare, Bestimmbarkeitserfordernissen gerecht werdende Maßnahmenkataloge, die seitens der Behörden und des Antragstellers im Herkunftsstaat eingehalten sein müssen, sobald als das Kind seine Rückreise, ggf. gemeinsam mit dem Entführer antritt.[1001]

2. *Vollstreckbarkeit als Rechtssicherheitsmaßstab*

Damit ist aber noch nicht geklärt, welcher Status an Rechtssicherheit von den Vorkehrungen zu erwarten ist. Mag zwar hinsichtlich der Eignung der Maßnahme und hinsichtlich der Art der Nachweise ein Prognosespielraum bestehen, so kann mit Rücksicht auf das rückzuführende Kind demgegenüber kein Prognosespielraum hinsichtlich der Frage bestehen, ob die (ggf. geeignete) Vorkehrung bindend und durchsetzbar ist. Auf der Basis von bloßen Absichtserklärungen[1002] Rückführungsmaßnahmen durchzusetzen und damit Fakten zu schaffen, die das Kind bei Nichteinhaltung der Versprechungen seitens des Antragstellers in Gefahrensituationen bringen könnten, wird der Schwere der Angelegenheit im Einzelfall nicht gerecht. Dies zeigt sich etwa in der Praxis der englischen Gerichte

999 Vgl. *Tödter*, S. 177, m. w. N., solchen Vorkehrungen wohl auch kritisch gegenüberstehend.

1000 Vgl. *Tödter*, S. 177, m. w. N., solche Vorkehrungen eher für verordnungsgemäß haltend.

1001 Vgl. etwa eine Auflistung möglicher Vorkehrungen bei *Finger* FamRBint 2009, 34, 36 f.

1002 Als solche dürfte wohl die von *Finger* FamRBint 2009, 34, 37 vorgeschlagene Zusicherung des Antragstellers, dass er „alles dafür tun wird, die von ihm eingeleitete Strafverfolgung im Herkunftsstaat einzustellen oder sonst zum Abschluss zu bringen“ einzustufen sein. Eine deutliche und bestimmte Musterformulierung findet sich dagegen bei *Finger* FamRBint 2007, 65, 71, nach der beide Seiten Fristen einzuhalten haben, die Zug um Zug die freiwillige Rückführung einzuleiten vermögen. S. a. entsprechende Nachweise bei *Schoch*, S. 262.

bestätigt, wenn ihnen gegenüber abgegebene Zusicherungen im Ausland oftmals nicht eingehalten werden, umgekehrt jedoch selten eine Rückführung mit dem Argument abgelehnt wurde, dass das ersuchte Gericht den Zusicherungen des Antragstellers nicht geglaubt habe.[1003]

Der ersuchte Richter sollte sich daher nicht darauf verlassen dürfen, dass „schon alles gut gehen werde", wenn das auf sein Geheiß hin rückgeführte Kind erst mal in seinen früheren Aufenthaltsstaat zurückgebracht ist. Die Auflagen müssen vielmehr abgesichert sein. Bloße Undertakings dürften daher nicht genügen.[1004] Insoweit dürfte vielmehr mindestens ein Standard von safe harbour orders oder mirror orders zugrunde zu legen sein: Erst sobald auch das im Herkunftsstaat zuständige Gericht für den Fall der Rückführung des Kindes Schutzmaßnahmen etwa in Form einer Kontaktsperre zu einem gewalttätigen zurückgelassenen Elternteil (rechtssicher) angeordnet habe, sollte es laut *Völker* dem ersuchten Richter ermöglicht sein, von Art. 11 IV EuEheVO Gebrauch zu machen, weil der entführende Elternteil nunmehr „(relativ) sicher" mit dem Kind in den Herkunftsstaat („sicherer Hafen") zurückkehren könne.[1005] Mirror orders haben laut *Carl* den Vorteil, dass die entsprechenden Anordnungen „wasserdicht"[1006], d. h. in beiden Staaten im gleichen Umfang vollstreckbar seien.[1007] Nach *Schoch*[1008] kommt es im Rahmen der EuEheVO schon gar nicht auf die Frage der Vollstreckung von Undertakings an, da sie in Art. 11 IV EuEheVO von vorneherein die Normierung von Safe Harbour Orders im Herkunftsstaat sieht, die eine grenzüberschreitende Vollstreckung von Undertakings überflüssig machen würden.

Vertreten wird in diesem Zusammenhang auch, dass die Nichteinhaltung von Undertakings Sanktionen des Antragstellers nach sich ziehen könne; so könne es wegen Missachtung des Gerichts („contempt of court") zu Ordnungs- bis hin zu Haftstrafen kommen, ausnahmsweise auch zur Vollstreckung der Undertakings selbst und die Rückgabeanordnung sei bei Nichteinhaltung der Undertakings unwirksam und nicht vollstreckbar.[1009] Gerade in einem solchen

1003 Vgl. *Mäsch* FamRZ 2002, 1069, 1073, m. w. N.; *Ehrle,* S. 118 f., m. w. N.

1004 *Völker* FamRZ 2010, 157, 159 sieht für antragstellerseitige Zusicherungen Raum, wenn es um die Gewährung von Unterhalt und Wohnraum sowie die Rücknahme eines Strafantrags geht.

1005 *Völker* FamRZ 2010, 157, 159.

1006 *Carl* FPR 2001, 211, 214.

1007 *Carl* FPR 2001, 211, 214.

1008 *Schoch,* S. 271 und weitergehend S. 281 ff.

1009 *Schoch,* S. 263 f., m. w. N.; s. dazu auch *Holzmann,* Brüssel IIa VO, S. 199, m. w. N.

Sanktionierungssystem aber findet sich eine Schwäche von Undertakings: Repressives Vorgehen gegen den Antragsteller in Form von Ordnungsmitteln vermag allein noch nicht den für das Kind im Einzelfall erforderlichen tatsächlichen (Präventiv-)Schutz ab dem Einreisezeitpunkt zu garantieren. Ist das Kind bereits zurückgebracht und werden die Undertakings ab dann nicht mehr oder nur noch eingeschränkt eingehalten, ist die Frage der Wirksamkeit und Vollstreckbarkeit der Anordnung obsolet. Ist es bereits zu einem Übergriff nach Einreise gekommen, mag dies zwar im sorgerechtlichen Verfahren Eingang finden, aber damit möglicherweise bereits gesetzter (Sekundär-[1010]) Schaden am Kind lässt sich durch nachträgliche Verfolgung nicht ohne weiteres beseitigen, sondern könnte nur noch Sühnezwecken dienen. Nur die Vollstreckbarkeit und Vollstreckung der Vorkehrung selbst kann realen Schutz herstellen, soweit sie inhaltlich dazu geeignet bzw. richtig ausgewählt ist. *Schoch* sieht das Problem im Fälligkeitszeitpunkt der Auflagen: „Das heißt, dass die Hauptsache vollstreckt wurde, bevor die Bedingungen eingetreten sind. Es obliegt den Gerichten am Rückgabeort, den Undertakings zur Durchführung zu verhelfen. Hierdurch werden die Rechtswirkungen der Undertakings aufgeweicht. (…) Eine Überprüfung der Undertakings vor der Vollstreckung der Rückgabeanordnung ist die Ausnahme."[1011] In Literatur und Rechtsprechung zum HKÜ werde daher zum Schutz des betroffenen Kindes zunehmend vor einem blinden Vertrauen auf die Durchsetzbarkeit der Undertakings gewarnt.[1012]

Mit *Schoch* ist daher davon auszugehen, dass den Anforderungen an Vorkehrungen i. S. d. Art. 11 IV EuEheVO nur vollstreckbare orders genügen können, um dem ersuchten Richter zu erlauben, die Rückgabe auch dann anzuordnen, wenn ein Gefahrenfall nach Art. 13 I lit. b HKÜ gegeben ist. Die Realisierung dieser Orders sollte als zusätzliche Absicherung Zug um Zug erfolgen.[1013] In Art. 11 IV EuEheVO die Grundlage für Undertakings zu sehen bzw. umgekehrtermaßen Undertakings als Grundlage für die Anwendung des Abs. 4 zu nehmen, dürfte hingegen unzureichend sein.

1010 *Balloff* FPR 2004, 309, 314, unterscheidet zwischen primärer und sekundärer Kindeswohlgefährdung: Während in der widerrechtlichen Verbringung/Zurückhaltung des Kindes eine primäre Kindeswohlgefährdung zu sehen sei, entstehe die sekundäre Kindeswohlgefährdung durch die Mitwirkung im Gerichtsverfahren sowie Maßnahmen des Gerichts und der Vollstreckungsorgane im ersuchten Staat.

1011 *Schoch*, S. 269.

1012 *Schoch*, S. 273, m. w. N.

1013 So die Musterformulierung von *Finger* FamRBint 2007, 65, 71; s. a. *Schoch*, S. 262.

3. *Nachweiserfordernis*

Fraglich ist darüber hinaus, welche Anforderungen an den Nachweis i. S. d. Art. 11 IV EuEheVO zu stellen sind. Das Beschleunigungsgebot, dem der ersuchte Richter unterworfen ist, lässt rein tatsächlich kaum Spielraum, die Rechtskraft und damit die absolute Sicherheit der Vorkehrung im Ausland abzuwarten. Nur das Erreichen dieses rechtlichen Standards kann aber letztlich dem Richter die Sicherheit verschaffen, dass das Kind nach seiner Rückkehr den gebotenen Schutz erhält. Mithin kann nur die Vorlage einer rechtskräftigen Anordnung des im Herkunftsstaat zuständigen Gerichts innerstaatlichen Anforderungen an einen angemessenen Nachweis genügen. Was in Prozessen, bei denen es um die Einforderung von materiellen Forderungen geht, für selbstverständlich gehalten wird, nämlich die Inaugenscheinnahme von Urkunden, sollte bei der Frage, ob und wie sicher einem Kind Schutz gewährt wird, wenn es an den Ort der früheren Gefahrenlage zurückverbracht werden soll, erst recht selbstverständlich sein. Insoweit führt Art. 11 IV EuEheVO zu einer Kollision mit dem Beschleunigungsgebot im Rückgabeverfahren: So wird ein ersuchter Richter schwerlich einerseits die ihm gesetzten kurzen Fristen zur Entscheidung über die Rückgabe einhalten und andererseits aber höchste Standards an die Prüfung der im Herkunftsstaat (ggf. auch in anderer Sprache) getroffenen Vorkehrungen anlegen können. Daher dürfte davon auszugehen sein, dass eine Alles-oder-Nichts-Entscheidung in Form einer Rückgabeablehnung geboten ist, solange ein angemessener Nachweis in Form einer Urkunde mit vollstreckungsfähigem Inhalt oder etwa über die staatsanwaltschaftliche Einstellungsverfügung nicht vorliegt. So erscheint es als Mindeststandard in diesem Zusammenhang sachgerecht, wenn *Finger*[1014] vorschlägt, dass die Mutter (als Entführerin) auf Vorlage einer behördlichen Bescheinigung oder gerichtlichen Entscheidung bestehen könne, bevor die Rückgabe des Kindes angeboten werde.

4. *Zusammenfassendes Zwischenergebnis*

Zusammengefasst lässt sich feststellen, dass dem ersuchten Richter nicht etwa ein Mehr an Ermessen in Form einer eigenen Rechtsgrundlage zuerkannt wurde,[1015] sondern der ersuchte Richter wie bisher auch auf eine zwingende, nur inhaltlich umgekehrte Alles-oder-Nichts-Rechtsfolge beschränkt ist, wenn

1014 *Finger* FamRBint 2009, 34, 37.

1015 Wie dies von *Holzmann,* Brüssel IIa VO, S. 204 vertreten wird („einen größeren Ermessensspielraum").

die Voraussetzungen des Art. 11 IV EuEheVO II vorliegen. Letztlich stehen die Behörden des Zufluchtsstaats trotz der EuEheVO noch immer vor dem dogmatischen Problem einer fehlenden Grundlage für den Erlass von durchsetzbaren Auflagen, wenn sie, wie etwa innerstaatliche Behörden, einem Rechtskreis angehören, der für eingreifende Maßnahmen eine gesetzliche Rechtsgrundlage fordert. So lässt sich Art. 11 IV EuEheVO entgegen allgemeiner Auffassung eher als Beschränkung innerstaatlicher Rechtsprechung denn als Erweiterung sehen: Schließlich werden vom ersuchten Richter in einem sehr kurzen zeitlichen Spielraum Ermittlung und Förderung von Vorkehrungen im Ausland erwartet, die aber innerstaatliche Anforderungen an Rechtssicherheit und Vollstreckungsfähigkeit erfüllen sollten, damit sich der Richter nicht dem Vorwurf ausgesetzt sieht, willkürlich Zusicherungen nachgegeben zu haben. Innerstaatlich lassen sich Undertakings also weiterhin nur über Vereinbarungen rechtfertigen, die in einen richterlichen Beschluss übergegangen sind und die sich spiegelbildlich in einer Anordnung/Order des Gerichts des Herkunftsstaats wiederfinden. Die Vorkehrung sollte hohen Anforderungen an Rechtssicherheit, mithin Rechtskraft, genügen und ihre konkrete Ausgestaltung Zug um Zug formuliert sein. *Holzmann*[1016] etwa warnt davor, auf der Basis des Art. 11 IV EuEheVO einen Rückführungsautomatismus zu Lasten von Kindesinteressen zu verursachen, indem unter Übergehung von Kindeswohlgesichtspunkten ausschließlich bedingte Rückführungsanordnungen getroffen würden; hiergegen spreche auch die Präambel des HKÜ. Da der ersuchte Richter aber das Kindeswohl nicht ermitteln darf, und die Undertakings zumeist im Herkunftsstaat vorzubereiten sind, der Richter aber – bei Vorliegen von Nachweisen i. S. v. Art. 11 IV EuEheVO – an die normierte Rechtsfolge gebunden ist, dürfte diese Warnung ins Leere führen, wenn er nicht genug Zeit hatte, die Nachweise in angemessener Weise zu hinterfragen.

IV. Lösung einzelner Gefahrenlagen über Vorkehrungen

Im Hinblick auf die zwingende Rechtsfolge des Art. 11 IV EuEheVO ist ein strenger Blick auf die Geeignetheit von denkbaren Vorkehrungen in bestimmten Gefahrenlagen zu werfen:

1016 *Holzmann,* Brüssel IIa VO, S. 204 f.

1. *Misshandlung oder Missbrauch des Kindes*

a) Kontaktverbot als sichernde Order

Fraglich ist die Eignung von Vorkehrungen in Fällen der Misshandlungs- oder Missbrauchsgefahr[1017] für Kinder im Ursprungsstaat. Bislang war hierbei v. a. die Beweislage ein herausragendes Problem:[1018] Da gem. Art. 13 I Einleitungssatz HKÜ der Entführer – wie bereits oben[1019] angedeutet – die Gefahr für das Kind zu beweisen hat, besteht für das Kind das Problem der Sicherung seiner Rechtsposition schon im traditionellen HKÜ-Verfahren, das insoweit in einem bloß summarischen Schnellverfahren auf den Parteienvortrag (samt Beweismittel) seines entführenden Betreuungselternteils angewiesen ist. Nun kommt mit der EuEheVO als Weiterung hinzu, dass, selbst wenn gelungen ist, dieser Verfahrensproblematik durch geeignete Beweismittel überzeugend beizukommen, eine Rückgabe nicht abgelehnt werden darf, sondern die Angelegenheit im Wege von rechtskräftigen, sichernden Orders – antragstellerseitige Zusicherungen sollten nach vorliegender Ansicht in solchen Fällen von vorneherein als unzureichend angesehen werden – im Ursprungsstaat zu lösen ist.[1020] Um Orders des Gerichts im Herkunftsstaat zu erreichen, kann zwar der ersuchte Richter versuchen, für die Zeit des im Herkunftsstaat anhängigen Sorgerechtsverfahrens ein gerichtlich angeordnetes Kontaktverbot zum Antragsteller zu bewirken.[1021] Gelingt dies aber nicht (rechtzeitig innerhalb der Sechs-Wochen-Frist des Art. 11 III 2 EuEheVO), wird die Rückgabe in Ermangelung eines Nachweises über angemessene Vorkehrungen abzulehnen sein. Fraglich bleibt also, wie die nötigen rechtssicheren Umstände im Herkunftsstaat mit Rücksicht auf das Beschleunigungsgebot ermittelt und gefördert werden sollen, damit dieses Ergebnis vermieden werden kann. Sollen verfahrensrechtliche Mindeststandards sowohl vom herkunftsstaatlichen Gericht als auch vom ersuchten Richter eingehalten werden, erscheint schwer

---

1017 *Schoch,* S. 216 subsumiert hierunter sowohl den Verdacht zukünftiger Misshandlung eines Kindes als auch die Gefahr, dass sich ein von dem Kind aufgrund früherer Misshandlung erlittenes psychisches Trauma wiederholen bzw. verschlimmern könnte.

1018 *Schoch,* S. 211.

1019 4. Teil. A. II. 3. b („Einordnung als Beweis- und Rechtsfolgeregel").

1020 Vgl. etwa *Baetge* IPRax 1996, 62, 63 f., m. w. N., noch zum HKÜ; Krenzler/Borth-*Niethammer-Jürgens* M Rn 220; s. a. *Carl* FPR 2001, 212 ff. In Gewaltfällen ausreichende Schutzmöglichkeiten im Herkunftsstaat aber in Zweifel ziehend s. *Bruch* DEuFamR 1999, 40, 43.

1021 Thomas/Putzo-*Hüßtege* Art. 11 EuEheVO Rn 4; NK-BGB/*Gruber* Anh. I zum III. Abschn. EGBGB Art. 11 EheVO 2003 Rn 11, m. w. N.

realisierbar, dass rechtssichere Ergebnisse zeitlich schnell und gleichlaufend gefunden werden können, die ausreichend Schutz im Herkunftsstaat ermöglichen, damit eine Rückgabe angeordnet werden kann. Zum einen erscheinen sechs Wochen zur Erlangung eines rechtskräftigen Umgangsausschlusses realitätsfern. Die hierzu erforderlichen Ermittlungen sind angesichts der hohen Konfliktlage in dieser Zeit kaum durchzuführen.

b) Zirkelschluss

Die Durchsetzung der Rückführung unter sichernden Umständen wie einem Kontaktverbot des Antragstellers zum Kind könnte sich zum anderen als circulus vitiosus erweisen: Auszugehen ist an dieser Stelle von dem Zweck der Kindesrückführung nach Maßgabe des HKÜ, im Herkunftsstaat eine endgültige Entscheidung über das Sorgerecht zu ermöglichen.[1022] Die Rückgabe mit dem Zweck, das Kind mit dem zurückverbleibenden Elternteil wieder zu vereinen,[1023] steht hier gerade nicht im Raum. Ein vorkehrendes Kontaktverbot im Herkunftsstaat und die folgende zwingende Rückgabeanordnung durch das ersuchte Gericht im Zufluchtsstaat würden also dem Zweck dienen, im Herkunftsstaat die Durchführung des sorgerechtlichen Verfahrens zu ermöglichen. Dieser Vorgehensweise stehen grundsätzliche Bedenken gegenüber:

So wäre insoweit davon auszugehen, dass sich sämtliche Instanzgerichte eines Herkunftsstaats dazu bereitfinden, ein Kontaktverbot anzuordnen bzw. aufrechtzuerhalten, ohne vorher persönlich das betroffene Kind hierüber angehört oder entsprechende Gutachten vorliegen zu haben (die schließlich kaum zu erstellen sind, wenn sich der Antragsteller in dem einen und das Kind in dem anderen Land befinden), denn dieses befindet sich zum Zeitpunkt des vorgesehenen Umgangsausschlusses, der gerade die Rückkehr erst vorbereiten soll, noch im Zufluchtsstaat. Die Vorstellung, die Rückgabe sei als vorrangiges Ziel anzuordnen, es könne schließlich eine Sicherung durch ein Kontaktverbot erfolgen, findet also seine Grenze an der durchaus schwierigen Realisierbarkeit eines durchsetzbaren Kontaktverbots. Wenig erfolgreich erscheint es dabei, wenn der entführende Elternteil einseitig die vom Antragsteller ausgehende Gefahr darlegt, ohne dass weitere Ermittlungen vorgenommen werden. Dass auf diesen einseitigen Parteivortrag hin das Umgangsrecht (selbst vorläufig) soll ausgeschlossen werden, ist keineswegs sicher, insbesondere wenn bedacht wird, dass

---

1022 Zu diesem Zweck s. z. B. *Rieck* NJW 2008, 182, 184; *Huber* in FS Schwab, S. 793, 803.

1023 *Mäsch* FamRZ 2002, 1069, m. w. N.

der entführende Elternteil oftmals von vorneherein einen schlechten Stand im Verfahren hat.[1024]

Will darum das Gericht des Herkunftsstaats[1025] wenigstens durch einstweilige Anordnung den Kontakt etwa im Wege einer erleichterten summarischen Prüfung verbieten, ist aber die Dringlichkeit[1026] der Anordnung erforderlich. Diese aber kann hier alleine auf dem Umstand beruhen, dass der ersuchte Richter in Kürze die Rückgabe anordnen wird, denn mit der Entführung in den Zufluchtsstaat wurde eine möglicherweise vom Antragsteller ausgehende Gefahr für das Kind zwar eigenmächtig, aber rein tatsächlich dennoch zunächst einmal beseitigt, so dass hierfür vorerst gerade kein dringliches Kontaktverbot im Herkunftsland nötig ist. Soll aber die Dringlichkeit eines Kontaktverbots auf dem Argument baldiger Rückführung fußen, dann löst erst die Rückführung selbst das Erfordernis des dringlichen Kontaktverbots aus, schafft also geradezu selbst den Grund für eine einstweilige Anordnung. Die Rückführung wiederum kann in einem solchen Fall nach dem Rechtsgedanken des Art. 11 IV EuEheVO nur angeordnet werden, wenn das Kontaktverbot erlassen wird. So drängt sich damit die grundsätzliche dogmatische Frage auf, ob es als rechtmäßig angesehen

1024 Bloß antragsgegnerische Darlegungen für eine Gutachtenseinholung bzw. Rückgabeablehnung zumindest im HKÜ-Verfahren nicht als ausreichend erachtend s. etwa MüKoBGB^5-*Siehr* Art. 21 EGBGB Anh. II HEntfÜ Rn 74: „Die Lektüre mancher Entscheidungen und Schriftsätze in Kindesentführungsfällen vermittelt den Eindruck, alle beraubten Elternteile seien ‚Monster'; denn regelmäßig bezichtigt der Entführer den beraubten Teil der sexuellen Misshandlung eines Kindes. Wer hierfür keine Beweise vorlegt, verliert den Ablehnungsgrund. Das Gericht sollte auf solche Behauptungen hin kein Gutachten darüber anfordern, ob diese Misshandlung vorgelegen hat. Dies gilt umso mehr, als die beantragte Rückführung nicht zum beraubten Elternteil erfolgt, sondern in den Staat, aus dem das Kind entführt worden ist. Die Rückgabe setzt das Kind also nicht der angeblichen Gefahr aus. Das Sorgerechtsverfahren im Herkunftsstaat mag dann entscheiden, ob dem angeblichen Rabenelternteil das Kind ganz oder auch nur besuchsweise anzuvertrauen ist." Ungeklärt erscheint an dieser Stelle etwa die Betreuungs- und Besuchssituation des Kindes bis die Frage von Umgangskontakten im Herkunftsstaat rechtskräftig geklärt ist.

1025 Wie bereits oben 3. Teil. D („Verbleibende Handlungsmöglichkeiten des Zufluchtsstaats") eingangs erwähnt, bleibt dem in der Hauptsache zuständigen Gericht unbenommen, selbst einstweilige Maßnahmen zu treffen, s. *Martiny* FPR 2010, 493, 495; s. a. EuGH (Urteil v. 15.7.2010 – Rs. C-256/09: Purucker ./. Vallés Pérez „Purucker I") FamRZ 2010, 1521 ff., zusammengefasst durch *Schulz* FamRBint 2010, 82 f.; *Mansel/Thorn/Wagner* IPRax 2011, 1, 25.

1026 S. innerstaatlich etwa die Dringlichkeitsvoraussetzung des § 49 I FamFG.

werden kann, dass eine Situation geschaffen wird, in der das eine Gericht eine Dringlichkeitslage für ein anderes Gericht schafft, damit letzteres eine Anordnung treffen kann, die das erste Gericht benötigt, damit es wiederum jene die Dringlichkeit auslösende Anordnung erlassen kann.

c) Gefahr unnötigen Hin- und Rückführens

Dies erscheint unschlüssig. In Misshandlungs- und Missbrauchsfällen sollte daher die grundsätzliche Frage zu stellen sein, ob ein Kind in das Land zurückgeführt werden soll, in welchem dem anderen Elternteil der Kontakt zum Kind verboten bzw. zu verbieten ist. Ist schon ein Kontaktverbot erforderlich (und nur unter diesen Umständen kann und wird es angeordnet werden), sollte an sich schwer vorstellbar sein, dass das im Herkunftsstaat zu führende Sorgerechtsverfahren zu dem gegenteiligen Ergebnis kommen soll, dass das Kind an den Antragsteller herauszugeben ist; unnötiges Hin- und Rückführen des Kindes wären in einem solchen Fall daher an sich vorprogrammiert. Problematisch ist demgegenüber, dass sich der Elternteil, der meinte, das Kind durch eine Entführung in das Ausland vor dem gefährlichen Antragsteller schützen zu können, nun erst recht in einer schwierigen Ausgangsposition im Sorgerechtsverfahren befindet,[1027] wenn nicht gar mit strafrechtlichen Sanktionen im Herkunftsland zu rechnen hat bis hin zu der Folge, dass das Kind letztlich Dritten überlassen[1028] werden könnte. Suchte der entführende Elternteil durch Verbringung in das Ausland an sich eigenmächtig Schutz für das Kind, so drängt sich die Frage auf, ob wirklich „Rückführung des Kindes um jeden Preis"[1029] der generelle Weg zur Realisierung des Kindeswohls ist, und ob statt Verschärfung des HKÜ durch die EuEheVO nicht vielmehr angestanden hätte, Formalisierungen dieser Art eher einzudämmen und für solche Fälle nicht eher eine im Rückgabeverfahren inzident vorgezogene Kindeswohlprüfung zuzulassen.

2. Rückführung in ein Gefahrengebiet

Zweifelhaft ist, ob Undertakings bei politischen Unruhen[1030] im Herkunftsland eine denkbare Lösung darstellen: Zusicherungen können letztlich nur

---

1027 *Carl* verweist auf die oftmalige Praxis der herkunftsstaatlichen Gerichte, das (vorläufige) Sorgerecht auf den zurückgelassenen Elternteil „fast schon automatisch" zu übertragen, was dem Restitutionszweck des HKÜ entgegenstehe, s. *Carl* FPR 2001, 211, m. w. N.

1028 Zu einer solchen Lösung s. *Vomberg/Nehls*, S. 58.

1029 *Haß*, S. 109.

1030 Nach *Finger* FamRBint 2011, 80, 86 etwa kann die Rückführung zwar für die voraussichtliche Zeit politischer Unruhen gänzlich verweigert werden; mithin sei eine

dort abgegeben werden, wo über ihren Inhalt verfügt werden kann. Politische Zustände sind außerhalb der Verfügbarkeit des ersuchenden Elternteils und können daher auch keinen Inhalt von Zusicherungen bilden. Auch gerichtliche Orders in diesem Bereich sind schwer vorstellbar, da das Gericht nicht auf familienrechtlichem Weg über den Schutz einzelner Bürger in einem Krisengebiet verfügen kann. In einem solchen Fall wird es daher bei einer Alles-Oder-Nichts-Entscheidung bleiben müssen. Festzuhalten ist, dass es sich dabei um eine Entscheidung handelt, die in das Erkenntnisverfahren gehört und nicht dem Vollstreckungsverfahren vorbehalten bleiben sollte:[1031] Wird nicht schon im Rahmen des Rückgabeverfahrens auf die Gefahren im Herkunftsstaat Rücksicht genommen, wird die Prüfung in das Vollstreckungsverfahren verlagert. Das hätte zwar für den ersuchenden Elternteil den Vorteil unmittelbar möglicher Vollstreckung, sobald sich die Unruhen legen. Zweifelhaft ist aber, ob es einem Kind zumutbar ist, den Aufenthalt im politisch unauffälligen Zufluchtsstaat auf unabsehbare Zeit als bloß vorbehaltlich ansehen und stets damit rechnen zu müssen, nach Abebben der Lage im Unruhestaat doch noch dorthin zurückverbracht zu werden. Da die Vollstreckung einer rechtskräftigen Rückgabeentscheidung nicht der Jahresfrist[1032] des Art. 12 HKÜ unterliegen dürfte, sondern je nach innerstaatlicher Vollstreckungsrechtslage noch lange Zeit möglich sein könnte, träte für das Kind über lange Phasen kein rechtssicherer Zustand hinsichtlich seines Aufenthaltsstaats ein bzw. die Verhinderung einer

---

Rückkehr des Kindes in den Herkunftsstaat aber nicht stets und von vorneherein ausgeschlossen, auch nicht, wenn etwa Mutter und Kind im Zufluchtsstaat politisches Asyl hätten. Bei der Frage der Rückführung in ein Flüchtlingslager kam es jüngst schon gar nicht bis zur Prüfung einer schwerwiegenden Gefahr nach Art. 13 I lit. b HKÜ, da bereits die Anwendung des HKÜ abgelehnt wurde basierend auf der Argumentation, dass das Hoheitsgebiet, auf dem sich das Lager befände, vom HKÜ-Ursprungsvertragsstaat bloß annektiert sei, vgl. AG Koblenz FamRZ 2013, 52, 53, m. w. N.

1031 S. aber OLG Stuttgart FamRZ 2009, 2015, das angesichts schwerer politischer Unruhen in Thailand eine zwangsweise Rückführung dorthin trotz rechtskräftiger Entscheidung nach dem HKÜ ablehnte. S. dazu *Wanitzek* FamRZ 2010, 1381, 1388.

1032 Die oben im 3. Teil. C. I. 2 („Vernachlässigung prägender Aufenthaltszeiten") angeführte Frage, ob bei der Integrationsprüfung i. S. v. Art. 12 II HKÜ auf den Zeitpunkt der Antragstellung oder der Entscheidung abzustellen sei, stellt sich für die Rückgabeentscheidung als solche; im Vollstreckungsverfahren wird aber auf die autonomen Vollstreckungsregeln zurückzugreifen sein, innerhalb derer der Rechtsgedanke der Jahresfrist ggf. allenfalls immanent Berücksichtigung finden mag.

späten Vollstreckung müsste über Vollstreckungshindernisse geltend gemacht werden. Ob das Kind im Vollstreckungsverfahren mit einem möglichen Widerstand gegen die Rückbringung durchdringen würde, hängt schließlich auch von der weiteren dogmatischen Klärung ab, ob im Vollstreckungsverfahren der Widerstand nach Art. 13 II HKÜ noch Berücksichtigung finden kann.[1033]

Zusammenfassend lässt sich daher feststellen, dass Vorkehrungen für die Rückführung in ein Gefahrengebiet nicht möglich sind und in einem solchen Fall die Rückgabe bereits im Erkenntnisverfahren vollständig abgelehnt werden sollte, auch um die Angelegenheit nicht in das Vollstreckungsverfahren zu verlagern. Die Problematik wird innerhalb der EU kaum zu erwarten sein, bleibt somit internationalen Rückführungsverfahren eines isoliert anzuwendenden HKÜ vorbehalten. Da aber die Frage von Undertakings – ausgelöst durch die EuEheVO – nunmehr auch innerstaatlich eine größere Bedeutung gewinnt, kann sich diese Frage durchaus auch in einem Fall stellen, der eine Rückführung in einen Staat außerhalb der EU betrifft, insbesondere als der gemeinschaftsrechtliche Art. 11 IV EuEheVO als Rechtsgrundlage fraglich bleibt und weiterhin die Elternvereinbarung rechtstechnische Voraussetzung verbleibt und eine solche auch im außereuropäischen Fall getroffen werden kann.

3. *Rückbegleitungsverweigerung*

Die Rückführung/-begleitung[1034] respektive Betreuung des Kindes bis zu einer Sorgerechtsentscheidung im Herkunftsstaat bleibt grundsätzlich, d. h. primär zunächst dem Entführer überlassen, die er persönlich oder durch einen Dritten durchführen kann.[1035] Umstritten ist aber, wie der Rückgabeantrag zu behandeln ist, wenn sich der entführende Elternteil weigert, das Kind zurück zu begleiten mit der Folge der Trennung vom Kind, Unterbindung der bisherigen Betreuungssituation und damit möglicherweise einhergehender Gefährdung des Kindeswohls („Viktimisierung des Kindes“[1036]), denn eine Rückkehrpflicht

---

1033 S. dazu unten 4. Teil. C. II. 2. c („Kontrolldefizit hinsichtlich der Kindesanhörung“).

1034 Zur Frage der Rückbegleitung s. schon oben 4. Teil. A. I. 1. c („Rechtfertigungsdefizit des Rückführungsautomatismus“).

1035 Motzer/Kugler/Grabow-*Grabow* Rn 203 darauf hinweisend, dass dem Antragsteller nur ersatzweise die persönliche Rückführung zu gestatten sei, wenn der Antragsgegner einer Rückgabeanordnung nicht nachkomme und auch die Anwendung von Zwang erfolglos geblieben sei; s. a. *Vomberg/Nehls,* S. 51; AG Saarbrücken IPRax 1992, 387, 388; i. E. ebenso *Hüßtege* IPRax 1992, 369, 372.

1036 *Völker* FamRZ 2010, 157, 161.

des Entführers selbst, um das Kind zu begleiten, lässt sich aus dem HKÜ nicht entnehmen.[1037]

Ein (ggf. weiterer) Kontinuitätsbruch der kindlichen Lebensführung durch eine Trennung vom Betreuungselternteil könnte zwar eine schwerwiegende Gefährdung des Kindeswohls darstellen, die es angezeigt erscheinen ließe, die Rückgabe nach Art. 13 Abs. 1 lit. b HKÜ abzulehnen.[1038] Eine Trennung vom hauptbetreuenden Entführer und die damit verbundene Gefährdung des seelischen Wohls des Kindes werden aber nach h. M.[1039] allein nicht für ausreichend gehalten, um eine Rückgabe abzulehnen, da das HKÜ von dem Grundsatz ausgehe, dass der entführende Elternteil keine Vorteile aus der Entführung des Kindes ziehen dürfe.[1040] Weigert sich also der entführende Betreuungselternteil, das Kind in den bisherigen Aufenthaltsstaat zurückzubringen, wird das Kind zwangsweise ohne die Betreuungsperson in den Herkunftsstaat zurückgebracht.[1041] Diese Ansicht wird durch den EGMR unter Hinweis auf die Möglichkeit von Undertakings untermauert, der davon ausgeht, dass die Anordnung der Rückführung eines Kleinkindes und die damit notfalls verbundene Trennung des Kindes von seiner betreuenden Mutter nicht gegen Art. 8 EMRK verstießen; mögliche Härten für das Kind ließen sich nunmehr auch über entsprechende Undertakings abmildern.[1042] Erwogen werden

---

1037 *Vomberg/Nehls,* S. 41 f., 51; s. andererseits *Roth* IPRax 2003, 231 auf die Möglichkeit einer Zwangsgeldverhängung noch zu § 33 I FGG a. F. hinweisend, wenn gerichtlich trotzdem eine Mitreiseverpflichtung angeordnet sei und die Mutter dieser angeordneten und ausschließlich von ihrem Willen abhängenden Handlung nicht nachkomme.

1038 *Holzmann,* Brüssel IIa VO, S. 212, m. w. N.

1039 S. Rechtsprechungsnachweise bei *Schoch,* S. 167 ff.

1040 *Bach* FamRZ 1997, 1051, 1056, m. w. N.; s. a. ausführlich *Beaumont/McEleavy,* S. 145 ff. sowie differenzierend *Bucher* in FS Kropholler, S. 263, 268 f. Anders wird die Lage i. R. d. des Art. 20 HKÜ zu beurteilen sein, wenn etwa dem Entführer im Herkunftsstaat die Einreise verweigert wird, s. *Schoch,* S. 349, m. w. N.

1041 S. *Schoch* S. 178 auf die Unabhängigkeit vom Kindesalter hinweisend. S. aber AG Saarbrücken IPRax 1992, 387, 388, das bei Kleinkindern eine Trennung von der Hauptbezugsperson ablehnt; daher finde auch dann keine Rückgabe statt, wenn der entführende Elternteil sich weigere, das Kleinkind zu begleiten; kritisch zu dieser Entscheidung s. MüKoBGB[5]-*Siehr* Art. 21 EGBGB Anh. II HEntfÜ Rn 77 mit Fn 114.

1042 Aus *Völker* FamRZ 2010, 157, 161, m. w. N. diese Ansicht unter Kindeswohlgesichtspunkten relativierend; s. dazu die von ihm dort, insb. auf S. 165 in Bezug genommene Entscheidung des EGMR (Entscheidung v. 11.12.2006 – Beschwerde Nr. 41092/06 „Mattenklott ./. Deutschland") FamRZ 2007, 1527, 1529: Im vorausgegangenen ordentlichen Verfahren hatte das OLG mögliche Härten berücksichtigt,

insoweit etwa Zusicherungen[1043] dahingehend, das bisher von der Mutter betreute Kleinkind bis zur Entscheidung des Gerichts des Herkunftslandes vor Ort in ihrer Obhut zu belassen, z. B. am bisherigen Familienwohnsitz, und ein Verzicht auf die Durchsetzung zwischenzeitlich dort ergangener Sorgerechtsentscheidungen.[1044] Um dies auch finanziell realisierbar zu machen, seien Orders anzustreben, die den Antragsteller zu vorläufigen Unterhaltszahlungen sowie zur Beteiligung an Flug-, Gerichts- und Anwaltskosten verpflichten würden.[1045]

Es können jedoch beachtenswerte Motive des entführenden Elternteils vorliegen, die ihn zur Rückkehrverweigerung bewegen, die aber an das Wohl eines Kindes geknüpft sein müssen, damit sie zu einer Rückgabeablehnung nach Art. 13 I lit. b HKÜ führen können. Als beachtlich wird etwa angesehen, wenn die Mutter aus einer neuen im Zufluchtsstaat gelebten Beziehung ein Kleinkind zu versorgen habe, das seinerseits durch eine Trennung von der Mutter zu Schaden käme,[1046] oder wenn die konkrete Gefahr bestehe, dass das Kind im Herkunftsland von der Mutter getrennt werde, weil diese keine Aufenthaltserlaubnis erhalte.[1047] In einer Reihe von Fällen ist aber fraglich und umstritten, ob die Weigerung, das Kind selbst zurückzubringen, gerechtfertigt ist:

---

indem dem Antragsteller die Zahlung von Unterhalt und Anmietung einer Wohnung für die rückkehrende Mutter mit dem Kind auferlegt wurden.

1043 Vorliegend werden diese aber mangels Rechtssicherheit für unzureichend gehalten, s. o. 4. Teil. III („Anforderungen an die Vorkehrung“).

1044 *Carl* FPR 2001, 211, 213.

1045 *Looschelders* JR 2006, 45, 49 f.; *Carl* FPR 2001, 213 f.

1046 NK-BGB/*Benicke* Anh. III zu Art. 24 EGBGB Art. 13 HKÜ Rn 34. Eine MS-Erkrankung der Mutter selbst und ihre drohende schwierige finanzielle Lage im Fall einer Rückkehr mit dem Kind von Deutschland nach Australien wurden in der im 3. Teil. C. IV. 4 („Widerlegung bei verbotener Rechtsausübung“) diskutierten Entscheidung des OLG Karlsruhe FamRZ 2010, 1577, 1578 mit Anm. *Romeyko,* S. 1579 dagegen nicht für ausreichend erachtet. Knüpft man hier aber an die mögliche Auswirkung, nämlich einer denkbaren und angesichts der Ferne kaum zu überwindenden Trennung des Kindes von der bislang es allein betreuenden Mutter an, könnte auch hier durchaus ein aus Kindeswohlgesichtspunkten beachtenswertes Motiv gesehen werden. Vgl. etwa den Verweis von MüKoBGB[5]-*Siehr* Art. 21 EGBGB Anh. II HEntfÜ Rn 77 mit Fn 114 auf einen dort wohl beachteten Krankheitsfall.

1047 NK-BGB/*Benicke* Anh. III zu Art. 24 EGBGB Art. 13 HKÜ Rn 35; s. a *Vomberg/ Nehls,* S. 60 betonend, dass der Entführer aber alles Zumutbare unternommen haben müsse, um seine Wiedereinreise zu ermöglichen.

a) Drohende Haft

Droht dem Entführer im Entführungsstaat eine Festnahme, ist umstritten, ob die Rückkehr des Kindes anzuordnen ist, auch wenn sich der bislang hauptbetreuende Entführer weigert, das Kind dorthin zurück zu begleiten. Streitpunkt ist hier, dass die Rückkehr zu Lasten des betroffenen Kindes gehen kann, entweder wenn es den Zufluchtsstaat alleine verlassen muss oder aber nach gemeinsamer Rückkehr in den Herkunftsstaat dann, wenn der entführende Elternteil festgenommen wird.[1048] Nach der h. M. hat der entführende Elternteil, der diese Situation selbst verursacht habe, die mit der Rückkehr verbundenen, auch strafrechtlichen Folgen hinzunehmen. Die für den entführenden Elternteil drohende Haft soll daher als Grund für eine Rückgabeablehnung nach Art. 13 I lit. b HKÜ nicht genügen, sondern es soll ihm die Rückkehr mit dem Kind zumutbar sein.[1049]

Für die verbleibende Frage der dann drohenden Trennung des Kindes vom Betreuungselternteil sehen viele die Lösung in vorkehrenden Einwirkungsversuchen auf das im Herkunftsstaat geführte Ermittlungs- bzw. Strafverfahren: So könne der ersuchte Richter versuchen, für die Zeit des im Herkunftsstaat anhängigen Sorgerechtsverfahrens die Aufhebung eines Haftbefehls zu erreichen und selbst eine Rückgabeanordnung unter dem Vorbehalt der (durch öffentliche Urkunde nachzuweisenden) Haftbefehlsaufhebung erlassen.[1050] Auch hier könnte es aber zu Problemen mit dem im HKÜ-Verfahren geltenden Beschleunigungsgrundsatz kommen. Denn eine schnelle bloße Rücknahme eines Strafantrags[1051] oder gar die bloße Zusicherung einer Rücknahme seitens des

---

1048 S. Darstellung und Nachweise bei *Looschelders* JR 2006, 45, 49, m. w. N.; s. a. *Winkler v. Mohrenfels* IPRax 2002, 372, 373 sowie insb. den Fall des OLG Rostock FamRZ 2002, 46, 48 = IPRax 2002, 218, 219 f.

1049 NK-BGB/*Benicke* Anh. III zu Art. 24 EGBGB Art. 13 HKÜ Rn 31 ff., m. w. N.; *Vomberg/Nehls*, S. 43, m. w. N.; BVerfG FamRZ 1999, 85, 87; FamRZ 1997, 1269, 1270; *Siehr* IPRax 2002, 199; s. a. OLG Rostock FamRZ 2003, 959, allerdings mit differenzierendem Hinweis darauf, dass in diesem Fall keine Prognose zum Ausgang des Sorgerechtsverfahrens wie noch bei OLG Rostock FamRZ 2002, 46 (= IPRax 2002, 218) möglich gewesen sei.

1050 Thomas/Putzo-*Hüßtege* Art. 11 EuEheVO Rn 4; NK-BGB/*Gruber* Anh. I zum III. Abschn. EGBGB Art. 11 EheVO 2003 Rn 11; MüKoFamFG-*Gottwald* Brüssel IIa-VO Art. 11 Rn 7, m. w. N.; *Winkler v. Mohrenfels* IPRax 2002, 372, 373; s. zur Vorbehaltsmöglichkeit auch *Looschelders* JR 2006, 45, 49. S. zur Kollision mit dem Beschleunigungsgrundsatz bereits oben 4. Teil. A. III. 3 („Nachweiserfordernis“).

1051 S. etwa *Völker* FamRZ 2010, 157, 159.

ersuchenden Elternteils erscheinen im Hinblick auf die amtswegige Weiterverfolgung von Offizialdelikten[1052] als unzureichend. Erforderlich wären vielmehr mindestens das Hinwirken des ersuchten Richters auf Aufhebung oder Außervollzugsetzung eines bestehenden Haftbefehls, das Abwarten von entsprechenden Nachweisen und die Löschung entsprechender Vermerke und Eintragungen.[1053] Auch der Leitfaden der Kommission[1054] weist darauf hin, dass die Mitgliedstaaten durch geeignete Maßnahmen sicherstellen sollten, dass der entführende Elternteil[1055] an der Gerichtsverhandlung im Ursprungsmitgliedstaat teilnehmen könne, ohne dass ihm strafrechtliche Sanktionen drohten. Diese Lösung hängt also maßgeblich davon ab, dass die Strafbehörden des Entführungsstaates und mithin der dort zurückverbliebene Elternteil selbst nachhaltig und rechtssicher auf ihren Strafverfolgungsanspruch verzichten.

Das OLG Rostock demgegenüber hielt die Ablehnung einer Kindesrückführung nach Art. 13 I lit. b HKÜ aus prognostischen Gründen für geboten, wenn schlussendlich auch das Gericht des Herkunftsstaats unter den gegebenen Umständen die elterliche Sorge auf den entführenden Elternteil würde übertragen müssen mit der Folge, dass dieser sogleich wieder mit dem Kind in den Zufluchtsstaat zurückkehren würde. Bei einer derart eindeutigen Entscheidungslage hinsichtlich der Übertragung des Sorgerechts müsse das vom HKÜ verfolgte abstrakte Kindeswohlinteresse, wonach die Rückführung grundsätzlich dem Kindeswohl am ehesten entspreche, hinter dem konkret festgestellten Kindeswohlinteresse zurücktreten,[1056] denn Ziel des HKÜ sei der Schutz des Kindeswohls, nicht der Strafverfolgungsanspruch der Behörden im Herkunftsstaat.[1057]

1052 S. bereits oben 4. Teil. I. 2 („Dogmatisches Defizit von Undertakings“).

1053 *Carl* FPR 2001, 211, 214.

1054 Leitfaden der Kommission, S. 49.

1055 Der Leitfaden der Kommission, S. 49 spricht dabei ausdrücklich vom entführenden sorgeberechtigten Elternteil und meint damit wohl den Mitsorgeberechtigten, der das Kind ohne Zustimmung des anderen mitgenommen hat; er könnte damit abgrenzen wollen, dass der Nichtsorgeberechtigte, dem etwa aus bestimmten Gründen das Sorgerecht entzogen wurde, einen solchen Schutz soll nicht genießen dürfen.

1056 OLG Rostock IPRax 2002, 218 und 220; zustimmend *Holzmann,* Brüssel IIa VO, S. 207; nachdrücklich ablehnend dagegen AG Saarbrücken FamRZ 2003, 398, 400 sowie *Siehr* IPRax 2002, 199 f.

1057 *Winkler v. Mohrenfels* IPRax 2002, 372, 373; s. a. OLG Rostock IPRax 2002, 218, 219 f.

Eine Berücksichtigung des Kindeswohls wurde hier also auch bei einem einseitigen[1058] Entführungsfall für grundrechtlich geboten erachtet: Sei die Rückführung des Kleinkindes mit einer Trennung von der Mutter verbunden und die Gefahr psychischer Beeinträchtigung des Kindes offensichtlich, sei eine nähere Ermittlung des Ausmaßes einer drohenden Gefährdung des Kindeswohls nach Art. 1 III GG verfassungsrechtlich geboten. Weigerten sich nämlich die Behörden des Ursprungsstaats, einen Haftbefehl – hier sogar trotz entsprechender Anzeigerücknahme durch den Antragsteller – aufzuheben, bestehe die Gefahr einer Trennung von Mutter und Kind, wenn beide dorthin zurückkehrten und die Mutter inhaftiert würde. Dies sei als einem Hin- und Rückführungsfall gleichgestellt anzusehen.[1059] Die Rechtsprechung des OLG Rostock stieß teilweise auf große Kritik: Dem „Heimweh" des Entführers, dem das eigene Wohl „stärker am Herzen" zu liegen scheine, nachzugeben, verfehle das Ziel des HKÜ und Ergebnis sei gleichsam eine „richterliche Kindesentführung (judicial kidnapping)".[1060] Dennoch ist die Behandlung gleich einem Hin- und Rückentführungsfall in dieser Situation nicht abwegig: Schließlich bedeutet die Inhaftierung des Entführers im Herkunftsstaat eine erzwungene Trennung vom Kind. Zwar handeln die Strafvollstreckungsbehörden auf der Basis vollziehbarer Anordnungen, wohingegen der Rückentführer widerrechtliche Eigenmacht ausübt, aber für das betroffene Kind kann in beiden Fällen die Trennung vom Entführer – je nach Fallgestaltung – als Trennung von seiner bisherigen Hauptbezugsperson fühlbar sein. Eine im Rahmen des Rückgabeverfahrens vorgezogene Kindeswohlprüfung erscheint dabei daher nicht unangemessen, jedenfalls in den Fällen, in denen sich der ersuchte Richter nicht mit letzter Sicherheit auf eine nachhaltige Einstellung der Strafverfolgungsmaßnahmen im Herkunftsstaat verlassen kann. Das Kindeswohl sollte umgekehrt die automatisierte Rückführung bei Scheitern oder Zweifeln an solchen sicheren Vorkehrungen verbieten.

1058 Zur Beschränkung der Kindeswohlprüfung auf Hin- und Rückentführungsfälle s. u. 4. Teil. B. II. 5. d („Inzidente Kindeswohlprüfung").

1059 So kurzfassend *Winkler v. Mohrenfels* IPRax 2002, 372, 373 anlässlich seiner „Replik" auf *Siehr* IPRax 2002, 199.

1060 So *Siehr* IPRax 2002, 199 f.; kritisch s. a. AG Saarbrücken FamRZ 2003, 398, 400; Rauscher/*Rauscher* EuZPR/EuIPR (2010) Art. 10 Brüssel IIa-VO Rn 2 mit Fn 3 wiederum wendet sich gegen diese Kritik und kritisiert seinerseits unter Kindeswohlgesichtspunkten eine teilweise mobiliarsachenrechtliche Vorstellung von einer Kindesrückgabe.

b) Misshandlung des entführenden Elternteils

Lehnt die Bezugsperson – in der Regel die Mutter – die Rückkehr ab, weil sie von Seiten des Antragstellers Misshandlungen fürchtet, die sie letztlich bereits zum Verlassen des Herkunftsstaats bewogen haben, war sie bislang darauf verwiesen, sich selbst nach Rückkehr in den Herkunftsstaat dort vor Ort um gerichtlichen Schutz zu bemühen.[1061] Die h. M. geht dabei, wie schon für drohende Haft ausgeführt, davon aus, dass Gefahren, die gegenüber dem Entführer und nicht gegenüber dem Kind drohen würden, keinen Anlass zur Anwendung des Art. 13 I lit. b HKÜ gäben.[1062] Vertreten wird aber, dass durch Art. 11 IV EuEheVO die Rückgabe des Kindes an die Bedingung geknüpft werden könne, dass die Behörden des bisherigen Aufenthaltsstaats Anordnungen zum Schutz vor Gewalt durch den Antragsteller träfen.[1063]

Abgesehen von dem auch für Erwachsene[1064] grundsätzlich bestehenden Beweisproblem beim Erwirken von Schutzanordnungen sollte auch hier von vorneherein die Frage zugelassen sein, ob eine Rückführung des Kindes bei Misshandlung des Betreuungselternteils durch den anderen Elternteil wirklich geboten ist. Der ursprüngliche Sinn und Zweck des HKÜ, im Ausgangsstaat

---

1061 *Looschelders* JR 2006, 45, 49 unter Verweis auf BVerfG NJW 1999, 2173, 2174 = FamRZ 1999, 641, 642, welches ausführte: „Die Rückkehr an den ursprünglichen gewöhnlichen Aufenthalt ist als Folge der Entführung grundsätzlich zumutbar. Wenn schon bei den Ausnahmen aus Gründen des Kindeswohls nur ungewöhnlich schwerwiegende Beeinträchtigungen Beachtung finden können, so muss dies erst recht für Gründe in der Person des entführenden Elternteils gelten. Es ist der Mutter zuzumuten, sich vor Ort um – notfalls gerichtlichen – Schutz vor den behaupteten Belästigungen durch den Vater der Kinder zu bemühen.“ Zu demselben Ergebnis kommt das OLG Stuttgart BeckRS 2011, 19127 – beck-online. Das OLG Düsseldorf BeckRS 2011, 03691 – beck-online, bespr. durch *Rieck* FamFR 2011, 144, ordnete dementsprechend gar die Rückführung der Kinder in die Türkei unter Verweis auf freie Kapazitäten der dortigen 37 Frauenhäuser an. Ob dies als rein tatsächliche Schutzalternative auch von der h. M. und dem vom BVerfG gemachten Verweis auf immerhin gerichtlichen Schutz im Ausgangsstaat noch gedeckt wäre, könnte fraglich sein.

1062 NK-BGB/*Benicke* Anh. III zu Art. 24 EGBGB Art. 13 HKÜ Rn 31 ff.; *Siehr* IPRax 2002, 199; *Vomberg/Nehls*, S. 43, m. w. N.; BVerfG FamRZ 1999, 85, 87; 641, 642; 1997, 1269, 1270; s. a. OLG Rostock FamRZ 2003, 959.

1063 *Looschelders* JR 2006, 45, 49. Vgl. etwa Cour d'appel de Versailles (FR) v. 20.6.2006 EuLF (E) 2006 II-124 ff.

1064 S. zum Parallelproblem im Minderjährigenschutz bereits oben 4. Teil. A. IV. 1 („Misshandlung oder Missbrauch des Kindes“).

Kind und Betreuungselternteil zusammenzuführen[1065] und den dortigen Behörden zum Ausüben ihrer Sorgerechtszuständigkeit zu verhelfen, könnte hierdurch verfehlt werden: Kann der entführende Elternteil die Misshandlungen durch den anderen Elternteil tatsächlich nachweisen und wird dem entführenden Elternteil schließlich das Sorgerecht alleine übertragen, wäre das Kind einem Hin- und Rückführen ausgesetzt. Hat sich der Entführer zudem noch geweigert, selbst in den Ausgangsstaat zurückzukehren, wäre das Kind damit zusätzlich einer vorübergehenden Trennung vom bisherigen Betreuungselternteil ausgesetzt gewesen. Anstatt also diesen Bereich vom unsicheren „ob" und „wie" von Auflagen im Herkunftsstaat abhängig zu machen, um die (vorübergehende) Rückgabe zu ermöglichen, wäre bedenkenswert, ob nicht vielmehr in solchen Fallkonstellationen eine inzidente Kindeswohlprüfung im HKÜ-Rückgabeverfahren zugelassen sein sollte. Nicht zuletzt kann das Ausnehmen von Gewalt gegenüber der Mutter aus dem Bereich des kindesschützenden Art. 13 I lit. b HKÜ nur bedingt überzeugen: *Schmid*[1066] etwa erkennt der von Kindern miterlebten Gewalt gleiche negative Folgen für die Entwicklung der Kinder zu wie direkter Kindesmisshandlung; da Schutz etwa nach dem innerstaatlichen GewSchG[1067] nur im Verhältnis zwischen den Erwachsenen, nicht hingegen für das Kind gegenüber seinen Eltern erlangt werden könne, sondern dieses insoweit auf § 1684 BGB verwiesen sei, könne der Druck über das kindschaftsrechtliche Umgangsrechtsverfahren fortgesetzt werden.[1068] Selbst wenn die Mutter also innerstaatlich Gewaltschutz für sich erreichen würde, könnte damit eine Fortsetzung des Konflikts mit anderen Vorzeichen über das im Ausgangsstaat zu führende kindschaftsrechtliche Verfahren zu erwarten sein. Insoweit wäre durchaus zu erwägen, nicht bloß auf Gewaltschutz im Herkunftsstaat hinzuwirken bzw. den Betreuungselternteil auf die Inanspruchnahme von rechtlichem Schutz im Herkunftsstaat zu verweisen, sondern, auch zur Vermeidung von ggf. unnötigen Hin- und Rückführungen

---

1065 S. o. 4. Teil. A. I. 1. a („Erwarteter Entführer-Typus").

1066 *Schmid* FamRB 2012, 317, 318 f. Zur Behandlung dieser Thematik in den USA sowie anderen HKÜ-Staaten s. *Schoch,* S. 217 ff.

1067 Gesetz zur Verbesserung des zivilrechtlichen Schutzes bei Gewalttaten und Nachstellungen sowie zur Erleichterung der Überlassung der Ehewohnung bei Trennung (Gewaltschutzgesetz) v. 11.12.2001, BGBl. 2001 I S. 3513.

1068 *Schmid* FamRB 2012, 317, 318 f.; zum Kindesschutz i. R. d. Sorgerechts- und Umgangsverfahrens s. a. *Neumann* FamRB 2011, 377, 378 darauf hinweisend, dass auch der zurückverbliebene, an Angstzuständen leidende Elternteil selbst auf den allgemeinen Unterlassungsanspruch verwiesen sei, da die Angstzustände durch die Kindesentführung nur fahrlässig mitverursacht seien.

des Kindes, Misshandlungen des Betreuungselternteils in eine inzidente Kindeswohlprüfung im Rahmen des HKÜ-Verfahrens einzustellen.

4. *Zusammenfassendes Zwischenergebnis*

Zusammengefasst lässt sich also feststellen, dass zwar mit Art. 11 IV EuEheVO eine Möglichkeit für das ersuchte Gericht geschaffen wurde, auf sichernde Vorkehrungen hinzuwirken und dann von einer Rückgabeablehnung abzusehen, aber nicht nur ist damit das oben[1069] diskutierte Problem der Rechtssicherheit verbunden, sondern auch prima facie möglich erscheinende Vorkehrungen zeigen bei näherer inhaltlicher Betrachtung Schwächen, die durch eine inzidente Kindeswohlprüfung[1070] wie sie in Fällen von gegenläufigen Hin- und Rückführungen vorgenommen wird, um unnötige Hin- und Rückführungen des Kindes zu verhindern, vermeidbar wären, hier auch mit dem Ziel, das Kind nicht unnötig (ggf. auch nur vorübergehend) im Herkunftsstaat möglicherweise nicht ausreichend vorgebeugten Gefahren auszusetzen.

V. Anwendung von Vorkehrungen auf weitere HKÜ-Ablehnungsgründe

Art. 11 IV EuEheVO dient seinem Wortlaut nach nur der Vermeidung von Rückgabeablehnungen auf der Basis des Art. 13 I lit. b HKÜ, wohingegen die anderen Absätze des Art. 11 EuEheVO auf Art. 13 HKÜ als Ganzes Bezug nehmen. Daraus könnte e. c. zu schließen sein, dass der Ultima-ratio-Gedanke auch nur in dem speziellen Fall des Abs. 4 gelten soll. Umstritten[1071] ist aber, ob Art. 11 IV EuEheVO auf die weiteren HKÜ-Ablehnungstatbestände analog anzuwenden ist. Dies würde bedeuten, dass Vorkehrungen auch im Rahmen des ordre public und des Integrationseinwandes zur Rückgabeanordnung führen könnten:

1. *Vorkehrungen bei Verstoß gegen Menschenrechte und Grundfreiheiten*

Fraglich ist, ob Art. 11 IV EuEheVO auch im Rahmen des eng auszulegenden[1072] Art. 20 HKÜ und damit auf Fälle des ordre public[1073] analog anzuwenden ist:

1069 3. Teil. A. III („Anforderungen an die Vorkehrung“).

1070 S. u. 4. Teil. B. II. 5. d („Inzidente Kindeswohlprüfung“).

1071 S. Nachweise bei *Hausmann* IntEuSchR B 138 f.

1072 BVerfG FamRZ 1999, 85; s. dazu NK-BGB/*Benicke* Anh. III zu Art. 24 EGBGB Art. 20 HKÜ Rn 3.

1073 NK-BGB/*Benicke* Anh. III zu Art. 24 EGBGB Art. 20 HKÜ Rn 1, m. w. N. unter Hinweis auf einen Ausschluss des Art. 6 EGBGB.

Die Inhalte von Art. 20 HKÜ und Art. 13 I lit. b HKÜ werden als überschneidend angesehen, soweit bei Unvereinbarkeit der beantragten Rückgabe mit Grund- und Menschenrechten des ersuchten Staates schon die Anwendung des Art. 13 I lit. b HKÜ in Frage komme. Raum verbleibe für Art. 20 HKÜ insoweit dann, wenn „ernsthaft damit zu rechnen ist“[1074], dass im Herkunftsvertragsstaat eine an grundrechtswidrigen Kriterien, z. B. Geschlecht oder Religionszugehörigkeit, und nicht am Kindeswohl gemessene Sorgerechtsentscheidung getroffen werde.[1075] So gilt Art. 20 HKÜ nach allgemeiner Ansicht als Auffangklausel für Extremfälle.[1076] Nach *Vomberg/Nehls* waren dementsprechend auch keine inländischen Fälle bekannt, in denen Art. 20 HKÜ die Ablehnung einer Rückführung bewirkt hätte.[1077] Zwar kann es zu einer Anwendung des Art. 20 HKÜ, als das Bundesverfassungsgericht die Rückgabe eines Kleinkindes an den Vater in die USA nach Art. 20 HKÜ einstweilig versagte, jedoch wurde die Verfassungsbeschwerde schlussendlich nicht zur Entscheidung angenommen.[1078] Die Frage einer analogen Anwendung des Art. 11 IV EuEheVO könnte sich insoweit für den nicht schon von Art. 13 I lit. b HKÜ erfassten Restbereich stellen:

a) Keine unbewusste Regelungslücke

Vertreten wird, dass Art. 11 IV EuEheVO gegenüber dem ordre public des Art. 20 HKÜ vorrangig sei.[1079] Die dort vorgesehene Beschränkung auf Art. 13

1074 *Looschelders* JR 2006, 45, 50.

1075 So *Looschelders* JR 2006, 45, 50. England und Finnland etwa haben bei der Umsetzung des HKÜ auf eine Übernahme des Art. 20 HKÜ verzichtet, weil alle in Frage kommenden Ausnahmesituationen bereits über Art. 13 HKÜ berücksichtigt seien, vgl. *Ehrle,* S. 138, m. w. N.; s. a. *Schoch,* S. 47 und 324.

1076 *Kropholler* RabelsZ 60 (1996) 485, 489, m. w. N.

1077 So *Vomberg/Nehls,* S. 46 jedenfalls noch im Jahr 2002.

1078 NK-BGB/*Benicke* Anh. III zu Art. 24 EGBGB Art. 20 HKÜ Rn 3 unter Verweis auf BVerfG FamRZ 1995, 663 und FamRZ 1996, 277. Eine Unvereinbarkeit der Rückführung mit grundlegenden Werten der deutschen Rechtsordnung wird im Verhältnis zu den USA von vorneherein als ausgeschlossen angesehen, s. *Ehrle,* S. 135 unter Verweis auf OLG Frankfurt FamRZ 1994, 1340; s. a. *Kropholler* RabelsZ 60 (1996) 485, 489; kritisch zum Ausschluss der innerstaatlichen Grundwerteprüfung i. S. d. Art. 20 HKÜ gegenüber den USA s. *Klein* IPRax 1997, 106, 108 f.

1079 Thomas/Putzo-*Hüßtege* Art. 11 EuEheVO Rn 4 unter Verweis auf *Solomon* FamRZ 2004, 1409, 1417; s. zu diesem Verweis kritisch Staudinger-*Pirrung* (2009) Vorbem C 64 zu Art 19 EGBGB, der die Ausführungen von Solomon stattdessen dahingehend interpretiert, dass dieser nur eine Umgehung des Art. 11 II EuEheVO durch Art. 20 HKÜ vermeiden wolle. Es sei dahingestellt, wie der Verweis nun aufzufassen ist; jedenfalls dürfte *Pirrung* hier das Augenmerk auf die Frage lenken, ob

I lit. b HKÜ dürfe nicht durch eine Berufung auf Art. 20 HKÜ umgangen werden.[1080] Nach dieser Ansicht darf also nicht auf Argumente nach Art. 20 HKÜ zurückgegriffen werden, um eine Rückgabeablehnung zu rechtfertigen, die aber über Undertakings auf der Basis des Art. 13 I lit. b HKÜ regulär zu vermeiden wäre. Für eine analoge Anwendung spreche außerdem, dass die Verordnungsgeber bei Verfassen der Vorschrift nur eine Eindämmung des Art. 13 I lit. b HKÜ „vor Augen gehabt"[1081] hätten; eine sachlich-inhaltliche Differenzierung sei damit nicht verbunden gewesen, womit insoweit von einer unbewussten Regelungslücke ausgegangen wird.[1082] *Holzmann*[1083] hält dieser Ansicht entgegen, dass auch der VO-E und der Leitfaden der Kommission in diesem Zusammenhang nur auf Art. 13 I lit. b HKÜ abstellen würden; dass auch dort stets nur dieser Ausnahmetatbestand „vor Augen" gestanden habe, überzeuge nicht. Eine Gefahr missbräuchlicher Anwendung des Ausnahmetatbestandes wie in der praktischen Anwendung des Art. 13 I lit. b HKÜ hält sie bei Art. 20 HKÜ dagegen nicht für gegeben.

Dass der VO-E und der Leitfaden in diesem Zusammenhang auf Art. 13 I lit. b HKÜ abstellen, erscheint demgegenüber nicht abwegig: Die Schaffung der spezifischen gemeinschaftsrechtlichen Kindesentführungsregelungen beruht in erster Linie auf den rechtspolitischen Auseinandersetzungen um eine übermäßige Anwendung des Art. 13 I lit. b HKÜ.[1084] Dies allein vermag das Argument, die Verfasser hätten unbewusst nur diesen Ablehnungsgrund vor Augen gehabt, zwar auf den ersten Blick nicht zu widerlegen. Es ist aber davon auszugehen, dass Art. 20 HKÜ von Art. 11 IV EuEheVO nicht erfasst ist, nicht etwa weil die Verfasser diesen Ablehnungsgrund übersehen hätten, sondern weil umgekehrt nur für Art. 13 I lit. b HKÜ ein regelndes Eingreifen für erforderlich gehalten wurde. Für eine analoge Anwendung des Art. 11 IV EuEheVO auf Art. 20 HKÜ mangelt es daher an einer unbewussten Regelungslücke.

---

das Nichterwähnen allein des Art. 20 HKÜ in Art. 11 II EuEheVO tatsächlich e. c. bedeuten könnte, dass eine Anhörung des Kindes bei Einwendungen nach Art. 20 HKÜ bewusst nicht normiert wurde.

1080 *Solomon* FamRZ 2004, 1409, 1417.

1081 *Holzmann*, Brüssel IIa VO, S. 196 unter Verweis auf *Solomon* FamRZ 2004, 1409, 1417, m. w. N.

1082 S. Darstellung der Ansicht durch *Holzmann*, Brüssel IIa VO, S. 196 ff., m. w. N.

1083 *Holzmann*, Brüssel IIa VO, S. 196 ff., m. w. N. Vgl. dazu den Leitfaden der Kommission, S. 42 sowie den VO-E, S. 13 f.

1084 S. o. 1. Teil. C. III. 2 („Unmittelbare Vollstreckung innerhalb der EU").

b) Keine Ausdehnung auf Drittstaaten

Dieser Frage käme an sich nur geringe praktische Bedeutung zu, da Art. 11 IV nur Geltung im EU-Binnenverhältnis (vgl. Art. 11 I EuEheVO) hat, in dem Rechtsstaatlichkeit des im Herkunftsmitgliedstaat zu führenden sorgerechtlichen Verfahrens an sich vorausgesetzt werden darf. Manche stellen aber auf den Art. 11 IV EuEheVO innewohnenden Ultima-ratio-Gedanken ab: Dass die vollständige Verweigerung der Rückgabe nur ultima ratio sei, werde auch im Verhältnis zu Drittstaaten zu beachten sein, wenn dies das mildere Mittel zum Schutz des Kindes sei.[1085] Die Ausdehnung des Ultima-ratio-Gedankens gegenüber Drittstaaten ist jedoch bedenklich, da sich Vorkehrungen dort allgemein schwer sichern lassen, erst recht nicht in einem Drittstaat, der die Anwendung des Art. 20 HKÜ auslöst.[1086] Eine Ausdehnung der Regelung auf Drittstaaten darf daher als zu weit gehend angesehen werden.[1087] Widersprüchlich wäre, auf der Basis gegenseitigen Vertrauens innerhalb der EU geschaffene Regelungsgehalte auf Fälle mit Drittstaatenberührung zu übertragen, in denen aber ein Vertrauensvorschuss in das Rechtssystem des anderen Landes gerade nicht erwartet werden kann. Zusammengefasst sollte eine analoge Anwendung des Art. 11 IV EuEheVO auf Fallkonstellationen, die eine Anwendung des Art. 20 HKÜ erforderlich machen, generell ausgeschlossen sein. Der ersuchte Richter sollte sich nicht darauf verlassen dürfen, dass sichere und nachhaltige Vorkehrungen in einem Staat getroffen wurden, dessen Rechtsordnung und Grundwerte die Anwendung des Art. 20 HKÜ auslösen. Diese eine Drittstaatenanwendung ausschließende Lösung sollte letztlich auch im EU-Binnenverhältnis das ausschlaggebende Argument sein: Ist die Wahrung der Grund- und Menschenrechte des Kindes in einem anderen Mitgliedstaat in einem seltenen sog. Extremfall gefährdet – aus Artt. 23 lit. a i. V. m. 21 I EuEheVO e. c. erschließt sich letztlich, dass die Verordnung mit dieser Möglichkeit grundsätzlich rechnet –, und wäre dieser Fall nicht einmal von Art. 13 I lit. b HKÜ abgedeckt, sollte mit Rücksicht auf das Kindeswohl auf Vorkehrungen dieses Mitgliedstaates nicht vertraut werden.

c) Keine Anhörung des Kindes

Gegen eine Anwendung des Art. 11 IV EuEheVO auf Fälle des ordre public könnte auch sprechen, dass die Rückgabeentscheidung von dem Nachweis angemessener Vorkehrungen abhängig gemacht würde. Grundsätzlich ist ein

---

1085 *Looschelders* JR 2006, 45, 50 f., m. w. N.

1086 *Looschelders* JR 2006, 45, 50, m. w. N.

1087 Staudinger-*Pirrung* (2009) Vorbem C 64 zu Art 19 EGBGB.

Ordre-public-Vorbehalt von Amts wegen zu ermitteln; die Darlegungs- und Beweislast für diejenigen Umstände, die einen Ordre-public-Verstoß begründen, liegt dagegen bei demjenigen, der den Verstoß behauptet.[1088] Insoweit wäre zwar durchaus Übereinstimmung mit Art. 11 IV EuEheVO gegeben, in dessen Rahmen nach oben[1089] erörterter Ansicht der Nachweis von Vorkehrungen von Amts zu ermitteln ist mit der Maßgabe, dass der Antragsteller einen darlegenden Mitwirkungsbeitrag[1090] zu leisten hat. Dass eine analoge Anwendung nicht im Sinne der Verordnung selbst wäre, könnte sich aber aus Art. 11 II EuEheVO e. c. ergeben, der zur Kindesanhörung[1091] nur in den Fällen der Artt. 12 und 13 HKÜ, nicht aber im Fall des Art. 20 HKÜ verpflichtet und damit von einem Art. 20 HKÜ-Fall im Rahmen des Art. 11 EuEheVO nicht auszugehen scheint.[1092] Da eine Kindesanhörung im ordre public-Fall kaum Ergebnisse bringen dürfte, weil sich hier außerhalb des Anwendungsbereichs des Art. 13 I lit b HKÜ eher Fragen kultureller und politischer Art stellen, dürfte Art. 20 HKÜ bewusst von Art. 11 II EuEheVO ausgenommen worden sein. Erst recht ist dann aber mangels einer unbewussten Regelungslücke eine analoge Anwendung des Art. 11 IV EuEheVO auf Art. 20 HKÜ im Ergebnis abzulehnen.

2. *Vorkehrungen gegenüber dem Integrationseinwand*

Fraglich ist aber, ob Art. 11 IV EuEheVO analog auf den Integrationseinwand gem. Art. 12 II HKÜ anzuwenden ist. Dagegen spricht, dass Vorkehrungen bei erwiesenem Einleben des Kindes in seine neue Umgebung in der Praxis nicht brauchbar sein dürften. Die Integration im neuen Aufenthaltsstaat lässt sich nicht durch Vorkehrungen im bisherigen Aufenthaltsstaat fingieren oder ersetzen. Gleich welche Maßnahmen getroffen würden, für das Kind ist und bleibt es eine andere Umgebung. Wird teilweise schon ein doppelter gewöhnlicher Aufenthalt für nicht praxistauglich gehalten,[1093] weil ein Kind nicht gleichermaßen

1088 *Hausmann* IntEuSchR A 365, m. w. N.

1089 S. o. 4. Teil. A. II. 3. b („Einordnung als Beweis- und Rechtsfolgeregel").

1090 S. etwa *Gruber* FamRZ 2005, 1603, 1605, der aus der Umsetzung des Beschleunigungsgrundsatzes durch § 38 III IntFamRVG schließt, dass das ersuchte Gericht nur insoweit Ermittlungen anzustellen habe, als der bereits bekannte Sachverhalt bzw. Parteivortrag hierzu Anlass gebe.

1091 Die auch in Ordre-public-Fällen nicht von vorneherein ausgeschlossen sein muss.

1092 So wohl zu verstehen bei Staudinger-*Pirrung* (2009) Vorbem C 64 zu Art 19 EGBGB.

1093 Zur Frage, ob ein Kind einen verletzbaren doppelten gewöhnlichen Aufenthalt haben kann, wenn ein Elternteil das Kind ohne Einverständnis des anderen – soweit es sich dabei nicht um eine alltägliche Angelegenheit i. S. d. § 1687 I S. 2

an zwei Orte gebunden sein könne, kann erst recht nicht die Rückführung des vollständig in den Zufluchtsstaat integrierten Kindes in einen Ursprungsstaat befürwortet werden, in dem die Integration weggefallen ist. Die Integration lässt sich im Herkunftsstaat nicht im Wege von Vorkehrungen spiegeln. Das Herausreißen des Kindes aus seiner neuen Umgebung und die Rückführung in den früheren Aufenthaltsstaat stellen vielmehr einen (weiteren) traumatisierenden Bruch mit seinem neuen mittlerweile gewohnten Umfeld dar.

3. Vorkehrungen gegenüber dem Bruch des Kindeswillens

Im Gegensatz zu den Abs. 6 und 8 des Art. 11 EuEheVO, die unspezifisch nur auf Art. 13 HKÜ als Ganzes Bezug nehmen, verweist Abs. 4 ausdrücklich auf (Abs. 1)[1094] lit. b des Art. 13 HKÜ. Somit steht die Anwendung des Abs. 4 auch auf den Fall des Art. 13 II HKÜ in Frage und bedürfte ggf. einer analogen Anwendung, soweit davon ausgegangen wird, dass Art. 13 II HKÜ nicht bewusst ausgenommen werden sollte. Gegen eine analoge Anwendung auf Art. 13 II HKÜ spricht jedoch, dass sich im Herkunftsstaat keine Vorkehrungen treffen lassen,

---

BGB handelt – von dem einen zum anderen gewöhnlichen Aufenthalt verbringt, s. z. B. OLG Nürnberg OLGReport 2007, 849, 850; eine HKÜ-Anwendung auch bei mehrfachen gewöhnlichen Aufenthalten erkennend s. *Baetge* IPRax 2005, 335, 337, m. w. N.; zum alternierenden gewöhnlichen Aufenthalt s. *Motzer* FamRB 2003, 291; das Bestehen eines doppelten gewöhnlichen Aufenthalts grundsätzlich bejahend, aber ohne Verletzungsmöglichkeit, vgl. OLG Frankfurt FPR 2001, 233, 234; einen mehrfachen gewöhnlichen Aufenthalt generell ablehnend s. Staudinger-*Kropholler* (2003) Vorbem zu Art 19 EGBGB Rn 152; in differenzierender Weise den Daseinsmittelpunkt zur Vermeidung von Doppelanknüpfungen „am besten nur an einem einzigen Ort" vorziehend aber *Kropholler* IPR § 39 II 6 (S. 287); ablehnend zu verstehen wohl auch der Leitfaden der Kommission, S. 16; vgl. ausführlich die Erörterung bei *Holzmann*, Brüssel IIa VO, S. 114 ff. die Möglichkeit mehrfacher/alternierender gewöhnlicher Aufenthalte wegen erschwerter HKÜ-Anwendung und der Gefahr zufälliger Ergebnisse i. E. ablehnend und auf den ersten gewöhnlichen Aufenthalt abstellend. Eine Angelegenheit des täglichen Lebens ist demgegenüber unter Betrachtung der persönlichen Verhältnisse der betroffenen Familie gegeben, wenn sie häufig vorkomme und keine schwer zu ändernde Auswirkung auf die Entwicklung des Kindes habe, eingeschlossen Reisen in weit entfernte Länder, vgl. OLG Karlsruhe FamRZ 2005, 1004 (Reise des Vaters mit dem Kind nach China); s. hierzu *Motzer* FamRBint 2005, 72 f. zustimmend, dass eine eigenmächtig mit dem Kind angetretene Urlaubsreise ins Ausland noch kein Grund für die Einleitung eines Rückführungsverfahrens sei.

1094 Der Verweis in Art. 11 IV EuEheVO auf „Art. 13 Buchstabe b) des Haager Übereinkommens von 1980" wird hier als Verweis auf Art. 13 I lit. b HKÜ verstanden.

die das Brechen des Kindeswillens vermeiden helfen. Ist der Wille des Kindes auf den Verbleib im Zufluchtsstaat gerichtet, gleich wie dieser Wille zustande kam, kann eine zwangsweise Rückführung (eine schlussendlich freiwillige Rückkehr des Kindes nach Einflussnahme auf den Kindeswillen wäre kein Fall des Art. 13 II HKÜ mehr) nur vonstattengehen, indem der Wille des Kindes missachtet und gebrochen wird. Dieser Bruch kann naturgemäß nur am Ort seines derzeitigen Aufenthalts geschehen. Somit bestehen von vorneherein keine Möglichkeiten, gegen die mit der Vollstreckung im Zufluchtsstaat verbundene Traumatisierung im Ursprungsstaat Vorkehrungen zu treffen. Dort können nur nachträgliche Rehabilitationsmaßnahmen getroffen werden, um gesetzte Schäden am Kindeswohl zu beseitigen zu suchen.[1095]

4. *Zusammenfassendes Zwischenergebnis*

Zusammenfassend lässt sich hieraus schließen, dass die Überlegung, Vorkehrungen auch in den weiteren HKÜ-Ablehnungsfällen zum Tragen kommen zu lassen, um auch dort die Rückgabe zu ermöglichen, ins Leere führen könnte und mangels Vergleichbarkeit bzw. Übertragbarkeit abzulehnen wäre. Scheitert eine Anwendung des Art. 11 IV EuEheVO auf Art. 20 HKÜ daran, dass die Umsetzung von Undertakings in einem (Dritt-)Staat, dessen Rechtsordnung in Frage steht, mit zu großen Risiken und Unwägbarkeiten verbunden ist, so finden sich in den Fällen der Artt. 12 II und 13 II HKÜ schon keine merklichen Maßnahmen, die die Risiken einer Rückkehr des Kindes auszugleichen vermögen. Durch Art. 11 IV EuEheVO wird nach vorliegender Ansicht also allein im Fall des Art. 13 I lit. b HKÜ die materiellrechtliche Rückgabeanordnung zwischen den Mitgliedstaaten der EU in der Weise modifiziert, dass sie bei Nachweis von angemessenen Vorkehrungen zwingend zu erlassen ist, wohingegen es in Bezug auf die anderen Ablehnungsgründe beim bisherigen System einer in beide Richtungen möglichen Alles-oder-Nichts-Entscheidung verbleibt.

VI. Keine Rückgabeablehnung bei Verletzung des antragstellerseitigen Gehörs

1. *Diskussionsstand*

Auch in Art. 11 V EuEheVO könnte ein materiellrechtlicher Einfluss auf die Rückgabeentscheidung zu sehen sein: Allgemein wird die darin enthaltene Pflicht,

---

1095 Zur Kollision des Art. 13 II HKÜ mit Art. 11 IV EuEheVO s. a. unten 4. Teil. B. I. 3. b („Unvereinbarkeiten").

den Antragsteller im HKÜ-Verfahren zu hören, dem Bereich der Verfahrensgestaltung des HKÜ-Verfahrens zugeordnet.[1096] Differenzierend ist nach *Rauscher* der Regelungsgehalt der Vorschrift systematisch eher der Verfahrensgestaltung als wie sein Wortlaut nahelege den Rückgabeversagungsgründen zuzuordnen: Wolle das Gericht die Rückgabe verweigern, so müsse dem Antragsteller vorher rechtliches Gehör gewährt werden. Dies bedeute insbesondere, dass der Antragsteller zu Einwendungen seitens des Antragsgegners und des Kindes zu hören sei. Dass er schon als Antragsteller beteiligt gewesen sei und sich damit naturgemäß bereits habe äußern können, könne nicht genügen, weil sonst die Regelung offenbar nutzlos sei.[1097] Diese Regelung sei daher als bloße Klarstellung dessen zu verstehen, was schon nach Art. 8 EMRK für notwendig gehalten werde.[1098] Die auch von anderen vertretene Klarstellungsfunktion der Regelung soll zumindest innerstaatlich vermeiden helfen, dass aus Abs. 2 des Art. 11 EuEheVO umgedreht geschlossen werde, dass die Anhörung der Eltern nicht verpflichtend sei.[1099] Nach *Tödter*[1100] soll Art. 11 V EuEheVO die Gleichbehandlung von Entführer und Antragsteller sichern helfen; der Entführer solle keinen Vorteil dadurch erlangen, dass nur er im HKÜ-Verfahren gehört werde. *Pape* weist darauf hin, dass noch in der Begründung zum SorgeRÜbkAG der Bundestag klargestellt habe, dass auf eine Anhörung der Eltern im HKÜ-Verfahren grundsätzlich zu verzichten sei, wenn sich der andere Elternteil im Ausland befinde, oder er sich der Anhörung mutwillig widersetze; dies seien schwerwiegende Gründe i. S. d. damaligen § 50a III 1 FGG[1101], die das Absehen von einer Anhörung rechtfertigen würden, da ansonsten die schnelle Durchführung eines HKÜ-Verfahrens nicht gewährleistet sei. Weiter führt *Pape* aus, dass nunmehr der Auslandsaufenthalt des anderen Elternteils keinen Grund mehr darstelle, von seiner Anhörung abzusehen.[1102]

2. *Stellungnahme*

Die Anhörungspflicht des Art. 11 V EuEheVO scheint dem Verfahrensrecht nur prima facie zuzuordnen zu sein: Soweit der Wortlaut „Ein Gericht kann die

---

1096 *Pape*, S. 133, m. w. N.; NK-BGB/*Gruber* Anh. I zum III. Abschn. EGBGB Art. 11 EheVO 2003 Rn 12.

1097 Rauscher/*Rauscher* EuZPR/EuIPR (2010) Art 11 Brüssel IIa-VO Rn 28.

1098 *Rauscher* EuLF (E) 2005 I-37, 44.

1099 S. Staudinger-*Pirrung* (2009) Vorbem C 68 zu Art 19 EGBGB.

1100 *Tödter*, S. 179, m. w. N.

1101 Gesetz über die Angelegenheiten der freiwilligen Gerichtsbarkeit vom 20.5.1898, RGBl. I S. 771; außer Kraft seit 1.9.2009.

1102 *Pape*, S. 133 f., m. w. N.

Rückgabe (...) nicht verweigern, wenn" festlegt, dass die Rückgabe des Kindes auch nicht verweigert werden könne, wenn dem Antragsteller keine Gelegenheit gegeben wurde, gehört zu werden, wird stattdessen eine materiellrechtlich gebundene Rechtsfolgeregelung statuiert, mithin, wie *Rauscher*[1103] andenkt, ein Rückgabeversagungsgrund. Will sich der ersuchte Richter seiner vom HKÜ eingeräumten Ermessensmöglichkeit nicht begeben, dürfte er trotz der Kürze der Zeit[1104] jedenfalls für die Anhörung des Antragstellers sorgen, damit nicht weitere Instanzgerichte darauf erkennen, dass er selbst die Voraussetzung für eine zwingende Rückgabeablehnung geschaffen habe. Ob die Instanzgerichte der Literaturmeinung folgend hier nur eine Klarstellungsfunktion sehen werden oder sich nicht vielmehr an die normierte Rechtsfolge werden gebunden fühlen, wird die Praxis noch erweisen. Es ist jedenfalls davon auszugehen, dass die Verordnung einen neuen zwingenden Rückgabegrund in das HKÜ-Verfahren normativ eingeführt hat. Art. 11 V EuEheVO lässt auch nicht etwa erkennen, inwieweit er sich mit den Rückgabeablehnungsgründen der Artt. 12 und 13 HKÜ vereinbaren lassen will, so dass nicht einmal ausgeschlossen ist, dass er selbst bei Vorliegen von klassischen Rückgabeverweigerungsgründen nach dem HKÜ die zwingende Rechtsfolge anordnen will.

Eine solches besonderes Schutzbedürfnis dürfte auf Antragstellerseite aber nicht bestehen: Der Antragsteller hat grundsätzlich schon durch seinen Antragsschriftsatz Gelegenheit zur Stellungnahme. Im HKÜ-Verfahren ist Antragsteller der zurückgelassene Elternteil und dieser somit der zuerst Gehörte. Anderes mag gelten, wenn der entführende Elternteil im Zufluchtsstaat einen Sorgerechtsantrag vorausschickt: In einem solchen sorgerechtlichen Verfahren im Zufluchtsstaat, das bislang aber schon aufgrund von Art. 16 HKÜ und nunmehr nach Art. 7 KSÜ und Art 10 EuEheVO gesperrt wäre, gälte schon gar nicht der für das summarische Rückgabeverfahren normierte Art. 11 EuEheVO, so dass diese Regelung in einem solchen sorgerechtlichen Verfahren ohnehin keine Hilfe für den Antragsteller wäre. Die von Literaturseite vorgebrachte Schutzbedürftigkeit der Antragstellerseite erschließt sich daher jedenfalls insoweit nicht, als eine so deutliche Diskrepanz gegenüber Kind und Entführer beim rechtlichen Gehör durch eine Klarstellung und gar eine eigens statuierte Rechtsfolge für nötig befunden wurde. Auch der Leitfaden der Kommission[1105] geht an dieser Stelle auf

1103 Rauscher/*Rauscher* EuZPR/EuIPR (2010) Art 11 Brüssel IIa-VO Rn 28.

1104 *Holzmann*, Brüssel IIa VO, S. 191, m. w. N., etwa stellt angesichts des Beschleunigungsgebots die Praktikabilität dieser Vorschrift in Frage.

1105 S. den Leitfaden der Kommission, S. 43: Eine rasche und effiziente Anhörung könne auf der Grundlage der EuBVO erfolgen; das Ersuchen müsse unverzüglich, d. h.

die Realisierbarkeit der grenzüberschreitenden Anhörung über die EuBVO innerhalb der Sechs-Wochen-Frist ein, stellt insoweit zuvörderst auf das „Wie" der Anhörung des Antragstellers ab. Zusammenfassend lässt sich feststellen, dass der Antragsteller neben seinem HKÜ-Antrag noch einen besonders hervorgehobenen weiteren Gehörsschutz genießt. Umgekehrt steht aber in Frage und sollte sichergestellt sein, ob auch Kind und Entführer ausreichende Gleichbehandlung erfahren. Während nämlich die Verletzung der Pflicht aus Art. 11 II EuEheVO, das Kind im Rückführungsverfahren anzuhören, sanktionslos[1106] bleibt und keine unmittelbare Rechtsfolge nach sich zieht, wurde eine Pflicht zur Anhörung des entführenden Elternteils dort schon gar nicht normiert.

VII. Zusammenfassendes Ergebnis

Obschon der Rückführungsautomatismus des isoliert geltenden HKÜ an die Grenzen des individuellen Kindeswohls stößt, räumt das Gemeinschaftsrecht mit dem Argument gegenseitigen Vertrauens der EU-Mitgliedstaaten der Rückgabe des Kindes in dessen früheren Aufenthaltsmitgliedstaat eine so große Bedeutung ein, dass es dem ersuchten Richter eine unbedingte Rückgabeverweigerung, mithin eine Alles-Oder-Nichts-Entscheidung selbst in Fällen körperlicher oder seelischer Gefährdung des Kindes im Herkunftsstaat nicht ohne weiteres erlaubt. Diesen Gefahren ist vielmehr durch dortige Vorkehrungen beizukommen, womit Fragen der Eignung, Erwirkung, Nachhaltigkeit und Rechtssicherheit solcher Maßnahmen verbunden sind. Der immanente Ultima-ratio-Gedanke dieser Regelung soll nach verbreiteter Auffassung analog auch für Fälle vollständiger Integration des Kindes im Zufluchtsstaat sowie auch bei einem Ordre-public-Verstoß im Herkunftsstaat gelten.

Außer Verhältnis zu dieser Entwicklung dürfte demgegenüber stehen, wenn die Verordnung umgekehrtermaßen zwingend den Erlass einer Alles-Oder-Nichts-Entscheidung in Form einer Rückgabeanordnung vorschreibt, weil im laufenden HKÜ-Verfahren das Gehör des Antragstellers, der sich aber schon im Wege der Antragsstellung, sei es gegenüber der Zentralen Behörde, sei es gegenüber dem Gericht direkt, hat äußern können, verletzt wurde. Obwohl es die Gefahrensituationen im Herkunftsstaat sind, die für das Kind fühlbar sind, darf die Rückführungsverweigerung nur noch letztes Mittel sein. Die für das Kind

---

zum größten Teil innerhalb der in Art. 10 I EuBVO festgelegten Frist von 90 Tagen erledigt werden, etwa in Form von Video- und Telekonferenzen.

1106 *Pape*, S. 120 f., m. w. N. Die Sanktionslosigkeit des Art. 11 II EuEheVO ebenfalls betonend *Tödter*, S. 174. S. dazu unten 4. Teil. B. I. 3. b („Unvereinbarkeiten").

demgegenüber nicht unmittelbar spürbare Verletzung des antragstellerseitigen Gehörs soll zur Rückgabe dorthin zwingen. Die Antragstellerseite hat damit sowohl verfahrensrechtlich als auch materiellrechtlich eine gegenüber dem betroffenen Kind deutlich gefestigtere Position: Weder kann das Kind sicher sein, gehört zu werden, noch seinen Vortrag ggf. berücksichtigt zu finden. Die Verletzung des kindlichen Gehörs bleibt insoweit folgenlos. Für das Kind besteht auch keine Gewähr, dass etwa bei mangelnden Vorkehrungen im Ausland von einer Rückgabe abgesehen wird.

B. Formelle Durchdringung des Rückgabeverfahrens

I. Normierung der Kindesanhörung

1. Regelungsdefizit des HKÜ

Von großer Bedeutung kann im Rückgabeverfahren die Anhörung des betroffenen Kindes sein. So mag sich erst nach dessen Anhörung erschließen, was das Beste für sein Wohl ist bzw. welche rechtlichen Schlüsse daraus zu ziehen sind, und das Unterlassen einer solchen Anhörung könnte zu einer Verlagerung des Problems in den Bereich der Vollstreckung führen.[1107] Wenn auch das HKÜ mit Art. 13 II den Willen des sich der Rückgabe widersetzenden Kindes materiellrechtlich berücksichtigt, enthält es dennoch keine autonome Regelung, die die Ermittlung des Kindeswillens im Rückgabeverfahren sicherstellt, sondern überlässt diese Frage dem nationalen Recht seiner Vertragsstaaten, welche insbesondere im Hinblick auf eine mögliche Beeinflussung[1108] des Kindes durch den

1107 *Schweppe* FPR 2001, 203 f., m. w. N.; s. a. *Vomberg/Nehls*, S. 44 f.

1108 Darum setzt Art. 13 II HKÜ auch voraus, dass das Kind ernsthaft und unbeeinflusst die Rückkehr in den Staat des gewöhnlichen Aufenthalts ablehnen müsse, s. PalArch/*Thorn* I. C. 3 HKEntfÜ Rn 39 mit entsprechenden Verweisen: Etwa wurde die Weigerung von Kindern beachtet, die schon vor dem Aufenthaltswechsel über die Pläne der Mutter informiert waren, und die sich nach einigen Tagen freigestellter Überlegung selbst und unbeeinflusst zum Umzug entschieden; berücksichtigt wurde auch deren Ankündigung, sich ggf. mit den ihnen vorstellbaren Mitteln, z. B. durch Verstecken, der Rückführung zu entziehen, s. OLG Brandenburg FamRZ 1997, 1098. Je plausibler die Gründe seien, desto weniger sei von einer Beeinflussung auszugehen; der offensichtlich beeinflusste Wille des Kindes sei dagegen unbeachtlich, sofern das Kind nicht aufgrund der Beeinflussung einen echten eigenen Willen entwickelt habe; das Kind könne insoweit neben der Beeinflussung durchaus einen unabhängigen eigenen Willen entwickeln, vgl. *Winkler von Mohrenfels* in FS Geimer, S. 1527, 1535, m. w. N.

entführenden Elternteil[1109] und mit Blick auf das Ziel des HKÜ, sorgerechtliche Fragen aus dem Rückführungsverfahren herauszuhalten, sehr unterschiedlich an „ob" und „wie" einer Kindesanhörung herangehen, so dass sich im Vertragsgebiet ein Spektrum von nahezu regelmäßiger Anhörung des Kindes bis hin zu regelmäßiger Entscheidung nach Aktenlage ohne Anhörung gebildet hat:[1110]

a) Nationale Unterschiede

Im anglo-amerikanischen Rechtskreis erfolgt die Anhörung des Kindes durch sog. welfare officer, die dann gegenüber dem Gericht Bericht erstatten.[1111] Eine richterliche Anhörungspflicht wurde innerstaatlich dagegen aus der Rechtsprechung des EGMR und des Bundesverfassungsgerichts, aus der UN-Kinderrechtekonvention[1112] und teils auch aus dem an sich dem innerstaatlichen Sorgerechtsverfahren vorbehaltenen § 50b FGG a. F. hergeleitet.[1113] Laut *Carl*

1109 In der Mehrzahl der Fälle handelt es sich beim Entführer ohnehin um den Betreuungselternteil, s. o. 4. Teil. A. I. 1. a („Erwarteter Entführer-Typus"). Die Willensäußerung des Kindes entspringt in einem solchen Fall nicht bloß vorübergehender Einflussnahme nach einer rechtswidrig geschaffenen Betreuungslage, sondern ist Ausdruck einer vom Kind schon lange gelebten und vom anderen Elternteil bislang auch mitgetragenen Lebenswirklichkeit des Kindes.

1110 *Schweppe* FPR 2001, 203; *Schulz* FamRZ 2003, 336, 342, m. w. N.; s. a. *Völker* FamRZ 2010, 157, 163, m. w. N. Zur grundsätzlichen Ausübung des i. R. d. Art. 13 II HKÜ bestehenden richterlichen Ermessens durch Abwägung der verschiedenen Interessen s. *Ehrle,* S. 139, m. w. N. Zur Problematik das Kind belastender und in unangemessener Weise durchgeführter Anhörungen beachte *Carl/Eschweiler* NJW 2005, 1681 mit Verweis auf BVerfG 1981, 124, 126, demnach das Ergebnis und der Erfolg der Kindesanhörung entscheidend davon abhänge, in welchem Maß der Richter die Fähigkeit zur Einfühlung in die besondere psychologische Situation des Kindes besitze.

1111 *Schweppe* FPR 2001, 203 Fn 7; *dies.,* Kindesentführungen und Kindesinteressen, S. 91; ausführlich zu den nationalen Unterschieden bei der Beteiligung des Kindes im Verfahren s. a. *Schoch,* S. 310 ff.

1112 Laut *Steindorff-Classen* stieß das Recht des Kindes in Art. 12 KRK auf Beteiligung und Berücksichtigung seiner Meinung in Gerichts- und Verwaltungsverfahren, das dazu zwinge, Kinder nicht nur als handlungsunfähige und schutzbedürftige Menschen zu sehen, sondern als aktive junge Bürger, nicht nur auf Zustimmung, sei aber dennoch in Art. 24 GRCh übernommen worden, so *Steindorff-Classen* EuR 2011, 19, 23.

1113 *Schulz* FamRZ 2003, 1351, 1352, m. w. N.; s. a. *Schweppe* FPR 2001, 203. Eine direkte Anwendung des § 50b FGG a. F. (jetzt: § 159 FamFG) in HKÜ-Verfahren war dagegen nicht möglich, s. *Völker* FamRZ 2010, 157, 158 mit Fn 14.

wurde an dieser Praxis deutscher Gerichte im Ausland „teilweise heftig“ Kritik geübt und „Deutschland als Paradies der Entführer“ bezeichnet.[1114] Das Bundesverfassungsgericht hat aber insbesondere in Gegen- und Rückentführungsfällen die Anhörung des Kindes für verfassungsmäßig befunden:[1115] So sei zur Vermeidung von unnötigen Hin- und Rückführungen des Kindes eine inzidente Kindeswohlprüfung[1116] geboten. Da die Eltern durch ihr beiderseitiges eigenmächtiges Vorgehen zu erkennen gegeben hätten, vornehmlich ihre eigenen Interessen im Widerstreit zu denen des Kindes durchsetzen wollen, geböten Menschenwürde und Persönlichkeitsrecht des Kindes (Artt. 1 I und 2 I GG), dass seine Interessen im Rückentführungsverfahren in einer den Anforderungen des rechtlichen Gehörs (Art. 103 I GG) entsprechenden Eigenständigkeit im Verfahren zur Geltung kämen, je nach Alter[1117] und Reife[1118] durch

---

1114 *Carl* FPR 2001, 211, 212; s. a. *Schweppe* FPR 2001, 203; *Holzmann*, Brüssel IIa VO, S. 62; *Siehr* IPRax 2002, 199, 200.

1115 S. die Entscheidungszusammenfassung durch *Schweppe* FPR 2001, 203, 204, m. w. N., insb. unter Verweis auf BVerfG FamRZ 1999, 85, 88.

1116 S. dazu auch unten 4. Teil. B. II. 5. d („Inzidente Kindeswohlprüfung“).

1117 Zur Herstellung einheitlicher Auslegung und internationalen Entscheidungsgleichklangs wird i. R. d. Art. 13 II HKÜ vertreten, dass nicht nur die innerstaatliche Rechtsprechung, sondern auch höchstrichterliche Altersbestimmungen anderer Vertragsstaaten zu berücksichtigen seien, s. *Staudinger* IPRax 2000, 194, 200. Nach a. A. soll die Entscheidung über das Alter den zuständigen nationalen Behörden überlassen werden, vgl. *Völker* FamRZ 2010, 157, 162, m. w. N. Kindern unter 7–10 Jahren wird nach der zum HKÜ entwickelten Rechtsprechung die erforderliche Reife und Einsichtsfähigkeit in der Regel aberkannt, vgl. *Winkler von Mohrenfels* in FS Geimer, S. 1527, 1531 ff., m. w. N.; s. z. B. mangelnde Reife eines Sechsjährigen bei AG Hamm FamRZ 2010, 2086, 2087. Erst ab einem Alter von etwa 10 Jahren sei der Kindeswille so gefestigt, dass er nicht mehr einfach veränderbar sei durch etwa veränderte Sozialisations- und Erziehungsbedingungen der Betreuungsperson, s. OLG Karlsruhe FuR 2006, 222, 224, m. w. N. Verallgemeinernde Festlegungen auf ein bestimmtes Alter seien verfassungsrechtlich nicht vertretbar, aber die Prüfung, ob ggf. außergewöhnliche Umstände vorlägen, die ein Abweichen von der Regel rechtfertigten; gar keine Prüfung in dieser Altersstufe vorzunehmen, sei dagegen verfassungsrechtlich bedenklich, vgl. *Winkler von Mohrenfels* in FS Geimer, S. 1527, 1531 ff., m. w. N.; *Looschelders* JR 2006, 45, 50. Da das HKÜ nur bis zur Vollendung des 16. Lebensjahres anwendbar sei, sei umgekehrt unangemessen, ein zu hohes Alter, z. B. 15 Jahre, zu erwarten, vgl. *Völker* FamRZ 2010, 157, 162 unter Verweis auf BVerfG FamRZ 1999, 1053, 1054.

1118 Vgl. dazu *Winkler von Mohrenfels* in FS Geimer, S. 1527, 1533 ff., m. w. N.: Die erforderliche Reife habe ein Kind erreicht, wenn es den Sinn der anstehenden Rückführungsentscheidung zu verstehen vermöge, insb. dass es nicht um die Verteilung

die Anhörung des Kindes selbst oder durch einen Vertreter[1119], der die Aufgabe habe, die Interessen des Kindes als Verfahrenssubjekt wiederzugeben.[1120] Bei einseitiger Kindesentführung hält das Bundesverfassungsgericht eine nähere Prüfung des Kindeswohls zwar nicht für verfassungsrechtlich geboten, billigt aber im Hinblick auf den verfassungsrechtlichen Vorrang des Kindeswohls bei einer Kollision zwischen Eltern- und Kindesinteressen eine angemessene Beteiligung bzw. Anhörung von Kindern in angemessenem Alter und eine hierauf beruhende Rückführungsablehnung als verfassungskonform und mit dem HKÜ vereinbar.[1121] Auch einfachgesetzlich besteht hier für den ersuchten Richter kein Hindernis.[1122] Diese Haltung wurde auch von der Europäischen Kommission für Menschenrechte eingenommen, die es in HKÜ-Verfahren aus menschenrechtlicher Sicht zwar nicht für zwingend geboten, aber auch nicht zu beanstanden hielt, Kinder nach den nationalen Vorschriften gerichtlich anzuhören, und in einer darauf gestützten Rückgabeentscheidung keinen Verstoß gegen Art. 6 EMRK sah.[1123]

b) Unterlassene Kindesanhörung

Unterlässt das ersuchte Gericht des Zufluchtsstaats die Kindesanhörung, mag dies nach dem dort geltenden nationalen Verfahrensrecht justiziabel sein, zwischen den betroffenen Vertragsstaaten des HKÜ bleibt dieser Verstoß ohne Bedeutung: Eine Kontrolle im Rahmen eines Anerkennungs- und Vollstreckungsverfahrens findet hier nicht statt, da die Vollstreckung der Rückgabeanordnung im Erlassstaat

---

des Sorgerechts, sondern um die Wiederherstellung des status quo ante gehe. Beachtenswert sei eine positive Äußerung des Kindes dahingehend, dass es bereits derart mit dem Zufluchtsstaat verwurzelt sei, dass es sich eine Rückkehr in den Herkunftsstaat nicht vorstellen könne; streng sei dagegen eine negative Weigerung zu beurteilen, nicht in den Herkunftsstaat, etwa zum dortigen Elternteil zurückkehren zu wollen ohne besondere Bezugnahme auf den Zufluchtsstaat.

1119 Dies verwirklichte sich innerstaatlich in der Institution des Verfahrenspflegers nach § 50b FGG a. F.; seit 1.9.2009: § 158 („Verfahrensbeistand“).

1120 S. die Entscheidungszusammenfassung durch *Schweppe* FPR 2001, 203, 204 unter Verweis auf BVerfG FamRZ 1999, 85, 88.

1121 So *Schweppe* FPR 2001, 203, 204, m. w. N.; vgl. Entscheidungen des BVerfG FamRZ 1999, 85; 641; 1053; 2006, 1261, 1262 f.; auf das Erfordernis gegenläufiger Rückgabeanträge abstellend s. dagegen OLG Düsseldorf OLGReport 2008, 733, 735.

1122 So *Völker* FamRZ 2010, 157, 164 unter Bezugnahme auf die richterliche Amtsermittlungspflicht gem. § 26 FamFG bzw. bis 31.8.2009: § 12 FGG.

1123 Aus *Schulz* DEuFamR 1999, 224, 230 und 236.

selbst nach Maßgabe seiner nationalen Vorschriften[1124] erfolgt.[1125] Nur ausnahmsweise bedürfte es der Anerkennung einer HKÜ-Rückführungsentscheidung, wenn eine im Erstzufluchtsstaat bereits getroffene Rückgabeanordnung nach Weiterentführung eines Kindes im Erlassstaat nicht mehr zu verwirklichen, sondern von entsprechenden Vollstreckungsmaßnahmen im jetzigen Zweitzufluchtsstaat abhängig wäre.[1126]

2. *Regelungsdefizit des KSÜ*

Eine verpflichtende Kindesanhörung im Erkenntnisverfahren sieht auch das KSÜ nicht vor.[1127] Folgen einer Gehörsverletzung normiert das Übereinkommen zwar autonom mit dem Anerkennungsversagungsgrund des Art. 23 II lit. b KSÜ.[1128] Da die Vollstreckung der HKÜ-Rückgabeanordnung aber im Erlassstaat selbst erfolgt, kommt Art. 23 II lit. b KSÜ nicht zum Tragen.[1129] Selbst wenn also das Kind im HKÜ-Rückgabeverfahren nicht gehört wurde, erfolgt die Rückführung in das Herkunftsland sanktionslos, soweit nicht der Instanzenzug im Zufluchtsstaat nach innerstaatlichem Recht noch eine Heilung herbeigeführt hat. Auch außerhalb des Anwendungsbereichs des HKÜ – angesichts der räumlichen Weite des HKÜ in erster Linie im Fall von 16/17jährigen Minderjährigen[1130] – käme im Entführungsfall das vom KSÜ geschaffene autonome Kontrollsystem im Fall einer zufluchtsstaatlichen Rückgabeanordnung nicht zum Einsatz, da die dort auf Basis einer KSÜ-Zuständigkeit getroffene Herausgabeentscheidung auch dort zu vollstrecken wäre.

3. *Anhörungspflicht innerhalb der EU*

a) Normierung

Im Gegensatz zu den Haager Abkommen ordnet die EuEheVO mit ihrem Art. 11 II an, dass das Kind bei Anwendung der Artt. 12 und 13 HKÜ gehört

1124 Bis 31.8.2009: Vollstreckung nach § 33 FGG, seit 1.9.2009 nach § 44 IntFamRVG, vgl. *Pape*, S. 100 und 139, m. w. N.

1125 *Pape*, S. 98 und 100 f., m. w. N. Zu Ansätzen der Haager Kommission, das HKÜ hier zu ergänzen, s. *Bucher* in FS Kropholler, S. 263 und 271 ff.

1126 *Pape*, S. 98 f. und 140 f. noch zu § 16a FGG a. F.

1127 Vgl. zur Kindesanhörung in Abkommen *Schulz* FamRZ 2003, 336, 342.

1128 S. dazu *Baer/Marx* FamRZ 1997, 1185 f. darauf hinweisend, dass das KSÜ damit sogar über die Forderungen des EÜAK hinausgehe; sowie *Hausmann* IntEuSchR J 331.

1129 *Pape*, S. 120 f., m. w. N. zur insoweit übereinstimmenden Parallelvorschrift des Art. 23 lit. b EuEheVO.

1130 S. o. 2. Teil. B. II. 2 („Altersgrenze des entführungsspezifischen KSÜ-Bereichs").

wird, sofern dies nicht aufgrund von Alter oder Reife des Kindes unangebracht erscheint.[1131] Auf eine dogmatische Herleitung der Anhörungspflicht kommt es insoweit nicht mehr an.[1132] Mit der Normierung dieser Pflicht soll aber aus dem 19. Erwägungsgrund ersichtlich keine Beeinflussung des nationalen Verfahrensrechts verbunden sein, sondern die Mitgliedstaaten sollen die Art und Weise der Kindesanhörung weiterhin selbst bestimmen, mithin auch ob sie unmittelbar durch den Richter selbst zu erfolgen hat.[1133] Soweit Art. 11 II EuEheVO auf Alter und Reifegrad des Kindes abstellt, ist also nicht anzunehmen, dass damit wesentliche Neuerungen gegenüber der bislang gängigen Auslegung des Art. 13 II HKÜ gewollt sind; dementsprechend wird man auf die bisherigen diesbezüglichen Erkenntnisse zurückgreifen dürfen.[1134] Nachdem Art. 11 II EuEheVO ersichtlichermaßen dem Art. 13 II HKÜ nachgebaut ist, dürfte ferner davon auszugehen sein, dass auch die Ernsthaftigkeit des Kindeswillens[1135] gegeben sein muss.

b) Unvereinbarkeiten

Art. 11 II EuEheVO regelt im Gegensatz zu Art. 11 V EuEheVO[1136] nicht, ob und welche Folgen eine nicht erfolgte Anhörung nach sich zieht. Gehörsmängel stellen wie im KSÜ auch erst im Rahmen der Anerkennung einer ausländischen Entscheidung zwar ein Hindernis dar, vgl. Art. 23 lit. b EuEheVO. Die im Erlassstaat selbst zu vollstreckende Rückgabeanordnung bedarf aber auch hier keiner kontrollierenden Anerkennung.[1137] Zweifel bestehen abgesehen davon, ob die normierte Anhörungspflicht des Art. 11 II EuEheVO im HKÜ-Verfahren selbst bei Einhaltung den materiellrechtlichen Erfolg im Minderjährigenschutz zu verschaffen vermag, wie dies verfahrensrechtlich an sich vorgesehen wäre:

1131 *Gruber* AnwBl 2005, 209, 210, m. w. N.

1132 NK-BGB/*Gruber* Anh. I zum III. Abschn. EGBGB Art. 11 EheVO 2003 Rn 2.

1133 So NK-BGB/*Benicke* Anh. III zu Art. 24 EGBGB Art. 13 HKÜ Rn 49, m. w. N.; s. a. *Gruber* AnwBl 2005, 209, 210, m. w. N.; ebenso Thomas/Putzo-*Hüßtege* Art. 11 EuEheVO Rn 2.

1134 Vgl. *Hausmann* IntEuSchR B 117.

1135 S. zu Art. 13 II HKÜ oben 4. Teil. B. I. 1 („Regelungsdefizit des HKÜ").

1136 S. dazu oben 4. Teil. A. VI („Keine Rückgabeablehnung bei Verletzung des antragstellerseitigen Gehörs").

1137 *Pape,* S. 120 f., m. w. N. Die Sanktionslosigkeit des Art. 11 II EuEheVO ebenfalls betonend *Tödter,* S. 174.

aa) Beim Nachweis angemessener Vorkehrungen

So könnte eine Unvereinbarkeit von Vorkehrungen i. S. d. Art. 11 IV EuEheVO mit den Ergebnissen einer Kindesanhörung bestehen: Wie oben[1138] festgestellt, verbleibt die Entscheidung über die Rückgabe im Ermessen des ersuchten Richters, solange es im Anwendungsbereich des Art. 13 I lit. b HKÜ an einem Nachweis angemessener Vorkehrungen mangelt. Mit dem Nachweis von angemessenen[1139] Vorkehrungen aber ist die Rückgabe zwingend anzuordnen. Ergibt also die Anhörung des Kindes, dass es nicht in den Ausgangsstaat zurückkehren will, kann diese Haltung vor dem Nachweis von Vorkehrungen insoweit noch seinen Niederschlag in der Rückgabeentscheidung finden. Probleme eröffnen sich, wenn das reife Kind bei seiner Anhörung in ernstzunehmender Weise seinen Willen kundtut, nicht in den Herkunftsmitgliedstaat zurückkehren zu wollen, auch wenn dortige Vorkehrungen getroffen und nachgewiesen sind. Hier kollidiert der Rückführungszwang des Art. 11 IV EuEheVO mit dem Ermessen des Art. 13 II HKÜ.

An dieser Stelle ist daher die obige[1140] Frage einer analogen Anwendung des Art. 11 IV EuEheVO auf die nicht genannten weiteren HKÜ-Ablehnungsgründe erneut aufzugreifen: Unterstellt, der Ultima-ratio-Gedanke gälte in Fällen des Art. 13 II HKÜ analog, dann befände sich der ersuchte Richter in der Situation einer Anordnung einer (bedingten) Rückführung in den früheren Aufenthaltsstaat gegen den erklärten Widerstand des Kindes. Der eigens statuierten Kindesanhörung verbliebe dann reine Ermittlungsfunktion; ihr eigentlicher Sinn, dem Kind eine Subjektstellung im Verfahren zu vermitteln, liefe ins Leere. Lehnt man eine analoge Anwendung dagegen wie oben vertreten ab, ließe sich diese Kollision vermeiden. Dann wäre Art. 11 IV EuEheVO im Fall von Kindeswiderstand i. S. v. Art. 13 II HKÜ nicht einschlägig und anstatt einer zwingenden Rückgabeanordnung könnte das Gericht sein ihm dann noch zustehendes Ermessen ausüben. Da geeignete Vorkehrungen gegenüber dem Bruch des Kindeswillens vorliegend ohnehin nicht für vorstellbar gehalten werden, würde diese Lösung der Subjektstellung des Kindes im Rückführungsverfahren am besten Geltung verschaffen. Eine analoge Anwendung ist darum auch aus diesem Gesichtspunkt heraus abzulehnen.

1138 S. o. 4. Teil. A. II. 3. b („Einordnung als Beweis- und Rechtsfolgeregel“).

1139 Vorliegend im 4. Teil. A. V. 3 („Vorkehrungen gegenüber dem Bruch des Kindeswillens“) wird bereits die Möglichkeit von Vorkehrungen als solchen bei entgegenstehendem Kindeswillen angezweifelt.

1140 4. Teil. A. V. 3 („Vorkehrungen gegenüber dem Bruch des Kindeswillens“).

bb) Bei unterlassener Anhörung des Antragstellers

Die Kindesanhörung könnte auch ins Leere führen und seine materiellrechtliche Bedeutung für die Ermessensentscheidung verlieren, solange die in Art. 11 V EuEheVO vorgeschriebene Anhörung[1141] des Antragstellers unterlassen wird. Es mag zwar unwahrscheinlich erscheinen, dass der ersuchte Richter die Anhörung des Antragstellers zunächst unterlässt, um dann zu dem Ergebnis zu kommen, dass er wegen dieses Unterlassens die Rückgabe nicht verweigern dürfe. Ergibt sich aus der Anhörung des Kindes aber seine Weigerung in den Ursprungsmitgliedstaat zurückzukehren, darf der ersuchte Richter diesen Umstand nicht in eine Rückgabeablehnung einfließen lassen, solange der Antragsteller nicht gehört wurde. Während also die Verletzung des antragstellerseitigen Gehörs auf die Entscheidung des ersuchten Gerichts unmittelbar zwingenden Einfluss hat, bleibt die Verletzung der Kindesanhörung sanktionslos. Eine Verletzung des antragstellerseitigen Gehörs stünde dem richterlichen Ermessen bei der Auswertung der sich aus der Kindesanhörung ergebenden Ergebnisse sogar entgegen. Zusammengefasst erfährt die Position des Kindes im Rückgabeverfahren mit der Normierung einer Anhörungspflicht zwar eine Stärkung, die Auswirkungen auf der materiellen Seite aber stellen sich als demgegenüber gering dar.

II. Verkürzung der Verfahrensdauer

Der ersuchte Richter, der auf der einen Seite durch die EuEheVO verpflichtet wird, das Kind und den Antragsteller anzuhören, und angemessene Vorkehrungen zu ermitteln, bevor er über die Rückgabe entscheidet, ist auf der anderen Seite an das von der Verordnung vorgegebene enge Zeitfenster von sechs Wochen gebunden:

1. Verfahrensdauer nach dem HKÜ

Die bereits mit Art. 11 II HKÜ eingeführte Sechs-Wochen-Frist zur Entscheidung über die Rückgabe soll verhindern, dass sich ein entführtes Kind in den Zufluchtsstaat integriert, zum einen damit keine Ablehnungsgründe nach dem HKÜ entstehen, zum anderen damit keine materiellrechtlichen Voraussetzungen etwa im Sinne der Kontinuität geschaffen werden, die in der später zu treffenden Sorgerechtsregelung zu beachten wären. Der ersuchte Richter ist zwar nicht unmittelbar verpflichtet, sich an diese enge Frist zu halten, sie soll ihm aber eine

---

1141 S. o. 4. Teil. A. VI („Keine Rückgabeablehnung bei Verletzung des antragstellerseitigen Gehörs").

Vorstellung[1142] davon geben, innerhalb welchen Zeitrahmens eine Rückgabeentscheidung erwartet wird, da er ansonsten zu einer Darstellung der verfahrensverzögernden Gründe gegenüber dem Antragsteller oder der Zentralen Behörde angehalten werden kann. Dementsprechend verpflichtet Art. 2 S. 2 HKÜ seine Vertragsstaaten zur Anwendung des schnellstmöglichen innerstaatlichen Verfahrens.[1143] Im Rahmen des SorgeRÜbkAG erfolgte aber noch keine innerstaatliche Umsetzung des HKÜ-Beschleunigungsgrundsatzes und der Sechs-Wochen-Frist, da diese Frist als schwer einzuhalten galt.[1144]

2. *Einführung einer zwingenden Zeitgrenze*

Während die Sechs-Wochen-Frist des HKÜ noch nicht zwingend war und sich die Dauer des Rückführungsverfahrens letztlich nach dem innerstaatlich anzuwendenden (schnellstmöglichen) Verfahren richtete, könnte mit Geltung des Art. 11 III EuEheVO eine Umkehr dieser Verhältnisse verbunden sein: Zwar verpflichtet auch Art. 11 III Unterabs. 1 EuEheVO zur Anwendung des schnellstmöglichen innerstaatlichen Verfahrens.[1145] Die Formulierung „Unbeschadet des Unterabsatzes 1 erlässt das Gericht" in Art. 11 III Unterabs. 2 Halbs. 1 EuEheVO aber lässt darauf schließen, dass gleich wie zügig das innerstaatliche Verfahren sein mag, jedenfalls die Entscheidung innerhalb von sechs Wochen zu erfolgen habe. Die im HKÜ noch unverbindliche Sechs-Wochen-Frist wurde somit durch die Verordnung „verbindlich gemacht",[1146] wenngleich die EuEheVO keine Sanktionen für den Fall der Verfahrensverzögerung vorsieht.[1147]

1142 *Schulz* FamRZ 2011, 1273, 1275 spricht von „Empfehlung".

1143 Vgl. hierzu MüKoBGB[5]-*Siehr* Art. 21 Anh. II HEntfÜ Rn 2, 25 und 56; NK-BGB/*Benicke* Anh. III zu Art. 24 EGBGB Art. 2 HKÜ Rn 1 und Art. 11 HKÜ Rn 1; NK-BGB/*Gruber* Anh. I zum III. Abschn. EGBGB Art. 11 EheVO 2003 Rn 1 und 3; s. a. BVerfG FamRZ 1999, 1053, 1054 f.

1144 Vgl. *Pape,* S. 94, m. w. N.

1145 Nach Rauscher/*Rauscher* EuZPR/EuIPR (2010) Art 11 Brüssel IIa-VO Rn 14 ist der Verweis auf die Anwendung des zügigsten Verfahrens des nationalen Rechts mehr als Aufforderung an den nationalen Gesetzgeber zu verstehen, weil das an Recht und Gesetz gebundene Gericht allenfalls unter mehreren verfügbaren Verfahrensweisen auswählen könne, was aber selten der Fall sein werde.

1146 So *Schulz* zu EuGH (Urteil v. 11.7.2008 – Rs. C-195/08 PPU: Rinau) FamRZ 2008, 1729 mit Anm. *Schulz,* S. 1732, 1733; *dies.* FamRZ 2011, 1273, 1275; s. a. *Gruber* FamRZ 2005, 1603, 1605.

1147 S. *Lowe/Stephens* Int. Comp. L. Qu. 46 (2012), S. 41, 76; *Rauscher* EuLF (E) 2005, I-37, 44, der aus dem Fehlen einer Sanktion dagegen folgert, dass auch diese Regelung dem ersuchten Gericht bloß eine Idee geben solle, wie schnell es entscheiden solle.

Mit § 38 IntFamRVG wurde innerstaatlich auf die Normierung einer zwingenden Frist von sechs Wochen reagiert: Von einer grundsätzlichen Normierung als Eilverfahren wurde zwar abgesehen; insoweit bestanden einerseits Zweifel, ob das Kriterium der Eilbedürftigkeit dem Maßstab eines „zügigsten" Verfahrens i. S. v. Art. 11 III EuEheVO gerecht würde, andererseits wurde der bloß vorläufige Charakter einer einstweiligen Anordnung als der Tragweite der Kindesrückführung nicht angemessen angesehen und daher mit Schaffung des IntFamRVG beschlossen, das Rückführungsverfahren als Hauptsacheverfahren zu führen (§ 38 I 3 IntFamRVG: „Entscheidung in der Hauptsache").[1148] Die Beschleunigung der Verfahrensführung wurde aber mit einer Reihe von innerstaatlichen Einzelregelungen sichergestellt: So genießt das HKÜ-Verfahren gem. § 38 I 1 IntFamRVG Vorrang in allen Rechtszügen.[1149] Das Verfahren darf nicht ausgesetzt werden (§ 38 I 2 IntFamRVG), die Parteien haben den Prozess zu fördern (§ 38 III IntFamRVG) und das Gericht hat alle erforderlichen Maßnahmen zur Verfahrensbeschleunigung zu treffen, auch damit die in der EuEheVO normierte Sechs-Wochen-Frist eingehalten werden kann (§ 38 I 3 IntFamRVG).[1150]

3. *Räumliche Weite der zwingenden Zeitgrenze*

Fraglich ist, ob die zwingende Sechs-Wochen-Frist nur im Anwendungsbereich der EuEheVO, also nur bei Entführungen innerhalb der EU gilt oder ob sie auch im Verhältnis zu Nichtmitgliedstaaten einzuhalten ist: Bei Zusammenführung der früher im SorgeRÜbkAG enthaltenen Ausführungsregelungen zu HKÜ und EuSorgeRÜ im IntFamRVG erfolgte die systematische Einordnung des § 38 IntFamRVG so, dass dieser grundsätzlich auf alle HKÜ-Verfahren Anwendung findet, auch wenn das betroffene Kind aus einem Nichtmitgliedstaat entführt wurde,

1148 S. *Pape,* S. 92 f., m. w. N.; AnwK-BGB/*Gruber* Anh. I zum III. Abschn. EGBGB Art. 11 EheVO 2003 Rn 3 mit Fn 8.

1149 NK-BGB/*Gruber* Anh. I zum III. Abschn. EGBGB Art. 11 EheVO 2003 Rn 5. Dies gilt gegenüber durchschnittlichen Fällen innerhalb der jeweiligen Geschäftsverteilung, nicht etwa gegenüber möglicherweise noch drängenderen Gewaltschutzverfahren, vgl. *Gruber* FamRZ 2005, 1603, 1605 unter Hinweis auf insoweit vom Bundesrat angeführte Bedenken; s. dazu auch *Pape,* S. 93, m. w. N., nach der der Begriff des Vorrangs wie in § 61a ArbGG zu verstehen sei, und es den Gerichten überlassen bleibe, das im konkreten Fall eilbedürftigste Verfahren zu bestimmen.

1150 S. *Gruber* FamRZ 2005, 1603, 1605, der hier auf eine zügige Terminierungspraxis, die Anordnung von Grenzsperren, Ausweishinterlegung, Meldepflichten und Aufenthaltsabänderungsverboten verweist; s. a. NK-BGB/*Gruber* Anh. I zum III. Abschn. EGBGB Art. 11 EheVO 2003 Rn 5.

vgl. § 1 IntFamRVG sowie die Überschrift des 6. Abschnitts („Verfahren nach dem Haager Kindesentführungsübereinkommens").[1151] Aus diesem Grund wird vertreten, dass die ausdrückliche Bezugnahme in § 38 I 3 IntFamRVG auf die Frist des Art. 11 III EuEheVO bedeute, auch über Rückführungen in Drittstaaten innerhalb von sechs Wochen zu entscheiden; Argument hierfür sei die grundsätzliche innerstaatliche Anwendung des § 38 IntFamRVG, der auch Abs. 1 Satz 3 einschließt, in Fällen des HKÜ.[1152]

Dagegen spricht jedoch, dass die Zusammenführung von unterschiedlichen Normen in einem einheitlichen Regelungswerk gerade mit sich bringt, dass in einzelnen Regelungen auf bestimmte Ausprägungen einzelner Werke Bezug genommen wird. Das gilt auch für die spezielle Regelung der EuEheVO zur Beschleunigung des Rückführungsverfahrens. Die wörtliche Bezugnahme in § 38 I 3 IntFamRVG soll umgekehrt gerade die Einhaltung der Sechs-Wochen-Frist für diesen Spezialfall sicherstellen. Dafür spricht auch die Formulierung „insbesondere auch", die die Besonderheit der Gemeinschaftsregelung hervorhebt. Den zeitlich zwingenden Maßstab des Art. 11 III EuEheVO „weltweit"[1153] anzulegen, ist in der Praxis auch kaum realisierbar: Die EU hat mit Gemeinschaftsregelungen wie der EuZustVO und der EuBVO[1154] Verfahrenserleichterungen geschaffen, die den grenzüberschreitenden Rechtsverkehr generell grundlegend vereinfachen. Auf solche Standards kann nicht weltweit zurückgegriffen werden, so dass allein die Zustellung eines Schriftstücks zur Überschreitung der Frist des Art. 11 III EuEheVO führen kann. Es sollte in einem Verfahren zum Minderjährigenschutz nicht erlaubt sein, eine begrenzte Verfahrenszeit mit dem Rechtsverkehr zwischen Staaten verstreichen zu lassen, dann aber keine Zeit für die Sachermittlung und für die Einhaltung der verfahrensrechtlichen Mindeststandards übrig zu haben. Es ist daher davon auszugehen, dass die enge Frist des Art. 11 III EuEheVO nur zwischen den Mitgliedstaaten der EU gilt.[1155]

1151 *Gruber* FamRZ 2005, 1603, 1605.

1152 So *Pape*, S. 94 unter Verweis auf *Gruber* FamRZ 2005, 1603, 1605.

1153 *Pape*, S. 94.

1154 Nach *Hau* ERA-Forum 2005/2, S. 224, 227 erlaubt Art. 17 EuBVO im Unterschied zu traditionellem Völkerrechtsverständnis die unmittelbare Beweisaufnahme durch Angehörige des ersuchenden Gerichts im Hoheitsgebiet eines anderen Mitgliedstaates unter Anwendung des Verfahrensrechtes des ersuchenden Gerichts.

1155 I. E. ebenso *Schulz* FamRZ 2011, 1273, 1275.

4. Vom Zeitlimit betroffene Instanzen

Die Pflicht zur Darlegung der verfahrensverzögernden Umstände nach Ablauf der Frist des Art. 11 II HKÜ besteht nur für die Rückgabegerichte der ersten Instanz.[1156] Zu klären ist daher, ob das noch engere Zeitfenster der Verordnung ebenfalls nur für die erste Instanz gilt oder ob die Rückgabeentscheidung innerhalb der zwingenden sechs Wochen auch schon überprüft oder gar bereits in der Vollstreckung befindlich sein muss.

a) Maxime des Leitfadens der Europäischen Kommission

Dass die Rückgabeentscheidung innerhalb von sechs Wochen bereits vollstreckbar sein soll, ist dem Wortlaut des Art. 11 III Unterabs. 2 EuEheVO nicht zu entnehmen. Das bestätigt auch der Leitfaden der Kommission.[1157] Der Leitfaden hebt dennoch hervor, dass die vorgeschriebene Verfahrensbeschleunigung durch eine verzögerte Vollstreckung, etwa durch eine generelle Vollstreckungsaussetzung während laufender Rechtsbehelfsverfahren nicht unterminiert werden dürfe und seitens der Mitgliedstaaten sicherzustellen sei, dass eine Rückgabeanordnung innerhalb der Sechs-Wochen-Frist vollstreckbar sei.[1158] Insoweit macht der Leitfaden auch Vorschläge für die Umsetzung in das nationale Recht: So könne die Einlegung von Rechtsmitteln gegen eine Rückgabeentscheidung gänzlich ausgeschlossen werden. Bei Zulassung eines Rechtsmittels könne demgegenüber das Bestehenbleiben der Vollstreckbarkeit geregelt werden. Weiter schlägt der Leitfaden für den Fall einer Aussetzung der Vollziehung während des Rechtsmittelverfahrens aber die Einführung einer beschleunigten Berufungsverhandlung vor, die eine Entscheidung innerhalb der Sechs-Wochen-Frist ermögliche.[1159]

Die Europäische Kommission folgt in ihrem Leitfaden also der Maxime, schon die zweitinstanzliche Entscheidung und Vollziehbarkeit in die Frist einzuberechnen bzw. trotz eines laufenden Rechtsbehelfsverfahrens bereits eine Vollziehung, also das Schaffen von Fakten, hinzunehmen. Dies erscheint im Kinderschutzverfahren allerdings bedenklich im Hinblick auf ein unnötiges

1156 *Bach* FamRZ 1997, 1051, 1053.

1157 Leitfaden der Kommission, S. 44; s. dazu *Gruber* FamRZ 2005, 1603, 1605.

1158 Aus *Gruber* FamRZ 2005, 1603, 1605 f.; vgl. *ders.* FPR 2008, 214, 216; s. a. *Völker* FamRZ 2010, 157, 158; sämtliche jeweils mit Verweis auf den Leitfaden der Kommission, S. 44.

1159 Leitfaden der Kommission, S. 44.

Hin- und Rückführen des Kindes, wenn das zweitinstanzliche Gericht die erstinstanzliche Rückgabeentscheidung schlussendlich aufheben sollte.

b) Oberlandesgericht als innerstaatliche Kontrollinstanz

Innerstaatlich wurde mit § 40 IntFamRVG die Variante gewählt, nach der die Rückgabeentscheidung erst mit ihrer Rechtskraft wirksam wird. Eine sofortige Wirksamkeit[1160] kann zwar angeordnet werden, allerdings nicht wie noch nach § 8 I 2 SorgeRÜbkAG[1161] durch das erstinstanzliche Familiengericht, sondern im Beschwerdeverfahren[1162] durch das Oberlandesgericht. Eine Vollstreckung der Rückgabeanordnung ist nach innerstaatlichem Verständnis nicht möglich, bevor sie rechtskräftig ist bzw. bevor das Oberlandesgericht ihre sofortige Wirksamkeit angeordnet hat, wofür Aktenversendung und dortige Prüfung erforderlich sind.[1163] Bedenken des Bundesrats gegen die Verlagerung der sofortigen Vollziehung in die zweite Instanz und der damit verbundenen Verzögerungen begegnete die Bundesregierung mit dem Argument effektiven Rechtsschutzes, denn der Antragsgegner müsse die Gelegenheit gehabt haben, Rechtsmittel einzulegen,

---

1160 Bis 31.8.2009: „Sofortige Vollziehung".

1161 § 8 I 2 SorgeRÜbkAG ermöglichte die erstinstanzliche Anordnung der sofortigen Vollziehung, etwa wenn die Gefahr bestand, dass sich der Antragsgegner der Vollstreckung entziehen und das Kind an einen unbekannten Ort verbringen werde, vgl. *Vomberg/Nehls*, S. 52.

1162 Bis 31.8.2009: Sofortige Beschwerde gem. § 40 II 1 Halbs. 1 IntFamRVG a. F.; seit 1.9.2009: Beschwerde.

1163 *Gruber* FamRZ 2005, 1603, 1605 f.; *ders.* FPR 2008, 214, 216; MüKoFamFG-*Gottwald* Brüssel IIa-VO Art. 11 Rn 6, m. w. N. Nach § 40 III 1 IntFamRVG hat das OLG unverzüglich nach Eingang der Beschwerde zu prüfen, ob die sofortige Wirksamkeit der Rückgabeentscheidung anzuordnen ist. Die Anordnung „soll" gem. § 40 III 2 IntFamRVG erfolgen, wenn die Beschwerde offensichtlich unbegründet ist oder die Rückgabe des Kindes vor der Entscheidung über die Beschwerde unter Berücksichtigung der berechtigten Interessen der Beteiligten mit dem Wohl des Kindes zu vereinbaren ist. *Gruber* FPR 2008, 214, 216 f. hält dies für einen sehr verdichteten Ermessenspielraum, der auf eine Anordnungspflicht hinauslaufe. Die Rückgabepflicht sei daher unter dem Gesichtspunkt des Kindeswohls abzuwägen. So sei bei einem näheren Vertragsstaat die Anordnung eher gerechtfertigt als bei einem entfernteren, da die Strapazen der Hin- und evtl. Rückführung für das Kind hier größer seien und auch die gesellschaftlichen und kulturellen Unterschiede nicht wiederholtermaßen geändert werden dürften. Außerdem sei auch die im Zielstaat verbrachte Zeit zu beachten, wenn sechs Wochen deutlich überschritten worden seien. Im Zweifel sei aber die sofortige Wirksamkeit anzuordnen.

bevor das Kind rückgeführt und dem Rechtsmittel damit faktisch die Grundlage entzogen sei.[1164]

Die innerstaatliche Regelung lässt den hier in Frage stehenden zeitlichen Rahmen für die Herstellung der Rechtskraft bzw. der sofortigen Wirksamkeit jedoch offen. Müsste dies innerhalb von sechs Wochen geschehen, wäre die Frist für den Erlass und die Zustellung der erstinstanzlichen Entscheidung um die Zeit der zweiwöchigen Beschwerdefrist (§ 40 II 2 IntFamRVG) sowie um die ggf. dem OLG zu gewährende Zeit für die Entscheidung über die sofortige Wirksamkeit verkürzt und für die Entscheidung des Familiengerichts verblieben weniger als „vier Wochen nach erstmaliger Befassung"[1165]. Gegen ein so enges Zeitfenster kann entstehungsgeschichtlich eine im Entwurf enthaltene zweiwöchige Frist zur Entscheidung des Oberlandesgerichts über die sofortige Vollziehbarkeit eingewandt weden; dass hiervon im Endeffekt abgesehen wurde, kann darauf schließen lassen, dass ein so enges Zeitfenster für schwer realisierbar gehalten wurde.[1166] Dahingestellt ob die stattdessen erfolgte Normierung der Unverzüglichkeit in § 40 III 1 IntFamRVG nicht sogar noch kürzer gemeint ist, spricht jedenfalls letztlich der Wortlaut des Art. 11 III EuEheVO („Das Gericht") dafür, dass hinsichtlich der Sechs-Wochen-Frist zur Entscheidung über das Rückführungsgesuch jenes Gericht gemeint ist, „bei dem die Rückgabe eines Kindes nach Absatz 1 beantragt wird". Das Gericht, bei dem die Rückgabe beantragt wird, ist aber allein das erstinstanzliche Gericht.

Ein den nötigen Qualitäts- und Verfahrensstandards entsprechender ordentlicher Rechtszug geschweige denn die darauffolgende Vollstreckung ist in sechs Wochen in der Praxis regelmäßig kaum durchführbar. Je nach nationalem Instanzenzug stünden pro Instanz etwa zwei bis maximal drei Wochen zur Verfügung. Wollte man auch noch die Vollstreckung mit einrechnen, fielen auf die einzelnen Verfahrensabschnitte der ersten Instanz, des Beschwerdeverfahrens und der Zwangsvollstreckung durchschnittlich jeweils etwa nur ein bis zwei Wochen für ein grenzüberschreitendes Verfahren. Daher sollte die Vorschrift so zu verstehen sein, dass jeder Instanzenzug jeweils nicht länger als

1164 Aus *Pape*, S. 95, m. w. N.; zu den Entwurfsregelungen s. *Schlauß* FPR 2004, 279, 280 ff. *Gruber* FPR 2008, 214, 216 hält die Begründung der Bundesregierung angesichts der großen Bedeutung des Beschleunigungsgebots für wenig überzeugend, insb. als die bisherige Erfolgsquote von Beschwerden gering und differenziertere Lösungen denkbar gewesen seien, etwa eine Möglichkeit, die erstinstanzlich angeordnete sofortige Vollziehung/Wirksamkeit in der zweiten Instanz auszusetzen.

1165 *Gruber* FamRZ 2005, 1603, 1606.

1166 S. *Schlauß* FPR 2004, 279, 280 ff; s. a. *Pape*, S. 95.

sechs Wochen dauern darf.[1167] Die Vollstreckung der Entscheidung sollte aus der Fristberechnung mithin gänzlich herausgehalten werden. Hier sollte das allgemeine Beschleunigungsgebot ausreichend sein, um einer Integration des Kindes entgegenzuwirken.[1168]

5. *Außergewöhnliche Umstände*

Von der strengen Sechs-Wochen-Frist darf gem. Art. 11 III Unterabs. 2 Halbs. 2 EuEheVO ausnahmsweise bei Vorliegen außergewöhnlicher Umstände abgewichen werden. Vertreten wird, dass im Hinblick auf die Erlangung schneller Rechtssicherheit das Merkmal des außergewöhnlichen Umstandes eng auszulegen sei.[1169] Die Wertung der EuEheVO dürfe damit nicht unterwandert werden.[1170] Als zulässige außergewöhnliche Umstände werden etwa angesehen, wenn das Kind während des Rückgabeverfahrens schwer erkranke, wenn der Antragsteller selbst eine Verschiebung der Entscheidung beantrage, um damit einer besonderen Lage des Kindes Rechnung zu tragen, oder wenn nötige Beweise im Ausland nicht ausreichend schnell erhoben werden könnten.[1171] Diese enge Auslegung könnte aber im Hinblick auf die vielfältigen familienrechtlichen Fallmöglichkeiten und das Wohl des einzelnen Kindes in Frage zu stellen sein:

a) Ermittlung des ausländischen Rechts

Denkbar wäre, auch Verzögerungen bei der Widerrechtlichkeitsermittlung als ungewöhnlichen Umstand einzuordnen, der eine Fristausdehnung zulässt. Dem ist aber entgegenzuhalten, dass die Ermittlung des ursprungsstaatlichen Rechts gerade Grundvoraussetzung für die Anwendung des HKÜ und der Entführungszuständigkeiten und damit der Einordnung als Ausnahme nicht zugänglich ist. Es ist daher davon auszugehen, dass das ausländische Recht[1172] ohne Fristverlängerung innerhalb der Sechs-Wochen-Frist ermittelt werden muss.

1167 *Völker* FamRZ 2010, 157, 158 mit Fn 18; ebenso Thomas/Putzo-*Hüßtege* Art. 11 EuEheVO Rn 3; *Hausmann* IntEuSchR B 120; *Carl/Erb-Klünemann* in Mediation bei internationalen Kindschaftskonflikten, S. 53.

1168 Rauscher/*Rauscher* EuZPR/EuIPR (2010) Art 11 Brüssel IIa-VO Rn 15; i. E. ebenso Thomas/Putzo-*Hüßtege* Art. 11 EuEheVO Rn 3, m. w. N.

1169 *Tödter*, S. 175 unter Verweis auf die diesbezügliche Auffassung von *Fleige*, S. 302.

1170 S. *Fleige*, S. 302; zustimmend *Tödter*, S. 175.

1171 So Staudinger-*Pirrung* (2009) Vorbem C 66 zu Art 19 EGBGB.

1172 Vgl. zur Ermittlung ausländischen Rechts durch ein innerstaatliches Gericht *Hausmann* EuLF (E) 2008 I-1, 7 f.

Das ersuchte Gericht steht also vor der Ermessensfrage, wie es möglichst schnell und ohne großen Aufwand die Widerrechtlichkeit der Kindesverbringung nach dem Recht des Ursprungsstaats ermitteln kann.[1173] Zur Beschleunigung und Erleichterung der Ermittlungen ermöglicht Art. 15 HKÜ fakultativ eine Widerrechtlichkeitsbescheinigung anzufordern, die ihren Zweck aber verfehlt, wenn sich die Ausstellung der Bescheinigung durch die ausländische Behörden verzögert.[1174] Daher soll der ersuchte Richter prüfen, ob eine Widerrechtlichkeitsbescheinigung überhaupt geboten ist bzw. ob nicht er selbst das ausländische Recht nach Maßgabe des Art. 14 HKÜ schneller ermitteln kann, z. B. kann er bei der Zentralen Behörde nachfragen, ob bekannt ist, ob und wie schnell im Ursprungsstaat in der Regel eine Ausstellung der Widerrechtlichkeitsbescheinigung erfolge.[1175]

Wird schließlich die Bescheinigung angefordert und erteilt, kann sich für den ersuchten Richter aber nun die Frage der Bindungswirkung stellen, da die Ausstellung der Bescheinigung regelmäßig ohne Beteiligung des Antragsgegners erfolgt.[1176] Diese Problematik wird auch durch das KSÜ und die EuEheVO nicht beseitigt, sondern dürfte im EU-Binnenverhältnis durch die strengere Zeitgrenze

---

1173 *Pietsch* FamRZ 2009, 1730, 1731, m. w. N.; Staudinger-*Pirrung* (2009) Vorbem C 65 zu Art 19 EGBGB.

1174 Vgl. OLG Karlsruhe FuR 2006, 222, 223, m. w. N., das von der Vorlage absah, weil es um die Auslegung einer Elternvereinbarung gegangen und damit die Ermittlung weißrussischen Rechts obsolet gewesen sei; *Pérez-Vera,* Erläuternder Bericht, Nr. 120, die von einem „nicht zwingenden Charakter des Verlangens" spricht; MüKoBGB[5]-*Siehr* Art. 21 EGBGB Anh. II HEntfÜ Rn 97.

1175 So *Völker* FamRZ 2010, 157, 163 unter Verweis auf BVerfG FamRZ 1999, 1053, 1055, das in einem elfmonatigen amtsgerichtlichen Verfahren, wovon neun Monate der verzögerten Vorlage der Widerrechtlichkeitsbescheinigung durch den Ursprungsstaat zuzuschreiben gewesen seien, keinen Verstoß gegen Art. 19 IV GG gesehen habe. S. a. Motzer/Kugler/Grabow-*Grabow* Rn 227 betonend, dass die Rückgabe keinesfalls von der Vorlage einer (verzögerten) Bescheinigung abhängig sein dürfe, sondern auf die Vorlage ggf. zu verzichten sei.

1176 NK-BGB/*Benicke* Anh. III zu Art. 24 EGBGB Art. 15 HKÜ Rn 1 ff., m. w. N., weiter ausführend, dass schon die Anforderung nicht zwingend sei, eine Bindungswirkung Gerichte von der Anforderung abhalten könne und von der überwiegenden Meinung abgelehnt werde; nach a. A. trete zwar Bindungswirkung ein, aber lediglich hinsichtlich des Sorgerechts, nicht in Bezug auf dessen tatsächliche Ausübung, vgl. dort die entsprechenden Verweise auf *Niethammer-Jürgens* DAVorm 2000, 1071, 1075, m. w. N.; KG FamRZ 1997, 1098; MüKoBGB[5]-*Siehr* Art. 21 EGBGB Anh. II HEntfÜ Rn 98; ebenso *Oelkers/Kraeft* FuR 2002, 355, 358, m. w. N., jedoch die Bindungswirkung im Fall greifbarer Gesetzeswidrigkeit verneinend.

noch verschärft sein. So wird die Entscheidung über die Anforderung, schließlich die Ausstellung/Kenntnisnahme der Bescheinigung innerhalb der kurzen Zeit kaum zu realisieren sein. Das Problem möglicherweise nicht eingehaltener Verfahrensstandards bei der Ausstellung der Bescheinigung wird entsprechend nicht beseitigt, sondern verstärkt.

b) Anhörung des Kindes

Bei der Anhörung des Kindes handelt es sich ebenfalls nicht um einen außergewöhnlichen Umstand i. S. d. Art. 11 III Unterabs. 2 Halbs. 2 EuEheVO, der zuließe, die Frist zu überschreiten.[1177] Eigens in Art. 11 II EuEheVO als Regelfall normiert, kann die Anhörung selbst nicht als Ausnahmetatbestand gelten. Denkbar wäre umgedreht, aus Zeitbedrängnis von der Anhörung abzusehen. Dem steht aber entgegen, dass Art. 11 III EuEheVO die zugelassenen Ausnahmen von der Kindesanhörung selbst normativ festlegt: So darf von der Anhörung ausdrücklich nur wegen des Mangels an Alter oder Reife des Kindes abgesehen werden, nicht dagegen aus Gründen der Verfahrensbeschleunigung.[1178]

Die strenge Zeitvorgabe des Art. 11 III EuEheVO bei gleichzeitiger Plicht zur Anhörung von Kind und Antragsteller dürfte in der praktischen Fallanwendung nicht selten an die Grenze der Realisierbarkeit stoßen. Insofern kann von einer Kollision der verfahrensrechtlich gebotenen Anhörung auf der einen Seite und des Beschleunigungsgrundsatzes auf der anderen Seite gesprochen werden, wobei sich die Anhörung in einem Fall als verzögernd, in einem anderen Fall aber erhellend und beschleunigend erweisen kann.[1179] Wenn das Kind innerhalb der Frist keine Möglichkeit zur Äußerung hatte, wird das Gericht nicht umhin können, das Rückgabeverfahren über die Sechs-Wochen-Frist hinaus zu verlängern, auch wenn in der Kindesanhörung kein außergewöhnlicher Umstand i. S. d. Art. 11 III Unterabs. 2 EuEheVO zu sehen ist.[1180] Die Sechs-Wochen-Frist wird gegenüber Art. 11 II EuEheVO daher ggf. teleologisch zu reduzieren sein.

1177 S. zu dieser Problematik schon Carl FPR 2001, 211, 212, in Bezug auf das Beschleunigungsgebot des HKÜ.

1178 MüKoFamFG-*Gottwald* Brüssel IIa-VO Art. 11 Rn 5, m. w. N.

1179 So *Pape*, S. 121.

1180 Anders dagegen *Holzmann*, Brüssel IIa VO, S. 191 (Kapitel: „Anhörungsrechte versus Verfahrensverzögerung"), welche die Lösung verfahrensverzögernder Kindesanhörungen wohl in der verordnungseigenen Zeitgrenze von sechs Wochen selbst und darin daher wohl offenbar die Grenze der Anhörungsbefugnis sieht, gleichzeitig offenlassend, wie sich der Begriff der besonderen Umstände hierzu verhält.

c) Abwarten von vollziehbaren Orders

Das Abwarten von vollziehbaren Orders[1181] könnte jedoch einen außergewöhnlichen Umstand darstellen, der eine Fristausdehnung nach Art. 11 III Unterabs. 2 EuEheVO erlaubt. Der zeitliche Rahmen, in dem der ersuchte Richter angemessene Undertakings im Herkunftsstaat zu ermitteln, ggf. vorzuschlagen und deren rechtliche Absicherung abzuwarten hat, lässt sich grenzüberschreitend, auch unter Berücksichtigung von Sprachunterschieden und aufgrund von Erschwernissen bei der Beachtung fremden Rechts, nur schwer einhalten. Erwirkt er die nötigen Sicherungen nicht zeitgerecht, muss er entweder die Rückgabe ablehnen oder die Frist überschreiten. Er hätte also letztlich die Wahl, entweder gegen Art. 11 III Unterabs. 2 EuEheVO oder gegen Art. 11 IV EuEheVO zu verstoßen. Eine Anordnung der Rückgabe ins Blaue hinein jedenfalls, um sowohl die Frist einzuhalten als auch um nicht zur ultima ratio der Rückgabeablehnung greifen zu müssen, sollte sich im Hinblick auf Kindeswohl und Willkürverbot verbieten: Es sollte kein Selbstzweck sein, um jeden Preis die in Art. 11 EuEheVO vorgeschriebenen Grundsätze einzuhalten unter Inkaufnahme eines unangemessenen Ergebnisses. Vielmehr sollten die dortigen Maßstäbe dienlich sein, den Rahmen für eine angemessene Entscheidungsfindung zu bilden.

Gegen die Einordnung als außergewöhnlicher Umstand spricht dennoch, dass das Erwirken von Vorkehrungen mit Art. 11 IV EuEheVO gerade zum Regelfall erhoben wurde. Ermittlungsschwierigkeiten dürften insoweit bei Festlegung der Sechs-Wochen-Frist mit einkalkuliert gewesen sein. Auch die Auseinandersetzung mit den ausländischen Strafbehörden um die Frage von Haftbefehlsaufhebungen ist in einem grenzüberschreitenden Kindesentführungsfall nicht ungewöhnlich. Insoweit kann hier allenfalls das individuell betroffene Kind zu einer außergewöhnlichen, das Verfahren verzögernden Betrachtung Anlass geben, wenn etwa die Rückführung mit dem haftbedrohten entführenden Elternteil unumgänglich ist, um das Kindeswohl nicht zu gefährden. Diese Frage aber wird sich nur mit einer immanenten Kindeswohlprüfung klären lassen. So stellt die enge Fristenregelung der EuEheVO Zirkelschlüsse her, die das Verfahren eher erschweren als erleichtern.[1182]

d) Inzidente Kindeswohlprüfung

Damit stellt sich schlussendlich die Frage, ob etwa die Beachtung von Kindeswohlgesichtspunkten einen außergewöhnlichen Umstand bildet, der zur Ausdehnung der Sechs-Wochen-Frist berechtigt.

1181 Zu diesem Erfordernis s. o. 4. Teil. A. III („Anforderungen an die Vorkehrung").

1182 Vgl. schon *Carl* FPR 2001, 211, 212, zur Frist im HKÜ.

aa) Beschränkung auf Gegen- und Rückentführungsfälle

Da die sorgerechtliche Entscheidung im Anwendungsbereich des HKÜ den Gerichten des Ursprungsstaats vorbehalten ist, und gerade in der schnellen Kindesrückführung eine generell-abstrakte Konkretisierung des Kindeswohls gesehen wird, wird eine inzidente konkrete Kindeswohlprüfung im Rückführungsverfahren für in der Regel unzulässig erachtet.[1183] Ermittlungen zum Kindeswohl, die über schon vorliegende Unterlagen und die Anhörung der Beteiligten hinausgehen, etwa die umstrittene Einholung eines kinderpsychiatrischen oder kinderpsychologischen Gutachtens, gelten allenfalls ausnahmsweise und ggf. unter engsten Fristvorgaben als erlaubt.[1184] Eine inzidente Kindeswohlprüfung respektive Einholung eines Sachverständigengutachtens wird aufgrund von Art. 6 II 2 GG sowie aufgrund des Grundrechts des Kindes aus Art. 2 I GG nur im Fall von Gegen- und Rückentführungen für verfassungsrechtlich geboten gehalten, um nicht das Kind staatlich veranlassten Hin- und Rückführungen auszusetzen.[1185] Selbst dies gilt aber nur, wenn die Eltern tatsächlich auch jeweils gegenläufige

---

1183 *Völker* FamRZ 2010, 157, 165, m. w. N.; MüKoBGB[5]-*Siehr* Art. 21 EGBGB Anh. II HEntÜ Rn 2 f., 69 ff. S. a. oben 1. Teil. A. IV („Haager Kindesentführungsübereinkommen von 1980").

1184 So Staudinger-*Pirrung* (2009) Vorbem C 65 zu Art 19 EGBGB etwa die Möglichkeit eines Sachverständigengutachtens zur Frage der Kindesgefährdung i. R. d. Art. 13 I lit. b HKÜ bejahend; bei Behauptung des Entführers, der andere Elternteil habe das Kind sexuell missbraucht, eine Gutachtenseinholung dagegen ablehnend s. MüKoBGB[5]-*Siehr* Art. 21 EGBGB Anh. II HEntfÜ Rn 74. Die Einholung eines Gutachtens auf Fälle gegenläufiger Rückführungsanträge beschränkend s. *Stößer* FamRBint 2009, 28 f., m. w. N. In der überwiegenden Mehrzahl aller Verfahren keine Veranlassung für die Einholung eines psychologischen Sachverständigengutachtens sehend s. *Bach* FamRZ 1997, 1051, 1056, m. w. N. Dieser Ansicht widersprechend s. *Klosinski* FuR 2000, 408, 416 die Frage aufwerfend, wie der Jurist die normativ geforderte Gefährdungsdichte zu ermessen vermöge, wenn er in Hochproblemfällen die „Komplexität des Kindeswehs" bzw. der „Kindesnot" nicht durch einen Sachverständigen analysieren lasse. So sehe das Gesetz in Art. 13 HKÜ nicht ohne Absicht Ausnahmen von der Pflicht zur sofortigen Rückgabe vor, die „im Einzelfall sehr wohl nach allen Seiten hin" würden diskutiert werden müssen, „um nicht das Kindeswohl noch weiter zu gefährden." S. a. *Balloff* FPR 2004, 309, 314 zur Gefahr „sekundärer Kindeswohlgefährdung".

1185 BVerfG FamRZ 1999, 85 und 777; NK-BGB/*Benicke* Anh. III zu Art. 24 EGBGB Art. 3 HKÜ Rn 39 und Art. 13 HKÜ Rn 28; *Völker* FamRZ 2010, 157, 162; *Schweppe* FPR 2001, 203 f. S. dazu auch oben 4. Teil. B. I. 1. a („Nationale Unterschiede").

Rückführungsanträge gestellt haben.[1186] Damit korreliert auch der vom Bundesverfassungsgericht aufgestellte Grundsatz, dem Kind im gegenläufigen Rückführungsverfahren einen Interessenvertreter zur Seite zu stellen, einfachgesetzlich bis 31.8.2009 in Form eines Verfahrenspflegers gem. § 50 FGG a. F., seit 1.9.2009 in Form des Verfahrensbeistands gem. § 158 FamFG.[1187]

bb) Erweiterung auf einseitige Entführungsfälle

(1) Kritik an der Prüfungsbeschränkung

Diese Beschränkung ist nicht ohne Kritik geblieben: Aus kinderpsychiatrischer Sicht wird eine (schnelle) sachverständige Ermittlung grundsätzlich auch in Fällen einseitiger Entführung für erforderlich gehalten, wenn das Kindeswohl in extremer Weise durch eine Rückführung gefährdet erscheine; der Automatismus der Rückführung müsse hinterfragt werden, um „massiven Psychotraumatisierungen" des Kindes vorzubeugen.[1188] Für Beteiligte anderer Fachgebiete, seien es Sachverständige oder Vertreter von sozialen Einrichtungen bestehe die Gefahr, dass gegenüber der juristischen Ausgangslage, mithin der kaum überprüfbaren gesetzlichen Fiktion, nach der die Kindesentführung routinemäßig das Kindeswohl gefährde, keine Entscheidungsalternativen erkennbar seien.[1189] Auch für Familienrichter wurde schon im Rahmen des HKÜ die Schwierigkeit erkannt, die Grundentscheidung des HKÜ hinnehmen zu müssen und nicht aufgrund des Kindeswohls entscheiden zu dürfen; sie seien eher zur automatischen Anordnung der Rückführung angehalten als zur Ausübung einer richterlichen Tätigkeit.[1190] *Winkler von Mohrenfels*[1191] gab im Hinblick auf die positiv festgestellte Verfassungsmäßigkeit der Kindeswohlprüfung im Rückentführungsfall

---

1186 Vgl. BVerfG FamRZ 1999, 641, 642; *Völker* FamRZ 2010, 157, 163, m. w. N.

1187 S. dazu *Völker* FamRZ 2010, 157, 164 mit Verweis auf BVerfGE FamRZ 1999, 85 ff.; s. a. *Schweppe* FPR 2001, 203 f., m. w. N.; zur Beschränkung der Verfahrenspflegerbestellung auf Rückentführungs- und ähnlich schwerwiegende Fälle s. auch *Schoch,* S. 311. Zu den Voraussetzungen der Verfahrensbeistandsbestellung und den Neuerungen gegenüber der Verfahrenspflegerbestellung s. Oberloskamp[3]-*Gottschalk* Vormundschaft § 3 Rn 49 ff.

1188 So *Klosinski* FPR 2001, 206, 207 und 210. Nach *Bucher* in FS Kropholler, S. 263, 264 f. verlangt Art. 13 I lit. b HKÜ eine Abwägung der maßgebenden Gesichtspunkte, die alle am Kindeswohl orientiert seien. Er stützt seine Argumentation auf die Präambel sowie den Begriff „unzumutbare Lage", der eine kindeswohlorientierte Beurteilung notwendig mache.

1189 *Balloff* FPR 2004, 309, 313.

1190 *Schoch,* S. 38, m. w. N.

1191 *Winkler von Mohrenfels* in FS Geimer, S. 1527, 1528, m. w. N.

zu bedenken: „Kann man daraus schließen, dass ansonsten eine solche Prüfung verfassungsrechtlich nicht geboten ist? Sicherlich nicht."

(2) Verfassungsrechtlich gebotene Achtung des Kindeswillens

Tatsächlich lehnte das Bundesverfassungsgericht 2005 im Rahmen einer einstweiligen Anordnung die Rückführung in einem von *Völker* geschilderten Fall einseitigen Zurückhaltens eines Kindes ab, das der Rückführung massiven Widerstand entgegengesetzt habe und bereits wegen Suizidgefahr kinder- und jugendpsychiatrisch untergebracht gewesen sei. Die Anordnung beruhte auf der Gefahr erheblicher psychischer Schädigung des Kindes, insbesondere wenn es auf Grundlage des angefochtenen Rückgabebeschlusses in den Entführungsstaat zurückgebracht würde und damit einem mehrfachen Orts- und Bezugspersonenwechsel ausgesetzt wäre.[1192] *Völker* warnt davor, aus dieser Entscheidung zu folgern, dass bei Gefahr einer späteren anderslautenden Entscheidung die Rückgabe grundsätzlich zu versagen sei, denn dann würden generell Sorgerechtsverfahren vorgezogen; eine inzidente Prüfung des Sorgerechts solle auch weiterhin nur gegenläufigen Rückführungsanträgen, denen eine Hin- und Rückführung des Kindes durch die Eltern vorausging, vorbehalten bleiben.[1193]

Die endgültige verfassungsgerichtliche Entscheidung aus dem Jahr 2006, mit der die Sache mit der Maßgabe einer Verfahrenspflegerbestellung an das OLG zurückverwiesen wurde, könnte aber ein Signal in Richtung Kindeswohlprüfung in einem nur einseitigen Entführungsverfahren darstellen. So führte das Bundesverfassungsgericht aus: „Das HKiEntÜ geht zwar typisierend und verfassungsrechtlich unbedenklich (...) davon aus, dass der zurückgelassene Elternteil trotz seiner typischerweise hohen emotionalen Belastung regelmäßig mit seinem Rückführungsantrag das wohlverstandene Kindesinteresse wahrnimmt. Liegen aber im Einzelfall konkrete Umstände für die Annahme vor, dass dieser Elternteil die Interessen des Kindes aus dem Blick verlieren könnte, so ist von Verfassungs wegen die Bestellung eines Verfahrenspflegers zwingend geboten. (...) Die Zurückverweisung gibt dem OLG insbesondere Gelegenheit, nach Bestellung eines Verfahrenspflegers für das Kind erneut von Amts wegen die Frage zu prüfen, ob das sich der Rückführung widersetzende und inzwischen 12-jährige Kind bereits ein Alter und eine Reife erlangt hat, angesichts derer es angebracht erscheint, seinem Willen zu folgen (Art. 13 II HKiEntÜ). Dies bedarf weiterer

1192 S. die Entscheidungszusammenfassung zu BVerfG v. 22.7.2005, 1 BvR 1465/05, durch jurisPR-FamR 1/2006 Anm. 1, *Völker*, S. 49. Die Angelegenheit wurde schließlich an das OLG zurückverwiesen, vgl. BVerfG FamRZ 2006, 1261, 1263.

1193 S. jurisPR-FamR 1/2006 Anm. 1, *Völker*, S. 49, 50.

tatrichterlicher Aufklärung, weil dafür die konkreten Umstände des Einzelfalls maßgeblich sind und die Abwägung nicht an starren Altersgrenzen ausgerichtet werden kann (...).“[1194]

Zwar geht es hier zuvörderst um die Wahrung der Verfahrensgrundrechte (Art. 103 I GG) des Kindes, aber in der Entscheidung wird auch den Artt. 6 II und 2 I GG Ausdruck verliehen. Außerdem vermag die verstärkte Einbindung des Kindes in das Verfahren auch einen materiellrechtlichen Niederschlag im Entscheidungsergebnis finden, wenn der Kindeswille am Ende zu einer Rückgabeverweigerung nach Art. 13 II HKÜ führt.[1195] Eine Prüfung und Berücksichtigung zumindest des Kindeswillens und mittelbar auch des Kindeswohls dürften somit auch einseitigen Rückführungsverfahren immanent sein.[1196] Zumindest in Fällen, in denen sich massiver Widerstand des Kindes gegen eine Rückführung erahnen lässt, dürfte sich ein Unterlassen einer immanenten Prüfung von Kindeswohl und Kindeswille nur schwer gegenüber bloß automatisierten Entscheidungen rechtfertigen lassen. Unter diesen Umständen eine inzidente Kindeswohlprüfung generell abzulehnen und eine Rückgabe zu erzwingen, wäre eine schwer hinnehmbare Belastung für das betroffene Kind.

(3) Menschenrechtlich gebotene Achtung des Parteienvortrags

Auch die Rechtsprechung des EGMR macht deutlich, dass sich die Fachgerichte im Fall einseitiger Kindesentführung Erkenntnissen zum Sorgerecht nicht gänzlich verschließen sollten: In einem lettisch-australischen Entführungsfall betonte er, dass die „besten Interessen“[1197] des Kindes auch in HKÜ-Verfahren vorrangige Bedeutung hätten. Er kritisierte die mangelnde Würdigung eines schon während des HKÜ-Verfahrens bereits vorliegenden Sachverständigengutachtens und ließ sich von dem Verweis auf den Schutz durch die Gerichte des Ausgangsstaats nicht

---

1194 BVerfG FamRZ 2006, 1261, 1263; s. dazu aber *Völker* FamRZ 2010, 157, 164, auch hier ermahnend, dass das Kind „nicht mit dem Bade ausgeschüttet werden“ solle: In dem zugrundeliegenden Fall habe das Kind mit Suizid gedroht und es hätten gegenseitige Strafanzeigen der Eltern vorgelegen; in einem solchen Fall liege es nahe, dass beide Eltern das eigenständige Interesse des Kindes aus dem Blick verloren hätten. In einem „klassischen“ HKÜ-Verfahren sei eine Verfahrenspflegerbestellung verfassungsrechtlich hingegen nicht regelmäßig geboten.

1195 Vgl. BVerfG FamRZ 2006, 1261, 1262 f.

1196 JurisPR-FamR 1/2006 Anm. 1, *Völker,* S. 49, 50 dagegen ist der Auffassung, dass das BVerfG damit ersichtlich nicht habe zum Ausdruck bringen wollen, dass im „normalen“ HKiEntÜ-Verfahren sorgerechtliche Erwägungen einen Platz hätten.

1197 So der EGMR (Urteil v. 13.12.2011 – Beschwerde Nr. 27853/09 „X ./. Lettland“) FamRZ 2012, 692, 693 mit Anm. *Henrich,* S. 694.

überzeugen. Auch dort handelte es sich um einen Fall einseitiger Kindesverbringung seitens der Mutter von Australien nach Lettland. Nachdem sie durch die lettischen Gerichte zur Rückgabe verpflichtet worden sei, dieser Verpflichtung aber nicht nachgekommen sei, habe der Antragsteller das Kind anlässlich eines zufälligen Zusammentreffens mit sich genommen.[1198] Gleich ob es sich dabei seinerseits um Eigenmacht oder um den rechtmäßigen Vollzug einer Rückgabeentscheidung handelte, lag jedenfalls das aus Sicht des EGMR berücksichtigungswürdige Gutachten schon vor, als eine weitere Mitnahme des Kindes noch nicht stattgefunden hatte, also zu einem Zeitpunkt, als es sich noch um einen bloß einseitigen Entführungsfall handelte.[1199]

Besondere Beachtung verdienen nach Auffassung des EGMR Vorträge zu Art. 13 I lit. b HKÜ: „Die besondere Bedeutung der Interessen des Kindes in Angelegenheiten der vorliegenden Art verlangt Beachtung bei der Beurteilung der in Art. 8 Abs. 2 der Konvention vorausgesetzten Fairness des Verfahrens, wonach die nationalen Gerichte die von den Parteien zu Art. 13b des Haager Übereinkommens vorgetragenen Argumente gebührend zu würdigen haben."[1200] Damit solle sichergestellt werden, dass die Rückführung des Kindes zu seinem Wohl angeordnet werde. Es gehe nicht um die Durchführung einer rein prozessualen Maßnahme um seiner selbst willen, denn das HKÜ sei letztlich ein Instrument verfahrensrechtlicher Natur und kein Menschenrechtsvertrag.[1201]

Gegen eine Übertragung dieser Grundsätze auf bloß einseitige Kindesentführungen könnte zwar eingewandt werden, dass der EGMR sich zu dieser Entscheidung veranlasst sah, weil das in Streit stehende Gutachten bereits vorgelegen hatte; daraus müsse nicht notwendig zu folgern sein, dass ersuchte Gerichte in einseitigen Entführungsfällen generell zu solchen Ermittlungen gehalten seien. Dennoch scheint es aber, als habe der EGMR dem verfahrensrechtlichen Automatismus gegenüber menschenrechtlichen Erwägungen eine Absage erteilt; eine gebührende Würdigung des Parteienvortrags zu Art. 13 I lit. b HKÜ kann auch eingehendere Prüfungen veranlassen, denen sich der ersuchte Richter nicht mit dem Argument des schnellen Verfahrens entziehen dürfen sollte. Nach Ansicht

1198 EGMR (Urteil v. 13.12.2011 – Beschwerde Nr. 27853/09 „X ./. Lettland") FamRZ 2012, 692 ff. mit Anm. *Henrich,* S. 694.

1199 S. EGMR (Urteil v. 13.12.2011 – Beschwerde Nr. 27853/09 „X ./. Lettland") FamRZ 2012, 692 ff. mit Anm. *Henrich,* S. 694.

1200 EGMR (Urteil v. 13.12.2011 – Beschwerde Nr. 27853/09 „X ./. Lettland") FamRZ 2012, 692, 693 mit Anm. *Henrich,* S. 694.

1201 So der EGMR (Urteil v. 13.12.2011 – Beschwerde Nr. 27853/09 „X ./. Lettland") FamRZ 2012, 692, 693 mit Anm. *Henrich,* S. 694.

von *Henrich* ist das HKÜ durch diese Entscheidung zwar nicht in seiner Struktur angetastet, dem EGMR sei aber wichtig, dass nicht allein unter Hinweis auf das Beschleunigungsgebot sofort eine Rückführung anzuordnen sei, wenn Umstände geltend gemacht würden, die das Kindeswohl nachhaltig beträfen und die einer Überprüfung bedürften.[1202]

(4) Zusammenfassendes Ergebnis

Ergeben sich also entweder aus der Kindesanhörung oder aus dem Parteienvortrag Anhaltspunkte dahingehend, dass die Rückführung das Kindeswohl nachhaltig beeinträchtigen könnte, dürfte es aus verfassungsrechtlichen Gründen geboten sein, diesen auch in einem HKÜ-Rückführungsverfahren näher nachzugehen. Für die wenigen Ausnahmen, die eine inzidente sorgerechtliche Prüfung im HKÜ-Rückgabeverfahren rechtfertigen, lassen aber die engen Zeitvorgaben des HKÜ und erst recht der EuEheVO kaum Spielraum. Insoweit sollte davon auszugehen sein, dass hier ggf. ein außergewöhnlicher Umstand vorliegt, der eine Überschreitung der strengen Sechs-Wochen-Frist des Art. 11 III EuEheVO erlaubt. Wird darin aber dennoch kein außergewöhnlicher Umstand gesehen, sollte jedenfalls die Fristenregelung in solchen Fällen aus verfassungsrechtlichen Gründen teleologisch reduziert werden.

cc) Wegzug des Antragstellers aus dem Ursprungsstaat

(1) Problemstellung

Ein ungewöhnlicher Umstand, der eine Ausdehnung der Entscheidungsfrist rechtfertigen würde, könnte auch dann vorliegen, wenn der Antragsteller aus dem Entführungsvertragsstaat in einen anderen HKÜ-Vertragsstaat umgezogen ist. In diesem Fall nämlich könnte eine Kindeswohlprüfung veranlasst sein, die ihrerseits eine Verzögerung der Ermittlung nach sich ziehen könnte: Ist der Antragsteller in den ersuchten Staat nachgezogen, und halten sich somit sämtliche Beteiligten im Entscheidungszeitpunkt dort gewöhnlich auf, ist zwar schon die Anwendbarkeit des HKÜ zu verneinen.[1203] Es läge ein reiner Inlandsfall vor, der

---

1202 *Henrich* zu EGMR (Urteil v. 13.12.2011 – Beschwerde Nr. 27853/09 „X ./. Lettland") FamRZ 2012, 692 mit Anm. *Henrich*, S. 694.

1203 So die h. M.; vgl. z. B. OLG Karlsruhe FamRZ 1999, 951; AG Schleswig IPRax 2002, 220; Palandt-*Thorn* (IPR) Anh zu EGBGB 24 Rn 30; *Schulz* IPRax 2002, 201, 205 f.; *Vomberg/Nehls*, S. 3; s. a. Erman[13]-*Hohloch* Anh Art 24 EGBGB/HKÜ Rn 101, m. w. N.: „es müssen aktuell wenigstens zwei Staaten („Herkunftsstaat" und „Zufluchtsstaat") involviert sein"; ebenso MüKoBGB[5]-*Siehr* Art. 21 EGBGB Anh. II HEntfÜ Rn 14: „Hat auch der beraubte Elternteil seinen Wohnsitz ins Inland verlegt

ohnehin unter Berücksichtigung des Kindeswohls und sorgerechtlicher Maßstäbe über ein innerstaatliches sorgerechtlichen Herausgabeverfahren zu lösen wäre.[1204] Umstritten ist aber, wie zu beurteilen ist, wenn der Antragsteller in einen weiteren, bisher unbeteiligten HKÜ-Vertragsstaat zieht. Ausgehend von dem aus Gründen der Zweckverfehlung hier grundsätzlich bestehenden Streit über die Frage, ob und wohin das Kind in einem solchen Fall „zurück" zu bringen sein soll, stellt sich hier die weitergehende Frage, ob ausnahmsweise eine immanente Kindeswohlprüfung vorgeschaltet werden sollte, wenn das Kind aus dem ersuchten in einen unbekannten Staat gebracht werden soll, um es dort an den Antragsteller herauszugeben.

(2) Argumente für eine Rückgabe

Vertreten wird, dass eine Rückgabe des Kindes nach Maßgabe des HKÜ auch dann veranlasst sei, wenn der Antragsteller nicht mehr in dem Staat wohne, aus dem das Kind entführt sei; das Kind sei insoweit in den neuen Aufenthaltsstaat des Antragstellers zu bringen.[1205] Argument hierfür sei, dass abgesehen von der Präambel das HKÜ keine ausdrückliche Verpflichtung zur Rückgabe konkret in den bisherigen gewöhnlichen Aufenthaltsstaat enthalte. Einem entsprechenden Vorschlag sei bei Erarbeitung des HKÜ bewusst nicht gefolgt worden, gerade um den Gerichten des Zufluchtsstaats die unmittelbare Rückgabe des Kindes an den ersuchenden Elternteil zu ermöglichen, selbst wenn dieser zum Zeitpunkt der Rückgabe nicht mehr im Entführungsstaat, sondern in einem anderen Vertragsstaat lebe. Davon

---

und verlangt das Kind nun vom anderen Elternteil, der es ins Inland entführt hat, zu sich im Inland heraus, kommt das HEntfÜ nicht mehr zur Anwendung (…) Auch die Rückführung muss grenzüberschreitend sein."

1204 AG Schleswig IPRax 2002, 220, 221 unter Hinweis auf §§ 1632 und 1696 BGB, die im Gegensatz zur Rückgabe nach dem HKÜ den Maßstab des Kindeswohls zugrunde legen. Grundsätzlich gilt das kindeswohlunabhängige HKÜ nicht für inländische Entführungen, vgl. MüKoBGB[5]-*Siehr* Art. 21 EGBGB Anh. II HEntfÜ Rn 2 Fn 3; a. A. *Gutdeutsch/Rieck* FamRZ 1998, 1488 und weitergehend AG Groß-Gerau FamRZ 1995, 1169 eine analoge Anwendung des HKÜ oder zumindest seiner immanenten Grundsätze auf inländische Fälle ohne grenzüberschreitenden Bezug und eine Herausgabe des Kindes analog Art. 12 HKÜ fordernd. Im Hinblick auf § 1632 BGB fehlt es aber schon an einer planwidrigen Gesetzeslücke für die Fälle inländischer Entführung, vgl. MüKoBGB[4]-*Huber* § 1632 Rn 34. S. Argumente gegen eine Vergleichbarkeit ausführlich bei Huber in FS Schwab, S. 793, 804 ff.; kritisch zur Empfehlung von *Gutdeutsch/Rieck* auch *Klosinski* FuR 2000, 408, 415 f.

1205 Vgl. Nachweise bei *Schulz* IPRax 2002, 201, 203 ff.; s. hierzu MüKoBGB[5]-*Siehr* Art. 21 EGBGB Anh. II HEntfÜ Rn 65; *Bach/Gildenast* Rn 103, m. w. N.

unberührt bleibe allerdings die Frage, wo nach der Rückgabe des Kindes dann ein Sorgerechtsverfahren zu führen sei.[1206] Eine Rückführung in den Ursprungsstaat erscheine als übertriebene Förmelei, nur um dort das Sorgerechtsverfahren durchzuführen, nachdem sich dort keiner der Beteiligten mehr aufhalte.[1207] Die bisherige Umgebung des Kindes, aus der es vom Entführer herausgerissen werde, sei „grundlegend familiärer Art".[1208] Rückgabe in die gewohnte Umgebung sei daher nicht notwendig in eine bestimmte Stadt zu verstehen, sondern in die Familie; es gehe also um eine Zusammenführung mit dem Antragsteller.[1209]

(3) Argumente gegen eine Rückgabe

Hiergegen spricht nach anderer Auffassung der Zweck des HKÜ, das ursprüngliche Sorgerechtsverhältnis und die Rechtsprechungsgewalt des bisherigen gewöhnlichen Aufenthaltsorts des Kindes wiederherzustellen; die Präambel, die gleich einer mathematischen Klammer vor dem Vertragstext für alle hierin befindlichen Artikel gelte, betone dies.[1210] Soweit der Vertragstext eine Rückführung erwarte und generell auf den bisherigen gewöhnlichen Aufenthalt abstelle, sei auch der Wortlaut ausreichend.[1211] Mittels einer Herausgabe in einen Drittstaat ohne sozialen Bezug für das Kind würde weder die Zuständigkeit des Herkunftsstaats wiederhergestellt noch das Kind in seine frühere Umgebung zurückgebracht.[1212] Sowenig der Entführer gegen den Willen des anderen Mitsorgeberechtigten das Kind in den ersuchten Staat habe verbringen dürfen, sowenig könne der Antragsteller das Verbringen des Kindes in einen (gar Nichtvertrags-) Staat seiner Wahl gegen den Willen eines mitsorgeberechtigten Entführers verlangen,[1213] der dann seinerseits berechtigt sein könne, einen Rückführungsantrag zu stellen.[1214] Eine Rückgabe direkt an den Antragsteller komme daher einer Vorwegnahme der Sorgerechtsentscheidung gleich, und es könne so zu einem forum shopping auf der Seite des Antragstellers kommen.[1215] Dass die

---

1206 Argumente entnommen aus *Schulz* IPRax 2001, 91 Fn 9 unter Verweis auf *Pérez-Vera,* Erläuternder Bericht, Nr. 110; s. a. *Schulz* IPRax 2002, 201, 203 ff.; *Bach/Gildenast* Rn 103, m. w. N.

1207 Aus *Schulz* IPRax 2002, 201, 205.

1208 *Pérez-Vera,* Erläuternder Bericht, Nr. 110.

1209 *Haß,* S. 92.

1210 AG Schleswig IPRax 2002, 220, 221; *Schulz* IPRax 2002, 201, 203 ff.

1211 OLG Karlsruhe OLGReport 2009, 96, 97.

1212 Vgl. *Schulz* IPRax 2002, 201, 205; s. a. Motzer/Kugler/Grabow-*Grabow* Rn 204.

1213 Vgl. *Schulz* IPRax 2002, 201, 205 f.

1214 OLG Karlsruhe OLGReport 2009, 96, 97.

1215 Motzer/Kugler/Grabow-*Grabow* Rn 204.

Rückführung grundsätzlich ortsbezogen zu beurteilen sei, ergebe sich auch aus der englischen und der französischen Fassung des HKÜ „return“ bzw. „retour“, während die deutsche Übersetzung „Rückgabe“ als eher personenbezogener Begriff zu einer Missdeutung verleite, der durch eine Übersetzung als „Rückführung“ hätte vorgebeugt werden können.[1216]

Pirrung[1217] sieht die Lösung in einer Differenzierung dahingehend, ob das Kind zum bisherigen Hauptbetreuungselternteil zurückkehren oder vom bislang hauptbetreuenden Entführer zurückgebracht werden solle, und hält beide Lösungen für geeignet. Eine Differenzierung nach der Betreuungssituation dürfte auf eine Beachtung des Wohls und der Bindungen des Kindes hindeuten. Zieht der Antragsteller in einen anderen Staat, sollte daher eine inzidente Kindeswohlprüfung erfolgen, um Mehrfachverlegungen des Kindes in Abhängigkeit von einer späteren Sorgerechtsentscheidung zu vermeiden. Diese Ansicht findet sich auch bestätigt bei der Betrachtung des Zusammenspiels des HKÜ mit den Entführungszuständigkeiten des KSÜ und der EuEheVO. Deren eigentliches Ziel, die Sorgerechtszuständigkeit des bisherigen Aufenthaltsstaats fortzusetzen, würde ins Leere führen, wenn das Kind an den Antragsteller in einem bislang unbeteiligten Staat herauszugeben wäre mit der Folge, dass sich sämtliche Beteiligten nicht mehr in dem nach Maßgabe der Art. 7 KSÜ und Art. 10 EuEheVO international für die Sorgerechtsentscheidung zuständigen Staat befänden. Trotz dieser von KSÜ und EuEheVO anvisierten Zuständigkeitssperre sollte ausnahmsweise auch im Geltungsbereich der Entführungszuständigkeiten eine inzident vorgezogene Kindeswohlprüfung zugelassen sein, um einer faktisch antragstellerseitigen Aufenthaltsbestimmung zuvorzukommen, die ihrerseits das Kindeswohl beeinträchtigende Hin- und Rückführungen verursachen könnte. Um die hierzu erforderlichen Ermittlungen vornehmen zu können, wird unter Umständen eine Überschreitung der Sechs-Wochen-Frist erforderlich sein; dies wäre als vom antragstellerseitigen Umzug veranlasst ggf. auch sachgerecht.

e) Ergebnis: Weite Auslegung der außergewöhnlichen Umstände

Zusammenfassend ist festzuhalten, dass es Fallkonstellationen gibt, die eine immanente materiellrechtliche Prüfung des Kindeswohls auch im HKÜ-Rückgabeverfahren nicht nur rechtfertigen, sondern sogar erfordern, um dem Kind nicht unnötige Hin- und Rückführungen zuzumuten. Gleichzeitig hat der ersuchte

---

1216 So *Schulz* IPRax 2002, 201, 205 mit Fn 23.

1217 Staudinger-*Pirrung* (2009) Vorbem D 23 zu Art 19 EGBGB. Auf prognoseartige Feststellungen abstellend s. *Schulz* IPRax 2002, 201, 206 f.

Richter den verfahrensrechtlichen Anforderungen an die Ermittlung des ausländischen Rechts gerecht zu werden. Er muss das Kind anhören, auf Schutzmaßnahmen im Ausland hinwirken und deren Realisierung abwarten. Das auf sechs Wochen beschränkte Zeitlimit des Art. 11 III EuEheVO zur Prüfung dieser Situation kann dabei ein erhebliches Erschwernis darstellen. Der auf dem ersuchten Gericht lastende Zeitdruck[1218] könnte die Motivation, zeitraubende Ermittlungen anzustellen in Form einer Einholung von Stellungnahmen, Anhörungen und Gutachten (bei ausnahmsweiser Kindeswohlprüfung), eventuell auch von Zeugeneinvernehmungen[1219] merklich beeinträchtigen, so dass die Vorstellung des HKÜ, dem abstrakten Kindeswohl mit seinem Automatismus zur Verwirklichung zu verhelfen, hier im Einzelfall in eine Schieflage geraten könnte. Wenn im Anwendungsbereich der EuEheVO schon von einer zwingenden Zeitgrenze von sechs Wochen auszugehen ist, sollten daher zum Ausgleich und zur Vermeidung unangemessener Ergebnisse für das konkrete Kindeswohl[1220] an das Kriterium des außergewöhnlichen Umstandes keine restriktiven Maßstäbe angelegt werden, um dem ersuchten Gericht im Einzelfall die Möglichkeit ausnahmsweise erforderlicher Ermittlungen zu belassen.

C. Kollidierende Rückgabeentscheidung aus dem Ursprungsstaat

Wie oben[1221] angesprochen, stellt sich im Fall von Rückgabeentscheidungen nach dem HKÜ das Problem kollidierender gerichtlicher Entscheidungen, wenn einerseits das ersuchte Gericht im Zufluchtsstaat die Rückführung des Kindes in den Herkunftsvertragsstaat aus Gründen der Artt. 12 II, 13 oder 20 HKÜ verweigert und andererseits eine sorgerechtliche Herausgabeentscheidung aus dem bisherigen Aufenthaltsstaat des Kindes ergeht, die es im Zufluchtsstaat ggf. anzuerkennen und zu vollstrecken gälte.

1218 Hiervon sprechen *Carl/Erb-Klünemann* in Mediation bei internationalen Kindschaftskonflikten, S. 53.

1219 S. etwa den Hinweis von *Völker* FamRZ 2010, 157, 166 auf ggf. Begnügen mit schriftlichen Zeugenaussagen.

1220 Wenn auch *Fleige,* S. 302 eine enge Auslegung des Begriffs der „außergewöhnlichen Umstände" vertritt, sieht er Veranlassung zu ihrer Anwendung jedenfalls „im Kindesinteresse".

1221 S. o. 1. Teil. C. III („Letztentscheidungsbefugnis und Abschaffung des Exequaturs").

I. Anerkennungsproblematik im Anwendungsbereich des KSÜ

Eine Lösung dieser Frage könnte sich im Anwendungsbereich des KSÜ aus den dortigen Anerkennungs- und Vollstreckungsregelungen ergeben: Art. 23 I KSÜ schreibt die automatische Anerkennung einer vertragsstaatlichen Entscheidung in den anderen Vertragsstaaten vor, d. h. eine sorgerechtliche Herausgabeentscheidung aus dem bisherigen Aufenthaltsvertragsstaat wäre im Zufluchtsvertragsstaat grundsätzlich ipso iure anzuerkennen.[1222] Im Zusammenspiel mit der fortgesetzten Sorgerechtszuständigkeit der Behörden des Ausgangsstaats bedeutet das, dass trotz Vorliegens von HKÜ-Ablehnungsgründen nach Artt. 12, 13 und 20 HKÜ jederzeit eine Herausgabe des Kindes in den Ursprungsvertragsstaat verlangt werden könnte, denn ein Wegfall der Sperrwirkung wie nach Art. 16 HKÜ ist aufgrund der fortgesetzten Zuständigkeit der Ausgangsbehörden nach Art. 7 KSÜ nur noch unter den dort genannten erschwerten Bedingungen möglich. Eine Verweigerung der Kindesrückgabe in den Ursprungsvertragsstaat wäre daher nur noch über eine Versagung der Anerkennung nach Art. 23 II KSÜ denkbar:

1. Diskussionsstand

a) Lösung über den Ordre-public-Vorbehalt

Siehr[1223] schlägt vor, die Ablehnungsgründe der Artt. 12, 13 und 20 HKÜ über den ordre public in Art. 23 II lit. d KSÜ zu beachten, weil sie anderenfalls wirkungslos wären; er bezeichnet die Lösung allerdings selbst als „bedauerlich". *Krah*[1224] steht dieser Konstruktion, die sich weder Tagungsdokumenten noch dem *Lagarde*-Bericht entnehmen lasse, eher ablehnend gegenüber: Der aus Art. 50 Satz 2 KSÜ zu entnehmende Vorteil sei bei dieser Lösung durch die Grenzen des HKÜ beschränkt, denn es bestünde die Gefahr, dass die Ablehnungsgründe über den ordre public generell in die Vollstreckbarkeitsprüfung eingestellt würden.

1222 Vgl. *Krah,* S. 268 f., m. w. N. Zur Ipso-Iure-Anerkennung nach dem KSÜ s. *Hausmann* IntEuSchR J 327.

1223 *Siehr* in FS Lorenz, S. 579, 585 f. S. a. *ders.* DEuFamR 2000, 125, 132. Dort vertritt er allerdings die Auffassung, dass die Rückgabe ohnehin nur selten gegen den ordre public verstoßen dürfte und die Ablehnungsgründe allenfalls über das parallele Rechtshilfeverfahren Anwendung fänden. Dieser Ansicht folgend s. *Keese,* S. 164 f. und 168.

1224 Vgl. *Krah,* S. 268 f., m. w. N.

b) Lösung über das Unvereinbarkeitskriterium

Als Lösung zweier kollidierender Rückgabeentscheidungen bietet sich nach *Siehr* und *Krah* auch eine analoge Anwendung des Art. 23 II lit. e KSÜ an: Soweit im Vollstreckungsstaat die HKÜ-Ablehnungsentscheidung des ersuchten Gerichts zeitlich später ergehe, könne diese als spätere Entscheidung eine frühere aus dem Ursprungsstaat verdrängen und eine Schranke für deren Anerkennung bilden. Art. 23 II lit. e KSÜ beziehe sich zwar unmittelbar nur auf Entscheidungen aus Nichtvertragsstaaten, dessen Rechtsgedanke könne aber analoge Anwendung finden.[1225] Weitere Literaturmeinungen verweisen an dieser Stelle auf den Erst-recht-Schluss: Habe schon die spätere drittstaatliche Entscheidung Vorrang vor einer früheren vertragsstaatlichen Entscheidung, dann müsse das erst recht für eine spätere Entscheidung einer nach Artt. 5–10 KSÜ zuständigen Behörde gelten; hierfür spreche auch, dass sich im Minderjährigenschutz grundsätzlich die jüngste Schutzmaßnahme durchsetzen solle.[1226]

Nach anderer Ansicht beschränkt sich Art. 23 II lit. e KSÜ dagegen bewusst auf den Vorrang einer aus einem Nichtvertragsstaat stammenden späteren Entscheidung; gegenüber Vertragsstaaten stellten schon das Zuständigkeitssystem des KSÜ und die verbesserte Behördenzusammenarbeit ausreichend vorbeugende Hindernisse für widersprüchliche Entscheidungen aus den Vertragsstaaten selbst dar.[1227] Auch *Siehr* hält an anderer Stelle eine Anwendung des Art. 23 II lit. e KSÜ auf vertragsstaatliche Entscheidungen wohl für nicht möglich: So beschränke sich die Regelung auf spätere Entscheidungen aus Nichtvertragsstaaten des KSÜ, wohingegen eine spätere Entscheidung aus einem Vertragsstaat von Gesetzes wegen anzuerkennen sei, die dementsprechend die früher ergangene Entscheidung des anderen Vertragsstaats abändere. *Siehr* verweist hier auf Art. 14 KSÜ. Nur wenn im Zufluchtsstaat eine Entscheidung eines dritten Staates vorliege, der nicht dem KSÜ angehöre, und mit der eine der Herausgabeanordnung widersprechende Schutzmaßnahme getroffen werde, müsse der Ablehnungsgrund des lit. e erwogen werden. Allerdings komme das kaum vor, denn das entführte Kind müsse in diesem Fall seinen gewöhnlichen Aufenthalt zur Zeit[1228] der Maßnahme des Nichtvertragsstaats dort gehabt und nun mittlerweile aber im Zufluchtsstaat

1225 So *Krah*, S. 268 f., m. w. N., mit der Empfehlung, dass sich die betroffene Partei zur Vermeidung dieser Problematik im Voraus entscheiden sollte, ob sie ausschließlich nach dem KSÜ oder HKÜ vorgeht, und mit Verweis auf *Siehr* DEuFamR 2000, 125, 132 Fn 43; a. A. *Keese*, S. 166.

1226 *Hausmann* IntEuSchR J 338, m. w. N.

1227 *Dornblüth*, S. 150, m. w. N.

1228 S. zu dieser zeitlichen Vorgabe auch *Hausmann* IntEuSchR J 337.

haben.[1229] Zu klären ist daher, wie sich das Problem kollidierender Rückgabeentscheidungen zwischen Vertragsstaaten des KSÜ lösen lässt:

2. Stellungnahme

a) Lösung über das Unvereinbarkeitskriterium

aa) Unvereinbarkeit auf der Rechtsfolgenseite

Für eine Lösung über das Unvereinbarkeitskriterium ist vorab zu klären, ob es sich bei der Rückführungsentscheidung des ersuchten Gerichts auf der Basis des HKÜ-Rechtshilfeabkommens einerseits und einer Herausgabeentscheidung aus dem Herkunftsvertragsstaat auf der Grundlage allgemeiner sorgerechtlicher Zuständigkeit andererseits überhaupt um sachlich kollidierende Entscheidungen handelt: Denn gegen eine Unvereinbarkeit könnte sprechen, dass sich das Rückgabeverfahren nach dem HKÜ und das im Herkunftsvertragsstaat geführte sorgerechtliche (Herausgabe-)Verfahren schon im Rahmen der Rechtshängigkeitsprüfung nicht entgegenstehen, weil hier nicht von einem identischen Streitgegenstand ausgegangen wird.[1230]

Aus Art. 23 II lit. e KSÜ selbst ist nicht ausdrücklich zu entnehmen, ob Identität des Streitgegenstands oder derselbe Anspruch vorausgesetzt wird. Die Rechtshängigkeitsregelung des Art. 13 I KSÜ hingegen kommt zum Einsatz, wenn „entsprechende Maßnahmen" in einem anderen Vertragsstaat beantragt worden sind. Dieses Kriterium lässt sich auf den Anerkennungsversagungsgrund aber nicht ohne weiteres übertragen. Denkbar wäre stattdessen zu differenzieren, ob sich die Entscheidungen in ihrer Rechtsfolge beeinträchtigen, worauf auch in europäischen Parallelfällen außerhalb der EuEheVO abgestellt wird: So wird nach Art. 34 Ziff. 3 EuGVO die Anerkennung versagt, wenn die ausländische Entscheidung mit einer Entscheidung unvereinbar ist, die „zwischen denselben Parteien im Anerkennungsstaat" selbst ergangen ist.[1231] Eine Anerkennungsversagung nach Art. 34 Ziff. 4 EuGVO wiederum erfolgt, wenn die ausländische Entscheidung mit einer anerkennungsfähigen früheren Entscheidung aus einem anderen Mitgliedstaat oder einem Drittstaat unvereinbar ist, die „zwischen denselben Parteien in einem Rechtsstreit wegen desselben Anspruchs ergangen ist". Laut *Rauscher* legt die Rechtsprechung des EuGH[1232] schon zum EuGVÜ

1229 *Siehr* in FS Lorenz, S. 579, 586.

1230 S. o. 2. Teil. A. II. 2. a („Keine Identität des Streitgegenstandes").

1231 S. *Rauscher* IPR[4] Rn 2325.

1232 EuGH (Urteil v. 4.2.1988 – Rs. 145/86: Hoffmann/Krieg) IPRax 1989, 159 ff.; s. *Rauscher* IPR[4] Rn 2326; s. a. *Dornblüth*, S. 144 f.

den Begriff der Unvereinbarkeit als Ausnahme gegenüber dem sonst geltenden Grundsatz[1233] gegenseitigen Vertrauens und gegenseitiger Anerkennung so aus, dass „Unvereinbarkeit besteht, wenn die beiden Entscheidungen Rechtsfolgen haben, die sich gegenseitig ausschließen".[1234] Daran, dass auf sich ausschließende Rechtsfolgen abzustellen sei, soll auch die Verwendung des Begriffs „desselben Anspruchs" nichts ändern: Durch die wechselseitige Beachtung der Rechtshängigkeit nach Art. 27 I EuGVO seien spätere Konfliktlagen nach Art. 34 Ziff. 3 EuGVO von vornherein zu vermeiden; der in Art. 27 I EuGVO verwendete Begriff „desselben Anspruchs" werde daher in der Weise interpretiert, dass er die Fälle umfasse, in denen die späteren Entscheidungen in Konflikt geraten könnten.[1235] Diese Auslegung dürfte aus systematischen Erwägungen, mithin zur Förderung einheitlicher Auslegung in denselben Regelungswerken auch für den Begriff „desselben Anspruchs" in Art. 34 Ziff. 4 EuGVO gelten.

Im Rahmen der EuGVO also wird vergleichsweise ein zu erwartender Konflikt zwischen späteren Entscheidungen in der Rechtsfolge schon bei der Rechtshängigkeitsprüfung berücksichtigt. Das HKÜ-Rückführungsverfahren und das nach Maßgabe von KSÜ oder EuEheVO geführte sorgerechtliche (Herausgabe-) Verfahren im Ursprungsstaat verursachen aber von vornherein kein solches Rechtshängigkeitsproblem. Die Wertung aus der EuGVO lässt sich auf die hier zu lösende Frage kollidierender Entscheidungen daher nicht ohne weiteres übertragen. Eine Auslegung des Begriffs der „entsprechenden Maßnahme" in Art. 13 I KSÜ entsprechend Art. 27 I EuGVO hilft daher hier nicht weiter. Stattdessen muss hier ungeachtet der Rechtshängigkeit allein auf Unvereinbarkeiten bei der Vollstreckung selbst abgestellt werden: Trotz ungleicher Streitgegenstände ist die Kollision der divergierenden Entscheidungen für das betroffene Kind unmittelbar dann spürbar, wenn die Herausgabevollstreckung erfolgt oder davon abgesehen wird. Daher wird im Rahmen des KSÜ ggf. gelten, dass eine für das Kind spürbare Überschneidung auf der Rechtsfolgenseite der Rückgabeanordnungen besteht. So wird hier trotz fehlender Rechtshängigkeitssperre von einer Unvereinbarkeit der Entscheidungen auszugehen sein.

1233 Anerkennung und Vollstreckung im EU-Binnenverhältnis beruhen laut EuGH auf dem Grundsatz des gegenseitigen Vertrauens und Gründe für die Nichtanerkennung seien auf das notwendige Minimum zu beschränken, vgl. EuGH (Urteil v. 22.12.2010 – Rs. C-491/10 PPU: Aguirre Zarraga ./. Pelz) FamRZ 2011, 355, 356 unter Verweis auf den 21. Erwägungsgrund der EuEheVO.

1234 So *Rauscher* IPR[4] Rn 2326; s. a. *Dornblüth,* S. 144 f.

1235 *Rauscher* IPR[4] Rn 2327.

bb) Kein analoger Vorrang der innerstaatlichen Entscheidung

Fraglich ist aber, ob Art. 23 II lit. e KSÜ aufgrund eines Erst-recht-Schlusses auf kollidierende Entscheidungen aus dem Anerkennungsvertragsstaat analog anzuwenden ist: In europäischen Regelungswerken wird bei der Frage sich widersprechender Entscheidungen der Entscheidung aus dem Anerkennungsstaat grundsätzlich der Vorrang eingeräumt (vgl. bereits Art. 27 Ziff. 3 EuGVÜ; ebenso Art. 34 Ziff. 3 EuGVO und Art. 22 lit. c EuEheVO). Dies wird zwar als rechtspolitisch problematisch angesehen, aber der Erlass einer inländischen Entscheidung in derselben Sache und zwischen denselben Parteien wird als eher selten eingestuft, da die frühere ausländische Rechtshängigkeit schon ein Verfahrenshindernis bilde.[1236] Einen die inländische Entscheidung bevorzugenden Anerkennungsversagungsgrund sieht das internationale Regelungswerk des KSÜ aber nicht vor. Auch das MSA als Vorgängerabkommen enthielt keine solche Regelung. Angesichts der ansonsten bestehenden Ähnlichkeiten der Anerkennungsregelungen des KSÜ mit dem bei dessen Schaffung zumindest europaweit bereits längst bekannten und hinsichtlich der Anerkennungsregeln auch anlehnungsweise herangezogenen[1237] EuGVÜ dürfte davon auszugehen sein, dass die ausdrückliche Beschränkung der Normierung auf den Fall einander widersprechender ausländischer Entscheidungen in Art. 23 II lit. e KSÜ bewusst erfolgte und e. c. bedeutet, dass eine inländische widersprechende Entscheidung gerade keinen Vorrang zwischen Vertragsstaaten des KSÜ genießen soll, sondern hier die Anerkennung von Gesetzes wegen nur nach den ansonsten in Abs. 2 geregelten Gründen z. B. wegen Zuständigkeits- oder Verfahrensmängeln oder wegen eines Verstoßes gegen den ordre public versagt werden darf. Insbesondere wäre wie erwähnt der international geltende Vorrang der inländischen Entscheidung rechtspolitisch fragwürdig. Wenn auch sonst die Gefahr einer inländischen kollidierenden Entscheidung für gering gehalten wird, ist diese in grenzüberschreitenden Kindesentführungsfällen durchaus gegeben, erst recht weil keine Rechtshängigkeitsprüfung vorgeschaltet ist. Während die anzuerkennende ausländische Entscheidung stets einer Ordre-public-Prüfung unterfiele, könnte sich demgegenüber eine selbst fragwürdige Entscheidung des Anerkennungsstaates ohne weitere Prüfung durchsetzen. Um dies zu verhindern, kann von einer analogen Anwendung des Art. 23 II lit. e KSÜ auf die

1236 *Kropholler* IPR § 60 IV 4 (S. 670). Umgekehrt hindert § 109 I Nr. 3 FamFG die Anerkennung einer ausländischen Entscheidung, wenn ein ausländisches Verfahren später rechtshängig geworden ist als ein gleichartiges inländisches Verfahren, so *Kegel/Schurig*, § 22 V 1 f zu § 328 I Nr. ZPO und § 16a Nr. 3 FGG a. F.

1237 Vgl. *Lagarde*, Erläuternder Bericht, Nr. 126.

Rückgabeablehnung durch das ersuchte Gericht des Zufluchtsvertragsstaats somit nicht ausgegangen werden.

b) Lösung über das Posterioritätsprinzip

Denkbar wäre, eine Kollision sich widersprechender Rückgabeentscheidungen nach dem Posterioritätsprinzip zu lösen:

Grundsätzlich gilt bei der Lösung sich widersprechender Entscheidungen in Europa vorwiegend das Prioritätsprinzip, demnach eine Entscheidung nicht anzuerkennen ist, wenn sie mit einer anzuerkennenden früheren ausländischen Entscheidung in derselben Sache unvereinbar ist, vgl. § 109 I Nr. 3 FamFG[1238] und § 328 I Nr. 3 ZPO wie auch im europäischen Zivilverfahrensrecht schon Art. 27 Ziff. 5 EuGVÜ, des weiteren Art. 34 Ziff. 4 EuGVO, aber auch Art. 22 lit. d EuEheVO hinsichtlich der Anerkennung eines Scheidungsurteils.[1239] Nach *Kropholler* trägt diese Lösung der bereits eingetretenen Rechtskraftwirkung der früheren Entscheidung Rechnung; demgegenüber sei aber auch denkbar, wie teilweise in den USA, die jüngere Entscheidung vorzuziehen, weil diese den aktuellen tatsächlichen Verhältnissen der Angelegenheit am ehesten gerecht werde. Eine Ausnahme vom Prioritätsgrundsatz mache insoweit die EuEheVO bei der Anerkennung von Entscheidungen über die elterliche Verantwortung. Nach Art. 23 litt. e und f EuEheVO bilde hier nur die spätere inländische oder anzuerkennende ausländische Entscheidung einen Anerkennungsversagungsgrund. Dies erkläre sich daraus, dass Entscheidungen über die elterliche Verantwortung unter veränderten Umständen abgewandelt werden könnten und dass die spätere Entscheidung solchen Umständen bereits Rechnung getragen habe.[1240] Auch die Parallelvorschrift des Art. 23 II lit. e KSÜ bildet eine diese Erwägungen berücksichtigende Ausnahme. Im Gegensatz zu Art. 23 EuEheVO

1238 Bis 31.8.2009: § 16a Nr. 3 FGG. Im Verhältnis zwischen zwei ausländischen einander widersprechenden Entscheidungen geht die ältere Entscheidung vor und wie europaweit sonst auch geht wiederum eine inländische Entscheidung einer kollidierenden ausländischen vor, vgl. *Kegel/Schurig*, § 22 V 1 e unter Verweis auf entsprechende Rechtsprechung des BGH.

1239 So *Kropholler* IPR § 60 IV 4 (S. 670).

1240 So *Kropholler* IPR § 60 IV 4 (S. 670 f.). Vgl. auch *Lagarde*, Erläuternder Bericht, Nr. 126 mit Fn 58; s. unter Verweis auf die USA auch *Kegel/Schurig* § 22 V 1 e, der rechtspolitisch stets die jüngere Entscheidung vorziehen würde, denn der letzte Stand sei „der beste“ und der letzte Befehl sei „heilig“. Ausführlich zur Unvereinbarkeit i. S. d. Art. 23 lit. e EuEheVO s. *Tödter*, S. 139 ff.

gilt das Posterioritätsprinzip im KSÜ aber nur, wenn zwei ausländische Entscheidungen miteinander konkurrieren, d. h. über den Posterioritätsgrundsatz im Rahmen des KSÜ lässt sich nur die Kollision einer ursprungsstaatlichen Herausgabeanordnung mit einer drittstaatlichen HKÜ-Rückgabeablehnung im Anerkennungsstaat lösen. Das Problem des Vorrangs einer Entscheidung aus dem Anerkennungsstaat selbst stellt sich hier gar nicht erst. Diese Lösung käme nur in dem seltenen Fall einer Entführung des Kindes zunächst in einen weder dem KSÜ noch der EU angehörenden HKÜ-Vertragsstaat (mit dortiger Begründung des gewöhnlichen Aufenthalts) und anschließender Weiterentführung in einen nicht der EU angehörenden KSÜ-Vertragsstaat in Frage, für den sich nun die Frage stellt, ob die Herausgabeanordnung aus dem Ursprungsvertragsstaat nach Maßgabe des KSÜ zu vollstrecken ist oder eine spätere anerkennungsfähige Rückgabeablehnung des anderen HKÜ-Vertragsstaats blockierend wirkt.[1241]

c) Lösung über den Ordre-public-Vorbehalt

Die Kollision sich widersprechender Entscheidungen stellt grundsätzlich einen Sonderfall des ordre public dar.[1242] Es ist daher davon auszugehen sein, dass sich eine Rückgabeentscheidung aus dem Herkunftsvertragsstaat stets gegen eine anderslautende Ablehnungsentscheidung auf der Basis des HKÜ soll durchsetzen können, wenn nicht ordre-public-taugliche HKÜ-Ablehnungsgründe entgegenstehen. Das KSÜ geht auf diese Weise einen ausgleichenden Weg zwischen Vertragsstaaten des HKÜ, die sich auch dem KSÜ verpflichtet haben. So wird einerseits den Behörden des Zufluchtsvertragsstaats das gebührende Vertrauen in die Richtigkeit einer Rückgabeentscheidung, sei sie auch ablehnend, entgegengebracht, indem der Anerkennung und Vollstreckung einer anderslautenden Herausgabeentscheidung ggf. Einwände des ordre public entgegengehalten werden können, andererseits können auch die im sorgerechtlichen Verfahren agierenden Behörden im Herkunftsstaat darauf vertrauen, dass ihre Entscheidungen anerkannt und vollstreckt werden, wenn nicht ein vertraglich von beiden Seiten akzeptierter Anerkennungsversagungsgrund vorliegt. Für die Lösung, die HKÜ-Ablehnungsgründe trotz des Ausschlusses einer révision au fond[1243] bei kollidierenden Rückgabeentscheidungen zu berücksichtigen, spricht der grundsätzliche

1241 Vgl. *Siehr* in FS Lorenz, S. 579, 586; *Krah*, S. 268. S. zu der sich in dieser Fallkonstellation auswirkenden unterlassenen Kindesanhörung bereits oben 4. Teil. B. I. 1. b („Unterlassene Kindesanhörung“).

1242 *Von Hoffmann/Thorn* § 3 Rn 163.

1243 Hierauf hinweisend s. *Krah*, S. 268.

Vorrang des HKÜ nach Art. 50 Satz 1 KSÜ[1244], der in diesem Spezialfall dazu führen sollte, dass der ansonsten enge[1245] Maßstab des Art. 23 II lit. d KSÜ eine ausnahmsweise weitere Anwendung erfährt.

II. Ursprungsstaatliche Letztentscheidungsbefugnis im Anwendungsbereich der EuEheVO

Wie oben[1246] angesprochen, hält die EuEheVO im Gegensatz zum KSÜ eine spezifische Lösung für kollidierende Rückgabeentscheidungen bereit. Während das KSÜ es den Behörden des Zufluchtsvertragsstaats überlässt, das Problem einer aus dem Herkunftsvertragsstaat stammenden Rückgabeentscheidung über den Weg des anerkennungsrechtlichen ordre public zu lösen, wird innerhalb der EU den Behörden des Herkunftsmitgliedstaats die Letztentscheidungsbefugnis zugewiesen: Ordnet das zuständige Gericht im früheren Aufenthaltsmitgliedstaat im Rahmen seiner sorgerechtlichen Entscheidung die Rückgabe des Kindes an, erfolgt die Rückgabe nach Maßgabe des Art. 11 VIII EuEheVO ohne ein Vollstreckbarerklärungsverfahren, also ohne Exequatur.[1247]

1. Weite Anwendung des unmittelbaren Vollstreckungssystems

a) Anforderungen an die HKÜ-Rückgabeablehnung

aa) Erlasserfordernis („ob") und Posteriorität („wann")

Zunächst ist zu klären, ob überhaupt eine HKÜ-Rückgabeablehnung des Gerichts des ersuchten Staats vorliegen muss, damit es zu einem Exequaturverzicht hinsichtlich der Rückgabeanordnung aus dem Ursprungsstaat kommen kann. Denkbar wäre insoweit, dass die EuEheVO den Behörden des Ursprungsmitgliedstaats die grundsätzliche Letztentscheidungsbefugnis zuschreiben will. In der Literatur findet sich die Formulierung, dass Art. 11 VIII EuEheVO „selbst"[1248] dann gelte, wenn die Rückgabe zuvor vom Gericht des ersuchten Staates abgelehnt wurde. Aus dieser Formulierung könnte e. c. eine weite Anwendung des

---

1244 Aus Staudinger-*Pirrung* (2009) Vorbem G 189 zu Art 19 EGBGB ist zu entnehmen, dass dieser den Vorrang des HKÜ laut Satz 1 bei sich widersprechenden Entscheidungen für berücksichtigungswürdig erachtet.

1245 Vgl. *Krah,* S. 268, m. w. N.; Staudinger-*Pirrung* (2009) Vorbem G 128 zu Art 19 EGBGB.

1246 S. o. 1. Teil. C. III. 2 („Unmittelbare Vollstreckung innerhalb der EU").

1247 *Schlauß* FPR 2004, 279, 280.

1248 NK-BGB/*Gruber* Anh. I zum III. Abschn. EGBGB Art. 11 EheVO 2003 Rn 14; *Gruber* AnwBl 2005, 209, 210.

Art. 11 VIII EuEheVO geschlossen werden. Dem Wortlaut der Vorschrift selbst („Ungeachtet einer nach Artikel 13 des Haager Übereinkommens von 1980 ergangenen Entscheidung, mit der die Rückgabe des Kindes verweigert wird") wird auch eine „gewisse Unschärfe"[1249] zugeschrieben.

Dass aber der herkunftsstaatlichen Entscheidung eine HKÜ-Rückgabeentscheidung vorausgegangen sein muss, ergibt sich nach der Entscheidung des EuGH im Fall Rinau[1250] aus dem Wortlaut „spätere Entscheidung" in Art. 11 VIII EuEheVO und im 17. Erwägungsgrund; dies ergebe sich außerdem aus Art. 42 II Satz 1 lit. c EuEheVO, wonach das Gericht des Herkunftsstaats die (vorausgegangenen) Gründe und Beweismittel zu berücksichtigen habe, die der Rückgabeablehnung des ersuchten Staats zugrunde lägen.[1251] Der EuGH stellte also mit dem Fall Rinau grundlegend klar, dass eine ablehnende Rückgabeentscheidung des Zufluchtsstaats ergangen und zeitlich vorausgegangen sein müsse,

---

1249 So der EuGH (Urteil v. 11.7.2008 – Rs. C-195/08 PPU: Rinau) FamRZ 2008, 1729, 1731 mit Anm. *Schulz*, S. 1732 ff.

1250 In Hinblick auf das Beschleunigungsgebot der EuEheVO wurde zum 1.3.2008 das Eilvorlageverfahren für Vorabentscheidungsersuchen u. a. für die Bereiche der Artt. 61 ff. EGV i. d. F. des Vertrages von Amsterdam eingeführt, das verkürzte Fristen und beschränkte Äußerungsrechte der Beteiligten vorsieht, insb. soweit es um Entscheidungen über die elterliche Sorge respektive Kindesentziehung geht, vgl. *Kohler/Pintens* FamRZ 2008, 1669, 1670 f.; Rauscher/*Rauscher* EuZPR/EuIPR (2010) Einl Brüssel IIa-VO Rn 39 unter Verweis auf den Beschl. des Rates v. 20.12.2007, ABl. EU Nr. L 24 v. 29.1.2008, S. 42 sowie auf die Änderung der Verfahrensordnung des Gerichtshofes v. 15.1.2008, ABl. EU 2008 Nr. L 24 v. 29.1.2008, S. 39. Bereits bis Mitte Juli 2008 wurde das Vorabentscheidungsverfahren in dem deutsch-litauischen Fall einer Kindesentziehung „Rinau" durchgeführt, das bereits sieben Wochen nach Eingang des Ersuchens zu einem Urteil des EuGH (Urteil v. 11.7.2008 – Rs. C-195/08 PPU) FamRZ 2008, 1729 = NJW 2008, 2973, führte, vgl. *Kohler/Pintens* FamRZ 2008, 1669, 1671, und sodann im Fall Detiček ./. Sgueglia (Urteil v. 23.12.2009 – Rs.C-403/09 PPU) FamRZ 2010, 525 f. mit Anm. *Henrich*, S. 526. Kritisch zur Wahl des Eilverfahrens im zweiten Fall s. *Pirrung* in FS Spellenberg, S. 467, 478. Aus Deutschland betraf das erste Vorabentscheidungsverfahren den Fall Purucker ./. Vallés Pérez (Urteil v. 15.7.2010 – Rs. C-256/09 „Purucker I"), s. *Pirrung* IPRax 2011, 50, 51, das aber seitens des BGH im Hinblick auf eine umfassende Erörterung der Probleme im Zuständigkeitsbereich nicht als Eilverfahren beantragt war, vgl. *Pirrung* in FS Spellenberg, S. 467, 477.

1251 EuGH (Urteil v. 11.7.2008 – Rs. C-195/08 PPU: Rinau) FamRZ 2008, 1729, 1731 f. mit Anm. *Schulz*, S. 1732; vgl. auch *Pape*, S. 136, m. w. N.

damit eine Bescheinigung nach Art. 42 EuEheVO ausgestellt werden könne.[1252] Ergeht die herkunftsstaatliche Rückgabeanordnung etwa wegen dort schneller Antragstellung durch den zurückverbliebenen Elternteil dagegen vor der HKÜ-Ablehnungsentscheidung, findet das Exequatur nach den allgemeinen Regeln der Art. 21 ff. EuEheVO statt.[1253]

bb) Keine bedingte Rückgabeanordnung

Da der Wortlaut des Art. 11 VIII EuEheVO auf die Fälle der Rückgabeverweigerung abstellt, drängt sich die Frage auf, ob sich ein herkunftsstaatliches Gericht nur über Entscheidungen aus dem Zufluchtsstaat hinwegsetzen darf, mit denen die Rückgabe vollständig abgelehnt wird, oder ob nicht auch dann eine Vollstreckung einer anderslautenden Entscheidung des Gerichts im Herkunftsstaat vorzunehmen ist, wenn das Gericht im Zufluchtsstaat zwar eine Rückgabe angeordnet hat, aber nur unter einschränkenden Bedingungen. Das würde bedeuten, dass sich das Gericht des Herkunftsstaats über die Ansicht des ersuchten Gerichts, Undertakings zum Schutz des Kindes seien erforderlich, hinwegsetzen könnte.

Bemüht sich das ersuchte Gericht um sichernde Anordnungen im Herkunftsstaat, wird sich dieses Problem in der Regel bereits im Rahmen des Erkenntnisverfahrens lösen lassen, sobald der ersuchte Richter erkennt, dass seine Bemühungen um Orders im Ursprungsstaat erfolglos sind. Ihm bleibt in diesem Fall die Möglichkeit, im Rahmen einer Alles-Oder-Nichts-Entscheidung die Rückgabe abzulehnen, ohne dabei gegen Art. 11 IV EuEheVO zu verstoßen. Erlässt daher der ersuchte Richter statt der anfänglich von ihm anvisierten bedingten Rückgabeanordnung eine vollständige Rückgabeablehnung, kommt es zu einer direkten Anwendbarkeit des Art. 11 VIII EuEheVO und die Frage der analogen Anwendung auf Undertakings wird obsolet. Hier zeigt sich eine Widersprüchlichkeit des Art. 11 EuEheVO: Wollte der ersuchte Richter an sich zunächst die Rückführung veranlassen, scheiterte er aber daran, dass er die von ihm für erforderlich gehaltenen sichernden Maßnahmen im Entführungsstaat angesichts dortiger Weigerung der Behörden nicht veranlassen konnte, so entspräche eine daraufhin von ihm erlassene Rückgabeablehnung zwar dem Art. 11 IV EuEheVO innewohnenden Ultima-ratio-Gedanken, aber dennoch

1252 EuGH (Urteil v. 11.7.2008 – Rs. C-195/08 PPU: Rinau) FamRZ 2008, 1729, 1730 f. mit Anm. *Schulz*, S. 1732.

1253 NK-BGB/*Gruber* Anh. I zum III. Abschn. EGBGB Art. 10 EheVO 2003 Rn 9.

könnten sich die nicht mitwirkungsbereiten Behörden des Herkunftsmitgliedstaats entgegen der ausgewogenen Lösungsversuche des ersuchten Richters mit einer anschließenden Alles-Oder-Nichts-Lösung ihrerseits durchsetzen.

Hat der ersuchte Richter dagegen selbst i. S. d. Art. 11 IV EuEheVO eine (mildere) Vorkehrung (etwa Vorstreckung von Reisekosten) angeordnet, die noch im Hoheitsgebiet des Zufluchtsstaats durchzuführen wäre, könnte eine analoge Anwendbarkeit des Art. 11 VIII EuEheVO zu erwägen sein: Da eine Rückführung in einem solchen Fall (zunächst) verhindert wird, bis der ersuchende Elternteil die ihm obliegenden Aufgaben erfüllt hat, könnte darin eine Ablehnung der Rückgabe gesehen werden, die eine Ersetzung durch eine überholende Rückgabeanordnung aus dem Herkunftsstaat nach Art. 11 VIII EuEheVO erlaube. Dagegen spricht aber, dass bedingte Rückgabeanordnungen letztlich die Rückkehr vereinfachen und realisieren helfen sollen. Würde eine solche bedingte Anordnung durch eine gegenläufige Verfügung aus dem Herkunftsstaat ersetzt, bliebe die Gefahrenlage bestehen. Abgesehen davon, dass dem entführenden Elternteil auf diese Weise jegliche denkbare Motivation zu einer freiwilligen Rückkehr genommen würde, stünde auch die nun anstehende unmittelbare Vollstreckung der ursprungsstaatlichen Rückgabeentscheidung vor einer Reihe tatsächlich ungelöster Probleme, etwa der Vorstreckung von Reisekosten und des Unterhaltsvorschusses noch vor Ort. Es liefe auf einen Zirkelschluss hinaus, wenn der ersuchte Richter in Gefahrensituationen einerseits auf eine Ultima-ratio-Lösung verwiesen wäre, andererseits seine darum erlassene bedingte Rückgabeanordnung durch eine entgegengesetzte Entscheidung aus dem Herkunftsstaat unmittelbar ersetzt werden dürfte. Diese Frage sollte daher – sollte der Fall dennoch eintreten – über das Exequaturverfahren gelöst werden, das dem zufluchtsstaatlichen Gericht unter dem Gesichtspunkt des ordre public die Prüfung ermöglicht, ob die ausländische Herausgabeanordnung ihrerseits ausreichende Vorkehrungen enthält, um dort drohenden Gefahren für das Kind nach seiner Rückkehr vorzubeugen.

cc) Kein Rechtskrafterfordernis

Fraglich ist, ob die im ersuchten Staat zu erlassene Ablehnungsentscheidung rechtskräftig sein muss, damit sie durch eine anderslautende Entscheidung aus dem Herkunftsstaat ersetzt werden kann, oder ob bereits der Erlass der Entscheidung in der ersten Instanz ausreicht: Käme das Vollstreckungssystem des Art. 11 VIII EuEheVO erst ab Rechtskraft der HKÜ-Rückgabeablehnung zur Anwendung, wären die Behörden im Zufluchtsstaat selbst noch in der Lage die Rückführung zu veranlassen, wenn sich in der zweiten Instanz herausstellen sollte, dass die Rückgabeablehnung in der ersten Instanz nicht gerechtfertigt war. Eine unmittelbare Vollstreckung der Rückgabeentscheidung aus dem Herkunftsmitgliedstaat wäre in diesem schwebenden Zustand insoweit noch nicht erforderlich. So hatte im Fall „Rinau“ das erstinstanzlich ersuchte Gericht in Litauen die Rückgabe zwar zunächst verweigert. Auf Berufung des in Deutschland zurückverbliebenen Elternteils wurde die ablehnende Entscheidung aber noch von den Behörden in Litauen selbst aufgehoben und die Rückgabe angeordnet.[1254] *Coester-Waltjen* gibt zu bedenken, dass die Möglichkeit einer Revision der Rückgabeablehnung direkt im Vollstreckungsstaat vielleicht weniger Konfrontation verursache als eine unmittelbare Vollstreckung nach Artt. 11 VIII i. V. m. 40, 42 EuEheVO; die Regelung enthalte viel Zündstoff, der sich auch kontraproduktiv auswirken könne etwa in Form von Weiterentführungen in Drittstaaten und Weigerungstaktiken der Gerichte bei der Vollstreckung.[1255]

Nichtsdestoweniger war es laut *Schulz* Praxis der Zentralen Behörden, schon die erstinstanzlichen, noch anfechtbaren Ablehnungsentscheidungen an die zuständigen Gerichte im Ausgangsstaat weiterzuleiten; da das HKÜ-Rückgabeverfahren und das Sorgerechtsverfahren mangels Rechtshängigkeitssperre würden parallel geführt werden dürfen, sei diese Vorgehensweise vom EuGH bestätigt und eine Anwendung des unmittelbaren Vollstreckungssystems der Artt. 40 ff. EuEheVO auch auf nicht rechtskräftige erstinstanzliche Entscheidungen als gerechtfertigt angesehen worden.[1256] Selbst wenn im Zufluchtsstaat nach dortigem Recht noch vollstreckungsrechtliche Zwischenstreite etwa zur Aussetzung der Rückgabeanordnung geführt würden, seien diese, so der EuGH, für die Vollstreckung ohne Exequatur unbedeutend und schadeten nicht der überholenden Wirkung nach Art. 11 VIII EuEheVO.[1257] Damit wurde zwar die rechtstheoretische Frage des Rechtskrafterfordernisses als nicht erforderlich einer Klärung zugeführt; ob diese Lösung allerdings unter Berücksichtigung

---

1254 S. EuGH (Urteil v. 11.7.2008 – Rs. C-195/08 PPU: Rinau) FamRZ 2008, 1729 ff. mit Anm. *Schulz,* S. 1732.

1255 *Coester-Waltjen* FamRZ 2005, 241, 247. S. dazu *Pape,* S. 137 die Einlegung eines Rechtsmittels gegen die Rückgabeablehnung als rückgabeverzögernd ablehnend.

1256 So *Schulz* zu EuGH (Urteil v. 11.7.2008 – Rs. C-195/08 PPU: Rinau) FamRZ 2008, 1729, 1731 mit Anm. *Schulz,* S. 1732, 1733 samt Fn 5; s. dazu auch *Rieck* NJW 2008, 2959, 2960 ff.; *Gruber* IPRax 2009, 413, 415; Thomas/Putzo-*Hüßtege* Art. 11 EuEheVO Rn 8. S. zur parallelen Verfahrensführung bereits oben 2. Teil. A. III. 2. a („Keine Identität des Streitgegenstandes“).

1257 EuGH (Urteil v. 11.7.2008 – Rs. C-195/08 PPU: Rinau) FamRZ 2008, 1729, 1732 mit Anm. *Schulz,* S. 1732; s. dazu *Rieck* NJW 2008, 2958, 2960 ff., der hervorhebt, dass sich ein Rechtskrafterfordernis auch nicht aus dem Wortlaut des Art. 11 VI EuEheVO entnehmen lasse.

der vorgenannten Kritikpunkte der Verwirklichung des Minderjährigenschutzes dienlich ist, ist fraglich und wird sich in der Praxis zeigen. *Helms*[1258] ging schon 2002 davon aus, dass trotz Abschaffung des Exequaturs die ausländische Rückführungsentscheidung im Zufluchtsstaat nicht „blind exekutiert" werden könne und somit die Überprüfung der klassischen Anerkennungsversagungsgründe insbesondere des ordre public vom Exequaturverfahren in das innerstaatliche Vollstreckungsverfahren verlagert werde. Die Auslegung des EuGH zur Frage der Rechtskraft ist als weit zu verstehen und könnte daher das von *Coester-Waltjen* und *Helms* angesprochene, dem unmittelbaren Vollstreckungssystem innewohnende Konfliktpotential noch verstärken.

dd) Maßgebliche Ablehnungsgründe

Art. 11 VIII EuEheVO nimmt nach seinem Wortlaut lediglich auf Art. 13 HKÜ Bezug. Fraglich ist demzufolge, ob die ursprungsstaatliche Letztentscheidungsbefugnis und die daran geknüpfte unmittelbare Vollstreckung im Zufluchtsmitgliedstaat ausschließlich gegenüber kollidierenden Ablehnungsentscheidungen ausgeübt werden darf, die auf der Basis des Art 13 HKÜ erlassen wurden oder auch im Fall von anderen HKÜ-Ablehnungsgründen.[1259] Nach seinem Wortlaut unterscheidet Art. 11 VIII EuEheVO auch nicht zwischen den unterschiedlichen Varianten des Art. 13 HKÜ. Insoweit ist davon auszugehen, dass eine Anwendung des Art. 11 VIII EuEheVO jedenfalls auf Rückgabeablehnungen nach Maßgabe des Art. 13 I lit. b HKÜ sowie auf Fälle entgegenstehenden Kindeswillens gem. Art. 13 II HKÜ gewollt ist.

(1) Fehlende faktische Kompensation

Der uneingeschränkte Verweis in Art. 11 VIII EuEheVO auf Art. 13 HKÜ schließt prima facie auch den Fall des Art. 13 I lit. a HKÜ ein. Als problematisch könnten sich daher nicht nur rechtsdogmatisch, sondern insbesondere in der Praxis diejenigen Fälle erweisen, in denen die Rückgabeablehnung nicht auf einem richterlichen Ermessen des ersuchten Richters nach Maßgabe des Art. 13 I lit. b oder II HKÜ beruht, sondern darauf, dass bereits die Anwendung des HKÜ

1258 *Helms* FamRZ 2002, 1593, 1602, m. w. N.; s. dazu *Pape*, S. 137 f., m. w. N., die Rückführungsregeln dennoch innereuropäisch „zu Recht als gelungen" bezeichnend.

1259 Zu dieser Frage schon im Rahmen der Unterrichtungspflicht s. o. 3. Teil. C. III. 2. b („Diskussion um eine analoge Anwendung") sowie im Rahmen von Vorkehrungen s. o. 4. Teil. A. V („Anwendung von Vorkehrungen auf weitere HKÜ-Ablehnungsgründe").

nach Artt. 13 I lit. a) Alt. 1 i. V. m. 3 I lit. b HKÜ[1260] wegen des Nachweises fehlender tatsächlicher Sorgerechtsausübung durch den Antragsteller, mithin wegen mangelnder Widerrechtlichkeit der Kindesverbringung durch die antragsgegnerische Person abzulehnen war.[1261]

Eine Anwendung des Art. 11 VIII EuEheVO auf diesen Fall könnte dazu führen, dass einerseits das ersuchte Gericht schon mangels Widerrechtlichkeit die Anwendung des HKÜ ablehnt, andererseits aber das ursprungsstaatliche Gericht eine unmittelbare Vollstreckung seiner gegenläufigen Rückgabeanordnung fordert. So könnte sich das Gericht des Herkunftsmitgliedstaats auf der Basis erleichterter Widerrechtlichkeitsmaßstäbe gem. Art. 2 Ziff. 11 lit. b EuEheVO nach Art. 10 EuEheVO für weiter zuständig erachten und die bereits in der Zulässigkeitsprüfung ermittelte Widerrechtlichkeit auf die materiellrechtliche Prüfung übertragen haben mit der Folge, dass es im Gegensatz zum ersuchten Richter von einer Widerrechtlichkeit des Verbringens ausgeht. Denn kaum vorstellbar ist, dass derselbe Richter im Herkunftsmitgliedstaat zwar im Rahmen der Zuständigkeitsprüfung nach dem erleichterten Maßstab des Art. 2 Ziff. 11 lit. b EuEheVO von einer rechtswidrigen Verbringung und damit seiner durch Art. 10 EuEheVO fortgesetzten Zuständigkeit ausgeht, sich aber im Rahmen der materiellrechtlichen Prüfung dann davon beeindrucken lässt, dass der ersuchte Richter sogar die Anwendung des HKÜ in Ermangelung einer Widerrechtlichkeit abgelehnt hat.[1262] Die Rückgabeanordnung seitens des ursprungsstaatlichen Gerichts könnte sich unmittelbar durchsetzen, selbst wenn der ersuchende Elternteil ohne faktisch sorgenden Beitrag, nicht einmal im Umfang eines Umgangskontaktes,[1263] seine bloß formalrechtliche Stellung geltend macht. Für die betroffenen Parteien wäre es in der praktischen Anwendung der Regelungswerke schwer nachzuvollziehen, weshalb das eine Gericht zu der Überzeugung gelangt, dass in Ermangelung eines Widerrechtlichkeitstatbestandes eine Rückführung nach dem HKÜ von vornherein abzulehnen ist, aber das Gericht des bisherigen Aufenthaltsstaats auf der Basis angenommener Widerrechtlichkeit sich demgegenüber soll durchsetzen können.

1260 Bei Zustimmung des Sorgeberechtigten i. S. v. Art. 13 I lit. a) Alt. 2 HKÜ dürfte es praktisch kein Problem hinsichtlich des Art. 11 VIII EuEheVO geben, da im Hinblick auf die materiellrechtliche Wirkung der Zustimmung eine Rückgabeanordnung aus dem Herkunftsmitgliedstaat kaum zu erwarten ist.

1261 S. dazu oben 2. Teil. A. IV. 1 („Faktischer Ausgleich im Rahmen des HKÜ").

1262 S. zu diesem grundsätzlich hinzunehmenden Widerspruch oben 2. Teil. A. IV. 4. b („Geltung des formalisierten Widerrechtlichkeitsbegriffs").

1263 S. o. 2. Teil. A. IV. 1 („Faktischer Ausgleich im Rahmen des HKÜ").

Dieses Ergebnis kann jedoch durch eine angemessen ausgleichende Lösung vermieden werden: Wie oben[1264] untersucht, sollte der Widerrechtlichkeitsbegriff der EuEheVO nicht auf den engeren Begriff des HKÜ durchschlagen, sondern stattdessen der weite Widerrechtlichkeitsbegriff der Verordnung bei Überschneidung mit dem HKÜ teleologisch reduziert werden, um Entscheidungsgleichklang herzustellen. Jedenfalls der mit dem HKÜ verzahnte Art. 11 EuEheVO wäre dann in dieser Fallkonstellation unanwendbar. Erlässt aber dennoch das (nach Artt. 8 oder 10 EuEheVO zuständige) Gericht des Ausgangsstaats eine kollidierende Herausgabeanordnung, unterfiele diese dem Exequatur und damit der Prüfung, ob die kollidierende Rückgabeentscheidung im Hinblick auf die unterschiedlichen Bewertungsmaßstäbe im Zufluchtsmitgliedstaat anzuerkennen ist (Art. 23 lit a EuEheVO).[1265] Soll die Rückgabe auf der Basis eines bloß formal geltend gemachten Rechts durchgesetzt werden, sollte dann eine Anerkennung auch im Lichte der für beide Vertragsstaaten verpflichtenden HKÜ-Bewertungsmaßstäbe zu versagen sein.

(2) Überschreitung des Kindesalters

Eine (analoge) Anwendung des Art. 11 VIII EuEheVO auf Rückgabeablehnungen nach Art. 4 Satz 2 HKÜ wird erwogen, wenn das Kind inzwischen 16 Jahre alt ist und damit eine Rückgabeablehnung wegen Wegfalls des HKÜ veranlasst ist.[1266] Es käme zu derselben Problematik wie bei Art. 13 I lit. a) Alt. 1 HKÜ: Über eine Anwendung des Art. 11 VIII EuEheVO könnte sich eine herkunftsstaatliche Rückgabeanordnung unmittelbar durchsetzen, obwohl das HKÜ dies aufgrund des Alters des Kindes nicht mehr zulassen will. Wie oben[1267] festgestellt, schlägt die Altersgrenze des HKÜ auf Art. 11 EuEheVO durch. Ab einem Alter von 16 Jahren ist eine Anwendung des unmittelbaren Vollstreckungssystems daher abzulehnen. Sollte es im Einzelfall im Ursprungsstaat dennoch

1264 S. o. 2. Teil. A. IV. 4. b) bb („Lösung im Wege teleologischer Reduktion").

1265 Damit sich die HKÜ-Rückgabeablehnung gegen die kollidierende ausländische Entscheidung durchsetzen kann, müsste sie aufgrund des Posterioritätsgrundsatzes des Art. 23 lit. e EuEheVO später erlassen worden sein, s. dazu bereits oben 4. Teil. C. I. 2. b („Lösung über das Posterioritätsprinzip"). Da dies in Fällen des Art. 11 VIII EuEheVO gerade nicht anzunehmen sein wird, dürfte daher hier v. a. die Beachtung der HKÜ-Ablehnungsgründe über den Ordre-public-Vorbehalt maßgebend sein, s. dazu bereits oben 4. Teil. C. I. 1. a und 2. d („Lösung über den Ordre-public-Vorbehalt").

1266 Diese Frage aufwerfend, aber i. E. ablehnend Staudinger-*Pirrung* (2009) Vorbem C 69 zu Art 19 EGBGB.

1267 2. Teil. B. II. 3. a („Altersgrenze des Art. 11 EuEheVO").

zu einer Herausgabeentscheidung bezüglich eines 16jährigen Minderjährigen kommen, dann ist eine Vollstreckung im Zufluchtsstaat nach den allgemeinen Regeln einschließlich der Vorschaltung eines Anerkennungs- und Vollstreckbarerklärungsverfahrens zu veranlassen, innerhalb dessen es zu einer Beachtung des ordre public auch im Hinblick auf menschenrechtliche Aspekte bei der Vollstreckung gegen einen nahezu Erwachsenen kommen müsste.[1268]

(3) Integrationseinwand und ordre public

Umstritten ist eine analoge Anwendung des Art. 11 VIII EuEheVO auf Ablehnungsentscheidungen auf der Basis der Artt. 12 II oder 20 HKÜ. Besondere Bedeutung erlangt die Frage einer analogen Anwendung, soweit gerade zur Vermeidung des unmittelbaren Vollstreckungssystems zu den Ablehnungsgründen der Artt. 12 II und 20 HKÜ gegriffen werden könnte.[1269]

(a) Keine planwidrige Regelungslücke

Befürworter einer analogen Anwendung verneinen einen sachlichen Grund für eine Ungleichbehandlung der Fälle. Nach dieser Ansicht bestünden keine Anhaltspunkte dafür, dass die Beschränkung auf Art. 13 HKÜ auf einer bewussten gesetzgeberischen Entscheidung beruhe, sondern möglicherweise darauf, dass allgemein meist nur die Ablehnung nach Art. 13 I lit. b HKÜ „vor Augen“[1270] stehe.[1271]

Dieser Ansicht wird der Wortlaut des Art. 11 VIII EuEheVO entgegengehalten, der sich ausschließlich auf Rückgabeablehnungen nach Art. 13 HKÜ

1268 S. dazu oben B. II. 1 („Altersbegrenzung von HKÜ und EuSorgeRÜ“). Zur Rückgabevollstreckung bei nahezu Erwachsenen unter menschenrechtlichen Gesichtspunkten s. *Siehr* IPRax 2010, 583, 584, m. w. N.

1269 Laut *Trimmings,* S. 107 („Some Evidence of Avoidance of the Use of Article 13“) ergaben sich anlässlich von 2005/06 gemachten Erhebungen Hinweise auf solche Vermeidungsstrategien.

1270 *Holzmann,* Brüssel IIa VO, S. 196 unter Verweis auf *Solomon* FamRZ 2004, 1409, 1417, m. w. N. S. dazu schon oben 4. Teil. A. V. 1. a („Keine unbewusste Regelungslücke“)

1271 NK-BGB/*Gruber* Anh. I zum III. Abschn. EGBGB Art. 11 EheVO 2003 Rn 18; *Gruber* AnwBl 2005, 209, 210 Fn 21; *Solomon* FamRZ 2004, 1409, 1417 mit Fn 83. Dem Argument übersehener anderer Ablehnungsgründe zwar nicht folgend, aber i. E. ebenso *Holzmann,* Brüssel IIa VO, S. 215 f., bewusst hierzu eine andere Meinung vertretend als sie sie in Bezug auf Art. 11 IV EuEheVO vertritt. Thomas/Putzo-*Hüßtege* Art. 11 EuEheVO Rn 7 f. erscheint zwar eine analoge Anwendung der Abs. 6 und 7 sachgerecht, er betont aber in Bezug auf Abs. 8 wiederholt eine Rückgabeablehnung nach Art. 13 HKÜ.

beziehe.[1272] Dem Einwand des Wortlauts wiederum ist entgegenzuhalten, dass, wie oben bereits ausgeführt, der Bezugnahme des Art. 11 VIII EuEheVO auf Art. 13 HKÜ eine „gewisse Unschärfe“[1273] zugeschrieben wird. So muss zwar die Formulierung („Ungeachtet“) nicht notwendigerweise ausschließlich auf eine Entscheidung nach Art. 13 HKÜ hinweisen. Ersichtlichermaßen gehen jedoch auch diejenigen Stimmen davon aus, dass der Wortlaut nur auf Art. 13 HKÜ verweist, die sich für eine analoge Anwendung des Art. 11 VIII EuEheVO auf andere Ablehnungsgründe aussprechen, gerade weil sie den Wortlaut als direkte Bezugnahme nur auf Art. 13 HKÜ verstehen. Das Argument des entgegenstehenden Wortlauts allein dürfte daher nicht genügen, um eine analoge Anwendbarkeit abzulehnen.

Gegen eine analoge Anwendung spricht aber zusätzlich der parallele Wortlaut im Vollstreckungsrecht: Das Gericht des Ursprungsstaats stellt die für die unmittelbare Vollstreckung erforderliche Bescheinigung gem. Art. 42 II EuEheVO nur aus, wenn das Kind die Möglichkeit hatte, gehört zu werden, sofern eine Anhörung nicht aufgrund seines Alters oder seines Reifegrads unangebracht erscheint (lit. a), wenn die Parteien die Gelegenheit hatten, gehört zu werden (lit. b) und wenn das Gericht des Ursprungsstaats bei Erlass seiner Entscheidung die Gründe und Beweismittel berücksichtigt hat, die der nach Art. 13 HKÜ ergangenen Entscheidung zugrunde liegen (lit. c).[1274] Bei der Frage einer Ausstellung der für die direkte Vollstreckung erforderlichen Bescheinigung wird also ebenfalls nur von Verweigerungsgründen nach Art. 13 HKÜ ausgegangen. Es erscheint insoweit nicht als gesetzgeberischer Zufall, dass wiederholt der Verweis auf weitere Ablehnungsgründe unterlassen wurde. Auch ein systematischer Vergleich mit Art. 11 II, IV und VI EuEheVO, die sämtliche in unterschiedlicher Weise mal auf Artt. 12 und 13 HKÜ, mal konkret auf Art. 13 I lit. b HKÜ oder auch nur auf Art. 13 HKÜ Bezug nehmen, zeigt, dass es sich bei der Bezugnahme allein auf Art. 13 HKÜ in Absatz VIII nicht um ein gesetzgeberisches Versehen handeln dürfte, sondern je nach Absatzinhalt unterschiedliche Verweise gewollt sind.[1275] Außerdem ist in der Wiederholung des Verweises auf Art. 13 HKÜ erkennbar,

---

1272 *Völker* FamRZ 2010, 157, 159; Prütting/Gehrlein-*Völker* Brüssel IIa Art. 11 Rn 8.

1273 EuGH (Urteil v. 11.7.2008 – Rs. C-195/08 PPU: Rinau) FamRZ 2008, 1729, 1731 mit Anm. *Schulz*, S. 1732 ff.; s. dazu oben 4. Teil. C. II. 1. a) aa („Erlasserfordernis („ob“)“).

1274 In anderem Zusammenhang betont durch den EuGH (Urteil v. 22.12.2010 – Rs. C-491/10 PPU: Aguirre Zarraga ./. Pelz) FamRZ 2011, 355, 357.

1275 In Bezug auf Art. 11 IV EuEheVO ebenso *Holzmann*, Brüssel IIa VO, S. 196 f., m. w. N.

dass Art. 11 VI–VIII und Art. 42 EuEheVO auch insoweit aufeinander abgestimmt werden sollten. Schon von einer planwidrigen Regelungslücke, weil nur Fälle des Art. 13 HKÜ vor Augen gestanden hätten, kann daher nicht ausgegangen werden.

(b) Keine Vergleichbarkeit

Die Verweigerungsgründe der Artt. 12 II und 20 HKÜ selbst sprechen aber auch inhaltlich gegen eine analoge Anwendung:

(aa) Integrationseinwand

Das Zufallbringen einer Rückgabeverweigerung nach Art. 12 II HKÜ durch eine gegenläufige Entscheidung des Herkunftsstaats würde für das Kind bedeuten, dass es aus seinem inzwischen vollständig vertrauten Umfeld im ersuchten Staat herausgerissen und in den mittlerweile ungewohnten Herkunftsstaat zurückgeführt würde.[1276] Wie oben[1277] bereits zur Frage der Analogiefähigkeit des Art. 11 IV EuEheVO ausgeführt, sind praktisch schon keine Vorkehrungen denkbar, die geeignet wären, dieser Gefahrenlage beizukommen. So lässt sich das im ersuchten Staat aufgebaute soziale Umfeld nicht im Herkunftsstaat fingieren. Während eine Gefahr i. S. v. Art. 13 I lit. b HKÜ durch eine entsprechende Vorkehrung im Herkunftsstaat einzudämmen sein mag, ist dies in Bezug auf die Integration nicht gegeben. Auch eine analoge Anwendung des Art. 11 VIII EuEheVO scheidet damit mangels Vergleichbarkeit der Gefahrenlage der Artt. 13 I lit. b und 12 II HKÜ aus. Wird aus kinderpsychiatrischer Sicht schon für problematisch gehalten, das Einleben des Kindes vor Jahresablauf nicht zu prüfen,[1278] dann muss erst recht wenigstens die Feststellung der Integration nach Ablauf dieser Frist Bestandsschutz gegenüber anderslautenden Entscheidungen des Herkunftsstaats genießen.

(bb) ordre public

Im Hinblick auf Art. 20 HKÜ[1279] wird innerhalb der EU kaum davon ausgegangen, dass es zu einer darauf basierenden Rückgabeablehnung überhaupt

---

1276 Rücksichtnahme auf das Einleben des Kindes in diesem Zusammenhang einfordernd und eine analoge Anwendung auf Art. 12 II HKÜ deshalb ablehnend s. ebenfalls *Tödter,* S. 180.

1277 4. Teil. A. V. 2 („Vorkehrungen gegenüber dem Integrationseinwand").

1278 So *Klosinski* FPR 2001, 206, 207.

1279 S. dazu 4. Teil. A. V. 1 („Vorkehrungen bei Verstoß gegen Menschenrechte und Grundfreiheiten").

kommen wird.[1280] Die Ausdehnung der EU, mithin bereits bestehende Tendenzen die justizielle Zusammenarbeit mit bestimmten Mitgliedstaaten vorerst auszusetzen,[1281] lassen aber durchaus zu und machen sogar erforderlich, diese Frage wenigstens rechtstheoretisch zu beantworten: Sieht der ersuchte Richter einen Anlass, die Rückgabe des Kindes in den Ursprungsstaat wegen eines Verstoßes gegen innerstaatliche Grund- oder Menschenrechtrechtsvorstellungen abzulehnen, kann nicht der Verweis auf das generelle zwischen den EU-Mitgliedstaaten bestehende Vertrauen in die Rechtsordnung des anderen Staates genügen, wie sich letztlich auch aus einem vergleichenden Blick in das allgemeine Anerkennungs- und Vollstreckungssystem der EuEheVO ergibt, das mit Artt. 23 lit. a i. V. m. 21 I EuEheVO zwischen den Mitgliedstaaten auch grundsätzlich einen Ordre-public-Vorbehalt[1282] bereitstellt. Innerstaatlich ließe es sich in einem solchen Fall „mit Rücksicht auf die Grundrechte des Kindes nicht legitimieren, die im Herkunftsstaat ergangene Entscheidung zu vollstrecken, ohne deren Vereinbarkeit mit dem ordre public auch nur zu prüfen."[1283] Liegt ein außergewöhnlich gravierender Fall vor, der eine Ablehnung der Rückführung in einen Herkunftsstaat wegen Verstoßes gegen den Ordre-public-Vorbehalt nach Art. 20 HKÜ rechtfertigt, wäre es sinnwidrig, dem Gericht des Herkunftsstaats, dessen Rechtsanwendung die Anwendung dieses Vorbehalts auslöst, zuzugestehen, die auf der Basis rechtsstaatlicher Wertvorstellungen ergangene Ablehnungsentscheidung des Zufluchtsstaats auszuhebeln und durch eine eigene unmittelbar vollstreckbare Entscheidung zu ersetzen.[1284]

(cc) Ergebnis

Eine analoge Anwendung des unmittelbaren Vollstreckungssystems auf Artt. 12 II und 20 HKÜ ist daher abzulehnen. Wenn bei Ablehnungsentscheidungen auf diese Artikel ausgewichen wird,[1285] zeigt dies, dass die praktische Anwendung dieses Systems nicht so angenommen wird, wie dies vielleicht erwartet wurde und die Umsetzung des Systems an ihre Grenzen stößt, wenn der ersuchte Richter die konkreten Kindesinteressen auf seine Weise zu wahren versucht, in dem Wissen, mit einer Art. 13 I lit. b HKÜ-Entscheidung nicht das letzte Wort zu

1280 *Looschelders* JR 2006, 45, 50 f., m. w. N. S. o. 4. Teil. A. V. 1 („Vorkehrungen bei Verstoß gegen Menschenrechte und Grundfreiheiten")

1281 Vgl. Thomas/Putzo-*Hüßtege* Vorbem Art. 1 EuEheVO Rn 2.

1282 S. dazu *Hausmann* IntEuSchR J 76 ff.

1283 So *Looschelders* JR 2006, 45, 51.

1284 I. E. ebenso *Tödter,* S. 180.

1285 S. hierzu *Trimmings,* S. 107.

haben. Fraglich ist, ob sich hier nicht ein Bedürfnis spiegelt, das unmittelbare Vollstreckungssystem als solches zu überdenken anstatt es noch zu erweitern.

b) Anforderungen an die Rückgabeanordnung aus dem Ursprungsmitgliedstaat

Im Folgenden wird zu klären sein, welche Anforderungen an die Entscheidung des Gerichts des Ursprungsmitgliedstaats zu stellen sind, damit das unmittelbare Vollstreckungssystem des Art. 11 EuEheVO zu Anwendung gelangt.

aa) Zuständigkeitserfordernis

Art. 11 VIII EuEheVO setzt nach seinem Wortlaut voraus, dass die unmittelbar zu vollstreckende Rückgabeentscheidung der Herkunftsstaats von einem nach der EuEheVO zuständigen Gericht getroffen wurde. Bei Anerkennung von Entscheidungen, die nicht in den Anwendungsbereich des Art. 11 VIII EuEheVO fallen, verbietet die Verordnung mit Art. 24 EuEheVO hingegen die Überprüfung der Zuständigkeit des Erlassgerichts.[1286] Der Wortlaut des Art. 11 VIII EuEheVO, mithin die Einfügung des Zuständigkeitserfordernisses in einem eigenen mit „und" verknüpften Nebensatz („... und die von einem nach dieser Verordnung zuständigen Gericht erlassen wird,...") deuten darauf hin, dass es sich hierbei nicht um ein bloß gesetzgeberisches Versehen handelt. Es erscheint fraglich, warum einerseits die fehlende Zuständigkeit im Rahmen des Exequaturs kein Anerkennungshindernis darstellt, aber andererseits gerade die Vollstreckung ohne Exequatur nach Maßgabe des Art. 11 VIII EuEheVO von der Zuständigkeit des Gerichts des Ursprungsmitgliedstaats abhängig sein soll. Kapitel III Abschnitt 4 verbietet eine Überprüfung der Zuständigkeit zwar nicht ausdrücklich, die Kontrolle dieser in Art. 11 VIII EuEheVO ausdrücklich vorgesehenen Voraussetzung wird allerdings auch nicht besonders sichergestellt, auch nicht in Art. 42 EuEheVO, der die Ausstellung der Bescheinigung an die Einhaltung verfahrensrechtlicher Mindeststandards knüpft.

Der EuGH sieht die Kontrollmöglichkeiten bezüglich der Rückgabeentscheidung des Gerichts des Ursprungsstaats auf dortige Rechtsmittel beschränkt.[1287] Fragen der Zulässigkeit und Begründetheit einschließlich etwaiger Zuständigkeitsrügen seien vor den Gerichten des Ursprungsmitgliedstaats nach dessen

---

1286 Laut *Finger* ist aber nötig, dass das fremde Gericht auf Grund eigener Prüfung zu der Ansicht gelange, dass seine internationale Zuständigkeit bei Verfahrenseinleitung nach europarechtlichen oder staatsvertraglichen Vorschriften gegeben sei, s. *Finger* FuR 2007, 67, 72 unter Verweis auf BGH JAmt 2006, 40, 41.

1287 Staudinger-*Pirrung* (2009) Vorbem C 162 zu Art 19 EGBGB, m. w. N.

Recht geltend zu machen.[1288] So setzt die unmittelbare Vollstreckung der herkunftsstaatlichen Letztentscheidung nach dem Wortlaut des Art. 11 VIII EuEheVO die Zuständigkeit des dortigen Erlassgerichts zwar voraus, Kontrollen hierzu sind aber nur dem dortigen nationalen Verfahren vorbehalten und werden von der EuEheVO selbst nicht autonom vorgesehen. Soll die Zuständigkeitsanknüpfung des Art. 11 VIII EuEheVO nicht zu einer Leerformel werden, wird diese Frage daher nur im Rahmen des zufluchtsstaatlichen Vollstreckungsverfahrens zu lösen sein, indem der ersuchte Richter bei Unzuständigkeit des Erlassgerichts die von dort ausgestellte Bescheinigung wegen Gesetzeswidrigkeit[1289] als unwirksam behandeln könnte. Da Art. 42 EuEheVO diesen Fall selbst nicht kontrollierend berücksichtigt, wird dies insoweit aber allenfalls zu vertreten sein, wenn es sich im Fall der Unzuständigkeit des Erlassgerichts schon um keine (wirksame) Entscheidung i. S. v. Artt. 42 I i. V. m. 40 I lit. b, 11 VIII EuEheVO handelt.

bb) Art der Verfahrenseinleitung („wie")

Da der Exequaturverzicht des Art. 11 VIII EuEheVO darauf beruht, dass (also „ob") der herkunftsstaatlichen Sorgerechtsentscheidung eine HKÜ-Rückgabeablehnung vorausging,[1290] drängt der systematische Zusammenhang mit Art. 11 VI und VII EuEheVO auf, dass das sorgerechtliche Verfahren im Herkunftsstaat dementsprechend auch mit der Übermittlung der Rückgabeablehnung in Gang gesetzt worden sein muss: Art. 11 VIII EuEheVO als „Fremdkörper"[1291] in Kapitel I Abschnitt 2 EuEheVO, der seinen Standort letztlich der Sachnähe zu Art. 10 EuEheVO und dem Verzicht auf ein eigenes Entführungskapitel verdankt, und der als Regelung zur Vollstreckbarkeit sachlich an sich stattdessen dem Kapitel III Abschnitt 4 zuzuordnen wäre, soll nach *Pirrung* eng auszulegen sein und als bloße Fortsetzung des Verfahrens nach Art. 11 VI und VII EuEheVO angesehen werden, das alleine die mit Abs. 8 verbundene Privilegierung rechtfertige.[1292]

1288 EuGH (Urteil v. 1.7.2010 – Rs. C-211/10 PPU: Povse ./. Alpago) FamRZ 2010, 1229, 1233. S. zur Kontrollbeschränkung auf die herkunftsstaatlichen Behörden insb. unten 4. Teil. C. II. 2 („Kontrolldefizit des unmittelbaren Vollstreckungssystems").

1289 Vgl. den Gedanken von Rauscher/*Rauscher* EuZPR/EuIPR (2010) Art. 43 Brüssel IIa-VO Rn 8, bei schwersten Mängeln der ausgestellten Bescheinigung selbst, allerdings dort bezogen auf die funktionale Geschäftsverteilung; s. vergleichsweise auch *Oelkers/Kraeft* FuR 2002, 355, 358 m. w. N., die Bindungswirkung einer Widerrechtlichkeitsbescheinigung im Fall greifbarer Gesetzeswidrigkeit verneinend.

1290 S. o. 4. Teil. C. II. 1. a) aa („Erlasserfordernis („ob") und Posteriorität („wann")).

1291 *Fleige*, S. 122.

1292 Staudinger-*Pirrung* (2009) Vorbem C 71 zu Art 19 EGBGB. S. zum Standort der Regelung oben 1. Teil. B. II. 1 („Schnelle Erarbeitung") und 2. Teil. A. II. 2. c

Auch die vorgenannten, vom EuGH selbst aufgestellten Anforderungen an die vorausgegangene HKÜ-Rückgabeablehnung sprechen dafür:[1293] Die vom ursprungsstaatlichen Gericht zu berücksichtigenden Gründe und Beweismittel für den Erlass der HKÜ-Rückgabeablehnung (Art. 42 II Satz 1 lit. c EuEheVO) dürften sich regelmäßig gerade aus den mit der Rückgabeverweigerung übersandten Dokumenten ergeben.[1294] Auch der Beschleunigungsgrundsatz rechtfertigt nicht, auf den Unterrichtungsweg zu verzichten: Da die HKÜ-Rückgabeablehnung ohnehin – wie oben[1295] ausgeführt – bereits vor ihrer Rechtskraft weitergeleitet wird,[1296] ist eine schnelle Unterrichtung und somit eine schnelle Verfahrenseinleitung auch auf diesem Weg gewährleistet.[1297]

Nach anderer Ansicht kommt es dagegen auf die Art der Verfahrenseinleitung nicht an:[1298] So äußert sich Art. 11 VIII EuEheVO nur zur Posteriorität, also zum „ob" und „wann" der Entscheidungen, lässt das „wie" der Verfahrenseinleitung aber offen. Der Wortlaut des Art. 11 VII EuEheVO („Sofern die Gerichte (…) nicht bereits von einer der Parteien befasst wurden") lässt jedoch erkennen, dass im Herkunftsmitgliedstaat ungeachtet des in Art. 11 VI EuEheVO vorgesehenen Unterrichtungsweges bereits ein Sorgerechtsverfahren laufen könnte.[1299] Trotz seiner vorgenannten Feststellungen zur Berücksichtigung der vorausgegangen ablehnenden Entscheidungsgründe legte der EuGH schließlich fest, dass eine Verfahrenseinleitung nach Art. 11 VI und VII EuEheVO nicht erforderlich sei, sondern ausreiche, dass das Sorgerechtsverfahren zum Zeitpunkt der HKÜ-Entscheidung schon laufe.[1300] Die Rechtfertigung des Exequaturverzichts durch eine besondere Verfahrenseinleitung im Wege der Unterrichtung wird damit obsolet.

(„Anwendung des HKÜ im Verhältnis zur EuEheVO"). Den sachlichen Zusammenhang ebenso betonend s. *Pape,* S. 145.

1293 S. EuGH (Urteil v. 11.7.2008 – Rs. C-195/08 PPU: Rinau) FamRZ 2008, 1729, 1731 f. mit Anm. *Schulz,* S. 1732; vgl. auch *Pape,* S. 136, m. w. N. S. dazu oben 4. Teil. C. II. 1. a) aa („Erlasserfordernis („ob") und Posteriorität („wann")).

1294 Hk-ZPO/*Dörner* EheGVVO Art. 42 Rn 7.

1295 S. o. 4. Teil. C. II. 1. a) cc („Kein Rechtskrafterfordernis").

1296 S. dazu klarstellend *Rieck* NJW 2008, 2958, 2962.

1297 Den Beschleunigungsgrundsatz aber betonend s. *Rieck* NJW 2008, 2958, 2961.

1298 Vgl. *Gruber* IPRax 2009, 413, 415.

1299 Auch *Janzen/Gärtner* IPRax 2011, 158, 160 sprechen von einer Unterrichtungspflicht, „soweit nicht ohnehin bereits ein solches Verfahren anhängig ist."

1300 *Schulz* zu EuGH (Urteil v. 1.7.2010 – Rs. C-211/10 PPU: Povse ./. Alpago) FamRZ 2010, 1307 (LS) mit Anm. *Schulz,* S. 1307, 1308 f.; *dies.* zu EuGH (Urteil v. 11.7.2008 – Rs. C-195/08 PPU: Rinau) FamRZ 2008, 1729 mit Anm. *Schulz,* S. 1732, 1734.

cc) Erforderlicher Regelungsgehalt

Zu klären ist, ob es sich bei der Entscheidung, aufgrund derer die Rückgabeablehnung ersetzt wird, um eine echte und endgültige Sorgerechtsentscheidung handeln muss, oder ob dafür eine isolierte eigene Rückgabeentscheidung des ursprungsstaatlichen Gerichts ausreichend ist:

(1) Weite Auslegung des EuGH

Nach weiter Auffassung des EuGH erfasst der Anwendungsbereich des Art. 11 VIII EuEheVO jede spätere Entscheidung aus dem Herkunftsstaat, mit der die Rückgabe angeordnet wird, nicht nur diejenige, die auf einer endgültigen Entscheidung über das Sorgerecht beruhe.[1301] Diese Ansicht beruht auf der Überlegung, dass durch die Rückgabe des Kindes in den Herkunftsstaat die dortigen Gerichte erst in die Lage versetzt würden, eine endgültige Sorgerechtsverteilung zu beurteilen.[1302] Der EuGH räumt zwar selbst ein, dass die Pflicht zur Unterrichtung und Einladung zur sorgerechtlichen Antragstellung, also die Verfahrenseinleitung nach Art. 11 VI und VII EuEheVO zum Zweck der Sorgerechtsregelung diese Auslegung zunächst in Frage stelle. Hieraus sei aber nicht abzuleiten, dass eine Sorgerechtsentscheidung Vorbedingung für den Erlass einer Rückgabeanordnung sei. Die Rückgabeentscheidung selbst diene letztlich, so der EuGH, dem „Endziel", nämlich der Regelung des Sorgerechts für das Kind.[1303] Der EuGH räumt weiter ein, dass seine weite Auslegung zu unnötigen Ortswechseln des Kindes führen könne, wenn das Sorgerecht letztendlich dann doch auch seitens des herkunftsstaatlichen Gerichts dem entführenden Elternteil übertragen werde; das aber hält der EuGH für hinnehmbar: Das Interesse daran, dass eine gerechte und gut fundierte Sorgerechtsentscheidung ergehe, die Präventivwirkung von Rückführungen und das Recht des Kindes auf regelmäßige persönliche Kontakte zu beiden Elternteilen hätten Vorrang vor den durch solche Ortwechsel möglicherweise verursachten „Unannehmlichkeiten".[1304]

1301 EuGH (Urteil v. 1.7.2010 – Rs. C-211/10 PPU: Povse ./. Alpago) FamRZ 2010, 1229, 1231.

1302 *Schulz* zu EuGH (Urteil v. 1.7.2010 – Rs. C-211/10 PPU: Povse ./. Alpago) FamRZ 2010, 1307 (LS) mit Anm. *Schulz,* S. 1307, 1308.

1303 EuGH (Urteil v. 1.7.2010 – Rs. C-211/10 PPU: Povse ./. Alpago) FamRZ 2010, 1229, 1231.

1304 EuGH (Urteil v. 1.7.2010 – Rs. C-211/10 PPU: Povse ./. Alpago) FamRZ 2010, 1229, 1232.

(2) Summarische Prüfung

Gegen diese weite Auslegung des EuGH spricht der eigentliche von der Literatur bislang angenommene rechtfertigende Zweck für die Schaffung des Art. 11 VIII EuEheVO: Bislang wurde davon ausgegangen, dass sich die Letztentscheidungsbefugnis des Herkunftsstaats und der Vorrang der dort getroffenen Sorgerechtsentscheidung aus dem Umstand rechtfertigten, dass die HKÜ-Rückgabeablehnung auf einer bloß summarischen Prüfung beruhe, während die Sorgerechtsentscheidung auf der Basis vollständiger Sachverhaltsermittlung und Beweiserhebung getroffen werde.[1305] Die Absage des EuGH an das Erfordernis einer endgültigen Sorgerechtsentscheidung öffnet laut *Schulz* „Tür und Tor" für eine zweite HKÜ-Entscheidung am Ursprungsort, „die ebenfalls in einem summarischen Verfahren und ohne vollständige Sachverhaltsaufklärung und somit auf keiner besseren Grundlage" erfolge; so sei „auch eine bloße Rückgabeanordnung" aus dem Ursprungsmitgliedstaat vollstreckungsprivilegiert, die ebenso wenig auf einer endgültigen Sorgerechtsentscheidung beruhe wie die Rückgabeablehnung nach dem HKÜ; zwar spreche Art. 11 VIII EuEheVO nicht von einer Sorgerechts- sondern nur von einer Rückgabeentscheidung, der Zusammenhang des Abs. 8 mit den Abs. 6 und 7 lege jedoch nahe, dass diese Rückgabeentscheidung in einem Sorgerechtsverfahren ergangen sein müsse.[1306] Für diese Ansicht streitet insbesondere auch, dass aufgrund des gegenwärtigen Aufenthalts des Kindes im Zufluchtsmitgliedstaat die dort ergangene Entscheidung auch von den in der Regel sachnäheren Behörden stammt.

1305 *Looschelders* JR 2006, 45, 50; *Schulz* zu EuGH (Urteil v. 11.7.2008 – Rs. C-195/08 PPU: Rinau) FamRZ 2008, 1729 mit Anm. *Schulz*, S. 1732, 1733; *Völker* FamRZ 2010, 157, 159. Vgl. etwa noch klar zwischen dem Hauptsache- und dem summarischen HKÜ-Verfahren als Grund für die Abschaffung des Exequaturs abgrenzend *Frank* in Gebauer/Wiedmann² Kap. 29 EuEheVO Art. 11 Rn 47: „Hintergrund ist der summarische Charakter des Eilverfahrens nach dem HKEntfÜ, dem bessere Erkenntnismöglichkeiten im Hauptsacheverfahren gegenüber stehen." S. a. noch *Tödter*, S. 183: „Daher ist es sinnvoll, die in Frage kommenden Rückgabeentscheidungen auf solche zu beschränken, die im Rahmen einer Hauptsacheentscheidung nach Art. 11 VIII EheVO II getroffen worden sind. Denn das HKÜ ist ein Rechtshilfeabkommen, das die Sachlage nur summarisch prüft und bestrebt ist, den status quo ante wiederherzustellen."

1306 So *Schulz* zu EuGH (Urteil v. 1.7.2010 – Rs. C-211/10 PPU: Povse ./. Alpago) FamRZ 2010, 1307 (LS) mit Anm. *Schulz*, S. 1307, 1308 f.

(3) Umsetzungsfunktion

Gegen die weite Auslegung durch den EuGH spricht ferner, dass die herkunftsstaatliche Herausgabeanordnung nicht etwa dem Zweck dient, das dortige Sorgerechtsverfahren zu realisieren: Eine solche Auslegung brächte die Gefahr von Rechtshängigkeitseinwänden mit sich, denn es ist gerade Zweck des HKÜ als reinem Rechtshilfeabkommen, den status quo ante des vor der Entführung bestehenden Zustandes wiederherzustellen, um ein Sorgerechtsverfahren im bisherigen Aufenthaltsstaat zu ermöglichen. Wäre dies nunmehr auch Zweck des dort geführten Verfahrens, würden zwei inhaltsgleiche Verfahren parallel geführt. Daran würde auch die darüber hinausgehende Sorgerechtszuständigkeit des herkunftsstaatlichen Gerichts nichts ändern.

Vielmehr dürfte der eigentliche Grund und Zweck für eine vollstreckungsprivilegierte Rückgabe letztlich darin zu sehen sein, dass einer endgültigen fundiert ermittelten Sorgerechtsentscheidung im Herkunftsmitgliedstaat nicht dauerhaft HKÜ-Ablehnungsgründe entgegensetzbar sein sollen. Damit sich die so getroffene fundierte Sorgerechtsentscheidung, von deren Richtigkeit das gegenseitige Vertrauen der Mitgliedstaaten normativ ausgeht, auch rein tatsächlich in dem anderen die Rückgabe ablehnenden Mitgliedstaat umsetzen lässt, erlaubt Art. 11 VIII EuEheVO für diesen spezifischen Fall eine unmittelbare Vollstreckung ohne Exequatur. Mag zwar noch zu rechtfertigen sein, dass das herkunftsstaatliche Gericht auf der Basis nationaler Eilverfahrensvorschriften eine vorläufige Sorgerechtsregelung und darauf basierend eine Herausgabeanordnung trifft, um sodann nach Rückgabe des Kindes das Hauptsacheverfahren zu einem endgültigen Abschluss zu bringen, so erschließt sich eine diesbezügliche vorläufige Vollstreckungsprivilegierung mit der Gefahr unnötiger Hin- und Rückführungen des Kindes aber nicht: Das gegenseitige Vertrauen der Mitgliedstaaten schließt auch ein Vertrauen gegenüber den Einschätzungen der Behörden des Zufluchtsmitgliedstaats mit ein. Wenden aber beide Staaten nur Schnellverfahren an, sollten Kollisionen über das Exequatur gelöst werden, um eine Parität der Entscheidungen zu garantieren. Ein Vertrauensvorschuss gegenüber dem (oftmals mittlerweile sachfernen) Ausgangsstaat erscheint unter diesen Umständen jedenfalls nicht gerechtfertigt.

(4) Gefahr unnötiger Ortswechsel

Ein unnötiger Ortwechsel dürfte sich im Rahmen der sorgerechtlichen Entscheidung aus dem Herkunftsstaat auch nicht mit einer allgemeinen Präventivwirkung rechtfertigen lassen. Unbenommen beruht das HKÜ als spezifisches Rückführungsabkommen u. a. auf dem Gedanken allgemeiner Abschreckung vor zukünftigen Kindesentziehungen. Es beruht insoweit auf der Vorstellung, dass dem abstrakten Kindeswohl durch eine schnelle Rückführung im Allgemeinen am meisten gedient sei, damit im bisherigen Aufenthaltsstaat des Kindes dann aber über sein individuelles und konkretes Wohl entschieden werden könne.[1307] Die Behörden im früheren Aufenthaltsstaat aber nehmen ihrerseits dann nicht etwa wie die ersuchten Behörden präventive Aufgaben wahr, sondern haben unabhängig von rechtspolitischen Ansätzen des HKÜ allein das konkrete Wohl des betroffenen Kindes einzelfallbezogen zu ermitteln. Nur dafür wird dem betroffenen Kind mit dem HKÜ überhaupt der Ortswechsel vom Zufluchts- in den bisherigen Aufenthaltsstaat zugemutet.

Auch regelmäßige Kontaktmöglichkeiten zu beiden Elternteilen rechtfertigen im Minderjährigenschutz nicht per se die Hinnahme unnötiger Ortswechsel. Gerade in Fällen, die den ersuchten Richter zu einer Ablehnung der Rückgabe erwogen haben, sollte Vorsicht geboten sein, insbesondere als dieser die Rückgabe nach dem Ultima-ratio-Gedanken des Art. 11 IV EuEheVO ohnehin nur hat verweigern dürfen, weil er mildere Mittel, etwa Vorkehrungen, erwogen und als ausgeschöpft angesehen hat. So kann es gerade um das Bewahren vor einem Kontakt mit dem zurückverbliebenen Elternteil gehen. Konnte das ersuchte Gericht aber für die Dauer des Rückführungsverfahrens keine Order über ein Kontaktverbot im Herkunftsstaat erreichen, und hat es daher die Rückgabe abgelehnt, sollte eine bloß auf summarischer Prüfung beruhende Rückgabeentscheidung aus dem Herkunftsmitgliedstaat demgegenüber nicht vollstreckungsprivilegiert sein.

(5) Ergebnis: Schieflage gegenseitigen Vertrauens

Insgesamt genießen Art. 11 VIII EuEheVO und das daran angeschlossene privilegierte Vollstreckungssystem eine weite Anwendung: Zwar wird Posteriorität der ursprungsstaatlichen Anordnung erwartet, die Rechtskraft der vorausgehenden HKÜ-Rückgabeablehnung muss aber nicht abgewartet werden. Die sorgerechtliche Herausgabeentscheidung wiederum muss weder im Unterrichtungswege eingeleitet worden sein noch auf einer endgültigen Entscheidung über die elterliche Verantwortung beruhen. Hinzu kommt eine sehr stark vertretene Auffassung, dieses System auf weitere HKÜ-Ablehnungsgründe analog auszudehnen.

Die Vorrangstellung einer ggf. auf bloß summarischer Prüfung beruhenden Rückgabeanordnung des Gerichts im bisherigen Aufenthaltsmitgliedstaat gegenüber einer auf summarischer Prüfung beruhenden Ablehnungsentscheidung des ersuchten Gerichts verleiht Ersterer mehr Gewicht, obwohl sich beide

1307 S. o. 1. Teil. A. IV („ Haager Kindesentführungsübereinkommen von 1980").

Entscheidungen auf dem nahezu selben Ermittlungsniveau befinden, und obwohl mit Blick auf Art. 11 IV EuEheVO davon auszugehen ist, dass sich das ersuchte Gericht trotz engster Voraussetzungen zu einer Ultima-ratio-Entscheidung veranlasst gesehen hat. Wenn trotz des jahrzehntelang überaus angesehenen und erfolgreichen HKÜ ersuchte Gerichte nunmehr innerhalb der sich stetig erweiternden EU auf bloße Exekutivorgane für die Durchsetzung von Anordnungen des Herkunftsmitgliedstaats reduziert werden, gerät die Gegenseitigkeit des mitgliedstaatlichen Vertrauens in die Rechtsstandards des anderen in eine Schieflage: Der sachlich nur schwer zu rechtfertigende unbedingte Vorrang der Entscheidung aus dem Herkunftsmitgliedstaat vermittelt den Anschein, als würden die Behörden des bisherigen gewöhnlichen Aufenthalts ein größeres Vertrauen genießen als die des Zufluchtsmitgliedstaats. Demgegenüber sollte aber gerade die vom Gericht des Zufluchtsstaats unter engsten Voraussetzungen (Art. 11 IV EuEheVO und restriktive Verweigerungsgründe) getroffene Rückgabeablehnung stärkeres Gewicht genießen.[1308] Aus Sicht von *Janzen/Gärtner* stimmt der vom EuGH eingeschlagene Weg bedenklich und damit der Umstand, dass der EuGH letztlich eher die Eltern und nicht das Kind in den Mittelpunkt seiner Überlegungen rücke;[1309] und wird offenbar für wünschenswert erachtet, dass der EuGH etwas differenzierter, ggf. auch in weniger schnellen Verfahren[1310] die Perspektive des betroffenen Kindes berücksichtige, gleich ob formal die gegenwärtige Lage von einem Elternteil rechtswidrig herbeigeführt worden sei. Die so geschaffene Situation sei dennoch für das Kind die real spürbare.[1311] Daher sollte die Vollstreckungsprivilegierung auf endgültige, fundiert ermittelte Sorgerechtsentscheidungen beschränkt werden. Angesichts der derzeitigen Auffassung des EuGH lässt sich dies von den Fachgerichten im bisherigen Aufenthaltsstaat nur realisieren, wenn sie den Einschätzungen des

---

1308 S. *Holzmann* FPR 2010, 497, 500, m. w. N.: „Die Regelung des Art. 11 VIII Brüssel IIa-VO konterkariert das grundsätzlich angestrebte gegenseitige Vertrauen der Mitgliedstaaten ineinander"; *dies.*, Brüssel IIa VO, S. 216 f.: „Kommen die Gerichte des Zufluchtsstaates nach reiflicher Überlegung zu dem Ergebnis, dass ein Minderjähriger nicht in den Staat, aus dem die Entführung erfolgte, zurückgebracht werden sollte, sollte wegen des Vertrauens in die Rechtsprechung anderer Mitgliedstaaten dem stattgegeben und davon ausgegangen werden, dass dies bei enger Auslegung der in Betracht kommenden Ablehnungsgründe richtig ist."

1309 *Janzen/Gärtner* IPRax 2011, 158, 163.

1310 Auch *Pirrung* IPRax 2011, 50, 51 stellt die Frage, ob die überaus schnelle Erledigung in den Eilsachen nicht auf Dauer doch nur auf Kosten einer umfassenden Erörterung der aufgeworfenen Fragen möglich sei.

1311 *Janzen/Gärtner* IPRax 2011, 158, 163, 166 mit Fn 66.

ersuchten, sachnahen Richters vorerst Vertrauen schenken und ihrerseits unter Verzicht auf eine eigene vorläufige sorgerechtliche Entscheidung (auf diese Weise bestünde auch keine Gefahr, sich der eigenen Zuständigkeit nach Art. 10 lit. b) Ziff. iv EuEheVO zu begeben) die Angelegenheit als sorgerechtliches Hauptverfahren und ggf. nötige Ermittlungen im Wege der EuBVO führen.

2. *Kontrolldefizit des unmittelbaren Vollstreckungssystems*

Der vorgenannten weiten Anwendung des unmittelbaren Vollstreckungssystems steht ein enges Kontrollsystem gegenüber: Weder muss die ursprungsstaatliche Rückgabeanordnung rechtskräftig sein noch bedarf sie einer vorläufigen Vollziehbarkeit, sondern schon die erstinstanzliche Entscheidung ist vollstreckbar, auch wenn gegen sie ein suspendierender Rechtsbehelf[1312] nach nationalem Recht eingelegt wurde, s. Art. 42 I 2 EuEheVO.[1313] Die Vollstreckbarkeit beruht

---

1312 An der grundsätzlichen Möglichkeit, zumindest im Herkunftsvertragsstaat ein Rechtsmittel gegen die Sorgerechtsentscheidung einzulegen, ändert auch die Entscheidung EuGH (Urteil v. 11.7.2008 - Rs. C-195/08 PPU: Rinau) FamRZ 2008, 1729 nichts, vgl. Staudinger-*Pirrung* (2009) Vorbem C 162 zu Art 19 EGBGB, der die diesbezügliche deutsche Fassung des Urteils bemängelt: „vom Gericht des Ursprungsmitgliedstaats für vollstreckbar erklärt werden können, ohne daß im Ursprungsmitgliedstaat oder im Vollstreckungsmitgliedstaat ein Rechtsbehelf eingelegt werden kann". Richtig wäre nach seiner Ansicht gem. der französischen Fassung „peuvent être déclarées exécutoires par la juridiction d'origine indépendamment de toute possibilité de recours, que ce soit dans l'État membre d'origine ou dans celui d'exécution" folgende Übersetzung: „vom Gericht des Ursprungsmitgliedstaats unabhängig von jeder Rechtsbehelfsmöglichkeit im Ursprungs- oder Vollstreckungsmitgliedstaat für vollstreckbar erklärt werden können". Demzufolge bestünde zwar ebenfalls die Möglichkeit unmittelbarer Vollstreckung, gleich ob Rechtsbehelfe eingelegt wurden, die Möglichkeit der Rechtsbehelfseinlegung als solche werde aber impliziert. *Solomon* FamRZ 2004, 1409, 1418 mit Fn 92 bemängelt als „sprachlich missglückt" schon die deutsche Übersetzung der zugrundeliegenden Norm des Art. 42 I EuEheVO selbst („wird in einem anderen Mitgliedstaat anerkannt und kann dort vollstreckt werden, ohne dass es einer Vollstreckbarerklärung bedarf und ohne dass die Anerkennung angefochten werden kann"; dagegen englisch: „without any possibility of opposing its recognition"; französisch: „sans qu'il soit possible de s'opposer à sa reconnaisance"); so werde in der deutschen Fassung zum Ausdruck gebracht, dass die Anerkennung nicht angefochten werden könne; es gehe hier aber nicht um Rechtsbehelfe gegen die Anerkennung, sondern allein darum, dass keine Einwendungen gegen die Anerkennung vorgebracht werden könnten.

1313 MüKoFamFG-*Gottwald* Brüssel IIa-VO Art. 42 Rn 3.

stattdessen auf der Bescheinigung nach Art. 42 I EuEheVO, die vom ursprungsstaatlichen Erlassrichter selbst ausgestellt wird. Dies ist ihm laut des Kataloges in Art. 42 II 1 EuEheVO nur erlaubt, wenn er zuvor im Erkenntnisverfahren die aufgelisteten Mindestverfahrensgarantien eingehalten hat, d. h. wenn das Kind (nach Alter und Reifegrad) sowie die Parteien die Möglichkeit hatten, gehört zu werden (litt. a und b) und wenn er bei Erlass seiner Entscheidung die Gründe und Beweismittel berücksichtigt hat, die der nach Art. 13 HKÜ ergangenen Entscheidung zugrunde liegen (lit. c).[1314]

a) Kontrollbeschränkung auf die Behörden des Erlassstaates

Ob die Voraussetzungen für die Ausstellung der Bescheinigung vorliegen bzw. ob eine bereits erfolgte Ausstellung der Bescheinigung den Rechtmäßigkeitsanforderungen des Art. 42 II 1 EuEheVO entspricht, wird nach Auffassung des EuGH allein im Ursprungsmitgliedstaat geprüft. Dies beruhe auf dem zwischen den EU-Staaten bestehenden gegenseitigen Vertrauen.[1315] Das Gericht des Zufluchtsmitgliedstaats ist demgegenüber verpflichtet, die mit der Bescheinigung versehene Entscheidung wie eine inländische Entscheidung zu vollstrecken, ohne die Voraussetzungen für die Ausstellung der Bescheinigung zu überprüfen.[1316] Die mangelnde Prüfungsbefugnis beruhe auf dem Prinzip gegenseitigen Vertrauens, auf Artt. 42 I und 43 II EuEheVO, auf den Erwägungsgründen 17 und 24 wie auch darauf, dass die Anerkennungsversagungsgründe des Art. 23

1314 EuGH (Urteil v. 22.12.2010 - Rs. C-491/10 PPU: Aguirre Zarraga ./. Pelz) FamRZ 2011, 355, 357.

1315 EuGH (Urteil v. 22.12.2010 - Rs. C-491/10 PPU: Aguirre Zarraga ./. Pelz) FamRZ 2011, 355, 358; s. a. EuGH (Urteil v. 1.7.2010 - Rs. C-211/10 PPU: Povse ./. Alpago) FamRZ 2010, 1229, 1233. Akademischer Natur dürfte insoweit die Frage sein, ob die Erteilung der Bescheinigung bindend ist, wenn das Gericht des Ursprungsstaats zu dem Schluss kommt, dass kein (eigener) Verstoß gegen Art. 42 II EuEheVO vorliege. Einerseits wird die Erteilung der Bescheinigung i. F. e. Rechtsbehelfseinlegung als wohl fakultativ in den Raum gestellt, die nur in Betracht komme, wenn vergleichsweise ein Beschwerdegericht sich veranlasst sähe, eine sofortige Vollziehung anzuordnen. Diese Einschränkung dürfte aber an dem klaren Wortlaut des Art. 42 EuEheVO scheitern, der das erstinstanzliche Gericht verpflichtet, die Bescheinigung auf dem Formblatt nach Anhang IV von Amts wegen auszustellen („Der Richter (…) stellt die Bescheinigung (…) aus"), s. bei MüKoFamFG-*Gottwald* Brüssel IIa-VO Art. 42 einerseits Rn 3 und andererseits Rn 7.

1316 EuGH (Urteil v. 22.12.2010 - Rs. C-491/10 PPU: Aguirre Zarraga ./. Pelz) FamRZ 2011, 355, 357, 359 mit Anm. *Schulz*; s. a. MüKoFamFG-*Gottwald* Brüssel IIa-VO Art. 42 Rn 10, m. w. N.

EuEheVO nicht in das Kapitel III Abschnitt 4 der Verordnung übernommen worden seien.[1317] Das gegenseitige Vertrauen der mitgliedstaatlichen Gerichte schließt an dieser Stelle[1318] gar eine Anwendung des Ordre-public-Vorbehalts im Zufluchtsstaat aus.[1319] Letzterem ist laut des EuGH aufgrund des Verweises des Art. 47 I EuEheVO in das Recht des Vollstreckungsmitgliedstaats nur erlaubt, die Modalitäten der Vollstreckung nach seinem innerstaatlichen Recht zu regeln.[1320]

b) Kontrollbeschränkung auf offenbare Unrichtigkeiten

Gegen die Ausstellung der Bescheinigung ist auch kein Rechtsmittel erlaubt, vgl. Art. 43 II EuEheVO. Dies soll laut des EuGH möglichem Verfahrensmissbrauch durch die Beteiligten vorbeugen.[1321] Zulässig ist nach Art. 43 I EuEheVO nur eine Berichtigungsklage nach dem Recht des Ursprungsmitgliedstaats. Innerstaatlich (§ 319 ZPO i. V. m. § 49 IntFamRVG) beschränkt sich die Kontrollmöglichkeit daher auf offenbare Unrichtigkeiten und eine korrekte Wiedergabe der zugrundeliegenden Entscheidung.[1322]

aa) Bosphorus-Hava-Vermutung

Die Normierung der Mindestanforderungen in Art. 42 II 1 EuEheVO soll nach *Looschelders* Bedenken gegen den Exequaturverzicht entgegenwirken und den

---

1317 EuGH (Urteil v. 22.12.2010 – Rs. C-491/10 PPU: Aguirre Zarraga ./. Pelz) FamRZ 2011, 355, 357 f.

1318 Lehnt man eine analoge Anwendung des Art. 11 VIII EuEheVO auf Art. 20 HKÜ-Fälle ab, funktioniert der ordre public aber jedenfalls für solche Fälle i. R. d. Anerkennung nach Art. 23 ff. EuEheVO, s. o. 4. Teil. C. II. 1. a) dd) (b) (bb) („ordre public"). Anderenfalls käme es auch hier zu einer unmittelbaren Vollstreckung ohne Ordre-public-Prüfung.

1319 *Gruber* IPRax 2009, 413, 414, m. w. N.; *Hausmann* IntEuSchR B 136, m. w. N.; MüKoFamFG-*Gottwald* Brüssel IIa-VO Art. 42 Rn 12; s. jedoch Rauscher/*Rauscher* EuZPR/EuIPR (2010) Art. 42 Brüssel IIa-VO Rn 4, hier der Anwendung des vollstreckungsrechtlichen ordre public eine erhebliche Bedeutung beimessend.

1320 EuGH (Urteil v. 1.7.2010 – Rs. C-211/10 PPU: Povse ./. Alpago) FamRZ 2010, 1229, 1233.

1321 EuGH (Urteil v. 22.12.2010 – Rs. C-491/10 PPU: Aguirre Zarraga ./. Pelz) FamRZ 2011, 355, 357 ff. mit Anm. *Schulz*; s. a. MüKoFamFG-*Gottwald* Brüssel IIa-VO Art. 42 Rn 10, m. w. N.

1322 EuGH (Urteil v. 22.12.2010 – Rs. C-491/10 PPU: Aguirre Zarraga ./. Pelz) FamRZ 2011, 355, 357; *Schlauß* FPR 2004, 279, 282; ebenso Rauscher/*Rauscher* EuZPR/EuIPR (2010) Art. 43 Brüssel IIa-VO Rn 10.

Gerichten des Herkunftsstaats sei zu empfehlen, besonders sorgfältig zu argumentieren, damit ihre Entscheidungen von den Gerichten des Zufluchtsstaats akzeptiert würden.[1323] Das Statuieren von Mindestanforderungen jedoch kann deren Kontrolle nicht ersetzen. Da die Argumente des herkunftsstaatlichen Gerichts ohnehin nicht zur Überprüfung stehen, kommt es für die Vollstreckung der Anordnung gerade nicht auf deren Akzeptanz durch das Vollstreckungsgericht an. Eine ausgewogene Entscheidungsbegründung, warum sich das Gericht des Ursprungsmitgliedstaats über die Erwägungen des Gerichts des Zufluchtsmitgliedstaats hinwegsetzt, mag insoweit allenfalls einen Dienst an der Vermeidung von zwischenbehördlichen oder gar zwischenstaatlichen Spannungen leisten.

In dem völligen Kontrollverzicht[1324] auf Seiten des Zufluchtsmitgliedstaats könnte ein Verstoß gegen die EMRK gesehen werden, die laut *Schilling* auch gegenüber dem Vollstreckungsschuldner die Einhaltung von Menschenrechten garantiert sehen wolle, der davon ausgehen können solle, dass der durchzusetzende Titel aus dem Ausland auf einem dortigen fairen Erkenntnisverfahren beruhe.[1325] Stamme der Titel aus einem Nichtvertragsstaat der EMRK, sei im Vollstreckungsstaat daher ein vollständiges Anerkennungs- und Vollstreckbarkeitsverfahren vorzusehen, wohingegen im Vertragsgebiet der EMRK nach der EU-Zugehörigkeit des Ursprungsstaats entschieden werde: Eine Entscheidung aus einem Nichtmitgliedstaat werde durch einen vollstreckungsstaatlichen Rechtsbehelf, eine Entscheidung aus einem EU-Mitgliedstaat durch einen ursprungsstaatlichen Rechtsbehelf gegen die Vollstreckung für ausreichend auf Verfahrensfairness überprüfbar gehalten.[1326] Die sog. Bosphorus-Hava-Vermutung gehe davon aus, dass der Exequaturverzicht innerhalb der EU zunächst dann keinen Verstoß gegen die EMRK darstelle, wenn wenigstens im Ursprungsstaat ein wirksamer Rechtsbehelf gegen die Vollstreckung zur Verfügung stehe, der etwa durch einen Devolutiveffekt die Überprüfung einer anderen Instanz oder einem anderen Organ in die Hände lege.[1327]

1323 *Looschelders* JR 2006, 45, 51.

1324 *Stadler* ERA-Forum 2005/4, S. 468, 470.

1325 *Schilling* IPRax 2011, 31 und 33 mit Fn 37 darauf hinweisend, dass keine materielle Überprüfung erforderlich sei.

1326 *Schilling* IPRax 2011, 31, 34 f.

1327 *Schilling* IPRax 2011, 31, 39 f.

bb) Überprüfungsmöglichkeiten der EuVTVO und der EuUntVO

Von vorneherein verzichtet die hier vergleichsweise zu betrachtende EuVTVO nur dann auf das Exequatur, wenn es um eine Geldforderung geht, die unbestritten ist, d. h. wenn ein Anerkennungs- oder Versäumnisurteil, ein gerichtlicher Vergleich oder eine öffentliche Urkunde vorliegt[1328], der Schuldner also in einer dieser Formen seine Schuld gegenüber dem Gläubiger zugestanden hat; haben demgegenüber das herauszugebende Kind selbst, erst recht der Antragsgegner und sogar das ersuchte Gericht im Zufluchtsstaat in Form seiner Ablehnungsentscheidung sämtliche einer Kindesrückgabe widersprochen, wird die anderslautende Entscheidung des ursprungsstaatlichen Gerichts nach Maßgabe des Art. 11 VIII EuEheVO dennoch unmittelbar vollstreckt.[1329] Die EuVTVO hält auf autonomer Ebene neben der Möglichkeit die ausgestellte Bestätigung zu berichtigen (Art. 10 I lit. a EuVTVO) als weiteren nachträglichen Rechtsbehelf[1330] die Widerrufsmöglichkeit (Art. 10 I lit. b EuVTVO) im Ursprungsstaat bereit, wenn die Bestätigung als Europäischer Vollstreckungstitel eindeutig[1331] zu Unrecht erteilt wurde. Dies kommt in Frage bei Verstößen gegen den Anwendungsbereich (Art. 2 EuVTVO), gegen Art. 3 EuVTVO, wenn die Forderung bestritten war, gegen die Zuständigkeitsvoraussetzung des Art. 6 EuVTVO oder bei Säumnisentscheidungen gegen die Mindestvorschriften über Zustellung und Unterrichtung.[1332] Die EuVTVO selbst stellt somit sicher, dass im Ursprungsstaat

---

1328 *Stadler* ERA-Forum 2005/4, S. 468.

1329 S. den Vergleich zur EuVTVO ziehend *Looschelders* JR 2006, 45, 50 f.

1330 Die jeden Rechtsbehelf ausschließende Formulierung des Art. 10 IV EuVTVO wird im Hinblick auf die Rechtsschutzmöglichkeiten des Abs. 1 dahingehend gelesen, dass kein über Abs. 1 hinausgehender Rechtsbehelf möglich sei; als echte Rechtsbehelfsmöglichkeiten werden sowohl das Berichtigungs- als auch das Widerrufsverfahren auf Antrag eingeleitet, vgl. Rauscher/*Pabst* EuZPR/EuIPR (2010) Art. 10 EG-VollstrTitelVO Art. 10 Rn 2 und 18; *Kropholler/von Hein* EuZPR Art. 10 EuVTVO Rn 10.

1331 Die Auslegung dieses Merkmals befindet sich noch in der Diskussion, vgl. z. B. die Nachweise bei *Kropholler/von Hein* EuZPR Art. 10 EuVTVO Rn 7; sowie Geimer/Schütze-*Geimer* EuZVR A.6 – Art. 10 VO (EG) Nr. 805/2004 Vollstreckungstitel unbestr. Forderung Rn 4 die Auslegung dieses Merkmals als „Preisfrage" bezeichnend, über die derzeit nur „Rätselraten" herrsche; weiterhin bei Zöller-*Geimer* Anh II E EuVTVO Art. 10 Rn 6.

1332 *Kropholler/von Hein* EuZPR Art. 10 EuVTVO Rn 6. Die Konzeption dem Schuldner i. R. d. EuVTVO weder bei der Ausstellung der Bestätigung rechtliches Gehör zu gewähren noch einen Rechtsbehelf zu ermöglichen, wurde unter rechtsstaatlichen Erwägungen für „kaum haltbar" erachtet und fand keinen Eingang, s. *Stadler* ERA-Forum 2005/4, S. 468, 477 dort weiter anmerkend: „zum Glück".

die dortige Einhaltung verfahrensrechtlicher Mindestanforderungen überprüft wird; ob damit auch dem Devolutiveffekt Genüge geleistet wird, richtet sich nach der innerstaatlichen Umsetzungsregelung (Art. 10 II EuVTVO).[1333]

Im Fall der Gehörsverletzung sieht auch die EuUntVO im Verfahren ohne Exequatur die Nachprüfungs- und Aussetzungsmöglichkeit gem. Artt. 19, 21 III EuUntVO vor, wenn sich der Antragsgegner nicht auf das Verfahren eingelassen hatte; darüber hinaus bestehen Verweigerungs- und Aussetzungsmöglichkeiten auch im Vollstreckungsmitgliedstaat selbst nach Maßgabe des Art. 21 EuUntVO, etwa bei Unvereinbarkeit mit einer im Vollstreckungsmitgliedstaat ergangenen Entscheidung.[1334] Der Devolutiveffekt ergibt sich auch hier aus der jeweiligen mitgliedstaatlichen Umsetzungsregelung.[1335]

cc) Widerlegung der Bosphorus-Hava-Vermutung

Eine der EuVTVO oder EuUntVO entsprechende Überprüfungsmöglichkeit, geschweige denn einen dahingehenden Devolutiveffekt sieht die EuEheVO auf autonomer Ebene nicht vor, wenn es um die Durchsetzung der ursprungsstaatlichen Letztentscheidung über die Kindesrückgabe geht,[1336] obwohl der Verzicht auf das Exequatur und den Ordre-public-Vorbehalt bei der Durchsetzung einer unbestrittenen Geldforderung leichter hinzunehmen ist als bei der Durchsetzung einer Kindesherausgabe.[1337] Im Gegensatz zu den Geldforderungen betreffenden Verordnungen versagt die EuEheVO jede Möglichkeit, die Einhaltung der mit Art. 42 II EuEheVO geforderten Mindestanforderungen für die Ausstellung der Bescheinigung einer Prüfung zuzuführen. Die EuEheVO beschränkt sich insoweit auf Normierung der Standards, ohne aber gleichzeitig deren Überprüfung sicherzustellen, sondern überlässt es dem Erlassrichter selbst[1338], bei Ausstellung der Bescheinigung zu prüfen, ob er die erforderlichen Standards eingehalten hat. Ein Verweis auf allgemeine nationale Rechtsmittel des Ursprungsstaats gegen

1333 *Schilling* IPRax 2011, 31, 39 f.

1334 *Hausmann* IntEuSchR K 56 und 106.

1335 *Schilling* IPRax 2011, 31, 39 f. den Devolutiveffekt in einer Unterscheidung zwischen dem Erlassgericht und dem für die Nachprüfung zuständigen Gericht sehend. Ob aber § 70 AUG, der die Nachprüfung in die Hände des Erlassgerichts legt (s. *Hausmann* IntEuSchR C 398 ff. und K 81), insoweit ausreichend ist, soll an dieser Stelle für weitere Untersuchungen offenbleiben.

1336 S. *Rauscher* IPR[4] Rn 2397 in Bezug auf die Ausstellung der Bestätigung.

1337 So *Looschelders* JR 2006, 45, 50, m. w. N.

1338 *Holzmann*, Brüssel IIa VO, S. 274 spricht an dieser Stelle von „reiner Selbstkontrolle" des Richters, der sich im Nachhinein Verfahrensfehler eingestehen müsse.

eine Vollstreckung genügt dabei für sich allein nicht, denn die Bosphorus-Hava-Vermutung greift nur, wenn gerade die Ausstellung der Bescheinigung selbst im Ursprungsstaat überprüfbar ist.[1339] Die Vermutung dürfte daher in Bezug auf die Abschaffung des Exequaturs im Rahmen der EuEheVO als widerlegt und die Ausstellung einer unüberprüfbaren Bestätigung nach Art. 42 EuEheVO als Grundlage für eine unmittelbare Vollstreckung als Verstoß gegen die EMRK anzusehen sein. Wenn auch der Ursprungsmitgliedstaat ein innerstaatliches[1340] Kontrollsystem in Bezug auf die dort erlassene sorgerechtliche Entscheidung selbst vorsieht,[1341] bleibt es dabei, dass die Verordnung aber ihre selbst aufgestellten Mindeststandards, mithin die Ausstellung der Bestätigung selbst nicht durch ein eigenes Kontrollsystem sichert.

dd) Lösung über eine Erweiterung des Fehlerbegriffs

Denkbar wäre eine Lösung über eine Erweiterung des Fehlerbegriffs der EuEheVO, um die Rechtsbehelfsdefizite gegenüber der EuVTVO auszugleichen: Gegen die Beschränkung der Berichtigungsmöglichkeiten auf bloß offenbare Unrichtigkeiten könnte der 24. Erwägungsgrund der EuEheVO sprechen, der ausdrücklich auf materielle Fehler Bezug nimmt und somit auf die Möglichkeit der Berichtigung sachlich-rechtlicher Fehler hindeutet: Dasselbe Auslegungsproblem stellt sich schon im Rahmen des Art. 10 EuVTVO. Auch die für die unmittelbare Vollstreckung eines europäischen Vollstreckungstitels erforderliche Bestätigung kann auf Antrag berichtigt werden, wenn sie aufgrund eines materiellen Fehlers vom Titel abweicht, vgl. Art. 10 I lit. a EuVTVO. Dort besteht aber Uneinigkeit über die Bedeutung des Begriffs eines materiellen Fehlers. So wird darin einerseits bloß eine offenbare Unrichtigkeit i. S. d. § 319 ZPO gesehen,[1342] wohingegen von anderer Seite von einem wesentlichen oder schwerwiegenden

---

1339 Auf die Überprüfbarkeit der Bestätigung als EVT abstellend s. *Schilling* IPRax 2011, 31, 40.

1340 Auch hierauf geht *Schilling* IPRax 2011, 31, 40 ein.

1341 So im Fall des EGMR (Entscheidung v. 18.6.2013 – Beschwerde Nr. 3890/11 „Sofia Povse und Doris Povse ./. Österreich") FamRZ 2013, 1793, 1795, in dem der EGMR unter Abgrenzung vom Bosphorus-Hava-Einwand der Beschwerdeführer auf den im Ursprungsmitgliedstaat nicht ausgeschöpften Rechtsweg verwies, nachdem diese sich wohl gegen das zufluchtsstaatliche Kontrolldefizit in Bezug auf die Begründetheit („without any scrutiny as to its merits") der ursprungsstaatlichen Entscheidung gerichtet hatten. Vorliegend wird das Augenmerk dagegen auf die fehlende autonome Überprüfbarkeit der ausgestellten Bestätigung selbst gerichtet.

1342 Vgl. *Hess*, Europäisches Zivilprozessrecht § 10 Rn 15, m. w. N.

Fehler ausgegangen wird.[1343] Da in den Materialien zur EuVTVO von inhaltlichen Fehlern und von Schreibfehlern gesprochen werde, wird erörtert, dass inhaltliche Fehler mit nicht viel mehr als offensichtlichen Fehlern gleichzusetzen seien, umgekehrt aber auch ein weiter Fehlerbegriff gemeint sein könne.[1344] Erst recht könnte daher im Rahmen der EuEheVO aus Gründen des Minderjährigenschutzes von einem weiten Fehlerbegriff auszugehen sein.

Dagegen spricht jedoch der Wortlaut („d. h., wenn in der Bescheinigung der Inhalt der Entscheidung nicht korrekt wiedergegeben ist") des 24. Erwägungsgrundes selbst, der in Form eines Nebensatzes ausdrücklich definierende Funktion hat und auf bloß offenbare Unrichtigkeiten hindeutet. Umgekehrt könnte aus dieser erschöpfenden Formulierung sogar vielmehr zu schließen sein, dass die EuEheVO mit ihrem 24. Erwägungsgrund den Begriff des materiellen Fehlers generell klarstellt. Ob sich dies dann aber wiederum mit der rechtsaktbezogenen Auslegung[1345] aufrechterhalten ließe, dürfte einer eingehenderen Auseinandersetzung mit der EuVTVO vorbehalten bleiben. Im Ergebnis ist zumindest für die EuEheVO festzuhalten, dass trotz der beschränkten Rechtsbehelfsmöglichkeit nur offenbare Unrichtigkeiten einer Überprüfung über das Berichtigungsverfahren, und auch nur im Ursprungsmitgliedstaat, zugeführt werden können.

ee) Nichtigkeitslösung bei schwersten Mängeln

Rauscher stellt die Möglichkeit einer Nichtigkeit der Bescheinigung wegen schwerster Mängel in den Raum, die er „insbesondere" annimmt, wenn eine Bescheinigung erteilt werde, die nicht in den Anwendungsbereich des Art. 40 EuEheVO falle, was durchaus nicht ganz fern liege, oder wenn eine Bescheinigung durch den Urkundsbeamten der Geschäftsstelle und nicht durch einen Richter ausgestellt werde.[1346] Die Beschränkung auf wenige denkbare Fallkonstellationen vermag aber das Kontrolldefizit im ordentlichen Rechtsweg nur schwer auszugleichen: Gerade das für das betroffene Kind unmittelbar fühlbare Hinwegsetzen

---

1343 *Stadler* ERA-Forum 2005/4, S. 468, 477 unter Verweis auf die englische Fassung „material error", welche wohl richtig mit einem „wesentlichen Fehler" zu übersetzen sei.

1344 S. *Kropholler/von Hein* EuZPR Art. 10 EuVTVO Rn 4, m. w. N.; Rauscher/*Pabst* EuZPR/EuIPR (2010) Art. 10 EG-VollstrTitelVO Art. 10 Rn 11 ff., der schließlich eine Grenze bei groben Fehlern zieht, die dem Widerspruchsverfahren vorbehalten seien.

1345 S. o. 1. Teil. D. II („Rechtsaktbezogene Wortlautauslegung").

1346 Rauscher/*Rauscher* EuZPR/EuIPR (2010) Art. 43 Brüssel IIa-VO Rn 8. S. dazu schon oben 4. Teil. C. II. 1. b) aa („Zuständigkeitserfordernis").

über die Ablehnungsgründe des Art. 13 HKÜ kann, da es sich hierbei um den Regelanwendungsfall des Art. 11 VIII EuEheVO handelt, über einen außerordentlichen Nichtigkeitsweg nicht ausgeglichen werden. Denkbar wäre eine Nichtigkeitsgrundlage – wie oben[1347] angesprochen – bei groben Zuständigkeitsfehlern oder bei Herausgabeersuchen aus dem Ursprungsmitgliedstaat, obwohl die Rückgabe seitens des ersuchten Gerichts nach Art. 13 I lit. a HKÜ abgelehnt wurde, weil der Antragsteller sein Sorgerecht nicht ausgeübt hatte,[1348] oder im Fall der Rückgabeablehnung, weil das Kind sein 16. Lebensjahr erreicht hat.[1349] In den beiden letzteren Fällen wäre das HKÜ je nach Sachlage von vorneherein oder würde es zumindest nachträglich unanwendbar, so dass dies die Nichtigkeit einer überholenden kollidierenden Bescheinigung nach Art. 42 II EuEheVO rechtfertigen könnte.

c) Kontrolldefizit hinsichtlich der Kindesanhörung

Der EuGH sieht in dem Wortlaut des Art. 42 II lit. a EuEheVO („das Kind die Möglichkeit hatte, gehört zu werden") keine absolute Anhörungspflicht: Es komme im Lichte der GRCh darauf an, dass dem Kind Gelegenheit zur Anhörung gegeben wurde. Wenn das Gericht im Erkenntnisverfahren eine Anhörung angeordnet habe, müsse es aber alles unternehmen, um die Anhörung zu ermöglichen.[1350] Über die bloße Ladung des Kindes hinaus kann zu seinem Schutz an sicheres Geleit oder an Rechtshilfe vor einem Gericht des Zufluchtsstaats zu denken sein.[1351] Im Hinblick auf Alter und Reife des Kindes kann zu seinem

1347 S. dazu schon oben 4. Teil. C. II. 1. b) aa („Zuständigkeitserfordernis").

1348 S. o. 2. Teil. A. IV. 1 („Faktischer Ausgleich im Rahmen des HKÜ") und 4. Teil. C. II. 1. a) dd) (1) („Fehlende faktische Kompensation").

1349 S. o. 2. Teil. B. II. 3. a („Altersgrenze des Art. 11 EuEheVO") und 4. Teil. C. II. 1. a) dd) (2) („Überschreitung des Kindesalters").

1350 EuGH (Urteil v. 22.12.2010 – Rs. C-491/10 PPU: Aguirre Zarraga ./. Pelz) FamRZ 2011, 355, 357 ff. mit Anm. *Schulz*. Im Vorfeld der Entscheidung waren *Mansel/Thorn/Wagner* IPRax 2011, 1, 26 dagegen noch davon ausgegangen, dass es in dem Vorabentscheidungsersuchen des OLG Celle an den EuGH um gravierende Verstöße gegen Art. 24 I GRCh (Berücksichtigung des Kindeswillens) und eine nach Aktenlage vom Gericht des Ursprungsmitgliedstaats offensichtlich unzutreffend ausgestellte Bescheinigung wegen unterbliebener Anhörung des Kindes gehe, die zentrale Fragen des Europäischen Justizraumes, des gegenseitigen mitgliedstaatlichen Vertrauens und die Diskussion um die Abschaffung des Exequaturs beträfen.

1351 So jurisPR-FamR 25/2008 Anm. 3, *Völker*, S. 10 f. zu Art. 23 lit. b EuEheVO die Frage aufwerfend, ob die Einschränkung der Artt. 41 II und 42 II EuEheVO wegen mangelnden Alters und Reifegrades auf Art. 23 lit. b EuEheVO analog anzuwenden sei.

Wohl aber auch von einer Anhörung abgesehen werden.[1352] „Ob" und „wie" der Kindesanhörung stehen demzufolge in starkem Maße auch weiterhin zur Disposition der jeweiligen nationalen Rechtsauffassung.[1353] Auch die nachträgliche Kontrolle, ob das Kind gehört bzw. ob ihm Gelegenheit zur Anhörung gegeben wurde, ist ausschließlich dem Erlassstaat nach dem dort geltenden Verfahrensrecht vorbehalten, so dass sich der Vollstreckungsmitgliedstaat einer ggf. rechtswidrig ausgestellten Bescheinigung nicht entgegenstellen kann.[1354] Der VO-E hatte demgegenüber noch mit seinem Art. 24 Ziff. 3 Unterabs. 3 ausdrücklich eine autonome Anhörungspflicht im Sorgerechtsverfahren vorgesehen, von der im Endeffekt abgesehen wurde. Dies bestätigt, dass auch weiterhin die nationalen Rechtsordnungen letztendlich die Frage der Anhörung entscheiden und gestalten sollen.

Eine fehlende Einbindung des betroffenen Kindes in das sorgerechtliche Verfahren kann die Problematik im Einzelfall allerdings in das innerstaatlich geführte Vollstreckungsverfahren verlagern und sich dort im Widerstand des Kindes gegen seine Rückgabe äußern. Dies schließt die weitergehende Frage ein, ob dieser bei einer nach Art. 11 VIII EuEheVO privilegierten Vollstreckung beachtlich wäre. Die Anwendung von Gewalt gegen das Kind ist bereits im Rahmen von HKÜ-Rückgabeanordnungen sehr umstritten.[1355] Erst recht wird dies

---

1352 EuGH (Urteil v. 22.12.2010 – Rs. C-491/10 PPU: Aguirre Zarraga ./. Pelz) FamRZ 2011, 355, 357 ff. mit Anm. *Schulz.*

1353 Dabei die Gefahr sehend, dass derselbe Erlassrichter des Herkunftsstaats aber die Bescheinigung ausstellt, s. *Holzmann,* Brüssel IIa VO, S. 274. Schon *McEleavy* Int. Comp. L. Qu. 53 (2004), S. 503, 510 f. stellte am Beispiel einer Rückgabeablehnung eines (zur Kindesanhörung verpflichteten) innerstaatlichen Gerichts einen Neunjährigen betreffend die Letztentscheidungsbefugnis des anderen Gerichts in Frage: „should a court in the child's State of habitual residence, which does not generally listen to the views of a child so young, be entitled to re-evaluate, whether the child should be sent back?"

1354 EuGH (Urteil v. 22.12.2010 – Rs. C-491/10 PPU: Aguirre Zarraga ./. Pelz) FamRZ 2011, 355, 358.

1355 Vgl. die Darstellung des Meinungsstandes bei MüKoBGB[4]-*Huber* § 1632 Rn 20; s. a. Nachweise bei *Vomberg/Nehls,* S. 44 f.; *Schweppe* FPR 2001, 203 f. Auf der einen Seite wird vertreten, dass Art. 13 HKÜ für das Rückgabeverfahren einschließlich der Vollstreckung gelte, s. OLG Zweibrücken FamRZ 2001, 1536; andere lehnen staatliche Gewaltanwendung gegenüber dem sich widersetzenden Kind generell bzw. je nach Reifegrad ab, s. Nachweise bei MüKoBGB[4]-*Huber* § 1632 Rn 20. Nach Rauscher/*Rauscher* EuZPR/EuIPR (2010) Art. 42 Brüssel IIa-VO Rn 5 muss die Anwendung unmittelbarer Gewalt gegen das herauszugebende Kind mit oder ohne entsprechendes gesetzliches Verbot tabu sein; insoweit sei der Rückgriff der

für eine privilegierte Vollstreckung einer ausländischen Entscheidung ohne Exequatur zu erwarten sein.

d) Auf ursprungsstaatliche Entscheidungen beschränkte Posteriorität

Abgesehen von einer Berichtigungsmöglichkeit im Ursprungsmitgliedstaat, besteht also keine Möglichkeit, die Vollstreckung zu versagen. Es verbleibt nur noch der Einwand einer späteren anderslautenden Entscheidung nach Art. 47 II Unterabs. 2 EuEheVO:[1356] Soweit eine Entscheidung, für die eine Bescheinigung nach Art. 42 II EuEheVO ausgestellt wurde, mit einer späteren Entscheidung unvereinbar ist, darf erstere nicht vollstreckt werden.[1357] Kontroverse Ansichten bestehen darüber, ob auch hier nur eine spätere Entscheidung aus dem Ursprungsmitgliedstaat einer privilegierten Letztentscheidung entgegenstehen kann, oder ob auch eine spätere Entscheidung aus dem Vollstreckungsstaat genügt. Wortlaut und systematische Stellung des Art. 47 II Unterabs. 2 EuEheVO, der gerade das im Vollstreckungsmitgliedstaat zu führende Verfahren betrifft, sprächen an sich für die Anwendung auf spätere Entscheidungen aus dem Zufluchtsmitgliedstaat. Die Literatur geht dementsprechend von der klassischen Anwendung des Posterioritätsgrundsatzes auch im Rahmen des Art. 47 EuEheVO aus, die nicht nur auch,

---

Vollstreckungsorgane auf den vollstreckungsrechtlichen ordre public absehbar. Die zu § 33 FGG a. F. entwickelte h. M. erlaubt grundsätzlich Gewaltanwendung gegen das Kind, allerdings im Hinblick auf Art. 2 I GG nur unter strengen Voraussetzungen, insb. einer erneuten am Kindeswohl orientierten sachlichen Prüfung, vgl. Keidel/Kuntze/Winkler[15]-*Zimmermann* FGG § 33 Rn 37 und 42, m. w. N. Laut *Pape,* S. 112, m. w. N., bejahe auch der EGMR (Entscheidung v. 11.12.2006 – Beschwerde Nr. 41092/06 „Mattenklott ./. Deutschland") FamRZ 2007, 1527, 1529 die grundsätzliche Zulässigkeit von Zwangsmaßnahmen gegen das Kind aufgrund einer HKÜ-Entscheidung, wenngleich er solche Maßnahmen für nicht wünschenswert halte. Von anderer Seite hingegen wird in enger Weise vertreten, dass für eine nochmalige inhaltliche Prüfung i. R. d. Vollstreckungsverfahrens kein Raum sei; typische mit der Rückführung verbundene Beeinträchtigungen des Kindes, die schon im Erkenntnisverfahren nicht zur Rückgabeablehnung geführt hätten, könnten nicht mehr berücksichtigt werden, s. *Niethammer-Jürgens* FPR 2004, 306, 309; OLG Stuttgart OLGReport 2007, 15.

1356 Staudinger-*Pirrung* (2009) Vorbem C 167 zu Art 19 EGBGB.

1357 EuGH (Urteil v. 1.7.2010 – Rs. C-211/10 PPU: Povse ./. Alpago) FamRZ 2010, 1229, 1233; s. a. MüKoFamFG-*Gottwald* Brüssel IIa-VO Art. 42 Rn 11, m. w. N., unter Hinweis auf Gründe des Kindeswohls.

sondern sogar erst recht eine Entscheidung des Vollstreckungsmitgliedstaats selbst mit einschließt.[1358]

Der EuGH ist demgegenüber der Auffassung, dass nur eine spätere Entscheidung aus dem Ursprungsmitgliedstaat der Vollstreckung einer nach Art. 11 VIII EuEheVO privilegierten Letztentscheidung entgegenstehen könne; eine Berücksichtigung von Entscheidungen des Vollstreckungsstaats könne anderenfalls zu einer Umgehung der Artt. 11 VIII i. V. m. 40, 42 EuEheVO führen.[1359] Spätere Entscheidungen des Vollstreckungsmitgliedstaats hält der EuGH sogar dann für unbeachtlich, wenn seit Erlass der nach Art. 42 II EuEheVO bescheinigten Entscheidung Änderungen eingetreten seien, die das Wohl des Kindes schwerwiegend gefährden könnten; Änderungen und etwaige Vollstreckungsaussetzung der Entscheidung seien auch dann bei den Gerichten des Ursprungsmitgliedstaats anzubringen.[1360]

Der Verordnung selbst ist jedoch nicht zu entnehmen, dass sie an dieser Stelle eine solche Abweichung von den bislang bekannten Auslegungsmethoden im Bereich der Anerkennung und Vollstreckung vorsieht. Der Posterioritätsgrundsatz geht gerade im Bereich der elterlichen Verantwortung davon aus, dass die jüngere Entscheidung den aktuellen Verhältnissen des Kindes besser gerecht werde als die zeitlich ältere.[1361] Die generelle Absage an spätere sorgerechtliche

1358 Vgl. Dierck/Morvilius/Vollkommer-*Huber* 3. Teil. 8 Kap. Rn 223, m. w. N.; *Schulz* zu EuGH (Urteil v. 1.7.2010 – Rs. C-211/10 PPU: Povse ./. Alpago) FamRZ 2010, 1307 (LS) mit Anm. *Schulz*, S. 1307 f.; ausdrücklich auf Art. 47 II Unterabs. 2 EuEheVO als (wenngleich einzige) inhaltliche Überprüfungsmöglichkeit im Vollstreckungsstaat hinweisend s. *Fleige*, S. 327 mit Fn 173, m. w. N.; darauf Bezug nehmend und diesem wohl somit folgend auch noch MüKoZPO^3-*Gottwald* EheGVO Art. 42 Rn 10; durch Klammerzusatz auf ursprungsstaatliche spätere Entscheidungen einschränkend erst MüKoFamFG-*Gottwald* Brüssel IIa-VO Art. 42 Rn 11. Insoweit war demgegenüber gerade umgekehrt strittig, welche Voraussetzungen an die Anerkennungsfähigkeit von Entscheidungen, die nicht im Vollstreckungsstaat erlassen worden seien, anzulegen seien, vgl. Nachweise bei Dierck/Morvilius/Vollkommer-*Huber* 3. Teil. 8 Kap. Rn 157 f. und 223.

1359 Vgl. *Schulz* zu EuGH (Urteil v. 1.7.2010 – Rs. C-211/10 PPU: Povse ./. Alpago) FamRZ 2010, 1307 (LS) mit Anm. *Schulz*, S. 1307 f.; so auch Thomas/Putzo-*Hüßtege* Art. 47 EuEheVO Rn 3.

1360 EuGH (Urteil v. 1.7.2010 – Rs. C-211/10 PPU: Povse ./. Alpago) FamRZ 2010, 1229, 1233.

1361 Vgl. Dierck/Morvilius/Vollkommer-*Huber* 3. Teil. 8 Kap. Rn 157. S. dazu bereits oben 4. Teil. C. I. 2. b („Lösung über das Posterioritätsprinzip").

Entscheidungen aus dem Vollstreckungsmitgliedstaat erscheint dabei als allzu weit gehende Automatisierung der Bewertung kindlicher Bedürfnisse und schwer zu vertretende Abkehr von dem in der Präambel statuierten Vorrang des Kindeswohls. Aus dem VO-E insbesondere lässt sich entnehmen, dass bei Schaffung der EuEheVO der Verordnungsgeber im Abschnitt 3 über die Vollstreckung von Umgang und Rückführung ganz deutlich intendiert hatte, „dass es stets möglich sein sollte, sich nach dem Recht des Vollstreckungsmitgliedstaats in der Vollstreckungsphase auf die Unvereinbarkeit mit einer späteren Entscheidung zu berufen. Dies ist heute beispielsweise dann der Fall, wenn die zweite Entscheidung ergangen ist, nachdem die erste Entscheidung für vollstreckbar erklärt worden ist, aber noch nicht vollstreckt worden ist."[1362]

e) Zusammenfassendes Zwischenergebnis

Die Abschaffung des Vollstreckbarerklärungsverfahrens erhöht den Druck auf die Beteiligten, ihre eigenen Interessen im ausländischen Erkenntnisverfahren zu wahren.[1363] Gelingt dies nicht und ist gleichzeitig aber jegliche nachträgliche Kontrolle im Vollstreckungsstaat ausgeschlossen, kann sich das Problem in die Herausgabevollstreckung verlagern.[1364] Dies erschwert jedoch eine Befriedung einer von vornherein sensiblen Angelegenheit und erhöht im Endeffekt die Belastung für das von der Vollstreckung unmittelbar betroffene Kind. Frustrationen und Ängste, soweit sie im Erkenntnisverfahren bzw. der materiellrechtlichen Entscheidung nicht ausreichende Berücksichtigung gefunden haben, können den Vollzug der vollstreckbaren Entscheidung erheblich beeinträchtigen. Auch eine freiwillige Rückkehr des Entführers mit dem Kind wird immer unwahrscheinlicher, wenn ihm einerseits vom ersuchten Gericht bescheinigt wurde, dass eine Rückgabe wegen Vorliegens von Gründen der Artt. 12 II, 13 oder 20 HKÜ abzulehnen sei, das ursprungsstaatliche Gericht aber eine gegenläufige Entscheidung durchgesetzt sehen will.[1365]

1362 Begründung des VO-E, S. 17; vgl. *Fleige*, S. 327, m. w. N.

1363 So *Schlauß* FPR 2004, 279. S. zur Lösung über die Ebene des Erkenntnisverfahrens auch *Pape*, S. 107 unter Bezugnahme auf eine diesbezügliche Erwägung von *Schweppe*, Kindesentführungen und Kindesinteressen, S. 98.

1364 *Schlauß* FPR 2004, 279, 280 Fn 11; Staudinger-*Pirrung* (2009) Vorbem C 71 zu Art 19 EGBGB; s. a. *Pape*, S. 148, m. w. N.

1365 *Helms* FamRZ 2002, 1593, 1602 noch zum VO-E; s. dazu *Pape*, S. 137 dieses Problem durch eine verstärkte Zusammenarbeit der Zentralen Behörden für lösbar haltend; s. a. *Looschelders* JR 2006, 45, 50 f. auf Spannungen zwischen den Beteiligten hinweisend, denen schwer verständlich zu machen sein werde, wenn die Gerichte des Herkunftsstaats ihren Argumenten weniger Beachtung schenkten als

Zweifel bestehen, ob der stete Verweis auf das Prinzip des gegenseitigen Vertrauens der Mitgliedstaaten die Vollstreckungsprivilegien auf der Seite des einen Mitgliedstaats und die Kontrolldefizite des anderen Mitgliedstaats zu rechtfertigen vermag. Bei Schaffung der EuVTVO wurde in dem zunehmenden Kontrollverzicht zwischen den Mitgliedstaaten eine „seltsame Eigendynamik“[1366] erkannt; gerade im grenzüberschreitenden Verfahren erhöhe sich die Gefahr von Verfahrensfehlern, die einer Kontrolle bedürften.[1367] Für die EuVTVO wurde insoweit die Idee eines „blinden“[1368] wechselseitigen Vertrauens in die Zivilrechtspflege aller Mitgliedstaaten als lebensfremd bezeichnet, die weder der Realität noch dem Gefühl der betroffenen Parteien entspreche.[1369] Wenn die Argumentation mit dem Gefühl der Parteien schon gegen eine unmittelbare Vollstreckung einer Geldforderung angebracht erscheint, dann erst recht, wenn es um die Herausgabe eines Kindes geht, das im Individualfall seine Entführung auch als entlastend und „eher positive Erfahrung“[1370] empfinden kann. *Pirrung* wendet darum kritisch ein, dass sich die EuEheVO mit der Vollstreckung ohne Exequatur und ohne Möglichkeit einer Anfechtung äußerst „fortschrittlich“ zeige, allerdings auf einem dafür im jetzigen Zeitpunkt denkbar ungeeigneten Gebiet; wenigstens bestehe keine „Gefahr“

---

das ersuchte Gericht. *Looschelders* verweist hier auf *McEleavy* Int. Comp. L. Qu. 53 (2004), S. 503, 510, welcher treffend ausführt: “Therefore if courts are acting responsibly and only using the safety valve when required, there is no justification to allow courts in another Member State to go behind such findings and in essence have a rehearing. If ‘trumping orders’ are made as a matter of course it will undoubtedly give rise to a body of ill-feeling and resentment between courts in Member States.”

1366 *Stadler* ERA-Forum 2005/4, S. 468, 470.

1367 *Stadler* ERA-Forum 2005/4, S. 468, 470 ff. Ein konkretes Problem besteht nach *Hess*, Europäisches Zivilprozessrecht § 7 Rn 88 beispielsweise, wenn das Prozessgericht zu Unrecht von der wirksamen Zustellung der Ladung ausgehe und die Bescheinigung ausstelle, die Bescheinigung aber nicht mehr angefochten werden könne, hier gehe Effizienz zu Lasten von Beteiligtenrechten.

1368 *Stadler* ERA-Forum 2005/4, S. 468, 471.

1369 *Stadler* ERA-Forum 2005/4, S. 468, 471 f. *Staudinger* EuLF (D) 2004, 273, 280, m. w. N., spricht von „Kollisionsrechtblindheit“: Mit der EuEheVO werde „das Pferd vom Schwanz her“ aufgezäumt. Während der Bereich der Anerkennung und Vollstreckung vereinheitlicht werde, bestünden im Binnenmarkt keine einheitlichen Anknüpfungsregeln (daran hat sich im Bereich der elterlichen Verantwortung auch mit Rom III nichts geändert). *Staudinger* sieht die völlige Abschaffung des Ordre-public-Vorbehalts kritisch, weil bei zunehmender Osterweiterung der EU den Beitrittsstaaten zunächst Zeit einzuräumen sei, die Sekundärrechtsakte „zutreffend auszulegen und anzuwenden“.

1370 Vgl. *Klosinski* FPR 2001, 206, 207.

der Nachahmung im Rahmen weltweiter Rechtsvereinheitlichung.[1371] Nach *Tödter*[1372] handelt es sich für die EU um ein „Experiment, erstmals die vereinfachte Vollstreckung im Rahmen eines so sensiblen Bereiches wie der Kindesentführung einzuführen und zu erproben". *Tödter* hält diese Einführung an späterer Stelle[1373] für bedenklich: „Es wäre besser gewesen, zunächst mit einer weniger sensiblen Materie Erfahrungen zu sammeln (Stichwort EuVTVO)."

Der auf gegenseitigem Vertrauen zwischen den Mitgliedstaaten beruhende Exequaturverzicht der EuEheVO, mithin ihr formalisierter Widerrechtlichkeitsbegriff,[1374] vergrößert auch die Rechtsunterschiede im Verhältnis zu Drittstaaten,[1375] mithin kann sich das an sich angestrebte Ziel der Effektivierung des Gemeinschaftsprozesses zu Lasten des mitgliedstaatlichen Einzelfalls auswirken. Bedarf ein Kind eines besonderen individuellen Schutzes, etwa gegenüber dem zurückverbliebenen Elternteil, könnte es als benachteiligt gegenüber einem Kind in ähnlicher familiärer Situation gelten, das aus einem Nichtmitgliedstaat in die EU entführt wurde. Kindern, deren Lebenssituation die Tatbestände der Artt. 12 II, 13 bzw. 20 HKÜ auslösen, die aber in den Anwendungsbereich des Art. 11 VIII EuEheVO fallen, böte sich ein deutlich geringerer Schutz gegenüber Kindern in derselben Situation, auf die die Verordnung aber nicht angewandt wird. Nach *Rauscher* besteht insoweit die „Gefahr der Abschottung gegenüber Drittstaaten"[1376]: Der Bedeutungsverlust des KSÜ und die spezielle Regelung des HKÜ-Verfahrens im EU-Binnenverhältnis bringe eine „manifestierte Haltung" Europas mit sich, eine bessere Lösung als das KSÜ und das HKÜ parat zu halten. Dies könne für Drittstaaten keine Motivation für einen Beitritt zu den Haager Abkommen darstellen.[1377] Da aber Kindesentführungen in Staaten außerhalb der EU die große Mehrheit bilden, haben die EU-Organe neben der Effektivierung des Gemeinschaftsprozesses auch den Beitritt weiterer Drittstaaten zum HKÜ

1371 *Pirrung* in Symposium Spellenberg, S. 89, 97 f.; s. a. Staudinger-*Pirrung* (2009) Vorbem C 116 zu Art 19 EGBGB. Laut *Pape*, S. 147 werde die „unbedingte und beschleunigte Durchsetzung grenzüberschreitender Entscheidungen" nicht zuletzt „als ‚radikal' bezeichnet". Sie verweist hier auf *Rausch* FuR 2005, 112, 115, der an dieser Stelle mit erheblichen Widerständen in der Praxis rechnet, die es zu überwinden gelte.

1372 *Tödter*, S. 183.

1373 *Tödter*, S. 203.

1374 S. o. 2. Teil. A. IV. 4. a („Formalisierung des Widerrechtlichkeitsbegriffs").

1375 Dem werde aber seit etwa 2004 mit Evaluationen und Nachbesserungen entgegengekommen, vgl. *Hess*, Europäisches Zivilprozessrecht § 1 Rn 8 f. m. w. N., samt dortiger eingehender Auseinandersetzung und teilweiser Relativierung dieser Kritik.

1376 Rauscher/*Rauscher* EuZPR/EuIPR (2010) Einl Brüssel IIa-VO Rn 7.

1377 Rauscher/*Rauscher* EuZPR/EuIPR (2010) Einl Brüssel IIa-VO Rn 7 f.

und den Abschluss bilateraler Abkommen zu fördern.[1378] Auch der Beitritt der EG zur Haager Konferenz für Internationales Privatrecht am 3.4.2007 sollte dazu dienen, ihre Tätigkeiten besser aufeinander abzustimmen und zu optimieren.[1379] Ob dies dazu führen wird, dass die Regelungswerke zum Minderjährigenschutz besser aufeinander abgestimmt werden, bleibt abzuwarten.

3. *Vorrang des Kindeswohls*

Es stellt sich daher die grundsätzliche Frage, ob die Abschaffung des Exequaturs im Bereich grenzüberschreitender Kindesentführung durch einen Elternteil dem Kindeswohl ausreichend Geltung verschafft. Das ständige Bestreben der Effektivierung der Gemeinschaft und die damit einhergehende steigende Tendenz, das individuelle Kindeswohl weiter verschärften Automatismen und Generalisierungen unterzuordnen, gilt es demgegenüber neu zu überdenken.

a) Kindeswohl-Vorrang-Gebot der KRK

Denkbar wäre, im „Kindeswohl-Vorrang-Gebot"[1380] des Art. 3 KRK die Grenze einer vollstreckungsprivilegierten Rückführung zu sehen: Das Kindeswohl ist bei allen Kinder betreffenden Maßnahmen bzw. Entscheidungen ein Gesichtspunkt, der vorrangig zu berücksichtigen ist.[1381] Innerstaatlich fand die KRK nach einem entsprechenden Vorbehalt[1382] Deutschlands als bloß völkerrechtliche Staatenverpflichtung keine unmittelbare Anwendung, so dass die Konvention in der fachrichterlichen Praxis kaum eine Rolle spielte.[1383] Nach h. M. enthält die KRK daher „größtenteils nicht direkt anwendbare Vorschriften des Sachrechts"[1384], die

---

1378 *Frerichs*, Stellungnahme des EWSA zum VO-E, ABl. EU Nr. C 61 v. 14.3.2003, S. 76, 79.

1379 *Pape*, S. 12 f. unter Bezugnahme auf *Jayme* IPRax 2000, 165, 167, 169, der seiner Sorge über die Verdrängung der Haager Konventionen durch die zunehmenden EU-Rechtsakte Ausdruck verlieh („Todesstoß"): So sei die Haager Konferenz nach ihrem hundertjährigen Bestehen vom Untergang bedroht. „Geopfert" würden MSA und KSÜ. Nach *Pape*, S. 12 f. demgegenüber zeigt der Beitritt, dass die Arbeit der Konferenz nicht unterwandert, sondern unterstützt werde. S. zum Beitritt der EG auch *Martiny* FPR 2008, 187, 198 f.

1380 *Steindorff-Classen* EuR 2011, 19, 21 f.

1381 S. *Steindorff-Classen* EuR 2011, 19, 22.

1382 Bek. v. 10.7.1992 BGBl. II S. 990.

1383 *Cremer*, Die UN-Kinderrechtskonvention, S. 15.

1384 *Siehr* DEuFamR 2000, 125, 127. Zum Meinungsstand gegen den individualrechtlichen Charakter der KRK s. eingehend *Cremer*, Die UN-Kinderrechtskonvention, S. 9 ff.

zur Geltendmachung durch Einzelne gemäß Art. 25 GG einer Transformation in das innerstaatliche Recht bedürften.[1385] Die eingeschränkte Anwendung der KRK führte auch dazu, dass der in ihr verankerte Kindeswohlvorrang als nicht unmittelbar anwendbar angesehen wurde.[1386] Außerdem sei mit Art. 44 KRK ein rein politisches Schutzsystem einer periodischen Berichterstattung durch die Vertragsstaaten vorgesehen.[1387] Die Mindermeinung, insbesondere Stimmen aus Nichtregierungsorganisationen, hält demgegenüber eine Bindungswirkung für wichtige Ausnahmen, namentlich für Artt. 2, 3 und 6 KRK, auch ohne speziellen Transformationsakt schon von vorneherein für gegeben insofern, als diese Vorschriften aufgrund ihrer Formulierung, die im Fall einer Transformation ohnehin nur eine wortgleiche Wiederholung zuließe und damit keiner solchen bedürfe, als self executing angesehen werden.[1388] Da es sich daher bei Art. 3 KRK um eine unmittelbare Völkerrechtsnorm handle, sei dessen Gebot des Kindeswohlvorrangs von Behörden und Gerichten im Rahmen der Entscheidungsfindung direkt heranzuziehen.[1389]

Vor Inkrafttreten des Lissaboner Vertrages am 1.12.2009 und der dortigen Implementierung von Beteiligungsrechten von Kindern tauschten sich die Kommission und der Rat über eine Strategie des „empowerments“ von Kindern „als Rechteinhaber und konstruktive Akteure“ aus, um deren Rechte zu effektivieren und ihnen die Wahrnehmung ihrer Partizipationsrechte zu ermöglichen.[1390] Im Juli 2010 nahm die Bundesregierung sämtliche Vorbehalte, auch den der bloßen Staatenverpflichtung gegen die Konvention zurück, woraus teilweise die nun

---

1385 *Eichholz* IzKK-Nachrichten 2009 I-12 f.

1386 *Nothafft* DJI Bulletin 81 (2008) S. 34.

1387 *Hohnerlein* EuLF (D) 2000/01, 252, 254; s. a. *Eichholz* IzKK-Nachrichten 2009 I-12; *Maywald* IzKK-Nachrichten 2009 I-4, 6.

1388 *Eichholz* IzKK-Nachrichten 2009 I-12, 13; *Maywald* IzKK-Nachrichten 2009 I-4, 6.

1389 *Nothafft* DJI Bulletin 81, (2008) S. 34. Vgl. das Gebäude der Kinderrechte i. S. d. KRK bei *Maywald* IzKK-Nachrichten 2009 I-4, 6, m. w. N., das vom Vorrang des Kindeswohls i. S. v. Art. 3 KRK als gänzlich überdacht dargestellt ist.

1390 So *Steindorff-Classen* EuR 2011, 19, 31 unter Verweis auf die Verortung der Rechte des Kindes in der GRCh im Titel III „Gleichheitskapitel“ und damit getrennt von den im Titel II „Freiheitsrechte“ enthaltenen ehe- und familienbezogenen Gewährleistungen; auch hierdurch werde unterstrichen, dass Kinder eigenständige Rechtssubjekte und insoweit Erwachsenen gleichzustellen seien. Zum Streit um die Ausgliederung des familiären Sachbereichs s. Meyer-*Bernsdorff* GRCh Art. 7 Rn 8. Zur stärkeren Wahrnehmung des Kindes als Rechtssubjekt s. a. *Pintens* FamRZ 2003, 329, 331, m. w. N.

vollumfängliche innerstaatliche Anwendbarkeit der KRK geschlossen wird.[1391] Die Frage einer unmittelbaren innerstaatlichen Anwendbarkeit ist aber bis heute umstritten.[1392] Ab einem Inkrafttreten des am 19.12.2011 angenommenen 3. Zusatzprotokolls besteht jedoch die Möglichkeit einer Individualbeschwerde vor dem UN-Kinderrechtskomitee zur individualrechtlichen Durchsetzung der KRK.[1393] Die unmittelbare materiellrechtliche Bindungswirkung des Art. 3 KRK auf Gerichte und Behörden wird sich dann kaum noch verneinen lassen.[1394] Die Durchsetzung einer vollstreckungsprivilegierten Rückgabeentscheidung unter den vorgenannten Voraussetzungen, mithin ohne Kontrollmöglichkeiten im Vollstreckungsmitgliedstaat und gegen den Willen des Kindes dürfte an die Grenzen des dann übergeordneten individuellen Kindeswohls stoßen. Ergeben sich im Einzelfall Anhaltspunkte, dass die Rückgabe das seelische oder körperliche Wohl des Kindes gefährden werde, wird eine Anwendung von Art. 11 VIII EuEheVO und des damit verbundenen privilegierten Vollstreckungssystems im Lichte der KRK auszulegen und die Anwendung der Vorschriften nötigenfalls teleologisch zu reduzieren sein. Insbesondere könnte es eines Überdenkens der bislang weiten Auslegung einzelner entführungsspezifischer Vorschriften der EuEheVO bedürfen.

b) Kindeswohl-Vorrang-Direktive der GRCh

Mit dem Inkrafttreten des Vertrages von Lissabon könnte der Kindeswohlvorrang der GRCh gestärkt worden sein: Neben der Verankerung bestimmter Kinderrechte direkt im Zielkatalog des Art. 3 EUV[1395] wurde mit dem Vertrag von

---

1391 S. *Cremer* AnwBl 2012, 327, m. w. N.; *ders.* Die UN-Kinderrechtskonvention, S. 15; i. R. d. Kindesentführungsthematik dagegen noch nicht von unmittelbarer innerstaatlicher Anwendbarkeit ausgehend s. *Pape,* S. 104, m. w. N.

1392 *Steindorff-Classen* EuR 2011, 19, 22; s. a. *Maywald* IzKK-Nachrichten 2009 I-4, 6.

1393 So *Dethloff/Maschwitz* FPR 2012, 190, 191 darauf verweisend, dass das Protokoll am 28.2.2012 zur Zeichnung ausgelegt worden sei und nach der Ratifikation durch zehn Mitgliedstaaten der Vereinten Nationen in Kraft trete.

1394 S. diese Bindungswirkung grundsätzlich hervorhebend *Cremer,* Die UN-Kinderrechtskonvention, S. 13.

1395 S. *Steindorff-Classen* EuR 2011, 19 und 28: Verankerung des Schutzes der Kinderrechte gleichrangig mit der Bekämpfung sozialer Ausgrenzung und Diskriminierung, der Förderung sozialer Gerechtigkeit und sozialem Schutz, der Gleichstellung von Frauen und Männern sowie der Solidarität zwischen den Generationen in Art. 3 III Unterabs. 2 EUV sowie Bekräftigung, dass die Union auch in ihren Beziehungen zur übrigen Welt einen Beitrag zum Schutz der Rechte des Kindes leisten solle, in Art. 3 V EUV.

Lissabon über Art. 6 I EUV die GRCh dem Primärrecht der EU zugeordnet und verbindlich gemacht.[1396] Fraglich ist, inwieweit sich dieser Primärrechtsrang[1397] auch auf die in Art. 24 GRCh verankerten Kinderrechte, insbesondere auf den dort statuierten Kindeswohl-Vorrang auswirkt: Nach *Jarass* hat das Inkrafttreten der GRCh keine wesentlichen Änderungen der Rechtslage mit sich gebracht, da die Vorgaben der Charta inhaltlich bereits vorher weithin geltendes Recht gewesen seien; sie habe bestehende Grundrechte gem. ihrer Präambel zuvörderst „sichtbarer“ gemacht; in einzelnen Regelungen allerdings lasse die Charta offen, ob sie über vorher bereits geltendes Primärrecht hinausgehe.[1398] Auch die Rechtsnatur des Art. 24 GRCh ist insoweit nach der Implementierung der Charta im EUV nicht eindeutig geklärt: Manchen, etwa abwehrrechtlichen Teilen der Vorschrift wird eine subjektiv-rechtliche Bedeutung zugeschrieben, anderen nicht.[1399] Insgesamt wird ihr entgegen der Überschrift „Rechte des Kindes“[1400] ein eher objektiv-rechtlicher Charakter zuerkannt: Die Norm enthalte insoweit als Grundsatz[1401] i. S. d. Art. 51 I GRCh eine Wertentscheidung zugunsten des Kindeswohls sowie eine Direktive zur kindeswohlbezogenen Auslegung und Anwendung von Gesetzen.[1402] Verpflichtete seien gem. Art. 51 I GRCh die Union und damit ihre Organe und Einrichtungen unter Wahrung des Subsidiaritätsprinzips sowie ihre Mitgliedstaaten ausschließlich bei der Durchführung von Unionsrecht,[1403] woraus weiter geschlossen werde, dass Dritte nur durch die Gesetzgebung der Union oder der Mitgliedstaaten verpflichtet würden.[1404]

1396 *Dethloff/Maschwitz* FPR 2012, 190, 192; s. a. *Steindorff-Classen* EuR 2011, 19, 29.

1397 S. hierzu *Jarass* GRCh Einl. Rn 9.

1398 So *Jarass* GRCh Einl. Rn 8.

1399 Tettinger/Stern-*Ennuschat* GRCh Art. 24 Rn 5 f.

1400 Auf deren subjektiv-rechtlich erscheinenden Wortlaut hinweisend s. *Jarass* GRCh Art. 24 Rn 4.

1401 Eine nähere Bestimmung und Abgrenzung von Grundsätzen und Rechten ergibt sich aus Art. 52 V GRCh, demnach Grundsätze kein subjektives Recht, sondern objektiv-rechtliche Vorgaben enthalten, die von den Verpflichteten einzuhalten sind, s. Tettinger/Stern-*von Danwitz/Ladenburger* Art. 52. A. IV. Erläuterungen des Präsidiums des Konvents; *Jarass* GRCh Art. 52 Rn 69 ff.

1402 Tettinger/Stern-*Ennuschat* GRCh Art. 24 Rn 5 f.

1403 *Dethloff/Maschwitz* FPR 2012, 190, 192; Tettinger/Stern-*Ennuschat* GRCh Art. 24 Rn 7; s. dazu auch *Steindorff-Classen* EuR 2011, 19, 29.

1404 Tettinger/Stern-*Ennuschat* GRCh Art. 24 Rn 7; einer bloß mittelbaren Drittwirkung des Art. 24 GRCh zustimmend Meyer-*Hölscheidt* GRCh Art. 24 Rn 17.

Auch die bloß objektiv-rechtliche Bindungswirkung des Kindeswohl-Vorrangs wird als eher gering eingeschätzt: Vertreten wird, dass die Beachtung des Kindeswohls nach Maßgabe des Art. 24 II GRCh nicht einmal in der Form eines Berücksichtigens stattzufinden habe, wofür der zurückhaltende Wortlaut spreche, demnach das Kindeswohl „eine vorrangige Erwägung" sein müsse, wohingegen der Wortlaut des Art. 24 I GRCh die Meinung des Kindes „berücksichtigt" wissen wolle.[1405] Hiergegen werden von anderer Seite Übersetzungsunterschiede eingewandt: Andere Sprachfassungen enthielten nicht diesen Wortunterschied, daher sei von einer Berücksichtigungspflicht auszugehen, die durch das Wort „vorrangig" verstärkt werde; Schwächung erfahre dies aber wiederum durch den Wortlaut „eine" statt „die".[1406] Ein Vergleich mit Art. 3 KRK zeigt, dass eine Abschwächung durch den Wortlaut „ein" nicht ausschlaggebend sein dürfte. Auch dort ist das Kindeswohl „ein Gesichtspunkt". Auch dort wäre der Vorrang daher insoweit eingeschränkt, als andere Gesichtspunkte gleichen Rang hätten. Demgegenüber dürfte diese Formulierung aber so zu verstehen sein, dass verschiedene, auch kollidierende Gesichtspunkte aufeinandertreffen können, denen gegenüber das Kindeswohl erforderlichenfalls Vorrang genießt. Bei allgemeinen Wertentscheidungen und im Rahmen der Auslegung von einfachgesetzlichen und unmittelbar geltenden Normen ist daher davon auszugehen, dass das Kindeswohl zu berücksichtigen ist und ggf. Vorrang genießt. Insoweit ermöglicht der Kindeswohl-Vorrang der Charta zwar keine subjektive Geltendmachung, er schlägt aber bei der Auslegung von unmittelbar geltendem Unionsrecht durch und ist somit auch bei der Auslegung entführungsspezifischer Regelungen zu beachten.

c) Oberste Priorität des Kindeswohls aufgrund der EMRK

Bei der Frage, ob einer vollstreckungsprivilegierten Rückgabe nach Art. 11 VIII EuEheVO im Einzelfall das Kindeswohl entgegenstehen kann, könnte auch auf die EMRK zurückzugreifen sein. Dabei ist davon auszugehen, dass die EMRK bei der Auslegung von EU-Grundrechten grundsätzlich Beachtung findet.[1407]

1405 Meyer-*Hölscheidt* Art. 24 Rn 21.

1406 Tettinger/Stern-*Ennuschat* GRCh Art. 24 Rn 18.

1407 Der EuGH bezieht sich bei der Auslegung von Gemeinschaftsgrundrechten grundsätzlich auf die EMRK, auf die auch Art. 6 EUV i. d. F. Vertrages von Lissabon direkt verweist, s. *Hailbronner/Kau* in Graf Vitzthum, Völkerrecht, 3. Abschn. III Rn 249; *Wehlau/Lutzhöft* EuZW 2012, 45, 47. Dies spiegle sich in Artt. 52 III und IV GRCh sowie in Art. 53 GRCh, s. *Wehlau/Lutzhöft* EuZW 2012, 45, 47. S. zur EMRK als Rechtserkenntnisquelle für die Auslegung der Gemeinschaftsgrundrechte auch *Jarass* GRCh Art. 52 Rn 64.

aa) Bei einer HKÜ-Rückführung

In einer Rückführungsanordnung nach dem HKÜ sieht der EGMR einen Eingriff in das Familienleben[1408] (Art. 8 I EMRK), der gem. Art. 8 II EMRK in einer demokratischen Gesellschaft und im Lichte der KRK und des HKÜ notwendig sein müsse.[1409] In seinem Urteil im Fall Neulinger und Shuruk ./. Schweiz[1410] stellte der EGMR 2010 Prinzipien zu der Frage der Rechtfertigung dieses Eingriffs auf, die als „Kehrtwende"[1411] in der Anwendung des HKÜ gesehen werden:

(1) Neulinger und Shuruk ./. Schweiz 2009

Noch im Vorjahr 2009 hatte der EGMR[1412] die Anordnung des schweizerischen Bundesgerichts gegenüber der Mutter, für die Rückkehr des 2005 in die Schweiz entführten Sohnes nach Israel zu sorgen, als zumutbar bestätigt. Nichts lasse darauf schließen, dass die Behörden in Israel nicht im Stande oder gewillt seien, gegen ein allfälliges aggressives Verhalten seitens des dortigen Vaters zu schützen; die israelischen Behörden hätten darüber hinaus die Gefahr einer strafrechtlichen Verurteilung und Inhaftierung der Mutter stark relativiert. Das Wohl des Kindes sei am besten durch Kontakt zu beiden Eltern gewahrt; es läge

---

1408 Zum weiten Verständnis des Schutzbereichs „Familienleben" sowohl in Art. 8 I EMRK als auch in Art. 7 GRCh s. *Jarass* GRCh Art. 7 Rn 21 ff. Der EGMR (Urteil v. 12.7.2011 – Beschwerde Nr. 14737/09 „Šneersone und Kampanella ./. Italien") FamRZ 2011, 1482, 1483 sieht schon einen Eingriff in das Familienleben, wenn die Maßnahmen das gemeinschaftliche Zusammenleben eines Elternteils mit dem Kind behindern, erst recht aber wenn diesbezüglich Stress und Ängste des Kindes auch noch gutachterlich bestätigt würden.

1409 EGMR (Urteil v. 12.7.2011 – Beschwerde Nr. 14737/09 „Šneersone und Kampanella ./. Italien") FamRZ 2011, 1482 f. mit Anm. *Henrich,* S. 1484.

1410 EGMR (Urteil v. 6.7.2010 – Beschwerde Nr. 41615/07 „Neulinger und Shuruk ./. Schweiz") auf http://hudoc.echr.coe.int/sites/eng/pages/search.aspx?i=001-99817; s. dazu die INCADAT cite HC/E/1323 http://incadat.com/index.cfm?act=search.detail&cid=1323&lng=1&sl=2 (jeweils letzter Zugriff: 4.7.2013).

1411 So *Henrich* in seiner Anm. zum parallelen Urteil des EGMR im EU-Binnenfall Šneersone und Kampanella ./. Italien (Urteil v. 12.7.2011 – Beschwerde Nr. 14737/09) FamRZ 2011, 1482 mit Anm. *Henrich,* S. 1484. Laut *Henrich* a. a. O. sah der englische Court of Appeal im Urteil Neulinger und Shuruk ./. Schweiz „an axe blow to the trunk of the 1980 Convention" und der Supreme Court habe abgelehnt, der Auffassung des EGMR zu folgen.

1412 EGMR (Urteil v. 8.1.2009 – Beschwerde Nr. 41615/07 „Neulinger und Shuruk ./. Schweiz") auf http://hudoc.echr.coe.int/sites/eng/pages/search.aspx?i=001-90479; s. dazu die INCADAT cite HC/E/1001 http://incadat.com/index.cfm?act=search.detail&cid=1001&lng=1&sl=2 (jeweils letzter Zugriff: 4.7.2013).

in der Verantwortung der Mutter, mit dem Vater eine Einigung über Erziehung, Wohnort und Besuchsmodalitäten zu suchen. Eine Verletzung von Art. 8 I EMRK wurde mithin verneint.[1413]

(2) Neulinger und Shuruk ./. Schweiz 2010

Auf das Gesuch der Beschwerdeführer um Neubeurteilung[1414] stieß der EGMR im Folgejahr 2010 seine Rechtsprechung um und stellte darauf ab, dass eine Rückführung des 2005 entführten siebenjährigen Kindes im Hinblick auf die inzwischen eingetretenen Entwicklungen mit seinem Wohl nicht vereinbar sei; sie sei aufgrund seines mittlerweile fünf Jahre andauernden Aufenthalts in der Schweiz sowie aufgrund des nur eingeschränkten Besuchsrechts des Vaters in Israel einerseits und der Möglichkeit einer dortigen Gefängnisstrafe für die Mutter andererseits ungerechtfertigt.[1415] Prima facie könnte hier eine traditionelle Anwendung der Artt. 12 II[1416] bzw. 13 I lit. b HKÜ gesehen werden. Bei der Prüfung der fachgerichtlichen Entscheidung nach einem Verstoß gegen Art. 8 EMRK legt der EGMR jedoch neue Maßstäbe zugrunde, die die klassische Anwendung des Rückführungsautomatismus des HKÜ in Frage stellen könnten:

Nach dem EGMR kommt es darauf an, ob ein fairer Ausgleich zwischen den Interessen des Kindes, seiner Eltern und des ordre public erzielt und dabei berücksichtigt worden sei, dass das Wohl des Kindes die oberste Priorität habe. Unter den Interessen des Kindes seien v. a. die Aufrechterhaltung der Bande zu seiner Familie zu verstehen, falls nicht nachgewiesen sei, dass diese Bande nicht wünschenswert seien, sowie die Ermöglichung seiner Entwicklung in einer gesunden Umgebung. Die Rückführung eines Kindes könne nicht als automatisierte und mechanische Folge der Anwendbarkeit des HKÜ angeordnet werden, was sich

---

1413 S. die Urteilszusammenfassung durch das Bundesamt für Justiz (CH), 1. Quartalsbericht 2009, S. 1 f. unter Hinweis auf die Stimmenmehrheit von 4:3; s. dazu auch die Informationsplattform humanrights.ch, Neulinger und Shuruk gegen die Schweiz, http://www.humanrights.ch/front_content.php?idcatart=9041 (letzter Zugriff: 20.9.2013).

1414 S. Bundesamt für Justiz (CH), 1. Quartalsbericht 2009, S. 2.

1415 S. die Urteilszusammenfassung durch das Bundesamt für Justiz (CH), 3. Quartalsbericht 2010, S. 1 unter Hinweis auf die Stimmenmehrheit von 16:1; s. dazu auch die Informationsplattform humanrights.ch, Kindsrückführung verstösst gegen Kindeswohl: Grosse Kammer des EGMR kehrt Vorentscheid im Fall Neulinger und Shuruk, http://www.humanrights.ch/de/Schweiz/Europa/EGMR/CH-Faelle-dok/idart_8436-content.html (letzter Zugriff: 20.9.2013).

1416 S. zur Anknüpfung des Art. 12 II HKÜ an den Zeitpunkt der Verbringenshandlung oben 3. Teil. C. I. 1 („Bestimmung des Anknüpfungsmoments“).

aus den dortigen Ausnahmetatbeständen der Artt. 12, 13 und 20 HKÜ ergebe, die auf Erwägungen beruhen würden, welche die konkrete Person des Kindes und seine Umgebung beträfen und die das Gericht zu einer Würdigung des Einzelfalls veranlassen würden. Der EGMR habe sicherzustellen, dass das Verfahren vor den nationalen Gerichten fair durchgeführt und den Betroffenen ermöglicht werde, ihren Fall vollständig zu präsentieren. Zu diesem Zweck habe er zu prüfen, ob die nationalen Gerichte die familiäre Situation eingehend untersucht und dabei alle Umstände, insbesondere tatsächlicher, emotionaler, psychologischer, materieller und medizinischer Natur, berücksichtigt und nach dieser Prüfung eine ausgewogene und vernünftige Interessenabwägung vorgenommen hätten, stets unter dem Blickwinkel, dass zu entscheiden sei, welche Lösung für das entführte Kind im Kontext eines Antrags auf Rückführung in sein Ursprungsland die beste sei.[1417]

bb) Bei einer unmittelbaren Rückführung nach der EuEheVO

(1) Šneersone und Kampanella ./. Italien 2011

Der EGMR[1418] könnte auch in dem EU-Binnenfall einer Kindesentziehung durch die Mutter aus Italien nach Lettland eine entsprechende Kehrtwende eingeläutet haben. Auch im Fall einer unmittelbaren Vollstreckung einer Letztentscheidung aus dem Herkunftsmitgliedstaat nach Art. 11 VIII EuEheVO handelt es sich um einen Eingriff in das Familienleben gem. Art. 8 I EMRK, der einer Rechtfertigung bedarf, die im Fall Šneersone und Kampanella ./. Italien vom EGMR aber verneint wurde:

Seitens der lettischen (= zufluchtsstaatlichen) Gerichte sei festgestellt worden, dass zwischen dem Kind und seiner Mutter starke Bande entstanden seien und eine Trennung die kindliche Entwicklung nachhaltig beeinflussen und zu neurotischen Problemen, Krankheiten oder beidem führen könnte. Für eine Rückbegleitung durch die Mutter nach Italien ermangele es Angaben zufolge an hinreichenden finanziellen Mitteln, um dort zu wohnen und an Beschäftigungschancen, weil sie nicht italienisch spreche. Das Kind und sein Vater sprächen nicht dieselbe Sprache und sie hätten sich 5 Jahre lang nicht mehr gesehen; der Vater habe nichts unternommen, um einen Kontakt herzustellen.[1419]

1417 So der EGMR (Urteil v. 12.7.2011 – Beschwerde Nr. 14737/09 „Šneersone und Kampanella ./. Italien“) FamRZ 2011, 1482 f. unter Bezugnahme auf EGMR (Urteil v. 8.1.2009 – Beschwerde Nr. 41615/07 „Neulinger und Shuruk ./. Schweiz“).

1418 EGMR (Urteil v. 12.7.2011 – Beschwerde Nr. 14737/09 „Šneersone und Kampanella ./. Italien“) FamRZ 2011, 1482 mit Anm. *Henrich,* S. 1484.

1419 EGMR (Urteil v. 12.7.2011 – Beschwerde Nr. 14737/09 „Šneersone und Kampanella ./. Italien“) FamRZ 2011, 1482, 1483 mit Anm. *Henrich,* S. 1484.

Die vom Vater vorgeschlagenen und von den italienischen Gerichten als angemessen akzeptierten Vorkehrungen rechtfertigten nach Ansicht des EGMR nicht ein unvermeidliches, aus einer plötzlichen und irreversiblen Trennung von Mutter und Kind folgendes psychisches Trauma: Der Mutter, die das alleinige Sorgerecht[1420] seit dem zweiten Lebensjahr des Kindes allein ausgeübt habe, ermöglichen zu wollen, mit dem Kind im ersten Jahr 15–30 Tage zusammen zu sein und für die folgenden Jahre jeweils einen Monat im Sommer, sei nicht angemessen. Das Eintauchen des Kindes in eine sprachlich und kulturell fremde Umgebung könne in keiner Weise durch den Besuch eines Kindergartens, durch einen Swimmingpool oder durch russischsprachige Klassen kompensiert werden. Die Bemühungen des Vaters um psychologische Hilfe für das Kind seien zwar lobenswert, würden aber keine gleichwertige Alternative zu der psychologischen Stütze darstellen, die das Kind durch seine starke, stabile und ungestörte Bindung an seine Mutter erfahre.[1421] In der ursprungsstaatlichen Rückgabeanordnung sei daher ein Eingriff in das Familienleben zu sehen, der in einer demokratischen Gesellschaft nicht notwendig i. S. v. Art. 8 II EMRK sei. Die ursprungsstaatliche Rückkehranordnung stelle daher eine Verletzung von Art. 8 EMRK dar.[1422]

(2) Konsequenzen für die Fachgerichte

Angesichts dieser Abkehrhaltung des EGMR gegenüber den Rückführungsautomatismen des HKÜ und der EuEheVO dürften die Fachgerichte im EU-Binnenverhältnis nicht mehr ohne weiteres auf jegliche Kontrolle bei der

1420 Das alleinige Sorgerecht für das 2002 geborene Kind wurde am 20.9.2004 auf die Mutter übertragen; seit Verbringung von Italien nach Lettland 2006 fand ein Kontakt zwischen Vater und Kind nicht mehr statt, so der EGMR (Urteil v. 12.7.2011 – Beschwerde Nr. 14737/09 „Šneersone und Kampanella ./. Italien“) FamRZ 2011, 1482, 1483 mit Anm. *Henrich,* S. 1484, der die Frage aufwirft, ob die Verbringung des Kindes nach der Übertragung der alleinigen Sorge auf die Mutter tatsächlich widerrechtlich gewesen sei.

1421 So der EGMR (Urteil v. 12.7.2011 – Beschwerde Nr. 14737/09 „Šneersone und Kampanella ./. Italien“) FamRZ 2011, 1482, 1483 f. mit Anm. *Henrich,* S. 1484. Fraglich dürfte sein, ob die Anordnung der Rückführung in die Türkei durch das OLG Düsseldorf BeckRS 2011, 03691 – beck-online, bespr. durch *Rieck* FamFR 2011, 144, unter Verweis auf freie Kapazitäten der dortigen 37 Frauenhäuser solchen menschenrechtlichen Erwägungen standhielte; s. dazu schon oben 4. Teil. A. IV. 3. b („Misshandlung des entführenden Elternteils“).

1422 So der EGMR (Urteil v. 12.7.2011 – Beschwerde Nr. 14737/09 „Šneersone und Kampanella ./. Italien“) FamRZ 2011, 1482, 1484 mit Anm. *Henrich,* S. 1484.

Durchsetzung einer ursprungsstaatlichen Letztentscheidung verzichten können, wenn sich Anhaltspunkte ergeben, die auf eine Menschenrechtsverletzung hinweisen könnten: Fragen der EMRK- bzw. GRCh-Anwendung können sich etwa stellen, wenn sich ein Kind vehement weigert, in den Entführungsstaat zurückzukehren, gar mit Suizid droht.[1423] Ein starres Festhalten an der normativen Generalisierung des Kindeswohls durch den das HKÜ noch verschärfenden Art. 11 VIII EuEheVO und am normativen Vertrauensvorschuss gegenüber den Behörden des Ursprungsmitgliedstaats kann im Einzelfall zu schwerer Traumatisierung des betroffenen Kindes und somit – auch generell gesehen – zu einer Gefährdung des Kindeswohls führen.

Laut *Henrich* liegt das „Grundübel" tiefer: So sei Voraussetzung für das Funktionieren des HKÜ die richterliche Neutralität und die Orientierung der Entscheidung allein am Wohl des Kindes. Die Praxis zeige aber, dass es an dieser richterlichen Neutralität nicht selten fehle. Dies gelte sowohl für die Gerichte des Staates, aus dem das Kind entführt worden sei, als auch für die Gerichte des ersuchten Staates. Im vorliegenden Fall hätten die italienischen Gerichte spätestens nach Prüfung der von den lettischen Gerichten übermittelten Ablehnungsgründe auf eine erneute Rückführungsanordnung verzichten müssen; die Rückgabeanordnung sei eindeutig nicht mehr am Wohl des Kindes orientiert gewesen und der Mutter sei als letzter Ausweg nur die Anrufung des EGMR verblieben, der so habe entscheiden müssen, „wie er es getan hat".[1424] Damit bestätigt sich letztlich auch die oben aufgeworfene Frage von *Rauscher*, ob etwa die Bundesrepublik Deutschland von Verfassung wegen im Einzelfall gehindert sein könne, Art. 11 VI–VIII EuEheVO zu entsprechen, und entgegen der familiengerichtlichen Einschätzung des Kindeswohls ein Kind deutscher Staatsangehörigkeit in einen anderen Mitgliedstaat zurückzugeben.[1425] Das gegenseitige Vertrauen der Mitgliedstaaten in seine Rechtsordnungen allein kann kaum ausgleichen, wenn die zuständigen Behörden im individuellen Fall nicht die für das Kind erforderlichen und geeigneten Maßnahmen ergreifen oder umgekehrt nicht erkennen, dass auch ein Absehen von Maßnahmen im konkreten Fall die geeignete Lösung sein kann.

1423 Magnus/Mankowski/*Ulrich Magnus* Brussels IIbis Regulation (2012) Art. 42 note 10 hier ein Erfordernis nach verstärkter Zusammenarbeit gem. Artt. 53 ff. EuEheVO betonend.

1424 So *Henrich* zu EGMR (Urteil v. 12.7.2011 – Beschwerde Nr. 14737/09 „Šneersone und Kampanella ./. Italien") FamRZ 2011, 1482 mit Anm. *Henrich*, S. 1484.

1425 So Rauscher/*Rauscher* EuZPR/EuIPR (2010) Einl Brüssel IIa-VO Rn 9. S. o. 1. Teil. C. IV („Amerikanisierung des Rechts").

Vor Verbindlichkeit der GRCh pflegte der EuGH[1426] als Kontrollinstanz auf EU-Ebene Maßnahmen der Fachgerichte auf der Grundlage allgemeiner Rechtsgrundsätze und unter Anwendung einer allgemeinen Rechtfertigungsformel zu beanstanden, und er stützte sich wenngleich mit Blick auf spezielle Schranken des Art. 8 II EMRK in erster Linie auf einen Verstoß gegen den Verhältnismäßigkeitsgrundsatz und nur selten auf spezifische Grundrechtsverletzungen.[1427] Da Art. 8 II EMRK über Art. 52 III 1 GRCh nunmehr eine sachgebietsbezogene Ausformung des Verhältnismäßigkeitsgrundsatzes darstelle, die der allgemeinen Grundrechtsschranke des Art. 52 I GRCh vorgehe, wird die Schranke des Art. 8 II EMRK als auf Art. 7 GRCh übertragbar angesehen, der einen entsprechenden Abs. 2 nicht enthalte.[1428] Der Verhältnismäßigkeitsgrundsatz wird insoweit jetzt

---

1426 Laut *Henrich* zu EGMR (Urteil v. 12.7.2011 – Beschwerde Nr. 14737/09 „Šneersone und Kampanella ./. Italien") FamRZ 2011, 1482 mit Anm. *Henrich*, S. 1484 steht zu erwarten, dass die Streitfrage auch dem EuGH vorgelegt werde, der über die Auslegung der EuEheVO eine bindende Entscheidung treffen könne. Zur innerstaatlichen Bindung an Feststellungen des EGMR s. die Auseinandersetzung zwischen dem OLG Naumburg und dem EGMR im Fall „Görgülü ./. Deutschland": OLG Naumburg FamRZ 2004, 810 ff. mit Anm. *Geimer*; EGMR (Urteil v. 26.2.2004 – Beschwerde Nr. 74969/01) FamRZ 2004, 1456 ff. mit Anm. *Rixe*; OLG Naumburg FamRZ 2004, 1507 ff. und 1510 sowie schließlich BVerfG FamRZ 2005, 173 ff. mit Anm. *Rixe*, S. 176 f. und BVerfG FamRZ 2005, 783 ff. mit Anm. *Rixe*, S. 785, welches letztendlich entschied, dass deutsche Gerichte die EMRK wie anderes Gesetzesrecht des Bundes i. R. methodisch vertretbarer Auslegung beachten und anwenden müssten, vgl. den zusammenfassenden Beraterhinweis von *Völker* FamRBint 2009, 2, 3; Rechtsprechung des EGMR sei durch nationale Gerichte grundsätzlich und ggf. über § 1696 I BGB zu berücksichtigen, da Entscheidungen über die elterliche Sorge keiner materiellen Rechtskraft erwüchsen, vgl. die Zusammenfassung von *Motzer* FamRBint 2005, 197. Die Berücksichtigung der EGMR-Urteile habe nicht „strikt", aber „gebührend" zu erfolgen, vgl. *Streinz* in FS Spellenberg, S. 745, 754, m. w. N. Kritisch zur Bindungswirkung und eingehend differenzierend s. *Löhnig/Preisner* FamRZ 2012, 489, 492 ff.

1427 Meyer-*Bernsdorff* GRCh Art. 7 Rn 18; *Wehlau/Lutzhöft* EuZW 2012, 45, 46.

1428 So Meyer-*Bernsdorff* GRCh Art. 7 Rn 18 erläuternd, dass Art. 7 GRCh dabei einer teleologischen Auslegung bedürfe: Neben dem formellen Rechtsnormvorbehalt, für den im Hinblick auf Art. 51 I 1 GRCh nur grundrechtseinschränkende Maßnahmen auf der Basis des materiellen Unionsrechts oder des nationalen Rechts, soweit es den Bindungen der GRCh unterliege, in Betracht kämen, fordere Art. 8 II EMRK in materieller Hinsicht, „dass der Eingriff einem der dort enumerativ aufgezählten Eingriffsziele" diene und „in einer demokratischen Gesellschaft zum Schutz dieser Gesellschaft notwendig" sei. Die das Recht auf Achtung der Privatsphäre eingrenzenden Interessen in Art. 8 II EMRK seien auf die Ebene der Vertragsstaaten zugeschnitten

als spezifische Schranken-Schranke geprüft, die den EU-Organen erhöhte Anforderungen an die Darlegungslast bei Grundrechtseinschränkungen abverlangt.[1429] Die Fachgerichte sowohl des Ursprungs- als auch des Vollstreckungsmitgliedstaats dürften bei der Entscheidung über eine unmittelbare Rückführung nach Art. 11 VIII EuEheVO somit folgende vom EGMR aufgestellten Maßstäbe[1430] zu beachten haben:

(a) Oberste Priorität des Kindeswohls

Es dürfte auf einen fairen Ausgleich zwischen den konkurrierenden Interessen des Kindes, seiner Eltern und des ordre public ankommen, der berücksichtigt, dass das Wohl des Kindes die oberste Priorität hat. Unter den Interessen des Kindes dürften dabei v. a. die Aufrechterhaltung der Bande zu seiner Familie zu verstehen sein, falls nicht nachgewiesen wird, dass diese Bande nicht wünschenswert sind, sowie die Ermöglichung seiner Entwicklung in einer gesunden Umgebung.[1431]

(b) Vorrang der Einzelfallwürdigung vor dem Rückführungsautomatismus

Weiter dürfte es darauf ankommen, dass die Rückführung eines Kindes nicht als automatisierte und mechanische Folge der anwendbaren Vorschriften (hier des Art. VIII EuEheVO) angeordnet, sondern dass Erwägungen zur konkreten Person des Kindes und seiner Umgebung angestellt werden, die einer Einzelfallwürdigung gerecht werden.[1432]

(c) Weiter Ermittlungsumfang

Außerdem dürfte es darauf ankommen, dass das Verfahren vor den nationalen Gerichten fair durchgeführt und den Betroffenen ermöglicht wird, ihren

---

und seien auf Unionsebene wenig passend, denn i. R. d. Rechtfertigungsprüfung würden nur solche Eingriffsziele Bedeutung erlangen können, die aus dem Unionsrecht stammten.

1429 *Wehlau/Lutzhöft* EuZW 2012, 45, 48.

1430 Sämtliche entnommen aus der Bezugnahme des EGMR (Urteil v. 12.7.2011 – Beschwerde Nr. 14737/09 „Šneersone und Kampanella ./. Italien“) FamRZ 2011, 1482 f. auf EGMR (Urteil v. 8.1.2009 – Beschwerde Nr. 41615/07 „Neulinger und Shuruk ./. Schweiz“).

1431 S. die Bezugnahme des EGMR (Urteil v. 12.7.2011 – Beschwerde Nr. 14737/09 „Šneersone und Kampanella ./. Italien“) FamRZ 2011, 1482 f. auf EGMR (Urteil v. 8.1.2009 – Beschwerde Nr. 41615/07 „Neulinger und Shuruk ./. Schweiz“).

1432 S. die Bezugnahme des EGMR (Urteil v. 12.7.2011 – Beschwerde Nr. 14737/09 „Šneersone und Kampanella ./. Italien“) FamRZ 2011, 1482 f. auf EGMR (Urteil v. 8.1.2009 – Beschwerde Nr. 41615/07 „Neulinger und Shuruk ./. Schweiz“).

Fall vollständig zu präsentieren. Die familiäre Situation dürfte eingehend zu untersuchen, dabei alle Umstände insbesondere tatsächlicher, emotionaler, psychologischer, materieller und medizinischer Natur zu berücksichtigen und im Anschluss daran eine ausgewogene und vernünftige Interessenabwägung vorzunehmen sein, stets unter dem Blickwinkel, dass zu entscheiden ist, welche Lösung für das entführte Kind im Kontext eines Antrags auf Rückführung in sein Ursprungsland die beste ist.[1433]

(3) Ergebnis

Das im Einzelfall betroffene Kind steht derzeit zwischen dem Harmonisierungsziel der EU-Verordnung einerseits und ihrer Enge bei den von ihr gebotenen Entscheidungsmöglichkeiten andererseits, die den Fachgerichten nur wenige Möglichkeiten eröffnet, sich aus der Starre der Verordnung zu lösen, um dem einzelnen Kind das materiellrechtlich individuell Beste zukommen zu lassen.[1434] Das einseitig normative Vertrauen auf die herkunftsstaatliche Letztentscheidung kann dazu führen, dass das betroffene Kind, gerät es einmal in den Rückführungsautomatismus, zum Objekt zwischen den kollidierenden Rückführungs- und Herausgabeverfahren werden kann. Der schon durch den formalisierten Widerrechtlichkeitsbegriff in Frage gestellte sog. Paradigmenwechsel[1435] im Bereich der elterlichen Verantwortung erfährt weitere Schwächung, wenn das Kind durch normative, im Einzelfall kaum überwindbare Automatismen seine Stellung als Verfahrenssubjekt einbüßt, die sich auch nicht durch eine Anhörungspflicht ohne materiell-rechtlich nachhaltige Durchsetzungskraft aufrechterhalten lässt. Zur Sicherung der Rechte des Kindes bedarf es daher auch im Fall des Art. 11 VIII EuEheVO der vorgenannten Prüfungsmaßstäbe.

1433 S. die Bezugnahme des EGMR (Urteil v. 12.7.2011 - Beschwerde Nr. 14737/09 „Šneersone und Kampanella ./. Italien“) FamRZ 2011, 1482 f. auf EGMR (Urteil v. 8.1.2009 - Beschwerde Nr. 41615/07 „Neulinger und Shuruk ./. Schweiz“).

1434 Vgl. schon zum weitaus großzügigeren HKÜ *Klosinski* FPR 2001, 206, 210.

1435 Zum grundlegenden Paradigmenwechsel s. o. 2. Teil. A. I. 4. b („Paradigmenwechsel des Sorgerechtsbegriffs“) samt dortiger Nachweise; zur Infragestellung s. o. 2. Teil. A. IV („Ergebnis: Elternzentrierung und Formalisierung der sachlichen Anwendbarkeit“).

5. Teil. Moderne Korrelate des innerstaatlichen Familienrechts

Denkanstöße des grenzüberschreitenden Kindesentführungsrechts könnten sich in Strukturen des innerstaatlichen familienrechtlichen Verfahrens widerspiegeln bzw. niedergeschlagen haben, die die Spezifität des grenzüberschreitenden Kindesentführungsrechts aber nicht mit sich bringen. Fraglich ist die Eignung solcher Rechtsgedanken im innerstaatlichen Familienverfahrensrecht:

A. Verschärfte Vollstreckung von Herausgabe- und Umgangsrechtstiteln

I. Einführung repressiver Vollstreckung

1. Vom SorgeRÜbkAG zum IntFamRVG

Das zur Ausführung von HKÜ und EuSorgeRÜ geschaffene SorgeRÜbkAG von 1990 verwies noch auf das FGG, so dass die Vollstreckung nach dem damaligen System der Zwangsmittel i. S. d. § 33 FGG a. F. erfolgte, die als Beugemittel der Erzwingung gerichtlicher Anordnungen dienten und nicht zur Sühne für begangenes Unrecht.[1436] An diesem grundsätzlichen innerstaatlichen Vollstreckungssystem wurde insoweit auch mit Geltung des HKÜ und des EuSorgeRÜ vorerst festgehalten. Allerdings brachte die Schaffung des SorgeRÜbkAG und die spezifische Schwierigkeit der Rückgängigmachung einer grenzüberschreitenden Entführung auch die Regelung von Gewaltanordnungen gem. § 33 II FGG mit sich, die fortan auch für das rein innerstaatliche Verfahren galt.[1437] Auch mit

---

1436 Keidel/Kuntze/Winkler[15]-*Zimmermann* FGG § 33 Rn 4; Johannsen/Henrich[4]-*Büte* FGG § 33 Rn 2; s. a. NK-BGB/*Benicke* Anh. III zu Art. 24 EGBGB Art. 2 HKÜ Rn 2.

1437 S. dazu *Bach* FamRZ 1997, 1051, 1057 mit Fn 99 unter Verweis auf Art. 2 des Gesetzes zur Ausführung von Sorgerechtsübereinkommen und zur Änderung des Gesetzes über die Angelegenheiten der freiwilligen Gerichtsbarkeit sowie anderer Gesetze v. 05.04.1990 BGBl. 1990 I, S. 701. Die dogmatische Begründung für die Zulässigkeit von Gewalt gegen das Kind zur Durchsetzung einer Rückgabeanordnung erfolgte zunächst über § 33 II 1 FGG i. d. F. des SorgeRÜbkAG v. 1990, nach der Einfügung des Abs. 2 Satz 2 dann aus dem Umkehrschluss zu § 33 II 2 FGG i. d. F. des KindRG, s. Nachweise bei Keidel/Kuntze/Winkler[15]-*Zimmermann* FGG § 33 Rn 37; Keidel/Kuntze/Winkler[13]-*Zimmermann* FGG § 33 Rn 34 f., m. w. N.; *Roth* IPRax 2003, 231, m. w. N.; *Greßmann* Rn 504. Zur Konstruktion über § 1631

dem 1998 in Kraft getretenen KindRG wurde an dem grundsätzlichen System der Vollstreckung über Zwangsmittel nichts geändert. Es reagierte im Bereich der Vollstreckung jedoch auf jahrelange rechtspolitische Auseinandersetzungen um die Frage effektiverer Durchsetzung von gerichtlichen Umgangsrechtsregelungen, indem hierfür das fakultative Vermittlungsverfahren gem. § 52a FGG einerseits und der Ausschluss von Gewalt gegenüber dem herauszugebenden Kind durch § 33 II 2 FGG andererseits normiert wurden.[1438]

International stieß die Durchsetzung von gerichtlichen Rückführungs- und Umgangsanordnungen nach dem HKÜ ebenfalls auf anhaltende Kritik, so dass Reformüberlegungen angestellt wurden.[1439] Um die grenzüberschreitende Vollstreckung zu effektivieren und zum Zwecke der Generalprävention wurde die Einführung von repressiven[1440] Ordnungsmitteln erwogen.[1441] Laut *Pape* wurden gegen den Entwurf eines dementsprechenden § 6b SorgeRÜbkAG eine Reihe von Bedenken geäußert:[1442] Die Einführung von Ordnungsmitteln werde der besonderen psychosozialen Ausnahmesituation, in der sich Eltern und Kinder während eines Sorgerechtsstreits befänden, nicht gerecht, und es könne selten zwischen Richtig und Falsch bzw. zwischen guten und bösen Eltern unterschieden werden; die Festsetzung von Ordnungsmitteln führe aber zur Kriminalisierung[1443] eines Elternteils. Entscheidungen, die auf bloß summarischer und beschleunigter Prüfung beruhen würden, seien als Grundlage für repressive Maßnahmen fraglich, insbesondere als ein Elternteil in der Regel

---

I bzw. III BGB s. Nachweise bei Keidel/Kuntze/Winkler[15]-*Zimmermann* FGG § 33 Rn 37; MüKoBGB[4]-*Huber* § 1632 Rn 22 f.; *Diercks* FamRZ 1994, 1227 ff.

1438 S. *Rixe* zu EGMR (Urteil v. 20.7.2006 – Beschwerde Nr. 1633/05 „Koudelka ./. Tschechische Republik") FamRZ 2008, 1059 mit Anm. *Rixe*, S. 1061, m. w. N.; s. a. *Büttner* FamRZ 1998, 585, 589 f.

1439 *Rixe* zu EGMR (Urteil v. 20.7.2006 – Beschwerde Nr. 1633/05 „Koudelka ./. Tschechische Republik") FamRZ 2008, 1059 mit Anm. *Rixe*, S. 1061 f.

1440 Als repressive Maßnahmen können Ordnungsmittel im Gegensatz zu Zwangsmitteln auch dann noch verhängt werden, wenn der konkrete Erfolg wegen Zeitablaufs nicht mehr erzwingbar ist, s. *Schlauß* FPR 2004, 279, 280.

1441 *Pape*, S. 107; *Rixe* zu EGMR (Urteil v. 20.7.2006 – Beschwerde Nr. 1633/05 „Koudelka ./. Tschechische Republik") FamRZ 2008, 1059 mit Anm. *Rixe*, S. 1061 f.

1442 *Pape*, S. 107 unter Verweis auf die Bedenken der BRAK FuR 2004, 449 ff.

1443 Kriminalisierung der Eltern ist nach Auffassung der BRAK FuR 2004, 449, 451 in einer familiären Konfliktsituation aber nicht der richtige Weg; kritisch auch *Haß*, S. 22 in Bezug auf die Kriminalisierung eines Elternteils durch repressive strafrechtliche Verfolgung.

auch den Nachteil von Ortsferne und Ausländereigenschaft habe.[1444] Anstatt das SorgeRÜbkAG zu ändern, wurden schließlich anlässlich des Inkrafttretens der EuEheVO die Ausführungsregelungen des HKÜ und des EuSorgeRÜ mit denen der EuEheVO in einem einheitlichen IntFamRVG[1445] zusammengeführt und beschlossen, zumindest für grenzüberschreitende Titel, die auf die Herausgabe einer Person gerichtet sind, die repressive Vollstreckung einzuführen (§ 44 IntFamRVG).[1446] Begründet wurde die gesetzgeberische Abweichung vom damals noch geltenden § 33 FGG mit internationalen Verpflichtungen und der Erforderlichkeit einer Effektivierung der Vollstreckung, um die spezifischen Nachteile grenzüberschreitender Verfahren auszugleichen.[1447]

2. *Vom FGG zum FamFG*

Die im Inland über Jahre andauernde rechtspolitische Debatte um eine verschärfte Durchsetzung von Umgangsrechtstiteln, insbesondere die Forderung nach sanktionierenden Maßnahmen führte schließlich dazu, dass mit der Ersetzung des FGG durch das FamFG am 1.9.2009 das System der Vollstreckung über Sühnemaßnahmen auch in bestimmte Bereiche des Familienverfahrensrechts übertragen wurde.[1448] So sind namentlich Titel zur Herausgabe einer Person und zur Regelung des Umgangs seither nach § 89 FamFG[1449] nicht mehr über Beugemittel, sondern über repressive vergangenheitsorientierte[1450] Ordnungsmittel

1444 So *Pape*, S. 107 die Bedenken der BRAK FuR 2004, 449 ff. zusammenfassend.

1445 S. dazu oben 1. Teil. B. II. 1. c („Brüssel IIa“).

1446 *Schulz* FamRZ 2011, 156, 160.

1447 Aus *Pape*, 109 ff., m. w. N., die dies als problematische Ungleichbehandlung innerstaatlicher Fälle betrachtet und daher die Einführung gleicher Vollstreckungsmaßstäbe durch das FamFG begrüßt, dabei auch auf *Schlauß* FPR 2004, 279, 280 f. verweisend, der diese Regelung gegenüber dem bisherigen § 33 FGG ebenfalls als „‚Besserstellung‘ ausländischer Elternteile“ bezeichnet.

1448 Vgl. *Rixe* zu EGMR (Urteil v. 20.7.2006 – Beschwerde Nr. 1633/05 „Koudelka ./. Tschechische Republik“) FamRZ 2008, 1059 mit Anm. *Rixe*, S. 1061 f., m. w. N.; *Schlünder* FamRZ 2009, 1636, 1638, m. w. N.

1449 Die Anwendung „unmittelbaren Zwanges“, mithin Gewalt gegen ein Kind zur Durchführung des Umgangsrechts ist auch nach § 90 II 1 FamFG ausdrücklich ausgeschlossen.

1450 *Schlünder* FamRZ 2009, 1636, 1638, m. w. N.

zu vollstrecken.[1451] Darin wird eine „wesentlich schärfere Ahndung“[1452] gesehen. Auch der Weg zur Festsetzung von Ordnungsmitteln wurde verschärft: Der Festsetzung von Zwangsgeld i. S. v. § 33 I 1 FGG erforderte das Vorausgehen einer isoliert anfechtbaren Androhung und den von Amts wegen (§ 12 FGG) zu ermittelnden Nachweis des Verschuldens des Verpflichteten.[1453] Das FamFG dagegen sieht mit seinem § 89 II statt einer selbstständigen Androhung der Ordnungsmittel lediglich einen Hinweis auf die Folgen einer Zuwiderhandlung im Vollstreckungstitel selbst vor und im Gegensatz zu § 33 FGG wird von der Festsetzung eines Ordnungsmittels nur abgesehen, wenn der Verpflichtete Gründe vorträgt, aufgrund deren er die Zuwiderhandlung nicht zu vertreten hat.[1454]

II. Gefahren repressiver Vollstreckung

1. Gefahr mangelnder Bestimmtheit

Vergangenheitsorientierte[1455] Sühnemaßnahmen könnten die Gefahr mangelnder Bestimmtheit mit sich bringen: Die auf zukünftiges Handeln gerichteten Beugemittel des FGG setzten eine am Bestimmtheitsgebot orientierte vollzugsfähige Entscheidung voraus,[1456] die naturgemäß die Erwägung mit sich brachte, ob und ggf. welche zukünftigen Handlungen konkret einer Anmahnung gegenüber dem Pflichtigen bedürfen. Dies stellte auch sicher, dass bei der Ermittlung

---

1451 Vgl. *Rixe* zu EGMR (Urteil v. 20.7.2006 – Beschwerde Nr. 1633/05 „Koudelka ./. Tschechische Republik“) FamRZ 2008, 1059 mit Anm. *Rixe,* S. 1061 f., m. w. N.; *Schlünder* FamRZ 2009, 1636, 1638, m. w. N. Für sonstige familiengerichtliche Anordnungen gilt weiterhin die Vollstreckung mit Zwangsmitteln nach § 35 FamFG, vgl. *Schlünder* FamRZ 2009, 1636.

1452 *Baumbach/Lauterbach/Albers/Hartmann*[71] FamFG § 89 Rn 1; dagegen keine große Veränderung annehmend s. *Pape,* 108.

1453 *Rixe* zu EGMR (Urteil v. 20.7.2006 – Beschwerde Nr. 1633/05 „Koudelka ./. Tschechische Republik“) FamRZ 2008, 1059 mit Anm. *Rixe,* S. 1061 f., m. w. N.

1454 *Rixe* zu EGMR (Urteil v. 20.7.2006 – Beschwerde Nr. 1633/05 „Koudelka ./. Tschechische Republik“) FamRZ 2008, 1059 mit Anm. *Rixe,* S. 1062, m. w. N.; *Schlünder* FamRZ 2009, 1636, 1638 f.; Keidel[17]-*Giers* FamFG § 89 Rn 9; s. a. Johannsen/Henrich[5]-*Büte* FamFG § 89 Rn 7 ff. und § 35 Rn 7. Ob § 89 FamFG damit eine Verschuldensvermutung beinhaltet (so etwa *Schlünder* FamRZ 2009, 1636, 1638; Keidel[17]-*Giers* FamFG § 89 Rn 9, m. w. N; a. A. *Baumbach/Lauterbach/Albers/Hartmann*[71] FamFG § 89 Rn 1 einen Vergleich zum Strafprozess ziehend) soll an dieser Stelle als zu weit führend für andere Untersuchungen offen bleiben.

1455 *Schlünder* FamRZ 2009, 1636, 1638, m. w. N.

1456 Keidel/Kuntze/Winkler[15]-*Zimmermann* FGG § 33 Rn 11.

der „ausschließlich vom Willen“[1457] des Verpflichteten abhängenden vorzunehmenden Handlung eventuelle Zug-um-Zug-Beiträge des Berechtigten mitberücksichtigt würden, um dem Pflichtigen seine Handlung zu ermöglichen. Auch die Anordnung eines Ordnungsmittels erfordert eine zugrundeliegende Entscheidung mit bestimmtem, vollstreckbarem Inhalt.[1458] 2009 wurde ein Ordnungsgeld mit folgender Begründung gegen die entführende Mutter festgesetzt: „Gegen die Schuldnerin kann ein Ordnungsmittel festgesetzt werden, denn die grundsätzliche Vollstreckungsvoraussetzung, dass der Verpflichtete schuldhaft gegen die im Titel festgesetzte Pflicht zur Handlung, Duldung oder Unterlassung verstoßen hat, ist gegeben. Zwar umschreibt der Titel nicht im Einzelnen, was unter ‚zurückzuführen‘ zu verstehen ist; vorliegend besteht jedoch kein Zweifel, dass die Schuldnerin die ihr (ausreichend bestimmt) auferlegte Verpflichtung nicht erfüllt hat.“[1459] In einer repressiven Rückschau könnte insoweit ein großzügigerer Bestimmtheitsmaßstab angelegt sein als möglicherweise bei der Festsetzung eines Zwangsgeldes, das die Konkretisierung einer klaren, konkreten und noch zukünftig vorzunehmenden Handlungspflicht erfordert würde, um dem Bestimmbarkeitserfordernis zu genügen. Als bedenklich galt daher schon bei Schaffung des Familienrechtsreformgesetzes der mit der Anwendung von Ordnungsmitteln verbundene Anscheinsbeweis für das Verschulden des Pflichtigen.[1460]

2. Präjudizierung und mangelnder Täterschutz

Die repressive Ahndung des einen Elternteils zieht, wie dies seitens der BRAK beanstandet wurde, eine Kriminalisierung im familienrechtlichen Bereich nach sich und birgt die Gefahr einer Präjudizierung des Pflichtigen in Folgeprozessen.[1461] Grenzüberschreitend kann sich dies in dem auf die Kindesrückführung folgenden Sorgerechtsprozess im Ursprungsstaat auswirken. Innerstaatlich kann sich die Präjudizierung durch die Vollstreckung einer gerichtlichen Umgangsregelung zu Lasten des Verpflichteten in einem folgenden Sorgerechtsprozess auswirken. Für den Sühnecharakter von Ordnungsmitteln im innerstaatlichen

1457 Keidel/Kuntze/Winkler[15]-*Zimmermann* FGG § 33 Rn 1 und 12 unter Verweis auf § 888 ZPO.

1458 Keidel[17]-*Giers* FamFG § 89 Rn 4; Johannsen/Henrich[5]-*Büte* FamFG § 89 Rn 3 f.

1459 OLG Karlsruhe OLGReport 2009, 96, 97; s. Kommentierung bei jurisPR-FamR 2/2009 Anm. 6, *Bißmaier*, S. 58.

1460 *Giers* FPR 2008, 441, 442, m. w. N.

1461 S. *Pape*, S. 107 unter Verweis auf die Bedenken der BRAK FuR 2004, 449 ff. S. dazu oben 5. Teil. A. I. 1 („Vom SorgeRÜbkAG zum IntFamRVG“).

familienrechtlichen Bereich fehlt es demgegenüber an der Spezifität des grenzüberschreitenden Verfahrens und an einer den Standards von Strafprozessen entsprechenden Ermittlungsstrenge. Wo repressive Maßnahmen vorgesehen sind, sollte zur Vermeidung übereilter, von rechtspolitischen Vorstellungen geprägter Vorverurteilungen zum Ausgleich ein angemessener Täterschutz, wie er der StPO und dem OWiG zugrunde liegt, geschaffen sein. Insoweit wäre (in Umkehrung der teils vertretenen Verschuldensvermutung[1462] des § 89 FamFG) auch an eine aus Art. 6 II EMRK und dem Rechtsstaatsprinzip abgeleitete Unschuldsvermutung[1463] zu denken.[1464] Repressiven Maßnahmen in einem Bereich, im dem die Gefahr besteht, allzu leicht einer Partei eine sog. Spielverderberrolle zuzuschreiben, müssten umso mehr strenge Ermittlungsmethoden vorausgehen als im Unterschied zum Strafurteil von der repressiven Ahndung im Familienrecht nicht nur der Pflichtige selbst, sondern unmittelbar auch das (in jedem Fall schuldlose) Kind betroffen ist. Da die Sühne in diesem Bereich insoweit gar Drittwirkung entfaltet, bedürfte es einer umso größeren Rechtfertigung durch restriktive Anwendung und strenge Ermittlung.

Angesichts der weitreichenden unmittelbaren Folgen der Ordnungsmaßnahmen (Ordnungsgeld bis zu 25.000,– €, Ordnungshaft und unmittelbarer Zwang) sowie ihrer mittelbaren präjudizierenden Wirkung sollten an die Prüfung des Verschuldens hohe Maßstäbe angelegt werden. Schließlich sollte nicht ein Zweck die Mittel heiligen (Durchsetzung etwa von Umgang um jeden Preis[1465]), sondern Ordnungsmittel sollten nur dort zum Einsatz kommen dürfen, wo alle Vollstreckungsvoraussetzungen hierfür sicher vorliegen und die zu vollstreckende Entscheidung der Bestimmtheitskontrolle Stand hält. Maßstäbe des Strafrechts zum Täterschutz wie etwa in dubio pro reo, hohe Anhörungsmaßstäbe für alle

---

1462 Eine Verschuldensvermutung annehmend *Schlünder* FamRZ 2009, 1636, 1638; Keidel[17]-*Giers* FamFG § 89 Rn 9, m. w. N; a. A. *Baumbach/Lauterbach/Albers/Hartmann*[71] FamFG § 89 Rn 1 vom Strafprozess abgrenzend.

1463 Zur Geltung im Strafverfahren s. HK-GS/*Dölling* 2 Vor §§ 1 ff 19, m. w. N. Zur Geltung im OWi-Verfahren vgl. Göhler-*Seitz* § 46 Rn 10b und § 47 Rn 45 auf Meinungsunterschiede bezüglich der Anwendung des Art. 6 II EMRK im Bußgeldverfahren hinweisend.

1464 *Schlünder* FamRZ 2009, 1636, 1639 vertritt die Auffassung, dass das Vollstreckungsverfahren nicht als Forum für haarspalterische Auseinandersetzungen missbraucht werden solle. Dagegen dürfte einzuwenden sein, dass die repressive Ahndung des Verschuldens gerade eine gründliche, gar „haarspalterische" Ermittlung voraussetzen sollte, insb. in einem Bereich, der unmittelbar auf das Kind lebensbestimmende Auswirkungen hat.

1465 S. dazu *Heiliger*, S. 9.

Beteiligten bis hin zum sog. letzten Wort[1466] sollten daher auch hier erwogen werden.

B. Familienverfahrensrechtliche Entsprechungen

I. Zuständigkeitsrechtliches Gegenstück

Mit der Verweisungsvorschrift des § 154 FamFG wurde eine Regelung geschaffen, die den Rechtsgedanken, im Fall einseitiger Kindesverbringung die Zuständigkeit der Behörden am bisherigen gewöhnlichen Aufenthaltsort zu erhalten, in das innerstaatliche Familienrechtsverfahren überträgt:

1. FGG-Anknüpfung an den Wohnsitz des Kindes

Vor dem 1.9.2009 richtete sich die örtliche Zuständigkeit für eine selbstständige sorgerechtliche Angelegenheit nach den allgemeinen Vorschriften der §§ 621 II 2 ZPO a. F., 36, 43 i. V. m. 64 III FGG a. F[1467], d. h. nach dem Wohnsitz des Kindes, der sich wiederum gem. § 11 Satz 1 BGB vom Wohnsitz der/des Sorgeberechtigten ableitete; bei Getrenntleben gemeinsam sorgeberechtigter Eltern war insoweit von einem von beiden Elternteilen abgeleiteten doppelten Wohnsitz des Kindes auszugehen, bei dem die antragstellende Partei den Gerichtsstand wählen konnte.[1468] Nahm ein Elternteil das Kind etwa im Rahmen der Trennung gegen den Willen des anderen Elternteils mit sich,[1469] hing die Begründung der örtlichen Zuständigkeit für die Kindschaftssache somit davon ab, an welchem der elterlichen Wohnorte die sorgerechtliche Angelegenheit als erstes bei Gericht anhängig wurde, wobei maßgeblich der Zeitpunkt der Antragstellung bzw. der Zeitpunkt, in dem das Gericht die Tatsachen zur Kenntnis nahm, die es zu

1466 Vgl. zu diesem strafprozessualen Grundsatz etwa HK-GS/*König/Harrendorf* 2 § 258 Rn 15 ff., m. w. N.

1467 Vgl. *Baumbach/Lauterbach/Albers/Hartmann*[68]-ErgBd § 621 Rn 34; Musielak[5]-*Borth* ZPO § 621 Rn 18.

1468 Musielak[5]-*Borth* ZPO § 621 Rn 18, m. w. N.; zum Begriff des doppelten Wohnsitzes s. Palandt-*Ellenberger* § 11 Rn 3, m. w. N. Zur Anknüpfung des Ehescheidungsverfahrens an den gewöhnlichen Kindesaufenthalt s. aber Musielak[5]-*Borth* ZPO § 606 Rn 21 f.

1469 Musielak[5]-*Borth* ZPO § 606 Rn 22 spricht an dieser Stelle von sog. legalen Entführungsfällen.

einer Aufnahme der Angelegenheit von Amts wegen veranlassten, war.[1470] Mit Geltung des Grundsatzes der perpetuatio fori im FGG blieb eine einmal auf diese Weise begründete Zuständigkeit bis zum Abschluss des Verfahrens bestehen, auch wenn das betroffene Kind seinen Wohnsitz innerhalb Deutschlands an einen anderen Ort verlegte; eine Abgabe durch das zuständige Gericht war nur nach Maßgabe des § 46 FGG möglich.[1471] Verbrachte also ein sorgeberechtigter Elternteil das Kind gegen den Willen des anderen sorgeberechtigten Elternteils an seinen anderen Wohnort und stellte er sogleich dort einen Antrag auf Übertragung der alleinigen elterlichen Sorge, konnte er die örtliche Zuständigkeit seiner Wahl begründen, die bis zum Abschluss des Verfahrens bestehen blieb.

2. FamFG-Anknüpfung an den gewöhnlichen Aufenthalt des Kindes

Das FamFG knüpft die örtliche Zuständigkeit für selbstständige Sorgerechtssachen dagegen grundsätzlich an das Merkmal des gewöhnlichen Aufenthalts des Kindes, vgl. § 152 II FamFG, d. h. an den tatsächlichen Daseinsmittelpunkt des Kindes zum Zeitpunkt der Antragstellung.[1472] Verbringt ein mitsorgeberechtigter Elternteil das Kind ohne vorherige Zustimmung des anderen Mitsorgerechtsinhabers an einen neuen Wohnort, wird der Gerichtsstand davon abhängig gemacht, ob und inwieweit das Kind dort bereits seinen Lebensmittelpunkt erworben hat. Gegenüber der so bestehenden grundsätzlichen Möglichkeit, den Gerichtsstand durch einseitige Änderung des Kindesaufenthalts am neuen Ort zu begründen, hat der Gesetzgeber ähnlich dem internationalen und europäischen Familienverfahrensrecht § 154 FamFG als Ausgleich geschaffen, der es, die Fälle des Satzes 2 ausgenommen, dem zuständigen Gericht am neuen Aufenthaltsort ggf. erlaubt, das Verfahren an das Gericht des früheren gewöhnlichen Aufenthaltsortes des Kindes zu verweisen.[1473] Die Entscheidung über die

---

1470 Keidel/Kuntze/Winkler[15]-*Engelhardt* FGG § 43 Rn 7 und 20 und § 36 Rn 12, jeweils m. w. N.; Schnitzler[2]/*Knittel* MAH-Familienrecht § 13 Rn 173; Johannsen/Henrich[4]-*Sedemund-Treiber* ZPO § 621 Rn 7, m. w. N.

1471 Keidel/Kuntze/Winkler[15]-*Engelhardt* FGG § 43 Rn 21, m. w. N. Eine Verweisung nach § 281 ZPO wiederum kommt ohnehin nur durch ein von vorneherein unzuständiges Gericht an das zuständige Gericht in Frage, vgl. Thomas/Putzo-*Reichold* § 281 Rn 1.

1472 *Keidel*[17]-Engelhardt FamFG § 99 Rn 44 sowie § 152 Rn 2 und 6.

1473 Kemper/Schreiber-*Völker/Clausius* § 154 Rn 1; OLG Hamm FamRZ 2011, 55, 56 i. R. e. Abgrenzung zur Abgabeentscheidung nach § 4 FamFG. Soll die Vorschrift zwar der Tatsache begegnen, dass das Kind von dem einen Elternteil aus seinem gewohnten Umfeld gerissen wurde, so kommt sie doch erst zur Anwendung, wenn

Verweisung liegt im pflichtgemäßen Ermessen des Gerichts,[1474] bei dem es unter Berücksichtigung auch generalpräventiver Aspekte die durch die Verweisung entstehenden Vor- und Nachteile für das Kindeswohl abzuwägen hat.[1475] Der Gedanke des forum non conveniens und die damit verbundenen Probleme,[1476] die zu erwarten sind, wenn die Zuständigkeit in das richterliche Ermessen gestellt wird, wird mit § 154 FamFG in den innerstaatlichen Bereich bindender[1477] Verweisung übertragen, der bislang § 281 ZPO vorbehalten war.[1478] Da die Fälle, in denen die Aufenthaltsänderung zum Schutz[1479] des Kindes oder des Betreuungselternteils vorgenommen wurde, von vorneherein ausgenommen sind, dürfte es zumeist zu einer Verweisung kommen.[1480] Ziel der somit regelmäßig zu erwartenden Verweisung gem. § 154 FamFG soll dabei sein, im Interesse des betroffenen Kindes Erschwernissen in den Bemühungen um eine vernünftige Lösung des Elternkonfliktes entgegenzuwirken, wenn ein Elternteil vor Anhängigkeit des Verfahrens ohne vernünftigen Grund unter Verletzung des Mitbestimmungsrechts des anderen Elternteils eine räumliche Distanz zwischen dem Kind und dem anderen Elternteil herstelle.[1481]

---

sich das Kind mittlerweile an seinen neuen Wohnort gewöhnt hat, s. hierzu *Musielak/Borth* FamFG § 154 Rn 1 f.; ansonsten läge ein Fall der Verweisung wegen Unzuständigkeit nach § 3 FamFG vor, vgl. Thomas/Putzo-*Hüßtege* § 154 FamFG Rn 3, der immerhin von einem Eingewöhnungszeitraum von 6–12 Monaten ausgeht.

1474 Keidel[17]-*Engelhardt* FamFG § 154 Rn 6.

1475 OLG Hamm FamRZ 2011, 55, 56; Kemper/Schreiber-*Völker/Clausius* § 154 Rn 3 mit Verweis auf BVerfG FamRZ 2009, 189, das aus generalpräventiven Gründen eine beschleunigte und vorrangige Bearbeitung eigenmächtiger innerstaatlicher Aufenthaltswechsel zur Vermeidung ertrotzter Kontinuität für nötig erachte.

1476 Dazu *Holzmann,* Brüssel IIa VO, S. 145 ff. S. schon oben 3. Teil. D. IV („Forum non conveniens").

1477 Dies soll Verfahrensverzögerungen durch gerichtliche Zuständigkeitsstreitigkeiten vorbeugen, vgl. Keidel[17]-*Engelhardt* FamFG § 154 Rn 1.

1478 Vgl. zur Bindungswirkung Thomas/Putzo-*Reichold* § 281 Rn 13 f. Die Abgabemöglichkeit des früheren § 46 FGG wiederum war nicht bindend, sondern von der Übernahmebereitschaft des anderen Gerichts abhängig, s. Keidel/Kuntze/Winkler[15]-*Engelhardt* FGG § 46 Rn 16 f.

1479 Die Feststellungslast hierfür obliegt allerdings demjenigen Elternteil, der sich darauf beruft, s. Thomas/Putzo-*Hüßtege* § 154 FamFG Rn 7, m. w. N.

1480 So Keidel[17]-*Engelhardt* FamFG § 154 Rn 6. Zu den Ausnahmen nach § 154 Satz 2 FamFG s. *Stößer* FamRZ 2009, 656, 657; Keidel[17]-*Engelhardt* FamFG § 154 Rn 3.

1481 So OLG Hamm FamRZ 2011, 55, 56; s. zum Normzweck auch Keidel[17]-*Engelhardt* FamFG § 154 Rn 1.

a) Präjudizierende Wirkung der Verweisung

Ordnet das Gericht am neuen Lebensmittelpunkt des Kindes die Verweisung an, ohne dass gleichzeitig die materiellrechtliche Rückgabe an den Ursprungsort verfügt wird, bedeutet dies ein Auseinanderfallen von Gerichtsstandort und Daseinsmittelpunkt des Kindes für die Dauer eines sorgerechtlichen Verfahrens. Dies erscheint nicht als sachgerechte Lösung: Auf der einen Seite wäre der eigenmächtig durch den Betreuungselternteil geschaffenen Distanz des Kindes zum anderen Elternteil auf diese Weise nicht abgeholfen. Auf der anderen Seite könnten die prozessualen Chancen des nicht am Gerichtsstandort lebenden Betreuungselternteils sinken, wenn die dortige Zuständigkeit auf Basis einer möglicherweise präjudizierend wirkenden Verweisungsentscheidung nach § 154 FamFG beruht, was zu Lasten des Kindeswohls gehen könnte.

b) Korrelierende Rückgabeentscheidung

Des Weiteren könnte mit einer innerstaatlichen Anlehnung an die entführungsspezifische Zuständigkeitsfortsetzung (s. Art. 16 HKÜ, Art. 7 KSÜ und Art. 10 EuEheVO) ein Zirkelschluss verbunden sein:[1482] Da eine Rückführung innerhalb Deutschlands nicht stattfindet und § 154 FamFG als reine Verweisungsvorschrift auch keine materiellrechtliche Grundlage für eine Rückgabe bietet, verbleibt es innerstaatlich diesbezüglich bei der Herausgabe gem. § 1632 BGB nach Maßgabe einer mehr oder weniger eingeschränkten Kindeswohlprüfung.[1483] Anders als bei Art. 12 HKÜ, der nicht die Herausgabe an den zurückverbliebenen Elternteil umfasst,[1484] müsste daher – um die zwischen dem Kind und dem zurückverbliebenen Elternteil geschaffene Distanz für die Zeit des sorgerechtlichen Verfahrens zu beseitigen – eine auf einer Sorgerechtszuweisung beruhende materiellrechtliche Herausgabeentscheidung getroffen werden, die den zurückverbliebenen Elternteil erst dazu berechtigt, allein zu bestimmen, dass das Kind an den bisherigen Wohnort zurückkehrt. Die materiellrechtliche Grundlage für eine Rückgabe in einem Hauptsacheverfahren am neuen Standort zu schaffen, damit das Kind für ein sorgerechtliches Verfahren an seinen bisherigen Standort zurückgebracht werden kann, führt ins Leere, denn über das Sorgerecht wäre in diesem Fall bereits entschieden; die Anwendung des § 154 FamFG wäre in diesem Fall

---

1482 S. die parallele Problematik oben 4. Teil. C. II. 1. b) cc) (3) („Umsetzungsfunktion").

1483 Dazu vgl. Palandt-*Götz* § 1632 Rn 4; a. A. *Gutdeutsch/Rieck* FamRZ 1998, 1488. S. o. 2. Teil. A. IV. 3 („Innerstaatlicher Ausgleich über das Kindeswohlmerkmal").

1484 S. o. 2. Teil. A. II. 2. a („Keine Identität des Streitgegenstandes").

obsolet.[1485] Eine Herausgabeanordnung im Rahmen einer einstweiligen[1486] Zuteilung des alleinigen Aufenthaltsbestimmungsrechts, damit (nach Verweisung) das Gericht am bisherigen Aufenthaltsort über die endgültige Sorgeverteilung entscheiden kann, brächte wiederum die in diesem Bereich zu vermeidende Gefahr unnötiger Hin- und Rückführungen des Kindes mit sich für den Fall, dass die endgültige[1487] elterliche Sorge demjenigen Elternteil übertragen wird, der das Kind ohne Zustimmung des anderen Elternteils mit sich genommen hatte.

II. Beschleunigungsgebot und verordnete Kooperation

1. Einführung

§ 155 FamFG ordnet wie die entführungsspezifischen Art. 11 III EuEheVO und Art. 11 HKÜ[1488] die vorrangige und beschleunigte Behandlung kindschaftsrechtlicher Verfahren betreffend Aufenthalt, Herausgabe, Umgangsrecht und Kindeswohlgefährdung an, denn die Verfahrensdauer innerstaatlicher Sorgerechtsverfahren wurde häufig beanstandet und vom EGMR als Verletzung des Rechts auf ein faires Verfahren (Art. 6 EMRK) gerügt.[1489] Einhergehend mit der in der Öffentlichkeit immer mehr diskutierten Problematik von schweren innerfamiliären Kindeswohlgefährdungen bis hin zu Tötungsdelikten wurde das im Rahmen der FGG-Reform geplante Vorrang- und Beschleunigungsgebot vorab mit § 50e FGG eingeführt, der mit der FGG-Reform anschließend endgültigen

---

1485 Eine Anwendung auf Abänderungsverfahren nach § 1696 BGB dürfte nicht bezweckt sein; s. zu der parallelen Situation i. R. d. Art. 10 EuEheVO oben 3. Teil. C. 3. b („Widersprüchlichkeit des Rechtskrafterfordernisses").

1486 Gem. § 49 ff. FamFG.

1487 Etwa nach Einleitung des Hauptsacheverfahrens nach § 52 FamFG.

1488 S. o. 4. Teil. B. II. („Verkürzung der Verfahrensdauer").

1489 *Völker* FamRZ 2010, 157, 163, m. w. N.; s. a. Kemper/Schreiber-*Völker*/*Clausius* § 155 Rn 1. Auch die Bearbeitungszeit seitens des BVerfG, das die Annahme von Verfassungsbeschwerden eines beschwerdeführenden Vaters aus prozessökonomischen Gründen durch einheitlichen Beschluss erst nach vier Jahren ablehnte, wurde für nicht hinnehmbar gehalten, jedoch eine vorausgehende ca. dreijährige Verfahrensdauer vor den ordentlichen Fachgerichten, s. EGMR (Urteil v. 20.1.2011 – Beschwerde Nr. 21980/06, 26944/07 und 36948/08 „Kuhlen-Rafsandjani ./. Deutschland") FamRZ 2011, 533 mit Anm. *Wendenburg*, S. 533 f.; s. a. EGMR (Urteil v. 24.6.2010 – Beschwerde Nr. 39444/08 „Afflerbach ./. Deutschland") FamRZ 2010, 1721; EGMR (Urteil v. 4.12.2008 – Beschwerde Nr. 44036/02 „Adam ./. Deutschland") FamRZ 2009, 1037 mit Anm. *Rixe*, S. 1037.

Eingang in § 155 FamFG fand,[1490] und der vorschreibt, dass das Familiengericht den Vertreter des Jugendamts sowie die Eltern in einem frühen Erörterungstermin[1491] innerhalb eines Monats ab Verfahrensbeginn persönlich anhört.[1492] Das normierte Beschleunigungsgebot folgt dem Cochemer Modell,[1493] demzufolge ein schneller Termin dem elterlichen Einvernehmen diene, wenn keine verfestigenden bzw. verschärfenden Anwaltsschreiben und Jugendamtsberichte vorausgingen.[1494] Daher soll das Gericht nach § 156 I 1 FamFG schon im ersten Termin wie auch in jeder Lage des sorgerechtlichen Verfahrens (ausgenommen Fälle der §§ 1666 f. BGB) auf ein elterliches Einvernehmen hinwirken, wenn dies nicht dem Kindeswohl widerspricht.[1495] Nach der Vorstellung des Gesetzgebers

---

1490 *Meysen* NJW 2008, 2673, 2676 unter Verweis auf das FamGMaßnErlG als „Vorbote" der FGG-Reform; *Rixe* zu EGMR (Urteil v. 4.12.2008 – Beschwerde Nr. 44036/02 „Adam ./. Deutschland") 2009, 1037 mit Anm. *Rixe,* S. 1037, 1038.

1491 Die Vorschrift wurde der Idee einer frühen Güteverhandlung für Kündigungsschutzprozesse in § 61a I ArbGG nachgebildet, so Keidel[17]-*Engelhardt* FamFG § 155 Rn 1 mit Fn 1; *Kroiß/Seiler,* § 3 Rn 239. Eine Vergleichbarkeit mit dem zwischen Arbeitgeber und Arbeitnehmer als erwachsene Parteien geführten arbeitsgerichtlichen Verfahren erscheint im Hinblick darauf, dass das sorgerechtliche Verfahren hingegen neben den erwachsenen Parteien vorrangig das minderjährige Kind betrifft, das seine Rechte und Wünsche nur erschwert ausüben und äußern kann, nicht gegeben.

1492 Keidel[17]-*Engelhardt* FamFG § 155 Rn 7 ff.

1493 Einhergehend mit jahrelangen rechtspolitischen Auseinandersetzungen um eine erneute Reform des Kindschaftsrechts setzten auf regionaler Ebene, insb. ausgehend vom Cochemer Modell, Bestrebungen ein, das familiengerichtliche Sorge- und Umgangsrechtsverfahren im Wege verordneter Kooperation neu zu gestalten durch schnellen Termin innerhalb von 14 Tagen, in dem die Eltern und das Jugendamt (nicht das Kind) mündlich gehört und elterlicher Konsens gesucht werden; anderenfalls begleitet der Vertreter des Jugendamts die Eltern nach Verfahrensunterbrechung zur Beratungsstelle, so *Rausch* FuR 2006, 337, 339 f., m. w. N., der auf Kritik verweist, die dieses Modell ortsnaher Kooperation aus dem ländlichen Raum auf großstädtische Strukturen für nicht übertragbar halte. Kritisch zur Versagung der Kindesanhörung im frühen Termin s. *Salgo* IzKK-Nachrichten 2009 I-25.

1494 *Vogel* FamRZ 2010, 1870; *Meysen* NJW 2008, 2673, 2676.

1495 *Stößer* FamRZ 2009, 656, 659 auf das entsprechende Ziel im Cochemer Modell hinweisend; *Hammer* FamRZ 2011, 1268; Keidel[17]-*Engelhardt* FamFG § 155 Rn 7. Im Hinblick auf das Kindeswohl ist darin keine Einigungspflicht zu sehen, so *Vogel* FamRZ 2010, 1870. Auch die Anordnung gem. § 156 I 5 FamFG, an einer Beratung bei Trägern der Kinder- und Jugendhilfe teilzunehmen, ist zwar nicht durchsetzbar, der Verstoß führt aber zur Kostenauferlegung nach § 81 II Nr. 5 FamFG, vgl. *Vogel* FamRZ 2010, 1870, 1871 ferner darauf hinweisend, dass es den Eltern allerdings

sollen neben dem Familienrichter auch die anderen beteiligten Professionen ihren Beitrag zur Herstellung des elterlichen Einvernehmens leisten, das Jugendamt nach § 17 II SGB VIII, der Verfahrensbeistand nach § 158 IV 3 FamFG, der Sachverständige ggf. auftragsgemäß nach § 163 II FamFG bei der Erstellung des Gutachtens und die Rechtsanwälte durch konfliktvermeidendes Arbeiten.[1496]

2. *Problematik unterschiedlicher Kräfteverhältnisse*

Kindeswohlproblematisch kann es werden, wenn elterliche Kooperationsbestrebungen auf der Basis unterschiedlicher Machtverhältnisse[1497] stattfinden, elterliche Kooperation gar zum Selbstzweck gerät. So weist *Salzgeber* auf die Möglichkeit hin, dass das Einvernehmen seitens der eingeschalteten Professionen[1498] unter Ausnutzung einer Machtposition hergestellt werden und die Zustimmung des um das Kindeswohl besorgten Elternteils auf einer Zwangssituation, Ausweglosigkeit und Ablehnung das Kind belastender Alternativen beruhen könne.[1499] Der frühe mündliche Termin ohne das Vorausgehen von Schriftsätzen und Jugendamtsbericht stellt vor das praktische (ggf. auch Sprach-)Problem im Termin einerseits die nötigen das Kindeswohl betreffenden, den anderen Elternteil ggf. belastenden Darstellungen mündlich und in dessen Anwesenheit vorbringen, andererseits aber das Konfliktniveau niedrig halten zu müssen, um nicht in eine sog. Spielverderberrolle bei der ins Auge gefassten Einigung zu geraten. Hier wird von einem Kindesschutz suchenden Elternteil ein hohes Maß an Auftreten und Eloquenz abverlangt. Insbesondere in Gewaltfällen kann dies unter in der Regel zu diesem Zeitpunkt nicht

---

umgekehrt freistehe, sich auch gegen eine Konsenslösung zu entscheiden, die Beratungspflicht somit nicht zu einer Einigungspflicht werde; s. a. Keidel[17]-*Engelhardt* FamFG § 81 Rn 65 und § 156 Rn 8 ff.

1496 So *Vogel* FamRZ 2010, 1870, 1871, m. w. N.

1497 Vgl. oben 4. Teil. A. I. 1. b („Tatsächliche Verschiebung des Entführer-Typus").

1498 Zur Einschaltung der unterschiedlichen Professionen (Richter, Jugendamt, Rechtsanwälte, Verfahrensbeistand, Sachverständiger) bei der Herstellung einer einvernehmlichen Lösung s. eingehend *Vogel* FamRZ 2010, 1870 ff., m. w. N.

1499 *Salzgeber* FamRZ 2008, 656, 659 f. darauf hinweisend, dass Mütter Belastungen bei Kindern realitätsgerechter erkennen würden als dies für viele Väter gelte. Auf den Druck hinweisend, der dem Herstellungsvorgang einer solchen Einigung vorausgegangen sein könne, s. a. *Hammer* FamRZ 2011, 1268, 1270. Hilfreich erscheinen demgegenüber Mediationen, die den von *Carl/Erb-Klünemann* in Mediation bei internationalen Kindschaftskonflikten, S. 53, 59 ff. aufgestellten Punkten/Anforderungen entsprächen.

aufgearbeiteten Traumatisierungen aber kaum zu erwarten sein.[1500] Nach *Engelhardt* erschwert ein nur mündlich vorgetragener Jugendamtsbericht dem Richter eine gründliche Vorbereitung des Termins und bringt die Gefahr mit sich, dass bei vehementem Widerspruch der Eltern eine geordnete Darstellung der Tatsachen in Rede und Gegenrede untergehe.[1501] Im Heraushalten des Kindes sowohl aus dem frühen Termin als auch aus dem es betreffenden Einigungsprozess der Erwachsenen sieht *Salgo* einen Verstoß gegen Art. 12 KRK, da das Kind in den betreffenden Verhandlungen nicht Rechtssubjekt, sondern Objekt, gar Verhandlungsmasse der streitenden Eltern, des Gerichts, des Verfahrensbeistandes, des Jugendamts und der Gutachter sei.[1502]

3. Gefahr von Automatismus und mangelnder Einzelfallwürdigung

Die gesetzgeberisch bereitgestellte Einschränkung der verordneten Kooperation („wenn dies dem Kindeswohl nicht widerspricht") dürfte ungleichen Kräfteverhältnissen in der Praxis nur schwer beikommen; umgekehrt könnte die Gefahr bestehen, dass normierte Kooperation zu einem Nachlassen von Ermittlungen führen und damit zu Lasten des Kindeswohls gehen könnte.[1503] Einvernehmen sollte aber nicht zum selbstbezweckten Automatismus geraten, wenn im Einzelfall eine richterliche Entscheidung die bessere Lösung für das Kind darstellt.[1504]

1500 Vgl. *Hanke* MAV-Mitteilungen 2008, 8 zum Münchner Modell, auf die Problematik der Täter-Opfer-Dynamik verweisend.

1501 Keidel[17]-*Engelhardt* FamFG § 155 Rn 9, m. w. N.

1502 *Salgo* IzKK-Nachrichten 2009 I-25, 28. Nach *Wallerstein/Lewis* FamRZ 2001, 65, 72 steht das Bild der Gerichte von Kindern in eigentümlichem Widerspruch zur durchschnittlichen Familie, die sich verändernde, entwicklungsbedingte Fähigkeiten und Ansprüche der Kinder begrüße und unterstütze; das Gericht kreiere ein Kind als passives Wesen, eine Stoffpuppe, die in jener Position zu verharren habe, in die man sie platziere; es sei fast eine Nichtperson, der merkwürdiger Weise eigenständige moralische Vorstellungen oder Meinungen fehlten, die auf eigenen Beobachtungen und Erfahrungen basierten, und man erwarte vom Kind, dass es sich zufrieden und still in die Sorge- und Umgangsregelungen füge, die die jeweils zuständigen Richter oder Eltern selbst arrangierten.

1503 Vgl. *Salzgeber* FamRZ 2010, 851, 853 ff.; s. a. *Hanke* MAV-Mitteilungen 2008, 8.

1504 *Salzgeber* FamRZ 2010, 851, 853 f., der weiter ausführt, dass die Annahme, einvernehmlich gefundene Regelungen dienten dem Kindeswohl stets besser als gerichtliche Entscheidungen, durch Forschung nicht gestützt werden könne. *Rausch* FuR 2006, 337, 340, m. w. N., verweist auf Kritik, die es für „fachlich und politisch problematisch, wenn nicht gar unseriös" halte, „die Vorstellung zu erzeugen, dass ausschließlich mit Hilfe eines guten Kooperationsmodells vollständige und dauerhafte

Schon 1995 gab *Salgo* noch vor der Kindschaftsrechtsreform zu bedenken, dass es in Deutschland zwar beim Vertrauensvorschuss der staatlichen Gemeinschaft an die Eltern bleiben müsse, dennoch müssten die zur Ausübung des staatlichen Wächteramts Berufenen Konflikt in der Familie als einen ebenso selbstverständlichen Teil der Familienwirklichkeit verstehen.[1505] Klare Verhältnisse statt verordnete Harmonie, die sich nicht erzwingen lasse, erschienen etwa *Born* 2000 auch nach der Kindschaftsrechtsreform vorzugswürdig, der in der damaligen Rechtsprechung des BGH eine Absage an verordnete Harmonie erkannte und das Ende der „modernen Zeiten" eingeläutet sah.[1506] Während der BGH seinerzeit ausführte, dass sich elterliche Gemeinsamkeit in der Realität nicht verordnen lasse,[1507] scheint die Normierung des § 156 FamFG demgegenüber davon auszugehen, dass elterlicher Konsens automatisch eine sowohl erreichbare als auch bessere Lösung sei, soweit nicht ein Fall von klarer (die amtswegige Verfahrenseinleitung veranlassender) Kindeswohlgefährdung vorliege (vgl. spezielle Regelung des § 157 FamFG).

4. Schlussfolgernde Fragestellung: Griff zur Selbsthilfe?

Wo Ängste nicht ausreichend verbalisiert werden können, weil das Konfliktniveau niedrig gehalten werden soll, bzw. wo es an einem ebenbürtigen Auftreten mangelt, könnte der unter einem solchen Einigungsdruck stehende Elternteil

---

Konfliktlösungen in allen Familien" zu ermöglichen seien. Laut *Salgo* IzKK-Nachrichten 2009 I-25, 28 darf es weder ein Einvernehmen um jeden Preis geben noch Umgang ohne kritische Überprüfung. Nach *Siehr* in FS Lorenz, S. 579, 593 dagegen verleitet das Spannungsverhältnis zwischen HKÜ und KRK den Entführer und ein unerfahrenes Gericht dazu, voreilig dem angeblichen Wohl des Kindes Vorrang einzuräumen; eine schnelle Rückführung sei dem Kind zuträglicher als endlose Verfahren und Vorträge, in denen es mehr um enttäuschte und überspannte Elternteile gehe als um das von ihnen abhängige Kind.

1505 *Salgo* in Praxis der Kinderpsychologie und Kinderpsychiatrie 1995, 359, 360 f.

1506 *Born* FamRZ 2000, 396 ff., die BGH-Entscheidung FamRZ 1999, 1646 erörternd.

1507 BGH FamRZ 1999, 1646, 1647; s. dazu *Born* FamRZ 2000, 396, 399. Zum Erfordernis von Kooperationsbereitschaft und -fähigkeit als maßgebliche Grundlagen gemeinsamer kindeswohlgerechter Elternverantwortung s. bereits BGH FamRZ 1993, 314 f.; NJW 1993, 126 sowie die Grundsatzentscheidung des BVerfG FamRZ 1982, 1179 ff.; a. A. damals schon AG Groß-Gerau FamRZ 1994, 922 f., das unter Verweis auf die gemeinsame elterliche Sorge ausführte: „Aus der Sicht einer Ehefrau mag es keine andere Wahl als die Flucht ins Frauenhaus gegeben haben. Aus der Sicht einer Mutter war das Verhalten unverantwortlich." sowie AG Groß-Gerau FamRZ 1993, 462 f.; s. wiederum dagegen OLG Frankfurt FamRZ 1993, 1352 f.

nach Alternativlösungen suchen. Nicht ausgeschlossen erscheint dabei, dass im Extremfall zu Selbsthilfemaßnahmen, grenzüberschreitend etwa in Form einer Kindesentziehung gegriffen werden könnte. Eine Antwort darauf in einem verschärften Rückführungssystem zu suchen, scheint dabei am eigentlichen Problem vorbeizugehen, das darin bestehen könnte, dass es den Parteien am nötigen Vertrauen in die Rechtsstandards ihres Aufenthaltsstaats mangelt, und Verunsicherung besteht, ob den zuständigen Behördenvertretern im Ursprungsstaat die vom anderen Elternteil eventuell ausgehenden Gefahren für das Kind in einem ordentlich geführten Familiengerichtsverfahren vermittelbar sind. Generalpräventive Aufgabe wird es daher sein, dem potenziellen Entführer Sicherheit zu vermitteln, seine kindesschützenden Argumente in ausreichendem Umfang, etwa auch schriftsätzlich, vortragen zu können und gehört zu wissen. Wenn aber die innerstaatlichen Gesetze restriktiv ausgestaltet sind in Bezug auf den Parteienvortrag zum Zweck oktroyierter Kooperation und Konfliktvermeidung, mag dem einen Elternteil das Erwirken von Maßnahmen zum Schutz des Kindes gegen den anderen Elternteil kaum mehr realisierbar erscheinen. Die innerhalb der EU und insbesondere in Deutschland angestiegene Zahl von Rückführungsgesuchen[1508] wirft zumindest die Frage auf, ob das moderne Familienverfahrensrecht in der Lage ist, in hochkritischen Auseinandersetzungen das Kernproblem des Falles zu erfassen und zu lösen, und ob nicht Vermeidungsstrategien eher auf der Ebene des Wächteramts denn auf dem Schnellweg verordneter Gemeinsamkeit zu suchen wären. Es könnte also weiteren Untersuchungen offen stehen, den Gründen für das Ansteigen der Entführungszahlen nachzugehen.

C. Einwirkungen auf das Sorgerecht nicht miteinander verheirateter Eltern

Grenzüberschreitende Kindesentführungsfälle haben letztendlich auch maßgeblichen materiellrechtlichen Einfluss auf die innerstaatliche Regelung des Sorgerechts für nichteheliche Kinder: Durch die immanente Berücksichtigung des ursprungsstaatlichen Sorgerechtsstatuts in Rückführungsangelegenheiten wurde die gerichtliche Überprüfbarkeit der originären Alleinsorge der nicht mit dem Kindesvater verheirateten Kindesmutter vom EGMR[1509] – wie oben[1510]

1508 *Lowe/Stephens* Int. Comp. L. Qu. 46 (2012), S. 41, 49 f. S. dazu oben „Einführung in das grenzüberschreitende Kindesentführungsrecht“.

1509 EGMR (Urteil v. 3.12.2009 – 22028/04 „Zaunegger ./. Deutschland“) FamRZ 2010, 103 = NJW 2010, 501.

1510 S. dazu oben 2. Teil. A. III. 1. c („Justiziabilität der originären Sorgerechtslage“).

dargestellt – vorgegeben. Die innerstaatliche Umsetzung dieser Vorgabe ist umstritten und könnte die hier diskutierte Problematik verstärkter Automatismen im Kindschaftsrecht und damit verbundener Probleme weiter vertiefen:

I. Vorgaben des EGMR und des BVerfG

Für eine gemeinsame elterliche Sorge nicht miteinander verheirateter Eltern bedurfte es auf der Basis des § 1626a I BGB der Bereitschaft beider Elternteile zur gemeinsamen Sorgerechtsausübung. Dies beruhte auf der gesetzlichen Vorstellung, dass im Gegensatz zu verheirateten Eltern, die ihre gemeinsame Erziehungsbereitschaft in einem Eheschließungsakt bekundet hätten, eine solche Kooperationsbereitschaft und Kooperationsfähigkeit bei nicht miteinander verheirateten Eltern gesetzlich nicht vermutet werden könne.[1511] Der EGMR befand die innerstaatliche Regelung einer nicht justiziablen originären Alleinsorge der Kindesmutter als menschenrechtswidrigen Verstoß gegen Artt. 14 i. V. m. 8 EMRK und erteilte damit der Konsensabhängigkeit einer gemeinsamen elterlichen Sorge Unverheirateter eine Absage; die Art und Weise der innerstaatlichen Umsetzung dieser Entscheidung überließ der EGMR einer freien gesetzgeberischen Gestaltung.[1512] Im Anschluss daran erklärte das Bundesverfassungsgericht[1513] die §§ 1626a I Nr. 1 und 1672 I BGB für verfassungswidrig und formulierte eine Übergangsregelung bis zum Inkrafttreten einer Neuregelung, die eine Justiziabilität der elterlichen Sorge für Väter nichtehelicher Kinder ermöglichte, soweit dies dem Kindeswohl entsprach (positive Kindeswohlprüfung).[1514] Die Fachgerichte stellten dabei auf eine Mindest-Konsensfähigkeit der Eltern in Kindesbelangen ab.[1515]

1511 BVerfG FamRZ 2003, 285, 289 im Anschluss an BVerfG FamRZ 1991, 913; s. zur gesetzgeberischen Vorstellung auch *Löhnig* FamRZ 2010, 338, 339.

1512 S. die Entscheidungszusammenfassung bei *Löhnig* FamRZ 2010, 338, 339; s. a. *Motzer* FamRBint 2011, 6, 7. Bislang konnte die Mitsorge des Kindsvaters ausnahmsweise nach Maßgabe des § 1666 BGB angeordnet werden, soweit dies i. R. d. Verhältnismäßigkeitsprüfung ein milderes Mittel darstellte, vgl. *Hammer* zu EGMR (Urteil v. 3.12.2009 – 22028/04 „Zaunegger ./. Deutschland“) FamRZ 2010, 623 (LS) mit Anm. *Hammer,* S. 623.

1513 BVerfG FamRZ 2010, 1403 mit Anm. *Luthin,* S. 1410.

1514 *Huber/Antomo* FamRZ 2013, 665, m. w. N.; EGMR (Entscheidung v. 21.2.2012 – Nr. 50216/09 „D ./. Deutschland“) FamRZ 2012, 1863 f.; Regierungsentwurf eines Gesetzes zur Reform der elterlichen Sorge nicht miteinander verheirateter Eltern, BT-Drucks. 17/11048 v. 17.10.2012, S. 11 f.

1515 *Huber/Antomo* FamRZ 2012, 1257, 1258, m. w. N.

II. Modifizierte Antragslösung

1. Inhalt

Nach den Kontroversen um eine Antrags- oder Widerspruchslösung[1516] entschied sich der Gesetzgeber für eine modifizierte Antragslösung:[1517] Mit der Neufassung[1518] des § 1626a BGB wird weiterhin die originäre Alleinsorge der Kindesmutter zugewiesen, aber das Familiengericht kann auf Antrag eines Elternteils die gemeinsame[1519] elterliche Sorge auf beide Elternteile übertragen, wenn dies dem Kindeswohl nicht widerspricht (negative Kindeswohlprüfung).[1520] Dass die gemeinsame elterliche Sorge dem Kindeswohl nicht widerspricht, wird durch den Gesetzgeber vermutet, wenn nicht rechtzeitig (§ 155a II FamFG[1521]) dagegen sprechende konkreten Anhaltspunkte vorgetragen oder sonst ersichtlich sind, warum die gemeinsame Sorge Nachteile für das Kind habe.[1522] Die Modifizierung gegenüber der ursprünglichen Antragslösung liegt hier in der Beschränkung auf eine negative Kindeswohlprüfung, die auch noch durch eine Vermutungsregel abgeschwächt wird. Hinzu kommt eine verfahrensrechtliche Prüfungsbeschränkung durch Normierung einer beschleunigten Verfahrensweise, wenn Gründe dieser Art nicht oder nicht rechtzeitig dargetan sind: Es

---

1516 Die Antragslösung weist der Mutter die originäre Alleinsorge ab Geburt des Kindes zu, ermöglicht aber dem Kindsvater einen Antrag auf Übertragung der Mitsorgeberechtigung zu stellen, soweit dies mit dem Wohl des Kindes vereinbar ist; die Widerspruchslösung weist die elterliche Sorge beiden Elternteilen gemeinsam zu und ermöglicht der Kindesmutter hiergegen Widerspruch einzulegen, vgl. *Huber/Antomo* FamRZ 2012, 1257, 1259; s. a. Antrag der SPD-Fraktion BT-Drucks. 17/8601 v. 8.2.2012, S. 3.

1517 So *Huber/Antomo* FamRZ 2013, 665, 668.

1518 Fassung des Gesetzes zur Reform der elterlichen Sorge nicht miteinander verheirateter Eltern v. 16.4.2013 BGBl. I S. 795, in Kraft seit 19.5.2013.

1519 S. zur umgekehrten Möglichkeit der Übertragung der elterliche Sorge allein auf den Kindesvater die neue Fassung des § 1671 BGB und die Aufhebung des § 1672 BGB.

1520 *Huber/Antomo* FamRZ 2013, 665, 666; Regierungsentwurf eines Gesetzes zur Reform der elterlichen Sorge nicht miteinander verheirateter Eltern, BT-Drucks. 17/11048 v. 17.10.2012, S. 12 und 22.

1521 I. d. F. des Gesetzes zur Reform der elterlichen Sorge nicht miteinander verheirateter Eltern v. 16.4.2013 BGBl. I S. 795, in Kraft seit 19.5.2013.

1522 *Huber/Antomo* FamRZ 2013, 665, 666; Regierungsentwurf eines Gesetzes zur Reform der elterlichen Sorge nicht miteinander verheirateter Eltern, BT-Drucks. 17/11048 v. 17.10.2012, S. 17 f. und 23. *Coester* FamRZ 2012, 1337, 1341 sieht in der gesetzlichen Vermutung eine Rechtfertigung der erheblich eingeschränkten Ermittlung.

schließt sich ein beschleunigtes Verfahren an, in dem auf die Anhörung sowohl des Jugendamts als auch der Eltern verzichtet werden soll (§ 155a III FamFG).[1523]

2. Kontrolldefizit und Automatismus bei der Sorgerechtszuteilung

Die Zuteilung der gemeinsamen nichtehelichen elterlichen Sorge wird somit materiellrechtlich auf eine bloß negative Kontrolle im vereinfachten Verfahren beschränkt, es sei denn die antragsgegnerische Partei ist in der Lage, gegen eine gemeinsame Sorge sprechende Gründe rechtzeitig und ausreichend darzutun. Während das Beschleunigungsgebot des § 155 FamFG auf bestimmte Situationen wie Gefährdung oder Aufenthaltswechsel beschränkt ist, soll das Sorgerecht für nichteheliche Kinder auch ohne solche Momente unter beschleunigten Verhältnissen zuteilbar sein.[1524] Insbesondere die Möglichkeit, der Kindesmutter schon sechs Wochen nach der Geburt des Kindes eine solch hohe Darlegungslast aufzuerlegen („Schonfrist“[1525]), stößt auf Kritik, da sie in dieser Zeit „erst mal ganz andere Probleme hat“[1526]. Die Vielfalt[1527] möglicher Elternkonstellationen außerhalb der Ehe stellt zudem in Frage, ob gegen eine gemeinsame Sorge sprechende Gründe überhaupt schon stets als bekannt vorausgesetzt werden können.

Das Kindeswohl sollte weder von der Qualität der Darlegungen der Mutter kurz nach der Geburt noch von gesetzlichen Vermutungen abhängig sein, sondern vielmehr dürfte das staatliche Wächteramt dafür sprechen, die Sorgerechtszuteilung von einer vollen Kindeswohlprüfung abhängig zu machen.[1528] Der deutsche Gesetzgeber könnte über das vom EGMR und vom BVerfG geforderte

1523 *Huber/Antomo* FamRZ 2013, 665, 666.

1524 *Coester* FamRZ 2012, 1337, 1341.

1525 *Coester* FamRZ 2012, 1337, 1341.

1526 *Prantl*, in: Süddeutsche Zeitung Nr. 26 v. 31.1.2013, S. 5 mögliche verfassungswidrige Fehler des Gesetzes sehend im Hinblick auf die im Einzelfall nicht gewährleistete sorgfältige Prüfung, ob das gemeinsame Sorgerecht dem Kindeswohl wirklich entspreche. Kritisch s. z. B. auch die Pressemitteilung des VAMV v. 23.10.2012 über den Start einer Online-Kampagne gemeinsam mit einer Reihe von weiteren Fachverbänden/Interessenvertretungen: Schriftliches Schnellverfahren – nein danke! Kindeswohlprüfung – in jedem Fall!, http://www.vamv.de/fileadmin/user_upload/bund/dokumente/Pressemitteilungen/PM_Kampagne_Sorgerecht_Start_231012.pdf (letzter Zugriff: 24.7.2013).

1527 S. dazu *Mansel/Thorn/Wagner* IPRax 2011, 1, 26; *Löhnig* FamRZ 2010, 338 f., m. w. N.; *Huber/Antomo* FamRZ 2012, 1257, 1258; Regierungsentwurf eines Gesetzes zur Reform der elterlichen Sorge nicht miteinander verheirateter Eltern, BT-Drucks. 17/11048 v. 17.10.2012, S. 1.

1528 *Huber/Antomo* FamRZ 2012, 1257, 1263.

Ziel einer Justiziabilität der nichtehelichen elterlichen Sorge hinausgehen, wenn er dieses Recht nicht nur in Umsetzung der EGMR-Entscheidung einklagbar macht, sondern darüber hinausgehend sowohl materiellrechtlich als auch verfahrensrechtlich eingeschränkt prüfen lässt. Erst recht die außereheliche Vielfalt bedürfte der Amtsermittlung geteilter Elternschaft. Eingewandt wird an dieser Stelle von Kritikern darum auch das systematische Argument, dass gesetzliche Vermutungen sich im BGB dort fänden, wo an objektive Kriterien angeknüpft werde (§§ 891, 1006, 1362, 1600c, 2365 BGB) und nicht an auslegungsbedürftige Erklärungen.[1529] Wenn der Gesetzgeber schon eine Vermutung für das Gelingen gemeinsamer nichtehelicher Sorge zugrunde lege, hätte er – wie dies von kritischer Seite eingewandt wird – gleich eine gemeinsame Sorge ex lege ab Abgabe des Vaterschaftsanerkenntnisses normieren und die Verantwortung hierfür selbst übernehmen können, an das sich dann bei Widerspruch bzw. Änderungsverlangen eine vollständige Kindeswohlprüfung hätte anschließen können.[1530] Stattdessen wird die Darlegungslast den Parteien aufgebürdet,[1531] was erst recht Zündstoff beinhalten kann; denn stellt sich die Kindesmutter dem Antrag des Kindesvaters entgegen, kann sie automatisch zur sog. Spielverderberin werden. Dass die Antragsmöglichkeit nach der Gesetzesfassung geschlechtsunabhängig formuliert wurde, kann an der Tatsache, dass regelmäßiger[1532] Antragsteller der Kindesvater sein wird, nicht vorbei. Systemwidrig erscheint, dass zwar einerseits der Kindesvater rechtstheoretisch zur Übernahme geteilter Sorge soll verpflichtet werden können, aber bereits an die Frage einer vollstreckbaren Umgangspflicht des Umgangsberechtigten mit Zurückhaltung herangegangen wird.[1533]

Zur Wahrung der Rechte des Kindes und zur Vermeidung weiterer Streitfälle in der Folge der Sorgerechtsübertragung wäre es auch denkbar gewesen, die gemeinsame elterliche Sorge nicht verheirateter Eltern auf jene Fälle zu beschränken, in denen die Übertragung für das Kindeswohl förderlich ist, also eine positive Feststellung zu fordern, warum gerade das betroffene Kind der Fürsorge auch des Vaters bedarf, der mit der Mutter nicht verheiratet ist. Der erleichterte

1529 *Huber/Antomo* FamRZ 2012, 1257, 1264.

1530 So *Prantl*, in: Süddeutsche Zeitung Nr. 26 v. 31.1.2013, S. 5.

1531 Kritisch dazu *Huber/Antomo* FamRZ 2012, 1257, 1264.

1532 Umgedreht sehen *Huber/Antomo* FamRZ 2012, 1257, 1264 im widersprechenden Elternteil regelmäßig die Kindesmutter.

1533 Zur Durchsetzbarkeit einer Umgangspflicht gegenüber einem umgangsunwilligen Elternteil s. BVerfG FamRZ 2008, 845 ff. mit ausführlicher Bestandsaufnahme der Rechtsprechung und Literatur zu diesem Thema.

automatisierte Zugang zum Recht scheint demgegenüber die Subjektstellung des Kindes weiter zu beeinträchtigen, dessen Wohl immer weniger individuelle Berücksichtigung findet, sondern an generalisierte gesetzgeberische Vorstellungen und Vermutungen geknüpft wird.

D. Zusammenfassendes Ergebnis

Zusammenfassend lässt sich feststellen, dass die spezifischen Mechanismen, wie sie im grenzüberschreitenden Kindesentführungsrecht geschaffen wurden, sich nun auch in Teilen des innerstaatlichen Familienrechtsverfahrens widerspiegeln. Zum einen brachte die Umsetzung des grenzüberschreitenden Rechts durch innerstaatliche Ausführungsgesetze eine Neuformierung des Vollstreckungsrechts mit sich, die, zunächst bezogen auf nur grenzüberschreitende Fälle, schlussendlich die Vollstreckung auch von rein innerstaatlichen Fällen verschärfte. Zum anderen flossen Denkanstöße, etwa der Gedanke der Zuständigkeitsfortsetzung der Behörden des bisherigen Aufenthaltsorts und der Verfahrensbeschleunigung in bestimmten Bereichen auch außerhalb des einstweiligen Rechtsschutzes, in das innerstaatliche Familienverfahrensrecht ein. Die entführungsspezifisch gesehene Notwendigkeit, bestimmte Verfahrens- und Vollstreckungsmechanismen zu verschärfen, um dem Problem der Grenzüberschreitung möglichst schnell und effektiv beizukommen, fehlt im innerstaatlichen sorgerechtlichen Verfahren, soweit kein Fall akuter Kindeswohlgefährdung vorliegt. Mit Blick auf Artt. 3 und 12 KRK erscheint damit sachlich schwer zu rechtfertigen, das Kind betreffende Verfahren materiellrechtlich eingeschränkt und im Schnellverfahren zu entscheiden.

Mit der Umsetzung internationaler Vorgaben im Bereich nichtehelicher Elternschaft könnte der deutsche Gesetzgeber über das vorgegebene Ziel justiziabler Rechte gar hinausgehen, wenn er Kindeswohlgemäßheit gemeinsamer Sorge nicht Verheirateter vermutet. Denn davon geht auch das entführungsspezifische Recht selbst nicht aus: Die Automatismen des HKÜ und der EuEheVO wollen das summarische Verfahren der schnellen Wiederherstellung des status quo ante vorbehalten, gerade um den Behörden des bisherigen Aufenthaltsstaats dann aber ein vollständiges sorgerechtliches Verfahren zu ermöglichen (so das HKÜ), oder weil auf dieser Basis dort eine sorgerechtliche Entscheidung getroffen wurde (so Art. 11 VIII EuEheVO). Die Privilegierung der Behörden des bisherigen Aufenthaltsstaats beruht auf der Annahme, dass sie eine am positiv festgestellten Kindeswohl orientierte Grundsatzentscheidung getroffen haben, die es gerade rechtfertigt, die summarischen Ermittlungen im Zufluchtsstaat zu ersetzen. Anstatt Schnellverfahrensweisen der Beschleunigung und eingeschränkter Kindeswohlprüfung in das innerstaatliche Verfahren zu implementieren, sollte jedem Kind innerstaatlich zustehen, dass in einem es betreffenden Verfahren eine vollständige Prüfung seines Wohls sichergestellt ist. Dies vom Darlegungsvermögen der Kindesmutter (nach der Geburt des Kindes) abhängig zu machen, sollte das staatliche Wächteramt nicht ersetzen.

Schlussbemerkungen

Zusammenfassend erschließen sich aus der Untersuchung des Zusammenspiels des HKÜ mit den modernen Regelungen des KSÜ und der EuEheVO folgende Ergebnisse:

Aus dem 1. Teil („Grundlagen des grenzüberschreitenden Kindesentführungsrechts") ergeben sich folgende Schlüsse:

(A) Die rechtshistorischen Regelungen wurden nicht als ausreichend angesehen, um das Problem grenzüberschreitender Kindesentführung zu lösen. Mit dem EuSorgeRÜ wurde nicht der Bereich der Verletzung gesetzlicher Sorgeverhältnisse erfasst. Das diesen Bereich abdeckende HKÜ schuf zwar in Abgrenzung zum MSA erfolgreich eine Möglichkeit, einer vom entführenden Elternteil verursachten aufenthaltsverfestigenden Kontinuität mit speziellen Rückführungsmechanismen zu begegnen. Die konkrete Anwendung des HKÜ aber wird von den Vertragsstaaten teils als zu eng und teils als zu weit angesehen, nicht nur, wenn es um die Auslegung der Ausnahmeregelungen des HKÜ, insbesondere des Art. 13 HKÜ geht, sondern auch hinsichtlich der Frage der Anwendung auf Drittstaaten. Letztere wiederum sind in Ermangelung einer vertragsstaatlichen Bindung in der Lage, die Entführung des Kindes in ihr Hoheitsgebiet einer rein autonomen nationalen Lösung zuzuführen. Auf autonomen Regelungen basierende Rückführungsversuche aus einem Land, das sich der Bindung an das HKÜ verweigert, sind damit nicht gesichert. Einer rückführungsmechanisierten Bindung einer großen Anzahl von HKÜ-Vertragsstaaten steht somit ein großes Territorium ungebundener Drittstaaten gegenüber.[1534]

(B) Mit Schaffung des KSÜ im Jahr 1996 wurde dem Bedürfnis entsprochen, das MSA zu reformieren. Als allgemeines Abkommen zum Minderjährigenschutz bezweckt das seit 1.1.2011 auch für Deutschland geltende KSÜ grundsätzlich eine Stärkung der Prinzipien des Aufenthalts und der Sachnähe, führt aber auch erstmals mit einer eigens geregelten Entführungszuständigkeit das Problem grenzüberschreitender Kindesentführung einer spezifischen Lösung zu.[1535] Auf EU-Ebene wurde nach Kompetenzzuwachs im Bereich der justiziellen Zusammenarbeit durch den Amsterdamer Vertrag zunächst die eng auf

1534 S. o. 1. Teil. A („Rechtshistorische Regelungen und ihre Defizite") samt dortiger Nachweise.

1535 S. o. 1. Teil. B. I („Kinderschutzübereinkommen von 1996") samt dortiger Nachweise.

scheidungsabhängige Sorgerechtssachen angelegte EheVO 2000 geschaffen, die in Bezug auf grenzüberschreitende Kindesentführungen keine eigenständigen Regelungen, sondern eine Koordination mit dem HKÜ vorsah. Die sogleich nach ihrer Geltung aufkommenden Bestrebungen, den Anwendungsbereich auf isolierte Sorgerechtssachen auszuweiten, das Exequaturverfahren bei Umgangsrechtsverbundentscheidungen abzuschaffen und eine Lösung für die häufige Anwendung des Art. 13 HKÜ zu finden, verwirklichte sich 2003 in der schnellen Schaffung der EuEheVO, die die Entführungszuständigkeit in der EU spezifisch regelt, das HKÜ-Rückgabeverfahren modifiziert und die Exequatur einer herkunftsstaatlichen Rückgabeentscheidung im Zielstaat beseitigt.[1536]

(C) Das mit dem KSÜ wie auch der EuEheVO geschaffene Zuständigkeitssystem zeichnet sich unterschiedlich stark durch ein Zuständigkeitsprimat des Ursprungsstaats aus. Während das KSÜ international im Grundsatz an das Prinzip der Sachnähe anknüpft und entgegen angloamerikanischer Vorstellungen eine perpetuatio fori im Fall rechtmäßiger Verlegung des Kindesaufenthalts in einen anderen Vertragsstaat abgelehnt wurde, wurde mit der EuEheVO der Grundsatz der perpetuatio fori in das kindschaftsrechtliche grenzüberschreitende Verfahren eingeführt. Beide Regelungswerke gehen im Fall rechtswidriger Verbringung eines Kindes außer Landes aber denselben Weg, indem sie die Sorgerechtszuständigkeit im Staat des bisherigen Aufenthalts des Kindes belassen und eine mögliche Zuständigkeitsverlagerung von der sog. Passivität des zurückverbliebenen Elternteils abhängig machen. Während am MSA kritisiert wurde, dass es geeignet sei, die vom Entführer eigenmächtig geschaffene Situation durch eine ertrotzte Zuständigkeit des Zielstaats zu sichern, steht nunmehr die Zuständigkeit faktisch zur Disposition des zurückverbliebenen Elternteils, von dessen Antragstellung die Sorgerechtszuständigkeit im Entführungsfall abhängig gemacht wird, womit von einer Elternzentriertheit dieser Regelungen gesprochen werden kann. Mit der EuEheVO erfährt außerdem die bisherige Alles-Oder-Nichts-Rückgabeentscheidung im Rahmen des HKÜ eine materiellrechtliche Umgestaltung in eine Ultima-ratio-Entscheidung unter Vorschaltung von Undertakings. Während es außerdem im Rahmen des KSÜ im Fall sich widersprechender Rückgabeentscheidungen beim konventionellen System der Vollstreckbarerklärung im Zielstaat verbleibt, besteht im Rahmen der EuEheVO auch hier das Primat der Ursprungsbehörde, indem eine sorgerechtliche Letztentscheidung sich gegen eine HKÜ-Rückgabeentscheidung aus dem ersuchten Staat unmittelbar ohne Exequatur durchsetzt, womit sich

---

1536 S. o. 1. Teil. B. II („Verordnung (EG) Nr. 2201/2003“) samt dortiger Nachweise.

die Frage aufdrängt, ob die schnelle Erarbeitung der Verordnung auf Kosten von das Kindeswohl berücksichtigenden nötigen Mindeststandards geht.[1537]

(D) Der entwicklungsgeschichtliche Zusammenhang der Entführungsregelungen der EuEheVO bringt es mit sich, dass bei Auslegung der Artt. 10 und 11 EuEheVO auf das Zuständigkeitssystem des KSÜ Rücksicht genommen werden sollte, soweit nicht erkennbar bewusst hiervon abgewichen werden soll. Dabei wird auch das Verhältnis zu Drittstaaten und zu jenen EU-Mitgliedstaaten, die dem KSÜ bislang nicht beigetreten sind, zu beachten sein. Das Gleiche gilt für die Rückgabevorschriften des HKÜ. Mag auch die EuEheVO in ihrem ersten Erwägungsgrund auf das Ziel der Schaffung eines Raumes der Freiheit, der Sicherheit und des Rechts und damit auf den Vorrang der Rechtsvereinheitlichung hinweisen, so lässt sich dies dennoch als vorrangiges Auslegungsziel gegenüber der Verzahnung mit KSÜ und HKÜ nur schwer halten. Systematik und historischer Zusammenhang der Verordnung dürften im Ergebnis daher hier denselben Rang wie die teleologische Auslegung haben. Der Wortlaut sollte demgegenüber nachrangig sein.[1538]

Aus dem 2. Teil („Anwendungsprobleme des grenzüberschreitenden Kindesentführungsrechts“) ergeben sich folgende Schlüsse:

(A) Grundsätzlich ist mit dem sowohl im KSÜ als auch in der EuEheVO enthaltenen Begriff der elterlichen Verantwortung ein sog. Paradigmenwechsel weg vom Kind als Verfahrensobjekt hin zum Kind als Verfahrenssubjekt verbunden. Das KSÜ belässt es im Rahmen seines sachlichen Anwendungsbereichs im Regelfall bei der Anknüpfung an das Prinzip der Sachnähe und kann insofern als kindzentriert bezeichnet werden. Erst im Fall von Kindesentführung knüpft es an die elternzentrierten Maßstäbe der Zuständigkeitsfortdauer und des antragstellerseitigen Verhaltens an. Die EuEheVO folgt dagegen schon im Regelfall einem stark elternzentrierten Ansatz, soweit sie den Grundsatz der perpetuatio fori und die zuständigkeitsbegründende Bedeutung des antragstellerseitigen Verhaltens einführt. Während das KSÜ erst im Fall der Kindesentführung an Zuständigkeitsfortsetzung und antragstellerseitiges Verhalten anknüpft und es dabei aber bei den traditionell im Rahmen von MSA- und HKÜ-Anwendung entwickelten Rechtswidrigkeitsmaßstäben belässt, knüpft die EuEheVO darüber

1537 S. o. 1. Teil. C. („Das moderne System des grenzüberschreitenden Kindesentführungsrechts“) samt dortiger Nachweise.

1538 S. o. 1. Teil. D („Entwicklungsgeschichtlich bedingte Auslegungsmethodik“) samt dortiger Nachweise.

hinaus das Widerrechtlichkeitskriterium formalisiert an die rechtliche Situation und nicht an die für das Kind spürbare tatsächliche Sorgerechtsausübung an. Das Abhängigmachen der Widerrechtlichkeit von formalen statt tatsächlichen Verhältnissen entfernt aber den verordnungseigenen Begriff der elterlichen Verantwortung gleichsam von der modernen Vorstellung eines Ensembles an Rechten und Pflichten und nähert ihn als Rückschritt den überholten Vorstellungen eines Über- und Unterordnungsverhältnisses an, in dem das Recht, über das Kind formal zu bestimmen, mehr Bedeutung hat als die tatsächlich für das Kind spürbare Betreuungssituation. Bei damit außerdem verbundenen Widersprüchen mit dem HKÜ sollte der verordnungseigene Widerrechtlichkeitsbegriff ggf. teleologisch reduziert werden. Des Weiteren sollte bei der Bestimmung der Widerrechtlichkeit keine Unterscheidung nach der EU-Zugehörigkeit des Zielstaates gemacht werden. Der allein Aufenthaltsbestimmungsberechtigte sollte sich auf die Rechtmäßigkeit der Ausübung seines Rechts verlassen dürfen, solange es nicht beseitigt oder geteilt wird.[1539]

(B) Widersprüche bestehen auch im persönlichen Anwendungsbereich, soweit es um die Altersanknüpfung des HKÜ einerseits und des KSÜ wie auch der EuEheVO andererseits geht. Da international nicht gesichert ist, dass das HKÜ Anwendung findet, sollte das KSÜ einen weiten Anwendungsbereich finden. Art. 7 KSÜ sollte darum nicht als auf HKÜ-Anträge beschränkt angesehen werden, sondern auch außerhalb des Anwendungsbereichs des HKÜ, also auch in Bezug auf 16/17jährige Geltung beanspruchen. Die Verordnung dagegen geht innerhalb der EU von vorneherein von einer Geltung des HKÜ aus. Wird dieses wegen des Kindesalters unanwendbar, sollte es hier nicht zu einer überschießenden Anwendung der Zuständigkeitsfortdauer des Art. 10 EuEheVO kommen, sondern bei fortschreitendem Alter eines Kindes auch das allgemeine Zuständigkeitssystem als ausreichend angesehen werden. Da Art. 11 EuEheVO gerade auf der Anwendung des HKÜ beruht, setzt sich dessen Begrenzung auf 16 Jahre von vorneherein hier durch.[1540]

(C) In Abgrenzung von MSA und HKÜ bestimmt sich die räumliche Anwendung des KSÜ und der EuEheVO nicht von vorneherein nach dem gewöhnlichen Aufenthalt eines Kindes, sondern ergibt sich aus den einzelnen Kapiteln. Im Rahmen der Zuständigkeitsregelungen erschließt sich die Anwendung jeweils aus der

---

1539 S. o. 2. Teil. A („Sachliche Anwendungsfragen") samt dortiger Nachweise.

1540 S. o. 2. Teil. B („Unterschiedliche Altersanknüpfungen im persönlichen Anwendungsbereich") samt dortiger Nachweise.

Vorschrift selbst. Das nach Maßgabe des KSÜ anzuwendende Recht umfasst auch das Recht der Nichtvertragsstaaten, wohingegen die Bereiche Anerkennung und Vollstreckung sowie Zusammenarbeit der Behörden sowohl im Rahmen des KSÜ als auch der EuEheVO im Hinblick auf das Gegenseitigkeitsprinzip im Binnenverhältnis Anwendung findet. Bei Kindesentführung in einen MSA-gebundenen Heimatstaat, namentlich die Türkei und Macau-China, wird von einer Weiteranwendung des MSA neben dem ohnehin für diese Staaten geltenden HKÜ auszugehen sein, zumindest insoweit als es beim Vorbehaltssystem der Artt. 3, 4 und 5 III MSA zu verbleiben hat und sich die Behörden des EU-Mitgliedstaats auf eine perpetuatio fori i. S. v. Art. 8 EuEheVO gegenüber dem Nichtmitgliedstaat kaum berufen können. Insoweit verbleibt es auch bei der Anerkennung nach Art. 7 MSA und der Vollstreckung nach autonomem nationalem Recht. Im Verhältnis zum EuSorgeRÜ ist eine Anerkennung nach dem KSÜ möglich, wenn dies die Rückgabe erleichtert. Innerhalb der EU hat die Anerkennung und Vollstreckung von Entscheidungen nach der EuEheVO dagegen Vorrang gegenüber dem EuSorgeRÜ. Im Verhältnis zwischen den Zuständigkeitsnormen der EuEheVO und dem KSÜ ist die Anwendung der Verordnung auf Kinder mit gewöhnlichem Aufenthalt innerhalb der EU beschränkt. Hat das Kind seinen gewöhnlichen Aufenthalt jedoch in einem KSÜ-Vertragsstaat, der nicht der EU angehört, sind die Vorschriften des KSÜ anzuwenden. Ein normativer Widerspruch der EuEheVO im Verhältnis zum KSÜ im Bereich der Anerkennung und Vollstreckung wurde gelöst, indem sämtliche EU-Mitgliedstaaten bei Zeichnung bzw. Ratifikation erklärten, Entscheidungen im Binnenverhältnis aus anderen Mitgliedstaaten, die in den Anwendungsbereich auch des KSÜ fallen würden, nach der EuEheVO anzuerkennen und zu vollstrecken. Die Vollstreckung findet insoweit also statt, wenn es um eine Rückgabeentscheidung aus einem Ursprungsmitgliedstaat geht, die in einem anderen EU-Mitgliedsstaat durchgesetzt werden soll, gleich ob sich das Kind dort gewöhnlich oder schlicht aufhält.[1541]

Aus dem 3. Teil („Die Zuständigkeitsfortdauer im Ursprungsstaat") ergeben sich folgende Schlüsse:

(A) Mit Blick auf Art. 5 KSÜ ist maßgebliches Anwendungskriterium der Zuständigkeitsfortdauer des Art. 7 KSÜ der Wegfall des bisherigen gewöhnlichen Aufenthalts des Kindes im Ursprungsvertragsstaat. Räumlich ist Art. 7 KSÜ daher nicht „nur" dann anwendbar, wenn das Kind bereits einen neuen gewöhnlichen Aufenthalt im Zufluchtsstaat begründet hat, sondern „auch" dann.

1541 S. o. 2. Teil. C („Räumliche Anwendung") samt dortiger Nachweise.

Anderes gilt für die Entführungszuständigkeit der EuEheVO: Da ohnehin die perpetuatio fori des Art. 8 EuEheVO einen Zuständigkeitswechsel verhindert, wird Art. 10 EuEheVO nur dann einschlägig, wenn das Kind schon vor Antragstellung seinen gewöhnlichen Aufenthalt im Zufluchtsmitgliedstaat erwirbt. Um räumliche Anwendungswidersprüche zu überwinden, die der eingeschränkte Anwendungsvorrang der EuEheVO gegenüber dem KSÜ mit sich bringt, sollte Art. 61 EuEheVO telelogisch reduziert werden, wenn das aus einem nicht der EU angehörigen KSÜ-Vertragsstaat entführte Kind seinen gewöhnlichen Aufenthalt in einem vertragsgebundenen EU-Mitgliedstaat erwirbt, damit die Zuständigkeit im Ursprungsvertragsstaat gem. Artt. 5 i. V. m. 7 KSÜ im Ergebnis fortdauern kann. Im Fall einer Entführung aus einem EU-Mitgliedstaat in einen KSÜ-Vertragsstaat, der nicht zur EU gehört, fällt nach Art. 61 lit. a EuEheVO die Anwendbarkeit der Verordnung als Ganzes, mithin auch des Art. 14 EuEheVO weg, und die Zuständigkeit bestimmt sich ausschließlich nach den Normen des KSÜ respektive nach dem weiten Art. 7 KSÜ. Lief zum Zeitpunkt der Verlagerung des gewöhnlichen Aufenthalts in den KSÜ-Vertragsstaat bereits ein Sorgerechtsverfahren im Ursprungsmitgliedstaat kommt es ausnahmsweise zu einem späteren Wegfall einer perpetuatio fori, und es tritt dieselbe Situation ein, als wenn von Beginn an keine perpetuatio fori entstanden wäre. Wird das Kind aus einem vertragsungebundenen EU-Mitgliedstaat, namentlich Belgien oder Italien in einen KSÜ-Vertragsstaat entführt, verbietet sich der Rückgriff auf Art. 7 KSÜ. Entführungsmitgliedstaat und Zufluchtsvertragsstaat befinden sich dann in einer Situation von Drittstaaten, und es kommt insoweit zu einem Rückgriff auf das autonome nationale Recht. Während außerdem das KSÜ seine Entführungszuständigkeit auch gegenüber Nichtvertragsstaaten fortsetzt, kann die EuEheVO ihre Entführungszuständigkeit nicht gegenüber Drittstaaten fortsetzen. Hält sich das Kind mittlerweile gewöhnlich in einem echten Drittstaat auf, greift nach Art. 14 EuEheVO das nationale Zuständigkeitsrecht des jeweiligen Mitgliedstaats.[1542]

(B) Bei der Bestimmung des gewöhnlichen Aufenthalts verbleibt es sowohl mit dem KSÜ als auch mit der EuEheVO zunächst bei der Anknüpfung an den tatsächlichen Lebensmittelpunkt des betroffenen Kindes. Im Rahmen der EuEheVO aber dürfte mit der vom EuGH entwickelten Rechtsprechung bloßen Rechenformeln in Bezug auf die Aufenthaltsdauer deutlich geringere Bedeutung als bislang

1542 S. o. 3. Teil. A („Räumliche Weite der Entführungszuständigkeit“) samt dortiger Nachweise.

zukommen, insbesondere gegenüber den Bindungen des Kindes und verbotener Rechtsausübung.[1543]

(C) Die spezifischen, engen tatbestandlichen Bedingungen der Art. 7 I lit. b KSÜ und Art. 10 lit. b EuEheVO für einen Zuständigkeitswechsel in den Zielstaat werden in der Praxis selten eintreten; in der Regel wird es bei der Sorgerechtszuständigkeit im Herkunftsstaat verbleiben, denn in Abgrenzung zum HKÜ knüpfen beide Vorschriften die Jahresfrist als tatbestandliche Mindestvoraussetzung an die subjektive Kenntnis des zurückverbliebenen Elternteils an und nicht an die objektive für das Kind spürbare tatsächliche Aufenthaltssituation. Im Gegensatz zum HKÜ zählt auch nicht die Kenntnis von dem Aufenthaltsstaat, sondern dem konkreten Aufenthaltsort, was den Fristbeginn weiter verzögern kann. In der Frage der weiteren spezifischen Zusatzbedingungen ist Art. 7 I lit. b KSÜ deutlich offener für eine Zuständigkeitsverlagerung in den Zufluchtsstaat als Art. 10 lit. b EuEheVO: Einem internationalen Zuständigkeitswechsel bei Vorliegen der sonstigen Voraussetzungen (einjähriger Aufenthalt ab Kenntnis des Aufenthaltsorts und Einleben des Kindes in seine neue Umgebung) kann nur noch ein anhängiger Rückgabeantrag entgegenstehen, über den letzten Endes das Gericht des Zielstaats nach Maßgabe des HKÜ entscheidet. Die EuEheVO sieht demgegenüber eine abschließende Liste von schon eng normierten Varianten vor, die es der herkunftsstaatlichen Entscheidung überlassen, ob ein Zuständigkeitswechsel zugelassen wird. Nicht nur kommt hier hinzu, dass die Variante des lit. iv (ursprungsstaatliche Sorgerechtsentscheidung, mit der die Rückgabe nicht angeordnet wurde) vom EuGH noch zusätzlich eng ausgelegt wird, sondern die Formulierung des Art. 10 lit. b EuEheVO ist von vornherein auch so restriktiv angelegt, dass Ziff. iii (keine Sorgerechtsanträge im Herkunftsstaat nach Unterrichtung) systematisch eine analoge Anwendung der Unterrichtungspflicht nach Art. 11 VI und VII EuEheVO erfordert, um die ansonsten bestehende rechtstheoretische Lücke bei Art. 20 HKÜ-Fällen zu vermeiden und so sicherzustellen, dass die Zuständigkeit in den ersuchten Mitgliedstaat jedenfalls übergehen kann, wenn die Rückgabe mit den im Zielstaat geltenden Grundwerten unvereinbar wäre.[1544]

(D) Trotz möglicherweise langen Auseinanderfallens von Lebensmittelpunkt des Kindes und Sorgerechtszuständigkeit der Behörden im bisherigen Aufenthaltsstaat können die Behörden im Zielstaat nur sehr eingeschränkte eigene

1543 S. o. 3. Teil. B („Bestimmung des gewöhnlichen Aufenthalts") samt dortiger Nachweise.

1544 S. o. 3. Teil. C („Voraussetzungen für eine Zuständigkeitsverlagerung") samt dortiger Nachweise.

Kompetenzen ausüben: Während das KSÜ hier einen Ausgleich über eine echte Dringlichkeitszuständigkeit eröffnet, geht die EuEheVO über eine inhaltlich und territorial beschränkte Öffnungsklausel in Dringlichkeitsfällen und im Entführungsfall praxisferne rechtstheoretische Möglichkeiten (s. die zustimmungsbedürftigen Artt. 12 und 15 EuEheVO) nicht hinaus. Den Behörden des Zufluchtsstaats bleibt insoweit zuvörderst die Beschränkung auf das dort zu führende HKÜ-Rückführungsverfahren.[1545]

Aus dem 4. Teil („Moderne Einwirkungen auf die Rückführung nach dem HKÜ") ergeben sich folgende Schlüsse:

(A) Bereits bei Erarbeitung des HKÜ ging man von der Fehlvorstellung aus, dass das Kind in der Regel dem Betreuungselternteil entzogen werde und daher ein Rückführungsautomatismus geschaffen werden müsse, der sicherstelle, dass das Kind und der Betreuungselternteil schnellstmöglich wieder zusammengeführt würden. Die mittlerweile zutage getretene Erkenntnis, dass es in der Regel der Betreuungselternteil selbst ist, der das Kind eigenmächtig außer Landes verbringt, wurde aber nicht etwa zum Anlass genommen, den Rückführungsautomatismus anlässlich der Neuschaffung von Regelungswerken zu überdenken, sondern ihn gar zu verschärfen. Obschon der Rückführungsautomatismus des isoliert geltenden HKÜ an die Grenzen des individuellen Kindeswohls stößt, räumt das Gemeinschaftsrecht mit dem Argument gegenseitigen Vertrauens der EU-Mitgliedstaaten der Rückgabe des Kindes in dessen früheren Aufenthaltsmitgliedstaat eine so große Bedeutung ein, dass dem ersuchten Richter eine unbedingte Rückgabeverweigerung, mithin eine Alles-Oder-Nichts-Entscheidung selbst in Fällen körperlicher oder seelischer Gefährdung des Kindes im Herkunftsstaat nicht ohne weiteres erlaubt ist. Diesen Gefahren ist vielmehr durch dortige Vorkehrungen beizukommen, womit Fragen der Eignung, Erwirkung, Nachhaltigkeit und Rechtssicherheit solcher Maßnahmen verbunden sind. Die Ultima-ratio-Regel des Art. 11 IV EuEheVO in Art. 13 I lit. b HKÜ-Fällen lässt sich entgegen allgemeiner Auffassung eher als Beschränkung der Rechtsprechung im Zielstaat denn als Erweiterung sehen: Schließlich werden vom ersuchten Richter einerseits in einem sehr kurzen zeitlichen Spielraum Ermittlung und Förderung von Vorkehrungen im Ausland erwartet, die aber andererseits Rechtssicherheit und Vollstreckungsfähigkeit vermitteln sollten, damit sich der Richter, der dann die Rückgabe anzuordnen hat, nicht dem Vorwurf ausgesetzt

1545 S. o. 3. Teil. D („Verbleibende Handlungsmöglichkeiten des Zufluchtsstaats") samt dortiger Nachweise.

sieht, willkürlich Zusicherungen des Antragstellers nachgegeben zu haben. Bei näherer Betrachtung zeigen prima facie möglich erscheinende Vorkehrungen inhaltliche Schwächen, die durch eine inzidente Kindeswohlprüfung wie in Fällen von gegenläufigen Hin- und Rückführungen vermeidbar wären, auch um das Kind nicht unnötig im Herkunftsstaat bestehenden Gefahren auszusetzen. Innerstaatlich sollten sich Undertakings darum weiterhin nur über Vereinbarungen rechtfertigen lassen, die in einen richterlichen Beschluss übergegangen sind und die sich spiegelbildlich in einer Anordnung/Order des Gerichts des Herkunftsstaats wiederfinden. Die Vorkehrung sollte hohen Anforderungen an Rechtssicherheit, mithin Rechtskraft, genügen und ihre konkrete Ausgestaltung sollte Zug um Zug formuliert sein. Art. 11 IV EuEheVO analog auf die weiteren HKÜ-Ablehnungsfälle anzuwenden, um auch dort die Rückgabe zu ermöglichen, dürfte mangels Vergleichbarkeit bzw. Übertragbarkeit abzulehnen sein. Scheitert eine Anwendung des Art. 11 IV EuEheVO auf Art. 20 HKÜ daran, dass die Umsetzung von Undertakings in einem (Dritt-)Staat, dessen Rechtsordnung in Frage steht, mit zu großen Risiken und Unwägbarkeiten verbunden wäre, so finden sich in den Fällen der Artt. 12 II und 13 II HKÜ schon keine merklichen Maßnahmen, die die Risiken einer Rückkehr des Kindes auszugleichen vermögen. Durch Art. 11 IV EuEheVO wird nach vorliegender Ansicht also allein im Fall des Art. 13 I lit. b HKÜ die materiellrechtliche Rückgabeanordnung zwischen den Mitgliedstaaten der EU in der Weise modifiziert, dass sie bei Nachweis von angemessenen Vorkehrungen zwingend zu erlassen ist, wohingegen es in Bezug auf die anderen Ablehnungsgründe beim bisherigen System einer in beide Richtungen möglichen Alles-oder-Nichts-Entscheidung verbleibt. Außer Verhältnis zum Kindeswohl dürfte stehen, soweit die Verordnung zwingend eine Rückgabeanordnung dann vorschreibt, wenn im laufenden HKÜ-Verfahren das Gehör des Antragstellers, der sich aber schon im Wege der Antragsstellung hat äußern können, verletzt wurde. Obwohl es die Gefahrensituationen im Herkunftsstaat sind, die für das Kind fühlbar sind, darf die Rückführungsverweigerung nur noch letztes Mittel sein. Soll demgegenüber die für das Kind nicht unmittelbar spürbare Verletzung des antragstellerseitigen Gehörs zur Rückgabe zwingen, hätte die Antragstellerseite sowohl verfahrensrechtlich als auch materiellrechtlich eine gegenüber dem betroffenen Kind deutlich gefestigtere Position.[1546]

1546 S. o. 4. Teil. A („Materiellrechtliche Umgestaltung der Rückgabeanordnung") samt dortiger Nachweise.

(B) Formell-rechtlich erfährt die Position des Kindes im Rückgabeverfahren mit der Normierung einer Anhörungspflicht zwar eine Stärkung, die Auswirkungen auf der materiellen Seite aber stellen sich aufgrund der eingeschränkten Ermittlungs- und Auswahlmöglichkeiten des ersuchten Richters als demgegenüber gering dar. Ein den nötigen Qualitäts- und Verfahrensstandards entsprechender ordentlicher Rechtszug geschweige denn die darauffolgende Vollstreckung ist in den von der EuEheVO gegenüber dem HKÜ verschärft vorgegebenen sechs Wochen in der Praxis erschwert, selbst wenn man davon ausgeht, dass sich die sechs Wochen isoliert auf jede einzelne Instanz auch ohne Einbezug der Vollstreckung beziehen. Außergewöhnliche Umstände, die eine Fristverlängerung rechtfertigen würden, stellen an sich weder die Ermittlung des ausländischen Rechts oder die Kindesanhörung noch das Abwarten vollziehbarer Orders aus dem Ausland dar, da sämtliche als Regelfall normiert keine Außergewöhnlichkeit für sich in Anspruch nehmen können. Jedoch gibt es Fallkonstellationen, die eine immanente materiellrechtliche Prüfung des Kindeswohls auch im HKÜ-Rückgabeverfahren nicht nur rechtfertigen, sondern sogar erfordern, um dem Kind keine unnötigen Hin- und Rückführungen zuzumuten. Um in diesen Situationen den Anforderungen an Ermittlung des ausländischen Rechts und Erwirken von Orders im Ausland sowie an die Kindesanhörung gerecht zu werden, sollte in dem Bedürfnis, ausnahmsweise das Kindeswohl prüfen zu müssen, ein außergewöhnlicher Umstand gesehen werden, der eine Fristverlängerung erlaubt. Angesichts der Fehlvorstellung, auf dem schon das HKÜ beruht und der Verschärfung mit der EuEheVO sollten zum Ausgleich und zur Vermeidung unangemessener Ergebnisse für das konkrete Kindeswohl wenigstens an das Kriterium des außergewöhnlichen Umstandes keine restriktiven Maßstäbe angelegt werden.[1547]

(C) Lehnt schließlich der ersuchte Richter die Rückgabe nach dem HKÜ aufgrund von Artt. 12 II, 13 oder 20 HKÜ ab, ordnet aber das ursprungsstaatliche Gericht eine kollidierende sorgerechtliche Herausgabeentscheidung an, ist im Anwendungsbereich des KSÜ davon auszugehen, dass sich die Rückgabeentscheidung aus dem Herkunftsvertragsstaat gegen die anderslautende HKÜ-Ablehnungsentscheidung soll durchsetzen können, wenn nicht ordre-public-taugliche HKÜ-Ablehnungsgründe entgegenstehen. Das KSÜ geht auf diese Weise einen ausgleichenden Weg zwischen Vertragsstaaten des HKÜ, die sich auch dem KSÜ verpflichtet haben. So wird einerseits den Behörden des Zufluchtsvertragsstaats das gebührende

1547 S. o. 4. Teil. B („Formelle Durchdringung des Rückgabeverfahrens“) samt dortiger Nachweise.

Vertrauen in die Richtigkeit einer Rückgabeentscheidung, sei sie auch ablehnend, entgegengebracht, indem der Anerkennung und Vollstreckung einer anderslautenden Herausgabeentscheidung ggf. Einwände des ordre public entgegengehalten werden können, andererseits können auch die im sorgerechtlichen Verfahren agierenden Behörden im Herkunftsstaat darauf vertrauen, dass ihre Entscheidungen anerkannt und vollstreckt werden, wenn nicht ein vertraglich von beiden Seiten akzeptierter Anerkennungsversagungsgrund vorliegt.[1548] Im Anwendungsbereich des Art. 11 VIII EuEheVO dagegen setzt sich die herkunftsstaatliche Letztentscheidung durch und ihre Vollstreckung erfolgt ohne ein Kontrollsystem unmittelbar. Diese ohnehin normierte Privilegierung der herkunftsstaatlichen Entscheidung erfährt auch noch eine weite Anwendung: Zwar wird normativ an sich Posteriorität der ursprungsstaatlichen Anordnung erwartet, die Rechtskraft der vorausgehenden HKÜ-Rückgabeablehnung muss aber dennoch nicht abgewartet werden. Die sorgerechtliche Herausgabeentscheidung wiederum muss weder im Unterrichtungswege eingeleitet worden sein noch auf einer endgültigen Entscheidung über die elterliche Verantwortung beruhen. Dieser weiten Anwendung des unmittelbaren Vollstreckungssystems steht auch noch ein enges Kontrollsystem gegenüber: Die Kontrollmöglichkeiten beschränken sich auf die Behörden des Herkunftsmitgliedstaats und abgesehen von ihrem innerstaatlichen Instanzenzug für die sorgerechtliche Entscheidung autonom auf eine bloße Kontrolle in Bezug auf offenbare Unrichtigkeiten der nach Art. 42 EuEheVO ausgestellten Bescheinigung. Selbst nachträgliche unvereinbare Entscheidungen dürfen nach der Rechtsprechung des EuGH im Vollstreckungsverfahren nur Berücksichtigung finden, soweit sie aus dem Herkunftsmitgliedstaat stammen. Hinzu kommt eine sehr stark vertretene Auffassung, dieses System auf weitere HKÜ-Ablehnungsgründe analog auszudehnen. Diese Vorrangstellung einer ggf. auf bloß summarischer Prüfung beruhenden Rückgabeanordnung des Gerichts im bisherigen Aufenthaltsmitgliedstaat gegenüber einer auf summarischer Prüfung beruhenden Ablehnungsentscheidung des ersuchten Gerichts verleiht Ersterer mehr Gewicht, obwohl sich beide Entscheidungen auf dem nahezu selben Ermittlungsniveau befinden, und obwohl mit Blick auf Art. 11 IV EuEheVO davon auszugehen ist, dass sich das ersuchte Gericht trotz engster Voraussetzungen zu einer Ultima-ratio-Entscheidung veranlasst gesehen hat. Dieser sachlich nur schwer zu rechtfertigende unbedingte Vorrang der Entscheidung aus dem Herkunftsmitgliedstaat vermittelt den Anschein, als würden die Behörden des Herkunftsmitgliedstaats ein größeres Vertrauen genießen als die

1548 S. o. 4. Teil. C. I („Anerkennungsproblematik im Anwendungsbereich des KSÜ") samt dortiger Nachweise.

des Zufluchtsmitgliedstaats. Demgegenüber sollte aber gerade die vom Gericht des Zufluchtsstaats unter engsten Voraussetzungen (Art. 11 IV EuEheVO und restriktive Verweigerungsgründe) getroffene Rückgabeablehnung stärkeres Gewicht genießen und die Vollstreckungsprivilegierung auf endgültige, fundiert ermittelte Sorgerechtsentscheidungen beschränkt werden. Angesichts der derzeitigen Auffassung des EuGH lässt sich dies von den Fachgerichten im bisherigen Aufenthaltsstaat realisieren, wenn sie den Einschätzungen des ersuchten, sachnahen Richters vorerst Vertrauen schenken und ihrerseits unter Verzicht auf eine eigene vorläufige sorgerechtliche Entscheidung (auf diese Weise bestünde auch keine Gefahr, sich der eigenen Zuständigkeit nach Art. 10 lit. b) Ziff. iv EuEheVO zu begeben) die Angelegenheit als sorgerechtliches Hauptverfahren und ggf. nötige Ermittlungen im Wege der EuBVO führen. Zweifel bestehen, ob der stete Verweis auf das Prinzip des gegenseitigen Vertrauens der Mitgliedstaaten die Vollstreckungsprivilegien auf der Seite des einen Mitgliedstaats und die Kontrolldefizite des anderen Mitgliedstaats zu rechtfertigen vermag. Nicht nur vergrößert der auf gegenseitigem Vertrauen zwischen den Mitgliedstaaten beruhende Exequaturverzicht, mithin der formalisierte Widerrechtlichkeitsbegriff der EuEheVO die Rechtsunterschiede im Verhältnis zu Drittstaaten, es kann auch von einer unzureichenden Berücksichtigung des individuellen Kindeswohls gesprochen werden, deren Vereinbarkeit mit Vorgaben der Kinderrechtekonvention, der GRCh und der EMRK in Zweifel steht: Die Durchsetzung einer vollstreckungsprivilegierten Rückgabeentscheidung unter den vorgenannten Voraussetzungen, mithin ohne Kontrollmöglichkeiten im Vollstreckungsmitgliedstaat und gegen den Willen des Kindes dürfte an die Grenzen des übergeordneten individuellen Kindeswohls stoßen. Ergeben sich im Einzelfall Anhaltspunkte, dass die Rückgabe das seelische oder körperliche Wohl des Kindes gefährden wird, wird eine Anwendung von Art. 11 VIII EuEheVO und des damit verbundenen privilegierten Vollstreckungssystems im Lichte der KRK auszulegen und die Anwendung der Vorschriften nötigenfalls teleologisch zu reduzieren sein. Insbesondere könnte es eines Überdenkens der bislang weiten Auslegung entführungsspezifischer Vorschriften der EuEheVO bedürfen. Bei allgemeinen Wertentscheidungen und im Rahmen der Auslegung von einfachgesetzlichen und unmittelbar geltenden Normen ist daher davon auszugehen, dass das Kindeswohl zu berücksichtigen ist und ggf. Vorrang genießt. Insoweit ermöglicht der Kindeswohl-Vorrang der Charta zwar keine subjektive Geltendmachung, er schlägt aber bei der Auslegung von unmittelbar geltendem Unionsrecht durch und ist somit auch bei der Auslegung entführungsspezifischer Regelungen zu beachten. Mit Blick auf das ursprüngliche Ziel grenzüberschreitender Kindesentführungsregeln, das entführte Kind wieder mit dem Betreuungselternteil zu vereinen, wird in Folge der EGMR-Entscheidungen Neulinger und Shuruk ./. Schweiz sowie Šneersone und Kampanella ./. Italien davon auszugehen sein, dass oberste Priorität das konkrete Kindeswohl hat und daher nach der EMRK die Einzelfallwürdigung Vorrang vor dem Rückführungsautomatismus genießen und entsprechend ein weiter Ermittlungsumfang zu veranschlagen sein sollte. Gerät ein Kind in einen Rückführungsautomatismus, der dessen konkretes Wohl im Individualfall nicht gewährleistet, könnte anderenfalls der grundsätzliche Paradigmenwechsel zum Kind als einem Verfahrenssubjekt eine Schwächung erfahren.[1549]

Aus dem 5. Teil („Moderne Korrelate des innerstaatlichen Familienrechts") ergeben sich folgende Schlüsse:

(A) Mit dem IntFamRVG wurde zumindest für grenzüberschreitende Titel, die auf die Herausgabe einer Person gerichtet sind, die repressive Vollstreckung eingeführt. Begründet wurde die gesetzgeberische Abweichung vom damals noch geltenden § 33 FGG mit internationalen Verpflichtungen und der Erforderlichkeit einer Effektivierung der Vollstreckung, um die spezifischen Nachteile grenzüberschreitender Verfahren auszugleichen. Seit Ersetzung des FGG durch das FamFG am 1.9.2009 wurde das System der repressiven Vollstreckung über Ordnungsmittel auch auf innerstaatliche Titel zur Herausgabe einer Person und zur Regelung des Umgangs übertragen. Damit verbunden sind aber die Gefahren mangelnder Bestimmtheit und der Präjudizierung. Maßstäbe des Strafrechts zum Täterschutz wie etwa in dubio pro reo, hohe Anhörungsmaßstäbe für alle Beteiligten bis hin zum sog. letzten Wort sollten daher auch hier erwogen werden.[1550]

(B) Die familienverfahrensrechtliche Entsprechung des § 154 FamFG könnte ebenfalls eine präjudizierende Wirkung zeitigen und erscheint im Gegensatz zum grenzüberschreitenden Rückgabesystem zu einem innerstaatlichen Zirkelschluss zu führen, da eine Rückführung ohne Prüfung des Kindeswohls innerstaatlich nicht stattfindet. Innerstaatliches Beschleunigungsgebot und verordnete Kooperation bringen im Problemfall unterschiedlicher Kräfteverhältnisse Unsicherheit mit sich, die eigene und des Kindes Positionen ausreichend darlegen zu können, so dass zu fragen ist, ob die Ebene des Wächteramts eher einer Stärkung bedarf.[1551]

1549 S. o. 4. Teil. C. II („Ursprungsstaatliche Letztentscheidungsbefugnis im Anwendungsbereich der EuEheVO") samt dortiger Nachweise.

1550 S. o. 5. Teil. A („Verschärfte Vollstreckung von Herausgabe- und Umgangsrechtstiteln") samt dortiger Nachweise.

1551 S. o. 5. Teil. B („Familienverfahrensrechtliche Entsprechungen") samt dortiger Nachweise.

(C) Mit der Umsetzung internationaler Vorgaben im Bereich nichtehelicher Elternschaft könnte der deutsche Gesetzgeber über das vorgegebene Ziel justiziabler Rechte hinausgehen, wenn er gesetzlich vermutet, dass die gemeinsame Sorge nicht Verheirateter dem Kindeswohl nicht widerspricht. Die grenzüberschreitende Privilegierung des bisherigen Aufenthaltsstaats beruht auf der Annahme, dass dort eine am positiv festgestellten Kindeswohl orientierte Grundsatzentscheidung getroffen wurde, die es gerade rechtfertigt, die summarischen Ermittlungen im Zufluchtsstaat zu ersetzen.[1552]

Abschließend ist darum festzustellen, dass das im Einzelfall betroffene Kind zwischen dem großen Harmonisierungsziel der EU-Verordnung einerseits und ihrer Enge bei den von ihr gebotenen Entscheidungsmöglichkeiten andererseits steht. Die Gerichte haben nur wenige Möglichkeiten, sich aus der Starre der Verordnung zu lösen, um dem einzelnen Kind das individuell Beste zukommen zu lassen.[1553] Zwar dient die Verordnung eindeutig denjenigen Kindern, für die die schnelle Rückführung am besten ist, um ihr Wohl wiederherzustellen. Sind die Bindungen und Loyalitäten des Kindes zum zurückverbliebenen Elternteil dagegen nicht so augenscheinlich, begrenzen die modernen Regelungen zum Entführungsrecht die Möglichkeiten, auf das einzelne Kind und dessen individuelles Wohl einzugehen, in einem bedenklichen Maße, insbesondere wenn die Identifikation mit dem entführenden Elternteil besteht und als Schutz durch diesen wahrgenommen wird und zu interpretieren ist.[1554] Diejenigen Kinder also, für die die Rückkehr in den Herkunftsstaat schädlich sein könnte, sehen sich einem sie nicht ausreichend schützenden, aber dominierenden Regelungswerk ausgesetzt, das ihnen wenig Möglichkeiten offeriert, ihren Einzelfall ausreichender Prüfung zuzuführen bzw. die Prüfung in ein angemessenes Ergebnis zu überführen.

1552 S. o. 5. Teil. C („Einwirkungen auf das Sorgerecht nicht miteinander verheirateter Eltern") samt dortiger Nachweise.

1553 Vgl. schon zum weitaus großzügigeren HKÜ *Klosinski* FPR 2001, 206, 210.

1554 S. *Klosinski* FuR 2000, 408, 412 mit eindrücklichem Fallbeispiel, in dem aus kinderpsychiatrischer Sicht ein Ausnahmetatbestand unter dem Aspekt schwerwiegender Gefahr für das Kind gegeben gewesen sei (Rückführung eines 8jährigen nach Nordamerika nach Verbringung durch die Mutter nach Deutschland). *Bucher* in FS Kropholler, S. 263, 267 mit Fn 14, m. w. N., mahnt schon in Bezug auf das HKÜ an „endlich die Augen zu öffnen vor den schockierenden Auswirkungen des traditionellen Rückkehrschemas der Konvention, wenn es sich um Kinder und Mütter handelt, die der Gewalttätigkeit des Vaters ausgesetzt sind".

Der „Anpassungs- und Modernisierungsdruck“[1555] des europäischen Zivilverfahrensrechts, mithin seine modernen Mechanismen, wie sie zur Harmonisierung des Gemeinschaftsrechts umfänglich seit dem Inkrafttreten des Amsterdamer Vertrags geschaffen werden,[1556] scheint sich auch im Bereich des modernen innerstaatlichen Kindschaftsrechts zu spiegeln: Nicht nur werden die nationalen Gesetzgeber teilweise unmittelbar mit innerstaatlichen Neuregelungen beauftragt, indem die Unvereinbarkeit mit höherrangigem Recht festgestellt wird; auch grenzüberscheitende Verfahrensmechanismen scheinen sich im nationalen Recht wiederzufinden, selbst wenn die Spezifität der Grenzüberschreitung hier nicht besteht. Das moderne Kindschaftsrecht wirft insoweit zwei sich gegenseitig beeinflussende Probleme auf, denen in Hochkonfliktfällen nur schwer beizukommen ist:

Einerseits wird innerstaatlich der Zugang zum formalen Recht über ein Kind sowohl hinsichtlich der anspruchsstellenden Partei erweitert[1557] als auch verfahrenstechnisch beschleunigt und erleichtert. Damit erweitert sich aber andererseits auch das Spektrum der Widerrechtlichkeit einer Aufenthaltsverlegung: Zog die ledige Mutter mit dem Kind ins Ausland, war dies bislang Ausdruck ihrer originären Alleinsorge. Mit der Neuregelung kann auch ein bislang

---

1555 *Hess,* Europäisches Zivilprozessrecht § 1 Rn 7.

1556 *Hess,* Europäisches Zivilprozessrecht § 1 Rn 7 anmerkend, dass das vorbildhafte EuZPR selbst nicht immer frei von handwerklichen Mängeln sei; s. a. *ders.* in GHN Art. 81 AEUV Rn 23 mit Fn 5. Laut *Hellwig* ERA-Forum 2008/1, S. 53, 54 liegt eine ganz wesentliche Schwäche der derzeitigen Rechtssetzung aus der Sicht der Berater und ihrer Mandanten darin, dass das Gemeinschaftsrecht bei der Umsetzung oder der Ausführung auf nationaler Ebene „vergoldet“ werde (nationales „Gold Plating“), indem die nationalen Gesetzgeber und Gerichte über die gemeinschaftsrechtlichen Vorgaben weit hinausgehen würden, z. B. i. R. d. Antidiskriminierungsregelungen im Privatrecht, durch die Kapitalschutzregelungen im Gesellschaftsrecht, und im Berufs- und Gewerberecht durch die Regelungen zur Bekämpfung der Geldwäsche und organisierten Verbrechen, insb. die Identifizierungspflichten und die Verdachtsmeldepflichten. Zu den Fernwirkungen der europäischen Verordnungen auf das innerstaatliche anwendbare Recht s. etwa *Coester-Waltjen* FamRZ 2013, 170 ff. *Streinz* in FS Spellenberg, S. 745, 753 spricht von „Europäisierung“ des nationalen und damit auch des deutschen Rechts.

1557 Erwähnt seien an dieser Stelle neben dem justiziablen gemeinsamen Sorgerecht für ein nichteheliches Kind z. B. auch jüngste Entwicklungen im Hinblick auf ein Sukzessivadoptionsrecht gleichgeschlechtlicher Lebenspartner, s. dazu *Brosius-Gersdorf* FamFR 2013, 169 unter Verweis auf BVerfG NJW 2013, 847; Bamberger/Roth-*Enders* BGB § 1741 Rn 32 und 32.1 auch zur Frage einer gemeinschaftlichen Adoption für die eingetragene Lebenspartnerschaft.

völlig interesseloser Kindesvater im Schnellverfahren die Mitsorge erwerben und gegen den Umzug vorgehen. Nicht nur wurde der Zugang zum Recht und damit die Erfüllung des formalen Widerrechtlichkeitstatbestandes erleichtert und erweitert; gleichzeitig wurde mit der EuEheVO die faktische Kompensation der Widerrechtlichkeit eingeschränkt und formalisiert.[1558] Auf der einen Seite wird also der Zugang zu Sorgerechten erleichtert und ausgedehnt, auf der anderen Seite wird die Möglichkeit, aufgrund formal erworbener Rechtspositionen Handlungen des Betreuungselternteils als rechtswidrig zu ahnden, vergrößert. Die Position des bislang allein sorgeberechtigten bzw. betreuenden Elternteils wird durch die Verzahnung des innerstaatlichen und europäischen Rechts im Bereich des die Widerrechtlichkeit bestimmenden Sorgerechtsstatuts damit doppelt benachteiligt und der Widerrechtlichkeitstatbestand umso mehr zu bejahen sein, obwohl dies seinerzeit vom HKÜ in gegenteiliger Weise bezweckt war. Dass die Entführungszahl bereits gestiegen ist,[1559] ohne dass die innerstaatlichen Werkzeuge solche Entführungen präventiv zu verhindern vermögen, könnte zwei rechtspolitische Schlüsse zulassen: Zum einen, dass die formalen Rechte, um solche Anträge zu stellen, gestiegen sind, obwohl das isolierte HKÜ dies mit dem Kriterium der tatsächlichen Sorgerechtsausübung ursprünglich seinerzeit verhindern wollte, zum anderen dass die nationalen Rechtsordnungen nicht genügend Schutz und Vertrauen zu vermitteln vermögen, um den Entführer von seiner Tat abzuhalten, was Raum böte für weitere Untersuchungen.

Auf der anderen Seite wurden die grenzüberschreitenden Vollstreckungsmechanismen zur Rückgabe des widerrechtlich verbrachten/zurückgehaltenen Kindes gegenüber dem HKÜ noch weiter generalisiert und automatisiert. Einer formalisierten Widerrechtlichkeit folgt somit auch noch eine schärfere Rückführung (ggf. zum bloß formalen Rechteinhaber). *Martiny* stellt nach Darstellung unterschiedlicher nationaler Regelungsmöglichkeiten zur elterlichen Sorge auch unter dem Aspekt moderner unterschiedlichster Variationsmöglichkeiten und teils schwer abgrenzbarer Positionen die Frage: „Ist dann der herkömmliche Mechanismus gegen Kindesentführungen mit seinen scharfen Sanktionen zivilprozessualer und auch strafrechtlicher Art stets angemessen? Auch in anderen Zusammenhängen hat sich gezeigt, dass es unbefriedigend sein kann, sich in Fällen der Kindesentführung und des Zurückhaltens von Kindern allein auf

1558 S. o. 2. Teil. A. IV. 4 („Mangelnde Kompensation zwischen den EU-Mitgliedstaaten").
1559 *Lowe/Stephens* Int. Comp. L. Qu. 46 (2012), S. 41, 48 ff. S. dazu oben „Einführung in das grenzüberschreitende Kindesentführungsrecht".

die Fragen der Rechtmäßigkeit des Verhaltens und der Vollstreckung sowie der Durchsetzung von Rechten im Verfahren zu konzentrieren. Das Bild bleibt unvollständig, wenn der familiäre, wirtschaftliche, kulturelle Hintergrund, auch der der unterschiedlichen Chancen von Frauen und Männern ausgeblendet wird."[1560] Da die eigenmächtige Verbringung häufig durch die das Kind versorgende Mutter erfolgt, stellt erzwungene Rückkehr ins Herkunftsland nach *Finger*[1561] Kindeswohl und individuelle Fallgestaltung zurück, stattdessen Elternschutz deutlich in den Vordergrund. Er hält daher für geboten, über die richtige Gewichtsverteilung und ihre Auswirkungen auf die Abläufe des Verfahrens erneut nachzudenken.

Die mit vorliegender Arbeit aufgezeigten Gefahren, die von den strengen Normen und deren noch strengerer Auslegung für den Minderjährigenschutz ausgehen können, wenn die Gerichte und Behörden nicht äußerste Sorgfalt bei ihrer Anwendung walten lassen, und wenn die gebotenen Mindeststandards nicht eingehalten werden, machen deutlich, dass zur Vermeidung von das Kind belastenden Vollstreckungen dessen Interesse auf der Ebene des Erkenntnisverfahrens gewahrt und gestärkt werden muss. Nur im Wege einer kindeswohlgerechten Ermittlung in einem sorgerechtlichen Verfahren kann ein Ausgleich gegenüber dem verstärkten Rückführungsautomatismus geschaffen werden, indem es zur Anwendung dieser Regelungen erst gar nicht kommen muss. Ein Vertrauen des bisherigen Betreuungselternteils in die Behörden seines und des Kindes Aufenthaltsstaats dahin, dass seine Befürchtungen und Ängste, die mit der aus einer Trennung resultierenden Lebensveränderung einhergehen, von den Behörden in einem merklichen Umfang wahrgenommen werden, vermag dies zu erleichtern. Die innerstaatliche Beantwortung des grenzüberschreitend verschärften Rückführungsautomatismus hingegen mit der Einführung von Schnellverfahren und hohem Einigungsdruck, vermag nicht ausreichend Vertrauen zu vermitteln, sondern könnte sogar über die Vorstellungen des HKÜ und der EuEheVO hinausgehen. Denn beide beruhen auf dem Gedanken der schnellen Rückgabe eines entführten Kindes in seine bislang gewohnten Lebensverhältnisse, um dort die Voraussetzungen für eine endgültige am Kindeswohl orientierte sorgerechtliche Entscheidung zu schaffen. Wird aber dort schließlich ebenso ein Schnellverfahren mit Einigungsdruck durchgeführt, so stellt dies in Frage, warum die summarische Prüfung im HKÜ-Staat demgegenüber nachrangig eingeschätzt und ersetzt wird.

1560 *Martiny* FamRZ 2012, 1765, 1779.
1561 *Finger* FuR 2005, 443.

Einerseits sollte daher das sorgerechtliche Erkenntnisverfahren so gestaltet sein, dass Vertrauen in die ordentliche Gerichtsbarkeit besteht und Fluchtmechanismen vermieden werden, damit daraus resultierende primäre Kindeswohlgefährdungen[1562] verhindert werden. Auf der anderen Seite sollten in Bezug auf bereits stattgefundene Kindesentziehungen in Umkehr der sich zuspitzenden Automatisierung von Rückführungen Entscheidungsalternativen gesucht werden, um sekundäre Kindeswohlgefährdungen[1563] zu reduzieren. Allein der Verweis auf Vorkehrungen vermag dabei im Einzelfall dem wohlverstandenen Interesse des Kindes nicht stets zu genügen. Schutzmaßnahmen im Herkunftsstaat können gegenüber der Möglichkeit, das Kind gar nicht erst in den Staat zurückzubringen, in dem diese Schutzmaßnahmen erforderlich sind, nicht immer überzeugen. Größeres Gewicht sollte bei der Beurteilung des kindschaftsrechtlichen Falls stets dem Kind selbst als Subjekt des Verfahrens beigemessen werden.

Zweifelhaft erscheint, ob die innerstaatliche und grenzüberschreitende Zunahme von Automatismen im Kindschaftsrecht den Maßstäben nun verbindlich[1564] vorgegebener Kinderrechte der KRK und der GRCh gerecht werden. *Salgo* sieht schon im Rahmen der automatischen Weitergeltung der gemeinsamen elterlichen Sorge nach der Ehescheidung ohne Beteiligung des Kindes ein „völliges Übergehen des Kindes", das sowohl gegen Art. 12 KRK als auch gegen die innerstaatlichen Verfassungsmaßstäbe zur Berücksichtigung des Kindeswillens in es betreffenden Verfahren verstoße; diese Grundsätze seien für alle Fälle, in denen die Eltern keine Anträge zur Sorgerechts- bzw. Umgangsregelung stellten, sich aber gleichwohl trennten und scheiden ließen, gegenstandslos, weil kein Verfahren rechtshängig sei, und es handle sich dabei nicht nur um ein schwerwiegendes Defizit des KindRG und anschließend des FamFG, sondern auch um einen

1562 Zu den Begriffen primärer und sekundärer Kindeswohlgefährdung s. *Balloff* FPR 2004, 309, 314; s. o. 4. Teil. A. III. 2 („Vollstreckbarkeit als Rechtssicherheitsmaßstab"). S. zur Lösung über die Ebene des Erkenntnisverfahrens auch *Pape*, S. 107 unter Bezugnahme auf eine diesbezügliche Erwägung von *Schweppe*, Kindesentführungen und Kindesinteressen, S. 98.

1563 Die sekundäre Kindeswohlgefährdung entsteht durch die Mitwirkung im Gerichtsverfahren sowie Maßnahmen des Gerichts und der Vollstreckungsorgane im ersuchten Staat, vgl. *Balloff* FPR 2004, 309, 314 noch zum HKÜ. Erst recht werden mit der EuEheVO das im Herkunftsmitgliedstaat geführte Verfahren und die hieraus resultierende Vollstreckung zuzurechnen sein.

1564 S. dazu oben 4. Teil. C. II. 3. a (Kindeswohl-Vorrang-Gebot der KRK") und b („Kindeswohl-Vorrang-Direktive der GRCh").

Verstoß gegen den völkerrechtlichen Art. 12 KRK.[1565] Entgegen allen modernen Mechanismen könnte sich daher die entgegengesetzte Frage stellen, ob sich die seit dem KindRG automatisch fortgesetzte gemeinsame elterliche Sorge nach der Scheidung gegenüber Art. 12 KRK aufrechterhalten lässt oder auch gegenüber Art. 24 I GRCh, zumindest bei dessen Beachtung immanent im Rahmen eines grenzüberschreitenden (Anerkennungs-)Verfahrens.[1566]

Die modernen Entwicklungen im grenzüberschreitenden Kindesentführungsrecht selbst wie auch im innerstaatlichen familienrechtlichen Denken konnten nicht verhindern, dass die Zahl der Rückführungsgesuche zugenommen hat. Es erscheint daher ein Umdenken geboten, wenn es um kindschaftsrechtliche Verfahren geht: So bedarf das Kind als Subjekt individueller Annahme; fortschreitende familienpolitische Generalisierungen zur Stärkung von Elternrechten bringen dagegen die Gefahr mit sich, das Kind zum Objekt gesetzgeberischer Mechanismen zu machen.

1565 *Salgo* IzKK-Nachrichten 2009 I-25, 26 darauf hinweisend, dass 80–90% der von Scheidungsverfahren betroffenen Kinder weder vom Jugendamt noch vom Gericht gehört worden seien, und auch keinen Ausgleich durch den rechtlich folgenlosen (s. *Musielak/Borth* FamFG § 133 Rn 3) § 133 FamFG sehend.

1566 Diese Frage in Bezug auf Art. 24 GRCh aufwerfend s. *Steindorff-Classen* EuR 2011, 19, 37.

Anhang 1: Übersicht über die räumliche Weite der Entführungszuständigkeiten

Entführungsstaat	**Zielstaat**	**Anzuwendende Vorschriften**			
		Schlichter Aufenthalt in B		**Gewöhnlicher Aufenthalt in B**	
KSÜ-Vertragsstaat A	KSÜ-Vertragsstaat/ Drittstaat B	A: Art. 5 KSÜ		A: Artt. 5 i. V. m. 7 KSÜ	
Entführungsstaat	**Zielstaat**	**Anzuwendende Vorschriften**			
KSÜ-Vertragsstaat A	EU-Mitgliedstaat B	**Schlichter Aufenthalt in B**		**Gewöhnlicher Aufenthalt in B**	
		A: Art. 5 KSÜ		A: Artt. 5 i. V. m. 7 KSÜ	
Entführungsstaat	**Zielstaat**	**Anzuwendende Vorschriften**			
		Schlichter Aufenthalt in B		**Gewöhnlicher Aufenthalt in B**	
EU-Mitgliedstaat A	EU-Mitgliedstaat B	Nach Antragstellung in A	Vor Antragstellung in A	Nach Antragstellung in A	Vor Antragstellung in A
		A: Art. 8 EuEheVO	A: Art. 8 EuEheVO	A: Art. 8 EuEheVO	A: Artt. 8. i. V. m. 10 EuEheVO
Entführungsstaat	**Zielstaat**	**Anzuwendende Vorschriften**			
		Schlichter Aufenthalt in B		**Gewöhnlicher Aufenthalt in B**	
EU-Mitgliedstaat A mit Vertragsbindung	KSÜ-Vertragsstaat B	Nach Antragstellung in A	Vor Antragstellung in A	Nach Antragstellung in A	Vor Antragstellung in A
		A: Art. 8 EuEheVO	A: Art. 8 EuEheVO	A: Artt. 5 i. V. m. 7 KSÜ	A: Artt. 5 i. V. m. 7 KSÜ
EU-Mitgliedstaat A ohne Vertragsbindung		A: Art. 8 EuEheVO	A: Art. 8 EuEheVO	autonomes nationales Recht	autonomes nationales Recht

Entführungsstaat	Zielstaat	Anzuwendende Vorschriften			
		Schlichter Aufenthalt in B		**Gewöhnlicher Aufenthalt in B**	
		Nach Antragstellung in A	Vor Antragstellung in A	Nach Antragstellung in A	Vor Antragstellung in A
EU-Mitgliedstaat A	Drittstaat B	A: Art. 8 EuEheVO	A: Art. 8 EuEheVO	Art. 14 EuEheVO i. V. m. autonomem nationalem Recht (§ 99 FamFG)	Art. 14 EuEheVO i. V. m. autonomem nationalem Recht (§ 99 FamFG)

Entführungsstaat	Zielstaat	Anzuwendende Vorschriften	
		Schlichter Aufenthalt in B	**Gewöhnlicher Aufenthalt in B**
Drittstaat A	Mitgliedstaat B	A: autonomes nationales Recht	B: Art. 8 I EuEheVO
	KSÜ-Vertragsstaat B	A: autonomes nationales Recht	B: Art. 5 KSÜ

Anhang 2: Beitrittstabelle

Vertragsparteien/ Mitgliedstaaten	Inkrafttreten des MSA[1567]	Inkrafttreten des HKÜ[1568]	Inkrafttreten des KSÜ[1569]	Inkrafttreten des EuSorgeRÜ[1570]	Geltung der EuEheVO[1571]
Albanien		1.8.2007/1.10.2007	1.4.2007		
Andorra		1.7.2011/1.9.2011		1.7.2011	
Argentinien		1.6.1991			
Armenien		1.6.2007/1.10.2009	1.5.2008		
Australien		1.1.1987	1.8.2003		
Bahamas		1.1.1994/1.5.1994			
Belarus		1.4.1998/1.2.1999			
Belgien		1.5.1999		1.2.1986	1.3.2005
Belize		1.9.1989/1.12.1990			

1567 Vgl. BGBl. II Fundstellennachweis B, abgeschlossen am 31.12.2012, S. 550; HCCH, http://www.hcch.net/index_de.php?act=conventions.status&cid=39 (letzter Zugriff: 6.10.2013). Das Datum hinter einem Schrägstrich bezeichnet das Inkrafttreten im Verhältnis zu Deutschland bei einem dem Annahmeverfahren unterworfenen Beitritt.

1568 Vgl. BGBl. II Fundstellennachweis B, abgeschlossen am 31.12.2012, S. 754 f.; HCCH, http://www.hcch.net/index_de.php?act=conventions.status&cid=24 (letzter Zugriff: 6.10.2013). Das Datum hinter einem Schrägstrich bezeichnet das Inkrafttreten im Verhältnis zu Deutschland bei einem dem Annahmeverfahren unterworfenen Beitritt.

1569 Vgl. BGBl. II Fundstellennachweis B, abgeschlossen am 31.12.2012, S. 863; HCCH, http://www.hcch.net/index_de.php?act=conventions.status&cid=70 (letzter Zugriff: 6.10.2013).

1570 Vgl. BGBl. II Fundstellennachweis B, abgeschlossen am 31.12.2012, S. 745; Europarat – Vertragsbüro auf http://conventions.coe.int/Treaty/Commun/ChercheSig.asp?CL=GER&CM=&NT=105&DF=31/05/2013&VL (letzter Zugriff: 6.10.2013).

1571 Vgl. Leitfaden der Kommission, S. 6; *Jayme/Hausmann* Nr. 162 Anm. 1.

Vertragsparteien/ Mitgliedstaaten	Inkrafttreten des MSA	Inkrafttreten des HKÜ	Inkrafttreten des KSÜ	Inkrafttreten des EuSorgeRÜ	Geltung der EuEheVO
Bosnien und Herzegowina		6.3.1992[1572]			
Brasilien		1.1.2000/1.5.2002			
Bulgarien		1.8.2003/1.12.2004	1.2.2007	1.10.2003	1.1.2007[1573]
Burkina Faso		1.8.1992/1.1.1993			
Chile		1.5.1994/1.6.1995			
China	–[1574]	–[1575]			
Costa Rica		1.2.1999/1.12.2007			
Dänemark		1.7.1991	1.10.2011	1.8.1991	–
Deutschland	17.9.1971	1.12.1990	1.1.2011	1.2.1991	1.3.2005
Dominikanische Republik		1.11.2004/1.4.2008	1.10.2010		

1572 Staatennachfolge; Geltung für die ehemalige Sozialistischen Föderative Republik Jugoslawien m. W. v. 1.12.1991, vgl. HCCH, http://www.hcch.net/index_de.php?act=status.comment&csid=605&disp=type (letzter Zugriff: 6.10.2013).

1573 Wegen des dortigen Zustandes der Justiz wird erwogen, die justizielle Zusammenarbeit vorerst auszusetzen, vgl. Thomas/Putzo-*Hüßtege* Vorbem Art. 1 EuEheVO Rn 2.

1574 Die Geltung für Portugal seit 4.2.1969 wird für die Sonderverwaltungszone Macau m. W. v. 20.12.1999 fortgesetzt, vgl. BGBl. II Fundstellennachweis B, abgeschlossen am 31.12.2012, S. 550, sowie die Notifikation der HCCH, http://www.hcch.net/index_en.php?act=status.comment&csid=922&disp=resdn (letzter Zugriff: 6.10.2013).

1575 Anwendung auf die Sonderverwaltungsregion Hongkong m. W. v. 1.7.1997 und auf die Sonderverwaltungsregion Macau m. W. v. 20.12.1999, vgl. BGBl. II Fundstellennachweis B, abgeschlossen am 31.12.2012, S. 754 f.; s. a. HCCH, http://www.hcch.net/index_de.php?act=status.comment&csid=918&disp=type (letzter Zugriff: 6.10.2013).

Vertragsparteien/ Mitgliedstaaten	Inkrafttreten des MSA	Inkrafttreten des HKÜ	Inkrafttreten des KSÜ	Inkrafttreten des EuSorgeRÜ	Geltung der EuEheVO
Ecuador		1.4.1992/1.9.1992	1.9.2003		
El Salvador		1.5.2001/1.11.2002			
Estland		1.7.2001/1.12.2001	1.6.2003	1.9.2001	1.3.2005
Fidschi		1.6.1999/1.4.2008			
Finnland		1.8.1994	1.3.2011	1.8.1994	1.3.2005
Frankreich	10.11.1972	1.12.1983	1.2.2011	1.9.1983	1.3.2005
Gabun		1.3.2011/–[1576]			
Georgien		1.10.1997/1.3.1998			
Griechenland		1.6.1993	1.6.2012	1.7.1993	1.3.2005
Guatemala		1.5.2002/1.1.2003			
Guinea		1.2.2012/–[1577]			
Honduras		1.3.1994/1.8.1994			
Irland		1.10.1991	1.1.2011	1.10.1991	1.3.2005
Island		1.11.1996/1.4.1997		1.11.1996	
Israel		1.12.1991			
Italien	23.4.1995	1.5.1995		1.6.1995	1.3.2005
Kanada		1.12.1983			
Kasachstan		1.9.2013			
Kolumbien		1.3.1996/1.11.1996			

1576 Bislang nicht angenommen, s. HCCH, http://www.hcch.net/index_de.php?act=status.accept&mid=1093 (letzter Zugriff: 6.10.2013).
1577 Bislang nicht angenommen, s. HCCH, http://www.hcch.net/index_de.php?act=status.accept&mid=1123 (letzter Zugriff: 6.10.2013).

Vertragsparteien/ Mitgliedstaaten	Inkrafttreten des MSA	Inkrafttreten des HKÜ	Inkrafttreten des KSÜ	Inkrafttreten des EuSorgeRÜ	Geltung der EuEheVO
Korea, Republik		1.3.2013			
Kroatien		1.12.1991[1578]	1.1.2010		1.7.2013[1579]
Lesotho		1.9.2012/–[1580]	1.6.2013		
Lettland	25.3.2001/ 11.9.2001	1.2.2002/1.11.2002	1.4.2003	1.8.2002	1.3.2005
Liechtenstein				1.8.1997	
Litauen	22.12.2001/ 8.3.2002	1.9.2002/1.12.2004	1.9.2004	1.5.2003	1.3.2005
Luxemburg	4.2.1969	1.1.1987	1.12.2010	1.9.1983	1.3.2005
Malta		1.1.2000/1.11.2002	1.1.2012	1.2.2000	1.3.2005
Marokko		1.6.2010/1.10.2010	1.12.2002		
Mauritius		1.6.1993/1.12.1993			
Mazedonien, ehemalige jugoslawische Republik		1.12.1991/ 1.12.2007[1581]		1.3.2003	

1578 Staatennachfolge; Geltung für die ehemalige Sozialistische Föderative Republik Jugoslawien m. W. v. 1.12.1991, vgl. HCCH, http://www.hcch.net/index_de.php?act=status.comment&csid=612&disp=type (letzter Zugriff: 6.10.2013) sowie BGBl. II Fundstellennachweis B, abgeschlossen am 31.12.2012, S. 754.

1579 Zur Anwendung der EuEheVO ab dem Beitrittsdatum 1.7.2013 s. den Leitfaden des OLG Dresden, S. 18 ff., http://www.justiz.sachsen.de/olg/download/Leitfaden_Scheidung.pdf (letzter Zugriff: 7.10.2013).

1580 Bislang nicht angenommen, s. HCCH, http://www.hcch.net/index_de.php?act=status.accept&mid=1144 (letzter Zugriff: 6.10.2013).

1581 Staatennachfolge; Geltung für die ehemalige Sozialistische Föderative Republik Jugoslawien m. W. v. 1.12.1991, vgl. HCCH, http://www.hcch.net/index_de.php?act=status.comment&csid=618&disp=type (letzter Zugriff: 6.10.2013) sowie BGBl. II Fundstellennachweis B, abgeschlossen am 31.12.2012, S. 754 f.

Vertragsparteien/ Mitgliedstaaten	Inkrafttreten des MSA	Inkrafttreten des HKÜ	Inkrafttreten des KSÜ	Inkrafttreten des EuSorgeRÜ	Geltung der EuEheVO
Mexiko		1.9.1991/1.2.1992			
Moldau, Republik		1.7.1998/1.5.2000		1.5.2004	
Monaco		1.2.1993/1.7.1993	1.1.2002		
Montenegro		3.6.2006[1582]	1.1.2013	6.6.2006	
Neuseeland		1.8.1991/1.2.1992			
Nicaragua		1.3.2001/1.9.2007			
Niederlande	18.9.1971[1583]	1.9.1990	1.5.2011	1.9.1990	1.3.2005
Norwegen		1.4.1989		1.5.1989	
Österreich	11.5.1975	1.10.1988	1.4.2011	1.8.1985	1.3.2005
Panama		1.5.1994/1.6.1995			
Paraguay		1.8.1998/1.12.2001			
Peru		1.8.2001/1.9.2007			
Polen	25.7.1993/ 13.11.1993	1.11.1992/1.2.1993	1.11.2010	1.3.1996	1.3.2005
Portugal	4.2.1969[1584]	1.12.1983	1.8.2011	1.9.1983	1.3.2005

1582 Staatennachfolge; Geltung für die ehemalige Sozialistische Föderative Republik Jugoslawien m. W. v. 1.12.1991, vgl. HCCH, http://www.hcch.net/index_de.php?act=status.comment&csid=1001&disp=type (letzter Zugriff: 6.10.2013) sowie BGBl. II Fundstellennachweis B, abgeschlossen am 31.12.2012, S. 754 f.

1583 Zur räumlichen Erstreckung s. HCCH, http://www.hcch.net/index_de.php?act=conventions.childstatus&cid=39&mid=261 (letzter Zugriff: 14.7.2013).

1584 Ab 20.12.1999 keine Anwendung mehr auf Macau, s. BGBl. II Fundstellennachweis B, abgeschlossen am 31.12.2012, S. 550.

Vertragsparteien/ Mitgliedstaaten	Inkrafttreten des MSA	Inkrafttreten des HKÜ	Inkrafttreten des KSÜ	Inkrafttreten des EuSorgeRÜ	Geltung der EuEheVO
Rumänien		1.2.1993/1.7.1993	1.1.2011	1.9.2004	1.1.2007[1585]
Russische Föderation		1.10.2011/–[1586]	1.6.2013		
San Marino		1.3.2007/1.9.2007			
Schweden		1.6.1989	1.1.2013	1.7.1989	1.3.2005
Schweiz	4.2.1969	1.1.1984	1.7.2009	1.1.1984	
Serbien		27.4.1992[1587]		1.5.2002	
Seychellen		1.8.2008/1.4.2009			
Simbabwe		1.7.1995/1.2.1997			
Singapur		1.3.2011/1.6.2011			
Slowakische Republik		1.2.2001	1.1.2002	1.9.2001	1.3.2005
Slowenien		1.6.1994/1.6.1995	1.2.2005		1.3.2005
Spanien	21.7.1987	1.9.1987	1.1.2011	1.9.1984	1.3.2005
Sri Lanka		1.12.2001/1.1.2003			
St. Kitts und Nevis		1.8.1994/1.5.1995			
Südafrika		1.10.1997/1.2.1998			

1585 Wegen des dortigen Zustandes der Justiz wird erwogen, die justizielle Zusammenarbeit vorerst auszusetzen, vgl. Thomas/Putzo-*Hüßtege* Vorbem Art. 1 EuEheVO Rn 2.

1586 Bislang nicht angenommen, s. HCCH, http://www.hcch.net/index_de.php?act=status.accept&mid=1112 (letzter Zugriff: 6.10.2013).

1587 Staatennachfolge; Geltung für die ehemalige Sozialistische Föderative Republik Jugoslawien m. W. v. 1.12.1991, vgl. HCCH, http://www.hcch.net/index_de.php?act=status.comment&csid=642&disp=type (letzter Zugriff: 6.10.2013) sowie BGBl. II Fundstellennachweis B, abgeschlossen am 31.12.2012, S. 754 f.

Vertragsparteien/ Mitgliedstaaten	Inkrafttreten des MSA	Inkrafttreten des HKÜ	Inkrafttreten des KSÜ	Inkrafttreten des EuSorgeRÜ	Geltung der EuEheVO
Thailand		1.11.2002/1.6.2007			
Trinidad und Tobago		1.9.2000/1.9.2007			
Tschechische Republik		1.3.1998	1.1.2002	1.7.2000	1.3.2005
Türkei	24.10.1983/ 16.4.1984	1.8.2000		1.6.2000	
Turkmenistan		1.3.1998/1.8.1998			
Ukraine		1.9.2006/1.1.2008	1.2.2008	1.11.2008	
Ungarn		1.7.1986/1.12.1990	1.5.2006	1.6.2004	1.3.2005
Uruguay		1.2.2000/1.10.2001	1.3.2010		
Usbekistan		1.8.1999/1.10.2009			
Venezuela		1.1.1997			
Vereinigte Staaten		1.7.1988			
Vereinigtes Königreich		1.8.1986	1.11.2012	1.8.1986	1.3.2005
Zypern		1.2.1995/1.5.1995	1.11.2010	1.10.1986	1.3.2005

Literaturverzeichnis

Andrae, Marianne, Internationales Familienrecht, 2. Aufl., Baden-Baden 2006 (zit.: *Andrae,* Internationales Familienrecht[2]).

Andrae, Marianne, Internationales Familienrecht, 3. Aufl., Baden-Baden 2014 (zit.: *Andrae,* Internationales Familienrecht[3]).

Andrae, Marianne, Zur Abgrenzung des räumlichen Anwendungsbereichs von EheVO, MSA, KSÜ und autonomem IZPR/IPR, in: IPRax 2006, 82–89 (zit.: *Andrae* IPRax 2006, 82).

Bach, Albert, Das Haager Kindesentführungsübereinkommen in der Praxis, in: FamRZ 1997, 1051–1059 (zit.: *Bach* FamRZ 1997, 1051).

Bach, Albert/Gildenast, Birgit, Internationale Kindesentführung. Das Haager Kindesentführungsübereinkommen und das Europäische Sorgerechtsübereinkommen, Bielefeld 1999 (zit: *Bach/Gildenast*).

Baer, Ingrid/Marx, Ansgar, Das Europäische Übereinkommen über die Ausübung von Kinderrechten – Innovationsschub für den familienrechtlichen Prozeß? –, in: FamRZ 1997, 1185–1187 (zit.: *Baer/Marx* FamRZ 1997, 1185).

Baetge, Dietmar, Der gewöhnliche Aufenthalt im Internationalen Privatrecht, Tübingen 1994 (zit.: *Baetge,* Der gewöhnliche Aufenthalt im IPR).

Baetge, Dietmar, Haager Kindesentführungsübereinkommen – Sorgerechtsverletzung und Widerrechtlichkeit der Entführung, in: IPRax 2000, 146–148 (zit.: *Baetge* IPRax 2000, 146).

Baetge, Dietmar, Haager Kindesentführungsübereinkommen – Versagung der Rückgabe wegen schwerwiegender Gefahren für das Kind, in: IPRax 1996, 62–64 (zit.: *Baetge* IPRax 1996, 62).

Baetge, Dietmar, Kontinuierliche, mehrfacher oder alternierender gewöhnlicher Aufenthalt bei Kindesentführungen, in: IPRax 2005, 335–337 (zit.: *Baetge* IPRax 2005, 335).

Baetge, Dietmar, Zwischen Rom und Los Angeles – Zur Ermittlung des gewöhnlichen Aufenthalts von Kleinkindern bei Kindesentführungen, in: IPRax 2006, 313–315 (zit.: *Baetge* IPRax 2006, 313).

Balloff, Rainer, Der Kindeswohlgefährdungsbegriff bei internationalen Rückführungsfällen in HKÜ-Verfahren aus rechtspsychologischer Sicht, in: FPR 2004, 309–315 (zit.: *Balloff* FPR 2004, 309).

Bamberger, Heinz Georg/Roth, Herbert (Hrsg.), Kommentar zum Bürgerlichen Gesetzbuch. Band 3. §§ 1297–2385. Rom I-VO. Rom II-VO. EGBGB, 3. Aufl. München 2012 (zit.: Bamberger/Roth-*Bearbeiter*).

Bar, Christian von, Die eherechtlichen Konventionen der Haager Konferenz(en), in: RabelsZ 57 (1993) S. 63–123 (zit.: *v. Bar* RabelsZ 57 (1993) 63).

Bauer, Frank, Neues internationales Verfahrensrecht im Licht der Kindesentführungsfälle, in: IPRax 2002, 179–186 (zit.: *Bauer* IPRax 2002, 179).

Baumbach, Adolf/Lauterbach, Wolfgang/Albers, Jan/Hartmann, Peter, Zivilprozessordnung mit FamFG, GVG und anderen Nebengesetzen, 71. Aufl., München 2013 (zit.: *Baumbach/Lauterbach/Albers/Hartmann*[71]).

Baumbach, Adolf/Lauterbach, Wolfgang/Albers, Jan/Hartmann, Peter, Zivilprozessordnung mit FamFG, GVG und anderen Nebengesetzen. Ergänzungsband (Fassung der familienverfahrensrechtlichen Vorschriften der ZPO und des GVG vor der FGG-Reform 2009), 68. Aufl., München 2010 (zit.: *Baumbach/Lauterbach/Albers/Hartmann*[68]-ErgBd).

Beaumont, Paul R./McEleavy, Peter E., The Hague Convention on International Child Abduction, Oxford 1999 (zit.: *Beaumont/McEleavy*).

Beck-Rechtsprechung, http://beck-online.beck.de/default.aspx?pubtyp=recht sprechung (letzter Zugriff: 7.10.2013) (zit.: BeckRS).

Benicke, Christoph, Haager Kinderschutzübereinkommen, in: IPRax 2013, 44–54 (zit.: *Benicke* IPRax 2013, 44).

Bißmaier, Volker, Vollstreckung eines nach dem HKiEntÜ ergangenen Beschlusses. JurisPR-FamR 2/2009 Anm. 6, in: jurisPR extra 3/2009, S. 58 (zit.: juris-PR-FamR 2/2009 Anm. 6, *Bißmaier*, S. 58).

Boelck, Stefanie, Reformüberlegungen zum Haager Minderjährigenschutzabkommen von 1961, Tübingen 1994 (zit.: *Boelck*).

Born, Winfried, Gemeinsames Sorgerecht: Ende der „modernen Zeiten"? Besprechung von BGH, Urteil v. 29.9.1999 - XII ZB 3/99 -, FamRZ 1999, 1646, in: FamRZ 2000, 396–399 (zit.: *Born* FamRZ 2000, 396).

Born, Winfried, Umzug ins Ausland bei Umgangsrecht des anderen Elternteils - geht das?, in: FamFR 2009, 129–132 (zit.: *Born* FamFR 2009, 129).

Borrás, Alegría, Erläuternder Bericht zu dem Übereinkommen aufgrund von Artikel K.3 des Vertrags über die Europäische Union über die Zuständigkeit und die Anerkennung und Vollstreckung von Entscheidungen in Ehesachen, in: ABl. (EG) Nr. C 221 v. 16.7.1998, S. 27–64 (zit.: *Borrás*-Bericht).

Brosius-Gersdorf, Frauke, Gleichstellung von Ehe und Lebenspartnerschaft, in: FamFR 2013, 169–172 (zit.: *Brosius-Gersdorf* FamFR 2013, 169).

Bruch, Carol S., Das Haager Kindesentführungsübereinkommen: Erreichte Fortschritte, künftige Herausforderungen, in: DEuFamR 1999, 40–45 (zit.: *Bruch* DEuFamR 1999, 40).

Bucher, Andreas, Das Kindeswohl im Haager Entführungsabkommen, in: Baetge, Dietmar/Hein, Jan von/Hinden, Michael von (Hrsg.), Die richtige Ordnung. Festschrift für Jan Kropholler zum 70. Geburtstag, Tübingen 2008, S. 263–279 (zit.: *Bucher* in FS Kropholler, S. 263).

Büren, Isabelle, Das auf die Regelung der elterlichen Sorge anzuwendende Recht. Zum Zusammenspiel zwischen der EheVO II und dem Haager Minderjährigenschutzabkommen von 1961 (MSA) bzw. dem Haager Kindschaftsübereinkommen von 1996 (KSÜ), Hamburg 2010 (zit.: *Büren*).

Büte, Dieter, Die Entwicklung der Rechtsprechung zur elterlichen Sorge und zum Umgangsrecht in den Jahren 2008–2010, in: FuR 2011, 421–431 (zit.: *Büte* FuR 2011, 421).

Büttner, Helmut, Änderungen im Familienverfahrensrecht durch das Kindschaftsrechtsreformgesetz, in: FamRZ 1998, 585–594 (zit.: *Büttner* FamRZ 1998, 585).

Bundesministerium der Justiz (Hrsg.), BGBl. 2013 II. Fundstellennachweis B. Völkerrechtliche Vereinbarungen. Verträge zur Vorbereitung und Herstellung der Einheit Deutschlands. Abgeschlossen am 31. Dezember 2012 (zit.: BGBl. II Fundstellennachweis B, abgeschlossen am 31.12.2012).

Bundesrechtsanwaltskammer, Stellungnahme zum Diskussionsentwurf eines Gesetzes zur Änderung des Sorgerechtsübereinkommens-Ausführungsgesetzes und zur Änderung des Anerkennungs- und Vollstreckungsausführungsgesetzes, in: FuR 2004, 449–451 (zit.: BRAK FuR 2004, 449).

Bundesregierung, Entwurf eines Gesetzes zu dem Haager Übereinkommen vom 25. Oktober 1980 über die zivilrechtlichen Aspekte internationaler Kindesentführung und zu dem Europäischen Übereinkommen vom 20. Mai 1980 über die Anerkennung und Vollstreckung von Entscheidungen über das Sorgerecht für Kinder und die Wiederherstellung des Sorgeverhältnisses, BT-Drucks. 11/5314 vom 4.10.1989, http://dipbt.bundestag.de/doc/btd/11/053/1105314.pdf (letzter Zugriff: 13.7.2013) (zit.: Denkschrift des Regierungsentwurfs, BT-Drucks. 11/5314 v. 4.10.1989).

Bundesregierung, Entwurf eines Gesetzes zum internationalen Familienrecht, BR-Drucks. 607/04 vom 13.8.2004, http://dipbt.bundestag.de/doc/brd/2004/

0607-04.pdf (letzter Zugriff: 13.7.2013) (zit.: Regierungsentwurf eines Gesetzes zum internationalen Familienrecht, BR-Drucks. 607/04 v. 13.8.2004).

Bundesregierung, Entwurf eines Gesetzes zur Reform der elterlichen Sorge nicht miteinander verheirateter Eltern, BT-Drucks. 17/11048 vom 17.10.2012, http://dipbt.bundestag.de/dip21/btd/17/110/1711048.pdf (letzter Zugriff: 22.7.2013) (zit.: Regierungsentwurf eines Gesetzes zur Reform der elterlichen Sorge nicht miteinander verheirateter Eltern, BT-Drucks. 17/11048 v. 17.10.2012).

Busch, Michael, Schutzmaßnahmen für Kinder und der Begriff der „elterlichen Verantwortung" im internationalen und europäischen Recht – Anmerkungen zur Ausweitung der Brüssel II-Verordnung, in: IPRax 2003, 218–222 (zit.: *Busch* IPRax 2003, 218).

Busch, Michael/Rölke, Ursula, Europäisches Kinderschutzrecht mit offenen Fragen – Die neue EU-Verordnung Brüssel IIa zur elterlichen Verantwortung aus der Sicht der Jugendhilfe –, in: FamRZ 2004, 1338–1341 (zit.: *Busch/Rölke* FamRZ 2004, 1338).

Carl, Eberhard, Möglichkeiten der Verringerung von Konflikten in HKÜ-Verfahren, in: FPR 2001, 211–215 (zit.: *Carl* FPR 2001, 211).

Carl, Eberhard/Erb-Klünemann, Martina, Die Einbeziehung von Mediation in das gerichtliche Verfahren, in: Paul, Christoph C./Kiesewetter, Sybille (Hrsg.), Mediation bei internationalen Kindschaftskonflikten. Rechtliche Grundlagen. Interkulturelle Aspekte. Handwerkszeug für Mediatoren. Einbindung ins gerichtliche Verfahren/Muster und Arbeitshilfen, München 2009, S. 53–70 (zit.: *Carl/Erb-Klünemann* in Mediation bei internationalen Kindschaftskonflikten, S. 53).

Carl, Eberhard/Eschweiler, Peter, Kindesanhörung – Chancen und Risiken, in: NJW 2005, 1681–1686 (zit.: *Carl/Eschweiler* NJW 2005, 1681).

Caspary, Esther, Strafrechtliche Aspekte der Kindesentführung, in: FPR 2001, 215–217 (zit.: *Caspary* FPR 2001, 215).

Coester, Michael, Sorgerecht nicht miteinander verheirateter Eltern, in: FamRZ 2012, 1337–1344 (zit.: *Coester* FamRZ 2012, 1337).

Coester-Waltjen, Dagmar, „Brüssel II" und das „Haager Kindesentführungsübereinkommen", in: Rauscher, Thomas/Mansel, Heinz-Peter (Hrsg.), Festschrift für Werner Lorenz zum 80. Geburtstag, München 2001, S. 305–314 (zit.: *Coester-Waltjen* in FS Lorenz, S. 305).

Coester-Waltjen, Dagmar, Die Anerkennung gerichtlicher Entscheidungen in den Haager Übereinkommen, in: RabelsZ 57 (1993) S. 263–302 (Coester-Waltjen RabelsZ 57 (1993) 263).

Coester-Waltjen, Dagmar, Die Berücksichtigung der Kindesinteressen in der neuen EU-Verordnung „Brüssel IIa", in: FamRZ 2005, 241–248 (zit.: *Coester-Waltjen* FamRZ 2005, 241).

Coester-Waltjen, Dagmar, Fernwirkungen der Europäischen Verordnungen auf die international-familienrechtlichen Regelungen des EGBGB, in FamRZ 2013, 170–177 (zit.: *Coester-Waltjen* FamRZ 2013, 170).

Coester-Waltjen, Dagmar, Multa non multum im internationalen Familienverfahrensrecht, in: Schütze, Rolf A. (Hrsg.), Einheit und Vielfalt des Rechts. Festschrift für Reinhold Geimer zum 65. Geburtstag, München 2002, S. 139–157 (zit.: *Coester-Waltjen* in FS Geimer, S. 139).

Cremer, Hendrik, Die UN-Kinderrechtskonvention. Geltung und Anwendbarkeit in Deutschland nach der Rücknahme der Vorbehalte, Berlin 2011 (zit.: *Cremer*, Die UN-Kinderrechtskonvention).

Cremer, Hendrik, Kinderrechte und der Vorrang des Kindeswohls. Die UN-Kinderrechtskonvention bietet ein weites Anwendungsfeld, in: AnwBl 2012, 327–329 (zit.: *Cremer* AnwBl 2012, 327).

Dauner-Lieb, Barbara/Heidel, Thomas, Ring, Gerhard (Gesamthrsg.), Anwaltkommentar. DeutscherAnwaltVerein BGB, Heidel, Thomas/Hüßtege, Rainer/Mansel, Heinz-Peter/Noack, Ulrich (Hrsg.) Band 1: Allgemeiner Teil mit EGBGB, Bonn 2005 (zit.: AnwK-BGB/*Bearbeiter*).

Dauner-Lieb, Barbara/Heidel, Thomas/Ring, Gerhard (Gesamthrsg.), Nomos-Kommentar BGB, Heidel, Thomas/Hüßtege, Rainer/Mansel, Heinz-Peter, Noack, Ulrich in Verbindung mit dem Deutschen Anwaltverein (Hrsg.), Allgemeiner Teil. EGBGB. Band 1, 2. Aufl., Baden-Baden 2012 (zit.: NK-BGB/*Bearbeiter*).

Deligöz, Ekin, Zusammenfassung der Ergebnisse des Forums 3 „Koordination der innenpolitischen Akteure und staatlichen Stellen in Fällen der Kindesentziehung", 4.12.2009 im Auswärtigen Amt, http://www.auswaertiges-amt.de/DE/Aussenpolitik/InternatRecht/Aktuell/091022-SymposiumKindesentziehung_node.html sowie http://www.auswaertiges-amt.de/cae/servlet/contentblob/383442/publicationFile/4328/Conclusions3.pdf (jeweils letzter Zugriff: 13.7.2013) (zit.: *Deligöz*).

Denkschrift zu den Übereinkommen, in: Bundesregierung, Gesetzesentwurf vom 4.10.1989, BT-Drucksache 11/5314, S. 35–37 (zit.: Denkschrift zu den Übereinkommen des Gesetzesentwurfs der Bundesregierung v. 4.10.1989, BT-Drucks. 11/5314).

Dethloff, Nina/Maschwitz, Alexandra, Kinderrechte in Europa – wo stehen wir?, in: FPR 2012, 190–194 (zit.: *Dethloff/Maschwitz* FPR 2012, 190).

Deutscher Bundestag, PuK 1 – Referat Presse – Rundfunk – Fernsehen (Hrsg.), Die Kinderkommission des Deutschen Bundestages zum internationalen Tag des vermissten Kindes am 25. Mai 2009. Pressemitteilung v. 22.5.2009, http://www.pressrelations.de/new/standard/result_main.cfm?r=368875&sid=&aktion=jour_pm&print=1&pdf=1 (letzter Zugriff: 13.7.2013) (zit.: Deutscher Bundestag).

Dierck, Ralf/Morvilius, Theodor/Vollkommer, Gregor (Hrsg.), Handbuch des Zwangsvollstreckungsrechts, München 2009 (zit.: Dierck/Morvilius/Vollkommer-*Bearbeiter*).

Diercks, Kerstin, Ist bei der Herausgabevollstreckung Gewalt gegen Kinder zulässig?, in: FamRZ 1994, 1226–1230 (zit.: *Diercks* FamRZ 1994, 1227).

Dilger, Jörg, Die Regelungen zur internationalen Zuständigkeit in Ehesachen in der Verordnung (EG) Nr. 2201/2003. Vergemeinschaftung, Anwendungsbereich und insbesondere die Anknüpfung an die Staatsangehörigkeit, Tübingen 2004 (zit.: *Dilger*).

Dölling, Dieter/Duttge, Gunnar/Rössner, Dieter (Hrsg.), Gesamtes Strafrecht. StGB. StPO. Nebengesetze. Handkommentar, 3. Aufl., Baden-Baden 2013 (zit.: HK-GS/*Bearbeiter*).

Dötsch, Julia, Internationale Kindesentführung, in: NJW-Spezial 2008, 100–101 (zit.: *Dötsch,* NJW-Spezial 2008, 100).

Dornblüth, Susanne, Die europäische Regelung der Anerkennung und Vollstreckbarerklärung von Ehe- und Kindschaftsentscheidungen, Tübingen 2003 (zit.: *Dornblüth*).

Doucet, Michael (Begr.)/Fleck, Klaus, E., Wörterbuch der Rechts- und Wirtschaftssprache. Teil I Französisch – Deutsch, 6. Aufl., München 2009 (zit.: *Doucet/Fleck* I).

Drappatz, Thomas, Die Überführung des internationalen Zivilverfahrensrechts in eine Gemeinschaftskompetenz nach Art. 65 EGV, Tübingen 2002 (zit.: *Drappatz*).

Dutta Anatol, Europäische Zuständigkeiten mit Kindeswohlvorbehalt, in: Baetge, Dietmar/Hein, Jan von/Hinden, Michael von (Hrsg.), Die richtige Ordnung. Festschrift für Jan Kropholler zum 70. Geburtstag, Tübingen 2008, S. 281–304 (zit.: *Dutta* in FS Kropholler, S. 281).

Dutta, Anatol, Staatliches Wächteramt und europäisches Kindschaftsverfahrensrecht. Die Anwendbarkeit der Brüssel IIa-Verordnung auf staatliche Maßnahmen zum Schutz des Kindes, in: FamRZ 2008, 835–841 (zit.: *Dutta* FamRZ 2008, 835–841).

Dutta, Anatol/Scherpe, Jens M., Die Durchsetzung von Rückführungsansprüchen nach dem Haager Kindesentführungsübereinkommen durch deutsche Gerichte, in: FamRZ 2006, 901–912 (zit.: *Dutta/Scherpe* FamRZ 2006, 901).

Eckebrecht, Marc/Große-Boymann, Tamara/Gutjahr, Jens/Paul, Viola/Schael, Wolfgang/Swieykowski-Trzaska, Werra Katharina von/Weidemann, Ines (Bearb.), Verfahrenshandbuch Familiensachen, 2. Aufl., München 2010 (zit.: FamVerf/*Bearbeiter*).

Ehrle, Sabine R. E., Anwendungsprobleme des Haager Übereinkommens über die zivilrechtlichen Aspekte internationaler Kindesentführung vom 25.10.1980 in der Rechtsprechung, Konstanz 2000 (zit.: *Ehrle*).

Eichholz, Reinald, Der Vorrang des Kindeswohls nach Art. 3 UN-Kinderrechtskonvention. Konsequenzen für die bundesdeutsche Praxis, in: Deutsches Jugendinstitut e. V., IzKK-Nachrichten 2009. Heft 1. UN-Kinderrechtskonvention. Impulse für den Kinderschutz, S. 12–15 (zit.: *Eichholz* IzKK-Nachrichten 2009 I-12).

Ernst, Rüdiger, Übertragung des Aufenthaltsbestimmungsrechts im Wege einstweiliger Anordnung bei (beabsichtigter) Auswanderung eines Elternteils mit den Kindern, in: FamFR 2011, 44 (zit.: *Ernst* FamFR 2011, 44).

Europarat, Vertragsbüro, Vollständige Liste der Verträge des Europarates, http://conventions.coe.int (letzter Zugriff: 6.10.13) (zit.: Europarat – Vertragsbüro auf http://conventions.coe.int).

European Court of Human Rights, HUDOC database, http://hudoc.echr.coe.int (letzter Zugriff: 4.7.2013) (zit.: EGMR auf http://hudoc.echr.coe.int).

Finger, Peter, Anerkennung und Vollstreckung ausländischer Sorge- und Umgangsregelungen; Kindesherausgabe; Kindesentführung – HKindEntÜ, in: FuR 2007, 67–76 (zit.: *Finger* FuR 2007, 67).

Finger, Peter, Das Haager Kinderschutzübereinkommen (KSÜ) vom 15.10.1996, in: FamRBint 2010, 95–102 (zit.: *Finger* FamRBint 2010, 95).

Finger, Peter, Das Haager Kindesentführungsübereinkommen anhand neuerer Rechtsprechung, in: FamRBint 2007, 65–71 (zit.: *Finger* FamRBint 2007, 65).

Finger, Peter, Gerichtliche Zuständigkeit bei Aufenthaltswechsel des Kindes, in: FamRBint 2012, 88–89 (zit.: *Finger* FamRBint 2012, 88).

Finger, Peter, Haager Übereinkommen zur internationalen Kindesentführung – Nachträge und Ergänzungen, in: FamRBint 2011, 80–88 (zit.: *Finger* FamRBint 2011, 80).

Finger, Peter, HKÜ: Kindesentführung durch die Mutter – die praktische Regel, in: FamRBint 2009, 34–39 (zit.: *Finger* FamRBint 2009, 34).

Finger, Peter, Internationale Kindesentführung. HKindEntÜ, ESorgeÜ, VO Nr. 2201/2003 – und dt. IntFamRVG, jeweils mit Beispielen, in: FuR 2005, 443–448 (zit.: *Finger* FuR 2005, 443).

Finger, Peter, Keine perpetuatio fori im Bereich des MSA, in: FamRBint 2005, 73–74 (zit.: *Finger* FamRBint 2005, 73).

Fischer, Thomas, Strafgesetzbuch und Nebengesetze, 60. Aufl., München 2013 (zit.: *Fischer* StGB).

Fleige, Marcus, Die Zuständigkeit für Sorgerechtsentscheidungen und die Rückführung von Kindern nach Entführungen nach Europäischem IZVR, Würzburg 2006 (zit.: *Fleige*).

Francq, Stéphanie, Parental Responsibility under „Brussel II", in: ERA-Forum 2003/1, S. 54–72 (zit.: *Francq* ERA-Forum 2003/1, S. 54).

Freistaat Sachsen. Oberlandesgericht Dresden, Leitfaden für das Verfahren der Anerkennung ausländischer Entscheidungen in Ehesachen gemäß § 107 FamFG beim Präsidenten des Oberlandesgerichts Dresden, Stand: August 2013, S. 1–20, http://www.justiz.sachsen.de/olg/download/Leitfaden_Scheidung.pdf (letzter Zugriff: 7.10.2013) (zit.: Leitfaden des OLG Dresden).

Frerichs, Göke, Stellungnahme des Wirtschafts- und Sozialausschusses zu dem „Vorschlag für eine Verordnung des Rates über die Zuständigkeit und die Anerkennung und Vollstreckung von Entscheidungen in Ehesachen und in Verfahren betreffend die elterliche Verantwortung zur Aufhebung der Verordnung (EG) Nr. 1347/2000 und zur Änderung der Verordnung (EG) Nr. 44/2001 in Bezug auf Unterhaltssachen" (Kom (2002) 222 endg. – 2002/0110 (CNS)) (2003/C 61/15), in: ABl. EU Nr. C 61 v. 14.3.2003, S. 76–80 (zit.: *Frerichs*, Stellungnahme des EWSA zum VO-E, ABl. EU Nr. C 61 v. 14.3.2003, S. 76).

Gampp, Edda, Perpetuatio fori internationalis im Zivilprozeß und im Verfahren der freiwilligen Gerichtsbarkeit, Frankfurt am Main 2010 (zit.: *Gampp*).

Gebauer, Martin/Wiedmann, Thomas (Hrsg.), Zivilrecht unter europäischem Einfluss. Die richtlinienkonforme Auslegung des BGB und anderer Gesetze – Erläuterung der wichtigsten EG-Verordnungen, 1. Aufl., Stuttgart, München, Hannover, Berlin, Weimar, Dresden 2005 (zit.: *Bearbeiter* in Gebauer/Wiedmann[1]).

Gebauer, Martin/Wiedmann, Thomas (Hrsg.), Zivilrecht unter europäischem Einfluss. Die richtlinienkonforme Auslegung des BGB und anderer Gesetze – Kommentierung der wichtigsten EU-Verordnungen, 2. Aufl., Stuttgart,

München, Hannover, Berlin, Weimar, Dresden 2010 (zit.: *Bearbeiter* in Gebauer/Wiedmann[2]).

Geimer, Reinhold, Anmerkung zu OLG Naumburg, Beschluss v. 24.7.2003 – 10 Wx 9/02 (FamRZ 2004, 810–812), in: FamRZ 2004, 812–813 (zit.: OLG Naumburg FamRZ 2004, 810 mit Anm. *Geimer*, S. 812).

Geimer, Reinhold, Internationales Zivilprozessrecht, 6. Aufl., Köln 2009 (zit.: *Geimer* IZPR).

Geimer, Reinhold/Schütze, Rolf A., Europäisches Zivilverfahrensrecht. Kommentar zur EuGVVO, EuEheVO, EuZustellungsVO, EuInsVO, EuVTVO, zum Lugano-Übereinkommen und zum nationalen Kompetenz- und Anerkennungsrecht, 3. Aufl., München 2010 (zit.: Geimer/Schütze-*Bearbeiter* EuZVR).

Geppert, Klaus, Zur strafbaren Kindesentziehung (§ 235 StGB) beim „Kampf um das gemeinsame Kind". Überlegungen de lege lata und de lege ferenda, in: Hirsch, Hans-Joachim/Kaiser, Günther/Marquardt, Helmut (Hrsg.), Gedächtnisschrift für Hilde Kaufmann, Berlin, New York 1986, S. 759–789 (zit.: *Geppert* in Gedächtnisschrift für Hilde Kaufmann, S. 759).

Gerhardt, Peter/Heintschel-Heinegg, Bernd von/Klein, Michael (Hrsg.), Handbuch des Fachanwalts Familienrecht, 6. Aufl., Köln 2008 (zit.: FA-FamR/*Bearbeiter*).

Gernhuber, Joachim/Coester-Waltjen, Dagmar, Familienrecht, 6. Aufl., München 2010 (zit.: *Gernhuber/Coester-Waltjen*).

Gewaltig, Rudolf, Von der nationalen zur europäischen Zuständigkeitsregelung im Familienrecht. Die internationale Zuständigkeit nach den europäischen Verordnungen (EG) Nr. 1347/2000 und Nr. 2201/2003 (EuEheVO) in Deutschland und in den Niederlanden, Frankfurt am Main 2008 (zit.: *Gewaltig*).

Giers, Michael, Die Vollstreckung nach dem FamFG – Ausblick, in: FPR 2008, 441–444 (zit.: *Giers* FPR 2008, 441).

Giers, Michael, Übertragung der elterlichen Sorge bei Umzug ins Ausland, in: FamRBint 2011, 8 (zit.: *Giers* FamRBint 2011, 8).

Göhler, Erich (Begr.)/Gürtler, Franz/Seitz, Helmut, Gesetz über Ordnungswidrigkeiten, 16. Aufl., München 2012 (zit.: Göhler-*Bearbeiter*).

Gördes, Anna Christina, Internationale Zuständigkeit, Anerkennung und Vollstreckung von Entscheidungen über die elterliche Verantwortung. Die VO (EG) Nr. 1347/2000, ihre geplanten Änderungen und das Verhältnis beider zum Minderjährigen- und Kinderschutzabkommen, Frankfurt am Main, Berlin, Bern, Bruxelles, New York, Oxford, Wien 2004 (zit.: *Gördes*).

Grabitz, Eberhard/Hilf, Meinhard/Nettesheim, Martin, Das Recht der Europäischen Union. Band I. EUV/AEUV, 50. Ergänzungslieferung - Stand Mai 2013, München 2013 (zit.: *Bearbeiter* in GHN).

Greßmann, Michael, Neues Kindschaftsrecht, Bielefeld 1998 (zit.: *Greßmann*).

Gruber, Urs Peter, Das HKÜ, die Brüssel II a-Verordnung und das Internationale Familienrechtsverfahrensgesetz, in: FPR 2008, 214–218 (zit.: *Gruber* FPR 2008, 214).

Gruber, Urs Peter, Das neue Internationale Familienrechtsverfahrensgesetz, in: FamRZ 2005, 1603–1611 (zit.: *Gruber* FamRZ 2005, 1603).

Gruber, Urs Peter, Die Brüssel IIa-VO und öffentliche-rechtliche Schutzmaßnahmen, in: IPRax 2008, 490–493 (zit.: *Gruber* IPRax 2008, 490).

Gruber, Urs Peter, Die neue EheVO und die deutschen Ausführungsgesetze, in: IPRax 2005, 293–300 (zit.: *Gruber* IPRax 2005, 293).

Gruber, Urs Peter, Die neue „europäische Rechtshängigkeit" bei Scheidungsverfahren - Zur EG-Verordnung über die Zuständigkeit und die Anerkennung und Vollstreckung von Entscheidungen in Ehesache und in Verfahren betreffend die elterliche Verantwortung für die gemeinsamen Kinder, FamRZ 2000, 1140 -, in: FamRZ 2000, 1129–1135 (zit.: *Gruber* FamRZ 2000, 1129).

Gruber, Urs Peter, Effektive Antworten des EuGH auf Fragen zur Kindesentführung, in: IPRax 2009, 413–416 (zit.: *Gruber* IPRax 2009, 413).

Gruber, Urs Peter, Neue Regeln zur Rückgabe entführter Kinder, in: AnwBl 2005, 209–210 (zit.: *Gruber* AnwBl 2005, 209).

Gülicher, Astrid, Internationale Kindesentführungen. Das Haager Übereinkommen über die zivilrechtlichen Aspekte internationaler Kindesentführungen vom 25. Oktober 1980 und Das Europäische Übereinkommen über die Anerkennung und Vollstreckung von Entscheidungen über das Sorgerecht für Kinder und die Wiederherstellung des Sorgerechts vom 20. Mai 1980, Göttingen 1992 (zit.: *Gülicher*).

Gutdeutsch, Werner/Rieck, Jürgen, Kindesentführung: ins Ausland verboten - im Inland erlaubt?, in: FamRZ 1998, 1488–1491 (zit.: *Gutdeutsch/Rieck* FamRZ 1998, 1488).

Haager Konferenz für Internationales Privatrecht (HCCH), http://www.hcch.net (letzter Zugriff: 6.10.2013) (zit.: HCCH, http://www.hcch.net).

Haager Konferenz für Internationales Privatrecht (HCCH), INCADAT. The International Child Abduction Database, http://www.incadat.com (letzter Zugriff: 4.7.2013) (zit.: INCADAT cite).

Hammer, Stephan, Anmerkung zu EGMR, Urteil v. 3.12.2009 - 22028/04: Zaunegger ./. Deutschland (FamRZ 2010, 623 (LS)), in: FamRZ 2010, 623–624 (zit.: EGMR (Urteil v. 3.12.2009 - 22028/04 „Zaunegger ./. Deutschland") FamRZ 2010, 623 (LS) mit Anm. *Hammer*, S. 623).

Hammer, Stephan, Die gerichtliche Billigung von Vergleichen nach § 156 Abs. 2 FamFG, in: FamRZ 2011, 1268–1273 (zit.: *Hammer* FamRZ 2011, 1268).

Hanke, Barbara, Neues vom Münchner Modell. Die FGG Reform und das Münchner Modell aus der Perspektive der Beratungsstelle der Frauenhilfe, einer Beratungsstelle für von Partnergewalt betroffene Frauen, in: MAV-Mitteilungen 2008, 8 (zit.: *Hanke* MAV-Mitteilungen 2008, 8).

Haß, Edeltraud, Internationale Kindesentführungen durch einen Elternteil. Inauguraldissertation zur Erlangung des akademischen Grades eines Doktors der Rechte durch die Juristische Fakultät der Heinrich-Heine-Universität Düsseldorf vorgelegt von Edeltraud Haß aus Burgsteinfurt (jetzt Steinfurt) 1997 (zit.: *Haß*).

Hau, Wolfgang, Grenzüberschreitende Beweisaufnahme im Europäischen Justizraum, in: ERA-Forum 2005/2, S. 224–231 (zit.: *Hau* ERA-Forum 2005/2, S. 224).

Hausmann, Rainer, Die Revision des Brüsseler Übereinkommens von 1968 – Teil I: Internationale Zuständigkeit, in: EuLF 2000/01, 40–49 (zit.: *Hausmann* EuLF (D) 2000/01, 40).

Hausmann, Rainer, Doppelte Staatsbürgerschaft für Ausländer: Auswirkungen im Internationalen Privat- und Verfahrensrecht, in: Barwig, Klaus/Brinkmann, Gisbert/Hailbronner, Kay/Huber, Bertold/Kreuzer, Christine/Lörcher, Klaus/Schuhmacher, Christoph (Hrsg.), Neue Regierung – neue Ausländerpolitik? Hohenheimer Tage zum Ausländerrecht 1999 und 5. Migrationspolitisches Forum, Baden-Baden 1999, S. 163–188 (zit.: *Hausmann*, Doppelte Staatsbürgerschaft, S. 163).

Hausmann, Rainer, Internationales und Europäisches Ehescheidungsrecht mit Scheidungsfolgenrecht, München 2013 (zit.: *Hausmann* IntEuSchR).

Hausmann, Rainer, Neues internationales Eheverfahrensrecht in der Europäischen Union – Zum Inkrafttreten der „Brüssel II"-Verordnung über die gerichtliche Zuständigkeit und die Anerkennung von Entscheidungen in Ehe- und Sorgerechtssachen -, in: EuLF (D) 2000/01, 271–279 (zit.: *Hausmann* EuLF (D) 2000/01, 271).

Hausmann, Rainer, Pleading and Proof of Foreign Law – a Comparative Analysis, in: EuLF (E) 2008 I-1–13 (zit.: *Hausmann* EuLF (E) 2008 I-1).

Heiliger, Anita, Vater um jeden Preis? Umgangszwang und Kindeswohl. Einführung in den Reader, in: Heiliger, Anita/Hack, Eva-K. (Hrsg.), Vater um jeden Preis? Zur Kritik am Sorge- und Umgangsrecht, München 2008 (zit.: *Heiliger*).

Hellwig, Hans-Jürgen, Die Zukunft Europas als Rechtsgemeinschaft. Bessere Rechtssetzung und Entwicklungen in verschiedenen Politikbereichen. The Future of Legal Europe. Better legislation and developments in different policy areas, in: ERA-Forum 2008/1, S. 53–59 (zit.: *Hellwig* ERA-Forum 2008/1, S. 53).

Helms, Tobias, Internationales Verfahrensrecht für Familiensachen in der Europäischen Union, in: FamRZ 2002, 1593–1602 (zit.: *Helms* FamRZ 2002, 1593).

Henrich, Dieter, Anmerkung zu BGH – Beschluß v. 5.6.2002 – XII ZB 74/00 (FamRZ 2002, 1182–1184), in: FamRZ 2002, 1184–1185 (zit.: BGH FamRZ 2002, 1182 mit Anm. *Henrich,* S. 1184).

Henrich, Dieter, Anmerkung zu EGMR, Urteil v. 12.7.2011 – Beschwerde Nr. 14737/09: Šneersone und Kampanella ./. Italien (FamRZ 2011, 1482–1484), in: FamRZ 2011, 1484 (zit.: EGMR (Urteil v. 12.7.2011 – Beschwerde Nr. 14737/09 „Šneersone und Kampanella ./. Italien") FamRZ 2011, 1482 mit Anm. *Henrich,* S. 1484.

Henrich, Dieter, Anmerkung zu EGMR, Urteil v. 13.12.2011 – Beschwerde Nr. 27853/09: X ./. Lettland (FamRZ 2012, 692–694), in: FamRZ 2011, 694 (zit.: EGMR (Urteil v. 13.12.2011 – Beschwerde Nr. 27853/09 „X ./. Lettland") FamRZ 2012, 692 mit Anm. *Henrich,* S. 694).

Henrich, Dieter, Anmerkung zu EuGH, Urteil v. 23.12.2009 – Rs. C-403/09 PPU: Detiček ./. Sgueglia (FamRZ 2010, 525–526), in: FamRZ 2010, 526–527 (zit.: EuGH (Urteil v. 23.12.2009 – Rs. C-403/09 PPU: Detiček ./. Sgueglia) FamRZ 2010, 525 mit Anm. *Henrich,* S. 526).

Henrich, Dieter, Anmerkung zu EuGH, Urteil v. 22.12.2010 – Rs. C-497/10 PPU; Mercredi ./. Chaffe (FamRZ 2011, 617), mit Anm. Henrich, S. 620–621 (zit.: EuGH (Urteil v. 22.12.2010 – Rs. C-497/10 PPU; Mercredi ./. Chaffe) FamRZ 2011, 617 mit Anm. *Henrich,* S. 620).

Henrich, Dieter, Internationales Familienrecht, 2. Aufl., Frankfurt am Main, Berlin 2000 (zit.: *Henrich* IntFamR).

Henrich, Dieter, Internationales Scheidungsrecht, 2. Aufl., Bielefeld 2005 (zit.: *Henrich* IntSchR (2005)).

Henrich, Dieter, Internationales Scheidungsrecht – einschließlich Scheidungsfolgen –, 3. Aufl., Bielefeld 2012 (zit.: *Henrich* IntSchR (2012)).

Herdegen, Matthias, Europarecht, 15. Aufl., München 2013 (zit.: *Herdegen*).

Heß, Burkhard, Aktuelle Perspektiven der europäischen Prozessrechtsangleichung, in: JZ 2001, 573–583 (zit.: *Heß* JZ 2001, 573).

Heß, Burkhard, Die „Europäisierung" des internationalen Zivilprozessrechts durch den Amsterdamer Vertrag – Chancen und Gefahren, in: NJW 2000, 23–32 (zit.: *Heß* NJW 2000, 23).

Hess, Burkhard, Die Konstitutionalisierung des europäischen Privat- und Prozessrechts, in: JZ 2005, 540–552 (zit.: *Hess* JZ 2005, 540).

Hess, Burkhard, Europäisches Zivilprozessrecht. Ein Lehrbuch, Heidelberg, München, Landsberg, Frechen, Hamburg 2010 (zit.: *Hess,* Europäisches Zivilprozessrecht).

Hoffmann, Bernd von/Thorn, Karsten, Internationales Privatrecht einschließlich der Grundzüge des Internationalen Zivilverfahrensrechts, 9. Aufl., München 2007 (zit.: *von Hoffmann/Thorn*).

Hohnerlein, Eva Maria, Konturen eines einheitlichen europäischen Familien- und Kindschaftsrechts – die Rolle der Europäischen Menschenrechtskonvention –, in: EuLF (D) 2000/01, 252–260 (zit.: *Hohnerlein* EuLF (D) 2000/01, 252).

Holl, Volker, Befremdliches des House of Lords zum HKÜ und ESÜ, in: IPRax 2000, 238–240 (zit.: *Holl* IPRax 2000, 238).

Holzmann, Christiane, Brüssel IIa VO: Elterliche Verantwortung und internationale Kindesentführungen, Sipplingen 2008 (zit.: *Holzmann,* Brüssel IIa VO).

Holzmann, Christiane, Verfahren betreffend die elterliche Verantwortung nach der Brüssel IIa-VO, in: FPR 2010, 497–501 (zit.: *Holzmann* FPR, 2010, 497).

Huber, Peter, Rückführungsansprüche bei innerstaatlichen Kindesentführungen, in: Hofer, Sibylle/Klippel, Diethelm/Walter, Ute, Perspektiven des Familienrechts. Festschrift für Dieter Schwab zum 70. Geburtstag am 15. August 2005, Bielefeld 2005, S. 793–808 (zit.: *Huber* in FS Schwab).

Huber, Peter/Antomo, Jennifer, Die Neureglung der elterlichen Sorge nicht miteinander verheirateter Eltern, in: FamRZ 2012, 1257–1265 (zit.: *Huber/Antomo* in FamRZ 2012, 1257).

Huber, Peter/Antomo, Jennifer, Zum Inkrafttreten der Neuregelung der elterlichen Sorge nicht miteinander verheirateter Eltern, in: FamRZ 2013, 665–670 (zit.: *Huber/Antomo* in FamRZ 2013, 665).

Hüßtege, Rainer, Der Uniform Child Custody Jurisdiction Act. Rechtsvergleichende Betrachtungen zu internationalen Kindesentführungen, München 1981 (zit.: *Hüßtege* UCCJA).

Hüßtege, Rainer, Kindesentführungen ohne Ende?, in: IPRax 1992, 369–372 (zit.: *Hüßtege* IPRax 1992, 369).

Informationsplattform humanrights.ch, Kindsrückführung verstösst gegen Kindeswohl: Grosse Kammer des EGMR kehrt Vorentscheid im Fall Neulinger und Shuruk, http://www.humanrights.ch/de/Schweiz/Europa/EGMR/CH-Faelle-dok/idart_8436-content.html (letzter Zugriff: 20.9.2013) (zit.: Informationsplattform humanrights.ch).

Informationsplattform humanrights.ch, Neulinger und Shuruk gegen die Schweiz, http://www.humanrights.ch/front_content.php?idcatart=9041 (letzter Zugriff: 20.9.2013) (zit.: Informationsplattform humanrights.ch).

Jäger, Alexander/Leschhorn, Harald/Stutzer, Erich, Migration und Migrantenfamilien in Baden-Württemberg. Familienbericht 2004. Teil 2, in: Sozialministerium Baden-Württemberg (Hrsg.), Familienwissenschaftliche Forschungsstelle im Statistischen Landesamt Baden-Württemberg, 2004 (zit.: *Jäger/Leschhorn/Stutzer*).

Janzen, Ulrike/Gärtner, Veronika, Kindschaftsrechtliche Spannungsverhältnisse im Rahmen der EuEheVO – die Entscheidung des EuGH in Sachen Detiček, in: IPRax 2011, 158–166 (zit.: *Janzen/Gärtner* IPRax 2011, 158).

Janzen, Ulrike/Gärtner, Veronika, Rückführungsverweigerung bei vorläufiger Zustimmung und internationale Zuständigkeit im Falle von Kindesentführungen, in: IPRax 2011, 412–414 (zit.: *Janzen/Gärtner* IPRax 2011, 412).

Jarass, Hans D., Charta der Grundrechte der Europäischen Union unter Einbeziehung der vom EuGH entwickelten Grundrechte, der Grundrechtsregelungen der Verträge und der EMRK. Kommentar, 2. Aufl. München 2013 (zit.: *Jarass* GRCh).

Jayme, Erik, Die kulturelle Dimension des Rechts – ihre Bedeutung für das Internationale Privatrecht und die Rechtsvergleichung, in: RabelsZ 67 (2003) 211–230 (zit: *Jayme* RabelsZ 67 (2003) 211).

Jayme, Erik, Zum Jahrtausendwechsel: Das Kollisionsrecht zwischen Postmoderne und Futurismus, in: IPRax 2000, 165–171 (zit.: *Jayme* IPRax 2000, 165).

Jayme, Erik/Hausmann, Rainer, Internationales Privat- und Verfahrensrecht. Textausgabe, 12. Aufl., München 2004 (zit.: *Jayme/Hausmann*[12]).

Jayme, Erik/Hausmann, Rainer, Internationales Privat- und Verfahrensrecht. Textausgabe, 16. Aufl., München 2012 (zit.: *Jayme/Hausmann*).

Jenard, P., Bericht zu dem Übereinkommen über die gerichtliche Zuständigkeit und die Vollstreckung gerichtlicher Entscheidungen in Zivil- und Handelssachen (unterzeichnet in Brüssel am 27. September 1968) ABl. EG Nr. C 59 v. 5.3.1979, S. 1–65 (zit.: *Jenard*).

Johannsen, Kurt. H./Henrich, Dieter, Eherecht. Trennung, Scheidung, Folgen. Kommentar, 4. Aufl., München 2003 (zit.: Johannsen/Henrich[4]-*Bearbeiter*).

Johannsen, Kurt. H. (Mitbegr.)/Henrich, Dieter, Familienrecht. Scheidung, Unterhalt, Verfahren. Kommentar, 5. Aufl., München 2010 (zit.: Johannsen/Henrich[5]-*Bearbeiter*).

Jones, R. L., Council of Europe Convention on recognition and enforcement of decisions relating to the custody of children, in: International and Comparative Law Quarterly 30 (1981), S. 467–475 (zit.: *Jones* Int. Comp. L. Qu. 30 (1981), S. 467–574).

Jorzik, Manuela, Das neue zivilrechtliche Kindesentführungsrecht. Die Rechtslage nach Inkrafttreten des Haager Übereinkommens über die zivilrechtlichen Aspekte internationaler Kindesentführung vom 25. Oktober 1980 und des Europäischen Übereinkommens über die Anerkennung und Vollstreckung von Entscheidungen über das Sorgerecht für Kinder und die Wiederherstellung des Sorgeverhältnisses vom 20. Mai 1980 in der Bundesrepublik Deutschland, Bielefeld 1995 (zit.: *Jorzik*).

Keese, Nina, Die Kindesentführung durch einen Elternteil im europäischen und internationalen Zivilprozessrecht, Göttingen 2011 (zit.: *Keese*).

Kegel, Gerhard/Schurig, Klaus, Internationales Privatrecht. Ein Studienbuch, 9. Aufl., München 2004 (zit.: *Kegel/Schurig*).

Keidel, Theodor (Begr.)/Engelhardt, Helmut/Sternal, Werner (Hrsg.), FamFG. Kommentar zum Gesetz über das Verfahren in Familiensachen und in den Angelegenheiten der freiwilligen Gerichtsbarkeit, 17. Aufl., München 2011 (zit.: Keidel[17]-*Bearbeiter* FamFG).

Keidel, Theodor (Begr.)/Kuntze, Joachim/Winkler, Karl (Hrsg.), Freiwillige Gerichtsbarkeit. Kommentar zum Gesetz über die Angelegenheiten der freiwilligen Gerichtsbarkeit, 15. Aufl., München 2003 (zit.: Keidel/Kuntze/Winkler[15]-*Bearbeiter* FGG).

Keidel, Theodor/Kuntze, Joachim/Winkler, Karl/Amelung, Wolf-Henner/Kahl, Irmgard/Zimmermann, Walter, Freiwillige Gerichtsbarkeit. Teil A. Kommentar zum Gesetz über die Angelegenheiten der freiwilligen Gerichtsbarkeit, 13. Aufl., München 1992 (zit.: Keidel/Kuntze/Winkler[13]-*Bearbeiter* FGG).

Kemper, Rainer/Schreiber, Klaus (Hrsg.), Familienverfahrensrecht. Handkommentar, 2. Aufl., Baden-Baden 2012 (zit.: Kemper/Schreiber-*Bearbeiter*).

Klein, Eckart, Kindesentführung, Kindeswohl und Grundgesetz, in: IPRax 1997, 106–109 (zit.: *Klein* IPRax 1997, 106).

Klosinski, Gunther, Internationale Kindesentführung aus der Sicht des Kindes – Versuch einer Annäherung aus kinderpsychiatrischer Sicht, in: FPR 2001, 206–210 (zit: *Klosinski* FPR 2001, 206).

Klosinski, Gunther, Kinderpsychiatrische Begutachtung im Rahmen des Haager Kindesentführungsübereinkommens (HKiEntÜ) – zur Frage einer rückführungsbedingten „schwerwiegenden Gefahr“ eines körperlichen oder seelischen Schadens für das Kind –, in: FuR 2000, 408–416 (zit.: *Klosinski* FuR 2000, 408).

König, Monika, Die Anwendbarkeit des forum non conveniens im deutschen und europäischen Zivilverfahrensrecht, Frankfurt am Main 2012 (zit.: *König*).

Kohler, Christian, Internationales Verfahrensrecht für Ehesachen in der Europäischen Union: Die Verordnung „Brüssel II“, in: NJW 2001, 10–15 (zit.: *Kohler* NJW 2001, 10).

Kohler, Christian/Pintens, Walter, Entwicklungen im europäischen Personen- und Familienrecht, in: FamRZ 2011, 1433–1440 (zit.: *Kohler/Pintens* FamRZ 2011, 1433).

Kohler, Christian/Pintens, Walter, Familienrechtliche Entwicklungen in der Europäischen Union und im Europarat, in: FamRZ 2008, 1669–1672 (zit.: *Kohler/Pintens* FamRZ 2008, 1669).

Kommission der Europäischen Gemeinschaften, Grünbuch über das anzuwendende Recht und die gerichtliche Zuständigkeit in Scheidungssachen vom 14.3.2005, in: KOM (2005) 82, 1–12 (zit.: Grünbuch).

Kommission der Europäischen Gemeinschaften (im Einvernehmen mit dem Europäischen Justiziellen Netz für Zivil- und Handelssachen), Leitfaden zur Anwendung der neuen Verordnung Brüssel II. Verordnung (EG) Nr. 2201/2003 des Rates vom 27. November 2003 über die Zuständigkeit und die Anerkennung und Vollstreckung von Entscheidungen in Ehesachen und in Verfahren betreffend die elterliche Verantwortung und zur Aufhebung der Verordnung (EG) Nr. 1347/2000, http://ec.europa.eu/civiljustice/parental_resp/parental_resp_ec_vdm_de.pdf (letzter Zugriff: 20.6.2013) (zit.: Leitfaden der Kommission).

Kommission der Europäischen Gemeinschaften, Vorschlag für eine Verordnung des Rates über die Zuständigkeit und die Anerkennung und Vollstreckung von Entscheidungen in Ehesachen und in Verfahren betreffend die elterliche Verantwortung zur Aufhebung der Verordnung (EG) Nr. 1347/2000 und zur Änderung der Verordnung (EG) Nr. 44/2001 in Bezug auf Unterhaltssachen vom 17.5.2002, KOM (2002) 222 endgültig/2 2002/0110 (CNS), Abl. EG Nr. C 203E/2002, S. 155 (zit.: VO-E).

Krack-Roberg, Elle, Ehescheidungen 2008, in: Wirtschaft und Statistik 2009, 1191–1203 (zit.: *Krack-Roberg* in Wirtschaft und Statistik 2009, 1191).

Krah, Jutta, Das Haager Kinderschutzübereinkommen. Übereinkommen über die Zuständigkeit, das anzuwendende Recht, die Anerkennung, Vollstreckung und Zusammenarbeit auf dem Gebiet der elterlichen Verantwortung und der Maßnahmen zum Schutz von Kindern vom 19. Oktober 1996, Frankfurt am Main 2004 (zit.: *Krah*).

Krenzler, Michael/Borth, Helmut (Hrsg.), Anwaltshandbuch Familienrecht, Köln 2010 (zit.: Krenzler/Borth-*Bearbeiter*).

Kress, Viktoria, Internationale Zuständigkeit für elterliche Verantwortung in der Europäischen Union, Das neue europäische Familienverfahrensrecht in Fragen der elterlichen Verantwortung im Kontext der Haager Abkommen, Frankfurt am Main 2006 (zit.: *Kress*).

Kroiß, Ludwig/Seiler, Christian, Das neue FamFG. Erläuterungen. Muster. Arbeitshilfen, 2. Aufl., Baden-Baden 2009 (zit.: *Kroiß/Seiler*).

Kropholler, Jan, Das Haager Abkommen über den Schutz Minderjähriger, 2. Aufl., Bielefeld 1977 (zit.: *Kropholler* MSA).

Kropholler, Jan, Der gewöhnliche Aufenthalt des Kindes und das Aufenthaltsbestimmungsrecht, in: Mansel, Heinz-Peter/Pfeiffer, Thomas/Kronke, Herbert/Kohler, Christian/Hausmann, Rainer (Hrsg.), Festschrift für Erik Jayme, Bd. I, München 2004, S. 471–475 (zit.: *Kropholler* in FS Jayme I, S. 471).

Kropholler, Jan, Internationales Privatrecht einschließlich der Grundbegriffe des Internationalen Zivilverfahrensrechts, 6. Aufl., Tübingen 2006 (zit.: *Kropholler* IPR).

Kropholler, Jan, Stellungnahme des Max-Planck-Instituts für ausländisches und internationales Privatrecht, in: RabelsZ 60 (1996) 485–506 (zit.: *Kropholler* RabelsZ 60 (1996) 485).

Kropholler, Jan/Hein, Jan von, Europäisches Zivilprozessrecht. Kommentar zu EuGVO, Lugano-Übereinkommen 2007, EuVTVO, EuMVVO und EuGFVO, 9. Aufl., Frankfurt am Main 2011 (zit.: *Kropholler/von Hein* EuZPR).

Kruger, Thalia, International Child Abduction. The Inadequacies of the Law, Oxford and Portland 2011 (zit.: *Kruger*).

Lagarde, Paul, Erläuternder Bericht zu dem Übereinkommen v. 19.10.1996 über die Zuständigkeit, das anzuwendende Recht, die Anerkennung, Vollstreckung und Zusammenarbeit auf dem Gebiet der elterlichen Verantwortung und der Maßnahmen zum Schutz von Kindern, in: Bundesregierung, Entwurf eines Gesetzes zu dem Haager Übereinkommen vom 19. Oktober 1996 über die

Zuständigkeit, das anzuwendende Recht, die Anerkennung, Vollstreckung und Zusammenarbeit auf dem Gebiet der elterlichen Verantwortung und der Maßnahmen zum Schutz von Kindern, BR-Drucks. 14/09 vom 2.1.2009, Anlage zur Denkschrift, S. 35–73, http://dipbt.bundestag.de/dip21/brd/2009/0014-09.pdf (letzter Zugriff: 13.7.2013) (zit.: *Lagarde,* Erläuternder Bericht).

Leible, Stefan/Staudinger, Ansgar, Art. 65 EGV im System der EG-Kompetenzen, in: EuLF (D) 2000/01, 225–235 (zit.: *Leible/Staudinger* EuLF (D) 2000/01, 225).

Limbrock, Gabriele, Das Umgangsrecht im Rahmen des Haager Kindesentführungsübereinkommens und des Europäischen Sorgerechtsübereinkommens, in: FamRZ 1999, 1631–1633 (zit.: *Limbrock* FamRZ 1999, 1631).

Löhnig, Martin, Konsequenzen aus der Entscheidung des Europäischen Gerichtshofs für Menschenrechte zum Sorgerecht des nicht mit der Kindesmutter verheirateten Vater, in FamRZ 2010, 338–341 (zit.: *Löhnig* FamRZ 2010, 338).

Löhnig, Martin/Preisner, Mareike, Zur Reichweite des Einflusses der Rechtsprechung des EuGHMR auf das deutsche Kindschaftsrecht, in: FamRZ 2012, 489–496 (zit.: *Löhnig/Preisner* FamRZ 2012, 489).

Looschelders, Dirk, Die Europäisierung des internationalen Verfahrensrechts für Entscheidungen über die elterliche Verantwortung, in: JR 2006, 45–51 (zit.: *Looschelders* JR 2006, 45).

Looschelders, Dirk, Internationales Privatrecht - Art. 3–46 EGBGB, Berlin, Heidelberg 2004 (zit.: *Looschelders* IPR).

Lorenz, Stephan, Sorgerechtsstatut und Schutzmaßnahmen nach Art. 19 Abs. 3 EGBGB, in: IPRax 1992, 305–309 (zit.: *Lorenz* IPRax 1992, 305).

Lowe, Nigel/Perry, Alison, Die Wirksamkeit des Haager und des Europäischen Übereinkommens zur internationalen Kindesentführung zwischen England und Deutschland, in: FamRZ 1998, 1073–1077 (zit.: *Lowe/Perry* FamRZ 1998, 1073).

Lowe, Nigel/Perry, Alison, International child abduction - the English experience, in: International and Comparative Law Quarterly 48 (1999), S. 127–155 (zit.: *Lowe/Perry* Int. Comp. L. Qu. 48 (1999), S. 127).

Lowe, Nigel V./Stephens, Victoria, Global Trends in the Operation of the 1980 Hague Abduction Convention, in: International and Comparative Law Quarterly 46 (2012), S. 41–85 (zit.: *Lowe/Stephens* Int. Comp. L. Qu. 46 (2012), S. 41).

Luthin, Horst, Anmerkung zu BVerfG, Beschluss v. 21.7.2010 - 1 BvR 420/09 (FamRZ 2010, 1403–1410), in: FamRZ 2010, 1410–1412 (zit.: BVerfG FamRZ 2010, 1403 mit Anm. *Luthin,* S. 1410).

Mäsch, Gerald, „Grenzüberschreitende" Undertakings und das Haager Kindesentführungsabkommen aus deutscher Sicht, in: FamRZ 2002, 1069–1078 (zit.: *Mäsch* FamRZ 2002, 1069).

Magnus, Ulrich (Hrsg.), Europäisches Zivilverfahrensrecht. Verordnungen, Richtlinien und Empfehlungen. European Law of Civil Proceedings. Regulations, Directives and Recommendations. Droit européen sur la procédure civile. Règlements, Directives et Recommandations, München 2002 (zit.: *Magnus*).

Magnus, Ulrich/Mankowski, Peter (Hrsg.), European Commentaries on Private International Law. Brussels IIbis Regulation, München 2012 (zit.: Magnus/Mankowski/*Bearbeiter* Brussels IIbis Regulation (2012)).

Mansel, Heinz-Peter/Thorn, Karsten/Wagner, Rolf, Europäisches Kollisionsrecht 2010: Verstärkte Zusammenarbeit als Motor der Vereinheitlichung?, in: IPRax 2011, 21–30 (zit.: *Mansel/Thorn/Wagner* IPRax 2011, 1).

Martiny, Dieter, Die Entwicklung des Europäischen Internationalen Familienrechts – ein juristischer Hürdenlauf, in: FPR 2008, 187–192 (zit.: *Martiny* FPR 2008, 187).

Martiny, Dieter, Elterliche Verantwortung und Sorgerecht im ausländischen Recht, insbesondere beim Streit um den Kindesaufenthalt, in: FamRZ 2012, 1765–1779 (zit.: *Martiny* FamRZ 2012, 1765).

Martiny, Dieter, Kindesentführung, vorläufige Sorgerechtsregelung und einstweilige Maßnahmen nach der Brüssel IIa-VO. Die Rechtssache Detiček – EuGH C-403/09 PPU, in: FPR 2010, 493–497 (zit.: *Martiny* FPR 2010, 493).

Martiny, Dieter, Kindesentziehung – „Brüssel II" und die Staatsverträge, in: ERA-Forum 2003/1, S. 97–112 (zit.: *Martiny* ERA-Forum 2003/1, S. 97).

Maywald, Jörg, Die UN-Kinderrechtskonvention. Ihr Umsetzungsstand in Deutschland im Bereich des Kinderschutzes, in: Deutsches Jugendinstitut e. V., IzKK-Nachrichten 2009. Heft 1. UN-Kinderrechtskonvention. Impulse für den Kinderschutz, S. 4–9 (zit.: *Maywald* IzKK-Nachrichten 2009 I-4).

McEleavy, Peter, Brussels IIbis: Matrimonial Matters, Parental Responsibility, Child Abduction and Mutual Recognition, in: Int. Comp. L. Qu. 53 (2004), S. 503–512, (zit.: *McEleavy* Int. Comp. L. Qu. 53 (2004), S. 503).

Meyer, Jürgen (Hrsg.), Charta der Grundrechte der Europäischen Union, 3. Aufl., Baden-Baden 2011 (zit.: Meyer-*Bearbeiter* GRCh).

Meysen, Thomas, Neuerungen im zivilrechtlichen Kinderschutz, in: NJW 2008, 2673–2678 (zit.: *Meysen* NJW 2008, 2673–2678.

Monar, Jörg, Ein Raum der Freiheit, der Sicherheit und des Rechts: Die Innen- und Justizpolitik nach Amsterdam, in: Jopp, Mathias/Maurer, Andreas/

Schmuck, Otto (Hrsg.), Die Europäische Union nach Amsterdam. Analysen und Stellungnahmen zum neuen EU-Vertrag, Bonn 1998, S. 127–154 (zit.: *Monar* in Jopp/Maurer/Schmuck, S. 127).

Mottl, Ingeborg, Kindesverbringung und Heimatstaatzuständigkeit nach dem Minderjährigenschutzabkommen, in: IPRax 1992, 178–183 (zit.: *Mottl* IPRax 1992, 178).

Motzer, Stefan, Auswanderung eines Elternteils mit dem Kind, in: FamRBint 2010, 51–52 (zit.: *Motzer* FamRBint 2010, 51).

Motzer, Stefan, Eigenmächtige Urlaubsreise nach China ist keine Entführung, in: FamRBint 2005, 72–73 (zit.: *Motzer* FamRBint 2005, 72).

Motzer, Stefan, Erfolgreiche Verfassungsbeschwerde gegen Sorgerechtsentscheidung des OLG Naumburg in Sachen Görgülü, in: FamRBint 2005, 197–198 (zit.: *Motzer* FamRBint 2005, 197–198).

Motzer, Stefan, Keine Kindesrückführung bei Nichtausübung des Umgangsrechts, in: FamRB 2004, 219–220 (zit.: *Motzer* FamRB 2004, 219).

Motzer, Stefan, Rückführung bei wechselndem Aufenthalt zwischen zwei Staaten, in: FamRB 2003, 291 (zit.: *Motzer* FamRB 2003, 291).

Motzer, Stefan, Rückführung eigenmächtig ins Ausland verbrachter nichtehelicher Kinder nach EU-Recht, in: FamRBint 2011, 6–7 (zit.: *Motzer* FamRBint 2011, 6).

Motzer, Stefan/Kugler, Roland/Grabow, Michael, Kinder aus Migrationsfamilien in der Rechtspraxis – Staatsangehörigkeit, Aufenthalt, Sorge/Umgang, Kindesentführung, Unterhalt –, 2. Aufl., Bielefeld 2012 (zit.: Motzer/Kugler/Grabow-*Bearbeiter*).

Münchener Kommentar zum Bürgerlichen Gesetzbuch.

- Band 8. Familienrecht II §§ 1589–1921. KJHG, herausgegeben von Rebmann, Kurt/Säcker, Franz Jürgen/Rixecker, Roland, 3. Aufl., München 1992, (zit.: MüKoBGB^{3}-*Bearbeiter*).

- Band 8. Familienrecht II §§ 1589–1921. SGB VIII, herausgegeben von Rebmann, Kurt/Säcker, Franz Jürgen/Rixecker, Roland, 4. Aufl., München 2002 (zit.: MüKoBGB^{4}-*Bearbeiter*).

- Band 8. Familienrecht II. §§ 1589–1921. SGB VIII, herausgegeben von Säcker, Franz Jürgen/Rixecker, Roland, 6. Aufl., München 2012 (zit.: MüKoBGB^{6}-*Bearbeiter*).

- Band 10. Einführungsgesetz zum Bürgerlichen Gesetzbuche (Art. 1–38). Internationales Privatrecht, herausgegeben von Rebmann, Kurt/Säcker, Franz Jürgen/Rixecker, Roland, 3. Aufl., München 1998, (zit.: MüKoBGB^{3}-*Bearbeiter*).

- Band 10. Einführungsgesetz zum Bürgerlichen Gesetzbuche (Art. 1–46). Internationales Privatrecht, herausgegeben von Rebmann, Kurt/Säcker, Franz Jürgen/Rixecker, Roland, 4. Aufl., München 2006 (zit.: MüKoBGB[4]-*Bearbeiter*).

- Band 10. Internationales Privatrecht. Rom I-Verordnung. Rom II-Verordnung. Einführungsgesetz zum Bürgerlichen Gesetzbuche (Art. 1–24), herausgegeben von Säcker, Franz Jürgen/Rixecker, Roland, 5. Aufl., München 2010 (zit.: MüKoBGB[5]-*Bearbeiter*).

Münchener Kommentar zum FamFG. Gesetz über das Verfahren in Familiensachen und in den Angelegenheiten der freiwilligen Gerichtsbarkeit (FamFG) mit Internationalem und Europäischem Zivilverfahrensrecht in Familiensachen (IZVR, EuZVR), herausgegeben von Rauscher, Thomas (Hrsg.), 2. Aufl., München 2013 (zit.: MüKoFamFG-*Bearbeiter*).

Münchener Kommentar zur Zivilprozessordnung mit Gerichtsverfassungsgesetz und Nebengesetzen.

- Band 3. §§ 946–1086. EGZPO. GVG. EGGVG. UKlaG. Internationales Zivilprozessrecht, herausgegeben von Rauscher, Thomas/Wax, Peter/Wenzel, Joachim, 3. Aufl., München 2008 (zit.: MüKoZPO[3]-*Bearbeiter*).

Musielak, Hans-Joachim (Hrsg.), Kommentar zur Zivilprozessordnung mit Gerichtsverfassungsgesetz, 5. Aufl., München 2007 (zit.: Musielak[5]-*Bearbeiter* ZPO).

Musielak, Hans-Joachim (Hrsg.)/Borth, Helmut/Grandel, Mathias (Bearb.), Familiengerichtliches Verfahren. 1. und 2. Buch, 4. Aufl., München 2013 (zit: *Musielak/Borth* FamFG).

Nehls, Kyra, Rechtliche Grundlagen bei internationalen Kindesentführungen sowie bei internationalen Sorge- und Umgangsverfahren, in: Paul, Christoph C./Kiesewetter, Sybille (Hrsg.), Mediation bei internationalen Kindschaftskonflikten. Rechtliche Grundlagen. Interkulturelle Aspekte. Handwerkszeug für Mediatoren. Einbindung ins gerichtliche Verfahren/Muster und Arbeitshilfen, München 2009, S. 13–32 (zit.: *Nehls* in Mediation bei internationalen Kindschaftskonflikten, S. 13).

Neumann, Ralph, Kein Gewaltschutz nach Kindesentführung, in: FamRB 2011, 377–378 (zit.: *Neumann* FamRB 2011, 377).

Niethammer-Jürgens, Kerstin, Das Haager Kindesentführungsübereinkommen in der anwaltlichen Praxis, in: DAVorm 2000, 1071–1080 (zit.: *Niethammer-Jürgens* DAVorm 2000, 1071).

Niethammer-Jürgens, Kerstin, Die Verfahren mit Auslandsbezug nach dem FamFG, in: FamRBint 2009, 80, 82 (zit.: *Niethammer-Jürgens* FamRBint 2009, 80).

Niethammer-Jürgens, Kerstin, Tatsächliche Ausübung des Sorgerechts i. S. d. Art. 3 HKÜ, in: FamRBint 2010, 52–54 (zit.: *Niethammer-Jürgens* FamRBint 2010, 52).

Niethammer-Jürgens, Kerstin, Versäumung der Jahresfrist für den Rückführungsantrag, in: FamRBint 2013, 5–7 (zit.: *Niethammer-Jürgens* FamRBint 2013, 5).

Niethammer-Jürgens, Kerstin, Vollstreckungsprobleme im HKÜ-Verfahren, in: FPR 2004, 306–309 (zit.: *Niethammer-Jürgens* FPR 2004, 306).

Niklas, Isabella Maria, Die europäische Zuständigkeitsordnung in Ehe- und Kindschaftsverfahren, Tübingen 2003 (zit.: *Niklas*).

Nothafft, Susanne, Verbindlicher Vorrang des Kindeswohls gem. Art. 3 I UN-Kinderrechtskonvention - fehlende Umsetzung in die bundesdeutsche Rechtspraxis, in: DJI Bulletin 81 (2008), S. 34–35 (zit.: *Nothafft* DJI Bulletin 81 (2008) S. 34).

Oberhammer, Paul, The Abolition of Exequatur, in: IPRax 2010, 197–203 (zit.: *Oberhammer* IPRax 2010, 197).

Oberloskamp, Helga, Haager Minderjährigenschutzabkommen. Erläuterungen für die Praxis, Köln, Berlin, Bonn, München 1983 (zit.: *Oberloskamp* MSA).

Oberloskamp, Helga (Hrsg.), Vormundschaft, Pflegschaft und Beistandschaft für Minderjährige, 2. Aufl. München 1998 (zit.: Oberloskamp²-*Bearbeiter* Vormundschaft).

Oberloskamp, Helga (Hrsg.), Vormundschaft, Pflegschaft und Beistandschaft für Minderjährige, 3. Aufl. München 2010 (zit.: Oberloskamp³-*Bearbeiter* Vormundschaft).

Oelkers, Harald/Kraeft, Cindy, Die Herausgabe eines Kindes nach dem Haager Kindesentführungsübereinkommen (HKiEntÜ) – Teil 2 –, in: FuR 2002, 355–360 (zit.: *Oelkers/Kraeft* FuR 2002, 355).

Palandt, Bürgerliches Gesetzbuch, 61. Aufl., München 2002 (zit.: Palandt⁶¹-*Bearbeiter*).

Palandt, Bürgerliches Gesetzbuch, 72. Aufl., München 2013 (zit.: Palandt-*Bearbeiter*).

Palandt-Archiv, http://rsw.beck.de/cms/?toc=Palandt.150 (letzter Zugriff: 7.10.2013) (zit: PalArch/*Bearbeiter*).

Pape, Isabel, Internationale Kindesentführung. Instrumente und Verfahren zur Konfliktlösung unter Berücksichtigung der Mediation, Frankfurt am Main 2010 (zit.: *Pape*).

Pérez-Vera, Elisa, Erläuternder Bericht zum Haager Abkommen über die zivilrechtlichen Aspekte internationaler Kindesentführung, in: Bundesregierung, Gesetzesentwurf vom 4.10.1989, BT-Drucksache 11/5314, Anlage 1 zur Denkschrift, S. 38–61 (zit.: *Pérez-Vera*, Erläuternder Bericht).

Pietsch, Peter, Die Widerrechtlichkeitsbescheinigung nach Art. 15 des Haager Übereinkommens über die zivilrechtlichen Aspekte internationaler Kindesentführung, in: FamRZ 2009, 1730–1732 (zit.: *Pietsch* FamRZ 2009, 1730).

Pintens, Walter, Grundgedanken und Perspektiven einer Europäisierung des Familien- und Erbrechts – Teil 1, in: FamRZ 2003, 329–336 (zit.: *Pintens* FamRZ 2003, 329).

Pirrung, Jörg, Auslegung der Brüssel IIa-Verordnung in Sorgerechtssachen – zum Urteil des EuGH in der Rechtssache C vom 27.11.2007, in: Baetge, Dietmar/Hein, Jan von/Hinden, Michael von (Hrsg.), Die richtige Ordnung. Festschrift für Jan Kropholler zum 70. Geburtstag, Tübingen 2008, S. 399–411 (zit.: *Pirrung* in FS Kropholler, S. 399).

Pirrung, Jörg, Brüche zwischen internationaler und europäischer Rechtsvereinheitlichung – das Beispiel des internationalen Kindschaftsrechts in der Brüssel IIa-Verordnung, in: Freitag, Robert/Leible, Stefan/Sippel, Harald/Wanitzek, Ulrike (Hrsg.), Internationales Familienrecht für das 21. Jahrhundert. Symposium zum 65. Geburtstag von Ulrich Spellenberg, München 2006, S. 89–101 (zit.: *Pirrung* in Symposium Spellenberg, S. 89).

Pirrung, Jörg, Das Haager Kindesentführungsübereinkommen vor dem Bundesgerichtshof, in: IPRax 2002, 197–198 (zit.: *Pirrung* IPRax 2002, 197).

Pirrung, Jörg, Das Haager Kinderschutzübereinkommen vom 19. Oktober 1996. Übereinkommen über die Zuständigkeit, das anzuwendende Recht, die Anerkennung, Vollstreckung und Zusammenarbeit auf dem Gebiet der elterlichen Verantwortung und der Maßnahmen zum Schutz von Kindern, in: Diederichsen, Uwe/Fischer, Gerfried/Medicus, Dieter/Pirrung, Jörg/Wagenitz, Thomas (Hrsg.), Festschrift für Walter Rolland zum 70. Geburtstag, Köln 1999, S. 277–290 (zit.: *Pirrung* in FS Rolland, S. 277).

Pirrung, Jörg, Erste Erfahrungen mit dem Eilverfahren des EuGH in Sorgerechtssachen, in: Bernreuther, Jörn/Freitag, Robert/Leible, Stefan/Sippel, Harald/Wanitzek, Ulrike (Hrsg.), Festschrift für Ulrich Spellenberg, München 2010, S. 467–480 (zit.: *Pirrung* in FS Spellenberg, S. 467).

Pirrung, Jörg, Gewöhlicher Aufenthalt des Kindes bei internationalem Wanderleben und Voraussetzungen für die Zulässigkeit einstweiliger Maßnahmen in Sorgerechtssagen nach der EuEheVO, in: IPRax 2011, 50–55 (zit.: *Pirrung* IPRax 2011, 50).

Pirrung, Jörg, Grundsatzurteil des EuGH zur Durchsetzung einstweiliger Maßnahmen in Sorgerechtssachen in anderen Mitgliedstaaten nach der EuEhe-VO, in: IPRax 2011, 351–356 (zit.: *Pirrung* IPRax 2011, 351).

Pirrung, Jörg, Haager Kinderschutzübereinkommen und Verordnungsentwurf „Brüssel IIa", in: Mansel, Heinz-Peter/Pfeiffer, Thomas/Kronke, Herbert/Kohler, Christian/Hausmann, Rainer (Hrsg.), Festschrift für Erik Jayme, Bd. I, München 2004, S. 701–708 (zit.: *Pirrung* in FS Jayme I, S. 701).

Pirrung, Jörg, Sorgerechts- und Adoptionsübereinkommen der Haager Konferenz und des Europarats, in: RabelsZ 57 (1993) S. 124–154 (zit.: *Pirrung* RabelsZ 57 (1993) 124).

Pirrung, Jörg, Wiederherstellung des Sorgeverhältnisses – Erste deutsche OLG-Entscheidungen über die Herausgabe von Kindern nach dem Europäischen Übereinkommen über die Anerkennung von Sorgerechtsentscheidungen -, in: IPRax 1997, 182–186 (zit.: *Pirrung* IPRax 1997, 182).

Prantl, Heribert, Vaterglück mit Geburtsfehler, in: Süddeutsche Zeitung Nr. 26 v. 31.1.2013, S. 5 (zit.: *Prantl*, in: Süddeutsche Zeitung Nr. 26 v. 31.1.2013, S. 5).

Prütting, Hanns/Gehrlein, Markus (Hrsg.), ZPO. Kommentar, 1. Aufl. Köln 2010 (zit.: Prütting/Gehrlein-*Bearbeiter*).

Puszkajler, Karl Peter, Das internationale Scheidungs- und Sorgerecht nach Inkrafttreten der Brüssel II-Verordnung. Erste Hinweise für die Praxis anhand von Fällen, in: IPRax 2001, 81–84 (zit.: *Puszkajler* IPRax 2001, 81).

Rausch, Hans, Aktuelles zur Reform des familiengerichtlichen Verfahrens, in: FuR 2006, 337–340 (zit.: Rausch FuR 2006, 337).

Rausch, Hans, Elterliche Verantwortung – Verfahren mit Auslandsbezug vor und nach „Brüssel IIa". 1. Teil: Internationale Zuständigkeit, in: FuR 2005, 53–58 (zit.: *Rausch* FuR 2005, 53).

Rausch, Hans, Elterliche Verantwortung – Verfahren mit Auslandsbezug vor und nach „Brüssel IIa". 2. Teil: Anderweitige Anhängigkeit, Anerkennung und Vollstreckung, in: FuR 2005, 112–116 (zit.: *Rausch* FuR 2005, 112).

Rauscher, Thomas (Hrsg.), Europäisches Zivilprozess- und Kollisionsrecht. EuZPR/EuIPR. Kommentar. Bearbeitung 2010. Brüssel IIa-VO. EG-UntVO. EG-ErbVO-E. HUntStProt 2007, München 2010 (zit.: Rauscher/*Bearbeiter* EuZPR/EuIPR (2010)).

Rauscher, Thomas (Hrsg.), Europäisches Zivilprozess- und Kollisionsrecht. EuZPR/EuIPR. Kommentar. Bearbeitung 2010. EG-VollstrTitelVO. EG-MahnVO. EG-BagatellVO. EG-ZustVO. EG-BewVO. EG-InsVO, München 2010 (zit.: Rauscher/*Bearbeiter* EuZPR/EuIPR (2010)).

Rauscher, Thomas (Hrsg.), Europäisches Zivilprozeßrecht. Kommentar, München 2004 (zit.: Rauscher/*Bearbeiter* EuZPR (2004)).

Rauscher, Thomas, Internationales Privatrecht. Mit internationalem und europäischem Verfahrensrecht, 3. Aufl., Heidelberg, München, Landsberg, Frechen, Hamburg 2009 (zit.: *Rauscher* IPR³).

Rauscher, Thomas, Internationales Privatrecht. Mit internationalem Verfahrensrecht, 4. Aufl., Heidelberg, München, Landsberg, Frechen, Hamburg 2012 (zit.: *Rauscher* IPR⁴).

Rauscher, Thomas, Parental Responsibility Cases under the new Council Regulation "Brussel IIA", in EuLF (E) 2005 I-37–46 (zit.: *Rauscher* EuLF (E) 2005 I-37).

Rauscher, Thomas, Tatsächlicher Lebensmittelpunkt als gewöhnlicher Aufenthalt des Kindes, in: FamFR 2012, 141 (zit.: *Rauscher* FamFR 2012, 141).

Rauscher, Thomas, Versagung der HKÜ-Rückführungsanordnung wegen Ablehnung durch das Kind, in: FamFR 2011, 94 (zit.: *Rauscher* FamFR 2011, 94).

Rieck, Jürgen, Auswirkungen der Bestimmungen des Gemeinschaftsrechts zum Verbringen eines Kindes auf das nationale Recht zur elterlichen Verantwortung, in: FamFR 2010, 576 (zit.: *Rieck* FamFR 2010, 576).

Rieck, Jürgen, Bestätigung einer Herausgabeentscheidung des Familiengerichts durch die Beschwerdeinstanz in die Türkei, in: FamFR 2011, 144 (zit.: *Rieck* FamFR 2011, 144).

Rieck, Jürgen, Kindesentführung – Rechtsregeln und Normenkonkurrenz –, in: FPR 2001, 183–189 (zit.: *Rieck* FPR 2001, 183).

Rieck, Jürgen, Kindesentführung und die Konkurrenz zwischen dem HKÜ und der EheEuGVVO 2003 (Brüssel II a), in: NJW 2008, 182–185 (zit.: *Rieck* NJW 2008, 182).

Rieck, Jürgen, Neues Eilvorlageverfahren zum EuGH – Kindesrückgabe nach Art. 11 VIII, 42 EheVO, in: NJW 2008, 2958–2962 (zit.: *Rieck* NJW 2008, 2958).

Rixe, Georg, Anmerkung zu BVerfG, Beschluss v. 28.12.2004 – 1 BvR 2790/04 (FamRZ 2005, 173–176), in: FamRZ 2005, 176–177 (zit.: BVerfG FamRZ 2005, 173 mit Anm. *Rixe,* S. 176).

Rixe, Georg, Anmerkung zu BVerfG, Beschluss v. 5.4.2005 – 1 BvR 1664/04 (FamRZ 2005, 783–785), in: FamRZ 2005, 785–786 (zit.: BVerfG FamRZ 2005, 783 mit Anm. *Rixe,* S. 785).

Rixe, Georg, Anmerkung zu EGMR, Urteil v. 26.2.2004 – Beschwerde Nr. 74969/01 „Görgülü ./. Deutschland“ (FamRZ 2004, 1456–1460), in: FamRZ 2004, 1460–1464 (zit.: EGMR (Urteil v. 26.2.2004 – Beschwerde Nr. 74969/01) FamRZ 2004, 1456 mit Anm. *Rixe,* S. 1460).

Rixe, Georg, Anmerkung zu EGMR, Urteil v. 20.7.2006 – Beschwerde Nr. 1633/05 „Koudelka ./. Tschechische Republik“ (FamRZ 2008, 1059–1061), in: FamRZ 2008, 1061–1062 (zit.: EGMR (Urteil v. 20.7.2006 – Beschwerde Nr. 1633/05 „Koudelka ./. Tschechische Republik“) FamRZ 2008, 1059 mit Anm. *Rixe,* S. 1061).

Rixe, Georg, Anmerkung zu EGMR, Urteil v. 4.12.2008 – Beschwerde Nr. 44036/02: Adam ./. Deutschland (FamRZ 2009, 1037), in: FamRZ 2009, 1037–1039 (zit.: EGMR (Urteil v. 4.12.2008 – Beschwerde Nr. 44036/02 „Adam ./. Deutschland“) FamRZ 2009, 1037 mit Anm. *Rixe,* S. 1037).

Rixe, Georg, Der EGMR als Motor einer Harmonisierung des Familienrechts in Europa, in: FPR 2008, 222–230 (zit.: *Rixe* FPR 2008, 222).

Röchling, Walter, Neue Aspekte zu Kinderschutz und Kindeswohl? – Zum Entwurf eines „Gesetzes zur Erleichterung familiengerichtlicher Maßnahmen bei Gefährdung des Kindeswohls“ –, in: FamRZ 2007, 1775–1779 (zit.: *Röchling* FamRZ 2007, 1775).

Rogerson, Pippa, Forum Shopping and Brussels II bis, in: IPRax 2010, 553–556 (zit.: *Rogerson* IPRax, 2010, 553).

Romeyko, Richard, Anmerkung zu OLG Karlsruhe, Beschluss v. 18.3.2010 – 2 UF 179/09 (FamRZ 2010, 1577–1579), in: FamRZ 2010, 1579 (zit.: OLG Karlsruhe FamRZ 2010, 1577 mit Anm. *Romeyko,* S. 1579).

Roth, Herbert, Internationale Kindesentführung „undertakings“ und Zwangsvollstreckung nach § 33 FGG, in: IPRax 2003, 231–233 (zit.: *Roth* IPRax 2003, 231).

Roth, Marianne/Döring, Verena, Das Haager Abkommen über den Schutz von Kindern. Eine Revision des Haager Minderjährigenschutzabkommen von 1961, in: JBl 1999, 758–772 (zit.: *Roth/Döring* JBl 1999, 758).

Saenger, Ingo (Hrsg.), Zivilprozessordnung. FamFG. Europäisches Verfahrensrecht. Handkommentar, 5. Aufl. Baden-Baden 2013 (zit.: Hk-ZPO/*Bearbeiter*).

Salgo, Ludwig, Konflikte zwischen elterlichen Ansprüchen und kindlichen Bedürfnissen in den Hilfen zur Erziehung, in: Praxis der Kinderpsychologie und Kinderpsychiatrie 1995, 359–365 (zit.: *Salgo* in Praxis der Kinderpsychologie und Kinderpsychiatrie 1995, 359).

Salgo, Ludwig, Lückenhafte Beteiligung des Kindes bei Trennung, Scheidung und Umgang. Ein Verstoß gegen Art. 12 UN-Kinderrechtskonvention?, in: Deutsches Jugendinstitut e. V., IzKK-Nachrichten 2009. Heft 1. UN-Kinderrechtskonvention. Impulse für den Kinderschutz, S. 25–29 (zit.: *Salgo* IzKK-Nachrichten 2009 I-25).

Salzgeber, Joseph, Der lösungsorientierte Sachverständige und die Hochkonfliktfamilien – Was steht dem Herstellen von Einvernehmen im Weg? in: FamRZ 2010, 851–857 (zit.: *Salzgeber* FamRZ 2010, 851).

Salzgeber, Joseph, Der Sachverständige als Hersteller des Einvernehmens, endlich der Garant für das Kindeswohl?, in: FamRZ 2008, 656–660 (zit.: *Salzgeber* FamRZ 2008, 656).

Schack, Haimo, Internationales Zivilverfahrensrecht. Ein Studienbuch, 5. Aufl., München 2010 (zit.: *Schack*).

Schilling, Theodor, Das Exequatur und die EMRK, in: IPRax 2011, 31–30 (zit.: *Schilling* IPRax 2011, 31).

Schlauß, Stefan, Neuordnung des internationalen Familienrechts – der Entwurf eines Familienrechts-Ausführungsgesetzes, in: FPR 2004, 279–282 (zit.: *Schlauß* FPR 2004, 279).

Schlosser, P., Bericht zu dem Übereinkommen des Königreichs Dänemark, Irlands und des Vereinigten Königreichs Großbritannien und Nordirland über den Beitritt zum Übereinkommen über die gerichtliche Zuständigkeit und die Vollstreckung gerichtlicher Entscheidungen in Zivil- und Handelssachen sowie zum Protokoll betreffend die Auslegung dieses Übereinkommens durch den Gerichtshof (unterzeichnet in Luxemburg am 9. Oktober 1978) ABl. EG Nr. C 59 v. 5.3.1979, S. 71–81 (zit: *Schlosser*).

Schlünder, Rolf, Die Vollstreckung nach dem FamFG, in: FamRZ 2009, 1636–1642 (zit.: *Schlünder* FamRZ 2009, 1636).

Schmid, Jürgen, Kontaktverbot für Täter gegenüber Kindern in Gewaltfällen, in: FamRB 2012, 317–320 (zit.: *Schmid* FamRB 2012, 317).

Schmidt-Bremme, Götz, Symposium am 4.12.09, Impulsreferat RL 507 Internationale Kindesentziehungen, abrufbar unter http://www.auswaertiges-amt.de/cae/servlet/contentblob/383422/publicationFile/4319/Symposium.pdf (letzter Zugriff: 24.1.2012) (zit.: *Schmidt-Bremme*).

Schnitzler, Klaus (Hrsg.), Münchener AnwaltsHandbuch. Familienrecht, 2. Aufl., München 2008 (zit.: Schnitzler²/*Bearbeiter* MAH-Familienrecht).

Schnitzler, Klaus (Hrsg.), Münchener AnwaltsHandbuch. Familienrecht, 3. Aufl., München 2010 (zit.: Schnitzler³/*Bearbeiter* MAH-Familienrecht).

Schoch, Sonja, Die Auslegung der Ausnahmetatbestände des Haager Kindesentführungs-Übereinkommens. Ein Vergleich der US-amerikanischen und deutschen Rechtsprechung, München 2004 (zit.: *Schoch*).

Schubert, Werner, § 1666 BGB in historischer Perspektive unter besonderer Berücksichtigung des Sorgerechtsgesetzes vom 18.7.1979, in: Derschka, Harald/Hausmann, Rainer/Löhnig, Martin (Hrsg.), Festschrift für Wolfgang Strätz zum 70. Geburtstag, Regenstauf 2009, S. 459–477 (zit.: *Schubert* in FS Strätz, S. 459).

Schulz, Andrea, Anerkennung und Vollstreckung einstweiliger Sorgerechtsmaßnahmen, in: FamRBint 2010, 82–82 (zit.: *Schulz* FamRBint 2010, 82).

Schulz, Andrea, Anerkennung und Vollstreckung von Entscheidungen zur elterlichen Sorge, in: FamRBint 2011, 5–6 (zit.: *Schulz* FamRBint 2011, 5).

Schulz, Andrea, Anmerkung zu EuGH, Urteil v. 11.7.2008 - Rs. C-195/08 PPU: Rinau (FamRZ 2008, 1729–1732), in: FamRZ 2008, 1732–1734 (zit.: EuGH (Urteil v. 11.7.2008 - Rs. C-195/08 PPU: Rinau) FamRZ 2008, 1729 mit Anm. *Schulz*, S. 1732).

Schulz, Andrea, Anmerkung zu EuGH, Urteil v. 1.7.2010 - Rs. C-211/10 PPU: Povse ./. Alpago (FamRZ 2010, 1307 (LS)), in: FamRZ 2010, 1307–1309 (zit.: EuGH (Urteil v. 1.7.2010 - Rs. C-211/10 PPU: Povse ./. Alpago) FamRZ 2010, 1307 (LS) mit Anm. *Schulz*, S. 1307).

Schulz, Andrea, Anmerkung zu EuGH, Urteil v. 22.12.2010 - Rs. C-491/10 PPU: Aguirre Zarraga ./. Pelz (FamRZ 2011, 355–359), in: FamRZ 2011, 359–360 (zit.: EuGH (Urteil v. 22.12.2010 - Rs. C–491/10 PPU: Aguirre Zarraga ./. Pelz) FamRZ 2011, 355 mit Anm. *Schulz*, S. 359).

Schulz, Andrea, Das Haager Kindesentführungsübereinkommen vom 25.10.1980 in der Praxis der Straßburger Menschenrechtsorgane, in: DEuFamR 1999, 224–237 (zit.: *Schulz* DEuFamR 1999, 224).

Schulz, Andrea, Das Internationale Familienrechtsverfahrensgesetz, in: FamRZ 2011, 1273–1281 (zit.: *Schulz* FamRZ 2011, 1273).

Schulz, Andrea, Der Europäische Gerichtshof für Menschenrechte, das Haager Kindesentführungsübereinkommen und das Sorge- und Umgangsrecht, in: IPRax 2001, 91–96 (zit.: *Schulz* IPRax 2001, 91).

Schulz, Andrea, Die Zeichnung des Haager Kinderschutz-Übereinkommens von 1996 und der Kompromiss zur Brüssel IIa-Verordnung, in: FamRZ 2003, 1351–1354 (zit.: *Schulz* FamRZ 2003, 1351).

Schulz, Andrea, Haager Kinderschutzübereinkommen von 1996: Im Westen nichts Neues, in: FamRZ 2006, 1309–1311 (zit.: *Schulz* FamRZ 2006, 1309).

Schulz, Andrea, Inkrafttreten des Haager Kinderschutzübereinkommens v. 19.10.1996 für Deutschland am 1.1.2011, in: FamRZ 2011, 156–162 (zit.: *Schulz* FamRZ 2011, 156).

Schulz, Andrea, Internationale Regelungen zum Sorge- und Umgangsrecht, in: FamRZ 2003, 336–348 (zit.: *Schulz* FamRZ 2003, 336).

Schulz, Andrea, Zum Aufenthaltswechsel des Antragstellers im Rahmen des Haager Kindesentführungsübereinkommens, in: IPRax 2002, 201–207 (zit.: *Schulz* IPRax 2002, 201).

Schulze, Reiner/Zuleeg, Manfred/Kadelbach, Stefan, Europarecht. Handbuch für die deutsche Rechtspraxis, 2. Aufl., Baden-Baden 2010 (zit.: Schulze/Zuleeg/Kadelbach-*Bearbeiter*).

Schwab, Dieter, Elterliche Sorge bei Trennung und Scheidung der Eltern - Die Neuregelung des Kindschaftsrechtsreformgesetzes -, in: FamRZ 1998, 457–472 (zit.: *Schwab* FamRZ 1998, 457).

Schwab, Dieter, Familienrecht, 20. Aufl., München 2012 (zit.: *Schwab,* Familienrecht).

Schwarze, Jürgen (Hrsg.)/Becker, Ulrich/Hatje, Armin/Schoo, Johann (Mithrsg.), EU-Kommentar, 2. Aufl., Baden-Baden 2009 (zit.: Schwarze-*Bearbeiter*).

Schweizerische Eidgenossenschaft, Bundesamt für Justiz, Ausgewählte Urteile des Europäischen Gerichtshofs für Menschenrechte. 1. Quartal 2009, S. 1–15, http://www.bj.admin.ch/content/dam/data/staat_buerger/menschenrechte/eurokonvention/ber-egmr-2009q1-d.pdf (letzter Zugriff: 4.7.2013) (zit.: Bundesamt für Justiz (CH), 1. Quartalsbericht 2009).

Schweizerische Eidgenossenschaft, Bundesamt für Justiz, Ausgewählte Urteile und Entscheidungen des Europäischen Gerichtshofs für Menschenrechte. 3. Quartal 2010, S. 1–4, http://www.bj.admin.ch/content/dam/data/staat_buerger/menschenrechte/eurokonvention/ber-egmr-2010q3-d.pdf (letzter Zugriff: 4.7.2013) (zit.: Bundesamt für Justiz (CH), 3. Quartalsbericht 2010).

Schwenzer, Ingeborg, Grundlinien eines modernen Familienrechts aus rechtsvergleichender Sicht, in: RabelsZ 71 (2007) 705–728 (zit.: *Schwenzer* RabelsZ 71 (2007) 705).

Schweppe, Katja, Die Beteiligung des Kindes am Rückführungsverfahren nach dem HKÜ, in: FPR 2001, 203–206 (zit.: *Schweppe* FPR 2001, 203).

Schweppe, Katja, Kindesentführungen und Kindesinteressen. Die Praxis des Haager Übereinkommens in England und Deutschland, Münster 2001 (zit.: *Schweppe,* Kindesentführungen und Kindesinteressen).

Siehr, Kurt, Das neue Haager Kindesschutzübereinkommen von 1996, in: DEuFamR 2000, 125–133 (zit.: *Siehr* DEuFamR 2000, 125).

Siehr, Kurt, Das neue Haager Übereinkommen von 1996 über den Schutz von Kindern, in: RabelsZ 62 (1998) S. 464–518 (zit.: *Siehr* RabelsZ 62 (1998) 464).

Siehr, Kurt, Desavouierung des Haager Kindesentführungsübereinkommens, in: IPRax 2002, 199–200 (zit.: *Siehr* IPRax 2002, 199).

Siehr, Kurt, Die Eheverordnung von 2003 und das MSA von 1961. „Reform" des MSA durch Überlagerung durch die Eheverordnung, in: Hofer, Sibylle/Klippel, Diethelm/Walter, Ute, Perspektiven des Familienrechts. Festschrift für Dieter Schwab zum 70. Geburtstag am 15. August 2005, Bielefeld 2005, S. 1267–1277 (*Siehr* in FS Schwab, S. 1267).

Siehr, Kurt, Die Rechtslage der Minderjährigen im internationalen Recht und die Entwicklung in diesem Bereich – Zur Revision des Haager Minderjährigenschutzabkommens -, in: FamRZ 1996, 1047–1052 (zit.: *Siehr* FamRZ 1996, 1047).

Siehr, Kurt, Entführung eines „Mündels des Gerichts" (ward of court) nach Deutschland, in: IPRax 2005, 526–528 (zit.: *Siehr* IPRax 2005, 526).

Siehr, Kurt, Internationale Kindesentführung und Kindesschutzübereinkommen – Zur Koordination von Staatsverträgen, in: Rauscher, Thomas/Mansel, Heinz-Peter (Hrsg.), Festschrift für Werner Lorenz zum 80. Geburtstag, München 2001, S. 579–594 (zit.: *Siehr* in FS Lorenz, S. 579).

Siehr, Kurt, Kindesentführung und EuEheVO. Vorfragen und gewöhnlicher Aufenthalt im Europäischen Kollisionsrecht, in: IPRax 2012, 316–320 (zit.: *Siehr* IPRax 2012, 316).

Siehr, Kurt, Zum persönlichen Anwendungsbereich des Haager Kindesentführungsübereinkommens von 1980 und der EuEheVO. „Kind" oder „Nicht-Kind" – das ist hier die Frage!, in: IPRax 2010, 583–586 (zit.: *Siehr* IPRax 2010, 583).

Soergel, Hs. Th. (Begr.)/Siebert, W. (Hrsg.), Bürgerliches Gesetzbuch mit Einführungsgesetz und Nebengesetzen.

- Band 8. Familienrecht II (§§1589–1921) EheG, HausratsVO, 12. Aufl., Stuttgart, Berlin, Köln, Mainz 1987.

- Band 10. Einführungsgesetz, 12. Aufl., Stuttgart, Berlin, Köln 1996. (zit.: Soergel-*Bearbeiter*).

Solomon, Dennis, „Brüssel II a" – Die neuen europäischen Regeln zum internationalen Verfahrensrecht in Fragen der elterlichen Verantwortung, in: FamRZ 2004, 1409–1419 (zit.: *Solomon* FamRZ 2004, 1409).

Stadler, Astrid, Der Europäische Vollstreckungstitel – eine kritische Würdigung der Verordnung 805/2004, in: ERA-Forum 2005/4, S. 468–482 (zit.: *Stadler* ERA-Forum 2005/4, S. 468).

Statistisches Bundesamt, Pressemitteilungen Nr. 241 v. 11.7.2012 „Zahl der Ehescheidungen im Jahr 2011 geringfügig angestiegen“; Nr. 335 v. 13.9.2011 „Elf von 1000 Ehen im Jahr 2010 geschieden“; Nr. 28 v. 21.1.2011 „Zahl der Ehescheidungen im Jahr 2009 rückläufig“; Nr. 251 v. 8.7.2009 „Zahl der Ehescheidungen stieg 2008 wieder an“, http://www.destatis.de (jeweils letzter Zugriff: 31.5.2013) (zit.: http://www.destatis.de).

Staudinger, Ansgar, Der ordre public-Einwand im Europäischen Zivilverfahrensrecht, in: EuLF (D) 2004, 273–281 (zit.: *Staudinger* EuLF (D) 2004, 273).

Staudinger, Ansgar, Die neuen Karlsruher Leitlinien zum Haager Kindesentführungsübereinkommen, in: IPRax 2000, 194–202 (zit.: *Staudinger* IPRax 2000, 194).

Staudinger, Julius von (Begr.), Kommentar zum Bürgerlichen Gesetzbuch mit Einführungsgesetz und Nebengesetzen.

- Buch 4. Familienrecht §§ 1684–1717 (Elterliche Sorge 3 – Umgangsrecht), Neubearbeitung von Coester, Michael/Rauscher, Thomas/Salgo, Ludwig, Berlin 2006 (zit.: Staudinger-*Bearbeiter* (2006)).

- Einführungsgesetz zum Bürgerlichen Gesetzbuche/IPR. Art 3–6 EGBGB; Anhang zu Art 4 EGBGB: Länderberichte zum Renvoi und zur Unteranknüpfung bei Mehrrechtsstaaten; Anhang I zu Art 5 EGBGB: Grundlagen des Staatsangehörigkeitsprinzips; Anhang II zu Art 5 EGBGB: Die deutsche Staatsangehörigkeit; Anhang III zu Art 5 EGBGB: Ausländisches Staatsangehörigkeitsrecht; Anhang IV zu Art 5 EGBGB: Das internationale Flüchtlingsrecht (IPR – Allgemeiner Teil), Neubearbeitung von Bausback, Winfried/Hausmann, Rainer/Voltz, Markus, Berlin 2013 (zit.: Staudinger-*Bearbeiter* (2013)).

- Einführungsgesetz zum Bürgerlichen Gesetzbuche/IPR. Art 7, 9–12, 47, 48 EGBGB (Internationales Recht der natürlichen Personen und der Rechtsgeschäfte), Neubearbeitung von Althammer, Christoph/Hausmann, Rainer/Hepting, Reinhard/Winkler von Mohrenfels, Peter, Berlin 2013 (zit.: Staudinger-*Bearbeiter* (2013)).

- Einführungsgesetz zum Bürgerlichen Gesetzbuche/IPR. Art. 18 EGBGB; Anhang I zu Art. 18 EGBGB: Haager Unterhaltsübereinkommen 1973; Anhang II zu Art. 18 EGBGB: Haager Kindesunterhaltsübereinkommen 1956; Anhang III zu Art. 18 EGBGB: Internationales Unterhaltsverfahrensrecht; Vorbem. zu Art. 19 EGBGB: Das Internationale Kindschaftsrecht der Übereinkommen und EG-Verordnungen (Internationales Unterhaltsrecht, Internationales Kindschaftsrecht 1), Neubearbeitung von Kropholler, Jan/Mankowski, Peter, Berlin 2003 (zit.: Staudinger-*Bearbeiter* (2003)).

- Einführungsgesetz zum Bürgerlichen Gesetzbuche/IPR. Art. 19–24 EGBGB; ErwSÜ (Internationales Kindschaftsrecht 3 – Vormundschaft, Rechtliche Betreuung, Pflegschaft), Neubearbeitung von Hein, Jan von/Henrich, Dieter, Berlin 2008 (zit.: Staudinger-*Bearbeiter* (2008)).

- Einführungsgesetz zum Bürgerlichen Gesetzbuche/IPR. IntVerfREhe (Internationales Verfahrensrecht in Ehesachen), Neubearbeitung von Spellenberg, Ulrich, Berlin 2005 (zit.: Staudinger-*Bearbeiter* (2005)).

- Einführungsgesetz zum Bürgerlichen Gesetzbuche/IPR. Kindschaftsrechtliche Übereinkommen; Art 19 EGBGB. Minderjährigenschutzabkommen 1961; Sorgerechtsübereinkommen 1980, 13. Bearbeitung von Henrich, Dieter/Kropholler, Jan/Pirrung, Jörg, Berlin 1994 (zit.: Staudinger[13]-*Bearbeiter* (1994)).

- Einführungsgesetz zum Bürgerlichen Gesetzbuche/IPR. Vorbem C-H zu Art 19 EGBGB (Internationales Kindschaftsrecht 2), Neubearbeitung von Pirrung, Jörg, Berlin 2009 (zit.: Staudinger-*Bearbeiter* (2009)).

Steindorff-Classen, Caroline, Europäischer Kinderrechtsschutz nach dem EU-Reformvertag von Lissabon, in: EuR 2011, 19–39 (zit.: *Steindorff-Classen* EuR 2011, 19).

Steinmeier, Frank-Walter und Fraktion, Antrag der Fraktion der SPD. Neuregelung der elterlichen Sorge bei nicht verheirateten Eltern BT-Drucks. 17/8601 vom 8.2.2012, http://dipbt.bundestag.de/dip21/btd/17/086/1708601.pdf (letzter Zugriff: 22.7.2013) (zit.: Antrag der SPD-Fraktion BT-Drucks. 17/8601 v. 8.2.2012).

Stößer, Eberhard, Das neue Verfahren in Kindschaftssachen, in: FamRZ 2009, 656–665 (zit.: *Stößer* FamRZ 2009, 656).

Stößer, Eberhard, Heimlicher Umzug ins Ausland, in: FamRBint 2008, 5–6 (zit.: *Stößer* FamRBint 2008, 5).

Stößer, Eberhard, Rückführung eines Kindes in das Vereinigte Königreich, in: FamRBint 2009, 28–29 (zit.: *Stößer* FamRBint 2009, 28).

Streinz, Rudolf, Grundlagen der Europäisierung der Zivilrechtsordnung, in: Bernreuther, Jörn/Freitag, Robert/Leible, Stefan/Sippel, Harald/Wanitzek, Ulrike (Hrsg.), Festschrift für Ulrich Spellenberg, München 2010, S. 745–763 (zit.: *Streinz* in FS Spellenberg, S. 745).

Stürner, Michael, Nachträgliche Begründung der internationalen Zuständigkeit und perpetuatio fori im Europäischen Zivilprozessrecht. JurisPR-BGHZivilR 9/2011 Anm. 4, in: jurisPR extra 7/2011, S. 148–149 (zit.: jurisPR-BGHZivilR 9/2011 Anm. 4, *Stürner*, S. 148).

Süß, Rembert/Ring, Gerhard (Hrsg.), Eherecht in Europa, Bonn 2012 (zit.: Süß/Ring-*Bearbeiter*).

Teixeira de Sousa, Miguel, Ausgewählte Probleme aus dem Anwendungsbereich der Verordnung (EG) Nr. 2201/2003 und des Haager Übereinkommens v. 19.10.1996 über den Schutz von Kindern, in: FamRZ 2005, 1612–1615 (zit.: *Teixeira de Sousa* FamRZ 2005, 1612).

Tenreiro, Mário/Ekström, Monika, Recent Developments in European Family Law, in: ERA-Forum 2003/1, 126–133 (zit.: *Tenreiro/Ekström* ERA-Forum 2003/1, 126).

Tettinger, Peter J./Stern, Klaus (Hrsg.), Kölner Gemeinschaftskommentar zur Europäischen Grundrechte-Charta, München 2006 (zit.: Tettinger/Stern-*Bearbeiter*).

Thomas, Heinz/Putzo, Hans (Begr.)/Reichold, Klaus/Hüßtege, Rainer/Seiler, Christian, Zivilprozessordnung. FamFG. Verfahren in Familiensachen. GVG, Einführungsgesetze, EU-Zivilverfahrensrecht. Kommentar, 34. Aufl., München 2013 (zit.: Thomas/Putzo-*Bearbeiter*).

Tödter, Christiane, Europäisches Kindschaftsrecht nach der Verordnung (EG) Nr. 2201/2003, Frankfurt am Main 2010 (zit.: *Tödter*).

Trimmings, Katarina, Child Abduction within the European Union, Oxford and Portland, Oregon 2013 (zit.: *Trimmings*).

Verband alleinerziehender Mütter und Väter, Bundesverband e.V., Pressemitteilung. Start Online-Kampagne zum Sorgerecht: Schriftliches Schnellverfahren – nein danke! Kindeswohlprüfung – in jedem Fall!, Berlin, 23. Oktober 2012, http://www.vamv.de/fileadmin/user_upload/bund/dokumente/Pressemitteilungen/PM_Kampagne_Sorgerecht_Start_231012.pdf (letzter Zugriff: 24.7.2013) (zit.: Pressemitteilung des VAMV v. 23.10.2012).

Vitzthum, Wolfgang Graf (Hrsg.), Völkerrecht, 5. Aufl., Berlin/New York 2010 (zit.: *Bearbeiter* in Graf Vitzthum, Völkerrecht).

Völker, Mallory, Anmerkung zu BGH, Beschluss v. 28.4.2010 – XII ZB 81/09 (FamRZ 2010, 1060–1065), in: FamRZ 2010, 1065–1067 (zit.: BGH FamRZ 2010, 1060 mit Anm. *Völker*, S. 1065).

Völker, Mallory, Die wesentlichen Aussagen des Bundesverfassungsgerichts zum Haager Kindesentführungsübereinkommen – zugleich ein Überblick über die Neuerungen im HKÜ-Verfahren aufgrund der Brüssel IIa-Verordnung, in: FamRZ 2010, 157–166 (zit.: *Völker* FamRZ 2010, 157).

Völker, Mallory, Gewöhnlicher Aufenthalt eines Kindes i. S. d. Art. 8 Abs. 1 Brüssel IIa-VO, in: FamRBint 2009, 53–54 (zit.: *Völker* FamRBint 2009, 53).

Völker, Mallory, Keine Anerkennung einer italienischen Sorgerechtsentscheidung in Deutschland bei fehlender Anhörung des Kindes in Italien. JurisPR-FamR 25/2008 Anm. 3, in: jurisPR extra 1/2009, S. 10–11 (zit.: jurisPR-FamR 25/2008 Anm. 3, *Völker*, S. 10).

Völker, Mallory, Pflicht zur raschen Vollstreckung von Herausgabeentscheidungen, in: FamRBint 2009, 2–3 (zit.: *Völker* FamRBint 2009, 2).

Völker, Mallory, Zur Verfahrenspflegerbestellung in Verfahren nach dem HKiEntÜ. JurisPR-FamR 1/2006 Anm. 1, in: jurisPR extra 3/2006, S. 49–50 (zit.: jurisPR-FamR 1/2006 Anm. 1, *Völker*, S. 49).

Vogel, Harald, Das Hinwirken auf Einvernehmen in strittigen Kindschaftssachen, in: FamRZ 2010, 1870–1874 (zit.: *Vogel* FamRZ 2010, 1870).

Vomberg, Wolfgang/Nehls, Kyra, Rechtsfragen der internationalen Kindesentführung, München 2002 (zit.: *Vomberg/Nehls*).

Wagner, Rolf, Aktuelle Entwicklungen in der justiziellen Zusammenarbeit in Zivilsachen, in: NJW 2011, 1404–1408 (zit.: *Wagner* NJW 2011, 1404).

Wagner, Rolf, Ausländische Rechtshängigkeit in Ehesachen unter besonderer Berücksichtigung der EG-Verordnungen Brüssel II und Brüssel II a, in: FPR 2004, 286–291 (zit.: *Wagner* FPR 2004, 286).

Wagner, Rolf, Das Bundesamt für Justiz – Eine neue Bundesoberbehörde mit Aufgaben auch im Zivil(-verfahrens-)recht – , in: IPRax 2007, 87–89 (zit.: *Wagner* IPRax 2007, 87).

Wagner, Rolf, Die Anerkennung und Vollstreckung von Entscheidungen nach der Brüssel II-Verordnung, in: IPRax 2001, 73–81 (zit.: *Wagner* IPRax 2001, 73).

Wagner, Rolf, Überlegungen zur Vereinheitlichung des Internationalen Privatrechts in Ehesachen in der Europäischen Union, in: FamRZ 2003, S. 803–808 (zit.: *Wagner* FamRZ 2003, 803).

Wagner, Rolf/Janzen, Ulrike, Die Anwendung des Haager Kinderschutzübereinkommens in Deutschland, in: FPR 2011, 110–115 (zit.: *Wagner/Janzen* FPR 2011, 110).

Wallerstein, Judy S./Lewis, Julia, Langzeitwirkungen der elterlichen Ehescheidung auf Kinder – Eine Längsschnittuntersuchung über 25 Jahre –, in: FamRZ 2001, 65–72 (zit.: *Wallerstein/Lewis* FamRZ 2001, 65).

Wanitzek, Ulrike, Die Rechtsprechung zum Recht der elterlichen Sorge und des Umgangs im Jahr 2009, in: FamRZ 2010, 1381–1390 (zit.: *Wanitzek* FamRZ 2010, 1381).

Wannemacher, Katrin, Die Außenkompetenz der EG im Bereich des Internationalen Zivilverfahrensrechts. Der räumliche Anwendungsbereich des Art. 65 EGV am Beispiel der EuGVO und der EheVO, Frankfurt am Main, Berlin, Bern, Bruxelles, New York, Oxford, Wien 2003 (zit.: *Wannemacher*).

Weber, Albrecht, Das Gesetz zur Änderung von Zuständigkeiten nach dem Sorgerechtsübereinkommens-Ausführungsgesetz NJW 2000, 267–269 (zit.: *Weber* NJW 2000, 267).

Wehlau, Andreas/Lutzhöft, Niels, Grundrechte-Charta und Grundrechts-Checkliste – eine dogmatische Selbstverpflichtung der EU-Organe, in: EuZW 2012, 45–51 (zit.: *Wehlau/Lutzhöft* EuZW 2012, 45).

Wendenburg, Albrecht, Anmerkung zu EGMR, Urteil v. 20.1.2011 – Beschwerde Nr. 21980/06, 26944/07 und 36948/08: Kuhlen-Rafsandjani ./. Deutschland (FamRZ 2011, 533), in: FamRZ 2011, 533–534 (zit.: EGMR (Urteil v. 20.1.2011 – Beschwerde Nr. 21980/06, 26944/07 und 36948/08 „Kuhlen-Rafsandjani ./. Deutschland“) FamRZ 2011, 533 mit Anm. *Wendenburg*, S. 533).

Westermann, Harm Peter (Hrsg.), Erman. Bürgerliches Gesetzbuch. Handkommentar mit AGG, EGBGB (Auszug), ErbbauRG, HausratsVO, LPartG, ProdHaftG, UKlaG, VAHRG und WEG, 12. Aufl., Köln 2008 (zit.: Erman[12]-*Bearbeiter*).

Westermann, Harm Peter/Grunewald, Barbara/Maier-Reimer, Georg (Hrsg.), Erman. Bürgerliches Gesetzbuch. Handkommentar mit AGG, EGBGB (Auszug), ErbbauRG, LPartG, ProdHaftG, UKlaG, VBVG, VersAusglG und WEG, 13. Aufl., Köln 2011 (zit.: Erman[13]-*Bearbeiter*).

Winkler von Mohrenfels, Peter, Der Kindeswille im Rahmen des Haager Kindesentführungsübereinkommens, in: Schütze, Rolf A. (Hrsg.), Einheit und Vielfalt des Rechts. Festschrift für Reinhold Geimer zum 65. Geburtstag, München 2002, S. 1527–1538 (zit.: *Winkler von Mohrenfels* in FS Geimer, S. 1527).

Winkler von Mohrenfels, Peter, Internationale Kindesentführung: Die Problematik des gewöhnlichen Aufenthalts, in: FPR 2001, 189–195 (zit.: *Winkler von Mohrenfels* FPR 2001, 189).

Winkler von Mohrenfels, Peter, Von der Konfrontation zur Kooperation. Das europäische Kindesentführungsrecht auf neuem Wege (zugleich eine Replik auf Siehr, IPRax 2002, 199), in: IPRax 2002, 372–375 (zit.: *Winkler von Mohrenfels* IPRax 2002, 372).

Zimmer, Daniel, Weniger Politik! Plädoyer für eine freiheitsorientierte Konzeption von Staat und Recht, München 2013 (zit.: *Zimmer*).

Zöller, Richard (Begr.), Zöller. Zivilprozessordnung mit FamFG (§§ 1–185, 200–270, 433–484) und Gerichtsverfassungsgesetz, den Einführungsgesetzen, mit Internationalem Zivilprozessrecht, EU-Verordnungen, Kostenanmerkungen. Kommentar, 30. Aufl., Köln 2014 (zit.: Zöller-*Bearbeiter*).

Zürcher, Raphaela, Kindesentführung und Kindesrechte. Verhältnis des Rückführungsrechts nach dem Haager Übereinkommen über die zivilrechtlichen Aspekte internationaler Kindesentführung vom 25. Oktober 1980 zur UNO-Kindesrechtskonvention vom 20 November 1989, Zürich, Basel, Genf 2005 (zit.: *Zürcher*).

Schriften zum internationalen Privat- und Verfahrensrecht

Herausgegeben von Rainer Hausmann, Astrid Stadler
und Michael Stürner

Band 1 Frederike Schwenke: Factoring im deutsch-französischen Rechtsverkehr. 2006.

Band 2 Sinja Rüberg: Auf dem Weg zu einem europäischen Scheidungskollisionsrecht. 2006.

Band 3 Hava Erdem: Ehescheidung im deutsch-türkischen Rechtsverkehr. 2007.

Band 4 Nadja Probst: Die internationale Zuständigkeit zur Eröffnung von Insolvenzverfahren im europäischen Insolvenzrecht. Autonome Bestimmung der Eröffnungszuständigkeit, insbesondere für Konzerninsolvenzen, und Anforderungen für die gemeinschaftsweite Anerkennung grenzüberschreitender Insolvenzen nach der EuInsVO. 2008.

Band 5 Maximiliane-Stephanie Wild: Die anwaltliche Verschwiegenheitspflicht in Deutschland und Frankreich. Unter besonderer Beachtung der sich aus dem grenzüberschreitenden Rechtsverkehr ergebenden Kollisionsfälle. 2008.

Band 6 Catharina Klumpp: Die Zustellungsformen der Verordnung (EG) Nr. 805/2004 zur Einführung eines Europäischen Vollstreckungstitels. Vergleich mit den Zustellungsordnungen Deutschlands und Frankreichs. 2009.

Band 7 Daniel Wied: Zivilprozessuale Qualifikationsprobleme im Spannungsfeld von Vertrag und Delikt. Ein Beitrag zur Auslegung nationalen Zivilprozessrechts in europäischer Perspektive. 2010.

Band 8 Gerald Gräfe: Gläubigerschutz bei der englischen Limited mit Verwaltungssitz in Deutschland. Eine europarechtliche Untersuchung. 2010.

Band 9 Martin Bläsi: Das Haager Übereinkommen über Gerichtsstandsvereinbarungen. Unter besonderer Berücksichtigung seiner zu erwartenden Auswirkungen auf den deutsch-amerikanischen Rechtsverkehr. 2010.

Band 10 Christian Groß: Die internationale Durchsetzung wettbewerbsrechtlicher Unterlassungsansprüche im Wege des vorläufigen Rechtsschutzes. Vor dem Hintergrund der EuGVO und des Lugano-Übereinkommens. Unter Berücksichtigung der Rechtslage in der Bundesrepublik Deutschland, Österreich und der Schweiz. 2010.

Band 11 Daniel Schäuble: Die Einweisung der Erben in die Erbschaft nach österreichischem Recht durch deutsche Nachlassgerichte. Eine Untersuchung auf Grundlage des FamFG und der Erbrechtsverordnung. 2011.

Band 12 Lara Puñal García: Eigentumsvorbehalt und reserva de dominio als Sicherungsmittel im deutsch-spanischen Warenverkehr. 2012.

Band 13 Monika König: Die Anwendbarkeit des *forum non conveniens* im deutschen und europäischen Zivilverfahrensrecht. 2012.

Band 14 Alexander Baumann: Die *hypothèque rechargeable* – eine wiederaufladbare Hypothek als Grundschuld *à la française*? Eine Analyse der französischen *hypothèque rechargeable* durch Vergleich mit den deutschen Grundpfandrechten. 2012.

Band 15 Marian Majer: Die Praxis der Anerkennung und Vollstreckung ausländischer Schiedssprüche nach dem New Yorker Abkommen vom 10. Juni 1958 in der Republik Singapur. Eine rechtsvergleichende Analyse gegenüber der international herrschenden Auslegung des Abkommens. 2013.

Band 16 Daniela Bidell: Die Erstreckung der Zuständigkeiten der EuGVO auf Drittstaatensachverhalte. Unter besonderer Berücksichtigung des Kommissionsvorschlags KOM (2010) 748 endg. 2014.

Band 17 Marion Greeske: Die Kollisionsnormen der neuen EU-Erbrechtsverordnung. 2014.

Band 18 Kerstin Kern: Ausschließliche Patentlizenzen im Europäischen Insolvenzrecht. Die Einordnung der ausschließlichen Patentlizenz unter die Europäische Insolvenzverordnung auf der Basis des französischen und deutschen Patent- und Insolvenzrechts. 2014.

Band 19 Julia Eppler: Grenzüberschreitende Kindesentführung. Zum Zusammenspiel des Haager Kindesentführungsübereinkommens mit der Verordnung (EG) Nr. 2201/2003 und dem Haager Kinderschutzübereinkommen. 2015.

www.peterlang.com

www.ingramcontent.com/pod-product-compliance
Ingram Content Group UK Ltd.
Pitfield, Milton Keynes, MK11 3LW, UK
UKHW021827290926
8980IPUK00004B/296

9 783631 658314